U0872940

地方民族院校教育教学信息化建设的探索与实践

主　编　詹先友　蒋　超
副主编　唐明钊　刘成萍

西南交通大学出版社
·成　都·

图书在版编目（CIP）数据

地方民族院校教育教学信息化建设的探索与实践 / 詹先友，蒋超主编. —成都：西南交通大学出版社，2021.4
ISBN 978-7-5643-8010-6

Ⅰ. ①地… Ⅱ. ①詹… ②蒋… Ⅲ. ①地方高校－民族学院－计算机辅助教学－教学研究 Ⅳ. ①G758.4 ②G434

中国版本图书馆 CIP 数据核字（2021）第 067190 号

Difang Minzu Yuanxiao Jiaoyu Jiaoxue Xinxihua Jianshe de Tansuo yu Shijian
地方民族院校教育教学信息化建设的探索与实践

主编　詹先友　蒋超

责任编辑　罗俊亮　臧玉兰
封面设计　墨创文化

出版发行　西南交通大学出版社
（四川省成都市金牛区二环路北一段 111 号
西南交通大学创新大厦 21 楼）
邮政编码　610031
发行部电话　028-87600564　028-87600533
网址　http://www.xnjdcbs.com
印刷　四川煤田地质制图印刷厂

成品尺寸　210 mm × 285 mm
印张　25.5
字数　759 千
版次　2021 年 4 月第 1 版
印次　2021 年 4 月第 1 次
定价　156.00 元
书号　ISBN 978-7-5643-8010-6

教师回归本分的现代化之路（代序）

2018年6月21日，教育部在成都召开了新时代全国高等学校本科教育工作会议，提出了坚持以本为本，推进四个回归，加快建设高水平本科教育的决定。陈宝生部长强调：要推进“四个回归”，把人才培养的质量和效果作为检验一切工作的根本标准。一是回归常识，二是回归本分，三是回归初心，四是回归梦想。回归本分就是“要引导教师热爱教学、倾心教学、研究教学，潜心教书育人”。[①]同年8月31日，陈宝生部长在全国教书育人楷模座谈会上提出了牢记教育“五术”的要求，一是道术，二是学术，三是技术，四是艺术，五是仁术。显然，教育技术是教师的看家本领之一。教师的主业是教书，主责是育人。虽然时下不少教师反映“被摊派了不少无关教学的行政事务、非教学任务”[②]，我们学校也在致力于为教师减负，但是，我始终记得老校长李能武教授经常“唠叨”磨刀不误砍柴工，所以，我始终秉持无论我们有多辛苦，再忙也不能不“磨刀”，教育现代化、教学信息化的责任终是不能减的。

为深入贯彻落实党的十九大精神，加快教育现代化和教育强国建设，推进新时代教育信息化发展，教育部于2018年发布了《教育信息化2.0行动计划》，明确提出了教育领域信息化建设“三全两高一大”的目标任务。2019年2月，中共中央和国务院印发了《中国教育现代化2035》，提出到2035年总体实现教育现代化。2020年“十三五”收官，我们伟大祖国全面建成小康社会、完成脱贫攻坚任务、实现第一个百年奋斗目标；2021年我们又一同开启了“十四五”新篇章，中华民族将踏上全面建设社会主义现代化国家、向第二个百年奋斗目标进军的新征程。正如2021年4月1日教育部高等教育司司长吴岩同志在全国高教处长会议上所言：高等教育进入全面提质创新的新时代，到2035年要总体实现教育现代化，建成教育强国。高等教育现代化在整个国家现代化进程中具有举足轻重的地位。习近平总书记讲：“高等教育发展水平是一个国家发展水平和发展潜力的重要标志。实现中华民族伟大复兴，教育的地位和作用不可忽视。我们对高等教育的需要比以往任何时候都更加迫切，对科学知识和卓越人才的渴求比以往任何时候都更加强烈。”[③]高等教育现代化显然是我们的梦想，回归梦想，就是要“倾力实现教育报国、教育强国梦”，而回归本分就是回归梦想的唯一路途，教师回归不了本分，就回归不了梦想。

为了推进教师回归本分，2019年我们开始了教育教学信息化建设，筹建了云教学平台，打造了智慧教室、虚拟仿真实验教学平台、精品课程视频资源录制室和一批现代化实验室，组织了多批教师参加信息化能力提升活动，主要是观摩、考察、参加会议，邀请专家来校开讲座，参加的面广，但总

---

① 教育部. 坚持以本为本 推进四个回归 建设中国特色、世界水平的一流本科教育[EB/OL].（2018-06-21）.http:// www.moe.gov.cn/jyb_xwfb/gzdt_gzdt/moe_1485/201806/t20180621_340586.html.

②人民政协网报社. 全国政协委员陈文华呼吁：让中小学教师回归教书育人本位[EB/OL].(2021-03-03).http://www.rmzxb.com.cn/c/2021-03-03/2799185.shtml.

③ 人民日报. 习近平：把思想政治工作贯穿教育教学全过程，开创我国高等教育事业发展新局面[EB/OL].(2016-12-09).http://cpc.people.com.cn/n1/2016/1209/c64094-28936173.html.

人数很少，基本上是“门前冷落鞍马稀”。2020 年 1 月 2 日。教务处印发了《关于加强线上课程建设相关事项的通知》（川民院教〔2020〕1 号），提出了在线教学的基本要求，文件附件宣传了建设网络课程技术要点和智慧教学培训方案。1 月 31 日，教务处与人事处教师发展中心在印发了《关于开展“停课不停学”信息化教学能力提升培训的通知》，2 月 1 日－2 月 20 日组织了全校教师开展在线教学能力提升培训，每天一个专题。这个安排比教育部提出加强在线教学能力培训的通知早了 19 天。从统计的情况看，三分之一的学院积极性较高且全程参加，三分之一的学院有部分教师参训或参训部分专题，三分之一的学院无人全程参加。以至 3 月中旬，三分一的学院在线教学开课班级不足 50%。在线教学课程门数最多的依次是外国语学院 100%、文学院 96%、经济管理学院 94%、藏学院 90%。自建网络课程，开始的时候数量很大，最后坚持下来的只有 61 门，不过也很了不起，毕竟我们起点很低。教务处虽然在努力推动在线教学，可以说，真正推动在线教学的还是疫情；疫情不仅改变了我们的生活形态，也改变了我们的教学模式。

2020 年 4 月至年末，教务处和教师发展中心组织了七次培训，其中仅“高校教师信息化教学能力提升”培训 1 个项目就同时有 428 人参训，教师几乎全员参加，规模之大，前所未有。广大教师以最快的速度适应了线上教学的节奏，带领全校学生进行长达几个月的“云端”学习，用行动诠释了师者的担当，彰显了民院人回归初心、回归梦想！到 2020 年 7 月，全校 1 627 个教学班开展线上教学，占比达到 97.43%；线上开课 556 门，占比 95.04%；自建网络课程 109 门，占比 19%；7 671 名学生参加在线学习，在线学习的学生达 150 万人次；365 名教师组织实施了线上教学，占比 98%，在线授课达 25 164 人次。教育厅对线上教学质量监控数据显示，我校 98.08%的学生对在线课程教学的效果表示肯定，学生满意率位居全省高校前列，民院人为“疫情大考”交上了一份满意的答卷。

新冠肺炎疫情是一个时代的结束，也是一个全新的开始，有人称之为“后疫情时代”到来。疫情使广大教师的教学信息化素养空前提高，疫情期间的在线教学实践给我们留下了弥足珍贵的经验与成果，正如教育部高等教育司司长吴岩所言：“我们再也不可能、也不应该退回到疫情发生之前的教与学状态，因为融合了‘互联网+’‘智能+’技术的在线教学已经成为中国高等教育和世界高等教育的重要发展方向。”①但也不否认，仍然有不少教师信息化水平不高、网课教学质量不佳，这些急需解决的问题推动着学校要努力加快教育教学信息化建设。为此，四川民族学院以“地方民族院校教育教学信息化建设的探索与实践”为主题召开了第十五次改革与发展研讨会，本论文集就是四川民族学院第十五次研讨会主要成果。

我国教育信息化经历了“教育信息化即是教育现代化”“教育信息化带动教育现代化”“教育信息化引领教育现代化”的发展阶段，卢晓中教授把“引领”称之为将信息技术由外在于教育场域的器具变成与个体生命成长共生的内蓄力量，其深刻内涵是颠覆、是变革、是重构和再生，即利用信息技术对教育实行全方位改造、颠覆性重构，使其升华为信息时代的新形态，而教育信息化引领教学现代化的核心要义主要在于“技术与教育的深度融合”“教育的系统性变革”“技术信息的拟人化发展”②。时至今日，虽然不能说教育现代化就是教育信息化，但教育信息化深刻影响着教育现代化，两者同步发展、相互促进，它们之间的互动与共生关系已经为疫情产生的最大规模在线教学实践所证明。现代信息技术以在信息传递中的网络化、数字化、高速化、大容量、可移动化、全球化、个性化、自动化、智能化等优势和特点，对当代经济与社会生活的方方面面产生了广泛而深刻的影响，影响的深度和广

---

① 教育部高等教育司. 高校在线教育有关情况和下一步工作考虑[EB/OL].（2020-05-14）.http://www.moe.gov.cn/ fbh/live/2020/51987/sfcl/202005/t20200514_454117.html.

② 卢晓中，王胜兰. 我国教育信息化发展的历史审思与未来路向——从教育信息化与教育现代化关系的角度[J]. 江苏高教，2019（12）.

度前所未有，我们这样一所地处边远民族地区的地方性高校，也概莫能外。吴岩先生称其为“学习革命”催生了“质量革命”。

习近平总书记强调，牢固树立终身学习理念，坚持不懈地推进教育信息化，要求构建网络化、数字化、个性化、终身化的教育体系，建设“人人皆学、处处能学、时时可学”的学习型社会。[①]高等学校作为人才培养和科学技术及信息的集聚中心，受现代信息技术的影响和冲击尤其明显。地方民族院校作为高等学校中的一个特殊部分，由于所处区位劣势以及办学任务的特殊性，更应抓住机遇，积极作为，通过建设现代教育信息技术平台、转变教育教学思想和观念、大力提升教师现代教育信息技术能力和素养，深化教学模式、教学方法与教学手段改革，借助现代教育信息技术平台的倍增器作用，最大限度地发挥优质教师和课程资源的巨大作用，不断提高人才培养质量，缩小与内地高校的差距，从而实现地方民族院校的跨越式发展，振兴民族地区高等教育，引领和助力民族地区全面进步。我本人有幸于 2019 年 4 月作为教务处处长参与了詹先友教授主持的地方民族院校现代信息技术与教育教学深度融合的探索与实践项目，2020 年年初又作为分管教学和人事工作的副校长，主持了这场疫情大考下的教学和师培工作。这本论文集共遴选了与会文章 92 篇，这些文章从理念、建设、实践三个不同层面，以信息技术与教育教学深度融合为主线，以推进“四个回归”教育体制机制建设为目标，以课程思政、能力建设、一流专业建设、一流课程建设、教材建设、教学改革等为视域，它完整记录了四川民族学院教师回归本分的现代化之路，也彰显了民院人回归教育报国梦的心路历程，既有理论探索，也有实践反思，其中不乏真知灼见，于民族院校教学信息化和教育现代化，定是大有裨益的，是为序。

蒋　超

四川民族学院党委常委、副校长，二级教授

---

① 深入学习习近平关于教育的重要论述[M]. 人民出版社，2019：8.

前　言

本书是一部学术论文集，系四川省 2018—2020 年高等教育人才培养质量和教学改革重点项目“地方民族院校现代信息技术与教育教学深度融合的探索与实践”的阶段性成果，是四川民族学院第十五次改革与发展研讨会的集体智慧。共收录学术文章 92 篇，主要集中在教育教学信息化理念、教育信息化建设（技术平台与课程建设）、教育教学信息化实践（教育教学实践）、教育教学信息化评价四个方面。作者从不同学科角度，结合教学，科研实践，分析、总结了地方民族院校现代信息技术与教育教学深度融合的成就与经验，其中一些文章还总结了在 2020 年新冠肺炎疫情下如何进行教学教育教学信息化的探索。全书由理念篇、建设篇、实践篇三大篇构成。本书有理论阐述，有实践总结和分析，对地方民族院校实现跨越式发展具有现实意义和推广价值，值得相关学校与相关领域的研究者借鉴。

由于作者学识和水平有限，书中疏漏和不足之处在所难免，恳请读者批评指正。

编　者

2020 年 12 月

目 录

CONTENTS

理 念 篇

建设篇

实践篇

*L*I NIAN PIAN

理念篇

地方民族院校现代信息技术与教育教学深度融合的探索与实践

詹先友[1]

（四川民族学院　四川康定　626001）

【摘　要】 在现代信息技术与学校教育教学不断融合的大趋势下，地方民族院校既充满发展机遇，又面临困难与挑战。学校应抓住机遇，积极作为，通过建设现代教育信息技术平台、转变教育教学思想和观念、大力提升教师现代教育信息技术能力和素养，深化教学模式、教学方法与教学手段改革，借助现代教育信息技术平台的倍增器作用，最大限度地发挥优质教师和课程资源的巨大作用，不断提高人才培养质量，从而实现地方民族院校的跨越式发展，振兴民族地区高等教育，助力民族地区全面进步。

【关键词】 民族院校；信息技术；教育教学；深度融合

从20世纪40年代计算机在美国诞生开始，到60年代互联网在美国出现，以及现代通信技术不断发展以来，现代信息技术在半个多世纪中获得了飞速发展。以计算机及其网络技术和现代通信技术为代表的现代信息技术，已成为当代科学技术发展的主要领域和基本趋势。

现代信息技术以在信息传递中的网络化、数字化、高速化、大容量、可移动化、全球化、个性化、自动化、智能化等优势和特点，对当代经济与社会生活的方方面面产生了广泛而深刻的影响，影响的深度和广度前所未有。可以说，“20世纪，尤其是二次世界大战以来的大事记，无论多么简略，都不会忽略信息技术的巨大进步和广泛的经济社会影响。”[2]

学校教育教学是现代信息技术影响的重要领域，信息技术已经成为服务教育事业的一项重要技术。为此，2018年4月，教育部发布了《教育信息化2.0计划》，明确提出了教育领域信息化建设“三全两高一大”[3]的目标任务。高等学校作为人才培养和科学技术及信息的集聚中心，受现代信息技术的影响和冲击尤其明显。地方民族院校作为高等学校中的一个特殊部分，由于所处地域的劣势以及办学任务的特殊性，现代信息技术正好为学校进一步缩小与内地高校的差距，实现自身跨越式发展提供了历史机遇。地方民族院校推进现代信息技术与教育教学的深度融合，势在必行。

一、现代信息技术为地方民族院校带来的机遇与挑战

（一）发展的机遇

1. 打破教育教学时空限制，为师生拓展了新的更大的教育教学时空环境

以信息技术为支撑的现代教育信息技术，使得师生通过教室的多媒体、家中或办公室的电脑、移动智能手机等载体和平台以实现网络线上教学以及线上互动教学已经成为可能和现实。当前慕课、微课、雨课堂、翻转课堂以及其他远程教学等新教学形式已大量出现在学校教育教学中。教育教学时空从传统的固定时间、固定教室逐渐拓展和演化为不受时间和物理空间限制的线上网络教育教学时空，即教育教学的物理空间和网络空间，教育教学相对固定的时间与更多灵活的时间已开始有机结合，教

① 詹先友，四川民族学院副院长，教授。

② 张正德. 美国信息技术的发展及其经济影响[M]. 武汉大学出版社，1995.

③“三全两高一大”：即教学应用覆盖全体教师、学习应用覆盖全体适龄学生、数字校园建设覆盖全体学校，信息化应用水平和师生信息素养普遍提高，建成“互联网+教育”大平台。

育教学从一维空间拓展到二维空间，从单一的课堂时间拓展到全天候时间。教育教学时空得到极大拓展。这是教育教学发展的巨大机会。

2. 教育向学习者全面开放，师生受益面极大扩展

由于在现代信息技术条件下，教育教学时空环境得到极大拓展，教育教学资源，特别是优质的教师和课程资源，能够实现充分共享，师生受益面极大扩展。比如，民族地区院校由于受地域劣势的制约，优质的、高水平的教师不多，优质的课程资源较少，但以现代教育信息技术为支撑，通过线上网络平台教学，就可以实现校内外优质教学资源在不同时间和空间向更广大师生开放，教育教学资源的传播面极大扩展，教育教学的效率和质量能够得以大大提高。

3. 为师生改革教育教学方式方法与手段提供了契机

现代信息技术是主要以电子计算机以及互联网技术和现代通信技术为主要手段实现信息获取、存储、加工、传播和利用的技术。其信息传播内容更加丰富多样，可以实现文字图片有机结合，音频视频有机结合；传播的方式更加灵活，线上和线下，现场和远程能够有机结合。在此背景下，打破传统单一的教室现场教学以及教师灌输式教育教学方式及方法，实现线上线下教学有机结合，让师生充分互动，激发学生积极主动创造性地开展自主学习已变得十分必要，且成为可能。这也是学校推进教育教学方式方法与手段改革的有利契机。

4. 师生在教学中的个性化选择成为更大可能

现代信息技术条件下，教学时空的大力拓展，教学信息传递方式和途径的多样化，使得教师对教学内容、方式、方法的选择，学生对教师及教学资源的选择更加可能个性化，师生在教育教学中的自主性大大增加。

5. 为教学评价方式的改革带来契机

在现代信息技术条件下，教育教学方式发生较大变化后，教师与学生之间的互动大大增加，讨论式等教学变多，学生自主学习比重加大，这必然促使教学评价方式由原来传统的单一平时考核加期末书面考核向更加多元的综合考核方式转变，这是评价方式改革的有利契机。

（二）面临的困难与挑战

1. 教师对学生垄断知识信息的优势已不复存在

在现代信息技术飞速发展和广泛应用到社会生活方方面面的今天，人们获取知识信息的方式已经更加丰富多样化。在学校，师生从原来传统的报章杂志、广播电视、课堂、书籍等获取知识信息，发展到现在除传统的方式外，更多通过计算机、智能手机依靠互联网获取海量的知识信息。获取信息的面是全方位的，而且迅速快捷。教师相对学生垄断知识信息的情况越来越少，教师以前靠先学或多学形成的知识信息优势已逐渐不复存在，教师的优势和价值怎么体现面临新的挑战。

2. 师生教育教学思想理念转变面临一定困难

在学校传统的教育教学中，教学的设计、组织以及教学内容选择基本上以教师为中心，教学方式以现场课堂讲授为主，评价以期末知识笔试测试为主。在学生头脑中，学习主要就是上课听教师讲授，记笔记，期末主要就是背课本背笔记应对考试。这一教育教学思想理念和模式已基本固化。在人们获取信息方式、渠道、速度以及信息量已经发生巨大变化的今天，教师“教”的传统理念和学生“学”的传统意识，显然已很难再适应现代信息技术要求更新教育教学思想理念的需要，而要转变传统的教育教学思想理念又非短时间内可以实现，需要一定的时间过程。

3. 师生应具备的信息技术能力和素质不足

在现代信息技术与教育教学不断融合的情况下，以现代信息技术为支撑的线上线下教学将是当下和今后教育教学的主要模式和根本趋势。为了适应这一新的教育教学模式，教师和学生必须具有相应的信息技术能力和素质，特别是师生应该具备应用计算机、互联网、多媒体，使用网络资源的能力和

素质，教师能在网上制作课程，开展网络教学，学生能够开展网上学习等。但是，目前大部分师生，特别是部分老教师，还比较缺乏这方面的能力和素质。师生信息技术能力和素质不足，是面临的一大困难和挑战。

4. 基础设施与技术平台建设面临较大困难

要实现现代信息技术和地方民族院校教育教学的深度融合，建设满足教育教学需要的信息技术基础设施与技术平台是基本的前提和基础。但设施和平台的建设，需要动辄上千万的较大资金投入，这对办学经费不是太充裕的地方民族院校来讲，困难是较大的。

二、现代信息技术条件下地方民族院校的选择

（一）高度重视，用现代信息技术助力学校跨越发展

在当今信息社会，信息和数据就是资源，更是财富。谁掌握了信息和数据，谁就占据了主动和先机。现代信息技术与教育教学深度融合，可以在很大程度上弥补地方民族院校地处边远地区、信息不畅、交流不便、优质信息资源不足的缺陷。同时也是破解地方民族院校教育教学改革发展难题、促进教育教学变革与创新的重要路径。“高等学校作为教育体系的主要发展力量，应针对教育信息化进行教学理念、教学模式、教学方式、教学手段等方面的教学改革。”[①]地方民族院校，应充分借助于现代信息技术渗透学校教育教学的东风，大力深化教育教学改革，通过改革助推学校跨越式发展，甚至弯道超车。

（二）借助现代信息技术，实现教师和课程资源利用的最大化

地方民族院校大多地处民族边远地区，区位劣势较明显，且办学历史都不长，吸引和留住教师普遍较难，教师队伍特别是优秀教师数量不足，优质课程资源不足的矛盾普遍较突出。因此，学校应积极推动现代信息技术与教育教学的深度融合，充分利用网络资源平台、远程沉浸式（仿真模拟）、交互式网络教学（互动），线上线下教学有机结合，最大限度地利用校内校外优秀的教师资源和优质课程资源，使校内校外的优秀教师和优质课程资源惠及学校更多学生，并以此缓解教师队伍数量，特别是优质教师数量，以及优质课程资源严重不足的压力和矛盾。从而提高教学质量。

（三）以推广现代信息技术为契机，助力学校教育教学改革

教育教学理念的转变以及教学模式、教学方法、教学手段、评价方式的创新，是教育教学改革的重要内容，同时也是主要的难点。师生传统的教学思想理念、教学模式、教学方法、教学手段、评价方式已经习惯化和基本固化，要改变往往难度较大。学校以推进现代信息技术与教育教学深度融合为契机，可以在主动甚至“强制”推进中，让广大师生在不得不适应中去逐渐转变与现代信息技术不相适应的教育教学思想理念以及教育教学方式、方法与评价方式，从而有力地快速推进学校教育教学改革。

三、地方民族院校现代信息技术与教育教学深度融合的主要路径

（一）加快现代教育教学信息化平台与教育教学的深度融合

学校要通过建设以现代信息技术作为支撑的教育教学信息化平台，为现代信息技术与教育教学的深度融合提供重要的基础设施和技术平台保障。教育教学信息化平台可以主要从云桌面管理系统、智慧教务系统、视频录播系统、课程资源中心、网络学习中心、智慧教室、多功能教室、多媒体教室建设等几个方面构建以人为本的现代网络教育教学生态环境，简称“三系统两室一中心一环境”建设工程或“3211”工程。通过该工程建设，建立覆盖全校所有范围的高效、可视化、智能化云教学平台，

① 高珊，程毅. 高等院校教育信息化教学改革研究[J]. 知识经济，2019（34）.

实现多网络融合、数据共享、多媒体综合管理、课程资源录播、MOOC教学、SPOC混合式教学、教室间互动教学、与实训基地互动、教学评估与督导远程化、部分教学大数据分析与应用、网络学习等功能。通过平台加强网络教育教学资源体系建设，促进教育教学资源开发与应用，促进教育教学内容、教育教学手段和方法现代化，优化教育教学环境、提高教育教学多元化科学化管理水平，提高师生信息技术能力与素养，实现技术平台与教育教学的深度融合。从而提高教育教学效果和质量。

（二）师生新的教育教学思想观念与教育教学过程的深度融合

现代信息技术的发展促进了现代教育技术的飞速发展，远程教育、线上网络教学、交互式教育、沉浸式教学等成为现实。微信、微博、QQ、抖音等多种方便快捷的信息传播方式，以及移动计算机、智能手机等多种方便快捷的信息传播沟通工具的运用，使得教育教学的时空发生了颠覆式变化，教育教学随时随地都成为可能。这些新的教育教学方式和手段，对师生传统的教育教学理念和模式带来了巨大冲击。学校要推进现代信息技术融入教育教学，就必须首先转变和更新师生的教育教学思想和观念。即学校和教师要形成和树立以生为本，服务学生成长，方便和激发学生自主学习的思想和观念；学生要树立主动学习、自主学习、时时学习的思想和意识。确保师生在思想和观念上与新的教育教学方式相适应，从而使广大师生在现代信息技术条件下，实现新思想新观念与教育教学的融合。只有这样，才能在推进现代信息技术与教育教学的深度融合中，使师生奠定必要的主观思想和意识基础，师生运用现代信息技术的积极性和主动性才会更高，现代信息技术在教育教学中才可能更快地得到推广和运用，且运用的效果也才可能更好。

（三）教师现代信息技术能力和素养与教育教学过程的深度融合

现代信息技术是一个技术群，涵盖了微电子技术、光电技术、通信技术、网络技术、感知技术、控制技术、显示技术等。现代教育信息技术在很大程度上是以现代信息技术作为支撑的，是现代信息技术在学校教育教学中的具体应用和实际体现。教师是推动现代信息技术在教育教学中推广应用的主体和中坚力量，教师能否掌握体现现代信息技术特征的现代教育信息技术，是能否实现现代信息技术与学校教育教学深度融合的关键。

首先，地方民族高校要大力强化教师现代教育信息技术素质和能力培训，不断提升其应用现代教育信息技术平台的能力。学校要针对性制订校内校外培训计划，对教师分期分批展开培训，对担任示范专业和示范课程教学的教师要优先和重点培训，让其发挥引领和示范作用，并以此带动全校教师现代教育信息技术能力和素养的全面提升。

其次，积极开展教师现代教育信息技术教学技能竞赛。每年定期开展教师应用现代教育信息技术能力的竞赛活动，以此激励教师学习和提升在教育教学中应用现代信息技术的积极性、主动性和创造性，在实践中积极探索创新，不断提升教育信息化能力和素质。同时，也可以把教师能否熟练运用现代教育信息技术开展线上线下教育教学，作为评定高一级职称的基本条件，强化其外驱力。通过学校培训、教师在教育教学中的积极实践，以及参加竞赛活动，以此在学校营造积极使用现代教育信息技术的良好氛围，并使教师的教育信息技术综合能力和素质迅速提升，从而实现教师的现代信息技术能力素质与教育教学过程的深度融合。

（四）优质的教师和课程资源与现代教育信息技术平台的深度融合

现代教育信息技术平台，为学校教育教学提供了全新的教育教学时空以及实施平台和载体。但这一平台和载体要真正发挥作用，必须要有大量优质的教师和课程资源作为支撑，不然平台就是一个空架子。有大量优秀的教师和丰富的优质课程资源储备，学校就可以通过现代教育信息技术平台向更多学生提供高质量高效率的教育教学，从而提高人才培养质量。因此学校要加大投入，设立专项经费，通过校外校外结合，有计划地培养一批善于运用现代教育信息技术的优秀专业教师，重点建设一大批优质课程，特别是精品课程，然后通过现代信息技术教学平台这个放大器，最大限度地发挥优秀教师和优质课程的示范和引领作用，真正实现优质资源与现代教育信息技术平台的深度融合，更多更好地为民族地区培养高质量人才，助力民族地区全面发展。

结　语

现代信息技术作为第四次工业革命的核心引领技术，正以前所未有的广度和深度改变着我们的时代，影响着我们的未来。作为地方民族院校，在现代信息技术快速发展的大背景下，既充满无限发展机遇，又面临不小困难与挑战。学校要快速抓住新机遇，主动迎接困难与挑战，通过现代教育信息技术平台建设、转变教育教学思想观念、大力提升教师现代教育信息技术素养和能力，深化教学模式和教学方法改革，借助现代教育信息技术平台的倍增器作用，最大限度地发挥优质教师和优质课程资源的巨大作用，不断提高人才培养质量，从而实现地方民族高校的跨越式发展，振兴民族地区教育高等教育，助力民族地区全面进步。

【责任编辑：陈光军】

基于大数据背景下的高校教师信息技术应用能力提升策略

罗开田[①]

（四川民族学院资产管理处　四川康定　626001）

【摘　要】　大数据时代，高校教师经历了新型冠状病毒疫情的影响后，通过几个月的线上教学，充分意识到了信息技术应用能力提升的重要性。加之教学环境或平台的变革、学生学习方式和需求的革新，无不倒逼高校教师应不断提升信息技术应用能力。基于对高校教师信息技术应用能力现状的分析后，就如何加强顶层制度设计，引导教师转变观念，以赛促训，运用特殊能力构建网络课堂等提升信息技术应用能力的途径进行了深入探讨。

【关键词】　大数据；高校教师；信息技术；能力提升；大学生

在大数据的时代背景下，历经了新型冠状病毒疫情的影响后，高校教师无不经历了线上教学对个人信息技术水平应用能力的大考。相对于传统的教育技术手段而言，整合了互联网线上优势和大数据深度运用的现代信息技术则对新时代的高校教师提出了全新的要求。而学生在经历了近半年多的纯线上学习后，已经真切地感受到了线上教学的灵活与便捷。当学生再次回到传统的课堂上时，无不希望授课教师给予他们更多的学习灵活度。因为，网络时代的大学生，已经习惯高度依赖网络媒介去进行各种知识与文化的体验，并利用微信等自媒体来表达自己对知识与现实的思考。大数据，作为现代通信技术、计算机科学技术、互联网、物联网等元素结合的产物，其影响力已经达到前所未有的程度。CNNIC（中国互联网络信息中心）2020 年 4 月发布的第 45 次《中国互联网络发展状况统计报告》指出：大数据已成为新一代信息技术融合应用的焦点，作为实现创新发展的重要动能。大数据技术已成为我国信息化建设的重要支撑，随着信息关键技术的不断演进和应用持续深化，探索大数据背景下如何有效提升高校教师信息技术应用能力具有十分重要的现实意义。

一、大数据时代提升高校教师信息技术应用能力的必要性

（一）各大高校持续加大对信息技术硬件设施设备的投入，教学环境或平台的变革倒逼高校教师应不断提升信息技术应用能力

如今，我们已经进入大数据时代，大数据时代的特点是多样性、海量性、价值性、快变性[②]。为了适应大数据时代对教育硬件设施设备的要求，近年来，随着国家对各大高校智慧校园建设及信息化建设的持续投入，如今的高校基本已经具备纯线上教学的硬件基础。以笔者所在的高校 2019—2020 的建设项目为例，其中就有例如教学云平台项目、理工实验中心项目、虚拟仿真教学及资源共享平台项目、虚拟仿真实验教学建设制作服务项目、三笔字画实训室（基于数字模拟）项目、师范技能实训室（基于数字模拟）项目、理工学院计算机技术虚拟仿真实验室、经济与管理学院数字化智能财务实训室、创新创业数字化孵化中心项目、在线课程资源管理 MOOC 平台、2020 年精品在线开放课程建设及配套服务项目等共计 20 余个项目都是用于改善教学环境、提升教学资源现代信息技术水平，投

① 罗开田（1977—），男，四川宜宾人，软件工程硕士，四川民族学院资产管理处办公室主任，副教授。主要研究方向：复杂网络及计算机应用。

② 江慧. 大数据时代本科师范生信息技术应用能力培养研究[J]. 软件导刊，2017（2）.

入建设资金 4000 余万元。在这样的大环境、大变革下，作为高校教师，积极主动地学习和掌握相应的信息技术应用能力则势在必行。

（二）后疫情时代，高校教师的信息技术应用能力和水平将直接影响教师未来的发展

如今，作为知识经济和信息经济飞速发展的时代，网络成了大学生学习、生活、工作中不可缺少的组成部分，尤其是在学习环节，利用网络进行主动学习、自主学习已经成了主流。而我们的高校教师要勇立于网络浪潮的潮头，则更应首先从传统的教学思想观念上取得突破。尤其是随着各类在线课程资源 MOOC 平台及网络学习课程平台的相继推出，很多学生几乎可以在不付费或极少付费的情况下去选择其中一些名校、名家的网络课程进行自主学习。这也就给我们的老师们带来了巨大的压力。这也正如个别老师谈到的，如果自己不能掌握现代化的信息技术，不能学会网络课程的录制、编辑或后期制作，不知道如何利用微课去逐个解决教学重难点，那将是一件十分危险的事情。尤其是在学生通过线上提出有关问题后，作为教师如何高效地通过线上和线下结合的方式，快速而精准地给学生解决相关问题同样显得十分必要。大数据时代，知识无边界，我们需要不断更新、不断学习更加系统全面的信息技术知识，才能受到学生的爱戴，教学效果才能事半功倍。

（三）在线教育规模和比例的不断扩大，促使高校教师需要快速提升信息技术应用能力

截至 2020 年 3 月，我国在线教育用户规模已经达到 4.23 亿人，占网民整体规模的 46.8%。尤其是在受到新冠肺炎疫情影响后，为解决长期不能实现教学活动的突出问题，我国把传统的线下教育全部转移到了线上。在线教育这种教学模式已经植根于每一个师生的认知当中。即便是在疫情过去之后，依托网络实现学习的自主化和灵活化，已然成了当下人们获取知识的最重要渠道之一。而我们的高校教师如果没有这种在网上教学技能提升与素养形成，没有利用网络的信息技术能力，没有利用信息技术优势实现网络教学的经验和积累，则很难适应在线教育。

二、高校教师信息技术能力现状分析

（一）部分教师利用现代网络信息技术适应新型课堂的能力不够

近年来，随着微课的推出，之后的慕课、翻转课堂、雨课堂、对分课堂等新型教学模式的不断出现，使得学生的主体地位发挥得到了前所未有的发展。尤其是通过国家有关教育教学部门组织的各类新型课堂的比赛不难看出，我们的很大一部分高校教师在录制微课、制作相关视频等过程中，大多表现出了网络信息技术能力匮乏的问题。例如，从全国高校微课比赛网中我们不难看出，部分教师在参加四川省或全国的微课大赛时，其制作的最终视频几乎都来自多机位的拍摄，最终的参赛作品更依赖于后期的剪辑与制作。完全由个人通过相关软件实现自行录制与剪辑的少之又少。而随着在线教学的普及，作为高校教师个人而言，仅仅掌握一些传统的多媒体课件制作，例如 PPT 的设计与应用已经不能适应在线教学的要求。与之配套的信息技术能力则需要大幅提升，尤其是视频编辑技术，影音的后期处理与加工技术及动画制作技术等等。同时，作为教师还要充分学习和掌握新型课堂的学习过程、制作过程、制作手段，并利用出色的设计和新型的信息技术手段设计、制作好相关知识模块的教学视频或实验内容设计，从而让学生在新型课堂中有新的体验，能积极探索和思考教师提出的相应问题。

（二）高校教师大多仅具有一般的信息技术应用能力

从 20 世纪末，电脑和网络进入到 CAI（计算机辅导教学）中以后，大多数高校教师仅掌握了一般的信息技术应用能力。如，word 文字处理中的排版、表格设计与制作、图片的插入与简单应用；Excel 中的工作表数据录入、数据的简单汇总、排序；PPT 中模板的运用、图文初步设计、简单动画；网络中的图文下载与基本信息获取；信息处理中的保存、命名、压缩、PDF 转换；视频中的上传、下载、简单剪辑等。可以说上述这些能力作为信息技术能力来讲，确实能满足传统的课堂教学与设计，起到一定的教学效果。然而，在大数据时代背景下，在线教学模式的普及，学生通过网络视频或课堂

获取信息和知识的习惯已经养成，再加之网络上各种多媒体信息的影响和诱惑，要想抓住学生的学习兴趣，高校教师还需要具备其他一些特殊的信息技术应用能力。

（三）高校教师大多缺乏适应网络教学课堂构建的特殊能力

例如，利用各种网络平台，在课堂上与学生实现实时互动的能力。在学生提出问题需要秒回的节奏下，作为一名教师如果不具备快速录入文字的能力则将很快让学生失去学习的欲望和兴趣。同时，在快速的在线教学过程中，通过现代化信息技术去构建适合当下学生的学习空间和学习方法，是吸引学生最有力的方法和手段之一。尤其是在网络教学的过程中，计算机和网络已经不再是传统意义上的教育教学工具，而应成为教师必须具备的理念和能力。我们可以毫不夸张地说，在如今的新型课堂中，没有信息技术的应用，很大程度上我们的课堂将失去足够的吸引力。因此，高校教师还应具有相对而言更为高级的信息技术应用能力，例如 word 的试卷设计与制作、邮件合并等高级应用，Excel 函数的应用，Flash 二维动画的制作，视频的录制与剪辑，音频的合成与应用，信息存储格式转换和网络课程或网络教学平台的基本维护和完善①等。

三、大数据背景下提升高校教师信息技术应用能力的策略

（一）加强顶层制度设计，引导教师转变观念，主动适应，全面提升信息技术应用能力

如前所述，我们当下的高校大多已经具备开展网络教学的基础硬件设施设备。以笔者所在的学校来讲，学校已经建成云教学平台，也正在建设 MOOC 录制与制作平台，同时之前也建有精品课程录制室等。这也就为教师利用这些先进的网络课堂设备打下了基础。作为学校，在有了硬件的基础上，还应大力加强顶层制度设计，制定配套的制度或奖励引导措施，鼓励教师充分利用先进的平台主动改革教学的方式方法，努力“打造金课”，要在后疫情时代走在网络教学的前沿。而作为高校教师，则更应主动适应新的教学平台，做好进行线上教学与线下教学相结合的充分准备。尤其是要在申报校级、省级、国家级精品课程的过程中，主动学习全新的视频课程录制与后期编辑技术，提升综合运用信息技术和网络的能力。

（二）以赛促训，通过专家引导与培训全面提升教师的信息技术应用能力

随着近年来国家及省、市等组织的全国或全省比赛不断推出，尤其是诸如师范技能比赛、微课大赛、课件大赛、创新创业课程大赛、就业指导课程大赛等，这些比赛既体现了新时代教育教学改革发展的方向，又折射出了大数据时代对参赛人员的更高要求。笔者曾先后参加了 8 次省级及以上的各类比赛，虽最终也获得过省级一等奖和全国三等奖，但回顾参赛的过程，尤其是在赛场上和全国一、二等奖获奖选手相比较而言，一般的参赛教师大多是“单兵作战”，而最终获大奖的大多是“团队作战”。以制作参赛微课视频为例，如果一个学校的参赛教师平常没有在学校或基层比赛的经验积累，没有掌握较为全面的信息技术和现代网络运用技术，则很难有宽阔的视野。而作为省级及以上的大赛，信息技术运用是基础，在此基础上的教学设计及方法的创新是赢得比赛的关键。因此，作为学校而言，平时要借助学校的大数据平台，分析本校教师的基本素养构成，通过专家举办讲座，引领信息技术发展方向。同时通过校内基层比赛的开展，可以促进不同专业的参赛教师使出浑身解数来制作自己的参赛课件或比赛视频，从而通过比赛发挥教师的主体作用，使其在技术方面同步或是领先，在教学设计上能创新，在教学内容上符合教学需求等。而这样的比赛，也为同行间提供了交流、学习、借鉴或培训的契机。当然，考虑到学校各专业、各年龄层次教师的具体实际，学校也可以开设不同技术层面的信息技术应用技能培训。对于一些专业机构或教育协会组织的相关培训，学校也应积极选送教师参培，参加培训的教师学成后，回校可组织教研或讲座等，从而达到老师们共同提高的目的。

---

① 姚剑平．大数据时代外语教师信息技术应用能力培养[J]．福建教育学院学报，2014（7）．

（三）以网络课程建设为依托，大力提升教师运用现代信息技术构建网络课堂的特殊能力

自 2020 年的疫情以来，大多数教师都已经通过网络媒介开展过网络教学。通过教学实践，老师们已然认识到将传统课堂迁移到网络之上已经是互联网+时代的必然发展趋势。而作为高校而言，要创建或申报各类精品课程，其前提都是要有教师该门课程的完整视频和其他的配套资源。在建设这些网络课程的过程中，大多数学校不惜花重金请专业的团队来制作高水平的适合网络教学的网络课程。在制作期间，教师的教学设计和教学发挥始终是最重要的环节。而作为其中不可或缺的角色，正好可以和专业的制作公司或团队相互讨论、交流，进而提升诸如 Office 高级应用、平面片头的设计与制作、动画效果的设计与实现等特殊的信息技术应用能力。

四、结语

在云计算大数据时代，掌握信息技术应用能力已经成为高校教师适应时代发展的必要职业核心能力之一。为全面提升网络课程的教学质量，体现以生为本的教学理念，拓展高校教师的信息技术视野，则必须把强化教师的信息技术应用能力放在突出地位。结合大数据技术，全面挖掘教师的信息技术能力，提高网络教学平台的教学质量，已然成为大数据时代高校教师的重要课题。

【责任编辑：陈隽】

疫情期间线上教学平台模式对比研究

——以四川省高校为例

陈　欢[①]

（四川民族学院文学院　四川康定　626001）

【摘　要】 疫情期间，我国各高校纷纷开始了线上教学实践。线上教学共有“线上教学资源”“网络直播”“线上线下混合式”三种主要的教学模式，每种模式都有各自的平台依托。对各平台线上教学情况进行介绍、对比、分析，其目的在于指导和完善防疫常态化后线下教学，推动实现“互联网＋教育”。

【关键词】 高校；在线教学；线上资源；直播平台；线上线下混合式

新冠肺炎疫情期间，为指导大中小学实现“停课不停教，停课不停学”，教育部先后下发《教育部关于 2020 年春季延期开学的通知》和《关于在疫情防控期间做好普通高等学校在线教学组织与管理工作的指导意见》。此外，教育部还组织了 22 个在线平台免费开放包括 1291 门国家精品在线开放课程和 401 门国家虚拟仿真实验课程在内的在线课程 2.4 万余门，覆盖了本科 12 个学科门类、专科高职 18 个专业大类[②]供各高校选择使用。各高校积极响应教育部的号召，根据自身情况研究制订了相应的在线教学组织和实施方案。依托在线课程资源和直播平台，各高校教师开始了全面的线上教学实践，确保实现“在线学习与线下课堂教学质量实质等效”的目标。

高校线上教学主要以以下三种方式进行：依托线上教学资源组织教学，利用网络直播平台进行教学，线上教学资源与网络直播相结合开展教学。以四川省为例，笔者根据《四川省普通本科高校在线教学质量报告汇编》（简称《汇编》）提供的数据对省内 51 所高校进行了初步统计，数据显示最受师生欢迎的在线教学资源平台排名靠前的分别是：超星学习通、中国大学 MOOC、智慧树、学银在线。而最受师生欢迎的网络直播平台排名靠前的大都是腾讯系列的产品，包括腾讯会议、腾讯课堂、QQ 群课堂，钉钉和雨课堂也作为直播工具为部分高校师生所用。现就三种主要教学模式及各自依托的平台进行简单的介绍。

一、“线上教学资源”教学模式

“线上教学资源”教学模式指教师指导学生利用线上的教学资源进行自主学习。线上教学资源主要包括课程教学资源、MOOC（Massive Open Online Courses，大型开放式网络课程）、讲座视频资源、电子书资源、微课、在线学习平台、课件、习题等。

最受师生欢迎的线上教学资源平台是超星学习通。超星学习通是面向智能手机、平板电脑等移动终端的移动学习专业平台，它利用超星 20 余年来积累的海量图书、期刊、报纸、视频、原创等资源，集知识管理、课程学习、专题创作、办公应用为一体，充分满足用户借阅查询图书馆藏书、搜索下载电子资源、浏览图书馆资讯、学习学校课程、进行小组讨论等方面的需求，是一个超星公司“基于微

---

① 陈欢（1993—），女，重庆云阳人，助教。主要研究方向：中国现当代文学。

② 中华人民共和国教育部. 疫情防控期间做好高校在线教学组织与管理工作[EB/OL].（2020-09-28）. http://www.moe.gov.cn/jyb_xwfb/gzdt_gzdt/s5987/202002/t20200205_418131.html.

服务架构打造的课程学习，知识传播与管理分享平台”[①]。疫情期间，学习通面向所有师生和社会学习者免费开通了480余门通识课的全部章节学习内容。除了海量的课程资源以外，针对教师超星推出了云教学平台。在云教学平台的教师页面，分别设有通知、活动（内含签到、投票、选人、抢答、主题讨论、随堂练习、问卷、评分、分组任务等选项）、资料、作业、考试、统计等选项，教师可根据授课需要设置相应的参数。值得一提的是其中的“统计”功能，能对学生学习、互动进行全过程的数据记录与分析，教师可以查看任一活动的详细参与情况，并根据数据及时调整授课方式，展开教学研究。

中国大学MOOC同样也在疫情期间为广大师生提供了便利。中国大学MOOC是由网易与高等教育出版社于2014年5月携手推出的在线教育平台，承接教育部国家精品开放课程任务，汇集国内最好的高校（“双一流”大学，包括北京大学、浙江大学、南京大学等）优质课程，向大众提供中国知名高校的MOOC课程。早在2018年，中国大学MOOC开设课程的总门数就已超过5 000门，注册用户超过1 000万，选科人次突破4 000万，人均选科4门[②]。

疫情期间中国大学MOOC向全国高校免费提供8000余门优质在线课程资源，涵盖本科12个学科门类所有专业类、专科18个专业大类。此外，中国大学MOOC还提供了相应的在线教学服务：为各高校搭建专属的在线学习空间，推出智慧教学工具——“慕课堂”，提供在线课课内直播服务、学生在线学习数据服务等。

智慧树和学银在线也拥有不小的使用群体。智慧树网隶属于上海卓越睿新数码科技有限公司，是全球大型的学分课程运营服务平台[③]。服务的会员学校近3 000所，已有超2 000万人次大学生通过智慧树网跨校修读并获得学分。疫情期间智慧树向全国高校免费提供了跨校共享学分课程3 223门（大多数为2学分，涵盖92个专业大类），同时还为共享课、校内课提供线上直播、“在线实时授课”服务。学银在线则是由国家开放大学和超星集团共同打造的新一代开放学习平台，是职业教育学分银行的信息化平台[④]。据学银在线官网数据显示，截至目前该平台的总用户数为47 000 890人，其中职教用户有19 890 971人，活跃用户数4 474 261人。疫情期间，学银在线免费提供3 464门慕课及国家级、省级精品在线开放课，首批优选出720门本科慕课及298门高职慕课，供院校引进使用，进行学分认定。此外，学银在线还针对已在平台开课及计划使用学银在线专业课程开课的院校，免费提供包括开课建课、辅助教师应用、学生学习支持、师生直播互动等全方位的服务支持。

“线上教学资源”教学模式在实际授课中，一般以各平台丰富的课程资源为基础，辅之以QQ群或微信群等即时交流工具答疑的方式进行，或是利用平台为各高校搭建的云教学平台，将在线课程插入到自己所建课程中。这种教学模式的优势在于课程资源丰富，有大量国家精品开放课程、优质课程，学生可以通过网络近距离感受名师名家风采。对教师而言同样也是一个难得的学习机会，面对“金课”可以重新审视自己的专业知识和授课方式。与此同时，“线上教学资源”教学模式的不足也比较突出，即师生、生生间的互动较为缺乏。尽管各平台都有相应的提高互动的程序设计，例如学习通的主题讨论、分组任务，但据《汇编》各高校问卷统计的结果显示，不少学生都认为依托线上教学资源组织教学的方式在互动这块较为缺乏，相比此种教学模式他们更喜欢直播教学的方式。

二、“网络直播”教学模式

“网络直播”教学模式是指课程未利用线上课程资源，仅借助较为简单的教学媒介，通过直播平台为学生授课[⑤]。在授课过程中，教师往往借助平台具有的屏幕分享功能展示课件、板书，选择语音

---

① 世纪超星官方网站：http://about.chaoxing.com/.

② 郑勇：中国大学MOOC注册用户超过1000万，哪些大学教师最“网红”？[EB/OL].(2020-09-28). https://www.sohu.com/a/21717 8105_101928.

③ 智慧树官方网站“关于智慧树”：https://www.zhihuishu.com/aboutus.html.

④ 学银在线官方网站“关于我们”：http://www.xueyinonline.com/portal/liaojie?curtitle=1.

⑤ 宗建情．高校师生视角下线上教学的利弊探析——以广东交通职业技术学院为例[J]．现代信息科技，2020（10）：110-113.

直播或视频直播完成授课内容，利用提问、发言、留言板等功能实现课堂互动，利用上传下载功能满足教材、参考资料、课件等的传输需求。这种教学模式与传统的线下教学类似，也因此为大多数学生熟悉、认可，成为他们最喜欢的线上授课方式。

在所有的直播平台中，最受师生欢迎的是腾讯系列的产品。根据多所高校的数据统计显示，师生对腾讯系列产品的喜好度排名分别是腾讯会议＞腾讯课堂＞QQ 群课堂。

腾讯会议是一款腾讯云旗下的音视频会议产品，因其便捷易用、安全可靠的特点为众多有着跨企业、跨区域沟通需求的客户所青睐。疫情期间，腾讯会议面向全国用户免费开放，为确保线上教学的顺利实施做出了巨大贡献。腾讯会议支持手机、电脑、平板、Web 一键入会，甚至可以不下载任何插件或客户端，直接使用微信小程序进入到会议中来，有着良好的用户体验。腾讯会议的页面相当简洁，主页有“加入会议”“快速会议”和“预定会议”三个选项。其中“快速会议”和“预定会议”都可直接开启课堂，进入会议后教师将会议邀请码发送给学生，待学生进入会议后可以通过开启视频、分享屏幕的方式进行直播教学，学生可以通过文字聊天的方式在课堂上进行互动。并且腾讯会议还具有音视频智能降噪的功能，能有效降低环境噪声对课堂的干扰。此外，腾讯会议对网速要求不高，避免了疫情期间在线教学网络拥堵的问题。①

腾讯课堂是原本是腾讯打造的一个为专业职业培训提供在线学习精品课程的教育平台。疫情期间，腾讯课堂免费开放了针对线上教学的极速版。腾讯课堂页面共分“课堂”“作业”“课件”三大板块。其中“课堂”设有“分享屏幕”“PPT”“播视频”“摄像头”四种授课方式供教师选择，还设有签到、举手、画中画、投稿、弹幕、答题卡等功能满足多样化的课堂需求。腾讯课堂还支持课程回放，学生可以在课堂结束后利用此功能查漏补缺。新版腾讯课堂新增在线作业功能，支持学生以文字、语音、图片、视频、文档等方式提交作业，平台还支持教师在线批改作业。

QQ 群课堂是腾讯 QQ 在 2020 年 2 月 19 日进行版本更新时上线的新功能。在 PC 版和手机 App 版本中，新增了“群课堂”“作业红笔修改”“家校群快捷栏”等系列功能。其中“群课堂”是 QQ 根据线上教学需要打造的直播间，教师可依托 QQ 群实现课前、课中、课后的课堂管理。课前，教师可根据 QQ 群的辅助功能“打卡”“群接龙”进行课前签到。授课时，教师通过 QQ 群的快捷入口发起课堂，点击“开始上课”后会出现课前调试界面，教师可根据实际需求选择自由模式、主持模式和麦序模式中的任意一种开启课堂。自由模式，课堂成员可自由发言，适合“头脑风暴”时使用，但课堂秩序不太容易控制；主持模式，教师主持发言，学生发言需要申请发言，教师同意后可实现连麦；麦序模式，课堂成员排队发言。其中，主持模式因与传统的线下教学接近而运用最多。页面有视频音频直播、屏幕分享或播放影片三种方式，其中的屏幕分享功能可实现板书、标记等操作，留言板功能可实现课堂的文字互动。课后，教师可通过 QQ 群里的“作业”功能布置作业。教师布置作业后，群成员会立刻收到通知，学生可通过图片、语音方式来提交作业。学生提交作业后，教师端也会收到提示，而后进行作业批改。此外，QQ 群课堂还可以依托 QQ 群聊上传下载文件，并且支持文件夹功能，对文件进行分门别类。

腾讯会议、腾讯课堂、QQ 群课堂都是腾讯系列的产品，有着良好的用户基础，又因其操作简单、页面简洁、功能齐全为广大师生所选择，占据了直播平台的绝大部分市场。不过仍有一款直播平台值得一提，即清华大学在线教育办公室和学堂在线于 2016 年共同研发推出的智慧教学工具——雨课堂，它致力于为所有教学过程提供快捷免费的数据化、智能化信息支持②。雨课堂是基于 PPT 的一款 PC 插件，在安装完成后演示菜单栏里会新增“雨课堂”一栏，手机扫码登陆后点击“开启雨课堂授课”便进入到授课页面，此时手机可作为遥控器，辅助教师授课。教师可以选择视频直播或语音直播，可根据课堂需求设置习题，有单选题、多选题、填空题、主观题和投票等题型选择，还有弹幕、投稿、

① 宋修艳，王辉. 网络拥堵条件下在线直播课的构建[J]. 科技视界，2020（18）：13-16.

② 雨课堂官方网站：https://www.yuketang.cn/.

随机点名、板书等工具辅助教学。雨课堂还有针对学生投稿和弹幕的词云分析，平台对弹幕列表、投稿列表的语料进行提炼，生成词云，教师在用电脑进行授课时手机可作为遥控器使用，通过手机将生成的词云进行投幕。雨课堂在疫情之前就已经为多所高校选择使用，据 2016 年 4 月的数据显示，有超过 7 000 所教学机构使用雨课堂，活跃用户超过 80 000 人①。相较于其他直播平台，雨课堂直播功能以外的其他辅助教学的功能可在防疫常态化后的线下教学中继续发挥作用。

“网络直播”模式因接近传统线下教学深受师生欢迎，但也存在诸多问题。其中最大的问题便是部分高校教师的教学理念转变较慢，未能借助疫情期间全面实行线上教学这一契机，将传统的“以教为主”向“以学为主”转变，只是简单地将教室课堂搬到了线上，遵循的还是线下教学的逻辑，但又不具备传统线下课堂互动学习的良好氛围，在教学效果上便打了折扣。

三、“线上线下混合式”教学模式

“线上线下混合式”教学模式是指学生课前学习 MOOC、学习通等平台上的网络课程，线上通过直播、线上即时交流等各种形式进行重难点讲解、分组讨论、习题讲解、答疑等步骤。例如，四川大学为提高线上教学质量，指导教师用好平台提供建议如下：“以一个平台（超星/爱课堂/雨课堂平台/其他，用于上传/分发资料、课堂签到、学习任务下发、答题记录、测试等）+一个即时课堂（ZOOM/腾讯会议/QQ 群课堂/腾讯课堂，用于视频直播、PPT 播放、屏幕分享）+一个群聊（QQ 群/微信群，用于师生互动、实时动态掌握）的组合”②，以便更好地完成全过程教学。当然，线上线下平台的选择可以是多种多样的。

“线上线下混合式”教学模式是对多种教学方式的综合，汇集了多种教学方式的优点，根据常识理解它应当是最适合线上教学也最受师生欢迎的一种模式。但据多所高校的问卷调查的结果显示，“网络直播”仍然是最受师生欢迎的教学模式。尽管为了保障教学的顺利进行，学校向教师强调了“不推荐、不建议”采用课堂直播教学，但四川大学的统计数据仍然显示有 53.95%的教师更偏向于直播授课，有 50.11%的学生最喜欢的教学方式是直播授课（如图 1），仅有 27.97%的学生选择线上线下混合式教学。在电子科技大学，有 79.11%的教师更喜欢直播授课，仅有 10.06%的教师选择线上线下混合式教学。这一数据的对比在学生群体中则不突出，在“你最喜欢的三种线上授课方式”选项中，有 74.57%的同学选择了直播授课方式，同时也有 60.21%的学生选择了线上线下混合式教学（如图 2）。而这一数据的对比也恰好说明高校教师应当加快适应教学方式的转变。

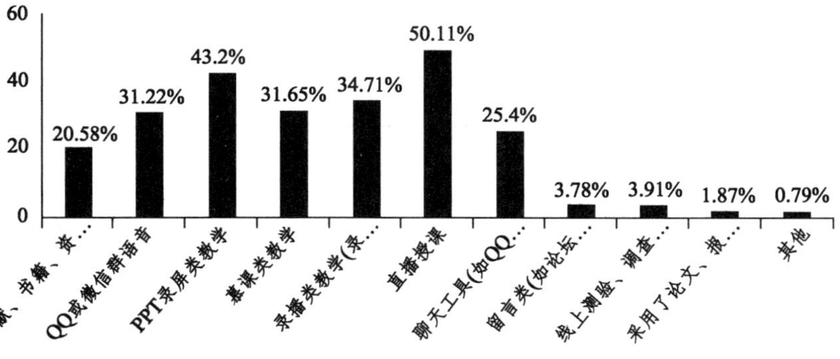

图 1　四川大学学生数据

① 学堂在线. 学堂在线推出智慧教学工具——雨课堂[EB/OL].（2020-09-28）. https://news.tsinghua.edu.cn/info/1008/56064.htm.

②《四川省普通本科高校在线教学质量报告汇编》，第 14 页。

选项	小计	比例
线上线下混合式教学(学生课前学习MOOC/SPOC课程资源,线上通过各种形式进行难点讲解、分组讨论、习题讲解、答疑等)	2 746	60.21%
直播授课(实时直播授课,学生在线实时听课学习)	3 401	74.57%
录播教学(课前学生通过录播视频学习,线上进行难点讲解、分组讨论、习题讲解等)	929	20.37%
线上研讨教学(教师课前按需要提供PPT、视频、音频、作业、思考题等给学生课前学习,线上通过各种形式进行难点讲解、分组讨论、习题讲解、答疑等)	1 044	22.89%
学生自主学习(教师提前通过邮件等渠道发送学习资料,以学生自学为主,辅以邮件等形式的讨论、答疑)	581	12.74%
其他(请填写)	14	0.31%
本题有效填写人次	4 561	

图 2　电子科技大学学生数据

疫情期间，三种主要教学模式中广大师生更青睐“网络直播”教学模式的最为主要的原因在于这是众多的教学方式中最接近传统线下教学的。在传统“以教为主”授课模式的影响下，教师已经习惯主控课堂，倾向于向学生灌输知识，学生也已经习惯被动接受知识，自主学习能力普遍不强。而线上教学让教师很难掌握学生真实的学习状态，难以及时有效地检验学生的学习效果，也难以实施线下教学时“监管”与“督促”的作用，让广大教师对教学质量感到担忧。但从另一个角度来看，恰是这些难以把控的要素促使教师转变教学方式，也因此带来了学生学习方式、学习习惯的相应转变。在多方的共同努力下，疫情期间学生对线上教学的满意度普遍较高（见表 1），甚至部分学生认为线上教学师生间的互动是要高于线下教学的。虽然传统线下教学方式深入人心，转变困难，而线上教学也有诸多缺陷（如网络卡顿、拥堵，画质不清晰；课程使用平台较多，切换带来不便；长时间使用电脑手机，学生视力下降等），但此次全民线上教学极大地推动了“互联网+教育”实施的进程。“线上线下混合式”教学模式必将是未来教学的趋势，并且在此次问卷调查中众多高校师生都表达了对未来“线上线下混合式”教学模式的积极态度。①

表 1　四川各高校线上教学满意度（不完全统计）

学校	比较满意/%	满意/%	小计/%
电子科技大学	36.23	49.39	85.62
四川农业大学	10	89.2	99.2
西南石油大学	60.52	27.46	87.98
西南科技大学	71	13.86	84.86
成都大学	54.7	19	73.7

【责任编辑：唐明钊】

① 《四川省普通本科高校在线教学质量报告汇编》显示四川大学有 31.3%的教师表示经此一“疫”后转变了教学观念，认为“线上线下混合式”教学是最有效的方式（第 14 页）。西南科技大学有 54.99%的教师表示疫情结束后会选择“线上线下混合式”教学模式（第 75 页）。

信息化背景下康巴民间艺术在地方民族高校的教育传承研究[①]

吴　凯[②]

（四川民族学院教育科学学院　四川康定　626001）

【摘　要】 康巴民间艺术具有独特的文化价值，其传承现状不容乐观。教育传承已成为其传承、发展和创新的主要途径。信息技术的应用是当下康巴民间艺术教育传承的必然趋势。信息化背景下康巴民间艺术教育传承主要路径有：提高思想认识，促进教师信息化能力提升；改革课程体系，优化教学方式；利用信息技术推动康巴民间艺术的传播与发展；构建特色校园文化；利于云端科技，聘请相关民间艺人；加强“云”沟通、交流与合作；创建数字化康巴民间艺术博物馆。

【关键词】 信息化；康巴民间艺术；地方民族高校；教育传承

一、康巴民间艺术概述

康巴地区主要位于今四川省甘孜藏族自治州、青海省藏族玉树自治州、云南迪庆藏族自治州和西藏昌都等地区[③]。在长期的历史发展过程中，这里形成了以藏族为主体，兼容汉族、羌族、彝族、纳西族等民族的地域文化，具有多元性和复合性。康巴民间艺术是康巴文化的重要组成部分，是康巴地区人民生活和智慧的结晶，承载着人民的情感、审美和信仰等。康巴民间艺术多姿多彩、地方色彩浓郁，具有不可代替的、独特的、持久的人文魅力，其形式多样、内容丰富，如康巴民歌、康巴舞蹈、藏戏、康巴绘画、康巴壁画等。

二、康巴民间艺术传承现状

康巴民间艺术因根植于民间，其传承方式主要依靠“口传心授”，传承途径有家族传承、师徒传承和教育传承。随着科技的发展，信息化、网络化时代的到来，信息技术在人们的生活、学习、工作等方面得到应用，信息的传播变得迅速而多样，人们的思维方式和生活方式正在逐渐变化。由于受到了“外来艺术”的传播和影响，康巴地区青年一代的艺术审美和兴趣正在悄然地发生着变化，康巴民间艺术生存的土壤和环境正在发生着变迁，其受众面越来越窄，传统的传承方式已不能满足时代发展的实际需求。康巴民间艺术的家族传承和师徒传承显得举步维艰，有些艺术出现了后继无人的局面，面临着消亡。因此，提高认识、加强保护、制定法律条例、开发利用以促进保护与传承康巴非物质文化遗产的工作更加紧迫[④]。

三、康巴民间艺术在地方民族高校教育传承的价值

（一）有利于康巴民间艺术的传承、发展与创新

由于过往传承康巴民间艺术的观念、方式与技术等已远远不能适应今天的客观现实，康巴民间艺

---

① 本文系 2019 年四川民族学院校内资助科研项目“康巴民间艺术在地方民族高校的教育传承研究”（项目编号：XYZB 19029SB）的研究成果。

② 吴凯（1985—），男，河南信阳人，硕士研究生，专职教师，讲师。主要研究方向：民族音乐学、音乐教育。

③ 周介铭. 康巴文化研究[M]. 人民出版社，2018：5.

④ 中国艺术研究院、中国非物质文化遗产保护中心. 中国非物质文化遗产普查手册[M]. 文化艺术出版社，2007：3-4.

术的传承需另辟蹊径，适应时代的发展和需求。高校作为传播知识、培养人才、科学研究和服务社会的场所，承担着传承弘扬中华优秀传统文化，实现中华民族伟大复兴的历史使命。教育传承已成为现当代康巴民间艺术发展和创新最有效和最有活力的传承方式。康巴民间艺术在高校的教育传承已成为康巴民间艺术传承、发展和创新的必由之路。地方民族高校身处民族地区，有着得天独厚的资源优势和地缘优势，康巴民间艺术在地方民族高校进行教育传承，将加强康巴民间艺术资源的开发和利用，促进康巴民间艺术的传承、发展和创新。

（二）有利于凸显人才培养的地方性和特色性

2005年国家出台了《关于加强我国非物质文化遗产保护工作的意见》，要求大专院校加强非物质文化遗产的研究、认定、保存和传播，建立科学有效的传承机制，逐步将优秀的、体现民族精神与民间特色的非物质文化遗产内容编入有关教材，开展教学活动[①]。中共中央办公厅、国务院办公厅印发《关于实施中华优秀传统文化传承发展工程的意见》提出“在高等教育阶段，要推动高校开设中华优秀传统文化必修课，在哲学社会科学及相关学科专业和课程中增加中华优秀传统文化的内容”[②]。地方民族高校身处民族地区，承担着传承和创新民族文化的责任与使命，其更有责任和义务将康巴民间艺术纳入自身的教育当中。在地方民族高校中，少数民族学生占据了一定比例。将康巴民间艺术纳入课程教育体系当中，丰富了学校的教育教学内容，打破了千篇一律的人才培养模式，能满足不同学生的个性化发展和需求，彰显学校的特色与文化，突出人才培养的特色性和地方性。

（三）有利于学生树立科学的文化价值观

“文化价值观是影响大学生全面成长及其社会化的重要因素，教育和引导学生树立科学的文化价值观越来越为教育界所关注，已经成为高等学校重要的教育目标和任务”[③]。康巴民间艺术是康巴文化的瑰宝之一，在地方民族高校进行教育传承，能提高学生对康巴民间艺术的了解和认识，促使学生树立起多元的文化价值观，对学生的价值取向、思维方式以及审美等方面产生积极的影响。同时，有利于学生树立正确的民族文化观，能以一种开阔的文化视野和积极的文化心态看待民族文化，增强民族文化认同，提高文化自信和自觉。这样培养的人才才能树立起科学的文化价值观和民族观，才能促进康巴民间艺术的传承、发展与创新。

四、信息技术在康巴民间艺术教育传承中应用的意义

随着科技的发展，信息技术已融入了人们的生活、学习和工作当中，改变了人们原有的生活和学习方式。而当代大学生更是紧跟时代发展的弄潮儿，在他们的生活和学习当中更是离不开信息技术的应用，很多资源和信息都来源于手机通信、计算机网络等，如微博、微信、抖音、QQ等。现代信息技术在康巴民间艺术的教育传承应用当中，地方民族高校可以利用网络平台、App、公众号、微电影、视频等不同的技术形式来丰富康巴民间艺术的教育传承方式，加强康巴民间艺术的宣传和传播，丰富校园文化，这样才能对学生起到潜移默化的影响。当然，随着信息化的发展，高校的教学模式也正在发生变化，如出现的微课、慕课、翻转课堂等，传统的教学模式很难满足学生的实际需求。那么，将信息技术应用到教育传承当中去，会改变教师的思维模式，丰富教师的教学方式，提高教学质量，提高学生的学习效率和学习兴趣，这样才能更好地促进康巴民间艺术的传承、创新和发展。

---

① 国务院办公厅. 关于加强我国非物质文化遗产保护工作的意见[OL]. 国办发〔2005〕18号，2005（08）.

② 中共中央办公厅、国务院办公厅. 关于实施中华优秀传统文化传承发展工程的意见[OL]. 中办发〔2017〕5号，2017（01）.

③ 张发钦、王春江. 多元文化背景下大学生文化价值观的培育[J]. 现代教育管理，2009（10）：92-94.

五、信息化背景下康巴民间艺术在地方民族高校的教育传承路径

（一）提高思想认识，促进教师信息化能力提升

传统的艺术教育课堂很多教师还停留在“一架琴、一张桌”的教学模式，没有从思想上重视信息技术的融入，认为艺术课程就是“跳一跳、唱一唱、画一画、弹一弹”，没有必要融入信息技术，也没有重视教学方式的改变。随着时代和信息化的发展，学生的学习和思维方式也发生着巨大的变化，他们思维活跃，喜欢接受新的事物，勇于挑战和创新，传统的教学模式很难激发他们的学习兴趣和学习效率。康巴民间艺术因来源于民间，具有很强的地方性、传统性和文化性，如果在地方民族高校的教育传承还沿用传承的教学模式，将很难适应时代发展的需求和现代大学生的思维特点及审美要求。

作为地方民族高校的教师需要充分认识到康巴民间艺术的价值以及现代信息技术的重要性，能打破传统教学思维的局限性，紧跟时代步伐，与时俱进，勇于接受新事物，创新思维方式，努力学习和掌握各种现代信息技术的基本知识和技能，这样才能充分利用各种资源为教育教学工作服务，不断提高教学质量。教师可在相关平台和网课中利用课余时间加强学习，不断掌握新的信息技术，紧跟时代潮流，抓住当下学生的思维特点来设计自己的教学内容和方式。学校可组织相关讲座、选送教师参加培训、同行经验分享等方式来促进教师信息化能力的提升。这样才能在教育传承中，提高学生的学习兴趣和学习效率，促使康巴民间艺术得到更好的传承、发展与创新。

（二）改革课程体系，优化教学方式

地方民族高校应重视地方资源的开发与利用，将康巴民间艺术纳入课程体系当中，结合自身的办学特色与定位，进行科学、系统性的顶层设计。在音乐专业、舞蹈专业、美术专业、学前教育专业可以开设康巴民间艺术的相关课程，如康巴民间舞蹈、康巴民间歌曲演唱、唐卡等相关课程。在其他专业上，如公共基础课程中的音乐鉴赏、美术鉴赏、舞蹈鉴赏、影视鉴赏、书法鉴赏等，可以把康巴民间艺术的相关内容融入教学当中。同时，可以开设有关康巴民间艺术的选修课，有些专业可结合自身特点，开设有关康巴民间艺术的课程，从而提高人才培养的特色性和民族性，增强社会竞争力。当然，教师在信息化发展的背景下，需不断提高信息技术能力，优化教学方式，掌握新的教学模式，如对分课堂、雨课堂、翻转课堂等，打破传统教学思维模式，结合课程实际，不断创新教学形式，优化和完善教学设计，熟练运用和创造先进的信息化教育资源，不断提高教学质量。

（三）利用信息技术推动康巴民间艺术的传播与发展

康巴民间艺术的传承方式主要有师徒传承和家族传承，传播和发展途径具有很强的地域性，其传播范围比较小，传播和发展形式比较单一。现代信息技术的出现使康巴民间艺术的传播与发展产生了革命性的突破。“通过利用数字技术、网络技术以及多媒体技术，民间艺术可以有效突破原有的地域限制、文化限制和传播技术条件限制，赋予民间艺术和文化更为广阔的传播与发展空间，使中国传统民间艺术能够与时俱进，实现可持续发展”①。

地方民族高校可以借助相关平台，推动康巴民间艺术的传播与发展，如在学校官方网站或相关网站上对康巴民间艺术进行介绍和宣传；开发相关 App 或者公众号，推送一些关于康巴民间艺术的文章、图片、音频或者视频；利用微博、微信、抖音等相关平台发送康巴民间艺术的相关内容；把康巴民间艺术融入相关视频和微电影当中；制作相关微课教学视频，打造精品网络课程；发挥学校校刊及校园广播的作用，加强宣传；通过学校校情馆进行宣传；这样才能促使学生了解康巴艺术、热爱康巴艺术、学习康巴艺术、传承康巴艺术，发展康巴艺术。

（四）构建特色校园文化

校园文化是一个学校的品牌，在当今高等教育中发挥着重要的作用。康巴民间艺术融入到校园文

① 陈峰. 民间艺术在新媒体时代下的传播与发展[J]. 大众文艺，2014（16）：48-49.

化建设当中，将促进其在地方民族高校的教育传承，有利于地方民族高校打造特色文化品牌，增强学校的办学特色与影响力。随着信息化的发展，各类信息发布平台、交互平台、资源平台已经在校园文化建设中发挥着重要的作用，利用信息技术创新和发展校园文化已成为校园文化建设的重要途径。在康巴民间艺术的教育传承上，地方民族高校可以充分运用学校网站、相关平台、微信、微博、抖音、QQ、贴吧等构建起校园文化资源平台，及时发布相关内容。同时，着力打造相关艺术社团，丰富第二课堂，举办相关比赛，构建特色校园文化，增强康巴民间艺术的影响力、感染力和吸引力。

（五）利于云端科技，聘请相关民间艺人

康巴民间艺术起源于民间，发展于民间，服务于民间，在地方民族高校要想真正教育传承康巴民间艺术的精髓，需要聘请民间艺人开展相关教学、展演和交流活动。康巴民间艺人大部分都是自由职业者或者半农半艺者，很多艺人都是农闲时间从事民间艺术活动。在地方民族高校开展相关活动，康巴民间艺术离开了原有的生存环境，变得不再鲜活和真实。同时，康巴地区地处高山峡谷地带，民间艺人往返地方民族高校需消耗大量的精力和时间。那么，利用云端科技，聘请民间艺人，通过QQ课堂、钉钉、腾讯会议等相关平台，开展教学、展演和讲座交流活动，既能节省民间艺人的时间和精力，又能使康巴民间艺术的教育传承鲜活而真实。这样才能使民间艺人进高校常态化和固定化，才能真正了解康巴民间艺术的背景、内涵和精髓。

（六）加强“云”沟通、交流与合作

康巴民间艺术来源和服务于广大人民群众，若在地方民族高校教育传承隔绝与广大人民群众的沟通与联系，这样就成了无源之水，无本之木，不利于康巴民间艺术的长久发展。它需要地方民族高校加强与地方政府、学校、村社等相关部门的沟通、交流与合作。当下，地方民族高校可以充分利用现代信息技术手段，打造相关资源平台，加强与地方政府、学校、村社在康巴民间艺术资源的开发、整合与共享的交流与合作。同时，地方民族高校要强化服务意识，在演出、展演和创新交流等方面，积极参与到地方部门的相关活动中。这样才能检验地方民族高校的教育、研究和创新成果，不断地改进、完善和提高，使康巳民间艺术的教育传承符合当下广大人民群众的审美需求。

（七）创建数字化康巴民间艺术博物馆

在传统博物馆对民间艺术品的展览与推广的过程中，极大程度地限制艺术品的展览范围，而且受众面很窄。同时，传统的纸质文本不易保存，而音乐、舞蹈是听觉和视觉的艺术，很难给观众一个“活”态的艺术形象。在信息化背景下，利用现代技术对康巴民间艺术进行保护和传承显得尤为重要。地方民族高校可以成立相关科研团队，加强对康巴民间艺术的调查、搜集和整理，将调查研究的相关图片、音频、影像等资料和作品，建立数字化的康巴艺术博物馆，借助音频讲解、虚拟体验、交互技术等手段对康巴民间艺术进行全方位的展示①，增强康巴民间艺术教育传承的现代感和再现感。这样不但能够吸引更多的学生主动了解康巴民间艺术，加深学生对作品的理解和认识，并且符合当下时代的发展趋势。

六、结语

康巴民间艺术在地方民族高校的教育传承是一项系统性、长期性的工程。随着信息化的发展，它不仅需要高校领导和教师提高思想认识，加强顶层设计、科学规划，还需要地方学校、政府、村社的大力配合与协助。现代信息技术的应用，更好、更快、更有效地推动了康巴民间艺术的教育传承、发展与创新。当然，高校和教师需不断思考、学习、完善和提高，才能使康巴民间艺术得以适应时代的发展需求和当今教育形势的需要。

【责任编辑：叶晓彬】

① 戴砚亮. 基于数字媒介的传统民间艺术文化互动传播研究[J]. 中国民族博览，2019（14）：234-235.

“以学生为中心”的高校课程思政信息化教学实施路径

——以政治经济学课程为例[①]

杜明义[②]

（四川民族学院经济与管理学院　四川康定　626001）

【摘　要】“以学生为中心”是当前推进素质教育的主导教育模式，通过信息化推进课程思政教学，能充分体现“以学生为中心”的教育理念，提升课程思政的教育功效。应切实围绕“以学生为中心、课程中融入思政、信息化教学手段”等构建课程思政教学实施的思路与原则，在导向目标、师资团队、教学平台、思政元素、教学方法、学习评价等方面构建起实施路径，有效推进课程思政建设，培养学生成为社会主义合格的建设者和可靠的接班人。

【关键词】　以学生为中心；课程思政；信息化教学；实施路径；政治经济学

习近平总书记指出，高校思想政治工作“要因事而化、因时而进、因势而新”，“思想政治理论课要坚持在改进中加强”，“其他各门课都要守好一段渠、种好责任田，使各类课程与思想政治理论课同向同行，形成协同效应”。“要运用新媒体新技术使工作活起来，推动思想政治工作传统优势同信息技术高度结合，增强时代感和吸引力”。[③]习总书记明确指出高校教育要重视课程思政，在课程思政教育中应推进信息化教学，全面推进大学生思想政治教育。信息化教学利用互联网技术的平台，推动学生自主学习，能综合体现学生自律、能动学习特点，是“以学生为中心”的教学理念和模式的有效实现方式。因此，高校课程思政应充分利用信息化平台，推进“以学生为中心”教育教学模式，提高思政教育功效。本文以政治经济学课程为例，分析“以学生为中心”的高校课程思政信息化教学实施的思路与原则，并提出实施路径。

一、以“学生为中心”的高校课程思政信息化教学利于提升思政教育功效

“以学生为中心”是当前推进素质教育的主导教育模式，通过信息化推进课程思政，能充分体现“以学生为中心”的教育理念，释放学生主动性和能动性，提升课程思政的教育功效。

（一）以“学生为中心”的教育模式的内涵功用

17 世纪初，捷克教育家夸美纽斯提出教育应实行班级授课制，形成了“以教师为中心”的教育理念。赫尔巴特构建教育学科建制，确立“课堂、教师、教材”为中心的教育理念，形成了以教师在课堂讲授书本上的知识为中心的教学模式。这种模式后来受到批评，19 世纪 80 年代末杜威提出了“以儿童为中心”的教育理念，认为“教育即生长”“从做中学”，认为应让学生利用各种感官去接触外界，要让学生与社会现实结合，形成自控力，实现自我支配的学习。1952 年，卡尔·罗杰斯首次提出“以学生为中心”的观点，认为学习者学习与自我需求相关，增强自觉意识，学习就有成效。1998 年联

① 本文系四川民族学院“课程思政”示范课程项目“政治经济学”（项目编号：kcszsfkc201903）的研究成果。

② 杜明义（1970—），男，四川泸定人，硕士，教授。主要研究方向：西部民族经济与农村经济、高等教育教学。

③ 习近平在全国高校思想政治工作会议上强调把思想政治工作贯穿教育教学全过程开创我国高等教育事业发展新局面[N]. 人民日报，2016-12-09（1）.

合国教科文组织在召开世界高等教育大会上指出，“以学生为中心”理念将是21世纪高等教育重要的指导理念。20世纪90年代，“以学生为中心”理念在中国开始得到研究和运用，强调以学生为主体，以教师为主导的教育理念，推进教育发展。“以学生为中心”的教育理念体现了人本主义教育思想。人本主义强调教学要关注学生的情感、兴趣、动机，激发学生的内生动力。教师要根据学生的个体差异和需求，指导学生独立完成学习，让学生从被动学习转为主动学习。“以学生为中心”的教育理念也体现了建构主义思想。建构主义强调学习者与环境互动，在教师指导下，通过一定学习资源，主动发现和对所学知识意义的建构，教师成为学生建构知识的指导者，学生成为学习的主体。①威廉姆·巴伦内认为“以学生为中心”是将教学的重心从教师“要教”转化为学生自己“要学”，赋予学生权利，让学生主动、充分地参与学习，激发自我意识，激励承担学习责任。②可见，“以学生为中心”的教学理念是以“教”为中心向以“学”为中心的转变，是“教师将知识传授给学生”向“让学生自己去发现和创造知识”的转变。“以学生为中心”的教学着力于学生的发展，关注学生身心变化，重视价值观、人生观、世界观的形成；着力于学生自主学习能力的培养，重视学习方法的提升，自我构建知识，自我能力提升，自我完善，自我发展；也着力于学习效果，学生自主学习，内化为自我的知识、能力结构和思想素质，形成学生“学”的效果，而非“教”的效果。

（二）“以学生为中心”的高校课程思政信息化教学利于提升思政教育功效

“课程思政，顾名思义是以课程为载体、以各学科知识所蕴含的思政教育元素为切入点、以课堂实施为基本途径的育人实践活动。”③也就是让所有高校、所有教师、所有课程“要寓价值观引导于知识传授和能力培养之中，帮助学生塑造正确的世界观、人生观、价值观，这是人才培养的应有之义”。④课程思政教育下，思想政治理论课要“在改进中加强，提升思政教育亲和力和针对性，满足学生成长发展需求和期待。”其他各门课要充分挖掘课程中的思政元素融入教学中，在对学生知识传授和能力培养中进行价值引领。课程思政教育将专业教育、综合素质教育主动与思想政治教育相结合，将课程思政的隐性教育与思政课程的显性教育相协同，构建全员全程全方位育人格局。2018年，教育部印发的《教育信息化2.0行动计划》中对我国教育信息化提出了目标和要求，信息化教育要覆盖全体学校、教师和学生，促进信息技术与教育深度融合，改变教师“教”与学生“学”的方式，提供公平和多样化的教育，实现育人目标。信息化教育下的课程思政是课程思政融合互联网技术进行的教学，能激发学生主体能动性，实现多个教学空间的优势互补。互联网下可根据时代需求和学生需要，准确、快速地更新思政材料，带来更多更新开放的课程思政资源，在教师引导下，充分发挥学生自主学习能动性，让学生得到全新的思想政治教育。互联网的课程思政让学生在课堂，也可在课后灵活安排时间学习，让师生不局限空间进行教学互动，充分实现“以学生为中心”的教学理念，实现全方位思政育人格局，提高思政育人的功效。如政治经济学理论抽象、枯燥，推进思政教育信息化教学，将政治经济学中的思政元素灵活多样呈现出来，能增强学生学习兴趣，让学生在知识传授、能力培养中获得良好的价值引领。

二、以“学生为中心”的高校课程思政信息化教学的实施思路与原则

切实围绕“以学生为中心”的理念，采用信息化教学手段，在课程中融入思政元素来形成课程思政教学实施的思路与原则。如政治经济学课程思政中，通过信息化教学，以学生为中心展开教学，将提高课程思政教育功效。

---

① 刘献君. 论“以学生为中心”[J]. 高等教育研究，2012，33（08）：1-6.

② 李嘉曾.“以学生为中心”教育理念的理论意义与实践启示[J]. 中国大学教学，2008（04）：54-56.

③ 邱伟光. 论课程思政的内在规定与实施重点[J]. 思想理论教育，2018（08）：62-65.

④ 教育部关于印发《高等学校课程思政建设指导纲要》的通知[EB/OL]. http://www.jyb.cn/rmtzcg/xwy/wzxw/202006/t2020 0605_334183.html

（一）实施思路

以“学生为中心”的政治经济学课程思政信息化教学建设中，要以马克思主义理论、习近平新时代中国特色社会主义理论、社会主义核心价值观、高校思想政治教育会议精神等为指导和融入内容，以《马克思主义政治经济学概论》教材为核心教材，运用哲学、政治学、经济学、管理学和社会学，主要是政治经济学的理论范式为基础，深入梳理政治经济学思政教育资源，切实将思政元素融入每一章节教学内容中，构建完整、系统、可操作的课程思政教案。将课程思政讲义制作成视频，放到网络信息平台让学生学习，或通过网络直播对学生讲解，同时设计完整的线上课程思政教育案例库、视频、课后练习、测试、考试等内容和环节，打破空间和时间限制，激发学生自主学习，让学生全身融入“知识传授与价值引领相结合”氛围中。视频和直播课堂中，要通过启发式、探讨式、体验式等教学方法，通过微课、慕课等育人方式，让学生充分参与教学；切实推进“以生为本”，从以“教”为中心向以“学”为中心转变，让学生成为学习主体，调动学生的积极性、主动性和创造性进行学习。“以学生为中心”的政治经济学信息化教学要建立教学团队，推进教学与教研，将教学经验和教研成果及时运用到课程思政教学中，通对发展性评价来评价学生学习效果，激发学生主动学习，促进教学成效提升，让学生成为思想政治素质过硬、道德品质高尚、专业知识技能扎实、能力全面的社会主义合格建设者与可靠接班人。

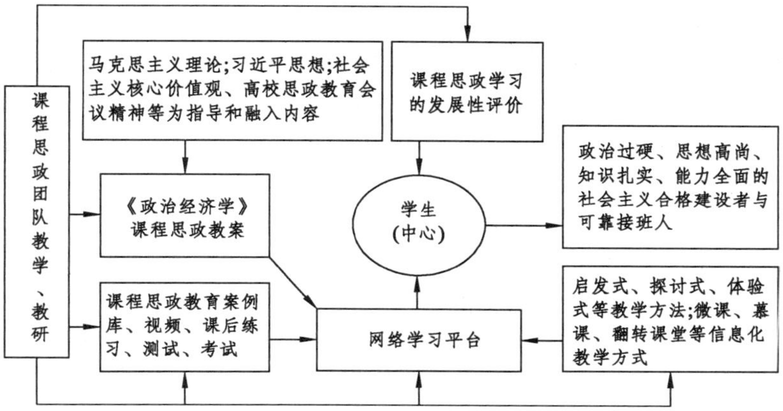

以学生为中心的政治经济学课程思政信息化教学机制图

（二）实施原则

一是知识能力培养和价值塑造结合原则。《高等学校课程思政建设指导纲要》中指出：课程思政中“落实立德树人根本任务，必须将价值塑造、知识传授和能力培养三者融为一体、不可割裂”。[4]课程思政教育是“课程承载思政，思政寓于课程”。课程是基础，只有紧紧围绕课程，进行学生知识传授和能力培养，才能成功挖掘思政元素融入教学进行价值引领。同时思政是灵魂。单纯课程教育的知识化、工具化，失去了价值塑造，很难保证拥有知识的学生能在生产生活中“守正”。因此政治经济学等课程思政的目的是实现知识能力培养和价值引领的统一，实现立德树人，让学生成为全面发展的人才。二是教师引导与学生主体结合原则。“以学生为中心”理念下推进政治经济学课程信息化教学中，教师主要承担指导作用，教师制定好课件，通过录播和直播，在信息化平台进行课程思政教学，引导学生进行预习，进行课程学习，完成课后作业和测试。在直播中，引导学生思考、回答问题、讨论，整个学习过程体现学生主体性。学生要主动预习，主动学习视频，主动回答问题，参与教学讨论，独立完成作业和测试等。信息化教学的过程实现了教学引导与学生主体的结合。三是显性教育和隐性教育结合原则。许多课程，如哲学社会科学本身呈现了明显的思政教育理论与知识，同时，在更多的课程知识中还可挖掘许多思政元素融入教学中。政治经济学就充分呈现了丰富的思政教育元素，一些知识中也包含思政元素，因此，在教学中，既要旗帜鲜明提出政治经济学中本身呈现的思政思想和观点，强化学生思政意识，又要将一些知识中蕴含的思政元素挖掘出来融入教学中，在润物无声地进行价值引导，以“春风化雨”的方式浸润学生，使其受到涵养和启迪。课程思政体现了课程思政与思政课程的融合性，是显性教育和隐性教育的有机统一。四是传统课堂学习与现代信息化学习结合的原则。课程思政信息化教学中，仍然包含传统课堂教学内容，只是这种课堂通过网络平台发布和直播。在信息化教学下，学生可选择时间、地点，系统或部分学习录播课堂教学内容，可在直播课堂中学习，进行互动教学，没有听懂还可听回放，增加了学生学习自主、能动性。在信息化教学中，通过网络学生可获得更多拓展的教学资源，如视频、图片、在线测试、查阅的网络学习资源等，让学生在自主选择中获得了传统课堂和现代手段学习的结合。

三、“以学生为中心”的高校课程思政信息化教学实施路径

要在导向目标、师资团队、教学平台、思政内容、教学方法、学习评价等方面构建以学生为中心的高校课程思政信息化教学实施路径，有效推进课程思政建设，培养学生成为社会主义合格的建设者和可靠的接班人。

（一）明确“以学生为中心”导向，明晰人才培养目标定位

在互联网时代，课程思政教学中充分使用现代信息技术已经是教学改革的一种必然趋势，必将加速传统以“教师、教材、课堂”为中心的教学模式向“以学生为中心”的信息化教学模式转化。教师要明确这种发展趋势，充分认识到课程思政信息化教学模式能充分体现“以学生为中心”的教育理念，能将学生的主体性、主动性、自律性和创造性释放出来，提升课程思政教育的功效，从而将其作为课程思政教学的指南。以学生为中心的高校课程思政信息化教学实施要明确人才培养目标定位，就是要在知识传授、能力培养中进行价值引领，实现立德树人，让学生成为全面发展的社会主义建设者与接班人。政治经济学是经济管理类等专业的基础课程，通过“以学生为中心”课程思政信息化教学，可强化政治经济学课程教学。近年来，一些高校的马克思主义政治经济学课程学分比重降低，马克思主义政治经济学理论有弱化趋势。[①]同时，西方新自由主义经济思想开始影响学生。西方新自由主义“目的是在全球范围内推行资产阶级的价值观念和思想理论，为在发展中国家开展和平演变开辟道路。”[②]因此，加强政治经济学习，尤其加强政治经济学课程思政建设，对强化学生具有正确的中国特色社会主义政治经济学思想，坚持“四个自信”，自觉做到“两个维护”，不断增强“四个意识”的思政意识培养具有重要的意义。在政治经济学课程思政建设中，通过发挥互联网方便快捷、开放共享、方式新颖、内容丰富的教育优势，在以学生为主体的知识和能力培养中，将得到很好的价值塑造和引领。

（二）推进课程思政师资培养，组建课程思政教学团队

“以学生为中心”的高校课程思政信息化教学要做好师资培养。要推荐教师到课程思政建设较好的高校调研，学习课程思政规划、信息化课程教学设计与讲授等经验。要通过进修或自学的方式让教师获得思政理论与教学方法，具备从课程知识挖掘思政教育资源，设计在线课程内容和讲授方式，以及教学与管理能力。实际上，可推进教学团队来提升师资能力，针对有多名教师讲授一门课程情况，可组建团队进行课程设计和讲授。通过集体讨论、相互合作，挖掘课程的思政元素，设计在线授课的方式方法，共同实施授课。针对有些课程只有一名教师讲授情况，可让相近课程的教师组建团队，通过相互协商共同推进课程教学。对课程某些内容教师可交叉上课，发挥所长，优势互补，推进课程思政建设。思政育人强调融合性，可形成不同学科混合的课程思政教学团队，取长补短，共同解决课程思政中知识与价值的融合问题。如政治经济学课程教学团队建设中可邀请专业思政教师加入团队，传

① 孙亚南，王兴芬，张月．高校经济学“课程思政”教学改革创新的重大意义与实践指向[J]．教育观察，2019，8(31)：128-130.

② 张乾元．新自由主义的思想动向与实质[EB/OL]．https://item.btime.com/37b6shhvenv8vmonarok9aor61p?from=jt1p2.

授思政理论，帮助设计思政内容和讲授方式；可邀请心理学、教育学等课程教师加入团队，设计“以学生为中心”的教学组织方式，激发学生学习动机，培养学生积极情感等方法。同时也可邀请微课、翻转课堂等制作能力强，能建设信息化教学平台的教师加入团队，帮助制作课程视频，打造精品开放课程，推进课程思政信息化教学的水平，让学生更好获得知识与价值引领。

（三）选建信息化教学平台，设计课程思政内容体系

“以学生为中心”的课程思政信息化教学要选择或建立信息化教学平台进行教学。可通过微信、腾讯会议等简易平台，对学生直接进行课程讲授、组织讨论、思想交流和专业辅导；也可使用易班、学习通等综合平台进行系统授课、组织讨论、督促作业完成和检测来教学和管理；也可通过建立课程教学专题网站，形成开放的课程中心、教学中心等学习资源库，供师生课程视频、课件下载学习，同时建构起师生线上授课、交流、考试等功能。[①]此外，高校可研发网络课程平台和应用软件，推进针对性、个性化的线上教学，深入推进课程思政教育。如政治经济学课程思政可选择学习通平台进行教学，可直接在平台授课，也可将授课内容、案例、视频、图片、练习等放到平台上，让学生系统或部分学习。在直播课前，让学生先预习学习内容；上课时，教师可在线上课堂点名，学生可举手、抢答，师生可全面互动，进行思想沟通；课后，学生可完成相关练习上交作业，可进行在线测试；还可通过学生留言、评价，问卷调查了解学生知识掌握效果、思想动态、价值需求。政治经济学课程也可通过学校课程教学专题网站，建设在线课程，在平台上将课程思政教学资源置入信息化平台，通过在线沟通推进师生的互动，还可通过在线出题、考试、阅卷、试卷分析，研判学生知识掌握情况和思政意识倾向，从而通过信息化教学，提升学生自主学习能力，提升课程思政教学效果。

网络课程思政不是简单将传统授课内容搬到线上，而是要建构一个完整的内容体系，进行相应的价值引导转化与引领。如政治经济学课程的内容体系建设上，可将讲课内容录制成视频放到平台上让学生选择学习。可将授课内容通过在线直播，通过师生在线互动完成讲解。内容体系中，要加入经典案例分析、拓展阅读材料、每一章节应有配套练习和检测试题。内容体系要建构题库和考试系统。还可将课程教学大纲、授课计划置入，让学生更好了解课程思政的目的与计划。课程思政中要强化思政内容资料库建设，建构相应的通过课程知识引领价值的案例、阅读材料。以及专家名师的相关课程思政视频、问卷调查、针对课程知识点制作的价值引领的微课视频、翻转课堂视频等。在教学中，必须要挖掘思政元素进行教育。政治经济学课程思政讲解内容中，主要依托《马克思主义政治经济学概论》教材为核心教材，每一章节除了直接呈现的思政元素外，许多知识中包含了思政元素，要通过挖掘，通过恰当教学方法，在教学中“润物细无声”地对学生进行价值引领。比如，政治经济学导论中，有思政价值的知识点主要为：政治经济学的研究对象与方法、创立历程。挖掘的思政元素相应主要为：辩证唯物主义认识论和方法论；马克思奋斗精神、革命情怀。在第一章《商品》的第一节中，有思政价值的知识点主要为生产商品的劳动二重性；私人劳动和社会劳动；商品的拜物教性质；相应挖掘的思政元素主要为：劳动创造价值的认同，正确认识当前企业主劳动和收入本质，增强诚实劳动意识、培养工匠精神；认识资本主义无法克服的根本矛盾下必然灭亡的趋势，增强“四个自信”；批判商品拜物教，等等。

（四）灵活选用教学方式方法，构建发展性学习评价体系

“以学生为中心”的课程思政信息化教学要灵活选择方式方法进行教学。要切实推进“以生为本”，调动学生的主动性和创造性进行学习。首先可采用灵活的教学方式。一是视频教学方式。教师将课程内容制作成视频放到平台，让学生随时系统或选择学习，获得思政素质的培养。翻转课堂就是让学生在课前预习或课后通过自主学习方式，观看教学内容视频，完成相应练习，进行课后测试，培养学生独立学习能力和相应的思政素质。在线课堂和教室课堂只对教学知识内容进行答疑解惑、合作探究，从而达到更好的教育效果。而微课方式就是针对课程思政中一些可挖掘思政教育的重要知识点，注入

① 李羽佳.“课程思政”网络教育平台建设的实践探索[J]. 学校党建与思想教育，2020（12）：47-49.

思政元素，制作经典的微课视频，在课后或课堂让学生观看，让学生学习讨论，提升学生的思想素质。二是直播方式。教师将课程内容在线上直接面对学生进行讲解，与学生进行线上交流，催化学生的思想情感，引领学生价值。其次，在直播或视频播放中可采用灵活的教学方法推进。一是案例法。可在播放的视频中加入案例，也可在课后练习或思政案例库中要求学生对该案例分析。在学生查阅资料，案例讨论，案例总结中获得知识和价值引领。二是故事法。通过注入知识点的相关故事，激发学生价值情怀。如在政治经济学课程中，针对马克思主义政治经济学创建历程，可设计马克思、恩格斯完成《资本论》巨著中做出的巨大贡献的故事，让学生在启发中激发科学精神，艰苦奉献的革命精神。三是讨论法，可在教学中提出问题，让学生思考。视频播放学习中，学生可在设计的时间段在线上同师生进行讨论；而在直播课上就可直接讨论。四是头脑风暴法。在直播中，针对某些问题，同学们尽量发表自己的想法，师生不做评价，在群体作用下，相互感染，激发大家思维，引发思想，提出大量的新观念、新思想。五是电子沙盘游戏法。通过游戏可很好激发学生学习热情和提升思政素质。如政治经济学可通过企业运营、电子商务、SYB 创业等 ERP 电子游戏让学生熟悉企业经营、市场营销等经济知识，在有趣的游戏中获得企业家精神、艰苦奋斗精神的培养。

“以学生为中心”的课程思政信息化教学要形成对学生的发展性评价。发展性评价是以学生为主体、以促进学生发展为目的的评价方式。发展性评价强调过程的连续性，考虑学生的个体需求，与学生共同确定发展目标，重视学生多方面能力考察，重视过程和及时反馈，重视多主体参与评价，促进学生终生、全面发展，促进学生实现人生价值的目标。如政治经济学评价中，要确立通过信息化的课程思政教育，让学生实现知识、能力和价值统一的提升，实现立德树人的目标。要重视过程性评价，要对学生课程思政信息化学习中的参与讨论、完成作业、思想总结等进行量化打分，让学生在学习过程中体现的课程思政素质形成一个重要权重。终结性评价可通过在线试题完成来测试。试卷考试中要有一定权重的试题体现学生的课程思政意识，让学生明确认识到知识掌握、价值引领和能力培养的有机统一。终结性考试也可通过学生在网络完成的体现能力测试和思想素质的项目总结报告、方案设计作品来进行。评价中要及时与学生反馈交流，进行思想沟通，价值交流；课程思政最终评价要结合过程性和终结性评价，通过学生本人、同学、教师、班主任、学生党团组织等多主体参与的评价方式，综合形成学生课程思政学习的发展性评价，促进学生成长成为社会主义合格的建设者与可靠的接班人。

【责任编辑：陈光军】

基于智慧课堂的教师信息化教学能力培养途径研究

程晓彬[①]

（四川民族学院农学院　四川康定　626001）

【摘　要】 在“互联网+教育”的背景下，信息化教育是当前以及今后高校发展的主要趋势，“智慧课堂”是高校教育的“主战场”。文章对智慧课堂的概念与特点、信息化教学的内涵、教师信息化教学能力的构成进行阐述，指出目前信息化教学中存在意识不够强、能力不够高、网络教学平台不熟悉等问题，提出培养教师信息化教学能力的途径：解放思想，更新理念，转变观念，深入理解智慧教学的内涵，多渠道培养教师的信息化教学能力。

【关键词】 智慧课堂；信息化教学；教学能力；培养途径

一、引言

21世纪是“互联网+”信息时代，2015年7月，国务院印发了《关于积极推进“互联网+”行动的指导意见》（简称《意见》），《意见》中指出互联网与各个领域的融合发展具有广阔前景和无限潜力，是今后发展的主流，《意见》还为互联网与教育深度融合提出了许多指导性的意见[②]，这给教育的发展带来了机遇与挑战[③]。2018年4月13日教育部发布的《教育信息化2.0行动计划》（教技〔2018〕6号）中明确指出，现代化教育的基本内涵和显著特征是教育信息化，信息化教育建设的总体目标任务是推进信息技术与教育教学的深度融合，构建网络化、数字化、智能化、个性化、终身化的教育体系，全面提升师生的信息素养和信息化技术的应用水平[④]。

“互联网+教育”时代，传感技术、网络技术、人工智能技术等信息技术飞速发展，这对提高高等教育信息化水平和高校教师信息化教学能力提出了更高的要求，教育信息化水平对高等教育的教学改革、人才培养和可持续发展有着重要意义，提高高校教师信息化教学能力是培养高素质师资队伍的重要内容，是提升高校教师教学水平的必然选择。

二、智慧课堂的概念与特点

《现代汉语词典》中对课堂的定义为“教室在用来进行教学活动时叫课堂，泛指进行各种教学活动的场所”。传统意义的课堂，是老师给学生传授知识的地方，是支撑课堂教学活动的一种物理环境，黑板、粉笔、讲台、课桌是必备设施[⑤]。传统的教学模式采取“班级授课制”，教师主要通过课堂教学向同一班级的学生传授知识，在课堂上由于要兼顾大多数学生，教师在知识的传授上针对性不强，有的学生虽然已经掌握了这个知识点但仍然要听讲，存在着在课堂上不学也得要学的情况，不利于学生个性的发展。随着互联网信息时代的来临，各种信息技术进入校园，网络技术、软件技术、人工智能

① 程晓彬，（1968—），女，四川仁寿人，教授。主要研究方向：园艺植物栽培。

② 中华人民共和国国务院．关于积极推进“互联网+”行动的指导意见[EB/OL]．http://www.gov.cn/zhengce/content/2015-07/04/content_10002.htm/20200910.

③ 王志燕．促进学生深度学习的智慧教室教学交互活动设计[J]．中国职业技术教育，2019（35）：82-87.

④ 中华人民共和国教育部．教育信息化2.0行动计划[EB/OL]．https: //baike.baidu.com/item/20200910.

⑤ 黄荣怀，胡永斌，杨俊锋，等．智慧教室的概念与特征[J]．开放教育研究，2012，18（2）：23-27.

技术和人工智能模式等信息化技术应用到学生的教室①，大大拓宽了学生获取新知识的渠道，传统意义的教学发生了革命性的变革，教学环境也发生了相应的改变，“智慧课堂”这一全新的教学模式应运而生。

与传统意义的课堂相比较，“智慧课堂”在基本内涵和方法手段以及支持环境上有它特殊的含义，交互白板、计算机、投影仪、传感器等现代信息设备成了必备设施。崔晓慧等人认为，智慧课堂是学生自主学习的、灵活的、富有情感的、具有生活气息和趣味的课堂，智慧课堂将信息技术融于课堂教学中，为学生的学习构建一个情境化的、智能化的、能够师生互动的智慧学习环境，教师不再是填鸭式教学，而是引导学生用创新思维去发现问题、积极地思考问题并创造性地解决问题，最终能够促进学生智慧成长的一种新型课堂②。智慧课堂强调开发学生的智慧，教师在“智慧课堂”中的教学目标，由传统的传授知识转变为通过构建智慧学习情境引导学生运用学到的知识对问题进行有见解、有谋略的解决，从而提高学生的智力和学科核心素养，即从知识走向智慧的过程。

三、信息化教学的内涵

《现代汉语词典》第五版中对教学的定义是“教师把知识技能传授给学生的过程”，教师的教学是有目的、有计划、有组织的，强调以教师为中心，教学过程是注入式的，是教师传授而学生接受的从上而下的模式，该模式最大的弊端是忽视了学生的个性需求，少有自主学习，缺乏体验式学习过程，限制了学生的逆向思维和发散性思维，这样的教学模式阻碍了学生创新思维的开发。而新时代是信息技术飞速发展的时代，需要会求知、能创造、肯做事的新世纪人才，传统教育模式培养出来的学生不符合新时代对人才的需求标准。顺应时代发展的要求，教育部印发了《教育信息化 2.0 行动计划》（简称《计划》），《计划》中提到，“以教育信息化支撑引领教育现代化是新时代我国教育改革发展的战略选择，对于构建教育强国和人力资源强国具有重要意义。”③

信息化教学，顾名思义是指应用各种现代信息技术进行的教学，教师利用信息技术分析教学现状、设计教学过程、实施教学任务、评价教学效果。信息化教学的主要特征是教育的数字化、网络化、智能化与多媒化，其中数字化能做到标准统一，网络化能做到资源共享交流畅通，智能化使教学行为人性化、人机通信自然化、繁杂任务代理化，多媒化使得信息表征多元化、复杂现象虚拟化。教育信息化就是要将多种信息技术应用于教育各个领域，培养适合信息社会要求的创新人才④。在信息化教学过程中，各种现代教育技术手段支撑着教学环境，使教学具备突破时空限制、传播速度快、呈现手段丰富等独特优势，能够促进教育公平，是提高教育质量的有效手段，是实现全民终身学习的有力支撑⑤。

信息化教学模式中，教师的作用不再是为学生灌输知识信息，而是通过创设情境、提出问题，指导学生进行探索式的学习，激发学生主动思考和探索创新的潜力，培养学生自主学习的能力。信息化教学模式强调以学生为中心，充分利用各种现代教育技术手段，为学生提供丰富的课程资源，创设一个良好的学习情境，目的是充分调动学生学习的主动性、积极性和创造性，自主选择学习的内容和学习进度，在学习过程中随时与老师同学交流，主动获取自己所需的知识。由此可知，信息化教学对教师提出了更高的要求。

四、教师信息化教学能力的构成

古人云：“师者，所以传道授业解惑也”，这道出了教师的基本职责——传道、受业、解惑；“学高为师，身正为范”则指出了作为教师必备的条件——高尚的情操和渊博的知识。现如今已进入“互

① 刘冠群，钟绍辉. 基于智慧教室的教学模式设计研究[J]. 无线互联科技，2017（17）：84-85.
② 崔晓慧，朱轩. 信息技术环境下智慧课堂的概念、特征及实施框架[J]. 继续教育，2016（5）：50-52.
③ 中华人民共和国教育部. 教育信息化 2. 0 行动计划[EB/OL]. https: //baike.baidu.com/item/20200913.
④ 杨晓宏. 梁丽. 全面解读教育信息化[J]. 电化教育研究，2005（1）：29-35.
⑤ 宁艳珍. 论教育信息化与教师信息素质的培养[J]. 科技情报开发与经济，2009，19（1）：179-180.

联网+”的新时代，各种信息技术飞速发展，社会的信息化程度在不断提高，新时代对教师提出了新的更高的要求，智慧课堂需要智慧老师，信息化教学能力是新时代教师必备的技能。教师信息化教学能力是指为了顺应网络时代教育开放、共享、协作的发展理念，尊重学生个性化学习需求，利用信息技术开展信息化教学的一种综合教学能力[①]，它贯穿于信息化的教学设计、教学实践、教学评价、教学管理、教学研究与创新等过程，包括网络课程资源的建设能力、信息技术与课程整合能力、信息化课程资源的开发与应用能力、学生线上学习的指导能力和信息化教学协作能力[②③]。

党的十九大明确提出中国特色社会主义进入了新时代，要加快教育现代化建设，拟定了以信息化为载体推动教育现代化的发展战略。教育部颁布的《教育信息化 2.0 行动计划》中提到“站在新的历史起点，必须聚焦新时代对人才培养的新需求，强化以能力为先的人才培养理念”，指出了行动的基本目标是“到 2022 年基本实现‘三全两高一大’的发展目标，即教学应用覆盖全体教师、学习应用覆盖全体适龄学生、数字校园建设覆盖全体学校，信息化应用水平和师生信息素养普遍提高，建成‘互联网+教育’大平台”[④]。为了实现《教育信息化 2.0 行动计划》的基本目标，各高校都在积极改善智慧教学环境。

五、教师信息化教学能力的现状

（一）对信息化教学的内涵理解不够深，信息化教学意识不够强

据调查，目前学校教师在智慧教室仍然采取“计算机+投影仪”的教学方式，信息技术主要用于教师的课堂演示，少有涉及与学生的互动交流以及对学生的个别辅导。在多媒体教室，教师只是用 PPT 代替黑板板书，教学内容的呈现主要以文字的形式，而图形化和富媒体化用得较少，在教学环节的设计上还是沿用传统模式，很少使用“微课”“翻转课堂”等全新的教学模式，有的老师甚至对微课、翻转课堂的内涵都知之甚少。

（二）信息化教学能力不高

大部分教师不能熟练掌握现代信息技术，能独立完成音频处理、图片处理、视频处理的老师不多，尤其是年龄偏大的老师，能完成网页制作、动画制作的更是少之又少。

（三）不熟悉网络教学平台

多数教师只能利用网络信息共享教学资源，但是运用信息技术进行课堂讲授、辅导学习、作业的布置与批改等方面的能力较弱。

六、培养教师信息化教学能力的方法与途径

在“互联网+教育”的新时代，信息化教学已经成为一种新的教育理念，教师信息化教学能力的高低成了衡量教师教学水平的重要因素，《教育信息化十年发展规划（2011—2020 年）》中指出：“要采取多种方法和手段提高教师应用信息技术的水平，帮助教师更新教学观念，改进教学方法，提高教学质量”[⑤]。

（一）帮助教师转变观念

观念决定行为，传统的教学模式强调“分数至上”，在这样教育环境下，教师形成了一种固定的

---

① 张宁宁，陆芳，刘泽奖．“互联网+教育”时代高校教师信息化教学能力内涵的研究[C]. 2018：483-488.

② 张宁宁，王庆．高校教师信息化教学能力结构模型研究[J]．软件导刊，2019（8）：212-216.

③ 潘菊素，刘锐．基于智慧教学环境的高职院校教师信息化教学能力提升策略[J]．宁波职业技术学院学报，2020，14（4）：1-6.

④ 中华人民共和国教育部．教育信息化 2.0 行动计划[EB/OL]. https: //baike.baidu.com/item/20200920.

⑤ 中华人民共和国教育部．教育信息化 2.0 行动计划[EB/OL]. https: //baike.baidu.com/item/20200920.

教学观念，即以教师为中心，教师讲学生听，通过考试成绩判断学生对知识的掌握情况。智慧课堂则需要打破这种固有的平衡，牢固树立以学生为中心的教学理念。教师的角色发生了转变，不再是知识的传授者而是学生学习的推动者，在学生需要的时候为学生提供支持和帮助，在这样的教学过程中，教师处于一个全新的、内心没有确切把握的状态，这对教师的能力是一种挑战，为此，学校应加大宣传，强化信息化教育理念，着力打造师生交流平台，帮助教师转变观念，完成角色的转变。

（二）通过交流学习加深对智慧教学内涵的理解

智慧教学是在智慧环境下进行的教与学活动，智慧环境包括网络带宽、数据中心、智慧教室、学习共享空间、虚拟仿真实验实训室、在线资源、网络教学平台等[①]，是完成智慧教学必不可少的条件。为了加深教师对智慧教学知识的理解，学校可以邀请专家学者对教师开展知识讲座，通过学习，让教师牢固树立“互联网+教育”思想，勇于改革与创新。

（三）完善培养体系，着力提升教师信息技术的应用能力

1. 采取授课资格准入制：依托学校发展中心和信息技术部门，对入职前教师开展信息化教学基本知识的培训与考核，考核合格者方可从事教学工作。

2. 着力提高在职教师的信息素养：对于在职教师，应定期开展有针对性的信息化教学培训，培训内容因人而异、因专业而异，针对教师信息素养的高低和教师发展需求，分层次分阶段进行培训学习，先进行低层次的培训，考试合格后再进行高一层次的学习，同时针对不同学科专业，增加具有专业特色的创新培训。通过培训学习，老师们能够掌握投影仪的正确使用、能够编辑制作各种文档、能够自己录制网络课程资源、会浏览和截取网络资源等等。为了充分调动大家学习的积极性和主动性，检测培训学习的效果，学校应建立健全合理的评价指标和一套完善的考核标准，做好监督考核工作。

3. 努力建设信息化教学环境，为教师能力培养提供保障：加强数字校园网建设，实现资源共享，为教师备课上课提供便利。

4. 以赛促教，全面提升教师教学能力：建立健全比赛奖励机制，鼓励教师参加各级各类教学能力竞赛，通过比赛全面提高教师的综合素质、专业水平和创新能力。

七、结束语

在“互联网+教育”的背景下，信息化教育是当前以及今后高校教育的发展趋势，基于互联网人工智能等现代信息技术、以促进学生核心素养发展为宗旨的“智慧课堂”将成为高校教育的“主战场”。智慧课堂教学，要求教师具备信息技术的应用能力、线上线下混合式教学的设计能力、线上课程资源的建设能力、与学生的沟通互动能力，所以在智慧课堂环境下，教师应当与时俱进，明确高等教育未来的发展思路，加快自身教学理念的转变，多渠道提高自身信息化教学能力，只有这样才能适应社会的发展，满足未来教师职业的新要求。

【责任编辑：陈隽】

① 潘菊素，刘锐. 基于智慧教学环境的高职院校教师信息化教学能力提升策略[J]. 宁波职业技术学院学报，2020，14（4）：1-6.

论民族高校公共舞蹈教育课程信息化改革

——以四川民族学院为例

穆 杨[①]

（四川民族学院音乐舞蹈学院 四川康定 626001）

【摘 要】 现行的高校公共舞蹈课程教学存在一些问题和不足，影响了高校公共舞蹈课程的教学效果，使开放式教学的进程较为缓慢。因此，打破原有的课堂舞蹈教学模式，对舞蹈课程的教学进行“线上+线下”混合教学改革创新，使不同民族的学生能多方面了解多民族的特色舞蹈文化，用最短的时间扩大教学辐射面，提高实际教学效率和价值，迫在眉睫。

【关键词】 高校；舞蹈教育；信息化；改革与对策

一、舞蹈课程的“线上+线下”教学模式简述

从宏观上讲，舞蹈教育“线上”教学模式，即为学生通过观看网络视频教材或舞蹈作品，发表自己的想法和对作品进行简单分析。“线下”教学模式，即为教师通过实地舞蹈教学，将学生观看的舞蹈教材和作品进行排演。目前，舞蹈课程的“线上+线下”教学模式在我国各高等院校中尚未普及，通过此次疫情的线上教学，认为“线上+线下”舞蹈教学模式，是非常适应高校公共舞蹈课程的教学模式之一。

二、高校公共舞蹈教育课程现状分析

舞蹈教育不仅是人文教育的一部分，也是艺术教育中的重要组成部分。面对当今国际国内众多问题所要承受的严峻考验，大学生似乎比非洲萨瓦纳草原上的猎豹更清晰地懂得物竞天择、适者生存的道理。青年学生在艺术上的“营养不良”，导致心理上的不健全，对真、善、美的认识和理解出现了偏差。[②]青年人只有科学文化知识是远远不够的，还必须具有真、善、美的良知，有完善的人格和正确的人生观与价值观。

（一）高校舞蹈教育的“内外兼修”

当前，绝大多数高校公共舞蹈教学均采取实地实践教学模式，教师在课堂上给学生示范各种舞蹈动作，并讲授动作要求和意义，学生再进行模仿和反复练习，这种教学方式称为“口传身授”。这样的舞蹈教学方式沿用了很多年，虽能够让学生在较短时间内掌握舞蹈的外在动作，但内在的艺术涵养和审美的培养却存在一定的教学滞后，存在教学的封闭性，学生难以巩固学习成果。以“中专主修外、大学内外兼修”的舞蹈教学目的来讲，“口传身授”这种教学方式已无法满足艺术和科技都在飞速发展的当代需求，并且随着任课教师年龄的不断增加、舞蹈专业实践技能逐年下降，会直接影响学生舞蹈动作的规范性和稳定性，最终难以形成教学上的突破。

而“线上+线下”混合模式的高校公共舞蹈教育，既能满足外在的舞蹈技能培养，也有助于提升

---

① 穆杨（1983—），男，四川泸定人，四川民族学院音乐舞蹈学院教务科副科长，副教授。主要研究方向：舞蹈教学与编导。

② 罗列诗，论高校舞蹈教育课程改革[J]. 红河学院学报，2012（5）.

当代大学生内在艺术涵养，更能在保证教学质量的同时扩大生师比，节约了教学成本，扩大了教学辐射面。

（二）舞蹈教学内容的“地域性”分析

民族高校公共舞蹈课程是增强民族特色，培养民族感情，促进民族团结，提升大学生自身综合素养的重要课程。而相同民族却因地域不同而产生文化上的差异。民族文化具有地域性，舞蹈也如此。以藏族舞蹈为例，三大藏族聚居区的舞蹈形式均有各自特色，相同的舞种因地区不同，在跳法和内涵上会具有一定区别。“谁为正宗”这个话题一直讨论至今。现今我国高等院校的藏族舞蹈教材主要来自卫藏地区，培养的舞蹈师资难以满足所有藏族聚居区舞蹈文化的教学，对于高校公共舞蹈教学的知识面来讲，学生缺乏一定的拓展路径。如采用“线上”教学模式，将各大藏族聚居区的代表性舞种供学生进行视频观摩，就能弥补此方面的不足。

（三）实践教学的辐射面分析

根据国家“本科教学质量标准”要求，舞蹈类专业的生师比为 11∶1。如扩大学生数量，教师无法有效观察纠正学生舞蹈动作，势必会降低教学质量，所以艺术类专业的教学成本往往比其他专业更高。而公共舞蹈课程的教学目的和舞蹈类专业不同，主要培养学生的内在艺术涵养，提升舞蹈艺术审美能力，并在此基础上进行舞蹈实践，但因教学场地和教学内容的限制，目前大多数高校的公共舞蹈课程均采用扩大生师比，压缩教学内容，降低教学难度，空学理论知识或艺术鉴赏一类的教学方法，并无针对性的教学模式和教学特色，教学理念和思维一直无法突破。

所以，有效利用“线上”教学模式，可将生师比扩大到“N∶1”，后再利用“线下”教学模式，以多名教师对多班级的“N∶N”模式同时进行舞蹈动作的实践教学，以巩固线上教学成果。此教学模式，既扩大了舞蹈教学的辐射面，拓宽了学生学习途径，又有效节约了教学成本和教学空间，在缩短了教学时间的同时，还增加了教学内容，提升了教学质量，总体来讲，利大于弊。

三、教学改革的基本策略

（一）更新学习观念，确保舞蹈教学的开放性

中国的民族舞蹈简而言之即为古典舞和民间舞两大框架体系构成。中华民族五千年的历史文化，其间蕴含的舞蹈艺术结晶犹如天上繁星，虽有明暗之分，但每一颗星都有自己的表演体系和文化内涵，我们均在星光的照耀下接受熏陶和成长。

舞蹈是一门综合艺术，它能通过肢体和曲调的配合，加以舞蹈情节的展现，给人产生一种感官和思维上的共鸣。舞蹈的本质就是情感和审美，也就是说，舞蹈的教学过程，也相当于是一种审美的体验，通过这种美的体验，去不断地感染学生以及影响他们的情感世界，帮助他们树立正确的人生观和价值观。①

但现在很多舞蹈专业以外的学生，甚至是老师都普遍认为，舞蹈是一门不像课程的课程，只是压压腿、弯弯腰、比划比划舞姿的匠人技艺，没有太多文化知识涵养，没有必要将过多的时间放在对该门课程研究和学习上，完全不了解学校对舞蹈课程设置的初衷。

所以，将我国各民族代表性舞蹈的文化知识和舞蹈训练、表演的方法进行“线上”网络教育普及，激发学生的学习兴趣，提升学生的专业认知感和艺术审美能力是首要解决的问题。

（二）“线上”为主，“线下”为辅

舞蹈观摩的核心是感情世界的教育，是人性的交流，是通过表演者的表演让观众的心灵世界得到净化和升华。从现实社会的嘈杂环境中把人们的心灵脱离出来，抛却功利，抛却欲望，一切都是用自

① 宋颖. 浅谈提供普通高校舞蹈课程设置科学性的策略[J]. 音乐大观，2011（7）.

己的本心去追求人性的本真，追求一种高尚的人生境界。[①]本课程的设置，目的就在于利用传统舞蹈文化知识，树立学生的正确观念，增进民族情感，建立学生健全的人格。所以，让更多的学生接受“线上”的优秀舞蹈作品观摩显得更为重要。

1. 线上教学模式

高校教学一般以 18 周为一学期，在 18 周的教学周期内，将前 10 周作为线上教学周，主要通过网络和书本教材观摩学习我国各民族的代表性舞蹈的历史文化和舞蹈作品，教师在一定时间进行网络辅导，学生通过教材解析、视频观摩、教师讲解等学习，充分了解各民族舞蹈的艺术风格和训练方法，且不设置班级和名额，为后期的线下教学做好教学铺垫。在此教学周期内，一名教师可对多个班级学生进行网络辅导。此过程为“1∶N”教学模式，学分设置为 1 分。

该教学模式主要目的是扩大信息化教学的辐射面积，使更多的学生通过开放式网络学习，了解各民族的舞蹈文化特色，增进民族团结，提升综合素养，激发对我国各民族舞蹈的学习兴趣。

2. 线下教学模式

通过前 10 周的网络信息化教学工作，学生对本学期的教学内容已基本了解，有实践学习兴趣的同学再通过各自教学系统报名，参加后 8 周的实践教学周。可将教师教学任务以舞种进行划分，每名教师在一个教学班的教学周期为 2 周。例如：志玛老师负责藏族舞蹈部分，教学对象为美术体育类专业；余老师负责蒙古族舞蹈部分，教学对象为文学类专业；曹老师负责维吾尔族舞蹈部分，教学对象为理工类专业；郭老师负责汉族舞蹈部分，教学对象为农学类专业，当 2 周教学完毕后，教师再依次更换教学班级。此过程为“N∶N”教学模式，学分设置为 1 分。

该教学模式不但能使学生在短时间内掌握了多个舞种的基本表演方法，还能充分发挥各位老师的教学优势，提升了教学效率和教学效果，也从侧面减少了教师备课的工作量，控制了教学成本。

3. 线上线下自主模式

舞蹈的学习就是不断地观摩和训练，过程枯燥，长期如此，学生难免产生厌学情绪。所以，在每节实践课中，将教师教学内容和学生表演过程以视频录制形式，上传校内网络学习共享平台，课后学生通过视频观摩，相互讨论，查找不足，自主训练，学生在这一学习过程中，既巩固学习成果，又增进学习情感。对没有参加实践教学周的学生来讲，更是一种教学宣传。优秀的艺术作品，总是在帮助别人认识生活的同时，也教育人们对生活采取正确的态度和看法，培养人们美好的道德情操，促进人们奋发向上。舞蹈可以唤起人内心深处的美感，起到陶冶情操、净化心灵、完善人格的作用。舞蹈作品观摩通过故事美、画面美及舞蹈美的审美活动，有助于帮助学生提高和强化分辨真假、善恶美丑的能力。

四、结语

面对当前的教育形势，高校公共舞蹈课程应当充分尊重客观的教育规律，在充分认识过去教学模式弊端的前提下，树立正确的舞蹈教育观念，大力推进教学改革进程，并有针对性地采取各种可行性措施，尊重学生在学习中的主体地位，以便切实提升高校公共舞蹈课程教学的整体效果，达到高校公共舞蹈课程网络教学信息化改革的目的。

【责任编辑：丽红】

① 文畅. 分析高校舞蹈教学现状及对策探讨[J]. 北方音乐，2015（2）.

教师信息化素养的内涵和提升策略

刘海叶[①] 周 恋[②]

（四川民族学院学报编辑部，四川民族学院音乐舞蹈学院 四川康定 626001）

【摘 要】 随着信息化时代的到来，信息化素养已成为教师整体素养的重要组成部分。从教师信息化素养的内涵入手，通过对教师在信息化环境下的信息知识、信息意识、信息技能和信息道德等方面的分析，并在此基础上从学校层面和教师层面探究教师信息化素养提升的策略，以期实现教师信息化素养的提升。

【关键词】 教师；信息化素养；内涵；提升策略

在整个信息化环境下，信息技术已逐渐渗透到社会生活的各个领域，逐渐改变社会人才需求和教育形态，加强信息化技术在高校教学中的深度应用与进一步融合已成为教育关注点。《教育信息化 2.0 行动计划》中指出：“教育信息化具有突破时空限制、快速复制传播、呈现手段丰富的独特优势，必将成为促进教育公平、提高教育质量的有效手段，必将成为构建泛在学习环境、实现全民终身学习的有力支撑，必将带来教育科学决策和综合治理能力的大幅提高。”[③]如今数字校园、智慧教室、微课程、云课堂等先进的信息化技术已经走进课堂，教师作为先进知识的传授者，需要通过网络、数据库等先进技术，将教学内容进行系统的、合理的、有深度的整合，拓展其广度和深度，培养学生自主学习的能力。因此教师必须适应信息时代发展的需要，始终保持终身学习的理念，不断提升自我的信息化素养，提高教学质量，培养适应时代要求的高素质、高科技的创新性人才。

一、教师信息化素养的内涵

“信息化素养”最早是由美国信息产业主席保罗·车可斯基（Paul Turkowski）提出来的，他把信息化素养定义为“利用大量的信息工具及主要信息源使问题得到解答的技术和技能”。[④]教师的信息化素养是指以信息化技术为指导，在教育观念、教学内容以及教学手段上进行创新，适应信息化时代要求。教师信息化素养的内涵逐渐扩展为信息知识、信息意识、信息技能和信息道德等四个方面。

（一）教师的信息知识

信息知识是教师在信息收集、信息预测、信息分析、信息利用时所积累的经验和认识。信息知识主要包含现代教育技术的产生、发展和内容；信息化软件开发、设计、制作以及运用的基本过程；信息化教学中所运用的基本原理、基本方法；信息化教学设计中运用的基本知识以及各种多媒体的使用方法和主要特点等内容。教师拥有足够的信息知识，才能更好地将信息技术融入课堂教学中，才能使教学质量得到进一步提升。

---

① 刘海叶（1986—），女，山西大同人，硕士，编辑。主要研究方向：逻辑学、编辑学。
② 周恋（1986—），男，湖南岳阳人，硕士，讲师。主要研究方向：二胡演奏艺术与理论研究、少数民族器乐研究。
③ 教育部关于印发《教育信息化 2. 0 行动计划》的通知，2018-04-15.
④ 陈大伟，孟晓莉. 信息化环境下高校教师信息素养现状及培养策略[J]. 现代教育论丛，2009（9）：44.

（二）教师的信息意识

信息意识是教师对各种信息的分析、判断、觉察以及创新的能力，是对信息以及信息技术能动的认识和反映。教师要意识到教育信息化、信息化素养对现代教育的关键性作用；要认识到获取现代的信息化资源对教学以及科研的重要性；意识到信息化时代对人才需求的改变。教师提高信息化素养的关键在于强化信息意识，利用先进的信息技术创新教学手段，提高教学质量。

（三）教师的信息技能

信息技能是教师通过各种方法获取教学资源，结合本专业、本课程的教学内容开发出有利于培养学生自主学习的教学软件，便于学生选择和学习知识。教师需具备多种信息技能，如信息快速检索技能；信息技术的利用技能；多媒体的操作技能；课堂教学与多媒体的整合技能以及教学设备简单故障的排除技能等。同时，还要具备其他技能：信息获取、运用信息工具、信息处理、信息加工、信息评价、信息创新等技能。

（四）教师的信息道德

信息道德是指教师在利用信息化技术进行开发、使用、传播过程中所遵循的道德准则以及形成的道德关系。教师应以身作则，拥有高尚的信息道德品质，较强的信息责任意识，为学生传递科学的、具有正能量的信息，重视对学生进行信息道德教育，培养学生拥有正确的信息道德观，通过正规的、合法的渠道获得有价值的信息。

教师的信息知识是信息化素养提升的基础，信息意识是其先导，信息技能是主要的核心，信息道德是保证。信息化素养内涵的四个方面相互联系、相互影响，共同构成了教师信息化素养不可分割的整体。

二、提升教师信息化素养的策略

教师作为知识的传授者，要适应信息化社会发展的趋势，在信息化进程中更好地进行传道授业。教师只有不断提升自身的信息化素养，才能为当下信息化社会培养更多具有高素质、高科技的专业人才。从教师层面而言，教师应增强信息化素养意识，提高信息化素养能力；从学校层面而言，学校应给予大力支持，共同提高教师化信息素养。

（一）教师层面

1. 加强教育信息化政策理论学习，增强信息化素养意识

近年来，教育信息化建设得到了各级政府和教育主管部门的高度重视，并制定出有关教育信息化建设的一系列方针政策。教师应加强对教育信息化相关政策文件的学习，如《国家中长期教育改革和发展规划纲要（2010—2020 年）》《教育信息化十年发展规划（2011—2020 年）》《国家教育事业发展“十三五”规划》《教育信息化“十三五”规划》和《教育信息化 2.0 行动计划》等，切实掌握教育信息化未来的发展导向。教育信息化是随着现代信息化技术的快速发展而提出来的，是在教育体系制度、发展方式、发展理念等方面的基础上进行创新发展，是对传统教育的超越。在《国家中长期教育改革和发展规划纲要（2010—2020 年）》中明确提出“到 2020 年，基本实现教育信息化”。由此可见，全面实现教育信息化是未来国家教育改革和发展的重中之重。因此，在系列方针政策的指引下，只有不断加强对教育信息化理论知识的学习，提高信息意识，坚持“更新观念、重塑角色、提升素养、增强能力”，对“什么是学校教育信息化”以及“如何实现学校教育信息化”做到充分理解和深入研究，同时还应立足于自身岗位实际，将学校教育信息化融入日常开展的各项工作中，使自身信息化素养在实践中得到有效提升，不断适应信息化时代的发展要求。

2. 加强教育信息化技术学习，提高信息化素养能力

提升教师信息化素养能力，需要不断加强教育信息化技术的学习。首先，要做到立足课程内容实际需求，加强信息化实践能力，如大数据、云计算、云存储、仿真实训资源、虚拟仿真实训平台、虚拟实验室、数字图书馆、网络学习空间、在线辅导等等现代信息化技术的学习，更加深入地体会信息化技术带来的高效、便捷的学习方式，切实提高信息技术应用水平。其次，加强信息化教学团队的建设，融合专长，共同协作，在信息化教学中不断提高信息化素养能力，实现资源汇聚共享，打破教育资源开发利用的传统壁垒，利用大数据技术整合互联网上丰富的教学、科研、文化资源，为不同学习需求者提供海量、合适的学习资源服务，更好地服务于信息教育时代所需的高素质、高科技的创新性人才。

3. 积极参与教育信息化研究，提升信息化素养能力

教育信息化研究是高校获得可持续发展的关键所在。高校实施教育改革是为了不断提升教师的专业化发展水平，提高教学质量，而高校的可持续发展必须依托于研究型教师。近年来，高等院校教师为了适应教育信息化时代的快速发展，逐步将自身角色（即知识传递者）从传统教育理念中解放出来，通过对现代信息技术的合理应用及深入研究，在传统教学理念的基础上更为科学和高效地对课堂教学内容、教学方法、教学手段、教学模式等方面进行创新改革，研究出一套切合学生实际的教学体系，提高学生的学习积极性，进而提升教学质量。因此，高校教师应积极参与各级各类的信息化教学课题的研究，运用从事教学的有利条件逐渐拓展研究思路，找出更加完善、更加先进的教育方法，而在课题研究过程中，也将促使教师在教育教学中积极开展信息化教学，使用信息化技术手段，在实践中强化和提升信息化素养。

（二）学校层面

1. 完善相关的奖励机制，提升教师信息化素养动力

要想提高教师信息化素养，必须完善相关的政策制度，良好的政策和健全完善的规章制度是提升教师信息化素养的重要保障。完善各种奖励机制，建立科学、合理的教师考核制度。对于积极参与信息化教学相关工作的教师给予一定的奖励。鼓励学术带头人、专业带头人、学术骨干、教学标兵等教师积极开发网络课程，制作教学课件，进行教学设计，将教师信息化教学情况同教师工作考核相关联，作为教师评定职称、晋升考核的重要标准。制定合理的考核制度，进行定期考核，其考核标准为：智慧教室、信息化教学仪器的使用率；信息化课程的门数；信息化研究的最终成果量；参与信息化教学比赛；等等。

2. 整体打造智慧校园信息化教学环境，提高教师信息化素养能力

缺乏信息化教学环境是制约教师信息化教学能力提升的主要因素。[①]良好的信息化教学环境包括硬件环境和软件环境，通过打造智慧校园信息化教学环境，提高教师信息化素养能力。目前大部分学校信息化教学环境已初具规模，满足了校园网络全覆盖、信息化教学平台的建设、智慧教室、数字校园、微课程、云课堂等的建立。但是与“三全两高一大”[②]的教育信息化发展目标还有一定的差距，学校应增加智慧教室的数量，增加信息化课程门数，加大信息化教学仪器的使用率，增加课程内容的信息化程度、促使更多教师参与信息化教学，培养专业的信息化教学人才。同时还应该配置相应的现代化信息教学设备，购买适合的应用软件和教学资源，建设教师信息化发展中心，将多媒体资源库，包括音频库、视频库、课件库、教育资源库、习题库、视频点播等相关资料进行收集整理，切实打造智慧校园信息化教学环境。实现“‘课堂用、经常用、普遍用’的基础上，形成‘校校用平台、班班

① 赵学瑶，赵敏之，孙影. 高职院校教师信息化教学能力提升研究：基于全国 23 所高职院校的实证分析[J]. 职业技术教育，2018（16）：41-46.

② 教育部. 教育信息化 2. 0 行动计划：教技〔2018〕6 号[A].

用资源、人人用空间’”。[1]

3. 建立信息化培训长效机制，增强教师信息化素养实力

学校应建立信息化培训长效机制，开展有针对性的培训，增强教师信息化素养实力，促进信息化技术与教学内容的深度融合。从学校实际情况出发，通过对各类学科信息化教学现状的调查、分析和评估，定期开展各种交流培训活动，合理制定信息化教学培训内容，科学确立信息化教学培训目标，特别是要加强对一线教师信息化素养的相关培训，如有针对性地邀请信息化方面相关专家到校开展学术讲座；有效组织教师积极参与校外各种关于教育信息化知识培训活动；加强与其他高校的交流与合作，吸取其经验和教训。而且对教师进行有计划、系统的信息化培训，做到“广”培训、“细”培训、“渐进”培训。所谓“广”培训是指培训对象要覆盖广泛，培训内容要覆盖全面，要包括信息知识的培训，信息意识及信息能力的培训；“细”培训是指根据教师的年龄、学历、学科特点等，将教师分成不同的组别进行分批培训；“渐进”培训是指从基础开始，开展系统的普及教育、提高教育以及深入教育，内容循序渐进，逐步深入。

三、结语

随着信息化技术在教育改革中的个性化不断深化，信息化教学的优势逐渐突显，信息化技术提供了丰富的教学资源，满足了学生自主学习的需求。由此看来，教师信息化素养的水平直接影响着信息化教学效果。因此，提高教师信息化素养势在必行，任重道远。

【责任编辑：蒲华军】

① 教育部关于印发《教育信息化 2.0 行动计划》的通知. 2018-04-15.

教育信息化背景下地方优秀传统文化融入民族高校质量文化建设的途径研究①

——以四川民族学院为例

蒲华军②

（四川民族学院组织部　四川康定　626001）

【摘　要】 在教育信息化背景下，质量文化建设的灵魂作用在民族高校人才培养质量提升方面越来越凸显。地处康巴藏族聚居区腹地的四川民族学院，在质量文化建设方面存在重视程度不够、认知上存在误区、质量标准的系统性与完整性不足、对民族传统精神层次文化内涵挖掘与建设不够、信息化手段运用不足等问题，需要探索出一条将康巴优秀传统文化融入学校质量文化建设的有效路径，要牢固树立质量文化意识，深入挖掘民族优秀传统文化的精神内涵，科学确立学校质量文化建设目标，用好各种新媒体资源，将康巴优秀传统文化融入课程体系、融入校园文化、融入教育教学活动、融入基础设施建设，在传承与弘扬优秀传统文化中服务民族地区建设，走出一条文化融合共建的道路。

【关键词】 信息化；传统文化；民族高校；质量文化

教育部在2012年发布的《教育信息化十年发展规划（2011—2020年）》中指出：“以教育信息化带动教育现代化，是我国教育事业发展的战略选择。”并针对高文化传承，提出“依托信息技术，面向社会公众开展学科教育、科普教育和人文教育，提高公众科学素质和人文素质。构建高校网上虚拟社区，广泛进行思想与文化交流，创新、发展先进文化。”③作为教育与文化双向发展的高校，如何在信息化的时代背景下，传承创新优秀传统文化，将其与人才培养、科学研究、社会服务深度融合，对促进高校质量文化建设，推动内涵建设，落实立德树人根本任务，全面提升高等教育质量具有重要意义。

一、民族高校质量文化的基本内涵

提高教育教学质量是高校的永恒课题，基于这样的观念，产生了高校文化建设中的核心——质量文化建设，相比较传统的“文化建设”，更加注重内涵式发展中质量的价值建设。美国学者约瑟夫·M.朱兰将质量文化定义为“人们与质量有关的习惯、信念和行为模式，是一种思维的背景。”④高校质量文化，是指“高校以质量为核心的价值观念、意识信念、思维方式、道德规范、规章制度及行为方式的总和，它是一种内隐的文化，通过潜移默化的方式引导全校教职员工的思想和行为，从而产生对质量目标、质量观念、质量标准和质量行为的认同感和使命感。”⑤也有学者将其看作是“一种以质量为核心、以提高质量为根本旨趣的、特殊的学校亚文化，是由物质层质量文化、精神层质量文化、行为

① 四川民族学院2018—2020年高等教育人才培养质量和教学改革项目“康巴优秀传统文化融入四川民族学院质量文化建设的研究与实践”（项目编号：Xjjg2018014）阶段成果之一。

② 蒲华军（1982—），男，四川乐至人，硕士，副教授。主要研究方向：中国古代文学、民族高等教育。

③ 教育部. 关于印发《教育信息化十年发展规划（2011—2020年）》的通知[N/OL].（2012-03-13）[2020-09-27]. http://old.moe.gov.cn/publicfiles/business/htmlfiles/moe/s3342/201203/xxgk_133322.html.

④ 约瑟夫·M. 朱兰，A. 布兰顿·戈弗雷，等. 朱兰质量手册[M]. 5版. 焦权斌，等，译. 中国人民大学出版社，2003：724.

⑤ 刘仲全. 质量文化与高校内涵发展[N]. 光明日报，2013-10-01（6）.

层质量文化、制度层质量文化等不同要素构成的文化系统。”①近年来，随着信息技术的不断发展，尤其是“互联网+”带来的技术革新，高校质量文化也呈现出兼容性、创新性、交互性、开放性的新的时代内涵。②同时，高校质量文化也应具有其独特的地方特色，尤其对于民族高校而言，不断发掘和彰显民族特色，传承和发扬少数民族优秀传统文化是民族高校的义务和责任，也是增强少数民族学生对中华文化认同和建立“文化自信”的基石。因此，对于民族高校而言，质量文化建设不仅是内部质量保障体系的灵魂，在内涵上还具有民族性和文化共融性的特征，这也决定了民族高校在质量文化建设方面需走向一条文化融合共建的道路。

二、教育信息化背景下四川民族学院质量文化建设中存在的问题

四川民族学院一直坚持组织开展教育教学改革与发展研讨会，围绕提高教学质量和水平、人才培养体系、课程教学、学科专业发展等开展深入研究，加强质量保障体系建设，旨在推进内涵发展，提高教育质量，并将相关成果汇总成论文集，仅 2019 年 1 月出版的《新建民族本科院校学科建设探析》就遴选收录了文章 96 篇。成果丰硕，但在质量文化建设方面却未能构建起系统完整的体系。主要表现在：

（一）重视程度不够，质量文化建设的意识不强

作为新建民族本科院校，四川民族学院面临着本科办学经验积累不多、办学资源不足、整体实力还较弱、社会认可度仍有待提高等困境，而在建设与发展过程中，仍然还处于如何满足上级对本科高校设置和规定的基本条件阶段，更多强调物质方面增加办学资源、制度上完善内控体系，在发展模式上更加注重地方高校的应用转型。近年来，在质量建设方面，尽管有人开始着手研究学科与专业的质量建设问题，如《实施本科教学质量国家标准背景下的英语学科与专业建设——以四川民族学院外国语学院为例》（阳勇、王军）《基于〈普通高等学校本科专业类教学质量国家标准〉浅谈动物医学专业建设》（唐德华、廖文菊）《关于藏汉双语法学教学质量的调查研究——以四川民族学院藏汉双语法学毕业生为调查对象》（刘树国）等，在某一个专业或二级学院的质量文化建设方面做出了有益的探索。但总体来看，学校还没有专门对质量文化建设进行过专题的研讨，缺乏提高教育教学质量的系统性研究，办学特色凝练不够，还没能将教育教学质量的提高与学校的制度文化、校园文化、学术文化、教师文化、服务地方文化等紧密结合起来，完整的质量文化建设体系构架尚未形成。

（二）对质量文化建设存在理解上的误区

质量文化是包含物质、制度、行为、精神等各层次的综合有机体，不能将其割裂成独立的某一个方面。在高校质量文化建设实践过程中，存在着狭隘化、形式化、功利化、割裂化等认识误区与实践偏差。③就四川民族学院目前的实际情况来看，有的将质量文化建设狭隘地理解为校园文化；有的将质量文化等同于教学质量与保障文化；有的专注于质量监督与评估制度方面的建设，但却忽视了对质量标准与规范、执行与落实、评价与激励等相关制度的建立和完善；有的孤立地开展教育教学质量文化建设，与学校的学术文化、行政文化等形成对立，又造成了与科研质量文化、社会服务质量文化建设等方面的脱节；有的将质量文化建设理解成一种“自上而下”的灌输，认为质量文化建设是学校领导和质量管理部门的事，普通教师和学生仅仅是执行者和从属者；还有的将“符合”或“达到”标准作为质量文化建设的旨归，忽视了高校的主观能动性和质量文化本身所具有的个性及其由自身发展而带来的突破与超越。

---

① 罗儒国 王姗姗. 高校质量文化建设的误区与出路[J]. 现代教育管理，2013（10）：30-36.
② 王海荣. “互联网+”背景下高校质量文化建设框架研究[J]. 南京工程学院学报（社会科学版），2019（02）：73-76.
③ 罗儒国 王姗姗. 高校质量文化建设的误区与出路[J]. 现代教育管理，2013（10）：30-36.

（三）质量标准的系统性与完整性不足

对教学质量的国家标准研究不够，未形成专业类教学质量的校级标准。为建立健全教育质量保障体系，教育部在1998年印发的《普通高等学校本科专业目录》和1999年印发的《专业设置规定》基础上，于2012年发布了《普通高等学校本科专业目录（2012年）》，对专业的培养目标、基础核心课程等作了初步规定，随后在2013年开始启动本科专业教学质量国家标准的制定工作，并于2018年发布了我国的第一个高等教育教学质量国家标准——《普通高等学校本科专业类教学质量国家标准》（以下简称“国标”）①，该标准以专业类为单位研制，明确了适用专业、培养目标、培养规格、课程体系、师资队伍、教学条件、质量保障等各方面要求，涉及基本办学条件、基本信息资源、教学经费投入、知识体系和核心课程体系建议、各专业类师资队伍数量和结构、教师学科专业背景和水平、教师教学发展条件等各个方面，是各专业类所有专业应该达到的质量标准，也是设置本科专业、指导专业建设、评价专业教学质量的基本依据。质量标准是高校质量文化的一个重要指标，在建设过程中应注重整体规划、统筹兼顾。目前，学校各专业在建设过程中未能对“国标”进行充分研究和对标，也未能根据学校实际因地制宜地制定本校的本科专业类教学质量的校级标准。而校级质量标准的缺失，必然造成“无标准”或“盲从”的弊端。

（四）满足于树立质量形象，对民族传统精神层次的隐性质量文化内涵挖掘与建设不够

学校成立了评估中心，在教务处成立了质量管理科，校系两级从机构和人员层面建立了组织保障体系，明确了“三性”（突出民族性、地方性、应用性）、“三得”（培养“靠得住、下得去、干得好”的优秀人才），建设充满活力的现代化综合性应用型民族本科高校的办学目标，同时也提出要通过校内专业评估、课程评估、教学监督、教学检查、第三方调查、专业动态监测等方式，根据“六卓越一拔尖”计划2.0，加强教师教学、学科专业、学生学习质量监测，以推进质量文化建设。但现有的质量监督与保障的组织机构并非严格意义上的“质量组织”，且部门机构间的职责界定不清晰，职能的交叉重叠或履职的空白领域时有发生，质量管理工作大多停留在制度的制定与执行层面，难以进入思想认识层，无法有效地构建学校质量愿景、理念和精神等方面的学校质量文化系统建设工程，难以形成个性化的学校价值理念，更无法将其真正转化为全校师生的信念并使之成为一种行为方式准则。同时，为应对上级的各种评估，促使我们更倾向于功利化的质量文化建设模式，注重基础设施建设与教学设备的更新，以突出外在的显性质量形象，如突出建筑的民族风格、文体活动中民族元素等，但对地方民族优秀传统文化的内涵与价值的深入研究还不够，或者在这方面未能与学校的质量文化建设紧密结合起来，从精神层面对隐形质量文化内涵的挖掘与建设方面做得不够，难以形成卓越的、系统的高校质量文化体系。

（五）信息化手段在质量文化建设中的运用不足

在教育信息化的背景中，科学技术进步与新媒体的发展对于高校质量文化建设的影响是巨大的。随着基础设施的不断完善，学校融媒体中心、智慧教室、云平台等项目的建设，为学校质量文化的信息化建设提供了坚实基础。但由于集体理念与教师信息化能力的不足等原因，尚未有效地利用好诸如微信公众号、云平台等新媒体载体，大数据的分析与研判仍处于起步阶段，智慧教学工具运用不娴熟，信息化手段在质量监督与评估、质量改进与激励、质量标准与规范、质量教育与培训等方面运用程度不高、效果不理想。

三、将康巴优秀传统文化融入学校质量文化建设的路径

四川民族学院是康巴地区唯一的一所民族本科院校，发扬康巴优秀传统文化与弘扬社会主义核心

① 教育部. 介绍《普通高等学校本科专业类教学质量国家标准》有关情况[EB/OL].（2018-01-30）[2020-09-26]. http: //www. gov.cn/xinwen/2018-01/30/content_5262462.htm#1.

价值观的主旋律是相契合的，将康巴优秀传统文化融入质量文化建设具有传承和发扬优秀民族文化，强化高校职能；增强中华文化认同，铸牢中华民族共同体意识；增强民族文化自信，凸显中华文化符号；着力文化引领，提升高校文化软实力等方面的时代价值。①

（一）理念先行，牢固树立质量文化意识

正确认识和理解高校质量文化建设的内涵，重视质量文化建设的价值，树立正确的质量文化意识和观念，是开展质量文化建设的基础和前提。四川民族学院坚持立足康巴、面向西南、服务全国，始终坚守“为民族地区培养社会主义事业的合格建设者和可靠接班人，促进民族团结、维护祖国统一”的历史使命，近年来，为推进转型发展、内涵发展，在质量文化建设方面做出积极的探索。在《四川民族学院 2020 版人才培养方案修订指导意见》中，明确将“具有深厚的国家认同感和中华民族自豪感”“坚决维护民族团结和国家统一”“对社会主义发展和党的民族理论与政策有较为系统的认识，崇尚宪法，遵守法律，遵规守纪”几条纳入政治思想素质的培养目标；将“了解少数民族地区，尤其是四川民族地区的风土人情”纳入科学人文素质培养目标。同时，在思政课体系中，明确将民族团结教育纳入《思想道德修养与法律基础》课程教学。从规章制度、价值观念、意识信念等方面初步树立起了质量文化建设的理念。需进一步加强对质量文化建设对学校内涵式发展、品牌建设、核心竞争力提升等方面具有重要作用的认识，从学校层面强化全校师生的质量文化意识，构建具有地方民族特色的质量文化体系，并使之成为统一的理念和价值准则。

（二）深入挖掘民族优秀传统文化的精神内涵，科学确立学校质量文化建设目标

国务院关于《统筹推进世界一流大学和一流学科建设总体方案》中要求“创造性地传承中华民族优秀传统文化”，明确了“加强中华优秀传统文化和社会主义核心价值观的研究、宣传，认真汲取中华优秀传统文化的思想精华，做到扬弃继承、转化创新，并充分发挥其教化育人作用，推动社会主义先进文化建设”②的建设任务。随后在 2017 年，教育部、财政部、国家发展改革委员会三部门联合印发了《统筹推进世界一流大学和一流学科建设实施办法（暂行）》，在文化传承创新方面又提出“传承弘扬中华优秀传统文化，推动社会主义先进文化建设成效显著；增强文化自信，具有较强的国际文化传播影响力；具有师生认同的优秀教风学风校风，具有广阔的文化视野和强大的文化创新能力，形成引领社会进步、特色鲜明的大学精神和大学文化。”③康巴地区由于独特的地理与历史等因素，创造了积淀深厚、绚丽多彩、多元一体的优秀文化，其蕴含的道德精髓是中华优秀传统文化的重要组成部分。我们应深刻挖掘其中蕴含的多元文化系统、天人合一的和谐观、崇尚真善美和恪守公正的道德观念、热爱祖国和敢于斗争的英雄主义精神，以及各民族勤劳勇敢、团结和睦等优秀品质，并将之与学校的发展历史、办学目标与定位等紧密结合起来，突出爱国主义教育和民族团结进步教育，突出立德树人教书育人的初心使命，突出康巴红色革命精神，将铸牢中华民族共同体意识贯穿于教育教学全过程，借助于大数据的分析与研判，凝练成独具特色的办学理念，从而确立起科学的质量文化建设目标。

（三）牢固“互联网+”思维，利用好各种新媒体资源传承地方优秀传统文化

随着信息化时代的到来，民族优秀传统文化借助于网络等新媒体的传播已成为当今中华文化传承创新的重要方式。利用“互联网+”的各种先进手段，充分发挥文化传承创新的功能作用，以建设特色鲜明、内涵丰富、开放创新的校园文化为载体，大力弘扬社会主义核心价值观，才能更好地挖掘精神层次的内涵，展示学校的精神风貌，凸显质量文化的育人功能，增强学校的核心竞争力和凝聚力。一是用好校园网和电子报栏平台。设置优秀传统文化专栏，将本地的优秀传统文化，尤其是教师的相

---

① 蒲华军. 康巴优秀传统文化及其融入地方民族高校校园文化建设的时代意义[J]. 科学与财富，2020（12）：184-185.

② 国务院. 关于印发《统筹推进世界一流大学和一流学科建设总体方案》的通知[EB/OL].（2015-11-05）[2020-09-26]. http://www.gov.cn/zhengce/content/2015-11/05/content_10269.htm.

③ 教育部 财政部 国家发展改革委员会. 关于印发《统筹推进世界一流大学和一流学科建设实施办法（暂行）》的通知[EB/OL].（2017-01-26）[2020-09-26]. http://www.gov.cn/xinwen/2017-01/26/content_5163670.htm.

关研究成果在专栏内展示，既让学生深入了解地方，增强文化认同，也可让学生增进对老师的了解，实现师生的课外互动。二是利用好微信、微博公众号平台。组建工作团队，专门对地方优秀文化的传承创新进行策划，定期推出成果，让师生通过手机等移动客户端进行传播和互动。同时，还可利用微信公众号，组织开展地方传统文化交流与研讨、文化古迹参观等活动，让师生与传统文化“亲密”接触，更好地理解和吸收文化精髓。三是用好线上在线课程平台和校内网络学习空间。以慕课等方式，打造地方优秀传统文化的示范课程和“金课”，并将其推广到线上课程平台和校内网络学习空间，供全校师生学习。各民族师生基于文化认同对各类康巴文化活动的广泛参与，有助于拓展校园文化行为内涵，大学精神、办学理念、制度文化、校风学风等高校软实力就得以彰显。

（四）做到“四个融入”，助推质量文化建设提质增效

一是融入课程本系建设。在现有“国标”设置的课程基础上，鼓励各二级学院深入挖掘地方优秀文化资源，开设如“康巴历史与文化”“康巴民间文学”等专题地方课程和校本课程。二是融入校园文化建设。通过调研，将地方优秀传统文化与校园文化紧密结合，将地方中小学开展的优秀传统文化教育与校园文化的营造相结合，通过“新生第一课”“少数民族年节”以及“读康巴·写康巴·说康巴”“康巴女儿节”等校园文化精品，依托民族文化交流、弦子锅庄等学生社团开展跳锅庄、彝舞等形式多样的文体活动，弘扬传承优秀民族文化，构筑共有精神家园。在弘扬社会主义核心价值观中融入康巴优秀传统文化的因素，将其中“天人合一”的和谐观念、爱国主义精神与追求真善美等积极元素与学校的校训、办学理念、人才目标等紧密结合起来，有助于提升校园精神文化的总体格局。三是融入教育教学活动。利用各类仪式、典礼和纪念日等，在各种教学活动中融入地域特色，继续开展好“非遗文化进校园”专题活动，邀请了非物质文化遗产传承人走进课堂宣讲、示范、交流，继续开展好康巴文化专题系列讲座等。四是融入基础设施建设。从学校的建筑风格、雕塑、报栏等校园景观方面融合康巴特色文化元素，将康巴优秀传统文化中的精神外化折射到教学楼、图书馆、实验实训中心等基础设施中，使人文景观与自然景观相互映衬，有助于彰显学校的物质文化特色。

（五）传承与弘扬康巴优秀传统文化，服务民族地区建设

四川民族学院地处康巴藏族聚居区，由于天然的区域性与身在其中的自在性，且汇集了丰富的康巴文献资源、人力资源和技术手段，是传承和发扬优秀民族文化的重要阵地。一方面，坚持突出科研特色，开展民族文化保护传承和研究。学校每年坚持举办康巴文化研讨会，邀请国内高层次专家进行专题研讨，开办特色科研系列讲座，出版康巴文化研究论文集，大力开展“非遗文化进校园”专题活动，邀请了非物质文化遗产传承人走进课堂宣讲、示范、交流，将康巴文化研究中心建设成省级重点研究基地，建有康巴文化、康巴语言文学、康巴历史与旅游等 13 个特色研究所和甘孜红色文化、康巴民居、噶玛嘎孜唐卡画派、格萨尔等 14 个特色研究中心，学报编辑部设有“康藏研究”专栏，并成为全国民族地区学报（期刊）“名栏”，形成了大量康巴特色研究成果，成了保护传承与发扬创新康巴民族优秀传统文化的重要阵地。另一方面，坚持在教学中融入地方优秀传统文化。如开设康巴历史与文化课程、开展民族文化实践活动等，将地方优秀传统文化作为德育的内容之一，融入教育教学全过程，落实到课堂教学、社会实践、质量标准等各个环节，进一步丰富民族文化传承创新方式，多种渠道向大学生介绍并传播民族优秀文化，通过产学研相结合的方式，促进民族文化产业化发展，这也是高校履行服务地方经济社会发展职能的重要体现。

在教育信息化的时代背景下，高校教育的空间和外延发展拥有巨大的空间。如何有效利用现代化信息技术，构建高校网上虚拟社区，在传承与弘扬优秀传统文化方面，广泛进行思想与文化交流，创新、发展先进文化是当前高校的必修课题，只有实现优秀传统文化的传承创新与高校的质量文化建设高度融合共建才能真正提升人才培养质量与核心竞争力。

【责任编辑：汪攀】

地方民族院校青年教师信息化教学能力培养的现状与提升策略[①]

高　鸿[②]

（四川民族学院办公室　四川康定　626001）

【摘　要】“互联网+”时代的到来，催生了信息技术与各行各业的深度创新融合，这对高等教育信息化发展提出了更高要求，对于信息化发展相对滞后的地方民族本科院校来说将面临新的机遇与挑战。通过厘清信息化教学内涵，深入分析地方民族院校青年教师信息化教学能力培养的必要性及其所面临的困境以及解决的策略，有助于为推动地方民族院校信息化教学高位优质发展提供经验借鉴和可遵循的路径。

【关键词】 教育信息化；青年教师；信息化教学能力

2018 年，教育部《教育信息化 2.0 行动计划》提出要大力提升教师信息素养，推动教师主动适应信息化、人工智能等新技术变革，积极有效开展教育教学。启动“人工智能+教师队伍建设行动”，推动人工智能支持教师治理、教师教育、教育教学，推动教师更新观念、重塑角色、提升素养、增强能力。[③] 该行动计划的出台，对高校加强教师信息化教学能力建设提出了更严要求、更高挑战。在 2017 年发布的《国家教育事业发展“十三五”规划》中，首次提出“要大力推进教育信息化，推动“互联网+教育”新业态发展。[④] 这是 21 世纪教育理念创新、教育模式创新、教育方法创新、教育业态创新的必然要求与选择。对受区位劣势、体量狭小、信息化滞后等多重因素影响的地方民族院校来说，如何有效利用教育信息化建设助推教学质量变革是当前和今后需要面临的一项长期和艰巨的任务。因而，地方民族院校在教师信息化教学能力培养上必须突破传统思维的局限，深入理解信息化教学的内涵，深入分析加强教师信息化教学能力培养的必要性，结合学校信息化工作和教学质量建设的实际，拟定解决策略。

一、关于“互联网+”背景下的信息化教学的内涵释义

李克强总理在 2015 年全国人民代表大会上所作的《政府工作报告》中首次提出了“互联网+”国家行动计划。“互联网+”国家行动计划写入《政府工作报告》，标志着中国进入了“互联网+”时代。同年 7 月，国务院印发了《关于积极推进“互联网+”行动的指导意见》（ 以下简称《指导意见》），标志着中国的发展进入了“互联网+”的新常态。“互联网+”成为社会各界热议的焦点问题，并成为影响中国经济和社会发展的重要因素。[⑤]“互联网+教育”正是这一时期应运而生的。所谓“互联网+”背景下的信息化教学，是指利用互联网思维，综合利用现有的信息通信技术手段来改造教学模式和教

---

① 本文系 2017 年四川民族学院校内个人自筹教学改革研究一般项目“应用转型发展视域下青年教师教学能力培养现状与对策研究”（2017XJJG38）成果和 2019 年四川民族学院校内资助教学改革研究一般项目“教师资格证‘国考’背景下地方民族本科院校公共教育学课程教学改革研究”（XJJG2019005）成果。

② 高鸿（1987—），男，四川南部人，硕士研究生，讲师。主要研究方向：高等教育、民族教育。

③ 中华人民共和国教育部关于印发《教育信息化 2.0 行动计划》的通知[EB/OL]. http: //www.moe.gov.cn/ t20180425_334188.htm

④ 腾讯教育. 两会代表委员热议“互联网+教育”加出更加公平更有质量的教育[EB/OL]. https: //edu.qq.com/a/20190320/009293.htm.

⑤ 郭继文.“互联网+”研究综述[J]. 山东青年政治学院学报，2017（185）：1-11.

学管理，使得教学理念、教学管理、教学方式、教学行为等发生深刻变化的信息化形式的教学新形态。需要特别指出的是，在“互联网+”背景下，理解信息化教学内涵需要区分一个误区：“教育+互联网”和“互联网+教育”是两个完全不同的概念，前者更加体现出教育对互联网技术的依赖，后者更加突出的是突破技术手段的限制，更加注重思维理念的创新。纵观中国教育信息化发展历程，大致可以分为两个阶段：第一个阶段是信息技术应用推广阶段，主要任务是将信息技术应用到课堂和日常教学活动中，第二个阶段是融合阶段，主要任务是利用信息技术重塑教育、创新教育生态、创新教与学的方法与形式。因而，“互联网+”背景下高校信息化教学的主要任务是要突破互联网技术利用的工具思维，在互联网基础上颠覆传统教学思维模式，构建多形式、创新思维的教学新模式。

二、地方民族院校加强青年教师信息化教学能力培养的必要性

青年教师是高校教师队伍中的生力军，思想活跃、个性鲜明、学习接收能力强，其信息化教学水平在一定程度代表着学校整体信息化教学能力水平。近年来随着教育信息化发展水平的逐步提高，教师信息化教学能力的培养成为高校比较关注的热点，而青年教师信息化教学能力的培养成为热点中的热点。加强教师信息化教学能力培养是适应教育信息化背景下高校教师职业适应的必然要求，是推动高校信息化发展提质增效的重要举措，也是落实《教育信息化 2.0 行动计划》的现实需求，是高等教育教学改革的有效措施，是高校教师提升自身业务素养的重要途径，是打破传统课堂教学模式，运用互联网思维进行课堂教学改革的创新尝试。地方民族院校有其特殊性，其教育信息化发展起步晚、体量小、底子薄，这在一定程度上不利于教师信息化教学能力的培养。无论是国家对高等教育改革发展的刚性要求，还是地方民族院校自身发展的内在需要，或是大学青年教师职业发展的自我需求，加大青年教师信息化教学能力的培养都是非常必要的。众所周知，高等院校是推动国家教育信息化改革发展的主力，是为政治、经济、社会培养人才的摇篮，而地方民族院校在培养人才过程中又多了一重民族属性，其人才培养的任务和要求更加严苛。因而，地方民族院校只有在推动教育信息化发展过程中主动作为，以教师教学信息化能力培养为载体，积极鼓励教师运用高质量、高水平的信息化教学理念、创新手段来提升课堂教学质量，通过教师的引领示范来达到培养学生创新能力、实践能力的目的。在这个过程中需要指出的是，青年教师有着与青年学子相似的个性、相似的生活习惯、相似的教育背景，两者之间的联系更为紧密，有更多的共同话语，因而，加强青年教师教学信息化能力培养对提升课堂教学质量、提升人才培养质量的意义是不言而喻的。

三、地方民族院校青年教师信息化教学能力培养的现状

地方民族院校青年教师信息化教学能力培养的影响因素是多方面的，通过调查发现，地方民族院校青年教师信息化教学能力整体水平不高，有待进一步提升，主要表现在以下四个方面。

（一）信息化建设软投入不足，信息化教学环境有待进一步改善

21 世纪是信息技术高速发展的时代，信息技术与各行各业的深度应用所催生的“智能化”“智慧化”已成为时代标签，因而教育信息化在一定程度上需要向“智能化”“智慧化”方向转变。部分地方民族院校在推动教育信息化建设过程中热衷于硬件建设，而忽视了教育信息化的“软投入”。所谓教育信息化的“软投入”是指在教育信息化建设过程中对教师信息化教学能力的培养。教育信息化“软投入”不足主要表现为：一方面教师对高性能的信息化教学硬件熟悉程度不够、应用不够，另一方面人为造成信息化教学硬件资源的闲置与浪费。在调查中发现，61%的青年教师认为信息化教学硬件功能丰富，但未真正发挥其应用功能，73%的青年教师认为自己不能够熟练掌握信息化教学硬件的各种功能，硬件与教学的融创度不够。通过调查，可以看出，地方民族院校在推进信息化教学建设过程中，信息化硬件环境与软件环境契合度不够，对教师信息化教学能力的重视程度不足，信息化教学的软环境建设亟待进一步加强。

（二）对信息化教学认识不足，自身能力水平有待进一步提升

在调查中发现，74%的青年教师认为信息化教学就是教学内容的 PPT 化、白板化，不难看出青年教师对信息化教学的认识还不够全面。对信息化教学认识不足在一定程度上影响了青年教师自身信息化能力的提高。部分地方民族高校在推进信息化硬件建设过程中配备了大量智能化的教学终端设备和应用 App，但由于青年教师缺乏信息化教学经验，对智能化的终端设备和应用 App 的功能了解不够、掌握不足，造成教学内容不新颖，课堂互动不及时，教学效果不理想。究其根本原因在于青年教师的信息化水平受限，教学过多依赖于传统的信息技术方法与手段，将信息化教学简单地理解为多媒体课件在课堂教学中的应用。同时，青年教师对信息化教学的研究和理解不足，在一定程度上也阻碍了自身信息化教学素养的提升。

（三）工学矛盾较为突出，缺乏信息化教学的兴趣

青年教师大多都是直接毕业就到高校任职，教学经验相对不足，在很长一段时间内需要投入大量时间、精力来备课。同时，部分地方民族院校青年教师教学任务重，工学矛盾较为突出。通过调查，64%的青年教师周平均教学课时在 16 课时，28%的青年教师周平均教学课时在 20 课时，8%的青年教师周教学课时超过 20 课时。加之近些年职称评定标准不断提高，青年教师在承担繁重教学任务的同时需要花费大量时间从事科学研究工作。同时，对于行政兼职教学的青年教师，其工学矛盾尤为突出，兼具教学、科研、行政三重工作压力。在调查中发现，青年教师普遍认为时间紧、任务重，没有时间和精力进行自我提升，或者自我提升的时间有限。大多数青年教师认为信息化教学能力建设十分必要，但面临教学、科研繁重任务时，对提高自身信息化教学能力方面兴趣较弱，甚至部分青年教师认为自己对信息化教学能力无能为力。这在一定程度上削弱了青年教师对信息化教学建设的兴趣，从长远来看，不利于青年教师自身信息化教学能力的提高。

（四）信息化教学能力培养模式单一，信息化教学资源建设相对不足

部分地方民族院校由于推进信息化教学建设顶层设计不足，对教师信息化教学能力培养方面采用的常用方法是培训，而在培训中更多采用的是线上自主培训，培训的模式较为单一，线上自主培训由于受工学矛盾的影响，其培训的效果大打折扣。信息化教学培训的出发点是为了教师获得更好、更专业的信息化素养，但放养式的培训和重理论轻实践的培训，往往收益不大、效果不佳。因而，对青年教师的信息化教学能力发展采用的单一培养模式，虽然培训效率高，但所产生的教学效益并不大。同时，学校对教师信息化教学资源建设不够，与之相配套的机制安排不够科学合理，在一定程度上也容易造成信息化教学建设质量不高。在调查中发现，部分青年教师在信息化教学过程中需要投入大量时间精力去学习与搜集网络资源从而实现信息化教学，在一定程度上使得青年教师对信息化教学的动力与积极性严重降低，成为阻碍信息化教学建设的重要原因之一。

四、地方民族院校青年教师信息化教学能力提升的对策

（一）加大软、硬投入，着力营造浓厚信息化教学氛围

在信息化教学硬件建设方面，要进一步围绕学校信息化建设中长期发展规划，以智慧校园、数字化校园建设为依托，进一步健全智慧教室功能，使智慧教室在教学过程真正变得智慧。同时要在深入调研基础上，围绕学科专业建设，加快推进数字化教学实训平台、信息化教学资源平台建设，为推进学科专业背景下信息化教学工作奠定坚实基础。在信息化软件建设方面，一是要加强信息化教学的顶层设计，强化优质信息化教学资源的开发；二是要通过配套激励机制，鼓励教师围绕学科专业，将课程教学与信息化创新融合；三是要努力营造信息化教学环境，通过搭建平台、创设环境，定期举办各类信息化教学比赛，如 MOOC 比赛、微课比赛等，鼓励青年教师利用信息化手段提高教学实效、积累教学经验、创新教学模式。

（二）转变传统信息化教学理念，设置多元化信息化教学评价体系

传统信息化教学理念认为，信息化教学即简单地将信息化的技术引入传统教学中。在信息化教育背景下，推进信息化教学建设必须要充分结合信息化背景下的教学特征，以全新的教学理念，教学思维以及教学方式将其完美融合，使信息化教学达到“1+1>2”的效果。[①]因此，信息化教育背景下对青年教师的信息化教学素养也提出了更高的要求。青年教师不仅需要具备使用信息技术及其软件的高超能力，更需具备运用信息技术对传统教学进行改革与创新的能力。因而在信息化教学评价中，需要建立起多元化评价体系，为青年教师信息化教学及管理改进提供更多的依据遵循。学校要把信息化教学能力作为评价教师的重要指标。通过制定评价标准来有效衡量青年教师的信息化教学能力，并将信息化教学的有效性纳入年度绩效评估、职级晋升、职称评估和评优评先等。建立多元化教学信息化评价体系不仅要包含信息化教学及管理体系的青年教师群体，还需要包含教学管理部门、教学专职管理人员、辅导员以及学生群体等，从而为信息化教学与信息化教学管理功能的实现提供科学的评估，从而提高信息化教学质量。

（三）丰富信息化教学培养的形式，多途径提升青年教师信息化教学素养

加大青年教师信息化教学培训是必要的，培训是提升青年教师信息化教学能力的重要途径，但仅仅依靠培训，很难有效提升青年教师的信息化教学素养和能力。地方民族院校可进一步丰富培养形式，多途径提升青年教师信息化教学素养。一是深入开展信息化教学合作研讨，进一步加深青年教师对信息化教学认识。二是加强信息化教学课堂观摩，通过课堂观摩进一步了解信息化教学在课堂中的实践应用。三是要加强信息化教学实践反思，要鼓励青年教师结合教学过程中出现的热点问题、难点问题进行反思并提出有效的解决策略，从而进一步增强青年教师在信息化教学方面的自我发展意识，进一步增强青年教师进行信息化教学实践与探索的行动自觉，从而不断提升青年教师的信息化教学能力。

（四）加强青年教师自我发展引领，构建信息化教学激励机制

学校在信息化教学方面的人力、物力和技术保障投入，都只是影响青年教师信息化教学能提升的外因，而青年教师在提升信息化教学能力方面的自我引领才是关键。因而，青年教师在推进自我信息化教学能力发展方面应当快速转变自身角色，迅速适应信息化环境下的新教学模式、教学方法与教学内容，青年教师还应当加强教与学的换位转变，在信息化教学过程要坚持以学生为中心，将被动式的传统教学方法转变为提高课堂教学质量的自主性和实效性。青年教师要加强自我发展，从信息化教学建设方面来看，青年教师在信息化能力发展方面要进一步增强自身在教育技术方面的运用能力、设计能力、技术引领能力、技术推广能力。同时，青年教师在提升信息化教学素养方面，学校要进一步构建起青年教师信息化教学配套的激励机制。一是要进一步出台以减压、减负为导向的激励措施，将青年教师在信息化教学过程中投入的时间、精力等实效转变为教学业绩。二是要将信息化教学与青年职业发展有效衔接，学校要进一步结合青年教师的年龄、层次和水平，肃清青年教师职业发展的外部阻碍因素，学校应当积极引导青年教师制定科学合理的职业生涯发展规划，将信息化教学能力作为青年教师职业适应的重要基础。

总之，地方民族本科院校青年教师信息化教学能力培养是一项长期且艰巨的任务，它需要学校的高度重视和长期持续投入，但最为重要的是青年教师的自我重视和深入实践，在实践基础上将信息化教学作为自身职业发展的一个重要目标方向，在学校的关注和自身努力下，从而系统全面提升自身的专业技能和信息化教学能力。在这个过程中，无论是学校还是青年教师个人都需要坚持与时俱进、主动作为、大胆创新，才能进一步提升学校整体信息化教学质量与水平。

【责任编辑：叶晓彬】

---

① 刘伟.“互利网+”背景下信息化教学技能培养[J]. 林区教学，2019（2）：95-97.

基于 OBE 理念的大学写作混合式教学模式探索

夏茂燕[①]

（四川民族学院文学院　四川康定　626001）

【摘　要】　在高等教育改革不断深化的背景下，大学写作课程的教学模式也需要不断改进。这一课程的混合式教学模式是以 OBE 教育理念为导向进行初步探索的，并从传统课堂教学中存在的不足入手，剖析新的教育教学理念下，混合式教学的优势以及实际操作中目前仍面临的有待解决的困惑。

【关键词】　OBE；线上线下；混合式教学；大学写作

一、OBE 理念及混合式教学模式

（一）OBE 教育教学理念

OBE（Outcomes-based Education 的缩写），字面理解即为基于学习成果产出的教育，这是近几年来源自澳大利亚、美国、加拿大等国家对基础教育进行改革的一种教育范式。我国将其引进后，受到社会的广泛关注，并在教育领域展开了热烈讨论，几乎成了一种新教育理念的代名词。随后，这一教育模式也逐渐在我国一些高校得以推行。“成果导向教育教学设计和教学实施的目标是学生通过教育过程最后所取得的最大学习成果”[②]，其内涵主要涉及以下五个方面：“（1）不同的时间，不同的教育方法，所有学生学习都能获得成功；（2）因人而异，建立个性化考核与评定等级；（3）因材施教，强调基于学生学习成果的教学评价，以学生个性化评定等级为目标，以达成学习目标为教学评价依据；（4）强调绩效责任，强调教学效果评定、学习成果的达成，学校、教师更应该为学习成效负责，并能提出持续改进的依据；（5）教学目标应与培养的核心能力相对应，且明确落实在每一门课程中”[③]。在大学写作的教学过程中教与学的联系极为紧密，这种以学习成果输出为导向进行反向设计的教学思维，对探索大学写作课程的教学模式有较大的启发作用。

（二）混合式教学模式

混合式教学是随着教育信息化的不断深入，由传统课堂教学升级转变来的一种灵活的教学方式，这一概念最初由华东师范大学祝智庭教授于 2003 年在教育领域首次引入并获得普遍关注。混合式教学融合了传统教学和数字化教学二者的优点，在实践中，这种教学方式与此前单纯的传统教学相比，能在原有基础之上取得更加理想的教学效果，因此也越来越受到广大师生的推广施行。就大学写作课程而言，线上线下混合式教学模式的推行，对提升课程教学的针对性和实效性有一定的积极意义。

“线上”和“线下”混合式教学模式与 OBE 的核心理念不谋而合，在 OBE 理念的指导下进行混合式教学，其课程教学设计较好地体现了“以学生为中心、成果为导向、持续性改进”三大理念。在以学习成果为导向的教育教学范式下，学习成果就像是贯穿于学习行为过程中的一个风向标，这里所谓的学习成果主要包括“学生通过教育教学过程所取得的知识、能力（技能）、情感、思想等方面的

---

① 夏茂燕（1990—），女，四川成都人，硕士研究生，助教。主要研究方向：文艺学、美学。

② 李志义，朱泓，等. 用基于学习成果教育理念引导高等工程教育教学改革[J]. 高等工程教育究，2014（2）：29-34，70.

③ 张海涵. “双一流”协同“OBE”理念的环境工程专业外语课程改革多视角探索[J]. 大学教育，2018（8）：91-93.

成长和收获。与行为主义、学生中心主义等教育范式不同，成果导向教育并未指定哪一种教学模式”①。为了帮助学生顺利获得预期的学习成果，教师充分利用现代信息技术，对线上线下混合式教学模式进行探索，以期对大学写作课程的传统教学模式有所改进是必不可少的环节。

二、OBE 理念下的混合式教学模式在大学写作教学中的必要性

（一）大学写作课程传统课堂教学中的不足

传统的大学写作课堂教学，老师作为课堂的主导者，主要负责进行写作学理论知识的传授，学生作为课堂的主体，参与整个课堂学习的过程。尽管我们的教学目标、学习内容、教学方法等环节都是围绕学生这一主体角色进行设置的，但学生在客观上仍然存在一些有待解决的问题。首先是学生的自我定位不够准确，缺乏学习主动性。在传统的课堂学习中，老师作为主导整个教学活动的角色把控课堂教学的各个环节，在具体实施中，以教师的讲授为主要教学形式，这就容易给学生造成一种错觉，课堂教学中老师是主角，学生自动将自己定位成被动接受知识的一方，而不是主动探索的一方，不主动查阅与学习内容相关的资料，也不会主动阅读文献进行拓展和延伸，写作课程学习中没有充实丰富的知识输入，写作水平的提高是不太现实的。这导致学生在课堂学习中的实际参与度并不高，其主体性很难较好地体现在知识的学习和实践中。在大学写作课中，学生若不能很好地发挥主体作用，不能主动积极地对知识进行探索和消化，那么无论是对于写作学理论的领会和把握，还是对于写作实践的操练和提升，其教学效果都将大打折扣。其次是难以培养和锻炼学生的独立思考能力。学生在大学写作的课堂学习中表现出来的另一个不足是问题意识薄弱，独立思考能力总体上比较欠缺。根据以往的教学经验来看，绝大部分学生在课堂学习中没能养成积极思考的习惯，出于教学需要进行课堂提问时，大部分同学选择回避或者敷衍。学生在课堂学习中之所以有这一系列的表现，主要原因就在于其不愿进行独立深入的思考。对于写作学理论知识的学习，学生若缺少了思考的过程，就不善于发现问题、提出问题，更谈不上解决问题，这将直接影响学生对理论知识的理解。相应地，学生的独立思考能力也将很难得以培养和锻炼。另外一个不足体现为学生的学习视野狭隘。由于传统大学写作课堂教学中的教学资源受时空限制，相对现代信息技术时代背景下的新教学模式而言，其教学资源比较有限，大部分学生为了通过考试，更专注于死记硬背教材内的知识内容，不注重在知识的深度和广度上花时间，下功夫。出现这样的现象，其原因就在于现有的评价体系很难对学生的学习过程进行量化评价。很多高校的考核评价系统为总结性评价，在这种考核方式的引领下，很多学生忽视了学习的过程管理，平时不注重知识的拓展，导致学习视野受到局限，对知识的掌握不够完善，学习的实效性有所欠缺。在传统的大学写作课堂教学模式中，学生学习态度的差异不能完全在期末考试成绩上体现出来，也无法完全客观地反映学生的学习成效，不利于学生树立良好的学习意识和保持良好的学习习惯。鉴于此，大学写作课程的教学模式探索尝试以 OBE 理念为指导，根据预期的学习成果来设定教学目标，结合线上线下混合式教学模式来调整教学活动中的各个环节能在一定程度上规避上述问题。

（二）OBE 理念下混合式教学模式在大学写作教学中的优势

在教育部主张将高新的现代教育技术与前沿的教育教学理念进行深入结合的背景下，教师在各大教育教学平台建设优质的网络课程是教育教学与时俱进，进行革新的应有之义。大学写作课程以 OBE 理念作为指导，利用网络课程资源将“线上”网络教学的优势利用起来，并结合“线下”的传统教学这种“线上”和“线下”的混合式教学方法在增强学生学习的主体意识，培养学生的独立思考能力和提高学生的综合素质等方面具有前所未有的优势。

大学写作课程从总体上来看，是由写作原理论和写作实践论两大板块组成的，以普通中学生已基本具备的写作知识和写作能力为起点，旨在进一步拓展学生写作理论知识以提高学生的写作能力，强

---

① 钟志贤．大学教学模式革新：教学设计视域[M]．教育科学出版社，2008：3.

化写作思维训练，提高学生对写作材料的搜集、处理能力以及从文体学角度把握不同文体特征，以具备常用文学文体和实用文体的写作能力。在 OBE 理念指导下的大学写作教学活动过程中构建的是不同于传统课堂的对话型课堂和探究型课堂，学生作为真正意义上的主体角色参与到这样的对话式和探究式教学实践中。同时，学生在大学写作课程中的学习成果产出是更受关注的方面，这不仅要求教师根据学生的不同情况开展针对性的教学，更重要的是对学生根据学习成果产出目标进行自主学习提出了更高要求。在此前提下，教师利用网络平台的线上大学写作课程资源开展“线上”资源的收集、“线上”和“线下”两种方式进行混合式教学并非这两种教学方式的简单相加，当然更不是将教师角色弱化，把传统课堂直接转移至线上教学，而是取二者的长处，让传统课堂教学模式和网络优质课程教学模式在大学写作课程中实现优势互补。

就大学写作课程而言，在课前准备阶段，教师根据学生的学情进行学习资源的构建，首先有针对性地选取电子阅读资料帮助学生拓宽阅读面，保证学生获得优质的输入。其次，寻找教学视频资源及直播平台，在相应的平台建课、上传课堂教学所需的资料等，通过网络平台发送给学生；课中学生发挥主体作用，在线上自主完成各个阶段安排的写作学理论的学习，在此过程中，线上平台会记录学生的学习情况，学生整理学习中遇到的理解困难和无法解决的问题，教师利用线上平台和线下课堂围绕学习内容及重难点组织深度讨论，并作适当阐释和引导，师生共同探究重难点的突破。这一环节中，在线直播授课、线上线下相结合，能有效完成互动、答疑、讨论等内容；课后通过专题写作实践的操练，对写作学理论进行巩固，再借助过程性测验或同学间交换阅读对方的作品并提出改进意见等途径来帮助学生消化和掌握课堂所学。教师也可以通过对学生在课后环节中的表现进行有效监控，从而达到掌握学生的学习情况的目的，并对学生的学习过程进行评估。因此，将传统的以“教师讲授为主”的课堂教学模式向以“线上”“线下”相结合的以“学生自主学习为主”的模式转变，能够培养学生良好的学习习惯，锻炼学生独立思考能力，提高学生的自主学习能力，进而使其取得最优质的学习成果。

此外，在大学写作课程的课前、课中、课后三个阶段中，“线上”和“线下”混合式教学以预期学习成果为导向，教学资源更充实，涉及的知识面更宽广，在课程教学过程中建立教师和学生双向构成的学习共同体，以此促进老师和学生、学生和学生之间的交互式学习方式的实施，教师、学生之间可以不受时空限制，自由交流，也可以在线上或线下展示自己创作的文学作品，并相互点评，还可以相互协作、资源共享，从而拓宽大学写作的书本知识学习范围，增加课程自身的吸引力，对阶段性学习成果形成更为科学、合理、客观的评价，及时根据教学中的反馈来改进和完善，让学生在这门课的学习中视野更宽阔，学识更广博，同时也能加强学生学习的参与度，达到最优化的学习效果。

三、总结

OBE 是由国外引进的对工程教育专业进行认证的核心理念，对各学科领域的课程教育改革有着不同程度的指导价值。这一理念主张的成果产出导向从不同层面体现出了“以教为中心”到“以学为中心”的转变。但不得不提到的是，人文学科由于自身的特性决定了其直接的成果产出是难以量化的，并且在短时间内很难保证达到质变。大学写作的课程知识当然是这门课的核心内容，但学生如何将所学的写作学理论知识转化为实践层面的写作能力同样是这门课程必须面对的现实难题。

现代信息技术参与到教学过程中使教学手段更加丰富多样，改变了教师和学生的教与学，使教育呈现出新的样态。OBE 教育理念是以学生的发展为中心，以成果产出为学习目标的先进教育理念。随着高等教育教学理念革新的不断深化，传统的课堂教学模式已很难满足当下各高校的需求，学习成果作为导向的教育教学理念给现代高等教育提供了新的参考。在此基础上，将网络优质课程、线上、线下课堂教学有机整合，跟上教育信息化的步伐。线上线下混合式教学的有效实现，从课程质量标准出发，要着眼于“‘以学生学习为中心，面向学生未来发展之需，在全面分析教学环境的基础上，以促进学生有意义学习为目标，以评估与反馈为牵引，以主动学习为载体，从而转变教师的教学观念，提升教学质量’，即围绕教学环境分析、学习目标设计、学习活动设计和学习评测等4个方面展开”[①]。如何构建以OBE教育理念为指导的，适合大学写作课程的混合式教学模式这需要教师在教学实践中围绕学生的预期学习成果思考更优质、有效的课程设计，这是一个动态的需要长期努力、不断探索和切实行动的教学改进过程。

【责任编辑：王雪梅】

① 复旦教发中心联合学校优秀教师开发的“以学为中心的课程设计”（Learning-centered Course Design）培训项目。

关于高校教师信息化教学能力提升的思考

黄　星[①]

（中共四川民族学院纪委　四川康定　626001）

【摘　要】 高等教育教学质量提升需要高素质师资队伍作为支撑，建设一支具有较强信息化教学能力的师资队伍是高校教育教学改革的重要内容。当前，高校教师信息化教学能力培养受制于重视不足、实践不足等多种因素，严重制约了教育教学改革发展。高校要通过强化高校教师参与信息化能力提升的积极性、优化高校教师信息化能力培养环境等措施，努力克服提升教师信息化教学能力的不利因素，促进高校教师信息化教学能力不断提升。

【关键词】 高校教师；信息化；教学能力；培养

随着教育改革的不断发展，信息化教学能力成为新时代教师必备的职业素质。教师自身职业发展以及学校改革目标的实现依托于教师自身信息化教学能力提升，信息化在教师日常教育教学过程中发挥着越来越重要的作用。同时，高校教师在信息化教学能力培养方面的要求越来越高，要求高校教师能够在课堂教学过程中树立信息化教学意识，掌握信息技术运用能力。

一、提升高校教师信息化教学能力的意义

（一）服务于学生对教师课程教学的需要

信息化教学需要老师和学生共同参与，学生在教师信息化课堂有更大的期待。教师需要在课程教学前进行精心的准备，科学设置教学目标，明确教学重难点，设计适合的课堂教学工具，准备好信息化教学各项准备，合理使用现代信息化教学设备，采用网络途径和手段促进自身信息化教学能力提升。学生对教师的每堂课都有学习期待，对每堂课老师的各个方面都有评价。传统的“点名”常规课堂互动方式，以往教学方法的使用等已经不能完全满足学生的学习需要，需要高校教师把握新时代教育教学要求和规律，从学生学习需求出发，课堂教学更加需要挖掘信息化元素，搭建信息化课堂交流平台。

（二）满足教师自身信息化教学能力提升期待

高校教师自身发展与信息化教学能力具有较大关联性，信息教学能力是职业发展的重要因素，参与课堂教学的过程就是自身教学能力提升的过程。一方面，信息化教学能力是高校教师有效履行岗位职责的重要内容，这种外在力量也会对高校教师产生一种激励动能，促使高校教师主动适应变化，为教书育人以及自身发展提供有力支撑。另一方面，外部的影响和压力能有效帮助教师发挥提升信息化能力的主观能动性，产生自我提升的行动力，促进提升自身信息化教学能力。

（三）深化高校教育教学改革以及转型发展

高校教育教学改革的一项重要内容就是教师信息化教学能力提升，对高校进行教育教学改革，推进高校转型发展具有重要影响。挖掘一批具有特色和影响力的优质教育教学资源，建设一批网络精品课程和网络学习平台，将以学为主的网络学堂在教育教学中充分体现出来。信息化要求高校在顶层设

① 黄星（1981—），男，藏族，四川康定人，副教授。研究方向：城镇化，公共政策比较、创新创业教育。

计、制度安排以及队伍建设等方面做到与时俱进，顺应现代教育发展需求，为教师信息化教学创新能力培育提供更多的机会和平台，增强教师参与信息化教学能力提升的获得感，能够有效推进学校转型发展。

二、高校教师信息化教学能力提升存在的问题

（一）认识不足，不够重视

高校教师信息化教学能力提升需要得到学校、教师的大力支持，形成广泛共识，从思想上明确信息化教学能力提升的重要意义。一是部分高校教师对网络信息技术具有一定的畏惧心理，不愿意去主动学习最新的现代教学技术，在学习和运用现代信息化教学手段时感觉到较强的不适应性，缺乏主动适应信息化教学的行动力。二是不同高校对于教师信息化教学能力培养的重视程度不够，采用的政策措施、支持力度也不尽相同。此外，部分教师没有充分关注自身信息化教学能力提升，缺乏有效的行为导向。三是高校对教师进行信息化教学能力提升的相关尝试的支持力度不够。具体表现在培训内容主要停留在技术培训和信息知识的使用层面，培训内容主要在于信息化设备的使用流程，而对于教师信息化使用意识的培养相对欠缺，以致部分高校教师对信息化素养的内涵理解不足，没有精准把握教师的实际需求。

（二）着眼当下，谋划不足

教师信息化教学能力培养需要立足当下学校以及学生的实际情况，但更需要随时代和环境变化而更新发展，是一个长期性和系统性工程。一是高校缺乏教师信息化教学能力培养规划意识，教师的信息化教学能力培训需求调研不足，培训的统筹考虑不够，缺乏深入研究和总结的环节，导致部分教师在利用信息技术进行教学的过程中出现各种问题，从而影响教育教学效果。二是高校教师信息化教学能力提升存在阶段性，提升途径有限，渠道单一，可以利用的资源也十分有限，培训覆盖面有时不能满足实际需要，培训成效较低。三是高校教师的信息化教学能力培养的体制机制建设不足，在绩效考核、薪酬管理、晋升发展等方面没有明确的标准，缺乏系统性的制度体系，教师信息化教学能力培养无法“有章可循”。

（三）注重理论，实践欠缺

教师信息化能力培养需要从理论学习和实践运用两个方面着手，这是构成信息化教学能力的两个重要因素。一是由于专业、年龄以及职业发展方向等方面的影响，教师信息化教学理论水平存在较大差异。①主要体现在部分教师的信息化教学与科研能力较低，缺乏对信息化教学的理论研究。二是高校教师利用信息化理论指导实践不足，某些高校教师虽然能够较好使用信息化教学设备，但缺乏相对专业的、系统的理论知识方面培训，导致其对信息技术的理论缺乏正确的认知，信息应用能力无法满足教学资源管理、教学课程信息化设计等方面的需要。三是高校教师在年龄结构、知识结构以及专业能力等方面的差异，教师的自身素质离信息化课堂教学要求还存在较大差距，不能很好地掌握信息化技能，无法有效解决实践教学中的各种问题。

（四）资源有限，环境限制

教师信息化教学能力培养需要一个良好的环境，发挥资源要素的驱动作用。②资源的欠缺和环境的限制成为影响教师信息化教学能力培养的重要因素。一是信息化教学设备和软件投入不足，教师信息化教学能力提升缺乏必要的硬件环境，各类提升教师信息化教学能力软硬件难以满足教师日常教学的信息化需要。二是现有的教学资源开展和利用不足。各类信息化教学软硬件使用周期较短，更新换代不及时，一定程度上阻碍了教师信息化教学能力培养进程。三是大部分高校数字化、智慧化校园建

① 崔柳，徐楠，桓晓龙. 教育信息化背景下高校教师信息素养提升策略研究[J]. 电子世界，2019（17）：88-89.
② 周辉，郑健. “互联网+”时代高校教师信息素养的现状及提升策略[J]. 中国成人教育，2016（14）：128-131.

设不足，软硬件设备与最新技术脱节太多，没有在师生中形成良好的氛围，信息化创新能力提升活动得不到有效开展。

三、高校教师信息化教学能力培育路径

（一）提高高校教师参与信息化能力提升的积极性

推进高校教师信息化能力提升，需要学校和教师对信息化有正确的认识。一是高校要认识到加强教师信息化教学能力培养的深远意义，从制度、政策、资金等方面给予大力支持，充分满足教师需求，畅通教师信息素养提升路径，引导更多教师参与到信息化能力培养中来。二是高校鼓励教师积极关注信息化能力培养，改变认知，强化教师信息化能力培养意识，积极尝试具体的信息化能力培养方法及模式，达到提升信息素养的目的。三是高校教师主动参与信息化教学能力提升活动平台，正确认识参与培训、活动的重要意义，进一步增强高校教师信息素养提升的内在驱动力，发挥教师主观能动性。①

（二）创造更多高校教师信息化教学能力提升平台

多渠道、全方位的信息化教学能力提升平台，能够引导教师自主选择，形成良好格局。一是高校将教师信息化科研能力提升作为学校的重点工作，设立关于信息化教学教育的科研项目、教学改革项目，创造教师信息化能力培养的科研平台，重点帮助教师提升自身的信息化教学与科研能力，鼓励教师形成更多信息化教育教学的研究成果。二是积极搭建学习交流平台，采用适合学校实际和教师需求的活动方式，定期或者不定期举办信息化教学技能培训活动、竞赛活动以及交流活动等，通过举行内部比赛和交流学习活动等方式，分享成功经验，发现自身不足，找到努力方向，达到相互提升的目的。三是畅通教师信息化教学能力培养的职业发展平台。高校在教师职称评定、科研工作量认定、教学目标考核等方面将信息化能力培养作为考核的重要指标，将信息化教学效果作为年终绩效的重要内容，在信息化教学方面表现优异的教师在全校范围进行表彰，形成正确的导向，创造出“竞争有序”的良好氛围。

（三）增强教师信息化教学理论和实践深度融合

理论指导实践，实践丰富理论。一是做好培训需求分析，借助互联网的技术优势，组织开展教师信息素养培训活动，创造多元化的教师信息素养提升途径，提升教师信息化理论水平。二是鼓励高校教师自主加强信息化理论学习，提高理论认知水平，增强理论素养。利用学习强国、中国大学生慕课、网易公开课等网络资源进行信息素养探索与实践，学习录制精品课程的思维和技能，引导教师将信息化素养理论学习与实践运用结合起来。三是多渠道开设信息化实践教学，提高教师实践教学能力。鼓励高校教师将实践性元素融入课程教学设计，增强师生课堂互动，帮助教师更好地将信息技术应用到教育教学实践活动中去，从而提升教师信息化实践运用能力。

（四）创造良好的高校教师信息化教学能力培养环境

良好的教学环境对教师课堂教学情绪具有重要影响，对高校教师信息化能力培养具有重要促进作用。一是整合好现有的资源条件，发挥资源的要素效能，推进现代化、完备性的数字化校园环境建设，为高校教师信息化教学能力培养创造良好的物质基础。二是高校加大对校园内信息技术软硬件设施的资金投入和配套设置建设，建立满足实际需求的多媒体数字教室，及时更新教师所需的教学应用软件，及时帮助解决教师信息化过程中的各种问题，为教师创设开展信息化教学的有效环境。三是高校应加强和完善体制机制建设，从制度、政策层面优化高校教师信息化教学环境，通过建立适合学校实际的制度体系和政策机制，从制度层面保障教学信息化进程顺利推进。

---

① 赵志宇.“互联网+”时代高校教师信息素养的现状及提升策略研究[J]. 佳木斯职业学院学报，2018（3）：288.

（五）畅通教师信息化教学能力培养的职业发展渠道

将信息化教学能力培养融入教师个人职业发展生涯中，有助于增强教师的职业认同感。一是建立并完善激励和晋升机制，发挥制度的导向功能，通过适当的方式对在应用信息化进行教学改革取得较好效果的教师给予奖励和表彰，并享有优先晋级待遇，在晋升、职称评定以及项目立项等方面给予大力支持。三是积极鼓励教师到信息化教育发展成果凸显的学校以及企业考察学习先进做法和成功经验。同时，鼓励教师参加各级各类教育信息化竞赛活动，搭建参赛教师之间可以相互沟通、相互学习、相互帮助的平台。三是建立教师信息化教学考核机制，科学合理进行教师信息化能力考核，将教师应用信息化教学情况纳入学期或年度考核，对在信息化教学过程中表现不积极的老师，经常开展谈心谈话活动，了解他们的实际困难，并邀请专家和优秀同行结对帮扶，建立相互促进、精准实施的帮扶举措，营造出良好的信息化学习氛围。

四、结语

高校教师信息化教学能力培养已经成为新时代教师胜任岗位职责的重要因素，教师的信息素养直接影响课堂教学效果，高校的师资队伍建设需要提升教师的信息化教学能力，但教师信息化教学能力培养不能一蹴而就，这需要学校以及教师顺应时代潮流，把握发展机遇，为形成良好的信息化创新能力格局不懈努力。

【责任编辑：王雪梅】

信息化与后现代美术教育转向

刘康宁[①]

（四川民族学院美术学院　四川康定　626001）

【摘　要】 后现代美术教育观是“去中心”的互动教学过程与建构的信息技术+混合式教育形态。未来，不确定性的学习不可预测，只有做好准备，重视并处理好美术教育和技术的关系，缩短东西部数字鸿沟，强调多元文化认同，重新认识人的自然属性和文化属性，保护好教育的人文价值，才是大学的生存之道。

【关键词】 信息化；后现代；美术教育；不确定性

信息技术的出现极大地促进了后现代艺术的创生，受其思潮影响的美术教育也发生了很大变化。如：去中心化、类象、不确定性、碎片化、多元性、开放性、互动性、地域性、亲近自然、承认大众文化和民间艺术，亦是我们对美术教育、艺术创作、视觉文化和民族美术研究“思”与“行”的事实和价值判断。中国网络文化启蒙者之一，中国社会科学院信息化研究中心秘书长，CECA 国家信息化测评中心副主任姜奇平说：“后现代甚至不是一种未来预测，它就是把握现实已存在的东西。……如果我们只是沿着 20 世纪方向往后看，我们不需要后现代；但如果沿着 21 世纪的方向往前看，我们十分需要它。”[②]即现代主义思潮是建立在工业社会基础上的，而后现代主义是信息时代的产物和泛文化思潮。从“现代主义”到“后现代主义”是文化上的一种重叠、交合过渡，“到 20 世纪 70 年代，‘后现代’的标签被频繁地贴在视觉艺术的新潮流和形式中”。[③]查阅相关的理论文章可以看出，信息化教育理论来源于后现代哲学思想。因此，讨论信息化美术教育不可剥离后现代艺术，更无法回避中国现当代美术创作和美术教育存在的现实问题。

一、艺术形态变化及观念艺术

从艺术史的角度看，后现代主义的艺术家也是半个哲学家，他们用作品将艺术哲学化，又以哲学的艺术化转向信息社会的一种“等无间缘”流续。

（一）美术形态与图像转向

后现代主义艺术以 1917 年艺术家马塞尔·杜尚“做”的作品《泉》为标志，后来陆续出现了装置艺术、波普艺术、行为艺术、大地艺术、观念艺术、超级现实主义艺术、新表现主义艺术、偶发艺术等多种后现代主义艺术。后现代艺术与现代主义有差异，且又有不可割裂的关系，如杜尚“艺术等于非艺术”[④]的观点，即对后现代主义一些艺术流派产生了深远的影响。1956 年英国画家理查德·汉密尔顿的作品《究竟是什么使得今日的家庭如此不同，如此具有魅力》以拼贴方式消解了现代艺术中的精英意识，艺术家成为社会生活的参与者，各种日常生活中的消费品被介入艺术作品，使艺术与现实生活有了密切联系，并使艺术史的图像转向多元。

---

① 刘康宁（1963—），男，四川康定人，藏族，副教授。主要研究方向：美术创作与教育。

② 姜奇平. 为什么后现代对 IT 重要[J]. 中国计算机用户，2007（27）：65.

③ [美]斯蒂芬·贝斯特，道格拉斯·科尔纳. 后现代转向[M]. 陈刚，等，译. 南京大学出版社，2002：235.

④ [法]皮埃尔·卡巴内. 杜尚访谈录[M]. 王瑞芸，译. 中国人民大学出版社，2003：178.

20世纪80年代初，我国的“艺术家们从尼采、维特根斯坦、波普尔、海德格尔的教诲中获得灵感，也从杜尚、凯奇、波伊斯那里汲取营养。观念艺术、行为艺术以及装置艺术初见端倪。张培力在1988年制作的《30×30》可视为中国的VIDEOART的早期表现。”①而其他艺术家的观念摄影作品在此期间也有多次展出。翻开中国当代美术图谱，受启蒙却又不具后现代的绘画作品，在形式语言上没了“苏派油画”的语感。传统水墨画“笔墨等于零”也引发学界争鸣。从此，“多元主义时代降临在我们身上了。”②艺术手段的综合性得以加强，摄影、电视、雕塑、消费品等，凡是有利于主题观念的表达均纳入美术的创作之中。“这些新成果、新技术、新材料介入艺术之中，改变并丰富了艺术的表现方式。而信息产业在高度发展中也吸取许多艺术成分，这给艺术家提供了多向发展的机遇。”③艺术成为“类象”，如流行的“波普艺术”。

（二）观念的介入

“艺术的终结”并非艺术的止步，而是艺术史的结构需要。艺术观念的介入和新技术、新材料的应用，使得艺术生产、传播和接受都发生了颠覆性变化。观念艺术最具代表性的人物是约瑟夫·孔苏斯，他于1965年展出了题名《一把和三把椅子》的作品，这件作品由一把椅子（实物）和这把椅子的照片（意指客观物体可以被摄影或者绘画再现出来），以及从字典上抄录下来的对“椅子”这个词语的定义三部分构成。这件作品使观看者首先从实物的椅子开始审视，再到椅子的照片，最后过渡到椅子的概念（文字对椅子的定义）即观念的椅子，在观览的过程中，自然且直观地形成对椅子的完整认识。孔苏斯想要表达的意义是：作品以实物为依据的图像最终是为了给人提供一种观念，艺术品提供的观念才是艺术的本质。由此可见“后现代和当代艺术的主导都是观念艺术，只不过是不同的观念。”④

随着信息的传播和对外交流的加强，国内美术院校也将后现代产生的超级现实主义，又称“照相写实主义”绘画引入课堂。1980年，罗中立在四川美术学院资料室看到一本美术资料上面介绍克洛斯的作品和文章受到了启发。于是，创作一幅巨大的农民正面肖像——《父亲》。1980年11月，他的作品《父亲》参加了四川省青年美展，同年又在中国美术馆展出，在他艺术生涯中具有划时代意义的《父亲》轰动了美术界。⑤他的《父亲》“如果放在世界艺术史的背景下，毫无疑问应该算是照相写实主义的范畴。”1981年赴美参加学术交流的袁运甫教授又将这一新画种引入中央工艺美术学院装饰艺术系的课堂。⑥使深受后现代“启蒙”的美术教育也由此发生了变化。

因互联网等数字媒介技术的研发，后现代艺术的生产“复制”便拉开了人与艺术的距离。艺术与非艺术的界限也被打破。艺术成为“类象”渗透并融入社会生活的各个方面，艺术作品中的传统人文精神被消解，“原来的‘阳春白雪’和‘下里巴人’之间的界限逐渐模糊起来，”⑦艺术由“高雅”的向“日常生活”转化。

二、混合式教育形态与实践

走过十八年高等教育大众化的今天，“如果把信息化说成是‘信息技术的应用’对吗？从现代性角度看，是对的；从后现代性角度看，是不全面的。”⑧后现代教育从世界的丰富多样性肯定了人认识事物的差异性，认为人应该从多个视角出发认识和理解世界，强调多元文化认同。

---

① 吕澎. 20世纪中国艺术史[M]. 北京大学出版社，2013：934-949.
② [美]阿瑟·丹托. 艺术的终结[M]. 欧阳英，译. 江苏人民出版社，2005：130.
③ 葛鹏仁. 西方现代艺术·后现代艺术[M]. 吉林美术出版社，2000：165.
④ 陈芸，俞一青. 西方后现代主义观下的当代视觉文化艺术研究——访加拿大康科迪亚大学段炼博士[J]. 设计艺术研究，2017（1）：P2.
⑤ 凌承伟. 罗中立和大巴山[J]. 文汇月刊，1983（5）.
⑥ 杭间. 在现实和内心之间——新具象艺术[M]. 吉林美术出版社，1999：71、131-132.
⑦ 王冠英. 谈中国当代绘画的后现代主义倾向[J]. 吉林师范学院学报，1997（3）：53.
⑧ 姜奇平. 为什么后现代对IT重要[J]. 中国计算机用户，2007（27）：66.

（一）“线上”+“线下”的实践

艺术不是只可意会不可言传的玄学，也不是能教或教了以后我们就会生发“做”的业力。学习和教授美术知识不是我们了解和掌握了多少方法就能被消化和运用。对美术知识的掌握与运用，全在我们所经验事物的过程之中。艺术可以教吗？[①]“现在什么技术适合手段的改变？”[②]

据调查，我国高校差不多有80%的教师从来没有实行过线上教育。经过“停课不停教、停课不停学”的尝试后，我们认为美术教育应用“线上”+“线下”的混合式教学，诉诸媒介小众化及微课“碎片化”的细分，引入泛在学习或翻转课堂方式，可以满足学生个性化学习和多元化的需要。线上的资源是开展混合式教学的前提，线下的课堂实施是美术教育的主阵地。开展课堂习作评价、研讨，是对“感性作品进行分析，仍需要‘感觉’的牵引”[③]的重要环节，即“可见事物是人们用眼睛把握的东西，感性事物是人们通过感官把握的东西。”[④]利用网络化资源共享和现场作品展示，能使师生与作品、教师与学生、学生与学生之间有效互动，也即师生共同分享信息资源，共同经验感性事物，共同来“做”作品。

（二）美术鉴赏课数字化教学

美术作为视觉艺术传播，它既是被载信息又是信息载体。利用数字图像进行大学生艺术鉴赏课教学，具有互动性、沉浸性、实时性、图文音响的多感知等特点。地方民族高校应建立一套符合艺术选修课要求的数据库。例如，将大型画册中的高清图片扫描存储到计算机，制作出供美术作品鉴赏的校本数据库。为学生创造一种有趣的学习情境，也是一种情感体验和美的陶冶。教学中，我们要帮助学生识别作品传达出的“真”“善”“美”的信息。学生在欣赏中同步接受教师的讲授，在接受知识的过程中进行独立思考。

（三）“艺术是教不出来的”思考

互联网是一种文化，对未来不确定性的学习自在我们应有所准备，要不断提升素养：一是把握美术教育规律，提升信息技术的应用，处理好教育和技术的关系，缩短我国东西部数字鸿沟；二是将专业知识学扎实；三是了解一定的心理学知识。具备这三种素质有利于艺术学科的美术、设计等教学，我们不能呼应“艺术是教不出来的”[⑤]吼声。信息时代，我们不再是只教会学生“看山画山、看水画水”的能力，而是帮助学生如何“看山不是山、看水不是水”的感知拓展和功夫在画外的美学提升。线下的课堂活动所发生的变化有其共性和个性等因素，这与课堂活动组织者的灵动性、互动性关联，也有学生个性差异性所致。学习美术需经验感性事物，包括艺术本身。其过程也许是1学时或4学年，更有可能是一生的行为。这也充分证实了王瑞芸的一句话：“艺术，一面人生的镜子”。

三、现当代艺术创作媒介与高校专业设置

艺术生产力在信息技术推动下“任何人只要依靠电脑和调制调节器都有可能成为‘知名的’作家和艺术家。”[⑥]“新的信息和媒介技术已经使从世界的一个角落到另一角落的影像、观念和艺术制品的同步交流和传播成为可能。”[⑦]更使视觉文化成为我们美术教育研究的主要方向。如艺术史论、艺术原理、艺术心理学及美术教育学各系统所涵盖的学科方向、专业建设、课程设置等。

---

① [美]鲁道夫・阿恩海姆. 对美术教学的意见[M]. 郭小平，翟灿，熊蕾，译. 湖南美术出版社，2002：429.
② [美]阿瑟・丹托. 艺术的终结[M]. 欧阳英，译. 江苏人民出版社，2005：104.
③ [英]理查德・豪厄尔斯. 视觉文化[M]. 葛红兵，等，译. 广西师范大学出版社，2007：34.
④ [法]莫里斯・梅洛-庞蒂. 知觉现象学[M]. 姜志辉，译. 商务印书馆出版，2001：27.
⑤ [美]詹姆斯・埃尔金斯. 艺术是教不出来的[M]. 罗洁，译. 北京大学出版社，2011.
⑥ [美]阿瑟・阿萨・伯杰. 眼见为实——视觉传播导论（第三版）[M]. 张蕊，韩秀荣，李广才，译. 江苏美术出版社，2008：269.
⑦ [美]斯蒂芬・贝斯特，道格拉斯・科尔纳. 后现代转向[M]. 陈刚，等，译. 南京大学出版社，2002：247.

（一）新的艺术创作媒介

新媒体艺术不同于前文所述的现成品艺术、装置艺术、观念艺术、大地艺术、行为艺术等艺术形式或类型。它是一种以光学媒介和电子媒介为基本语言的新艺术学科门类，它是建立在数字技术的核心基础上，亦称数码艺术，其表现手段主要为电脑美术。“1982 年第 1 期《美术译从》发表了《国际计算机美术展览》的译文，这大概是国内最早的介绍电脑美术研究文献，”①目前，它主要是利用数码摄影、录像、计算机图形、网络、数字技术等最新科技成果作为创作艺术品的媒介。

（二）数字媒体艺术专业设置

20 世纪 80 年代，包豪斯设计理念引入我国高等美术教育，图案课转为设计课，毕业生进入社会便有了设计师这一职业，所发生的变化是：企业的产品设计、食品包装、城市建筑、家居设计等都贴上了“现代主义”风格的标签。“20 世纪 90 年代，工业设计在大多数中国美术院校中居然还是一门‘新兴学科’。”②

据“51 美术网”公布，目前全国开设数字媒体艺术专业的共有 263 所高校，全国 300 多所高校开设有动画专业。2020 年 7 月又有 191 所高校拟增设艺术专业，共 21 个美术类专业上榜公示，其中：拟增设数字媒体艺术（代码 130511T）有 32 所高校，有的高校还将数字媒体艺术专业细分为两个方向，如①数字媒体艺术（数字影像与网络视频方向）、②数字媒体艺术（网络与智能媒体）；公示拟增设艺术与科技专业的有 21 所高校；拟增设新兴专业 3 个，如中央美院拟增设“科技艺术”“艺术治疗”“社会设计”新兴专业。另外，早前 5 所民族大学也都开设有数字媒体艺术专业。另据分析：未来十年视觉传达专业将成为就业热门专业。

四、结语

互联网是一种文化，应用“线上”+“线下”的混合式教学已成现实。在实施中，应处理好教育和技术的关系，避免科技主义的教育；对未来不确定性的学习自在应有所准备，并重新认识人的自然属性和文化属性，保护好教育的人文价值，抵御功利主义、工具主义的教育。在主动参与实践的自觉中缩短数字鸿沟，我们就——后现代了。

【责任编辑：陈隽】

① 潘耀昌. 中国近现代美术教育史[M]. 中国美术学院出版社，2002：164.
② 潘耀昌. 中国近现代美术教育史[M]. 中国美术学院出版社，2002：133.

线上线下教学模式下体育课程教学的评价方法探析[①]

阳 源[②]

（四川民族学院体育学院 四川康定 626001）

【摘 要】 新冠肺炎疫情防控常态下，体育课程的线上线下结合教学也将成为一种常态的教学模式，在此教学模式下，对于以实践、实训为主的体育课程教学，如何监督和评价学生的学习成效成为体育教师的新课题。通过文献资料法、访谈法等研究方法，主要针对线上体育课程教学的评价方法进行分析，对形成性评价法和过程性评价法在体育课程教学中的特点和应用进行对比分析，总结归纳出形成性评价法、过程性评价法相结合的线上体育课程教学评价方案。

【关键词】 在线教学；体育课程教学；评价方法

一、体育课堂教学评价方法综述

体育教学评价是根据人才培养方案、课程教学大纲的教学目标及评价标准对体育课程教学成效的评价，是检验课程教学对人才培养方案达成率的重要手段，它包括对教师教和学生学的综合评价。对学生评价的内容主要包括知识技能、学习兴趣、学习态度、学习进步幅度等进行评判。对教师的评价主要是学生通过对教学效果、教学方法手段进行满意度评判和反馈，促进教师通过教改、师生互动等不断提高教学质量。

疫情期间在线上教学模式下，体育课堂教学的构成要素（学生、教师和教学内容）发生了很大的变化，一是在教学内容上发生了变化，课堂上趋于体能、徒手操等无器械练习，增加了偏理论层次的课堂讨论；二是师生间的交流和互动在空间上发生了变化，教师无法一目了然地掌握学生的练习动态，更无法做到实时的监督、保护帮助纠正错误和手把手的指导；三是教学方法上发生了变化，除了运用传统的直观讲解和示范，更多地融入了多媒体元素，如教学视频和动画展示；四是教学评价方法上发生了变化，由于教师对学生的学习过程和状态无法有一个直观的了解，若普遍采用传统的终结性评价法，教师布置作业或者录制教学视频，学生通过不同的平台打卡。比如，四川民族学院体育学院的教师，教学班级 5～7 个班不等，收齐作业就是 200～280 份，教师不断地翻视频，看照片、评等级、纠正错误，教师的工作量很大，评价效果也不一定好，毕竟学生不能全程录像，教师也不可能整个过程分析。

在过去线下的体育课堂教学评价中，一般采取数据测评及部分技能评价的评价模式，以定量评价为主，注重的是学习结果，这是以现场教学教师能完全掌控整个课堂教学过程和学生课堂表现为前提的。对于线上体育课堂教学来说，以定量评价为主的成绩就不能完全代表学生的课堂表现。同时课堂教学评价本身，不仅要考查学生的身体素质、技能掌握情况、课堂任务完成情况，学生体育态度、思想品德、心理素质、锻炼能力等指标也是评价内容的重要组成部分，如忽视这些难以量化的指标的教育评价则是不全面的、缺乏科学性的[③]。因此，在线上教学模式下，体育课堂教学的评价如果只用注重学习结果的终结性评价法具有很大的局限，应该选择注重过程的形成性评价法和过程性评价法，将

① 本文系四川民族学院教改课题（J18029）：体育教育—应用型专业综合改革试点项目。

② 阳源（1964—），男，重庆永川人，硕士，教授，研究方向：学校体育、少数民族传统体育。

③ 都慧慧. 体育教学中过程性评价体系的构建研究[J]. 当代体育科技，2018（30）.

定量评价与定性评价结合起来。

二、形成性评价法综述

（一）形成性评价法的概念

形成性评价法就是对学生在体育课程教学的各个阶段中学习成效包括身体状况和知识技能掌握情况、学习态度（包括课堂参与和课外练习情况）、精神状态（包括情感表现和团结协作）等进行综合评价，以量化评价为主，注重学生学习过程中各阶段的进步与态度而淡化结果，是对学生学习达成度的评价，通过评价的过程促进学生对学习方法、学习状态的总结反思和改善。其目的是发现进步，激励学生学习积极性，帮助学生有效调控学习方法和状态，从而获得成就感，增强自信心，培养合作精神，使学生“从被动接受评价转变成为评价的主体和积极参与者”①。

（二）形成性评价法的优点

1. 评价覆盖面广泛

在传统的高校体育课堂教学中，大部分运用数据测评及部分一次性技能评价，是终结性评价方式，该方式主要是通过期末考试，对学生所掌握的技能水平进行量化测试和少许的主观技术评定，以此作为学生期末考试成绩。在线上体育课程教学模式下，这种数据测评加部分一次性技能评价的终结性评价模式，其重结果轻过程的评价结果显然不能客观反映学生实际学习成效。首先，每名学生的实际基础不一样，知识技能的掌握能力不一样，有的学生可能不需要经过努力就取得比较好的技能成绩，技能掌握能力差的学生尽管很认真仍无法较好地完成目标任务；其次，线上教学对于以实践、练习为主的体育课程教学来说本身具有一定的局限性，教师无法实时全面地监督学生的学习表现以及完成考核的途径，导致投机取巧的事情发生。形成性评价法评价的是学生各个阶段中学习成效、学习态度、精神状态等，虽然是以量化评价为主，但是注重学生各阶段的进步与态度，覆盖面更加广泛，能有效解决终结性评价方式的不足。

2. 评价主体多元化

传统的终结性评价方式中，期末考试，考试的主体是教师，考试对象是学生，就是教师对学生进行数据测评及部分一次性技能评价的考核，无论从评价内容还是评价方式都比较单一。学生线上体育课程学习过程中，不仅仅包含了最后的技能成绩，还有上课时认真学习的态度、学习任务完成度、探究的过程。因此，以阶段性评价为特征的形成性评价法可以有效解决只是教师对学生进行评价的评价主体单一性，可以融入教师测评、学生互评、自我评价等使评价主体多元化，有利于师生对教学方法、学习方法、学习状态的总结反思和改善。

3. 评价方法多样化

形成性评价法以定性为主的过程评价特性，其评价方法同样体现多样化，阶段性的知识技能测试、学习态度评价、课堂提问、课堂互动、课后互相监督练习和问卷调查等都是形成性评价的方法，多样化的评价监督方式激励学生不断地反思和改善学习方法，通过学生合作完成学习任务的过程掌握知识技能，最终使体育课程教学质量得到提升。

三、过程性评价综述

（一）过程性评价的概念

过程性评价即通过动态化观察、评估学生在整体学习流程当中的各项表现来对其学习情况、学习态度、优劣势所在等相关信息做出反馈，并用于后续教学方案的调整。从本质上看，过程性评价方法

① 刘刚，焦国军. 体育教学形成性评价的特点与机能类型[J]. 广州体育学院学报，2002（2）.

是一套贯穿整体教学流程的评估体系，实时评估和反馈，以定性分析为主，是对学生学习努力度的评价，主要职能在于掌握具体教育信息，促进后期教学质量的优化，对于学生的个人发展及教育模式的深入完善具有重要辅助价值①。

（二）过程性评价的方法

1. 自主评价

自主评价即由学生根据自身认知及在线学习情况，按照统一的评价标准分别于不同阶段完成的自我评价。在这一评价过程中，可将学生的学习动机、学习态度、情感表现、行为规范和知识技能掌握效果等因素纳入评价指标体系当中，分别找出其中存在的不足，学生根据这些不足激发自己在后期的学习当中奋进的态度，改进并提高。启发学生自我认知是促进学生学习兴趣、学习积极性、能动性的钥匙，只有让学生能够主动对自身的学习情况进行审视，对自己的进步、不足和方法进行思考，学而思才能激励自我在接下来的学习过程中继续或调整，以取得更高的进步。

2. 学生互评

学生互评即由学生在线上教学平台中根据对小组中其他人学习情况的了解进行相互评价，并尝试给予相应的指导建议②。在此过程中的应用，可以根据小组学习的模式，学生对小组内的同学之间形成合作、监督、评价。在评价过程中，可充分发挥线上教学模式的功能及优势，以匿名形式展开生生互评，以便于学生反馈出真实的学习情况，确保评价结果的准确性、有效性。同时，教师可以设定评价的指标和内容，在评价方向上给予适当引导，如提示学生注意结合过程性评价方法的特点，注重评价主体的学习过程表现，扩大评价格局，以给出客观性、准确性的评价结果。

3. 小组互评

由于在线体育教学，教师无法直观地观察学生的学习状态，成立学习互助小组，以小组为单位进行小组之间的相互评价，既能够相互合作完成学习任务，又能够起到相互监督的作用。由于在线体育教学的特殊性，在小组相互评价过程中，可充分参考线上学习平台当中所留存的历史学习数据，如在线学习时间的时长、在线测试结果等项目，确保评价结果的准确性、有效性，使学生在观察同组他人学习成绩的过程中能够顺势反思自身的不足，同时建立起恰当的合作意识③。

4. 师生互评

师生互评即教师根据学生的线上学习效果、完成任务情况进行评价，学生同样根据教师的在线教学效果、教学方式方法、教学态度等给予评价，在相互评价过程中找到融合点，让双方了解，教师需要学生怎么学，学生喜欢教师怎么教，彼此改进存在的不足，让教和学的双方都能进步。这种评价模式的关键点在于通过相互合作的方式，学生可以对教师的教学方法和内容进行审视，判断是否符合自己的需求，也是主动思考和参与的一个过程，教师也可以在相互评价过程中发现评价内容和方式中可能出现的问题并及时纠正和改进。

四、形成性评价法和过程性评价法的区别与联系

形成性评价与过程性评价都是注重教学过程、注重师生间的互动、注重学生的情感态度④，但是两者在理念上还是有本质的区别（见表 1）：

由表 1 可知形成性评价法、过程性评价法的区别主要体现在：

在价值取向上，形成性评价法将学习过程分为几个阶段，规定好每个阶段的达标成绩，学生按照阶段目标依次完成各阶段学习任务，教师在各阶段给予考核评价；过程性评价法更加注重学生学习探

---

① 赵云龙. 大学生体育学习的过程性评价与终结性评价的比较研究[J]. 南通职业大学学报，2001（12）.
② 张陵，马珊，俞竹丽. 体育课应实现由终结评价向过程评价的转移[J]. 体育学刊，2000（6）.
③ 尹传侠. 浅析过程性评价[J]. 宿州教育学院学报，2011（11）.
④ 高凌飚. 过程性评价的理念和功能[J]. 华南师范大学学报（社会科学版），2004（6）.

究的过程以及情意表现，量化的知识技能成绩只是学习评价的目标载体，不代表评价的全部。

表 1　形成性评价法和过程性评价法的区别

	形成性评价	过程性评价
价值取向	侧重目标考核，注重各阶段学习任务的达标程度	强调学习过程评价，兼顾过程考核与目标考核
评价内容	主要评价知识技能的掌握，对学生学习的情意态度只是宏观的考量。	以多元评价手段评价学生学习的情意态度、学习过程和学习效果
评价方法	侧重量化评价	倡导阶段性定量评价与定性评价相结合
评价功能	突出量化结果	关注诊断、激励和发展（注重学生发展提高的过程）
评价主体	评价的实施者、评价方法等	师生共同参与的双向评价

在评价内容上，形成性评价法侧重于对学生学习阶段的知识技能的达成进行评价，而过程性评价法则侧重于对学生知识技能、情感态度、精神表现的综合评价。

在评价方法上，形成性评价法主要是对学生技能阶段性掌握情况进行评价，所以更加侧重知识技能的量化评价，主要形式为知识测验、技能达标和技评；而过程性评价法则兼顾知识技能的量化评价和学习情意态度的定性评价。

在评价功能上，形成性评价法主要评价学生学习过程中各阶段的进步与态度，突出诊断作用，即对学生学习达成度的评价，而过程性评价法在关注诊断功能的基础上对学生产生激励和督促，突出方法作用，即对学生学习努力度的评价。

在评价主体上，形成性评价法的评价主体是评价的实施者、评价手段等，以教师为主导实施。而过程性评价法主要通过主客体结合进行价值判断，主张评价主体和客体的整合，通过师生间共同的民主参与、协商和交往的过程共同判断这种渗透于学习过程中的成果价值，不断地进行反馈，从而使学习过程得到不断优化，同时也共同构建对评价的理解和把握①。

五、形成性评价法和过程性评价法在线上体育课程教学中的应用

形成性评价法和过程性评价法都是注重教学过程的评价方法，根据两种评价方法的功能和特点以及在线上体育课程教学的局限性，以四川民族学院课程教学成绩评定的要求（平时成绩 50%、考试成绩 50%）为例，制定出相应的评价内容和方法（见表 2）：

表 2　在线体育教学评价内容和方式细则

评价内容	比例	具体体现	评价方式
1. 平时成绩 50%			
考勤	10%	考勤纪律	互评 30%+师评 70%
课堂参与	10%	学习态度+探究能力	互评 50%+师评 50%
学习态度	10%	兴趣+努力程度+课外练习	自评 20%+互评 30%+师评 50%
课程思政	10%	情绪+自信心+合作+尊重	自评 20%+互评 30%+师评 50%
第二课堂	10%	课外实践+业余比赛	自评 20%+互评 30%+师评 50%
2. 考试成绩 50%			
阶段评价	10%	知识目标+技能目标	自评 20%+互评 30%+师评 50%
体能	10%	绝对成绩+进步幅度	师评（标准）100%
知识和技能	10%	了解程度+掌握和运用	互评 30%+师评（试卷、小论文等）70%
技能测试	20%	技术技能	师评（标准：达标+技评）100%

① 姚兰芝. 试论形成性评价在高校教学中的应用[J]. 江苏高教，2012，17（2）.

由表 2 可知，在线上线下体育课程教学过程中，学生课堂表现、学生的情意态度、学生的合作学习成为课堂评价的重要组成部分，也是检验学生学习过程的重要指标。根据形成性评价和过程性评价的模式，可以将教学班以小组的形式进行合作学习，教师布置阶段任务以及上课过程中，学生之间都可以相互合作学习。同时，通过学生之间的互评起到相互监督的作用。教师可以将整个学习任务划分成两个或多个学习阶段，学生依次完成阶段任务的过程又包括了各种情感态度的评价，各种评价可包括自评、互评、教师评价。

六、小结

新冠肺炎疫情防控常态下，体育课程教学的线上线下结合教学也将成为一种常态的教学模式，在此教学模式下，对于以实践、实训为主的体育课程教学，如何监督和评价学生的学习成效没有唯一的模式和标准，也不可能面面俱到，只有不断实践，加强课程改革，完善评价体系和指标，才能使过程性评价和形成性评价融合贯穿于线上线下体育课程教学的整个过程，确保评价的有效性，激励学生的体育技能发展和身体素质提高的动力。

【责任编辑：唐明钊】

新冠肺炎疫情下民族学院大学生创新创业教育的机遇与挑战

——以四川民族学院为例①

田应国②　陈泓任③

（四川民族学院经济管理学院　四川康定　626001）

【摘　要】 创新创业教育是激发大学生创新思维、提升创新创业素质、提高创新创业项目品质的重要举措。从四川民族学院的双创教育来看，在创新创业课程教育、创新创业项目的指导、创新创业竞赛的组织等方面，虽然取得了一定成效，但在师资队伍、基础设施、教学与竞赛平台等方面短板明显，尤其在新冠肺炎疫情期间，传统手段的双创教育暴露出了一定的局限性。采用同线上线下相结合的双创教育方式，灵活多样开展双创教育及其相关指导，是这次新冠肺炎疫情下的双创教育给我们的积极启示，这也是我们今后深化双创教育改革的方向。

【关键词】 新冠肺炎疫情；创新创业教育；挑战；机遇

2020 年年初，突如其来的新冠肺炎一下打乱了人们正常的生活及工作秩序。学生不能到学校上课，传统的课堂教学无法正常进行，怎么办？按照教育部“停课不停教、停课不停学”的总体要求，四川民族学院在 2020 年 2 月中旬就提前组织老师开展线下教学的各项准备，保证了今年春季学期教学工作的有序开展。以四川民族学院经济与管理学院为例，在线教学达到学期教学任务的 96%，同时，利用此契机，有 9 门课程在进行在线课程建设。线上教学模式是基于互联网技术的应用与发展而发展起来的，因其不受时间空间限制、教学资源丰富等优点，逐步被教师和学生接受。然而，纯粹的线上教学模式在实际应用中也产生了一些问题，如受网络环境和学习条件的制约较大、课程有效完成率不高、能力素质等隐性知识传授效果薄弱等问题。从双创教育来看，因新冠肺炎疫情，传统的教育及活动的开展同样受到很大影响，但许多工作（比如，第十届全国大学生电子商务“创新、创意、创业”挑战赛四川赛区省级选拔赛）采取“线上”方式，取得了不错的效果，也给了我们不少有益的启示。

一、传统的创新创业教育方式

（一）创新创业通识素质教育

目前，四川民族学院大学生创新创业通识素质教育具体包括：第一，“创业基础”“创新教育”“大学生创新创业教育”等通识课程和公共必修课，有 36 课时，2 学分。还有“市场营销”“管理学原理”“电子商务”“创新思维”等与创新创业相关的公共任选课，“企业文化”“ERP”等专业任选课。第二，大学生 SYB 创新创业教育。自 2013 年以来，学校创新创业学院和经济管理学院为全校 3000 余名同学提供了 10 余期的大学生 SYB 创新创业培训服务。第三，团课和团训，将大学生的创新创业教育同党团知识、学生干部通用技能、大学生心理健康、校园廉政文化建设等内容纳入共青团员的教育。

---

① 本文系四川民族学院双创教育体制改革试点项目（项目编号：JTG006）；四川省教改项目（项目编号：JG2018867）；四川民族学院科研项目（XYZB1804SA）阶段性研究成果。

② 田应国（1964—），男，重庆涪陵人，副教授。研究方向：中国现当代文学。

③ 陈泓任（1988—），男，四川绵阳人，讲师。研究方向：创新创业教育。

（二）创新创业实践活动和创新创业大赛

四川民族学院创新创业实践活动主要包括：第一，大学生创新创业训练计划项目的申报、开展、结题等，以及围绕项目建设所开展的项目申报书的写作、市场调研、市场营销等创新创业实践。第二，创新创业实践活动，如一年一度的市场营销暨创业体验赛、青年红色筑梦之旅活动、三下乡活动等。第三，创新创业竞赛，如四川民族学院第一、第二、第三、第四届创新创业大赛，四川民族学院第一届、第二届双创活动周，四川民族学院第一、第二届市场营销暨创业体验赛等。第三，组织学生参与各种高规格的创新创业赛事，如中国国际“互联网+”大学生创新创业大赛、挑战杯大学生创业计划竞赛、“创新创业创意”电子商务大赛、甘孜州贡嘎之星创新创业大赛等。

二、新冠肺炎疫情对大学生创新创业教育的影响

（一）新冠肺炎疫情对大学生创新创业教育的机遇

1. 促进“创业基础”等课程的改革

受到新冠肺炎疫情的影响，四川民族学院 2019—2020 年第 2 学期，所有非毕业生均未返校，传统的线下教授、线下小组讨论、线下情景模拟、线下角色扮演等传统教学方式均难以完成。因此，教学方式、教学方法、考评方式等发生了重大变革。主要体现在：第一，授课方式的改革，担任“创业基础”“市场营销”“电子商务”“管理学原理”等课程的老师，通过学习通自建相关课程，或者通过钉钉、QQ 群、腾讯课堂、腾讯会议等 App 直播授课，或者通过观看学习通、中国慕课、金品课程网等的相关课程，任课教师采取线上指导和辅导相结合的形式进行教学。第二，授课方法的改革，将传统的线下小组讨论、线下情景模拟、线下角色扮演等，改为线上小组讨论、线上情景模拟和线上角色扮演。第三，增加了新型的教学内容。如网上创业、网上直播带货、新冠肺炎疫情影响下的商机、新冠肺炎疫情下的农村电商发展、地摊经济等内容。

2. 创新创业训练计划项目和创新创业竞赛项目指导方式和内容的改革

虽然学生没有返校，但是并没有停止大学生创新创业训练计划项目的申报工作，在创新创业学院的组织协调下，各二级学院积极动员组织学生进行在线申报，全校共申报立项 140 余项，其中，经济与管理学院申报立项了 26 项。同时，其他的一些重要赛事也在如期进行。比如，“建行杯”第六届四川省国际“互联网+”大学生创新创业大赛、2020 年“挑战杯”中国农业银行四川省大学生创业计划竞赛、第十届全国大学生电子商务“创新、创意、创业”挑战赛四川赛区省级选拔赛、第十二届“创新创业”全国管理决策模拟大赛、2020 年“创青春”川西北生态示范区青年创新创业大赛等赛事，主要采取线上组织（文件下发、创新创业学院组织、各班辅导员线上宣传动员）、线上指导（线上训练营、QQ 群、腾讯课堂、钉钉直播等）、线上竞赛（线上商业计划书评审+线上路演）、线上报送等方式，竞赛成果显著，“喜孜农区域农特产品电商服务平台”等 2 个项目获得“建行杯”第六届四川省国际“互联网+”大学生创新创业大赛铜奖，“精准扶‘苹’：易鲜中高端农特一站式服务平台”项目获得 2020“挑战杯”中国农业银行四川省大学生创业计划竞赛银奖，“甘孜州新型农业技术和新型职业农民培养发展中心”等 11 个项目获得铜奖；“‘汇农园’农特产品校园交易平台”等 2 各项目获得第十届全国大学生电子商务“创新、创意、创业”挑战赛四川赛区省级选拔赛一等奖，“最美甘孜旅游网”“易点点甘孜农特产品服务平台”等 13 个项目分别获得二、三等奖，青松队、极致队分别获得均突破历史最高纪录。另外“圣洁藏药有限公司”等 38 个项目获得第十二届“创新创业”全国管理决策模拟大赛二、三等奖，国家级大学生创新创业训练计划项目立项，“大渡河流域旅游服务”等 69 个项目获得省级立项。

（二）新冠肺炎疫情对大学生创新创业教育的挑战

1. 师资队伍方面

第一，新冠肺炎疫情对于师资队伍的教学能力提出了新的挑战，如线上教学研发能力（教学目标的设置、教学内容的选择、教学方式和方法设计）、新型教学模式的运用能力（如直播课堂教学、网络教学平台的操作）、线上教学的管理能力、创新创业项目的指导能力等。第二，新冠肺炎疫情对于师资队伍的创新创业素质提出了新的挑战。目前，担任相关课程的老师，主要是高校研究生毕业，来自金融学、管理学、行政管理、市场营销、财务管理、经济学等相关领域，具有较高的理论知识和研究水平，但是缺乏自主创业的实践经历，加上新冠肺炎的影响，相关导师还需加强对疫情影响下国家对中小企业的扶持，对农村电商、后扶贫时代农村发展、乡村振兴战略、地摊经济等相关政策的理解，并提升自身直播带货、疫情下的商机和创业项目的选择、网上创业等实际运用能力。

2. 创新教育基础设施方面

目前，民族学院用于开展创新创业的基础设施还不够完善，具体体现在：第一，没有专门的创业孵化基地用于大学生创新创业实践，导致大部分的创新创业项目处于理论层面，未付诸实践。我们期待创新创业学院的孵化基地项目能尽快建成并投入使用。第二，没有专门的路演厅，平时的路演主要集中在学术报告厅和学生活动中心，路演效果差强人意。第三，缺乏相应的、专业的用于创新创业技能训练的课程学习软件、竞赛训练软件和竞赛评审软件，学习效果、学习效率相对较弱。

三、对策

（一）加大基础设施建设投入

具体措施包括：第一，场地的建设。可借鉴其他高校的模式，利用学校现有的空置地，作为学校比较完善的创新项目的孵化基地。第二，购买或搭建创新创业网络课程平台，对于有创业意愿但是缺乏创业知识、创业技能的同学进行免费开放，使其可以自由选择相关的课程学习，为将来创业做知识储备。第三，购买专门的创新创业技能训练的相关软件，并为有训练需求的同学提供训练和指导的机会。第四，设立专门的创新创业指导基地，或者在现有的大学生创新创业俱乐部的基础上，开设专门的创新创业服务咨询室，配备专门的创新创业咨询服务教师值班，开设专门的咨询时间，为有创新创业意识但是缺乏创新创业技能的同学提供项目诊断、项目咨询等服务。

（二）加大师资队伍培养

进一步加大担任四川民族学院“大学生创业基础”“创新基础”“SYB”等课程的教师，以及承担创新创业大赛或者大学生创新创业计划训练项目或者大学生科研项目的指导老师的培养，第一，可以采取“走出去”的方式和“引进来”相结合的形式，如选派没有接受过师资培训的老师去参与 SYB 师资培训，或者选派接受过相关培训、获得创业师资资质的老师参与进阶培训；邀请创新创业导航名师或者创业成功的师兄师姐来学校，通过创业沙龙、创业讲座、茶话会等与其进行交流。第二，在学习内容上，增强农村电商、直播带货、地摊经济、乡村振兴等方面的知识和技能。第三，采取一定的优惠政策，鼓励条件成熟的老师自主创业，或者到相关企业定岗实践，提升其创新创业实际操作技能。

（三）加强精品课程建设

第一，优化大学生创新创业的课程内容，在“创业基础”“创新基础”“大学生创新创业基础”等创新创业课程内容的设置和权重的设计方面，可以加大管理、财务、市场、法律、政策等方面知识的教学比重，引导学生创业项目的选择和设置应充分考虑专业、行业和国家政策、法律法规、形势政治、地方区域特色等方面相结合，力保有创业意愿和创业能力的四川民族学院大学生选择的创业项目具有高度的可行性。第二，进一步加大四川民族学院大学生 SYB 的培训力度，未来 SYB 的工作重点在于扩大培训人数和培训次数、扩大参与 SYB 课程培训的参与面、为成功创业的 SYB 学员提供后续支持服务。第三，完善四川民族学院创新创业培训课程的监督体系。监督体系包括创新创业培训前的监督（如对教案、教学大纲、实训大纲等的监督）、创业培训中的监督（创新创业教学内容和教学进度与教案、教学大纲匹配程度，教学内容与国家政策、法律法规相吻合）、培训后监督（创新创业教学目标的完成度，学生的满意度，学生创新创业计划训练项目的完成情况和完成效果等）。第四，推动精品课程建设，成立专门的“创业基础”公共课教研室，统一教材、统一教案、统一 PPT、统一教学大纲、统一实训大纲等，推动案例库、项目库等建设，利用录课室，录制精品课程，力争建设成线上线下一流课程、应用型示范课程等。

（三）完善体制机制、激发内生动力

这些年，通过国家层面的政策引领和各高校的实践探索，我们看到，创新创业教育已成为常态，已成了中国高等教育不可或缺的一部分。从四川民族学院来看，双创教育已纳入了绩效考核的范畴，足以见学校对双创工作的重视。但是，与其他兄弟院校相比，特色亮点不明显，工作成效有不小差距。下一步需要进一步加强统筹协调，动员和组织更多的师生积极参与到双创工作来，在全校上下努力营造更加重视并大力推动双创工作的浓厚氛围。同时，还需要进一步完善体制机制，在学校创新创业学院的统一指导下，各二级学院有专门的领导负责、有专门的指导老师团队组织实施、有专门的学生社团汇聚力量并落实到位。比如，学校虽然早就成立创新创业俱乐部，但各二级学院没有完全建立起与之对应的工作机构。其实，可以采取经济与管理学院的做法，在二级学院成立“创新创业实践训练中心”（或者俱乐部），安排专门的老师负责，组织一批得力的学生具体落实第二课堂的双创工作（项目申报、竞赛活动开展等）。

【责任编辑：唐明钊】

中小学教师信息素养和应用能力提升途径探索①

曹含梅②

（四川民族学院教育科学学院　四川康定　626001）

【摘　要】 信息技术发展带来的教育变革，推动教育教学与学习方式的改变，对中小学教师信息素养和应用能力提出新的要求。培养中小学教师信息素养十分必要性，贯彻《中小学教师教育技术能力标准》和《中小学教师信息技术应用能力标准（试行）》等政策文件，必须从教师专业发展的角度整合职前培养和在职培训的一体化方案，将培养培训贯穿教师职业生涯。借鉴极简主义工具思想、信息技术应用能力提升工程 2.0 的评估推动信息技术与学科教学融合创新，优化技术和学科教学融合创新的实践形式，精准培育支持技术与学科教学融合创新的必备技能等是提升教师教育信息技术应用能力的有效途径。

【关键词】 教师信息素养；教师教育技术能力；教师专业发展

“后疫情时代”，中国教育正经历着一场伟大而深刻的变革，这场变革最为直接的动力是 20 世纪 80 年代以来迅猛发展的信息技术；这场变革最为直接的表现是“互联网+教育”的教育新模式，用不可逆的方式推动教育与学习方式的改变；这场变革的方向是建设“时时可学”“处处能学”“人人皆学”的学习型社会；这场变革坚持不懈推进教育信息化，以信息化为手段扩大优质资源覆盖面；这场变革大力促进教育公平，让孩子们共享优质教育，通过知识改变命运。这场变革中，中小学教师的信息素养至关重要。作为师范类学生数超过半数的普通高校，培养合格的中小学教师是我们的责任和义务，笔者认为研究中小学教师职前信息素养的培养，以及探索教师实现信息技术与学科教学融合创新的路径问题有及其重要的现实意义。

一、培养中小学教师信息素养的必要性

教师信息素养是教师从事教育教学活动所应具备的信息知识、信息意识、信息能力、信息伦理道德等的总和。在教育教学过程中，主要表现为教师理解信息时代技术对教育的重要意义，能够在课程设计、教学过程、教学方法、教学组织管理等方面以及个人专业学习过程中，充分利用信息手段进行教育教学实践，并具备敏锐的信息意识与良好的信息道德修养。③

（一）提升教师信息素养的政策引领

2004 年 12 月 25 日教育部颁布《中小学教师教育技术能力标准（试行）》，2005 年启动《全国中小学教师教育技术能力建设计划项目》（简称‘931 项目’），主要包括标准所要求的能力培训、考试及认证。从国家政策层面强制性要求实施全员培训，建立统一的、全国性的教师教育技术能力考试体系，实行统一的教育技术能力认证。这些规定对促进教师整体素质、教师专业发展，提升教师教育应

① 本文系四川民族学院 2019 年体制机制改革试点项目《基于“一核三标两联”的民族高校教师教育人才培养模式改革试点》阶段性成果之一；四川省哲学社会科学重点研究基地——四川省教师教育研究中心资助项目《民族地区高校提升小学全科教师培养质量实践路径研究》项目编号 TER2020-023，阶段性研究成果之一。

② 作者简介：曹含梅，女，四川康定人，藏族，四川民族学院教育科学学院院长，副教授。主要研究方向：民族教育、思想政治教育。

③ 王卫军．教师教育信息化教学能力发展研究[EB/OL].（2019）．http: //www.docin.com．

用能力有很大作用。

《教育信息化十年发展规划（2011—2020年）》指出："队伍建设是发展教育信息化的基本保障，造就业务精湛结构合理的教育信息化师资队伍、专业队伍、管理队伍，为教育信息化提供人才支持。"2018年联合国教科文组织颁布《教师信息技术标准（ICT-CST）》，认为教师要掌握信息化环境下必要的建构学习环境的能力、信息技术素养、知识深化能力和知识创新能力，才能迎接基础教育信息化的挑战。

各级各类政策充分发挥教育政策在提升教师信息素养中的作用，是促进教师信息素养提升和教育改革与发展的重要策略和必要途径。

（二）基础教育课程改革对教师信息素养提出新要求

深化基础教育课程改革对教师的教育理念、知识结构、教学方式、教学能力等提出了新的要求。[①]教师的教育理念方面要求以学生为中心，强调形成学生积极主动的学习态度，培养学生良好的信息素养，在注重知识传授的同时，培养学生的实践能力和创新精神，培养学生终身学习的意识和能力。教师的知识结构方面要求教师具有新的课程观、教育信息资源观，课程结构从单一走向多样化、从分科走向综合。教师不再是权威的课程执行者，而转变为学习环境的创建者、学习信息资源的收集者、开发者和设计者，教师成为满足不同学生学习要求的帮助者、指导者、促进者。教师的教学方式和角色定位都发生了变化，为实现师生互动，学生的学习方式也改变了。学生要获取新知识，教师加强培养学生收集和处理信息、分析和解决问题、交流与合作等能力至关重要，学生学习强调全面发展不同的学习能力，具有整体性、参与性、探索性的基本特点，倡导多元化评价方式，旨在促进学生全面发展。这些要求，需要老师有新课程观、新的知识结构和能力素质，强调转变教学方式，加强教学交往能力，提升课堂教学水平。

（三）教师专业发展对教师的期待

中小学教师专业标准中明确要求教师要树立终身学习理念，期待教师有终身学习的意识和能力、有创新意识与应用实践能力；期待教师实现角色转变；期待教师不仅有教学能力，还有资源开发和教学研究的能力，在教学、学习、生活中研究，在研究中提升，以更好地促进教师专业发展。

（四）教育信息化对教师的挑战

在信息化社会，教育的理念、内容、方法等都发生了变化，教师的知识体系和能力素质也要适应变化，从而提出新的要求。但实际目前教师还存在运用信息技术手段上好课的能力有待提高；教师将信息技术与学科课程深度融合的能力不足；教师科学恰当地甄别、选用网络信息资源的能力不足等问题。[②]

二、贯彻标准，提升中小学教师信息素养

信息时代新技术、新理念的教育信息化革命给教育发展带来了前所未有的机遇和动力。推进教育信息化，关键是教师，最紧迫任务是促进广大中小学教师不断提高现代教育信息技术应用能力。

《中小学教师教育技术能力标准》《中小学教师信息技术应用能力标准（试行）》（2014年颁布）及《中小学教师信息技术应用能力培训课程标准》，是关于教师信息素养的单项政策文本，针对性强，可操作性也强。《国务院关于印发国家教育事业发展"十三五"规划的通知》（2017年）中要求"全力推动信息技术与教育教学深度融合，鼓励教师利用信息技术提升教学水平、创新教学模式"。国家政策中对教师信息素养要求从"运用信息技术进行教学改革到促进技术与教学深度融合，再到利用信息技术创新教学模式"不断提高。为了实现目标，只有贯彻国家政策要求，不断提升中小学教师信

① 闫平玉. 教育信息化背景下的教师专业化成长途径研究[J]. 理论与创新，2017（28）.

② 金维军. 教育信息化与教师专业发展[J]. 中小学信息技术教育，2016（1）.

息素养。

（一）解读各项标准，职前培养亟待关注

《中小学教师教育技术能力标准》和《中小学教师信息技术应用能力标准（试行）》的对象均为在职中小学教师，而非正在接受职前教育的师范生与即将成为中小学教师的人群。2002 年《教育部关于推进教师教育信息化建设的意见》与 2010 年《教育信息化十年发展规划（2011—2020）》中明确提到“积极开展教师职前、职后相衔接的远程教育与培训”“开发能有效支持师范生教育技术实践能力培养的信息技术与教育技术公共课”等要求。

《中小学教师教育技术能力标准》（简称《标准》）中教师教育技术能力体系包括意识与态度、知识与技能、应用与创新和社会责任等 4 个能力素质维度，14 个一级指标，分别针对教学人员、管理人员和技术人员提出绩效指标。《标准》规定的教学人员教育技术能力指标体系，对教学人员有四个层面的要求：初步的，意识与观念态度层面；基本的，知识和技能层面；核心的，教学应用与创新层面；延伸要求，应用中的社会责任问题。第三层面“应用与创新”是核心，包括 4 个一级指标，17 个概要绩效指标。

表 1　教学人员教育技术“应用与创新”能力指标体系

教学设计与实施	1. 能够正确地描述教学目标、分析教学内容，并能根据学生特点和教学条件设计有效的教学活动；2. 积极开展信息技术与课程的整合，探索信息技术与课程整合的有效途径；3. 能为学生提供各种运用技术进行实践的机会，并进行有针对性的指导；4. 能应用技术开展对学生的评价和对教学过程的评价
教学支持与管理	1. 能够收集、甄别、整合、应用与学科相关的教学资源以优化教学环境；2. 能在教学中对教学资源进行有效管理；3. 能在教学中对学习活动进行有效管理；4. 能在教学中对教学过程进行有效管理
科研与发展	1. 能结合学科教学进行教育技术应用的研究；2. 能针对学科教学中教育技术应用的效果进行研究；3. 能充分利用信息技术学习业务知识，发展自身的业务能力
合作与交流	1. 能利用技术与学生就学习进行交流；2. 能利用技术与家长就学生情况进行交流；3. 能利用技术与同事在教学和科研方面广泛开展合作与交流；4. 能利用技术与教育管理人员就教育管理工作进行沟通；5. 能利用技术与技术人员在教学资源的校计，选择与开发等方面进行合作与交流；6. 能利用技术与技术人员在教学资源的效计，选择与开发等方面进行合作与交流；6. 能利用技术与学科专家、教育技术专家就教育技术的应用进行交流与合作

资料来源：《中小学教师教育技术能力标准》。

《中小学教师教育技术能力标准》对中小学教师培训的价值取向，更多关注的是教师有效运用信息技术“如何教”的问题（见表 2）。①从教学实际出发，使教师适应信息化社会教学需要，基于信息技术支持进行教学设计，能运用信息技术设计、实施与评价教学，提升教师应用信息技术的整体水平，表现出消极预防、查漏补缺、满足现实需要的特点。

中小学教师职前教育阶段注重知识积累，学校可以针对标准要求，积极开设相适应的课程教学，变消极预防为积极应对，让入职教师能尽快适应教育信息化要求。将教师为现代教育信息技术使用者的培养目标转变为现代教育信息技术开发者、信息技术运用于教学的反思者与创新者，把信息技术的创作性使用内化为教师自身的素养。结合教师教育模块课程设置职前教育阶段教师信息素养课程，借鉴 TPACK 的技术整合思路，从专业实际与教师专业发展角度出发，建设与规划信息技术与专业教学的整合类课程群。

① 马欣研. 中小学教师信息素养研究[D]. 上海：华东师范大学，2019.

（二）解读各项标准，职前职后一体化提升教师信息素养

国家层面教师信息素养标准体系随着信息时代的变化而不断发展，同时保持着内容和体系的相对稳定性。教师教育信息化技术能力培养贯穿职前职后培养的全过程，倡导以能力提升为导向、“基于问题学习”的在职培训模式。以教师为中心，创设真实的教学情境，帮助教师在找到解决问题的路径的同时，也获取知识、形成技能，最终内化为自身的信息素养。

以教师职业生涯为视角，教师通过养成相应的信息素养，获得专业发展，进而胜任教师工作，必须从教师专业发展的角度整合职前培养和在职培训的一体化方案，将培养培训贯穿教师职业生涯。

表 2　基于职业生涯发展的教师信息素养提升框架

专业发展阶段		时间	教师特点	信息素养培养/培训重点内容
职前阶段		大学 1—3 年级	记忆力强，求知欲强，长于系统知识的学习	系统信息知识、信息能力；信息技术与学科知识整合能力；初步信息意识、信息社会责任感的培养
入职阶段		大学 4 年级+在职第一年	初步接触实际教学，好奇，探究预强	信息技术适用于教学的能力；实践反思能力
在职阶段	适应期	入职 2—3 年	关注教学情境、元认知发展，重视外在对自己的评价	信息技术与学科知识整合能力；与同事合作能力；信息的综合、处理、呈现能力
	爬坡期	入职 4—5 年	初步适应教学工作，关注学生，优化教学策略，探索教学方法	信息技术与学科知识整合能力；信息搜索、获取能力；信息评估能力；信息伦理道德培养
	成熟期	入职 6—15 年	了解熟悉教学环境与教学对象，积极追求专业形象的建立	信息技术与学科知识整合能力；利用信息手段提高工作效率；利用信息手段进行班级管理
	平稳期	入职 16—25 年	热情减退，心态平和，经验丰富	信息技术与学科知识整合能力；前沿信息技术培训
	衰退期	入职 26 年之后	准备离开教学岗位，多依赖于经验开展教学活动	信息技术与学科知识整合能力；利用信息技术进行教学与管理的反思

资料来源：马欣研《中小学教师信息素养研究》。

三、教师实现学科教学与信息技术融合创新的路径

信息技术对教育发展具有革命性影响，必须高度重视。2018 年教育部相继颁布《教育信息化 2.0 计划》《网络学习空间建设与应用指南》《中小学数字校园建设规范》《中小学校长信息化领导力标准（试行）》等文件，为教育信息技术与学科融合提高了政策依据。《教育信息化 2.0 计划》更是明确了 2022 年基本实现“三全两高一大”的发展基本目标，要做好思想、方法、工具、过程、情感五个维度的融合，构建起智慧学习的支持环境，探索教师实现技术与学科教学融合创新的行动路径，对全面提升教师信息技术应用能力和信息素养有重要意义。

（一）极简主义工具思想是技术与学科教学融合的基本理论

极简教育技术倡导“技术服务教学，而且必须简单易学”的理念，变现为技术简单、实用、可迁

移。[①]极简的实用的工具、方法、路径，"听得懂""学得会""用得上""干得好"，解决教育教学难题，提升教育教学质量和效益。借鉴极简主义，有利于推进教育信息化，促进融合创新。

极简教学技术在日常教育教学当中的应用实践是多样化的，课堂管理好助手，如班级优化大师App、手机投屏、手机遥控；做笔记的好助手，如幕布App、腾飞语音输入、传图识字小程序；多媒体课件制作小助手，如美图、万彩动画大师；资料分享和数据统计的好助手，如草料二维码，问卷星等。

（二）借助信息技术应用能力提升工程 2.0 的评估推动信息技术与学科教学融合创新

根据教育部公布的《中小学教师信息技术应用能力提升工程 2.0 实施意见》，坚持以《中小学教师信息技术应用能力校本应用考核规范》（30 个能力点）为依据，确定多媒体教学环境、混合学习环境、智慧学习环境下的学情分析，教学设计、学法指导、和学业评价 4 个维度的 30 项微能力为考核重点。根据能力提升工程 50 学时要求，50%为实践类课程设计，通过合理数量为能力的监测，有效推动教师主动参与能力工程，通过工程的技术实践培训，真正提升教师信息化环境下的学科教学能力。

表 3　中小学教师信息化教学能力测评指南（30 项微能力）

维度	信息技术应用环境		
	多媒体教学环境	混合学习环境	智慧学习环境
学情分析	A1 技术支持的学情分析	B1 技术支持的测验与练习	
教学设计	A2 数字教育资源获取与评价 A3 演示文稿设计与制作 A4 数字教育资源管理	B2 微课程设计与制作 B3 探究型学习活动设计	C1 跨学科学习活动设计 C2 创造真实学习情境
学法指导	A5 技术支持的课堂导入 A6 技术支持的课堂讲授 A7 技术支持的总结提升 A8 技术支持的方法指导 A9 学生信息道德培养 A10 学生信息安全意识培养	B4 技术支持的发现与解决问题 B5 学习小组组织与管理 B6 技术支持的展示交流 B7 家校交流与合作 B8 公平管理技术资源	C3 创新解决问题的方法 C4 支持学生创造性学习与表达 C5 基于数据的个别化指导
学业评价	A11 评价量规设计与应用 A12 评价数据的伴随性采集 A13 数据可视化呈现与解读	B9 自评与互评活动的组织 B10 档案袋评价	C6 应用数据分析模型 C7 创建数据分析微模型

表格内容摘自《中小学教师信息技术应用能力校本应用考核规范》。

（三）优化技术和学科教学融合创新的实践形式

教育信息技术与学科教学融合的实践表达有三种形式：基于交互平台的混合教学、基于数据诊断的精准教学、基于极简工具的问题解答。[②]这三种形式在教育教学实践活动中各具特色，教师要善于学习并根据教育教学活动实际情况选用。

1. 基于交互平台的混合教学

混合式教学，是线下实体课堂教学与线上网络教学相结合的，线上加线下交替的教学组织形式，是一种基于网络的社交学习。线下实体课堂教学，以课堂为基础的常态教学单向交流多，教师加同伴，以讲授式、接受式学习为主，个性指导少，反馈单一，多采用多媒体教学。线上网络在线学习，是个性化的、灵活的、即时的、交互的，学生课前自主学习、制定步调，提供线上指导在线评价，有丰富的微视频资源、论坛交流与在线学习社区。混合教学有 5 个混合点：学习理论混合、学习资源混合、

① 弗格斯·奥康奈尔．极简主义[M]．人民邮电出版社，2015.
② 陈晓明．用信息化推动义务教育优质均衡发展——深入学习贯彻教育信息化 2.0[J]．天津教育，2019.

学习方式混合、学习环境混合、学习评价混合，实现结构化和非结构化学习混合；多种教学资源的混合；多种学习环境的混合；学习、实践、绩效支持混合，多种学习支持服务的混合；自定步调学习和实时协作学习混合。

混合式教学一般有5个流程：基于课程标准的在线学习目标编制；混合教学的学习准备；开展线上线下混合式教学实践（网络课堂，直播答疑、个别辅导）；学生之间混合学习总结交流、经验分享；基于标准的混合式教学的在线测评。

混合式教学采用的常见4种类型：线上视频点播、线上直播课堂、线上互动答疑、线上翻转课堂学习。

常见的支持网络研修的在线学习模式有10种[①]：同步在线教学模式、异步在线教学模式、基于学习社区的协作学习模式、基于学情分析工具的精准教学模式、在线翻转课堂教育模式、基于学科工具的自主学习模式、基于问卷调查工具的操作与练习教学模式、基于学习资源网站的主题探究教学模式、基于认知工具的支架式教学模式，基于互联网互动的教育模式。每一种在线学习模式采用不同的信息技术工具，适用于不同的教学要求。

2. 基于数据诊断的精准教学

常态教学的学情缺失是精准教学的关注点，数据驱动的学情诊断是精准教学的着力点。基于数据诊断的精准教学来源于精准教学理论，精准教学理论是美国学者林斯利根据心理学家斯金纳的操作性条件反射原理创立，它旨在通过设计测量过程来追踪学生的学习表现和支持数据决策，以便“将科学放在学生和教师的手中”，能更好地提升学生的学习绩效和成就感。它是一种通过记录分析学习者的学习行为、学习表现等方面的数据及其变化，从而精准调整教学活动以提高学习绩效的教学形式。

精准教学是基于数据的教学、是基于教学测评的教学、是真正以学习者为中心的学习，精准教学强调学习记录并分析学习行为与表现的教学。实施精准教学要求：精准目标定位要精当，教学内容选择要精准，教学情境创设要精巧，教学结构构件要精致，尝试活动时需要精细。借助教育信息技术工具能反馈常态教学学习目标达成程度，诊断学生学业水平及能力缺失，诊断教师教学行为以及命题改进。基于大数据智能分析能实现高精度个性化推送学习，每个人拥有自己的学习列表、学习方式、学习节奏。

3. 基于极简工具的问题解决

极简教育技术促进教师专业发展，迈向“万师互教，众师成长”之路。

（四）精准培育支持技术与学科教学融合创新的必备技能

新信息时代中小学教师应具备的信息技术应用能力包括能使用多媒体教学设备的能力，应用学科软件和工具软件的能力，数字化教育资源收集加工利用能力，设计与制作数字化教育资源的能力，应用技术解决重点难点问题的能力，信息化教学设计能力。提高教师的能力以极简工具的常态应用为重点，实施技术与教学融合创新实践的必备技能包括文字输入、视频下载截取、文档协作、直播工具、二维码制作、思维导图、H5工具、云盘存储、搜索引擎等，多样化极简信息技术工具的深度应用是实现技术与学科教学融合创新的有效途径。

【责任编辑：唐明钊】

① 高书国. 居家学习的实践探索与变革之道——从大疫到大易[J]. 教育科学研究，2020（7）.

高校教师信息素养提升之我见

——以四川民族学院为例

益　西①

（四川民族学院美术学院　四川康定　626001）

【摘　要】 现代社会与信息相关的多种技术不断进步和发展，对高校的教育教学产生了极其深远的影响。高校教师必须具备相应的信息能力及素养，才能紧跟时代步伐，胜任高校教师工作的新标准、新要求。

【关键词】 互联网；高校教师；信息素养；提升

截止到2020年4月末，《中国互联网络发展状况统计报告》已经是第四十五次被我国的互联网信息中心公布出来。在这篇报告中，指出了截至3月，中国网民的数量以及规模更加可观，达到了9.04亿人，距突破10亿人大关指日可待。网民数量在去年一年便增加了7508万人，网络普及率达到64.5%，在一年的时间里便提升了4.9个点，远远超于国际平均水准。中国网民的数量以及规模持续稳定上涨，中国在互联网世界早已是名副其实的大国。迅猛发展的互联网在教育、经济以及社会生活等诸多领域产生了极为深刻的变革。2018年4月20日，在北京召开了关于信息化以及网络安全的会议，习近平总书记在此次会议上提出了要使信息化引领社会、经济的发展，号召全社会务必要抓住这一千载难逢的历史机遇。如此一来，提高高校教师所具备的信息能力以及相关素养，便成了加快推进高等教育开展工作的重大措施，也成了贯彻总书记工作指示的途径。

我国知名学者金国庆先生是将信息素养这一重大概念引入中国的第一人。金先生曾经指出过信息素养的基本内涵，他说信息素养就是对相关信息以及知识的可能拥有以及对其进行使用的水平以及能力。[②]依据金先生对信息素养的定义来看，所谓信息素养的本质方面就是一类或者一种对信息整合、删选、收集与运用等诸多相关方面的水平以及能力。

高校教师应具备的信息能力及素养是指高校老师在当前社会中，结合本校信息发展状况，产生对信息的不同需求，对知识以及信息进行检索、获取、利用、分析以及处理，从而解决工作、生活以及教育教学等诸多实际问题，使知识传递的过程更加优化，教学、科研等工作更加高效的能力和素养。

此篇文章以四川民族学院为例，在对提高高校教师所具备的信息能力、相关素养的现状以及必要性做简单的研究及分析的基础上，对提高和培养高校教师所具备的信息能力以及相关素养的诸多途径与方法做简单的探讨。

一、提升四川民族学院教师信息素养的必要性

（一）提高信息素养是时代发展的新要求

万物互联、智联的5G正在走来。教育面临着互联网、信息技术、人工智能等突飞猛进的挑战，高校作为培养新时代的建设者和接班人的前沿阵地，要求高校的信息化水平要紧随时代发展的脉搏，

① 益西（1968—），女，四川乡城人，藏族，副教授。主要研究方向：化学教育。

② 金国庆. 信息素养一词的概念分析及历史概述[J]. 国外情报科学，1996，16（1）：26-33.

与时俱进，高校教师信息素养的提升显得尤为重要。四川民族学院作为地方民族高校，应该认真贯彻落实党和国家全面深化新时期教师队伍建设改革的意见，推进教师对新技术以及新知识的不断研习，主动适应新技术以及新时代的挑战，增强教师所具备的信息能力以及相关素养，开展积极有效的教育。

（二）提高信息素养是信息化发展的必然选择

伴随教育信息化的普及，人类得到知识的路径以及方式具备多样化及多元化的特点。学生得到知识不仅源自课堂，老师也不是所谓的知识垄断者了。随着移动智能终端的迅速崛起，在“互联网+”时代，网络教学的出现使得原有的教学模式发生了改变，学生学习的主体意识和自我能动性得到了强化，极大地增加了学生学习的灵活性和主动性，学习模式需要转变为更加以主动、自由、探究为主的模式，打破了以往“填鸭式”被动参与教学过程的制约。

当今时代，技术信息的传播以及发展正在动摇以及改变着教师的地位。教师只有主动融入新时代的发展进程中，有意识地加强新知识、新技术的学习，有意识地提高信息素养，才能应对新时代的挑战，将教育的主导权牢牢掌握在自己手里。

（三）提高信息素养是高校落实高素质人才和创新型人才培养目标的现实需要

培育创新型高素质人才依旧是学校研究教育的重大课题之一。我国目前在人力资源总量等方面位居世界前列，然而，高素质人才和创新型人才仍然非常紧缺。著名的“钱学森之问”使国人看到了我国高校教育存在的短板。

我国的发展急需丰富的人才，而人才成长是需要教育来辅助的。学校教育要注重培育学生素养，帮助他们掌握更多知识和技能。特别是互联网、信息技术、人工智能等突飞猛进的新时代，作为思想活跃、知识密集、思维创新、信息技术充分运用的前沿阵地，高校承担着非常重要的作用。当今社会，培养高素质、创新型人才关乎着国家未来的振兴和发展，关乎着中华民族伟大复兴的历史使命，提高教师的信息素养从来没有像现在这样显得至关重要。

二、高校教师的信息素养现状——以四川民族学院为例

（一）对信息素养缺乏认识，信息知识储备不足，运用能力欠缺

四川民族学院位于甘孜藏族自治州，远离中心城市，交通较为闭塞，教学条件较为恶劣。较大程度地限制了学校科研、教学等诸多相关方面的工作。通过笔者的调查发现，相当一部分教师对信息素养缺乏认识，信息知识储备不足，运用能力欠缺。对学校推进教育教学改革产生了很大的阻力。

（二）信息素养的培训缺乏系统性和连贯性

提升教师所具备的信息能力以及相关素养不是一蹴而就的，这个提升过程复杂而又漫长，这类信息能力以及相关素养仅仅依靠暂时性培训是很难获得的。由于各种客观以及主观因素的存在，当前有关这类信息能力以及相关素养培训的次数还是较少的。不仅如此，几乎每次的培训要么是阶段性的，要么就是短期性的。尽管多元化的培训有助于增强教师所具备的信息能力以及相关素养，但是阶段性的以及短期性培训所显现的效果并不显著，在这种状况下教师对信息内涵的理解并未深入，尽管部分教师会在课堂上熟练应用信息化辅助教学设备，但教师的侧重点仍旧在于单一地引导学生理解片面的知识，未能充分利用信息技术来加深学生的记忆并形成知识框架。有相当一部分教师将 PPT 课件作为教学核心，课堂上仅模式化地讲解其内容。这样的教学模式下，学生的学习态度极其不端正，造成了信息化课堂教学效果较低等问题。

（三）缺乏切实有效的提升途径

2020 年，突如其来的新冠肺炎蔓延全球，在“停课不停学”的号召下，全国所有中小学、高校都进行了网络教学。这场网络式教学不仅仅是对教师做出的一次严峻考验，更是对家长以及学生的一

场特殊考试。在网络教学过程中，大家都深刻体会到了信息素养的重要性，也看到了自身存在的问题和不足。很多学生和老师第一次被迫认识了“雨课堂”“腾讯会议”“钉钉”，第一次使用了网络直播、屏幕分享、直播回放等技术，第一次通过网络进行作业的批阅，第一次通过网络手段组织期末考试等活动。教师本人在具体实施教学过程中也遇到了很多困惑。主要是年龄偏大一点的教师，只能用最简单的QQ聊天、腾讯会议等形式进行教学，其他更先进一点的网络技术使用能力、使用频率很低，教师的信息素养整体水平不容乐观。从学校目前的师资和条件来看，通过学校培训提升教师的信息素养和能力几乎不太可能，只有通过教师自身的学习和提升，这种途径过于单一，难以真正达到提升效果。

三、培养和提升教师信息素养的途径

（一）加强环境建设，健全管理机制

处于“互联网+”这一时代大背景下，各类学校对提高教师所具备的信息能力以及相关素养的现状和重要性认识便显得更加急切。首先，学校应该解决教师各种物质条件上的困难，加强校园网络、数字校园的建设，开发课程教学网站，为教师寻找不同类别的教育信息源提供方便，为教师信息知识的学习及能力提升提供有力的物质保障。对学校目前已有的网络资源加强管理，制定出相应的规章制度，对培养和提升教师信息素养进行系统的规划和管理，促进教师能够自觉学习新的信息技术，不断提升自身专业能力与水平。其次，应在教师内部大力宣传新知识、新技术、新理念，加强教师对信息素养内涵与作用的理解，并营造相应的素养提升氛围。

（二）加强教师培训，转变教育观念

组织培训活动是提升教师信息素养的有效途径之一，学校应当根据现阶段教师的实际情况来改进培训模式，切实保障培训的高效性。第一，学校可以按照专业课程、年龄层次等开展分组培训，充分体现教师信息素养培训的科学化以及针对性；第二，各二级学院根据目前的教学现状和存在的问题合理规划培训内容和进程，确保每一次培训都达到预期的效果，帮助教师提升教学质量；第三，学校应当与时俱进，紧跟时代步伐，及时更新培训内容，改变培训模式，以更加高效的手段来使教师掌握最新的技术、最新的知识，并充分体会到信息技术的实效性与丰富性；第四，必须要不断提升教师的科研能力，鼓励教师自主探索，完善并加工信息技术。①

当下社会处于“互联网+”这一新时代，最不缺少的便是层出不穷的多媒体手段以及极为丰富多样的信息。丰富的信息让教育教学的层面以及内容开始更加多彩，老师以及学生都能够通过使用多媒体的各类手段得到丰富的知识，获得更深层次的学习，得到知识的方式以及途径不断扩展与增多。同时，对教师的角色进行了重新定义，对教师的要求也就越来越高。教师一定要转变教育观念，需要将自己的角色转换成为学生学习的引导者、合作者和参与者。在日常的教育教学中，要和学生建立起一种相互平等、和谐的师生关系，把他们当成学习的主角。教师还需要不断加强与学生的沟通交流，引导学生积极配合，增强教育教学工作的主动性和积极性。

（三）教师需要拓展知识结构，提升自身能力，注重师德培养

作为新时代的高校教师，需要拥有更多元、更丰富的知识，努力拓展知识结构。不仅要掌握专业文化知识，还要能够熟练应用计算机技术和各种软件技术，学会编制多媒体课件，才能够胜任新时期高校大学生的学习要求，引导学生掌握最前沿的科学文化知识。

当今社会，正处在信息飞速发展的时代。在这样的信息时代，要想得到更多有用的信息，更好地传播、分辨、利用以及借鉴与信息有关联的技术，就需要高校教师具备高尚的道德责任感。“学高为师，身正为范”，教师应该注重师德的培养，加深对信息道德的认知。

---

① 畅祎扬.“互联网”背景下高校教师新媒体素养现状与提升策略分析——以陕西高校为例[J]. 传播力研究，2018（2）：221.

（四）教师需要树立终身学习的理念

我们处在日新月异的信息时代，每个人都要紧随时代发展的潮流，主动学习、不断进步，才能成为新时代的弄潮儿。作为新时代的高校教师，应该牢固树立“信息就是力量”的观念和意识。务必要了解和掌握信息能力，了解和掌握信息素养对于科研、教学、人才培养等方面所占据的重要地位和作用。需要树立终身学习的理念，不断丰富和完善关于信息素养的知识、技能，依托各种网络研修和培训提供的技术平台和资源，进行线上线下的培训和学习。

随着年龄的增长，人们容易故步自封，对自己熟悉、掌握的知识或技术产生习惯性保护，而对超越认知范围的新知识、新事物有抵触情绪，不愿走出“舒适区”去挑战新事物、新技术，产生畏难情绪。在四川民族学院部分年龄偏大的教师群里这种现象特别明显，需要学校和教师共同面对，携手并进，让他们不断走出“舒适区”。虽然学校远离中心城市，信息资源不够发达，只要教师们能够转变观念，打破原有的知识壁垒，走出“舒适区”，积极投入到提升自己、改造自己的行动中，就能顺应时代发展的进程，胜任高校教师教学、科研等工作的任务，成为新时期合格的高校教师。

四、结语

四川民族学院作为民族地区的地方高校，培养目标是立足四川民族地区，面向行业基层，培养德才兼备的建设者和接班人。当今社会，学校面临新的机遇和挑战，学校管理层及各位老师，应该充分认识到信息素养的现状和存在的问题，并从加强环境建设、改善办学条件、多渠道培训，加强教师的教育和引导，逐步转变教育教学观念，让终身学习的观念深入人心。不断带领教师走出“舒适区”，使学校的发展和教师的成长携手并进，达到双赢的效果。

【责任编辑：王鹤艳】

现代信息技术背景下高校教学管理变革的思考①

张 琪②

（四川民族学院经济与管理学院 四川康定 626001）

【摘 要】 信息技术已成为助推经济社会发展的重要生产力，现代信息技术的快速发展对高校教学管理提出了新的要求，信息技术与教学管理的深度融合将有效推动教学管理的全面开展。要实现这一目标，高校需要依托现代信息技术，转变管理理念，厘清管理内涵，整合组织结构，发挥组织职能，促进教学管理。

【关键词】 现代信息技术；高校教学管理；变革

当今社会，信息技术已成为推动经济社会发展的重要生产力，现代信息技术的迅猛发展和应用逐渐改变着人们的观念和思维方式，打破了传统的工作模式，提高了工作和学习的效率。现代信息技术对高校教育教学也产生了深远的影响，有力推动了高校教学改革的进程，同时也对高校的教学管理提出了新的要求。高校要推动教学质量的提升，加快教学改革，必须将信息技术与高校教学管理有效融合，转变管理理念，整合组织结构，丰富管理职能，调整管理模式。

一、现代信息技术对高校教学管理提出了新要求

（一）高校教学管理内涵的深化

教学管理在教学改革中发挥着先导和规范作用。传统的教学管理主要是对学校的教学过程进行管理，是对教师、学生、课程、教学方法等要素构成的运行机制进行组织、协调和控制，实现教学目标的过程。这个过程主要围绕人才培养方案、教学大纲、课堂教学等内容，以教师为中心，统一管理模式。这种教学管理方式忽略了学生的主体作用，也不利于满足社会对多样化人才的需求。现代信息技术背景下，必须对教学管理的内涵进行延伸，即建构以信息平台为载体，通过现代信息技术建立数据信息库，通过对信息的处理来实现教师课程设计、学生自主选择学习时间和学习进度，通过信息分析来反馈学生学习情况和教师授课情况，充分调动学生的积极性，更有利于教师因材施教。高校教学管理者必须深刻理解教育信息化的重要意义和价值所在，充分认识信息技术与教学管理的深度融合是高校教学管理的发展趋势和必然要求。

（二）高校教学管理职能的调整

管理职能主要包括计划、组织、领导和控制，高校教学管理也应围绕这几项核心职能开展。即根据计划组织实施相关工作，加强领导并在工作中进行有效控制，促进整体目标的实现。传统管理依据教学计划，对教学的各个环节进行分析、组织和控制，在教学环节结束时进行评价，对教学的控制主要通过教学督导来完成。随着现代信息技术发展，这些职能在各个环节中发生了变化，更加强调组织和控制，通过数据平台对教学过程、教学质量和教学评价进行有效控制，这对管理者的协调和控制能

① 本文系四川民族学院 2018—2020 年高等教育人才培养质量和教学改革项目“四川民族学院管理类学科建设与人才培养协同机制研究”（项目编号 xjjg2018016）的研究成果。

② 张琪（1980—），女，藏族，四川康定人，讲师。研究方向：高等教育教学管理。

力要求较高。

（三）高校教学管理模式的转换

现代信息技术的发展使高校教学管理发生了转变，推动教学管理模式的改革。传统的教学管理对象主要包括以教师、学生为主体的教学要素的控制，主要通过对教学现场测试等形式进行。传统的教学管理模式特别重视学生的考试成绩，过多强调教师的教却忽视了学生学的主体地位和主观能动性。同时，部门之间的信息不通畅，容易造成工作效率低，影响工作的效果，挫伤工作积极性。现代信息技术对教学管理手段和管理对象提出了新要求，需要通过信息系统来进行管理，极大提升了工作效率，增强了管理的针对性和精准性，有效缓解了工作压力，破解了传统教学管理模式的瓶颈和弊端。

二、现代信息技术背景下高校教学管理存在的问题

（一）教学管理内涵不清

教学管理者应该首先挖掘教学管理的内涵，教学管理的内涵决定着教学改革的方向。别敦荣、王根顺等学者（2018）指出我国高校教学管理集权化程度较强，以控制为主，管理方式单一等问题①。洪早清（2019）指出教学管理常常被片面地理解为对教师的教和学生的学的维持型管理，教育新时代，教学是高校创建一流本科教育的主渠道，教学管理是一流本科教育的重要保障；高校教学管理必须顺应一流本科教育新思想、新理念和新要求，在领会一流本科教育使命内涵基础上主动进行体制机制变革和管理方法创新，加快教学管理队伍建设②。当前，很多高校仍未厘清高校教学管理的内涵，片面地将教学管理等同于课堂管理，没有将教学管理的内涵和外延挖掘出来，教学管理停留在对教师、学生和课堂教学的管理，更多是控制甚至强制，导致教学管理机械化，教学数据平台薄弱，教学信息的处理能力不足，教学管理的系统性不强。

（二）教学管理机制不全

信息技术的高速发展使教学管理的内容在横向上有了较大延展，并逐渐形成较为完善的网络化体系，向更深入的方向发展，逐步构建了新的信息资源平台。要保障信息资源平台的有序运转，就需要健全教学管理机制。教学管理机制是教学管理组织机构、管理对象、管理制度等建立起来的系统，系统中的各枝节相互影响、相互作用，共同推进机制的运转。机制的正常运行需要教学管理机构发挥其职能，统筹协调各层面的工作和任务③。现阶段，教学管理职能出现重叠、碎片化，职能定位不明确，管理部门之间权责划分不清晰，造成教学管理制度建设滞后，缺乏可操作性。同时，大部分高校教学管理机构的职能主要以执行本部门的规章、制度为准，相互之间沟通不畅、协调不够，组织设计大多局限在纵向设计，横向的沟通与协调非常有限，并且部门之间、部门之内信息传递不通畅，制约了教学管理职能的有效发挥。

（三）教学管理方式单一

教育新时代要求围绕人才培养目标实行全方位、多形式的教学管理。由于我国大部分高校的组织结构还比较单一，管理方式行政化。尽管行政化管理相对稳定，也比较容易操作，但是随着时代的发展，这种方式逐渐暴露出弊端：教师和学生参与机会有限，部门之间横向协作不够顺畅，学科之间、科研与教学的交融不够密切，信息不对称。

（四）教学评价体系针对性不强

目前，大多数高校的教学评价体系较为单薄，主要是对教师授课情况的评价，内容单一，评价方

---

① 别敦荣，王根顺. 高等学校教学论[M]. 高等教育出版社，2018：472-473.
② 洪早清. 本科教育新时代下的教学管理变革省思[J]. 中国大学教育，2019（11）：75-80.
③ 田甜. 现代信息技术对高校教学管理模式变革的思考[J]. 管理科学，2018（3）：29-30.

法有限，没有形成包括反映学生学习、教师授课、课后评价、学生反馈、教学督导等多维一体的评价体系，这种单一的评价方式忽略了专业差异、培养层次差异、学生差异、教师差异、教学手段和教学环节差异，针对性不强，并且缺乏人才培养目标、教学质量、教师激励等指标，评价较为片面，不能有效发挥评价作用，评价结果公信力不强，结果运用也不理想。

三、现代信息技术背景下高校教学管理的转变路径

（一）转变教学管理思维

教学管理思维直接决定教学管理的效果。要适应现代信息技术带来的新变化和新要求，就必须转变教学管理思维，对教学管理手段和方法进行调整更新。因此，必须进一步厘清教学管理的内涵和外延，充分认识现代信息技术背景下高校教学管理的核心要义：即在充分利用现代科学技术手段的基础上，通过对教学各个环节的数据分析，运用管理的中计划、组织、协调等功能，对教学全过程监督，建立决策、反馈控制体系，构建科学、有效的教学管理体系，进行动态、全程的教学活动，保证教学质量，最终实现人才培养目标。

（二）建构高效的信息管理组织结构

目前，由于传统管理的惯性，很多高校部门职能交叉、行政化严重、服务意识还不强，信息管理组织结构还不健全，教学监督不及时、教学反馈不到位，严重影响着教学管理效果。而现代信息技术要求管理机构能够正确运用数据大平台，对各种信息做出快速、有效的回应，通过数据研究发现问题、分析问题和解决问题。因此，高校在教学管理过程中必须建立起一套有效的信息管理组织结构，理顺部门、层级之间的关系，简单、有效设计组织层级，根据工作需要来设置部门，明确具体岗位职责，确保教学管理科学合理。同时，还要树立“服务学生、服务教师、服务教学”的理念，在组织设计时充分考虑其服务功能，实现信息管理组织结构的高效运行。

（三）提升教学管理队伍的管理能力

教学管理是一项综合性、专业性较强的工作，需要一支专业化的管理队伍，现代教学管理更需要高水平的教学管理队伍。但是，目前高校教学管理队伍总体结构和人员素质还有待完善，教学管理人员专业化程度不高、教学管理岗位人员配置比较随意，无法满足现代信息技术背景下教学管理的要求。因此，一方面，科学设置具体管理岗位，合理配置资源，做到因事设岗；另一方面，合理配备具体教学管理人员，使其在思想素质、管理理念、能力水平和服务意识上与岗位匹配；同时，要加强培训交流，提升教学管理者的素养与能力，真正做到教学管理与时俱进。高校深化教学管理外延，进一步加强专任教师教学管理能力，提升教学信息技术运用能力，让他们熟练使用信息技术进行教学和管理，增强教学管理的深度和宽度。

（四）构建配套的教学质量评价体系

从管理职能上来说，在现代信息技术背景下，教学管理者要通过数据平台对教学数据进行分析、处理，及时发现问题，进行反馈，推动教学过程的规范有效。在这种管理模式下，一个非常重要的前提就是输入的数据要真实、准确、客观、全面。因此，必须建立完善的质量评价体系，单设教学评估部门，确保评价的客观真实。一，完善评估信息体系，实现教师、学生、教学管理者、职能部门全覆盖，实现评估的全面覆盖；要科学设置评估指标，符合学校实际情况和教育教学规律，体现教师的教学准备、教学情况、课后指导、学生反馈、教学督导、教学改革项目等系列情况，确保评估信息有效；二，充分利用系统原则，分工合作，层层设计、层层落实；三，不断丰富评价手段，采用灵活的评价方式，确保评估简单易行。同时，还要进一步加强结果运用，针对评价结果，对发现的问题查清原因，认真整改，针对教师的问题加强指导帮助，针对设施设备的问题及时维修更新，针对制度的问题及时

完善修订，针对学生的问题及时加强教育引导。

教学管理是建设高质量本科教育的核心要素，教学管理一定要有前瞻性、引领性和可操作性。现代信息技术对高校教育教学提出了新的要求，指明了新的发展方向，只有教学管理理念、教学管理队伍、组织结构设计和管理模式等方面不断创新完善、调整提升，才能实现信息技术与教学管理的深度融合，推动教育教学的高质量发展。

【责任编辑：安万明】

基于师范专业认证标准的线下课程评价研究[①]

林　刚[②]

（四川民族学院教育科学学院　四川康定　626001）

【摘　要】 课程评价的目标和手段决定了评价的结果及应用。师范专业认证标准下的课程评价是对师范专业课程体系的规范性和教学组织实施有效性的诊断。研究从师范专业认证标准下课程评价的基本思路着手，分析了专业人才培养目标确定、毕业要求分解、课程标准的编写、试卷的编制、课程考核和成绩评定之间的逻辑关系，进一步探讨了考试和考查课程目标达成度评价的方法、手段和评价结果应用。

【关键词】 师范专业认证；标准；课程评价；研究

课程评价指运用科学方法对课程的过程和产物收集信息资料并作出价值判断的过程。[③]即基于一定的目标，按照一定的规则，使用一定的工具，对课程进行综合测评的一种方式。因此，评价目的不同、规则不同、工具不同，评价的结果也必然不同。教育部《普通高等学校师范类专业认证实施办法》关于课程评价有了不一样要求，在师范专业认证标准之下，课程评价是基于“学生中心，产出导向，持续改进”理念的课程评价。课程评价的目的不再是实现课程的甄别与选拔，而是以评价为驱动研究课程体系的合理性、课程目标的达成度，以此不断完善课程体系，规范教师的课程教学行为，逐步提高人才培养质量。对于大多数师范专业而言，通过二级认证是基本任务，但要通过认证必须向专家组提交提供 2 门课程（1 门理论课，1 门实践课）的课程目标达成情况评价报告。本文重点探讨《四川省学前教育专业认证标准（第二级）》下课程评价的方法。

一、基于师范专业认证标准的课程评价的基本思路

基于师范专业认证标准的课程评价的主要目标有两点：一是依据相关的标准诊断课程体系是否符合相关的行业标准；二是检验课程对毕业要求的支撑情况，课程目标达成情况。而要实现这两个目标，需要从人才培养方案的制定开始。

（1）专业要结合学校的定位、地区学前教育改革与发展要求、相关专业标准和广泛需求调研基础上明确培养目标定位。

（2）明确专业的培养目标，培养目标分为总目标和具体目标，总体反映师范生毕业后 5 年左右在社会和专业领域的发展预期。比如在确定了学前教育专业的培养目标后，进一步把总目标分解为：“尊崇师德、强化能力、注重融合、持续发展”四个具体的目标，以确保毕业要求能支撑专业培养目标。

（3）以产出导向（OBE）基本理念为指导，结合《四川省学前教育专业认证标准（第二级）》《幼儿教师专业标准》《中小学和幼儿园教师资格考试标准（试行）》《卓越教师培养计划》等行业标准分解为“一践行、三学会”的毕业要求（毕业时要达到的最低要求），再把“一践行、三学会”的 8 个二级指标分解为 34 个三级指标，每个三级指标要具体、可测，每一个指标要有明确的课程支撑，每

---

① 基金项目：四川民族学院 2018—2020 年高等教育人才培养质量和教学改革项目“师范专业认证标准下课程评价研究”阶段性研究成果。四川民族学院 2019 年度教育体制机制改革试点项目“基于‘一核三标两联’的民族高校教师教育人才培养模式改革试点”阶段性成果。

② 林刚（1976—），男，四川泸定人，硕士，教育科学学院副教授。主要研究方向：民族教育研究。

③ 钟启泉. 课程论[M]. 教育科学出版社，2007.

一个指标都能对应幼儿园教师专业标准的指标点。

（4）以师范生发展成效为导向，聚焦师范生毕业后“学到了什么”和“能做什么”，反向设计课程体系与教学环节，配置师资队伍和资源条件，评价师范类专业人才培养质量。[①]这个环节需要以《师范专业认证标准》《教师教育课程标准》《普通高等学校本科专业类教学质量国家标准》来检查各类课程的学分及比例。如通识教育课程中的人文社会与科学素养课程学分、支撑幼儿园各领域教育的相关课程学分、教师教育课程学分、实践课程学分、选修课程学分及比例，此环节是课程体系合理性评价的重要依据。

（5）依据培养方案制定每门课程的课程标准。课程标准中要明确每门课程的目标，课程具体支撑了几个毕业要求，用矩阵形式说明课程对毕业要求指标的具体支撑，支撑毕业要求的强弱程度要用“H、M、L”明确标出。“课程标准明确课程目标与教学内容、教学方法相关联，与考核内容、考核方式、评分标准相关联。”[②]这个环节是进行课程评价的基础，课程的考核必须以这些点作为考查的重点，试卷的编制要以各课程目标对个支撑点的支撑度为依据分配卷面分数，以便综合测试课程目标的达成度。

（6）改善学生的学业评价。一方面要改革教师课堂教学评价，另一方面要完善学生学业评价体系。对教师的课堂教学评价引入同行评价、专家评价、教师自评和学生评价的多元评价，评价教师在课程教学中是否体现“学生中心”，教师是如何根据评价结果体现“持续改进”的。对学生的评价要更加重视过程评价和多元评价，采用专业负责人、教师、学生、兼职教师等多元评价主体参与对学生各类学习表现和成果的评价，以调动学生学习的积极性。

二、基于师范专业认证标准的考试课程评价思考

根据四川民族学院《课程修读与考核管理办法》（川民院发〔2017〕90 号）第三章第七条：“课程考核形式分闭卷、开卷、实际操作、答辩、口试、课程论文、报告、专业阶段性习作等，或几种方式相结合。”下面，主要谈谈闭卷考试课程的评价思考。

（一）严格依据课程目标编制试卷

课程考核内容、方法和评分标准符合课程目标，试卷的编制要以课程目标支撑毕业要求情况为依据设计题型、分配卷面分数、制定评分标准。每一道题目都有支撑的毕业要求，课程目标支撑的每一项毕业要求都要有相对应的题目，这样才能为课程目标的达成度评价奠定基础。

（二）做好学生学习评价

考核后，严格按照评分标准评阅试卷，并按要求把学生出勤、课堂表现、平时作业、期中测试（期中论文或报告）与期末考核成绩按比例折算出期末总评成绩，这些数据就成为课程评价的数据来源。需要强调的是，对学生形成性成绩评价是一个动态的过程，需要教师以发展的眼光看待学生，充分发挥评价的激励和导向作用，在平常的教学中要注意激发学生的学习兴趣。

（三）课程目标的达成度评价

1. 课程目标的达成度评价的主体、周期

课程目标达成度评价是在学校教学指导委员会的指导下，由专业负责人协调，课程负责人组织实施，承担该门课程的所有任课教师共同参与的评价。一般以一年为周期组织评价。

2. 确定课程目标的权重

一门课程一般有 3～5 个课程目标，每个课程目标要对毕业要求的三级指标（可以是多个）形成

① 普通高等学校师范类专业认证工作指南（试行）[Z]. 教育部教师工作司，2018（6）：2.

② 四川省学前教育专业认证标准解读（第二级）。

支撑关系，支撑的强弱程度用“H、M、L”在矩阵图中标明，一般情况下 H=3，M=2，L=1，所有课程目标都应该对该课程的整体目标达成有贡献。因此，每个课程目标都可以赋予一定的权重值，假设某门课程有 n 个课程目标，第 i 个课程目标对毕业要求三级指标的支撑力度有 A_i 个 H、B_i 个 M 和 C_i 个 L，那么，第 i 个课程目标的分值 $v_i=3A_i+2B_i+C_i$，第 i 个课程目标的权重值确定为 $W_i=V_i/(V_1+V_2+...+V_n)$（i=1，2，…n），n 个课程目标的权重值的总和为 1。

3. 课程目标达成度的计算

（1）仅以卷面成绩计算达成度

各个课程目标达成度的计算是建立在课程标准的制定时确立的课程目标与毕业要求的支撑情况的基础之上，以该门课程试卷卷面成绩为依据来计算，这样可以把形成性的成绩的达成情况暂时忽略，也是最容易的计算方式。假设某门课程有 n 个课程目标，支撑第 i 个课程目标的教学内容试卷考核总分为 T_i，抽取的样本学生该部分的试卷考核平均分数为 S_i，则第 i 个课程目标的达成度 $P_i=S_i/T_i$，前面已计算了单个课程目标的权重值，则该课程整体目标的达成值 $P=P_1\times W_1+P_2\times W_2+\cdots\cdots+P_n\times W_n$。

（2）以课程的综合成绩计算课程的达成度

如果以课程的综合成绩计算课程的达成度，一定要明确期末试卷考核占总考核的比例，比如用 X 表示。同时要明确形成性成绩（一般包括课堂表现、平时作业、平时测验、读书报告、专业阶段性习作等）的构成和支撑具体课程目标的分值，并要统计出每一个学生（样本）在每一项的得分平均值。假设该课程支撑第 i 个课程目标的形成性考核的平均得分 Qi，形成性考核总分为 Zi，X 是期末试卷考核占总考核的比例，那么，第 i 个课程目标的达成度计算公式为：$Pi=X(S_i/T_i)+(1-X)(Q_i/Z_i)$（i=1，2，...n）。该门课程的整体目标达成度为：$P=P_1\times W_1+P_2\times W_2+\cdots\cdots+P_n\times W_n$。

三、基于师范专业认证标准的实践课程评价思考

以编制试卷的方式进行的测试每一题都能对应具体的课程目标，达成评价数据来源准确，评价结果相对比较客观。但在实践类课程中，很多课程都没有采取编制试卷的方式进行考核，很多采用了课程论文、读书报告、方案设计、汇报演出等方式进行考查。由于在题面上无法明确这个考核形式具体支撑了哪些具体的课程目标，实践类课程的达成度评价更加难以实现。那么，怎样进行实践类课程目标的达成度评价？

首先，还是要合理编制考查试卷，编制的考题一定要支撑课程目标。如果是综合应用的课程论文、方案设计、作品展示等方式考核，必须要配套更加详细的评分标准，为后续课程目标的达成度评价打下基础。

其次，要精心编写考查课程的评分标准。根据课程标准中编制的课程目标对毕业要求的支撑情况分配卷面分数，高支撑课程目标的卷面分数的比例高一些。分配完卷面分数后按“优、良、中、及格、不及格”确定每一个指标的得分等级标准，并严格按评分标准逐项评分，最终得到课程考核成绩。

然后，做好形成性成绩考核的评定。一定要明确形成性成绩支撑的课程目标和所占形成性成绩的分值和比例。

最后，对照考试课程目标达成度评价计算方法完成达成度评价。可以分不纳入形成性成绩和纳入形成性成绩计算课程达成度情况。

四、基于师范专业认证标准的课程评价结果的应用

（一）课程目标达成度评价结果的认定

从以上课程目标达成度的计算方式来看，某门课程目标的达成度与该门课程学生考核的成绩是相关的，学生的平均成绩越高，该课程目标与毕业要求总的达成度就越高。从测算情况看，大多数课程的达成度都高于 0.7。根据四川民族学院学生学业修读指南，课程成绩与学分绩点的对应关系，可以

把本专业课程的整体目标达成度评价标准设定为“达到 0.6 小于 0.7 评价为合格，达到 0.7 小于 0.8 评价为中，达到 0.8 小于 0.9 评价为良，达到 0.9 小于 1 评价为优秀”。

（二）课程目标达成度评价结果的应用

各专业在学校教学指导委员会的指导下由专业负责人组织相关专家、任课教师、幼儿园教师、已毕业学生和在校学生进行课程评价结果的研讨，并对课程的组织、建设和实施提出意见和建议。研讨评价结果如何应用于教学实践中，如何引导教师持续改进教学，最终不断规范教师的教学行为，促进专业人才培养质量的不断完善。关于课程目标达成度评价方法和工具不是唯一的，研究提出的思考也许不够科学，特别是实践课程目标达成度评价中教师的主观因素太大，评价结论还缺少科学性和针对性，评价的方法也需要在实践中检验。

五、结语

基于师范专业认证标准的课程评价不是为了对课程进行甄别和选拔，评价的结果是为了反映课程目标实现程度和师范生的学习成效，是对课程与教学环节毕业要求达成情况的有效诊断和监控，是实现人才培养目标的自我论证过程。根据已进行师范专业认证院校的经验，课程评价的内容是专家进校重点查阅的文献之一，我们必须提供评价报告来举证我们教学过程是符合专业认证的规范，课程能支撑毕业要求，毕业要求能支撑培养目标，人才培养体现专业基本理念。

【责任编辑：唐明钊】

互联网时代藏族聚居区高校创新创业教育现状分析与思考

周凤鸣①

（四川民族学院招生就业处　四川康定　626001）

【摘　要】 本文在分析四川民族学院创新创业教育现状的基础上，着重讨论四川民族学院在开展创新创业教育过程中所面临的思想理念、师资、机制等方面的困难和不足，探索在创新创业的教、学及实践中全面融入“互联网+”的模式，切实推进藏族聚居区高校的创新创业教育。

【关键词】 “互联网+”；创新创业教育；师资；思想理念；机制

教育部在2010年发布的《教育部关于大力推进高等学校创新创业教育和大学生自主创业工作的意见》中提出：“在高等学校中大力推进创新创业教育，对于促进高等教育科学发展，深化教育教学改革，提高人才培养质量具有重大的现实意义和长远的战略意义。”高校对于大学生创新创业技能的培养成了一个热门课题，如何破冰从前传统的教学格局，在培养过程中贯彻教育部创新创业教育思想，转变学生原生态的“拿来主义”理念，培养学生“敢闯能创”的精神，成了创新创业教育研究的重难点。

在互联网时代的今天，国家精准扶贫政策为甘孜地区带来了翻天覆地的变化，甘孜藏族自治州（简称甘孜州）各种产业发展进入了新的平台，对人才的创新创业能力需求更加迫切。四川民族学院是国家布局在甘孜州的唯一一所高校，是为甘孜州培养创新创业人才的主阵地，间接承担着领跑甘孜州经济的历史重任。四川民族学院创新创业教育的发展对甘孜州的人才储备、产业发展有着深远的意义；对国家创新驱动战略在甘孜州的顺利实施起着重要作用。

一、四川民族学院创新创业教育现状

（一）创新创业思想理念情况

受传统就业模式影响，部分教学学院师生对创新创教育的重视程度不够。四川民族学院是由师范类院校发展而来的，全校目前仍有50%的专业是师范类的，部分教学学院甚至只有师范类专业。在很长的一段历史时间内，教师及公务员招考是四川民族学院大部分学生的就业首选，公招应试能力的培养是师生共同认可的努力目标，创新创业能力的培养需求微乎其微。学生缺乏创新创业意识，创新创业的主观能动性不够，能力不足。由于缺少创新创业实践基地，教师在教学中也只能讲理论，无法拓展教学模式。近年就业形势严峻，高校毕业生人数达到历史新高，就业结构发生较大变化，公招比例逐年下降；各类企业对四川民族学院毕业生录用比例逐年增长。大型企业对于毕业生创新创业能力的要求在面试过程中集中体现，加上创新驱动战略的实施，各类公招考试同样纳入了相关因素，而四川民族学院部分学院在创新创业教、学上的思想理念明显落后于市场需求，相关实践又存在脱节，部分毕业生的创新创业能力显得非常薄弱，在就业及未来的职业发展中显得后劲不足。

① 周凤鸣（1971—），四川康定人，软件工程硕士学位，四川民族学院招生就业处副处长，副教授。主要研究方向：高等教育。

（二）创新创业教学师资队伍情况：

1. 教学师资队伍结构单一，大部分学院的创新创业教学停留在通识教育的层面

四川民族学院目前有 13 个教学学院、29 个本科专业、11 个专科专业，除了个别学院，大部分学院的创新创业课程师资是完全依托经济管理学院。由于师资的相对集中，近年的创新创业相关培训也较多地集中在经济管理学院。这部分师资教学能力是比较强的，对四川民族学院创新创业的通识教育起到了非常重要的作用。但要深化创新创业教育，切实发挥高等教育对相关行业的促进作用，较为单一的师资队伍结构是永远无法达成的。师资及培训的过于集中，不仅形成了各学院创新创业教学能力的差异，更是造成了各学院创新创业项目指导能力的极度不均衡。

2. 教学师资队伍知识架构情况不理想，普遍实践经验不足，专业底蕴不够

在师资队伍的知识架构情况上，大部分师资与学生的专业不契合，部分师资甚至没有创新创业的实践经验。而四川民族学院目前的师资知识架构建设较为松散，还没有形成系统的培养目标及计划。往往是省上给什么样的培训指标、给什么样的培训课程，职能部门在全校范围进行筛选推送就行了，没有全面分析学校创新创业师资知识架构的整体缺陷或个体缺失，有针对性地进行培训或调整。没有专业底蕴的创新创业教学是没有生命力的，没有实践经验的创新创业教学更是没有灵魂的。教学师资知识架构的缺失是四川民族学院创新创业教育发展的最大拦路虎。

（三）创新创业管理机构情况

2019 年以前，创新创业教学由学校教务处管理，管理人员为 2 名兼职人员；相关省级比赛由教务处、团委、创新创业俱乐部等部门分别组织。

随着国家创新驱动战略的深化，越来越多的高校开始重视此项工作，四川民族学院于 2019 年 12 月成立了创新创业学院，挂靠招生就业处，核定专职管理员 2 名，负责学校相关创新创业工作，目前到位 1 名。尽管人员配备紧张，创新创业学院的成立，仍使四川民族学院向着培养综合型、应用型、创新型人才的方向迈出了关键的一大步。

（四）创新创业教育机制情况

1. 全校创新创业教育没有进行统筹，教师、教材、课程开设时间目前均为各教学学院自行确定

整体就出现了如下情况：部分教师并未接受过专业系统的培训，在教学中没有实际案例，无法拓展知识面，在部分知识点认知上有一定偏差；各教学学院选用教材具有随意性，个别学院的教材比较陈旧；教学时间段安排不同，部分教学学院甚至将课程设置在大学四年级，学生都来不及参加创新创业的相关赛事就结束课程毕业了，失去了课程本身的意义；现有课程结构单一，大部分学院仅只开设了“创业基础”课程，还有的学院与就业课程一起开设“就业指导与创业基础”，没有形成创新创业课程体系；创新创业教学科研力量也形不成合力，创新创业教育研究滞后。

2. 全校没有专门的创新创业教学质量评估指标体系，不利于创新创业教学的督导，不利于创新创业课程的建设及可持续性发展

对于教师创新创业教学的评估没有分类系统化，而是与其他专业课程放在同一个平台上进行评估，对于教学效果的检验单纯停留在学生的教学评价上，没有与学生创新创业能力的提高、没有与学生实际的创新创业训练及大赛情况结合，无法准确判断教师的教学能效，不利于教学督导，使创新创业课程的优化缺乏数据基础。

3. 针对创新创业，目前除了指导创新创业大赛获奖有一定的奖励外，没有建立专门的激励机制

全校创新创业教学师资大部分为兼职教师，各学院几乎都只按课时简单核算课时费用给老师。对于老师教学效果好，指导学生创新创业项目获奖，大部分学院没有核定工作量，全凭老师的热情来推动相关工作。导致很多学院老师不愿从事创新创业教学，部分老师在教学上照本宣科，教学水平参差不齐。

4. 学校创新创业指导团队及科研团队建设滞后，项目成果不明显，创新创业相关科研活动开展较少

尽管“互联网-”大学生创新创业大赛、创青春挑战赛、创新创业训练项目在学校的相关工作开展多年，也有老师在对项目进行指导，但由于没有集中统筹指导力量，项目的情况整体不容乐观。还没有分学科建立教师指导队伍，也没有形成针对创新创业项目的科研团队。缺少科学研究的创新创业教育是没有数据支撑的。

综上所述，四川民族学院目前的创新创业教育思想理念跟不上，基础薄弱，师资力量不充足，缺乏保障机制。在省级创新创业示范课程的建设上还处于零的阶段。

二、关于互联网新时代四川民族学院创新创业教育的思考

当今社会已经完全进入了“互联网+”时代，“开放、多元、跨界、共享”的互联网思维给人类社会带来了颠覆性的改变。高校需要紧跟时代步伐，积极探索“互联网+”时代下的创新创业教育方法，培养学生建立“互联网+”思维并树立正确的创新创业观念，引领学生利用“互联网+”思维开展创新创业活动，以充分发挥高等教育对移动互联网、云计算、大数据、物联网以及现代制造业的促进作用，这是社会、高校和学生的共同需求。①

基于互联网新时代，四川民族学院可从以下几个方面入手，积极推进创新创业教育事业发展：

（一）“互联网+教育模式更新”促进创新创业思想理念的提升

充分利用互联网资源，选购创新创业相关优质理论课程，请进创新创业省内外专家，为全体师生分层次开展系列创新创业知识教育，开拓师生视野，深植创新创业理念，并让这种理念真正地在四川民族学院的土地上生根发芽，让创新驱动战略首先在四川民族学院的各项事业发展中发挥作用；建设创新创业虚拟仿真课程，通过仿真场景培养和锻炼学生“创造”思维方式，协助学生在模仿、设计的过程中，体会到“创新”的经历和快乐，切实培养学生“创新”意识，起到深远而持续的引导学生个人行为的指导意义。②

创新创业思想理念的深植，可有效解决创新创业教育的生态环境问题。

（二）“‘互联网+’教育设计统筹”促进创新创业教育协调发展

依托互联网+大数据，对学校现有专业情况、师资情况、教材使用情况、课程设置情况、学生参与大赛情况、教学评估情况等建立数据库，用具体的数据来展现分析学校创新创业情况，通过全方位科学设计、统筹建设，不断迭代完善创新创业教育数据库，促进创新创业教育的整体协调发展。

1. 统筹摸清学校现有创新创业师资情况，形成师资数据库。对任课教师的创新创业实践经验、指导项目、参加培训、获得证书、获得奖励等情况进行排查，根据收集的信息，对各教学学院的创新创业师资情况进行分析研究，对其师资知识架构情况进行评估，形成详细报告，积极与各学院交流沟通，共同形成各学院创新创业师资队伍建设方案，通过送培、企业顶岗实践及有针对性地专项集训，争取两年内各学院均能建成一支专兼职结合、知识架构合理、具有一定综合能力及教学水平的创新创业师资队伍，完成学校师资队伍建设一次质的飞跃。

2. 统筹建设创新创业课程体系。利用互联网获得最科学前沿的课程教材数据，选择适合四川民族学院的课程教材。可将创新创业课程融入大学全程教育，应适当在各学期加设“创新思维”“‘互联网+’创新创业大赛项目指导”“大学生创新创业训练计划项目指导”“商业计划书”等相关课程；部分专业特点突出的学院还应该结合本学院的专业实际情况开设专业创新创业课程，提升学生专业创新创业技能。在条件成熟的情况下，四川民族学院还可结合区域特点、学院专业共性编制具有民族学院

① 余浩．“互联网+”创业创新人才培养思考[J]．高等工程教育研究，2016（3）．

② 张程．“互联网+”时代的创新创业教育探索——基于“互联网+”大学生创新创业大赛的思考[J]．高教学刊，2017（18）．

特色的创新创业教材，让学生的创新创业与专业、区域环境有机结合，可更加有效地引导学生创业项目落地。

3. 完善创新创业教学评价机制，建立创新创业教学水平综合评价体系。全面评价一位老师的创新创业教学能效，必须考虑学生对老师课堂教学评价情况、老师教授班级学生参加大学生创新创业训练项目结题情况及参加创新创业大赛项目获奖情况。把这三者有机地结合，才能较为全面、准确地评价这位老师的教学情况。

4. 完善创新创业教学及指导激励机制。在创新创业教学水平综合评价体系建设的基础上，对于创新创业教学能效达到一定水平的老师，从创新创业学院层面给予一定的绩效绩点，以激励更多的老师关注教学产生的实际效果，有意识地去提升教学实际能效。对于指导大创项目结题、指导较高水平创新创业大赛获奖的老师，根据不同的级别和等级，从创新创业学院层面设立相应的绩效绩点，更是能让指导老师有获得感，在项目指导中体现人生价值。

（三）“互联网+实践平台拓展”多渠道打造学生创新创业实践平台。

1. 积极组织学生参加中国“互联网+”创新创业大赛、全国“挑战杯”大学生创业大赛、全国大学生电子商务“创新、创意、创业”挑战赛等活动，以比赛来激发大学生参与创新创业活动的热情，提升调研能力、创新创业能力。

2. 建立校企合作数据库，大力加强校企合作，协同构建创新创业实训实践基地，将企业社会资源引入校园，以“生、师、校、企、社”多维交互的方式完善实践实训平台建设。

3. 加快学校创新创业孵化基地建设，力争尽快为有创新创业好项目的学生团队提供项目孵化的实训场地、提升项目落地的机会。以此为契机，集中打造各教学学院具有专业特色的创新创业项目指导老师团队，积极推进综合性项目发展。

可整合专业教师力量，打造一支本学院素质高、能力互补、专业特点明显的导师团队，不仅能提升本学院的创新创业训练项目、大赛项目专业相关水平，还可共享资源，统筹校内外导师团队资源，联合指导或研究一些综合性创新创业项目，做好创新创业项目的横向拓展。统筹力量可以使各团队在实践环节上有更大的空间。以创新创业指导团队建设为抓手，以团队的指导实践激发能力需求，以能力需求推动团队知识架构建设，也能为四川民族学院创新创业教育解决师资能力问题。

综上所述，创新创业教育的整体提升是一个系统工程，不可能一蹴而就。只有从学校层面整体规划，教学学院层面高度重视，老师层面认真负责，学生层面积极参与，从思想理念建设、队伍建设、机制建设等全方位地投入才能让四川民族学院创新创业教育有实质性的进展，才能让四川民族学院的创新创业相关工作步上新的台阶，切实为甘孜州创新创业的人才储备、产业发展尽高校之力。

【责任编辑：唐明钊】

JIAN SHE PIAN

建设篇

民族地方高校云教学平台建设探索[①]

夏 龄[②]

（四川民族学院网络信息中心 四川康定 626001）

【摘 要】 网络在线教学是当今教学趋势，地处偏远的民族地方高校，迫切需要通过加快信息化进程来推动“互联网+教育”在学校的有效应用，为师生提供良好的网络在线教学与学习环境。文章就基于云计算和大数据技术的智能教学平台在笔者所在民族地方高校的建设进行了探索。

【关键词】 民族地方高校；云教学平台；建设探索；设计实现

一、引言

2012 年 3 月，教育部在《教育信息化十年发展规划（2011—2020 年）》中提出“以教育信息化带动教育现代化”[③]。2016 年 6 月，教育部发布《教育信息化“十三五”规划》，提出“积极利用云计算、大数据等新技术，创新资源平台、管理平台的建设、应用模式”[④]。2017 年 4 月，教育部副部长杜占元在全国教育信息化工作会议上提出“全面推动教学信息化建设”[⑤]。2018 年 4 月，教育部发布了《教育信息化 2.0 行动计划》，提出了“三全两高一大”的发展目标，要以教育信息化全面推动教育现代化，开启智能时代教育的新征程[⑥]。面对教育信息化浪潮，为了响应教育部教育信息化 2.0 行动计划，作为一所地处偏远的民族地方高校，围绕努力建设充满活力的现代化综合性应用型民族本科高校的办学目标，迫切需要通过加快信息化进程来推动“互联网+教育”在学校的有效应用，为师生提供良好的网络教学与学习环境，缩短大山中的学校与内地高校之间的差距，拉近师生与中心城市的距离，改变师生的思维方式与观念，提高教学质量，提升创造能力。

二、国内高校在线教学平台现状

随着“互联网+”的日益推进，教育领域适时推出了在线教育平台。“互联网+”教育将会对我们的传统教育产生巨大的影响，在一定程度上改变教育资源不均衡等问题，同时进一步催生中国教育的改革。那么高校普遍采用的在线教学有哪些平台呢？这些平台都怎么样呢？下面就高校普遍采用的几个在线教学平台做一个对比（如表 1 所示）。

① 四川省高等教育人才培养质量和教学改革重点课题“地方民族院校现代信息技术与教育教学深度融合的探索与实践”（课题编号：JG2018-864）阶段性研究成果之一。

② 夏龄（1970—），男，四川蓬溪人，硕士，教授。主要研究方向：教育信息化、计算机应用、计算机网络与通信。

③ 教技〔2012〕5 号文件：教育部关于印发《教育信息化十年发展规划（2011—2020 年）》的通知。

④ 教技〔2016〕2 号文件：教育部关于印发《教育信息化“十三五”规划》的通知。

⑤ 教技司〔2017〕157 号文件：关于印发教育部副部长杜占元在 2017 年全国教育信息化工作会议上讲话的通知。

⑥ 教技〔2018〕6 号文件：教育部关于印发《教育信息化 2.0 行动计划》的通知。

表 1　几个在线教学平台对比

教学平台	平台情况与特点
中国大学MOOC	网易和高等教育出版社面向大众提供的在线教育平台，由网易提供系统平台，“爱课程网”提供知名高校的MOOC课程内容，主要涉及教育部国家精品开放课程。课程丰富，但课程不完整，教学模式单一，授课方式有待改进。
学堂在线	清华大学学习国外edx模式研发的在线教育平台。与国际接轨，教学模式创新，入驻的大学都是中国比较好的大学。规模不大，课程还有待增加，社会认知度比较低。
爱慕课	上海学伴软件旗下网校平台，具有20年在线教育研究、10年在线教育与移动学习服务、应用与运营支撑平台建设经验，提供一站式网校建设、直播课程、移动学习和后续运营支撑服务。受众广、课程优、收费合理。规模不大，课程还有待增加。
智慧树	上海卓越睿新提供的大型学分课程运营服务平台，会员学校近3000所，已审核发布优质共享课程3223门。具有独特的“平台+内容+服务”三位一体业务模式，拥有优质的课程、稳定的平台、直播/互动的网络、丰富的经验、专业的服务，实现跨校课程共享和学分互认。自2013年以来，已成功为2200多所高校近5000万人次的学生提供了学分课程修读服务。
学银在线	国家开放大学和超星集团面向普通高校、高职院校打造的新一代开放学习平台，基于学分银行理念，是职业教育学分银行的信息化平台。汇聚、遴选、运营3464门慕课及国家级、省级精品在线开放课。借助“一平三端”开展远程直播教学、录播教学、远程同步课堂教学、速课教学、SPOC教学，支持通知、签到、投票、讨论、抢答、在线作业、测验、考试等教学环节全过程，同时为高校学分认证提供有效学习轨迹。
超星尔雅	北京超星尔雅面向高校、中小学及社会学习者提供的网络通识课平台，提供综合素养、通用能力、成长基础、创新创业、公共必修、考研辅导6大类480余门通识课程。
优课联盟	由深圳大学联合130多所地方高校建设的优质MOOC课程资源共享平台，成员高校遍布全国29个省市69座城市，覆盖师生360万人，实现了地方高校间优质MOOC课程资源的共建共享以及学分互认。平台采取“平台、研究、培训、评价、课程、机制”六位一体的建设体系，提供慕课课程471门，支持开展各种形式的SPOC教学、微课教学、直播课程、PPT教学、语音教学。

从上述几个高校普遍采用的在线教学平台及特点的对比来看，我们的在线教学平台功能设计不能单打独斗，既要考虑独立自主建设自己的校本在线课程平台，又要充分汲取现有在线教学平台的养分，采用“自主建设”+“精品招标”+“购买课程服务”+“加入联盟”相结合的模式，一是制定政策鼓励任课教师利用在线教学平台自主建设校本网络课程；二是筛选有特色的精品课程通过招标引进专业团队建设；三是通过购买课程服务方式引进网络优秀课程或网络通识课程弥补短板；四是创造条件加入课程联盟，实现优质MOOC课程资源的共建共享和学分互认。

三、民族地方高校云教学平台设计原则

民族地方高校普遍地处偏远地区，信息不畅，资金短缺，技术力量薄弱，我们设计的云教学平台需要从不同方面兼具科学、先进、创新、安全、规范、开放、实用、便捷、灵活几个原则。

（一）以先进性和创新性为设计导向

在线教学平台的规划和建设应充分考虑应用体系架构的先进性和创新性，为未来信息化建设的长足发展奠定基础。在IT架构及实现方面，搭建基于大数据、云计算技术的开放、标准、可扩展的系统架构，实现项目功能模块开发、嵌入整合、扩展扩容等要求，以保障系统的生命周期尽可能地

延长；在创新应用的内容形式方面，面向多元化用户群体提供先进的大数据分析，逐步形成基于大数据的教育业务分析方法与体系，为学校的教育教学改革和决策提供数据支撑。

（二）以安全性和科学性为指导

在系统设计、建设、管理和运维全过程中严格按照国家信息安全政策、法律法规，建立全系统的安全保护体系，针对核心数据和应用采用“强安全”和“分保护”措施。在产品选型中，优先考虑成熟、产品化、在项目实践中得到检验的国产自主可控产品，以健壮的系统性能保障系统的安全稳定运行。

（三）以规范性为框架约束

在参考、借鉴国家和教育部成熟标准规范基础上，搭建通用的规范性体系框架。在技术方面，采用云计算、大数据处理等先进、成熟、实用的技术，构建通用、规范的体系构架。在管理和应用方面，建立完整、科学的项目标准和规范体系，使不同层次、不同校区的用户都能够依托通用的标准规范体系，充分融合、协调交互、积极共享，最终形成完整、统一、配套的有机整体。

（四）以开放性为共享原则

采用开放式模块化结构和主流技术，在满足学校现有教学需求的同时，具备优秀的后续扩容和平滑升级能力。面向各类教育应用开放系统接口、数据接口和服务接口，坚持数据安全共享，系统互联互通。在项目建设和管理层面，聚合多方力量共同参与，共同建设，共同监督。在管理和服务层面，通过建设完善、科学、实用的标准和规范体系，实现跨部门、跨校区、跨层级的系统互联互通，实现教育资源的统筹管理和开放共享。

（五）以实用性和便捷性为应用原则

在系统设计和设备选型方面，坚持从学校教学应用的实际需求出发，在保护原有投资和已有建设成果基础上，充分注重功能的实用性，利用云计算、大数据等技术实现业务的快速响应和灵活拓展。针对操作人员的实际情况和实际操作需要，按照简单易用的便捷性原则，全面优化设计系统操作链，使各子系统的功能应用达到最优水平，提高系统的整体运行效率。

（六）以灵活性为运维准则

在管理和应用服务方面，充分利用数据可视化技术，针对不同层次用户，提供不同维度、生动形象的数据解析结果和多元化、差异化服务接口，实现本地教学设备和教学环境的远程监测、远程集中控制和智能化运维，最大程度降低设备的维护负担。

四、云教学平台设计与实现

云教学平台是一个基于云计算和大数据技术、兼顾线下课堂教学和网络在线教学的现代化智能化教学与学习平台。一个教学平台做得好不好，主要看平台的功能。为同时满足线上网络教学和线下课堂教学需要，我们设计的云教学平台需要支持的功能至少应该包含以下几个方面：流畅稳定的直播系统，满足师生音视频互动；可以对课程进行录制，方便学生课后复习；可以分享 PPT、视频、图片等，便于教师运用多样化的资料开展教学；具有丰富的互动功能，便于活跃气氛；一定的激励机制，便于提高学生学习兴趣，提升教学效果；完整完善的后台管理，便于数据统计分析等专项管理；多终端支持，便于在电脑、手机、iPad 等多终端上使用；具有多媒体、智能白板、云桌面、智能控制设备等功能完善的教学环境，便于进行线下课堂教学；功能完善的教务管理，便于师资管理、学籍管理、教学运行管理等。因此，我们的云教学平台计划设计以下几个系统：

（一）智慧教务系统

建立和完善教务管理系统，实现学籍管理、师资管理、教材管理、教学运行管理（培养方案、开课、排课、选课、教学场地、考务、成绩、毕业设计、教学工作量、教学评价、教学监督）、教学资源管理、实习实训管理、教学项目管理等功能。

将传统教务管理系统与云教学平台、科研理系统、图情系统、学工系统、OA系统、校园一卡通进行整合，通过数据共享和智能数据治理，将智慧赋予教务系统，实现以下功能：

（1）建立教学数据分析，智能分析课堂状态、课程建设、课程运行情况、课程运行互动、资源建设与使用、教师教学质量、学生学习质量、教室画像、教学模式效能评估、教学状态预警等，促进教务管理、教学运行管理与课程建设。

（2）建立教务数据分析，通过对教务数据的收集与处理，基于学校评教体系，综合不同教职工的职称、开课数量与教学工作量等维度，进行宏观展现与分析，有利于学校管理者更好地理解学校教务的宏观情况，有利于学校统筹规划在校教职工的培养和管理，有助于教务成果分析与呈现。

（3）建立学生个人数据中心，智能分析学业行为、综合消费、成长轨迹等，自动生成学生学期学年学业报告、消费分布及趋势，以微信或网页方式向学生、辅导员/班主任、学生监护人推送，通过学生学业过程管理，引导学生成人成才。

（4）建立教师个人数据中心，智能分析教师教学行为、科研业绩、学生工作，自动生成教师业绩报告，以微信或网页方式推送给教师本人，以便于教师在教学评价、教学研究、教学改革和岗位成才方面有的放矢地进行改进。通过数据挖掘，分析教学方法和教学手段的有效性，以便于教师及时调整自己的教学计划和教学方法，提升学科素养和教学技能，促进教师专业发展。

（5）建立学生学业异常预警中心，智能分析学生的考试成绩、课程挂科情况、校内消费情况，对学生的学业情况进行预警，展示预警类型、事件等级、人员名称、学院、专业、预警内容、预警时间、处理情况等内容。

（6）自动生成学校和学院二级学期、学年教学质量分析报告，促进教学质量的提高。

（7）根据教学管理需要，生成学校年度教材分析报告、课程分析报告、大学生创新创业教育分析报告、学校美育报告等专项报告。

（8）实现教学项目、大学生创新创业训练项目的申报、评审、立项、中期检查、申请结题、验收、成果记载与展示等功能，对教学项目、大学生创新创业训练项目建设情况进行分析，生成基于整体或单个项目的教学项目、创新创业训练项目分析年度报告。

（二）在线教学平台

在线教学平台是一个基于云技术的智能教学平台软件，将线上网络教学、移动教学、线下实体课堂结合起来，提供MOOC教学、混合式教学、移动教学模式。通过构建云教学平台，提供网上教学组织和管理、快速建课、智能建课、课程互动、资源中心、网上题库建设、在线考试和阅卷、教学评价等功能。搭建课网络课程资源建设平台，整合视频资源录播系统自动生成的初级网络课程资源、教师二次开发的网络课程资源、学校购买的网络课程资源、学校根据需要整理的其他课程资源，形成满足高等学校师生交互式教与学的线上线下互动学习平台。打破校园时空限制，学生可以通过平台完成“课前”“课中”“课后”有机结合的网络在线自主学习，实现线下课堂教学与线上网络教学相结合的混合式教学模式，实现师生在整个教学过程中的全程互动。

（三）云桌面系统

采用业内主流的超融合基础架构（Hyper Converged Infrastructure，HCI）和虚拟桌面基础架构（Virtual Desktop Infrastructure，VDI）架构建立云桌面系统，配置2副本或3副本，满足不同可靠性要求的业务场景；在系统扩容方面，只需增加服务器单元即可实现计算资源和存储资源的横向扩展；支持虚拟机HA（High Available，双机集群系统）功能，实现虚拟机从故障服务器迁移至正常服务器；支持虚拟机热迁移功能，实现虚拟机在不停机状态下在集群内不同物理服务器之间迁移，保障业务连续性。配置基于云计算系统的安全组件，防止云计算系统虚拟机之间的相互攻击和病毒传染。支持各种客户端设备和 PC，包括对平板电脑和智能手机（iOS 和安卓操作系统）的支持。为每名教师配置教学云账户、文档云账户，提供网上备课、教学互动、课后讨论、网上答疑、资料共享等方便快捷的功能，实现教室、教师、学生、课程资源、课程学习平台与教学管理系统联动。

（四）智能录播系统

以高清录播主机为核心，以常态课堂教学为中心，构建集多媒体教学、课程录制、课堂直播与回放、课程资源管理、资源共享于一体的在线视频资源建设与管理平台，实现远程教学、便捷录课、在线编辑、资源管理、资源应用、资源分享、课程评价、电子巡课、在线督导、教室安全等功能。智能录播系统支持教学课程的自动录制，针对课堂教学场景，借助空间网格和智能定位技术，针对教师、学生及教学大屏信号进行智能切换，实现教学过程的智能录制。智能录播系统支持直播功能，可针对教学录制的场景进行网络直播，借助资源管理与应用平台实现不同校区和院系间的网络直播。配备精品课程创作系统、课程制作系统、网络直播系统、课程自动录制系统、提词系统、音视转码系统、交互智能白板、高清摄像机等，实现精品课程的直拍、录屏、透明板书、虚拟讲堂、特技切换、自动生成片头片尾等功能，为老师录制精品课程提供技术和环境支撑。智能录播系统与教务系统进行关联，通过关联课表，实现教学课程的自动录制，自动分类存储，为教师建设课程提供基本的视频素材，逐步积累校本课程视频资源。

（五）智控多媒体教室系统

升级改造多媒体教室，提供功能完善的线下教学环境。为每间教室建立云桌面系统、录播系统、音响系统、交互式一体机、激光投影机、书写绿板、电子时钟、广播、诊断回馈等系统，满足交互式教学、新闻式常态化录播和一般混合式教学模式需要，支持直播、录播、点播。通过智能控制系统，对课堂教学实行智能化管理，实现对教室内所有教学设施设备的自动化管理，实现本地教学设备和教学环境的远程监测、远程集中控制和智能化运维。同时，实现基于云教学管理系统的教学运行数据统计与分析，生成相应报告。

（六）智慧教室系统

在多媒体教室升级基础上，增加功能更加完善的音响系统、录播系统、纳米黑板、视频矩阵、辅助显示一体机，改造教室环境，选用符合人体工程力学、造型多样化、可拼接的桌椅，实现多屏互动、远程互动、体验学习，满足翻转课堂、探究式教学、小组讨论等多种混合式教学模式需要。

五、结束语

云教学平台建设是实现学校信息化战略目标的一个系统工程，在学校将会是一个长期、持久的过程，涉及多个环节和方方面面，需要从学校信息化战略的高度统一规划、分步实施、协调发展，建立规范、科学的管理运行机制，调动校内各部门的积极性，发挥各自优势，确保云教学平台建设的顺利进行；配备专业化的技术人员和专门化的维护人员，确保云教学平台建设和维护的可靠实施；加强不同层级的应用培训，调动师生应用平台的兴趣和积极性，确保云教学平台应用的深入与升级，逐步实现教育教学与先进信息技术的深度融合。

【责任编辑：罗春林】

一种基于教务数据分析的高校教学质量智能评价系统[①]

——四川民族学院云教学平台教务数据分析系统

唐明钊[②]　吕　玉[③]

（四川民族学院发展规划处、四川民族学院教务处　四川康定　626001）

【摘　要】　一种基于教务数据分析的高校教学质量智能评价系统依托传统教务管理系统，基于智慧校园的大数据，结合数据挖掘技术，提供一系列数据报告模板，通过数据统计、对比分析，自动输出基于学期、学年、自然年、即时，四个不同时间节点，不同层面的专项报告，如：校长报告、处长报告、院长报告、教师教学业绩报告、学生学业报告、课程分析报告、专业报告、项目报告等，为学校评估与认证，为学校教育教学改革，为学校内涵发展提供较完整的评价体系。

【关键词】　教务管理；教学质量；智能评价；系统

近年来，高等教育信息化建设迅速发展，在 2020 年新冠肺炎疫情中，经受了一次全面的考验。事实证明，在后疫情时代，高等教育信息化建设将会以更快速度、更高质量全面发展。为建构终身教育和终身学习型社会，满足人人可学、时时可学、处处可学的需要，智慧校园已经在高校基本普及。为适应教育、教学改革与发展需要，以教学质量智能评价系统为核心的智慧教务已经成为学校教务管理的发展趋势，各高校也为此进行了卓有成效的探索。

目前智慧教务在教务管理，如教学任务生成与编排、教学运行与管理、教材征订、成绩管理、教学评价等教务过程管理方面，已经形成了较完整的信息化管理系统，但基于人工智能的教学质量智能评价还存在较多空白，如何充分挖掘基于智慧校园和教务管理数据的潜在价值，实现一键式操作，分层级形成学生学业分析报告、教师教学业绩报告、院长报告、处长报告、校长报告，以及项目分析报告、课程分析报告、专业分析报告等，一套高校教学质量智能评价报告，让教务真正具有“智慧”，让基于教学质量智能评价的智慧教务为学校教育教学改革提供更多、更有价值的参考。

一、教学质量智能评价系统产生的背景

2012 年 3 月，教育部印发了《教育信息化十年发展规划（2011—2020 年）》，提出“以教育信息化带动教育现代化”；同年 9 月，首次全国教育信息化工作会议召开，提出要深刻把握新形势新要求，将教育信息化作为国家信息化的战略重点优先部署，切实加快教育信息化进程。

2016 年 6 月，教育部发布了《教育信息化“十三五”规划》提出：积极利用云计算、大数据等新技术，创新资源平台、管理平台的建设、应用模式。

2017 年 4 月在杭州召开了以“深化应用融合创新 面向 2030 深入推进教育信息化”的 2017 年全国教育信息化工作会议，教育部副部长杜占元出席会议并讲话，提出“1238”即“一个核心理念、两个基本方针、三大关键举措、八类应用模式”，全面推动教学信息化建设。

---

① 本文为四川省 2018—2020 年高等教育人才培养质量和教学改革重点项目“地方民族院校现代信息技术与教学深度融合的探索与实践”（项目编号：JG2018-864）阶段性成果。

② 唐明钊（1964—），男，副研究员，从事高等教育管理与研究，发表论文 30 余篇，独立和合作出版著作 7 部。

③ 吕玉（1980—），男，讲师，从事高等教育管理、教育信息技术。

2018年4月，2018年全国教育信息化工作会议在重庆召开，随后，教育部发布了《教育信息化2.0行动计划》，提出了“三全两高一大”的发展目标，即教学应用覆盖全体教师、学习应用覆盖全体适龄学生、数字校园建设覆盖全体学校，信息化应用水平和师生信息素养普遍提高，建成“互联网+教育”大平台，推动从教育专用资源向教育大资源转变、从提升师生信息技术应用能力向全面提升其信息素养转变、从融合应用向创新发展转变，努力构建“互联网+”条件下的人才培养新模式、发展基于互联网的教育服务新模式、探索信息时代教育治理新模式。

2018年6月，国家市场监督管理总局中国国家标准化管理委员会最新公布了国家标准文件《智慧校园总体框架（GB/T 36342—2018）》，给学校的信息化建设提供制订方案的参考标准。

二、教学质量智能评价系统的基本思路

参照《智慧校园总体框架》（GB/T 36342—2018）标准，以促进信息技术与教育教学深度有效融合，以云计算、移动互联网、大数据分析等新技术为核心，集成和支撑现有和即将开发部署的应用，建设基于大数据教学评价与管理体系，充分运用现代科技手段来发现、分析和解决当前教育教学过程中存在的问题，提供智慧型的教学管理服务，并能对教育教学、教育管理进行洞察和预测的智慧环境，以期为教育改革、人才培养和高等教育发展起到促进作用。

三、教学质量智能评价系统的设计原则

（一）以先进性为设计导向

教学质量智能评价系统基于大数据、云计算技术的开放、标准、可扩展的系统架构，实现项目功能模块开发、嵌入整合、扩展扩容等要求，以保障系统的生命周期尽可能地延长；在创新应用的内容形式方面，面向多元化用户群体提供先进的大数据分析，逐步形成基于大数据的教育业务分析方法与体系，为学校的教育教学改革和决策提供数据支撑。

（二）坚持开放性原则

教学质量智能评价面向各类教育应用开放系统接口、数据接口和服务接口，坚持数据安全共享，系统互联互通。在项目建设和管理层面，本项目的规划、设计和建设聚合多方力量共同参与，共同建设和监督教育信息资源全过程。在管理和服务层面，通过建设完善、科学、实用的标准和规范体系，实现跨机构、跨地区、跨层级的系统互联互通，实现教育资源的统筹管理和开放共享。

（三）以实用性和灵活性为实践准则

教学质量智能评价注重数据的有效性，在系统建设方面，从学校教学应用的实际需求出发，充分注重实用功能，采用大数据、云计算等，充分利用数据可视化新技术，从不同的维度提供形象生动的数据解析结果，针对不同层次的用户，提供多元化、差异化服务接口。

四、教学质量智能评价系统的数据分析报告内容框架

教学质量智能评价系统主要是从多维度、多方向收集教师教学行为和学生学习行为数据，从学校、学院、班级三个层面汇总分析。管理者、教师可设定分析参数，建设符合教学要求的分析模型，系统则会根据模型给出合理科学的预测和建议，并对教师教学和学生学习行为进行干预。通过教学大数据分析，帮助管理者评估课程和机构，以改善教学决策，预测教学效果；帮助教师反思并改进教学，实施个性化教学，预测教学和学习效果。帮助学生进行自我评估，推动学生自我导向的学习。整合教学管理系统、OA系统、学工系统、图情系统、科研理系统、智慧校园一卡通等系统，实现多网融合，数据共享。通过数据挖掘技术，形成学校的数据仓库，实现以下功能：

——建立学生个人数据中心，智能分析学业行为，自动生成学生学期和学年学业报告，并向学生、

辅导员/班主任、学生监护人推送，通过学生学业过程管理，引导学生成人成才。

——建立教师个人数据中心，智能分析教学行为，自动生成教师教学学期学年业绩报告、任教课程学生学业水平报告，为教学评价、教学研究、教学改革提供参考，用数据挖掘和分析等方法帮助教师分析教学方法和手段的有效性，及时调整教学计划和方法，提升自身教育教学能力和学科素养，促进教师专业发展。

——实现教学项目申报、评审、立项、中期检查、申请结题、验收、成果记载与展示等功能，对教学项目建设情况进行分析，生成基于整体或单个项目的教学项目分析年度报告。

——自动生成学院学期、学年教学质量分析报告。

——自动生成学校学期、学年教学质量分析报告。

——根据教学管理需要，生成学校年度教材分析报告、课程分析报告、大学生创新创业教育分析报告、学校美育报告等专项报告。

各层级数据分析报告的内容与框架，以校长报告为例，介绍如下：

校长专阅的教学分析报告，分学期、学年、自然年、即时四个时间节点，为校长提供学校教育教学全貌，具体内容与框架包括：

教学基本情况、教学运行、教学建设与改革、教学管理、毕业就业、教学成果与荣誉、教学评价七个一级指标，每个指标下设若干二级指标，共设学科专业设置情况、在校学生情况、教学计划执行情况、创新创业教育、第二课堂、教师教学基本情况、教学基本建设、专业建设、课程建设、教学改革、服务地方、教学管理与服务、学生管理与学业指导、毕业生统计表、毕业生职业能力、升学就业统计、专业竞赛获奖（学生）、专业竞赛获奖（教师）、专业评价、师范专业评价、课程评价、教师教学能力评价、教学建设评价、学生学业评价等二十五个二级指标，二级指标下设七十六个三级观测点，每个点又根据数据表征，提供学校整体、最大值、最小值平均值等多个维度，并提供文字、表格、图形（柱状图、拆线图、饼状图）等多种形式为一体的电子报告，既可直接阅读，也可下载保存或打印，为多用途使用提供方便。

其他报告，包括教务处处长专阅的教学分析报告（可授权与其他处长如人事处长、科研处长等分享）、院长专阅的教学分析报告（可授权分享）、课程分析报告（可授权分享）、项目分析报告（可授权分享）、专业分析报告（可授权分享）等，共七个。

以上八个分析报告，均采用一键生成，用户只需要选择和确定报告生成的时间点，如：自然年、学年、学期、即时等，以岗位身份以及岗位角色需要生成报告，提供纵向、横向对比数据，如：院长报告，既为院长提供本学院的基本教学数据分析，同时还提供学校的平均值、最大值、最小值，帮助院长从纵向、横向确定所在学院的参考坐标。

在课程分析报告和项目分析报告中，既有整体、全貌的呈现，也有具体课程、项目的活页报告，用户可以根据需要在系统中选择确定即可。活页报告为管理者提供了更为丰富和全面的参考信息。

五、教学质量智能评价系统的特点与优势

（一）打通数据壁垒，形成基于智慧校园的大数据分析

教学质量智能评价是基于智慧校园的大数据分析，把智慧校园大数据通过专业化手段形成专业数据，让数据分析更具有针对性。教学质量智能评价以教务管理系统为核心，把学校图情管理系统、自动办公系统、科研管理系统、学工系统等有机融合，形成围绕教学科研、教育教学改革、学生成长、教师专业发展，基于教务常态管理的智能评价，让数据分析的结果更全面，更有参考价值。数据来源与输出如下图所示：

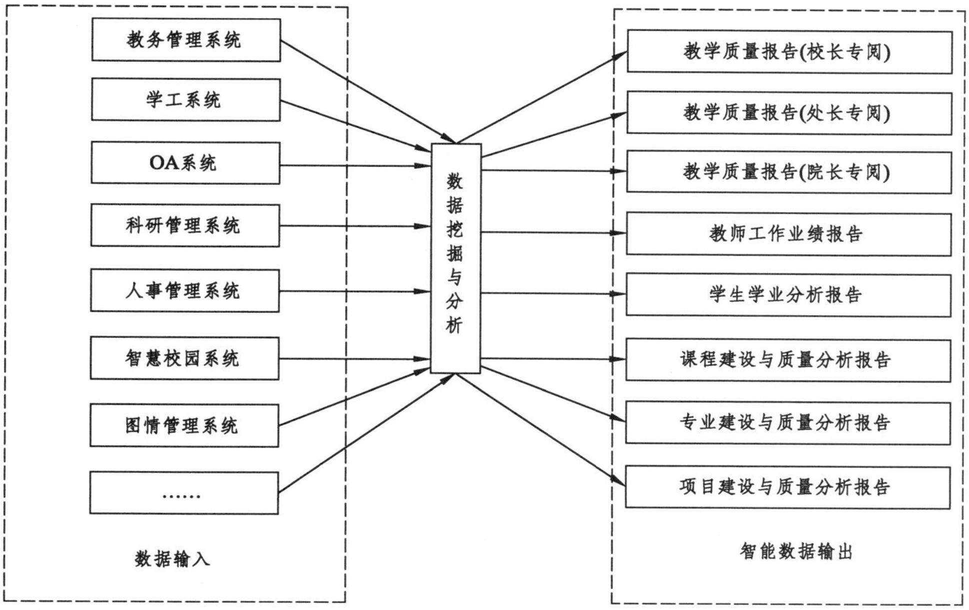

建立数据标准，形成基于质量标准、过程管理的教务数据分析

教学质量智能评价系统数据来源有四个：一是基于教学管理的基础数据和教学管理过程产生的动态数据；二是挖掘智慧校园的其他数据；三是预设质量标准数据，包括课程标准、专业标准等；四是基于数据有限共享的兄弟院校同类数据比对。让数据通过对比分析，尤其是对标分析，产生价值；让过程管理与目标管理相结合，让过程数据与目标数据形成“数据链”，为管理精准施策奠定基础。

（三）建立报告模型，让教学质量评价智能输出

基于教务数据分析的高校教学质量智能评价系统，从八个不同维度、六个不同层面，各有侧重地形成了八个报告模板，每个模板均由若干相关数据形成，以文字、图表等形式，从整体到局部，从单一到系统，形成一个个完整的数据分析报告，为教学管理、为学校发展规划与决策提供准确的数据分析，为学校的评估与认证提供一手诊断报告，为学校内涵发展奠定基础。数据分析与输出如下图：

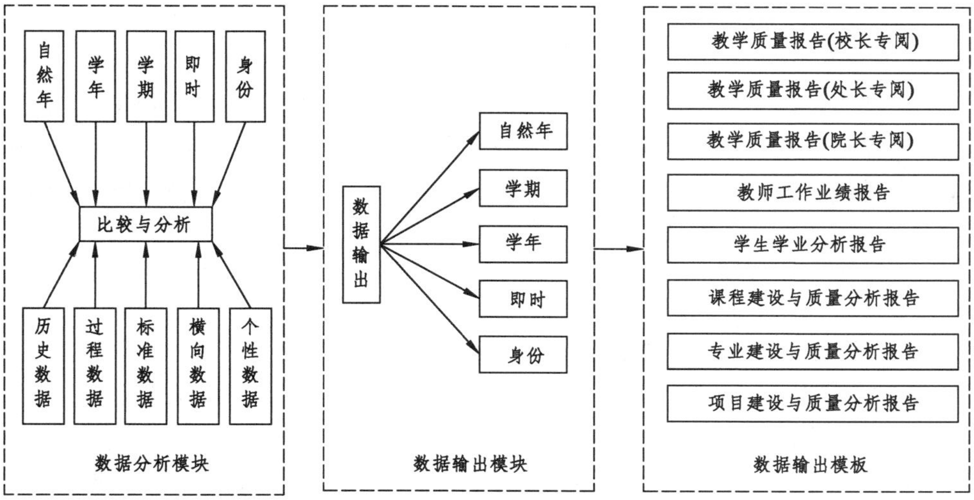

此外，报告还可与智慧校园相结合，为学生提供学业预警，为辅导员、班主任管理提供便利。

基于教务数据分析的高校教学质量智能评价系统完成之后，更精细化地捕捉各个层面的变化数据，以及由数据展现的复杂相关与因果关系，对帮助决策者更为清晰地了解现状，及时掌握更为全面、更有价值的信息，以及在制定、实施、调整具体的教育政策过程中，都具有十分重要的作用。

【责任编辑：王雪梅】

应用型示范课程建设的现状与思考

——以“婚姻家庭继承法（藏汉双语）”课程建设为例①

张　雷②

（四川民族学院法学院　四川康定　626001）

【摘　要】 根据《四川省教育厅关于立项建设第二批地方普通本科高校应用型示范专业及应用型示范课程的通知》精神，确定法学院“婚姻家庭继承法（藏汉双语）”课程为四川省首批地方普通本科高校应用型示范课程，如何做好本课程建设？经过一步一步探索，我们得出了以下结论：以社会需求为导向、以能力培养为核心，逐渐完善应用型课程体系；以就业、职业岗位能力培养为导向，注重学生实践动手能力与专业技能的培养；以行业、企业需求为导向，加强课程应用型改造。

【关键词】 应用型；示范课程；婚姻家庭继承法

教育部等三部门联合发布的《关于引导部分地方普通本科高校向应用型转变的指导意见》（教发〔2015〕7 号）强调：普通本科高校要转变发展理念，进行转型发展。要求地方普通本科高校向应用型转变。在此基础上，四川省教育厅要求全省着力培养应用型、复合型、创新型人才③，根据《四川省教育厅关于立项建设第二批地方普通本科高校应用型示范专业及应用型示范课程的通知》（川教函〔2019〕31 号）精神，确定法学院“婚姻家庭继承法（藏汉双语）”课程为四川省首批地方普通本科高校应用型示范课程。

一、应用型示范课程建设的现状

1.“婚姻家庭继承法（藏汉双语）”课程定位

针对我国现行民族院校法学院人才培养模式中出现“关门”办学与同质化培养问题，本课程拟改变法学课程建设中普遍存在的法条主义和学科主义办学倾向。因此树立面向藏族聚居区基层培养应用型双语法律人才的观念非常重要，这要求我们的课程教学要更注重民族性、地方性和应用性，突出“藏汉双语”特色，实现面向民族地区特别是藏族聚居区培养“下得去”的人才；更加突出就业和职业能力的养成，更加突出应用型和操作性，实现培养具有可持续发展能力并能扎根于民族地方“干得好”的应用型法律人才。

2.“婚姻家庭继承法（藏汉双语）”教学内容简介

本课程的主要教学内容为婚姻家庭继承法的基本知识和基本理论。婚姻法部分包括基本原则、亲属制度、结婚、离婚、婚姻效力等。家庭法部分包括收养、监护等制度。继承法部分包括法定继承、遗嘱继承。案例教学内容包括著名经济学家郎咸平追回恋爱期间所赠财产案的法律手段和法律伦理分析；博士丈夫程伟玥偷偷转移财产欺骗离婚案；2016 年丹巴张某兄妹继承纠纷案；2015 年道孚县黄某与张某离婚纠纷案等。

---

① 本文为《四川省地方普通本科高校应用型示范课程》“婚姻家庭继承法（藏汉双语）”项目阶段性成果。

② 张雷（1988—），男，甘肃天水人，硕士，讲师。主要研究方向：宪法、民族教育。

③《四川省教育厅关于开展第二批地方普通本科高校应用型示范课程建设工作的通知》川教函〔2019〕31 号。

3.“婚姻家庭继承法（藏汉双语）”教学手段

本课程以为康巴地区公、检、法等实务部门培养应用性法律人才为宗旨；构建以提高实践应用能力为导向的人才培养体系

（1）进一步改革实践教学模式，对教学形式进行改革。引导学生自主探究性学习。

（2）充分利用“藏汉双语法学实验室”，提高学生的应用能力。“藏汉双语法学实验室”主要建设两个实训室：一是“法学虚拟实践教学中心”，即以藏汉双语模拟诉讼、法律诊所等七大“法学网络实训平台”；二是以甘孜州维权服务中心、甘孜州法律援助中心和“民苑”律师事务所为核心的社会实践教学平台。两大平台通过创设各类“实验项目”，以“学生实验小组”为基本单元作为实验项目开展的基本形式，在实验教学指导老师的引导下，各“学生实验小组”分担实验项目中的相关“角色”，相互协作，共同参与完成“实验项目”的过程操作；其后，以模拟法庭的形式再现“实验项目”的处理过程，至此，形成了“四阶段法”的实验教学体系，即组织观摩实验、教学模拟实验、教师引领实验和自我社会实验。

（3）建立逐步深入的“四阶段法”实践教学模式。针对传统法律实践教学中教学目标体系不明、层次不清的问题，我们建立逐步深入的“四阶段法”实践教学模式，形成层次分明、目的明确的实践教学体系，即组织观摩实验、自我社会实验等四个阶段。

4. 婚姻家庭继承法（藏汉双语）教学组织

本课程在教学组织方面一方面以班级授课制的集体教学为常态。在集体教学过程中，侧重于基础理论知识的讲解。且在讲解过程中注重“教与学”的良性互动。婚姻家庭继承法既是一门理论法学，又是一门实践性很强的学科，并且是一门伦理性很强的学科。我们在教学中，根据婚姻家庭继承法的学科特色，以学生为本，实行教学改革，主要是采取发挥教师的主导作用与学生的主体作用相结合组织教学。通过课堂提问、案例讨论等方式培养学生的表达能力、分析能力、应变能力、实践能力。

另一方面根据培养目标和实际教学需要，组织开展个别教学及小组教学的教学组织形式。在个别教学和小组教学中，根据实际情况，将班级学生分成多个小组，依托“法学虚拟实践教学中心”，含藏汉双语模拟诉讼、法律诊所、检察院仿真办案、法学网络学习社区、法学案例教学、司法考试模拟、法律人职业技能测评等七大“法学网络实训平台”，甘孜州维权服务中心、甘孜州法律援助中心、“民苑”律师事务所和大学生科研项目等平台开展实践教学。一方面可以让学生克服地理闭塞条件，“足不出户”体验参与实务。另一方面也可以组织学生“行万里路”，深入涉藏工作重点地区开展相关社会调查，参与组织分析实际专业案例等。

此外，针对授课学生语言基础薄弱问题，我们实施分层教学。即在学生入学后即组织藏语水平测试，根据测试结果分析学生实际藏语水平并分成不同小班实行分班分层教学。这不仅使得学生能够掌握法律专业知识，还能够用藏语口语解释和处理法律问题，实现法律术语藏语化，真正做到用藏语讲法律，满足涉藏工作重点地区实务部门对双语法律人才的需求。

5.“婚姻家庭继承法（藏汉双语）”重点和难点

本课程的重点与难点包括婚姻的成立、效力及解除以及遗嘱继承等内容。在实际授课过程中，主要体现在两个方面：一方面是国家成文法与地区习惯法的契合问题。因为本课程主要面向法学（藏汉双语）班级学生开设，课程受众以藏族学生为主体。而涉藏工作重点地区广泛存在着婚姻家庭方面的习惯法，在某些方面，这些习惯规则与国家成文法存在一定冲突。因此，如何让学生在现有知识储备及成长背景下，正确理解国家成文法与习惯法的规则，如何处理传统与法律规定的关系是一个难点。另一方面是专业与语言的融通问题。本课程面向的学生存在藏汉双语基础均较为薄弱的问题，虽然学院已经开设了增强语言教学的基础课程，但在此种基础上，如何让学生能够将藏语与法律专业知识融会贯通并转换为实践运用能力，也是本课程的一个难点。

6.“婚姻家庭继承法（藏汉双语）”考核方式

本课程的考核方式实行多阶段考核。且在考核时不仅要考核学生法律专业知识运用能力，还要考

查学生用藏语言表达、运用法律专业知识的能力。

7. 建设过程中的不足之处

对于“婚姻家庭继承法（藏汉双语）”应用型课程建设，我们思考不够或力有不逮的地方包括：①民族高校的应用型课程内涵和特色怎么进一步充实；②是否需要围绕某一产业或产业链进行建设；③如何加大人才培养与经济社会需求的联结度、契合度；④如何彰显专业优势特色。为了应对以上不足之处，我们提出以下对策来更好地完善“婚姻家庭继承法（藏汉双语）”应用型示范课程建设。

二、应用型示范课程建设的思考

（一）以社会需求为导向、以能力培养为核心，逐渐完善应用型课程体系

1. 结合涉藏工作重点地区政法机关人才需求，研究制订“婚姻家庭继承法（藏汉双语）”课程建设实施方案等，做到以社会需求为导向

为了做到以社会需求为导向，“婚姻家庭继承法（藏汉双语）”课程参照《四川民族学院人才培养指导性意见》，结合涉藏工作重点地区政法机关人才需求，研究制订“婚姻家庭继承法（藏汉双语）”课程建设实施方案、课程标准、教学大纲等，实现在课程建设方面的校地合作，满足涉藏工作重点地区法制建设的特殊需求，更有针对性地实现甘孜州依法治州的目标。具有地区特色的教学思想和教学理念，充分利用现有资源，不仅为康巴地区普法工作、居民法治意识培养做出贡献，还为实务部门实际工作需要提供人才后备力量。学生对本课程评价说：在涉藏工作重点地区，因为地理、传统习俗及语言的影响，很多人法律意识较为淡薄，对婚姻法知之甚少，如出现很多不领取结婚证及离婚时女性权利得不到保障的情况。现在学习了“婚姻家庭继承法（藏汉双语）”，我可以回到家乡利用当地人通俗易懂的民族语言帮助更多的人了解国家的法律规定，维护自己的合法权益。因此，民族地区大学生觉得学校开设“婚姻家庭继承法（藏汉双语）”是很有必要的。

2. 以能力培养为核心，逐渐完善应用型课程体系

我们对于“应用型”的理解，在培养方案制定流程上体现为从社会需求为导向—进而确定人才培养目标—再对学生具体能力提出要求—最后制定课程体系”。因此，对学生应具备的能力方面，我们提出通过学习，使学习了“婚姻家庭继承法（藏汉双语）”课程的学生能独立运用婚姻家庭继承法知识完成相关的法律实务，具体内容为：

（1）完成婚姻家庭继承法方面的各类咨询，具有办理简单婚姻案件的实务工作经验；

（2）知悉婚姻登记流程和处理结婚的各类实务性工作能力；

（3）可以解答婚姻中亲属关系各类纠纷解决方案；

（4）掌握无效婚姻、可撤销婚姻的区别，并知悉如何处理相关实务；

（5）可以撰写《婚内财产协议书》《离婚协议书》《离婚起诉书》等法律文书；

（6）能够解答离婚财产分割、子女抚养承担、收养子女、继承方面的各类法律咨询。

通过我们的层层设计，做好上述实务训练，学生具备了婚姻家庭继承法方面的法律实务能力，步入社会也可以应付自如。从对学生能力的培养方面，我们着重体现本课程在人才培养方面的“应用型”，而学生在课程实训阶段的培训，例如：撰写法律文书、解答法律咨询、与当事人做好沟通交流，我们着重培养学生的“复合型”，培养学生创新能力、岗位适应能力。

（二）以就业、职业岗位能力培养为导向，注重学生实践动手能力与专业技能的培养

对于应用型示范课程建设评价，目前学界主要从定性及定量分析、过程与结果分析两个维度[①]，但应用型课程建设的重中之重是长效质量保障机制，做到这一点离不开目标制定—资源投入—建设运

① 胡琦. 地方本科院校应用型专业建设及评价指标体系的构建[J]. 北京教育，2020（8）.

行——成果绩效[①]，想要达到最终目标的优秀，也就是学生绩效考核阶段优秀，就离不开学生就业率和就业质量的好坏，因此倒推回来可以看出：我们的学生就业是最终导向，通过就业率和就业质量的好坏来倒查我们的目标制定是否正确，资源投入是否有价值，建设运行是否合乎规范，因此，以就业、职业岗位能力培养为导向，注重学生实践动手能力与专业技能的培养意义重大。

在与学生就业单位沟通后，得知学生在实务实训方面还有所欠缺，"婚姻家庭继承法(藏汉双语)"应用型示范课程于是决定加强学生实务实训和加强实验室建设，注重学生实践动手能力与专业技能的培养。目前我们的实验室资源有模拟科技法庭。通过该法庭，学生可以参与案件庭审、模拟司法审判；法学虚拟实践教学中心。包括藏汉双语模拟诉讼、法律诊所、检察院仿真办案、法学网络学习社区、法学案例教学、司法考试模拟、法律人职业技能测评等七大"法学网络实训平台"。依托该平台，学生可以进行法律人职业能力测试、法律职业资格考试模拟测试等。我们的实训基地有，校内实训基地资源：甘孜州维权服务中心、甘孜州法律援助中心。依托该平台，学生可以参与真实案例受理、出具法律意见书，在老师带领下参与诉讼。我们建设的网络教学资源包括："婚姻家庭法"校级精品课程，网址为 http：//ganzi.sccourt.gov.cn/Item/list.asp?id=1488；北大法宝，网址为 http：//172.16.1.63：8080//。

（三）以行业、企业需求为导向，加强课程应用型改造

以行业、企业需求作为课程改造的顶层设计指导，进一步加强课程应用型改造，注重实践课程实施效果。通过聘请实务部门工作人员进行专题讲座、组织学生深入藏区调研、灵活运用法学虚拟实验室、甘孜州维权服务中心等实际案例等多种教学方式，注重培养学生实践能力及解决问题的能力。

同时，我们尝试运用"四课堂"法进行课程的应用型改造，具体方法如下：

① 课上教学作为第一课堂：进行传统知识讲授；② 课下社团活动作为第二课堂：丰富多彩的团体活动，灵活多样的课程案例讨论，加深学生的课题理解；③ 课后实践活动作为第三课堂：参与本地区、本民族的形式多样的实践活动，把握运用"法律思维"的实践理念，做好婚姻家庭继承法知识的活学活用；④ 线上教育作为第四课堂：加强网络内容建设，完善数据库建设，掌握婚姻家庭继承法知识。在专业技能的培训过程中，我们也不应该忽略学生素质结构方面的教育，例如：法律职业伦理教育、律师职业道德教育等，能够让学生同时具备文化素质和道德素质，体现全面性。

三、结语

根据《四川民族学院关于启动应用转型课程改革试点工作意见》和《应用转型专业综合改革试点意见》，"婚姻家庭继承法（藏汉双语）"应用型示范课程开始一步一步进入建设阶段，在建设过程中我们不断进行思考，如何让我们的示范课程具有"应用性"和"示范性"？经过层层实践，我们得出了：以社会需求为导向，以能力培养为核心，以就业、职业岗位能力培养为导向，以行业企业需求为导向，逐步加强应用型示范课程建设，彰显课程的"应用型"和"示范性"。

【责任编辑：叶晓彬】

① 胡琦. 地方本科院校应用型专业建设及评价指标体系的构建[J]. 北京教育，2020（8）.

应用型示范课程建设现状与思考[①]

——以“英语语言学概论”为例

曹盼盼[②]

（四川民族学院外国语学院　四川康定　626001）

【摘　要】“英语语言学概论”自立项校级示范课程以来，主动适应时代要求，积极更新教学理念，以应用型为导向，以语言理论与语言实践相结合为原则，在明确培养目标、找准课程定位、修订教学内容、改善教学方法、丰富教学手段、改革评价方法以及自建线上网课方面取得了一定的突破和进步，但在课程视频资源录制、实践教学及师资队伍建设等方面还有待进一步思考和持续努力。

【关键词】　应用型示范课程；英语语言学概论；课程建设

早在1987年，胡壮麟教授就指出，语言学课程科学性极强，最能激发学生进行逻辑思维、求实论证[③]。2000年，《高等学校英语专业英语教学大纲》（以下简称《大纲》）指出语言学课程的开设有助于拓宽学生的思路和视野，全面提高学生的素质[④]。2007年，陈新仁教授认为在英语专业本科生中开设语言学课程，有助于外语学习，有助于提高语言交际能力，更有助于外语教学[⑤]。然而，由于语言教育的技能型要求和工具性目标，学生功利化的学习动机以及对该课程缺乏全面理性的认识等，使得大部分学生更加重视听、说、读、写、译等专业技能性课程，轻视专业知识性课程，尤其是内容较抽象、看似难以理解，甚至会感到枯燥乏味的语言理论课程。整体上，“语言学”课程得不到学生应有的重视和正确的对待，甚至被部分学生打入“冷宫”。该课程在高校的地位亦是与日俱下，甚至在有些高校已经面临着取消开设的惨状[⑥]。

自2015年教育部等发布《关于引导部分地方普通本科高校向应用型转变的指导》文件[⑦]，提出应用型、复合型和创新型人才培养之后，各地方高校纷纷探索应用转型之道，积极建设各类应用型示范课程。自2017年“英语语言学概论”立项为四川民族学院应用型示范课程以来，该课程就围绕如何将语言理论课程结合“应用型”“示范性”和“实践性”，以端正学生的课程认识、培养其学习兴趣、提高其学习动力等进行积极探索与思考，以下就将该课程近三年来取得的进步和面临的问题进行探讨。

一、示范课程“英语语言学概论”取得进步

自该课程立项后，对照《大纲》《英语专业本科教学质量国家标准》（以下简称《国标》）以及“四川民族学院学校办学定位”“外国语学院人才培养目标”等，结合任课老师上课观察、课后反思、学

① 本文系“2017年校级应用型专业示范课程建设“语言学概论”（sfkc201752）及“基础英语”（sfkc201750）阶段性成果。

② 曹盼盼（1987—），女，湖北黄冈人，外国语学院讲师，硕士研究生。研究方向：语言学、翻译。

③ 胡壮麟.“语言学”在英语系扎根[J]. 外语教学与研究，1987（2）：2-3.

④ 高等学校外语专业教学指导委员会英语组. 高等学校英语专业英语教学大纲[M]. 上海外语教育出版社，2000：20.

⑤ 陈新仁. 本科生“英语语言学导论”教学法探究[J]. 中国大学教学，2007（12）：39-42.

⑥ 邓兆红. 应用型本科高校中“英语语言学”教学存在的问题与对策[J]. 浙江外国语学院学报，2016（1）：38-43.

⑦ 教育部、国家发展改革委、财政部. 教发〔2015〕7号《关于引导部分地方普通本科高校向应用型转变的指导意见》[Z]. 2015-11-13/2020-9-17. http: //www.gov.cn/gongbao/content/2016/content_5046077.htm.

生评价及与学生交流等发现：在藏族聚居区，由于办学条件的局限、师资引进困难、现有师资力量薄弱以及生源质量层次不齐等原因，发现该课程在实际教学中存在以下不足：一是教学目标定位较笼统、模糊，导向不明确。二是教学内容多而课时少，学生倍感压力、学习动力不强。三是教学方法较为单一，教学手段有待改进。四是考评方式较为死板，学生挂科率较高。五是教学实践不足，实践形式单一。六是专业师资匮乏，学习资源稀少。自发现上述问题后，一直有针对性对其进行积极探索和改进，情况如下：

（一）基于学校、学院人才培养目标，明确该课程教学目标定位

四川民族学院人才培养目标是为民族地区培养“靠得住、下得去、干得好”的应用型人才①。外国语学院也不断探索，最新的2019版人才培养方案将英语专业定位调整为“立足康巴、面向西南、辐射周边，培养‘靠得住、下得去、干得好’的合格英语师资”，专业培养目标定位为“立足四川，服务藏、渝、滇、黔等地，适应基础教育改革需求，培养热爱教育事业……具备良好的英语语言、文学、文化知识和技能、英语学科核心素养、英语教育教学理念和技能、掌握语言学基本理论知识，具有初步的研究能力、教育教学创新意识、思辨能力……能够在基础教育领域从事教育、教学、研究和管理的应用型人才”②。

由上可见，外国语学院人才培养目标类型主要是应用型人才，人才培养目标是“培养合格的英语师资”，因此，基于学校、外国语学院的定位及人才培养目标，该课程教学目标定位必须明确聚焦在为藏族聚居区培养合格的应用型英语师资上，而非之前在学院英语专业教学大纲中将“语言学概论”教学目标定位指向为学术性人才。

（二）根据专业能力要求、区域发展需求以及学生就业需求，调整该课程教学内容

从专业能力要求看，不管是2000版《大纲》还是最新《国标》都将英语语言学列为专业核心课程中的核心专业知识课程。其中，《大纲》指出语言学课程的目的在于使学生了解人类语言研究的丰富成果，提高其对语言的社会、人文……以及个人修养等方面重要性的认识，培养语言意识，发展理性思维③。而《国标》培养规格之能力要求指出学生应具备获取和更新专业知识的学习能力以及运用本专业知识进行思辨、创新和参与科学研究的能力。知识要求指出学生应系统掌握语音、词汇、语法、语篇等英语语言知识……掌握语言学、英语文学、区域与国别研究的基础理论和基本方法④。两者专业培养目标及能力要求再次印证了“语言学”课程的重要性，同时也为该课程的教学内容提供了原则性的指导和建议。

从区域发展需求上看，虽然自2017年底高速公路通车后，交通状况有所改善，但相对而言，位置仍较偏远，教育水平相对落后，对于优秀师资常常面临着“引不进、下不去、留不住”的窘境，因而优秀师资缺口较大。

从学生就业需求上看，学生必须通过自己的努力考取教师资格证，而语言知识与能力、语言教学知识与能力、教学实施等是教师资格证笔试必考科目——《英语学科知识与教学能力》的主要内容，也是学生反映失分较多较集中的科目。因此，“语言学”教学内容应对接教资考试内容、对接学生未来从教的语言知识与能力等要求。此外，每年有近45%的学生有明确的考研意向，而“语言学”是外国语言学及应用语言学、英语语言文学、学科英语等语言学、文学及教学法方面研究生入学考试必考专业课之一，因此该课程的教学内容还需助力考研等。下面就围绕教学内容进行探讨：

第一，在教材选用上，外国语学院一直采用胡壮麟老师的《语言学教程》，现已更新至第五版，虽然该教材学生整体反应偏难、抽象、不易理解，但因每届有考研意愿的学生偏多，而该教材是大多数考研院校语言学方向制定的参考书。尽管有部分院校指定戴炜栋老师的《新编简明英语语言学教程》

① 四川民族学院教务处. 四川民族学院人才培养方案（2017级）[Z]. 2017-07.
② 四川民族学院外国语学院. 2019级英语（师范）专业本科生培养方案[Z]. 2019-11.
③ 高等学校外语专业教学指导委员会英语组. 高等学校英语专业英语教学大纲[M]. 上海外语教育出版社，2000：20.
④《外国语言文学类教学质量国家标准》[EB/OL]. https://www.sohu.com/a/227935754_507486. 2018-04-12/2020-09-17.

为考研参考书，但据学生交流反应，如果能将前者看懂弄明白，再去看后者就会感觉比较简单。鉴于以上原因，该课程上课教材一直未作更改。当然，教材只是教学的载体，教学内容不应该局限于某一本教材，而应结合其他经典且权威的教材博采众长，以深入理解各章节知识点、完善知识结构。除上述两本教材外，还有北外蓝纯老师的《语言学概论》、南京大学陈新仁老师的《英语语言学实用教程》、西南大学文旭老师的《语言学导论》、刘润清与文旭老师的《新编语言学教程》等。讲授时要根据学习对象、语言基础、学时等因素，根据教材内容重新做必要的取舍、编排和表达[①]。此外，针对有近一半的川内学生报考西南地区高校，王寅老师、文旭老师、侯国金老师等相关语言学书籍应有所涉猎，以便于帮助考研学生答疑解惑。

第二，在具体教学内容安排上，基于《普通高中英语课程标准》（2017 年版）对语音、词汇、语法、语篇及语用等语言知识的要求[②]，国家教师资格证考试（高级中学）《英语学科知识与教学能力》对语言知识及“语言学”知识的考点要求，以及历届考研学生整体上对“语言学”考试内容反馈等，除第一章“语言学绪论”介绍语言的定义、特征、功能以及语言学的定义、分支等外，建议将语言的本体研究（如：语音学和音系学、形态学、句法学、语义学、语用学）作为重点内容让学生优先学习和掌握，将语言学与其他学科所形成的交叉学科（如：语言与文化、语言与社会、语言习得和二语习得理论）设为次重点内容，让学生学习和了解。其中，语音板块由于 2019 版课程设置针对大一新生开设有两个学期的语音语调课，学生对此已有较为系统地学习，故在大三的语音学部分，主要根据学生情况，对其回顾复习、查漏补缺。教学内容重点放在音系学、词汇学、句法学、语义学、语用学等方面。此外，在时间许可的情况下，语言习得、语言与教学、语言与心理等内容也应让学生有所接触和了解。为解决教学时间不足问题，任课老师可以选择其中一或两个专题安排学生分组进行课外调查，课堂上对调研结果进行汇报、讨论及总结。或者，任课教师可以在规定课时外，以专题讲座的方式，将其内容分享、介绍给学生。

第三，鉴于学生普遍对这门课认识不到位，“一听此课、便露难色”，很有必要在第一次上课时进行课程导学，着重强调该课程学习的必要性、重要性及实用性。早在 1987 年刘润清老师就指出，“语言学引论”课目前的不“景气”，责任不在学生。学科本身入门较难也不是根本原因。关键是，我们对语言学的意义和用途讲得不够。[③] 因此，课上有必要让学生意识到，语言学知识是外语专业学生应该首先具备的知识。一个外语专业学生，如果只会听、说、读、写一种外语，而不具备起码的语言学知识，就很难称得上是一个合格的外语专业学生[④]。现今随着全民英语能力的提高，特别是非英语专业大学毕业生英语能力的普遍提高，英语专业已逐渐成为一个“没有专业的专业”，而“语言学”课程是将英语专业（学生）区别于非英语专业（学生）的标志性课程。对于主修语言的学生来说，除了掌握使用英语的能力，即听、说、读、写、译的能力，掌握有关语言的专门知识，对人类语言具备一定的理性认识，懂得基本的语言学知识和语言理论是非常必要的。对于即将从事语言教学工作的学生而言，学好语言学方面的基本知识与理论，不仅有助于备考教师资格证考试，也有助于更好地进行语言学习及教学。对于选择读研深造的学生而言，学好语言学不仅有利于其备考研究生，同时也为其继续学习深造打下良好的基础；对于从事文秘、对外贸易及销售等语言类工作的学生而言，了解语言学中所涉及的语言与文化、语言与社会等内容可增加他们对语言的敏感性，增强工作能力。即便对于不从事语言类工作的学生，在其生活、工作中总离不开和语言打交道，学好语言有助于他们更好地利用语言工具与人交际。

此外，还可就该课的课程性质，对该课固存的误解以及教学内容、教学方法和考核方式等给学生介绍一下，帮助学生端正对这门课程的认识。

---

① 黄希哲. 谈谈英语专业语言学教学[J]. 外语教学与研究，1987（2）：6-7.
② 中华人民共和国教育部. 普通高中英语课程标准（2017 年版）[M]. 人民教育出版社，2018：19.
③ 刘润清. 英语本科学生应必修“语言学引论”[J]. 外语教学与研究，1987（2）：3-4.
④ 何兆熊. 开设语言学课的几点体会[J]. 外语教学与研究，1987（2）：5-6.

第四，在授课语言方面，尽量多用英语，必要时使用汉语予以解释或强调。虽然学校自升本以来，录取分数线一年比一年高，生源质量整体上趋好，但由于学校主要面向四川省内招生，兼收少量贵州、云南、海南、西藏等地学生（含少数民族学生），而川内三州十八县的学生享受 20 分到 50 分不等的加分政策，所以学生水平不一、层次不齐。上课时，英文语言表述尽量简单易懂，语速不宜过快，必要时，用汉语加以解释，以便兼顾大多数学生的理解情况。

最后，对于该课程教学，语料的不断积累和合理选用非常重要。讲解语言学中深奥的理论应该从学生最熟悉的例子讲起，做到深入浅出，这不仅可以有助于学生理解理论，而且可以活跃课堂气氛，提高学生学习理论的兴趣[①]。这就要求教师平时对身边的语言十分敏感并坚持积累，上课时根据教学内容合理选用语料，并引导学生对其进行观察与分析。

（三）改进教学方法、丰富教学手段

语言学给人的印象是枯燥乏味的，要想教好很不容易。因此，讲授时讲求方法方式十分必要[②]。教学上尽可能让学生感到不太难、有用、有趣。对初学者来说，语言学本身难，语言学专用语也难。正因为如此，首先，教学上要尽可能深入浅出，至少要做到“浅出”，包括用比较浅显易懂的口语讲授。其次，要注意使学生获得的语言学知识有助于从基础阶段的英语实践上升到理论，加深对英语的理解，以指导今后的英语实践。所学知识有助于实践，学生就会感到学习语言学有用处。[③]再次，还要注意根据教学对象的语言基础和接受能力情况，适当减少纯理论的讲解，多用实例启发学生思考，引导学生对日常生活中一些语言现象进行观察、分析、归纳、演绎。最后，讲练结合，精讲多练，鼓励学生学以致用、思考、调查及研究。除了尽量在课堂上以较多的实例来说明理论外，每讲完一个重要章节，拟定一些带有理论色彩、但又有实用价值的题目，让学生择其所长写一篇小论文[④]。

在教学方法上，一方面，要针对不同的教学内容灵活选择不同教学方法。如：在讲语言的定义时，可通过诱导提问，采用讨论法和归纳法；讲语言的定义特征等基本概念时，采用讲授法；在讲语言的文化传承性，可用案例教学法；在讲语用学时，多用情景教学法、问题探究教学法、任务教学法等，尽可能采用启发式、讨论式、发现式和研究式的教学方法，充分调动学生学习的积极性，让学生动脑、动口，参与学习的全过程。另一方面，更新教学理念，引入半翻转课堂教学方式，将线上教学（如：自建网课）与线下教学（答疑解惑、讨论练习等）结合，即可解决授课内容多、课时不足的问题，又可更有针对性地实施个性化教学。

在教学手段上，任课老师要注意灵活运用现代信息技术，提升教育信息化素养。不断学习并加强 PPT 制作、视频录制、软件使用等技能，改进每章节多媒体课件，合理增加音频、视频、图片、动画等素材辅助文字讲解，采用多模态的教学方式，以吸引学生的注意力，激发其学习动力。

（四）改革课程考评方式，终结性评价与形成性评价相结合

终结性评价方式过于强调期末考试的决定性作用，通过期末卷面成绩断定学生整个学期的学习情况，忽视了学生的多样性与特殊性。建议将终结性评价与形成性评价相结合，一方面，增加平时考核内容，不仅关注出勤，而且关注课堂参与讨论、汇报发言情况，并不定期地布置文献查询、语料搜集、材料归纳、命名或广告或告示类创作等课外作业形式。[⑤]另一方面，在比重上，平时成绩应占更大的比重（如出勤占 10%、课堂参与及课堂汇报占 20%～30%，课外作业占 30%），期末考核可以降低比重（可占 30%～40%）。此外，转变传统的课程考核观念，提倡开卷、半开卷、论文等多样化考核方式等。[⑥]如果是闭卷考试，试题内容尽量减少死记硬背类题目、适量增加理解性、解释性和分析性内

---

① 伍铁平. 关于讲授普通语言学和语言学概论的几点想法[J]. 外语教学与研究，1988（1）：37-38.
② 方汉泉. 华侨大学英语本科的普通语言学引论课[J]. 外语教学与研究，1988（1）：43-44.
③ 黄希哲. 谈谈英语专业语言学教学[J]. 外语教学与研究，1987（2）：6-7.
④ 董俊敏. 在改革中加强语言学教学[J]. 外语教学与研究，1988（1）：45.
⑤ 陈新仁. 本科生“英语语言学导论”教学法探究[J]. 中国大学教学，2007（12）：39-42.
⑥ 陈新仁. 本科生“英语语言学导论”教学法探究[J]. 中国大学教学，2007（12）：39-42.

容，这样才可以避免学生过分担心最后的“过关”，影响平时的学习。

以 2018—2020 年为例，2018 年及 2019 年一直都是采用终结性评价方式，即汉族学生平时成绩占 30%，期末卷面成绩占 70%，而海南、云南、贵州、西藏等生源地学生平时成绩占 50%，期末占 50%。由于期末卷面成绩起着关键性作用，连续两年每届都有十人左右挂科。而 2020 年采用终结性评价与形成性评价相结合的方式，平时表现占 70%（出勤占 10%、课堂发言及在线话题讨论占 20%、语料收集占 15%、课程小论文占 25%），期末卷面成绩占 30%，学生平时表现更加积极认真，期末无一人挂科。

（五）疫情期间自建网络课程，腾讯课堂直播授课

2020 年由于受疫情的影响，学生无法正常返校上课。任课老师积极适应信息化教学的要求，努力为学生搭建学习平台，一方面，通过超星学习平台自建“英语语言学概论”线上课程；另一方面，利用腾讯课堂直播的形式进行线上教学。

线上自建课程共有 1741、1742、1743、1744&1745 四个教学班，共计 179 名学生参与线上学习，一起编辑并上传 8 个章节的教学材料及拓展资料，包括 1 个音频、32 个文档以及 221 张图片。根据教学实际进度，对学生开放其中 7 个章节的教学材料及拓展资料，包括 37 个任务点、7 套章节测试（共 306 道测试题，包括主观题 56 道，客观题 250 道），6 个章节的话题讨论以及 17 条学习安排通知等。其中，线上话题讨论部分特别受学生欢迎，第一章话题讨论有 139 条回复、第三章有 121 条回复、第四章有 139 条回复、第五章有 148 条回复、第七章有 155 条回复、第八章有 177 条回复。其中，以 1744&1745 班（共计 59 人）网上学习为例，从 3 月 4 日上课到 7 月 8 日结课期间，该班章节学习次数累计 9312 次，98%的同学完成了所有任务点的学习及测试。

利用腾讯课堂对“英语语言学概论”进行在线直播教学，每周一次课，一起 18 周，共计 18 次直播，累计上课 1650 分钟，27.5 小时。每次上课均设置为“生成回放”，因此，对于因突发停电、卡网、生病或其他原因不能参与直播的同学，向老师说明情况后，可在方便的时候进入到该课堂收看回放，系统会自动记录每一位学生观看直播或回放时长、登录次数及时间等，便于及时了解学生线上学习情况。

二、示范课程“英语语言学概论”现面临的问题

（一）自制网络课程视频资源欠缺

由于该课程长期以来只有一名任课老师，时间精力十分有限，课程资源积累和储备也很有限，疫情期间主要围绕该课程基本框架进行建设，课程内容多以文字、图片、PPT 的形式呈现，在视频资源方面非常欠缺，还需适当增加与教学内容关联度大、难易适中、生动有趣的视频及音频资源。

（二）教学实践仍旧不足，实践形式依然单一

2019 版人才培养方案将该课设为专必选，开设于大三下学期，每周两节课，总计 36 学时，其中理论 27 学时，实践 9 学时，总计 2 个学分，包含 0.5 个实践学分。虽然安排有 9 个实践学时、0.5 个实践学分，但在实际教学中，由于教学内容多而学时有限，除了小组讨论、小组专题汇报外，基本上没有教学实践活动，也难以开展任何其他形式的教学实践活动。实践教学的内容和形式有待更加丰富灵活。

（三）专业师资一直匮乏、课后自主学习资源依旧较少

自学校升本以来，该课程一直只有一名该方向的任课老师，教研方面无人交流探讨，属于闭门造车状态。该课课后可供学生自主学习资源或平台较少。校图书馆关于该课程的馆藏资源较少且较老，而雅兴达自主学习平台主要是提供技能性课程的自主学习，对该课程也没有对应的自主学习材料。

三、示范课程“英语语言学概论”接续建设思考

（一）积极录制课程教学视频、丰富课程视频、音频资源

在课程资源建设方面，除了及时更新该课程相关教材、教参、练习册、相关教资及考研等教辅资料，任课教师还应更新教学理念，转换教学思路，结合州情、校情及学情，积极建设具有四川民族学院校本特色的慕课、微课等线上资源，以弥补地域和师资的局限。一方面，该任课老师要提高信息化教学的能力，积极录制该课程各章节教学短视频；另一方面，平时要注意积累与该课教学内容相关的视频、音频等素材，通过 B 站、央视纪录片、BBC 官网、各类英语学习网站及微信公众号、超星平台里面已有的示范教学包中的学习资源等搜索、积累并丰富该课程的教学素材。

（二）加强课堂内外教学实践与交流

“语言学”虽然是一门语言知识理论课程，但仍具有很大的应用性与实践性，总结如下：一是语言学中有关语音、词汇、句法、语义、语用等知识要渗透融入日常英语学习实践中，以指导语言各板块的学习及运用，提高英语学习水平。二是该课所学知识可应用于备考教师资格证并为毕业后从事语言教学提供理论及实际指导。三是可应用于毕业论文撰写、大学生科研项目申报等，为其提供更宽泛的选题、更开阔的思路，使论文论述有理论依据并更有深度①。四是可应用于备考研究生入学考试，为将来深入学习或从事研究工作奠定良好的基础。五是运用所学的理论及方法，可分析解释学习、生活中各种语言现象。运用语言学知识分析语言现象可以很好地体现语言学课程的实践价值②。同时还可提高学生语言观察能力、语言敏感度、对语言差异的捕捉能力以及对语言现象的思辨能力。六是语言学所学知识和理论有助于提升语言素养，有助于使学生有效地应用语言，提高交际及工作能力等。

因此，首先，任课教师在教学中要理论联系实践，要有意识地将所学语言学理论融入语言日常学习中，要善于引导学生应用语言学理论分析、指导语音、词汇、句法、语义等具体语言点的学习。其次，注重课堂实践环节，加强课外实践活动。规范课堂讨论及小组汇报等环节，使之成为学生吸收、深化知识的重要形式，而且成为激发学生学习兴趣、训练学生提出和解决问题的途径③。还可就相关专题安排学生课后调研或社会调查，抑或以该课程所学理论知识和语言现象为依托，积极引导学生参加师范生教学技能比赛、申报大学生科研项目、撰写学术论文或毕业论文、备考教师资格证或考研生入学考试等使学生学以致用。最后，任课老师也可通过外出参会、参与教师教学技能比赛、撰写教研论文、自己开展讲座或邀请其他专家学者开展学术讲座等方式，学习他人或分享自己的教研经验或成果，提升自身教研能力，促进教师教研相长，促进师生教学相长。

（三）加强师资队伍建设，积极学习、借鉴其他优秀慕课助力教学

应用型示范课程的建设对师资队伍的建设提出了更高的要求。针对我院语言学方向师资匮乏、孤掌难鸣的情况，除了学校要制定各类优惠政策，吸引优秀人才竞聘外，一方面，学院要重视并加强对现有师资的培训力度，《国标》指出要“制定科学的教师发展规划与制度，通过学历教育、在岗培养、国内外进修与学术交流、行业实践等方式，使教师不断更新教育理念，优化知识结构，提高专业理论水平与教学和研究能力”。另一方面，现有教师应充分利用网络资源进行充电学习，如：中国高校外语慕课平台 UMOOCs、中国大学 MOOC、学银慕课、国家精品课程网等资源等，以了解先进的教学理念和教学技术、丰富知识储备、利用优秀慕课助力教学、提升教研能力。其中，中国高校外语慕课平台 UMOOCs 就有北京外国语大学蓝纯老师的“语言学概论”、西南大学文旭老师等的“语言学导论”。中国大学 MOOC 上有东北大学董革菲老师的“英语语言学概论”、北京师范大学程晓堂及王德亮老师等的“魅力语言学”、北京林业大学南宫梅芳、史宝辉的“英语学习导论”等 7 门此类优秀网课。而

① 何兆熊. 开设语言学课的几点体会[J]. 外语教学与研究，1987（2）：5-6.
② 邓兆红. 应用型本科高校中“英语语言学”教学存在的问题与对策[J]. 浙江外国语学院学报，2016（1）：38-43.
③ 陈新仁. 本科生“英语语言学导论”教学法探究[J]. 中国大学教学，2007（12）：39-42.

学银在线上也有中南民族大学李颖老师的“英语语言学”、天津外国语大学项成东老师的“英语语言学”等4门此类慕课。

四、结语

应用型人才的培养不应仅仅停留在国家和学校规划的宏观层面和专业建设的中观层面，其目标的实现归根结底依赖于微观层面各个具体课程的建设。教学内容与课程建设是人才培养的落脚点[①]。自“语言学”课程立项为校级示范课程以来，积极查找并发现该课程存在教学目标定位模糊，教学内容多而难度大，学生学习动力不足，教学方法较为单一，教学手段有待改进，考评方式较为死板，学生挂科率较高，教学实践不足，实践形式单一，专业师资匮乏，学习资源欠缺等问题，并一直有针对性地对其进行积极思考和改进。该课程建设在从明确课程教学目标定位、调整课程教学内容、改进教学方法、丰富教学手段、改革课程考评方式、自建网络课程方面取得了一定的进步，但在课程视频音频资源、实践教学、师资队伍建设方面还存在不足，有待深入思考和进一步改革。

【责任编辑：唐明钊】

① 邓兆红. 应用型本科高校中“英语语言学”教学存在的问题与对策[J]. 浙江外国语学院学报，2016（1）：38-43.

信息化背景下图书馆联盟云模式探讨

黄惠烽[①]

（四川民族学院图书馆　四川康定　626001）

【摘　要】 随着计算机技术的发展，为保证图书馆的核心数据更具安全性，同时能为读者提供更优质、更多元的服务，图书馆联盟云作为一种新型的服务方式正日益受到关注。图书馆联盟云与传统的存储技术有着本质区别，其数据存储更安全，资源共享性更好，服务效率更高，同时，图书馆联盟也应该建立安全、共享、版权、标准等方面的制度。

【关键词】 图书馆；联盟云；模式；应用

图书馆的重要数据包括业务数据和各类已购、自建数据库等。其中核心的业务数据包括读者信息、图书编目和借还记录等，这类数据一旦丢失将会导致整个图书馆瘫痪。数据安全因素包括多方面，有自然灾害导致的，如水灾、火灾、地震、山洪等，有诸如温度、湿度、灰尘、电压等环境因素造成的，也有软件故障和人为因素导致的，如应用程序出现漏洞、病毒的攻击等。因此，图书馆重要数据的存储与备份工作尤为重要，目前，大部分图书馆还是采用传统的存储和备份方案，即在图书馆本地的物理服务器进行存储，部分实力较强的图书馆采用“两地三中心”的灾备存储，而一些区域相近的图书馆结成联盟，依托云存储技术实现资源共享[②]。

图书馆联盟云的发展，创新了图书馆的服务方式和服务理念，整合和扩展了馆藏资源，突破了人员、技术、馆舍的限制，使得图书馆间的界限越来越模糊，实现图书馆的“平等、开放、自由、优质”的集约化管理。但毕竟图书馆联盟云是一项新兴技术，它的发展还需要进一步健全和规范。

一、传统的图书馆存储技术

（一）单地存储

单地存储是传统图书馆的主要储存模式，它一般采用磁盘镜像或磁盘阵列两种方式。磁盘镜像就是把一份磁盘数据拷贝到另一个磁盘上，因为两份数据完全一样，因此它们的关系称为镜像关系。每次往其中一个磁盘写入数据时，也会往另外一个磁盘写入相同的数据，当其中一个磁盘发生崩盘或者数据损坏时，另外一个磁盘依然可以正常工作，保证了数据不被丢失。磁盘阵列方式就是将多个小容量的磁盘组合成容量巨大的磁盘组，在用户看来它是一个大容量的磁盘驱动器，当其中一个小磁盘出现故障时，在数据重构时系统可以把数据迁移至新的硬盘上[③]。单地存储的方式较为危险，当存储服务器的硬盘发生故障，或遇水灾、地震等不可预测的灾害时，如硬盘数据得不到修复和恢复，将会导致全馆借阅数据丢失，将会导致整个图书馆的瘫痪。

单地存储也可以采用双机热备份和双机共享磁盘阵列的方式。其工作原理是当其中一台服务器发生故障时，另一台服务器马上作为主服务器进行接管。当主系统发生故障时，系统控制权切换到备用

① 黄惠烽（1980—），男，副研究馆员，四川民族学院图书馆。研究方向：藏文献、藏文化。

② 谢原，张静鹏，周秀霞. 图书馆联盟云计算服务平台的设计与实现——以吉林省图书馆联盟云服务平台建设为例[J]. 情报科学，2012（12）：1854-1857.

③ 崔忠伟，左羽，韦萍萍，等. 贵州数字图书馆联盟云服务平台建设策略研究[J]. 计算机时代，2014（3）：70-72.

主机，备用服务器自动接管主服务器的主机名和 IP 地址，开始处理作业和数据。当主机系统被修复后，备用机的相关数据可以传输回主服务器，保证了系统能正常运行。单地双机存储模式使用较广，但如果发生火灾或水灾时，也会导致两台服务器同时产生故障，也会带来图书馆全部数据丢失。

（二）异地网络存储

异地存储就是指图书馆的数据除在本地机房存储和备份外，还将在异地进行服务器联动存储。为保障核心数据永久保存，一些规模较大、实力较强的图书馆建立了主存储中心和异地灾备中心，一方面主存储中心利用 TSM 存储，另一方面异地灾备中心也会同步数据进行多份保存。为解决海量数据异地的长距离传输，主存储中心将对跨域数据进行复制，对数据进行调度管理、传输管理和恢复管理。如国家图书馆为了有效抵抗水灾、火灾和地震给数据带来的损坏，就建立了异地存储的灾备体系，数据分别被存储在本地、同城和异地三个地方，除在本馆和同城建立了存储外，还在河北的承德建立了储备库，以保证核心系统海量数据的温备份和冷备份①。

二、图书馆联盟云存储

图书馆联盟云存储包括两层意思，一是建立图书馆联盟，二是采用云存储技术。图书馆联盟于 20 世纪 60 年代始建于美国俄亥俄州，由政府主导并出资为区域内的图书馆购买数据库和图书馆管理系统，从而形成图书馆联盟。国内的图书馆联盟建设相对较晚，始建于 20 世纪 90 年代，较为成功的案例是中国高等教育文献保障体现（CALIS）、中国高校人文社会科学文献中心（CASHL）、国家科技图书文献中心（NSTL）等②。

（一）云存储技术

云存储的内核包括存储层、基础管理层、应用接口层和访问层。概括地说，云存储系统就是通过设备管理系统，把分布于不同地域的存储设备连接在一起，以实现虚拟化、多链路冗余管理，再通过应用接口层的多种服务接口提供应用服务，通过访问层设置访问类型、访问手段让用户登录云存储系统。云存储结构如下图 1：

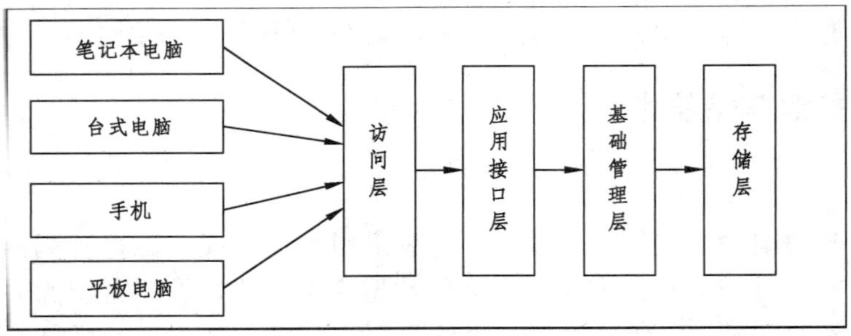

图 1　云存储结构模型

云储存技术具有传统存储所不具备的特点，它建有数量庞大的计算机群，用户可以根据需求进行增加或释放各种资源，对各种资源进行虚拟化的自动管理，提高了资源的利用率，有效降低了服务器的功耗。

当前云存储的模式大体可以分为公有云、私有云和混合云三种。公有云指的是第三方云存储服务商为用户提供的公有云存储，它的优点是价格低廉，缺点是安全性受到质疑。私有云是为用户单独搭建的云存储管理系统，因而提供对数据的安全性和服务质量最有效的控制，其缺点是安装成本很高，因其高度安全性可能会使得从远程位置访问也变得很困难。混合云则是公有云和私有云的结合，用户

① 周和松. 基于云计算的图书馆联盟服务平台构建研究[J]. 兰台世界，2014（S1）：49-50.
② 杨芳，戴蕾. 基于云服务的区域性数字图书馆联盟建设——以湖北省高等学校数字图书馆为例[J]. 佛山科学技术学院学报（社会科学版），2013（4）：88-92.

可以把部分资源设置为公有云存储，而私有云则可以作为公有云的灾难转移平台，在需要的时候去使用它。混合云为用户提供了极大的灵活性，它兼顾了其他类型云的优势，也代表着未来云服务的趋势。但由于混合云是采用不同的云模式，它需要整合不同数据和应用程序，因此混合云的构建具有一定的难度①。

（二）图书馆联盟云的体系特点

图书馆联盟云多为同一区域或同一系统内的图书馆组成联盟，通过虚拟化技术把各自的存储子系统融合成一个整体，每个图书馆作为一个子节点，其资源分别存储在联盟云系统中，并受联盟云系统的调动和分配。图书馆联盟云的数据具有相对独立的特点，数据中心可以设置在任一分馆里，各馆间的存储及运行都是独立而互不干扰的，即使其中一个图书馆的网络出现了故障，其他图书馆依然可以正常运行。各图书馆间的馆藏资源、借阅信息、读者信息等数据都是独立的，馆际间数据不会相互覆盖。各图书馆可渐进式地把馆藏、读者信息纳入通借通还服务中，不需要闭馆。读者可以实现一处挂失，所有分馆都挂失，不会出现数据的不一致性，可以在任何分馆交纳欠款等，欠款可独立核算，打印清单。

图书馆联盟云为各馆提供了无限大的存储空间，有效地支持数据的更新及增加，提高服务效率，使得读者获取资源的时间精简至毫秒内。图书馆联盟云的建设主要有三种模式，即租用模式（商家建设）、自建模式、与商家合作建设模式，从目前图书馆联盟云的建设模式看，多以租用云服务为主，自建为辅②。图书馆联盟云的模式有效整合了各图书馆的特色资源，达到资源共享的目的，同时优化资源配置，缓解库容压力，提升服务质量，降低管理成本，保证了图书馆海量的存储。

三、图书馆联盟云的建设策略

（一）建立图书馆联盟

建立图书馆联盟云的第一步是建立图书馆联盟，一般是由同一区域内或同一性质的图书馆间建立联盟，图书馆间可以共同制定规则，既做到馆际合作、资源共享，又可以利用云存储技术实现数字图书馆的更多功能与服务。如广州、江西和陕西等地区都已建立了图书馆联盟，除此外，较为成功的图书馆联盟有中国数字图书馆联盟（CDLF），它是由中国高等教育文献保障系统管理中心联合北京大学图书馆等 22 家高等学校图书馆共同发起成立的中国高等学校数字图书馆联盟。在建设图书馆联盟云前，各图书馆应组成图书馆联盟理事会，联盟理事会可由各图书馆抽调人员组成，前期应调研所在区域各图书馆的状况，掌握各图书馆的硬件资源和软件资源，以确定是否具备建立图书馆联盟的可行性。从实际建设看，一些大学城通过整合各馆资源，发挥共享资源优势，以达到一站式服务，如福州大学城移动数字图书馆联盟云服务平台，该平台是由福建地区的厦门大学、福州大学、福建师范大学等 9 所大学共同参与建设，以此建立联合文献保障体系。广州大学城高校图书馆共享平台则整合了广州大学城 10 所高校图书馆的书目数据和馆藏数据，为读者提供统一检索界面，一站式检索 10 所高校图书馆的馆藏资源，无缝嵌入广州大学城高校图书馆资源共享的各种应用服务③。建立图书馆联盟后，需要对其做好功能定位，做好与传统图书馆服务的集成，也要适应数字图书馆的发展方向，做好共享服务、个性服务和参考服务。

（二）选择适合的云模式

图书馆联盟云可以采用公有云、私有云或混合云其中的一种，也可以采用公有云、私有云与混合

---

① 沈镛，林熙阳，林雪英. 基于云计算的移动数字图书馆联盟服务平台建设研究——以福州大学城图书馆联盟云服务平台为例[J]. 情报探索，2013（10）：119-121.

② 吴志强，徐革. 基于云服务平台的图书馆联盟系统探讨[J]. 新世纪图书馆，2011（3）：8-11.

③ 程卫萍，王衍，潘杏梅. 基于科技云平台的跨系统图书馆联盟协同知识服务模式研究——以浙江科技创新云服务平台为例[J]. 图书馆理论与实践，2016（6）：70-74.

云的结合，但具体应用什么云模式，还需要根据图书馆联盟自身的人力、资金以及对数据安全需求等多方面因素进行考虑，综合处理好各种云存储的平衡性，既要注重经济效益，也不能忽视数据的安全性。不同的云类型可以通过存储软件、云存储网关及应用软件达到合理融合。

从云存储的实际应用看，私有云属于专有资源，它的安全性和可靠性极高，成本也高，因此它的大多数客户为企业用户，而公有云属于共享资源，安全性较差，其成本低廉甚至免费，它的客户多为公众用户。从一些高校图书馆联盟云的建设情况看，建议图书馆联盟与商家合作建设云平台，先进行全面的需求分析，再提出总体规划，最后进行技术设计。从湖北省、吉林省、辽宁省、江西省、安徽省等几个图书馆联盟云的案例看，目前大多数图书馆联盟是通过本地云平台，即私有云构建自己的图书馆联盟云平台的，私有云技术保障了信息资源的隐私性和安全性，但它不利于各联盟图书馆间的信息合作①。

（三）完善图书馆联盟云的各项制度

1. 完善数据安全及保密制度

图书馆的数据安全至关重要，书目数据、用户数据和流通数据的丢失都会造成不可挽回的后果。图书馆联盟把数据置于云上，需要注意安全问题，首先要关注突发性安全问题，如自然灾害、电力中断、系统崩溃和病毒等；其次是管理方面的安全问题，就技术而言，云技术并不比本地硬盘差，但是其管理政策、企业信誉甚至国家政策等，都会成为数据安全及保密问题的影响因素。因为在缺乏绝对安全与保密的前提下，图书馆联盟需要把数据交给企业进行云计算机管理，这就要求企业保护好用户的隐私数据，不能出现计算安全的隐患。

2. 完善版权制度

当用户使用图书馆联盟云后，数据就被云计算机企业托管，用户应该完全拥有数据的知识产权，也可以自由修改和删除这些内容。但现实中，一些云计算企业却千方百计地利用客户数据，加以整合、挖掘，并以知识服务的名义把用户数据合法化利用，如有些公司利用图书馆集成馆藏数据开发了一些新产品，如何界定其知识产权将成为新的问题。

3. 完善资源共享制度

通过图书馆联盟云模式，各馆间可以构建信息共享空间，也可以共享基础设施，大幅提高了各图书馆的服务效率。对于合作图书馆来说，可以通过云计算来获取其他图书馆的资料，不管合作图书馆之间距离多远，文献传递都不会产生延迟，从而能极大满足读者的信息需求。联盟图书馆间可以实现多种馆际合作，如通借通还，或是在任何分馆实现办证、挂失、交款互认等。因此就需要建立一个完善的资源共享制度，让各图书馆间工作中有据可依，实现科学共享管理制度，有效面对各种情况。

4. 统一各馆的数据库标准

随着云计算的迅速发展，图书馆联盟云仍然没有一套统一的标准，不同的 IT 服务供应商提供的云计算标准各不相同，对于图书馆联盟来说，关注的标准很广泛，比如各图书馆使用的服务器配置和操作系统都各不相同，其程序交互接口的标准化、不用编程的可交互接口都不一样，在制定标准时，要尽可能使用现有标准，尽量少创建新标准，使用开放标准而不使用专有标准，应使用透明的数据格式。因此，各图书馆间要协调形成联盟，组成统一、开放的协议与标准，以方便、快捷获取共享联盟中的任何资源与服务。

【责任编辑：田应国】

① 蔡炜. 区域高校图书馆联盟信息服务云平台体系研究[J]. 河北科技图苑，2017（1）：61-65、85.

信息技术与外语学科教学深度融合探究[①]

陈家晃[②]

（四川民族学院外国语学院　四川康定　626001）

【摘　要】 信息技术与外语学科教学的深度融合是未来外语教育教学的必然趋势，也对新时代外语教师提出新的要求。本文提出信息技术与外语学科教学深度融合的教学模式，探讨学校、外语教学单位、教师、学生在新的教学模式下的角色定位，并强调这种新型教学模式建构必须注意的几个着力点。

【关键词】 信息技术；外语学科教学；深度融合；教学模式

2017 年国务院印发的《国家教育事业发展“十三五”规划》（国发〔2017〕4 号）[③]强调信息技术与教育教学的深度融合：“拓展教育新形态，以教育信息化推动教育现代化，积极促进信息技术与教育的融合创新发展，努力构建网络化、数字化、个性化、终身化的教育体系。”2020 年年初突如其来的新型冠状病毒性肺炎（简称新冠肺炎）疫情加快了信息技术与教育教学深度融合的进程，新冠肺炎疫情给传统的线下教学带来巨大的影响和冲击，也更加迅速地促进了信息技术与外语学科教学的深度融合。信息技术的发展和应用突破了线下集中式教学的时间和空间限制，以超星尔雅、QQ 直播、腾讯课堂、超星学习通、钉钉、中国大学慕课、爱课程平台、腾讯会议、雨课堂、智慧树、学堂在线、Zoom 等依托信息技术的线上教学平台应运而生，克服了新冠肺炎给传统线下外语学科教学带来的困难，凸显了信息技术在“名师名课共享、视频回放、自主学习、交流协作”方面的巨大优势。与此同时，这些以信息技术为支撑的线上网络教学平台也体现出“师生互动弱、课堂教学监管不力、教学效果难以评估”等问题。本文结合自己 2020 年春季外语学科线上教学实践，对信息技术与外语学科教学之间的深度融合做一定探讨。

一、信息技术与外语学科教学深度融合教学模式

信息技术与教学融合的最初阶段为 20 世纪 90 年代，其主要表现为以卫星通信、广播电视、多媒体为主要媒介的远程教育；进入 21 世纪，信息技术与教学融合步入快速发展阶段，其标志事件为 2001 年麻省理工学院推出开放式课程（Open Course Ware，简称 OCW）计划，全世界学习者可以在麻省理工学院的官方网站上免费享用该校所开设课程的所有教学课件及材料。如今，开放式课程与视频公开课的创新融合，促成慕课（Massive Online Open Course，简称 MOOC，意为大规模在线开放课程）在全球高等教育领域的蓬勃发展。随着人工智能与大数据等信息技术的发展与应用，智能教育已经成为高校外语学科新的教学实践方式。当下，智能教育在软硬件设施较完善的高校已经普及，比如智能教育几乎涵盖四川大学和电子科技大学所有课程，不久的将来，智能教育必将成为全球教育教学的趋势。

智慧教育是信息技术与现代教育深度融合的结果，智慧教育以智慧课堂为核心，“智慧课堂是借助智能化技术支持，在翻转课堂教学结构改革基础上，对翻转课堂的重塑与升级。智慧课堂不仅将课

---

① 本文系四川民族学院 2018—2010 高等教育人才培养质量和教学改革项目“康巴藏区旅游翻译人才培养研究”（川民院发〔2019〕9 号）；四川民族学院应用转型示范课程“基础英语”（项目编号 sfkc201750）；四川民族学院应用型专业综合改革试点项目（英语）（川民院发〔2017〕36 号）的研究成果。

② 陈家晃（1977—），男，福建邵武人，硕士，副教授。主要研究方向：文学翻译。

③ 中华人民教育部网站 http://www.moe.gov.cn/jyb_xxgk/moe_1777/moe_1778/201701/t20170119_295319.html。

堂教学拓展为课前、课中、课后三个阶段，而且更强调将课堂教学由物理环境延伸到网络虚拟环境，形成线上线下相结合的新型教学模式。”① 结合国内外学者关于以智慧课堂为中心建构的信息化教育教学模式，笔者尝试提出建构以人工智能、移动互联、云平台等信息技术为支撑的外语学科线上与线下相结合的、以学校和外语教学单位以及教师与学生互联的双线混融教学模式，既发挥线上教学的优势，又凸显线下教学在外语学科教学中的长处，具体如图 1 所示。

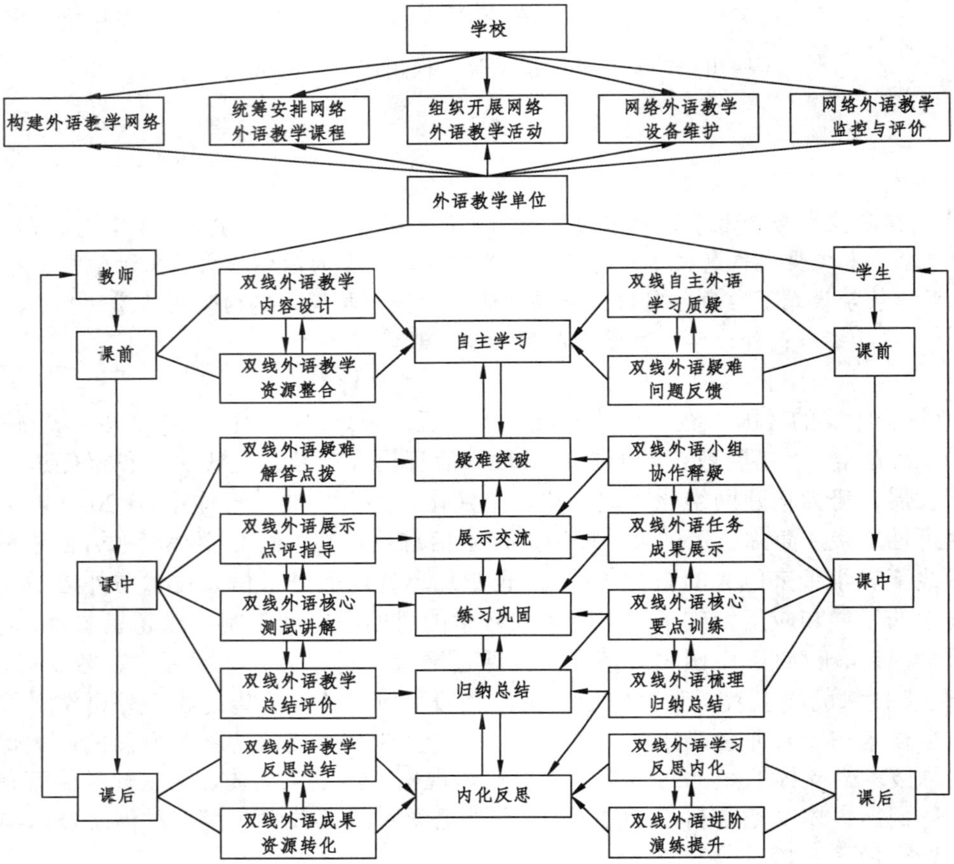

图 1　信息技术与外语学科教学深度融合教学模式

信息技术与外语学科教学深度融合的教学模式的构建主要包括硬件和软件。硬件涉及智慧教育（课堂）所需要的移动通信网络设施、智能摄像机、多功能教学控制屏、智慧课堂云平台、多功能教学终端等。移动通信网络设施是外语学科线上教学的首要条件之一，移动通信网络设施的完善才能保证师生不受空间限制的互联互通，而智能摄像机、多功能教学控制屏、智慧课堂、云平台、多功能教学终端软件等能为线上或线下的外语教学提供课堂直播、课堂录播、课堂专递、督导巡课、数据互联互通、教室智能管控、课堂数据分析等功能。信息技术与外语学科教学深度融合的教学模式的软件主要涉及外语授课教师和外语学习的学生，包括外语授课教师的信息技术使用能力以及教学理念与思维和学生的外语自主学习能力和信息技术的学习和使用能力。

信息技术与外语学科教学深度融合的教学模式首先依托学校和外语教学单位（通常为外国语学院或外语系）做好顶层设计和保障工作，包括搭建外语教学网络（远程通信网、有线电视网、无线电信通信网、Internet、移动网络等）、统筹安排网络外语教学课程（师生面对面互动性的外语课程，比如“英语语音”“英语听力”“英语口语”等课程以线下教学为主线上、视频资料为辅）、组织开展网络外语教学活动（借助超星尔雅、腾讯课堂、超星学习通、钉钉、中国慕课等平台开展外语学科网络直播、录播、点播等教学实践）、网络外语教学设备维护（移动通信网络设施、智能摄像机、多功能教学控

① 李逢庆，史浩，尹苗. 学校在线教育的理性之维[J]. 电化教育研究，2020（8）：115-120.

制屏、智慧课堂云平台、多功能教学终端等设备的保养与维护）、网络外语教学监控与评估（网络外语教学过程的监管与教学质量和效果等评估）。

外语教学单位的教师和学生既是信息技术与外语学科教学深度融合教学模式的具体实践主体，又是该教学模式能否取得良好效果的关键。信息技术与外语学科教学深度融合教学模式可分为课前、课中、课后三个阶段。在这三个阶段中，外语教师和学生分别对应不同的教学任务以及教学目标。

在信息技术与外语学科教学深度融合教学模式的课前阶段，教师的教学目标和学生的学习目标都为自主学习。课前，外语教师通过线上或线下资源进行教学内容设计以及教学资源整合，实现自己某门课程某一阶段教学内容和方法的自我学习。以“英语写作”为例，授课教师整合中国大学慕课相关课程资源。通过中国大学慕课的视频或书籍，英语写作授课教师可完成教学内容的设计以及资源的整合，实现自己对英语写作课程某一章节或某一内容的自我学习目标，从而达到更有效讲授课程内容的目的。同理，在课前阶段，学生可以通过线上学习教师发布的学习任务提出自己的疑问与困惑，并把这些疑难问题反馈给授课教师，比如，笔者在上“英语写作”第一节课前会把 Andre Maurois 写的文章 *A Word to Youth* 通过批改网发给学生阅读，然后要求学生针对这篇文章写自己的心得，提交到批改网上。学生在没有接触英语写作之前，往往对文章的篇章结构、连贯、统一性等缺乏了解，习作也往往存在较大问题，这些都为信息技术与外语学科教学深度融合教学模式的课中阶段中的疑难突破做好了铺垫。

课中阶段是信息技术与外语学科教学深度融合教学模式实践的最重要阶段，外语教师通过线上和线下进行外语疑难解答点拨、线上和线下外语展示点评指导、线上或线下外语核心测试及讲解、线上和线下外语教学总结评价四个教学环节分别完成疑难突破、展示交流、练习巩固、归纳总结四个教学目标。需要指出的是，教师在信息技术与外语学科教学深度融合教学模式课中阶段的四个教学环节和四个教学目标都不是单向的，而是双向的：双线外语疑难解答点拨之后，自然过渡到双线外语展示点评，进而过渡到双线外语核心测试讲解，最后过渡到双线外语教学总结评价，反过来，双线外语教学的总结评价利于双线外语教学核心测试讲解，进而利于双线外语展示点评，从而利于外语疑难解答点拨。与此类似，信息技术与外语学科教学深度融合教学模式课中阶段的教学目标也是双向的，而非单向的：疑难突破自然利于展示交流，进而利于练习巩固，最后利于归纳总结；反之，归纳总结又利于练习巩固，进而利于展示突破，从而利于疑难突破。以“英语写作”课程的课中阶段教学为例，教师通过线下[①]首先解答学生在线上自主学习的所遇到的困难和困惑，然后教师通过课前阶段的教学设计和整合的线上和线下资源对“英语写作”中的重点内容进行展示和指导，并对“英语写作”中核心的术语（比如 unity，coherence，emphasis，thesis statement，conciseness 等）进行讲解和测试，最后再对“英语写作”的教学内容进行总结评价，这样的教学环节是相辅相成的，总结评价反过来会影响核心测试讲解，从而影响展示点评指导，进而影响疑难解答点拨。“英语写作”课程课中阶段的教学目的也是如此，就不赘述。

信息技术与外语学科教学深度融合教学模式的课中阶段，学生的角色同样重要。学生通过完成小组协作释疑、任务成果展示、核心要点训练、梳理归纳总结四个环节，达到疑难突破、展示交流、练习巩固、归纳总结四个学习目标。与课中阶段的教师教学环节和目标相同，课中阶段学生的学习环节和学习目标也是双向的，学生的小组协作释疑之后，有利于任务成果展示，从而有利于核心要点训练，进而利于梳理归纳总结；反过来，梳理归纳总结又有利于核心要点训点，从而有利于任务成果展示，进而有利于小组协作释疑。与此类似，课中阶段学生的学习目标也是双向的，就不具体阐释。以“英语写作”课中阶段为例，学生主要通过与小组成员的线下[②]协作释疑（包括对教师课前阶段布置的自主学习材料和视频的概括分析、主题和论点的确定、论点的支撑等）、任务成果展示（包括对自主学

---

① 学校和外语教学单位在信息技术与外语学科教学深度融合教学模式顶层设计时，建议把“英语写作”这门实践性较强的课程安排为线下教学为主、线上教学为辅讲授。

② 建议把“英语写作”这门实践性教学的课程安排为线下教学为主、线上教学为辅讲授，因此，信息技术与“英语写作”教学深度融合教学模式，要求学生的课中阶段以线下学习为主，线上学习为辅。

习材料或视频论点和论证方法的展示、小组对材料或视频观点的支持与反驳、小组自我观点的陈述以及论证等）、核心要点训练（包括教师在课前阶段课堂设计和视频整合反映的诸如 unity，coherence，emphasis，conciseness，transition 等核心术语或要点的讲解和训练）、梳理归纳总结（对小组成果展示以及教师讲授的核心术语和要点等的整理和总结）完成疑难突破、展示交流、练习巩固、归纳总结四个学习目标，而且在“英语写作”课中阶段，学生的四个学习环节和学习目标都是双向和相辅相成的，不是单向和彼此分割的。

在信息技术与外语学科教学深度融合教学模式的课后阶段，教师的教学目标和学生的学习目标都为内化反思。教师通过线上（利用微信、QQ 等即时通信软件与学生交流了解学生的学习效果反馈）或线下（阅读教学设计、教学方法、信息技术应用等资料对教学进行思考）教学反思总结，以及线上（诸如中国慕课、网易公开课、Bilibili 等平台直播或录播教学视频）或线下（撰写和发表教学方法、教学理论与实践相关的著作）成果资源转换，达到教学内化反思的教学目的。而学生通过线上（利用微信、QQ 等即时通信软件与教师交流反馈学习情况以及疑惑的解答等）或线下（通过自我或小组的协作对课中阶段核心要点的归纳和总结以及线下书籍文献对课中阶段讲授知识要点的进一步巩固）学习反思内化，以及线上（比如超星尔雅、腾讯课堂、超星学习通、中国大学慕课、爱课程、雨课堂、智慧树、学堂在线等）或线下（个人或小组总结课中阶段所学要点知识）进阶演练提升，达到内化反思的学习目标。与课前和课中阶段类似，在课后阶段无论教师的教学环节还是学生的学习环节也是双向和相辅相成的。

二、信息技术与外语学科教学深度融合教学模式实践着力点

信息技术与教育教学的深度融合是未来教育教学发展的必然趋势，外语学科教学与信息技术的深度融合也不例外。信息技术克服了传统外语学科教育教学的诸多不利，丰富了教学内容和教学手段。然而，信息技术与外语学科教学的深度融合绝非易如拾芥，就本文所提出的信息技术与外语学科教学深度融合教学模式而言，这种教学模式的顺利实施需把握以下着力点。

首先，学校和外语教学单位必须为信息技术与外语学科教学深度融合教学模式保驾护航。第一，学校必须建立和完善信息技术硬件设施。信息技术与外语学科教学深度融合教学模式一方面需要稳定快捷的网络和完善的信息技术设备设施，学校要和电信、移动、联通紧密合作，不断升级和完善网络系统，购置智慧教育（课堂）设施，比如智能摄像机、多功能教学控制屏、智慧课堂云平台、多功能教学终端等；另一方面，信息技术与外语学科教学深度融合教学模式需要建立和完善相关的外语智慧教学平台，比如语音实训室、口译实训室、雅信达英语教学和自主学习互助网络平台、英语写作批改网教学平台、itest 英语智能测试云平台等。第二，学校和外语教学单位必须统筹安排网络外语教学课程。信息技术与外语学科教学的深度融合让线上教学变得越来越普遍，然而，线上教学也有一些弊端，长期线上教学不利于师生身心健康，尤其容易导致视力和心理问题；长期线上教学不利于师生关系健康发展，线下课堂，师生互动是教学过程中的关键环节，其中不仅有教师精心准备的课程内容，还有教师详细有趣的讲解，比如旁征博引，用灵活多变的方式活跃课堂气氛，通过通俗易懂的语言然让学生明白。因此，学校和外语教学任课单位必须统筹安排网络外语教学课程，一些实践性较强且师生直接面对面交流效果更好的外语课程，比如“英语语音”“英语口语”“英语听力”“英语口译”“英语写作”等课程建议安排为线下教学为主、线上教学为辅。第三，学校和外语学科教学单位须做好线上线下教学秩序的维护和教学质量的监控。在信息技术与外语学科教学的深度融合教学模式中，线上教学秩序和教学质量比线下教学秩序和教学质量更难掌控，必须加大线上教学秩序和教学质量的监控力度，让线上教学与线下教学相得益彰。

其次，提高外语教师双线混融教学胜任能力是信息技术与外语学科教学深度融合教学模式的关键。双线混融教学胜任力是指教师能够胜任双线混融教学实践并获得优秀教学成效的核心竞争力，包

括观念混融力和方法混融力。[①]观念混融力包括教学价值观混融力和教学过程观混融力，它是教师线上和线下教学观念的汇融综合能力，隐含教师的教学态度、知识、价值观等。在信息技术与外语学科教学深度融合教学模式中，教师的观念混融力极其重要，外语教师必须摒弃完全依赖信息技术和网络资源的观念，杜绝“眼中只有技术，没有人”的思想，更不是把传统的填鸭式教学观念从线下教室搬到线上网络空间。外语教师正确的观念混融力是线上和线下都践行立德树人，不断运用新信息技术，及时更新教学观念，并在线上和线上教学过程中，正确处理好各种“变”与“不变”的关系。方法混融力在信息技术与外语学科教学的深度融合教学模式中也同样重要。方法混融力不仅表现为线上和线下教学方法和技巧，而且表现为线上与线下教学方法之间的衔接力、转化力和生成力等。对外语教师而言，信息技术在外语学科教学中绝非简单地复制粘贴网络外语资源在课堂上进行照本宣科，也不是单纯地播放网络外语视频。外语教师应该利用信息技术，一方面提高自己的网络教学方法，另一方面把网络资源与线下资源以及个人知识和见解等融合起来，做到线上和线下教学的对接与汇通。

最后，培养学生的自主学习能力是信息技术与外语学科教学深度融合教学模式的目标。信息技术的发展以及和外语学科教学的深度融合，必然打破传统的以教师为中心的教学模式，教师只是咨询者、建议者、引导者，[②]学生才是（线上或线下）课堂的中心。在信息技术与外语学科教学深度融合教学模式中，学生通过课前双线自主学习和质疑、课中小组协作释疑和成果展示、课后双线反思学习和进阶演练提升等，不断提高自主学习能力，从而保障信息技术与外语学科教学深度融合教学模式的顺利实施。在信息技术与外语学科教学深度融合教学模式中，学生的自主学习能力的提升需要教师和学生双方共同努力。教师课前的教学设计应尽量贴近学生生活经验、课中的释疑和点评应及时且有针对性并尊重学生的独特见解和个性发展、课中和课后鼓励学生进行对比反思；学生自己要不断提高自身的信息技术意识以及信息技术能力、不断培养自己外语学科的批判意识、不断提升自己外语总结和反思能力。[③]

信息技术与外语学科教学的深度融合，是未来外语教育教学的趋势，信息技术的发展和创新给外语学科教学带来巨大变革，外语教师要顺应信息技术与学科教学融合的趋势，不断更新教学理念和方法，不断提高自己的双线混融胜任力，努力培养学生自主学习能力，从而为信息技术与外语学科教学的深度融合的教学模式的理论和实践探索做出贡献。

【责任编辑：刘成萍】

① 邱燕楠，李政涛. 从“在线教学胜任力”到“双线混融教学胜任力”[J]. 中国远程教育，2020（7）：7-15.
② 陈家晃. 从教学翻译到翻译教学[J]. 四川民族学院学报，2017（2）：103-108.
③ 李逢庆，史浩，尹苗. 学校在线教育的理性之维[J]. 电化教育研究，2020（8）：115-120.

浅谈地方民族高校力学应用型示范课程建设的现状与思考[①]

邓发明[②]

（四川民族学院　四川康定　626001）

【摘　要】 应用型示范课程的建设是一项较长期的综合性系统工程。通过简述四川民族学院力学应用型示范课程近三年来的建设现状，总结在教学模式转变、制定新课程教学大纲、优质教学资源建设、理论课教学中发挥学生主体性作用、实验课程教学中培养学生综合能力、教学评价等方面开展的工作，提出在后续建设中的一些思考，以期为学校相关专业的应用型示范课程建设提供一点借鉴。

【关键词】 力学；应用型示范课程；建设现状；思考

作为地处中国西部一所地方民族本科学校，在应用转型发展变革的大趋势下，四川民族学院正在大力推行应用型示范课程建设。理工学院作为四川民族学院的一个二级学院，积极响应学校号召，组织课程专业教师结合学科特点，开展专业课程的应用型示范建设，其中物理学专业的力学课程作为学校首批的应用型示范课程在 2017 年正式立项并随即开展建设工作。应用型示范课程建设是一项较长期的综合性系统工程，涉及教育教学各个方面，项目组成员通过近三年来力学应用型示范课程建设，取得了一些课程建设成效。下面就四川民族学院力学应用型示范课程建设的现状、取得的效果和课程后续建设的思考进行阐述，希望能够为学校相关专业的应用型示范课程建设提供一些借鉴。

一、力学应用型示范课程建设的现状

根据物理学专业人才培养目标要求，组织项目组成员充分调研社会对物理学专业人才的需求情况，认真分析力学教学现有的状况和存在的具体问题，为适应社会对应用型人才的需求，展开了力学课程近三年的教学改革，课程建设在如下几方面开展了一些工作。

（一）更新教学理念，改变教学模式

为了实现力学应用型示范课程的建设目标，培养现代经济社会所需的应用型人才，项目组老师充分认识到传统的以教师为主体学生被动听课、填鸭式教学模式已经不适应现代社会对人才培养的要求，而现代教育理论所提倡的构建主义教育教学模式，充分体现了以学生为主体、教师为主导，充分发挥学生的主体作用；在教学中采用新的教学理念，能激发学生积极思考、主动构建学科知识和培养学生的创造性思维和创新能力。在力学应用型示范课程建设中，项目组老师改变传统教学模式，运用了新的教育教学理论，教学过程中充分利用学生对新事物的好奇、好动、好问的心理特点，恰当时机的运用分析、启发、引导、归纳等教学方式方法，尽可能地引导学生主动地去思考问题和分析解决问题，让学生在力学课程的教学中主动地发现知识和构建知识，主动构建力学理论知识体系。

（二）制订新的课程理论与实验教学大纲

力学作为物理学专业的核心专业基础课程，学生对力学知识的掌握情况将直接影响到其后的如理

① 本文系四川民族学院应用型示范课程建设项目“力学”（编号：sfkc201702）、四川民族学院教学改革项目“力学课程教育改革”（编号：2017xjjg42）的研究成果。

② 邓发明（1966—），男，四川渠县人，教授。主要研究方向：基础物理教育教学。

论力学、热力学与统计力学、电动力学、量子力学等专业核心课程的学习。在力学课程教学中，不但要让学生掌握基本的力学理论知识，同时还要培养学生的实践动手能力、掌握基本的实验方法和培养综合的实验设计能力。在力学应用型示范课程建设中，项目组成员充分认识到课程的重要性，结合人才培养目标，精选理论与实验教材[①②③]，确定讲授的理论基础知识和实验项目内容，重新修订力学理论与实验教学大纲。新的教学大纲与原有的大纲相比，理论教学内容除了引导学生主动构建力学基础知识理论体系外，还十分注重引入与社会生产、生活紧密相关的力学工具应用实例，充分体现力学来源于生活，理论应用于实践，极大地激发学生力学理论知识的学习兴趣。为了培养学生的综合实践能力与创新思维能力，一方面将实验教学课程量从原有的18学时增加到36学时，以保障有足够的课时用来让学生掌握误差理论处理实验数据的方法、学会撰写规范的实验报告和培养学生的实验操作能力；另一方面把实验教学项目分割成由基础物理实验项目、综合性物理实验项目、自主设计实验项目、创新性设计实验项目等四个项目部分组成，以便分时分段地进行实验项目教学，有目的、有步骤地培养学生的综合实验操作能力。

（三）初步建设好优质的教学资源

为了能够充分体现学生的主体作用，调动学生的学习积极性，利用现代教育技术条件积极创建优质教学资源，并将教学资源网络化，项目组老师已把精心准备的理论课教学全程录制成示范课教学视频，也录制部分实验项目的教学视频，这些教学视频正在上传到网络共享平台如学习通、QQ群课堂上，同时精选了部分电子参考教材、课程多媒体课件、作业习题与练习题、单元测试题、优秀实验报告、课程小论文、相关教育教学研究论文以及课程理论教学大纲、实验教学大纲、考试大纲等教学资源上传到网络共享平台上，形成较为完整的课程教学优质资源以供学生下载。通过这些教学资源的建设，丰富了学生获取知识的渠道，为学生课后能够较为方便地自主学习提供了很好的教学资源平台。

（四）理论课教学中，突出学生建构知识的主体地位

在力学应用型示范课程建设中，项目组老师充分认识到现代教育教学理论中所强调的学生为主体、教师引导学生主动构建知识的教学模式的重要性。

一方面，为了保证每节课的教学质量与效率，课程教师认真分析与钻研教材中理论知识的重点与难点，教学中采用重点知识细讲、难点知识浅讲和拓展相关知识相结合的方式组织教学。

另一方面，在理论课程教学中，注重分配课前、课中和课后三个教学环节学习任务。其中，课前环节要求学生主动参与预习、自学和查阅相关学习资料；课中教学环节，利用现代教育技术，使用多媒体课件组织教学，并适当播放理论知识与社会生活密切相关的多媒体视频，使学生明白学习力学理论知识是有用的，从而激发学生的学习兴趣，并通过提问引导学生积极思考、分析和发现问题、解决问题过程培养逻辑思维，同时让学生在观察力学现象、过程逻辑推理、讨论与分析问题中主动构建理论知识点与理论知识体系，主动掌握分析解决问题方法[④⑤⑥]，突出学生在学习中的主体性作用；课后环节，教师根据学生完成习题作业情况所反映出的学习问题，实时地借助现代通信手段如微信、短信、QQ等方式与学生进行互动答疑，并根据学生对理论知识掌握的情况，对课程教学进度进行实时调整。

（五）实验课教学中，注重学生实践综合能力培养

认识决定态度，而态度决定行动。在课程实验教学过程中，只有让学生认识到力学实验的重要性，才能使学生端正学习态度，认真积极主动地做好实验，也才能实现在实践教学中培养学生综合实验能

① 张汉壮，王文全. 力学（第三版）[M]. 高等教育出版社，2015.
② 赵凯华，罗蔚茵. 力学（第一版）[M]. 高等教育出版社，1995.
③ 程家夫. 力学[M]. 科学出版社，2000.
④ 邓发明. 关于动量守恒定律的讨论[J]. 西南民族大学学报（自然科学版），2004（6）：856-858.
⑤ 邓发明. 浅谈物理学中的对称性[J]. 乐山师范学院学报，2005（5）：38-40.
⑥ 邓发明. 普通物理学中的微元法[J]. 牡丹江教育学院学报，2004（3）：19-21.

力的课程建设目标。项目组教师在实验教学中，通过列举事例，使学生认识到物理实验的重要性，较好地激发学生做好实验的兴趣，为后面进行实验操作、培养学生综合能力奠定基础。

在课程实验教学中，一是注重基础实验操作，培养学生的基本实验能力，其中包括按误差理论处理实验数据、撰写规范的实验报告；二是注重综合性实验操作，培养学生实验操作的综合实验能力；三是注重自主与创新设计性实验操作，培养学生分析问题、解决问题的逻辑创新思维能力；四是开放力学实验室，为学生的自主与创新性实验操作提供条件。

（六）课程建设中，注重学生全过程学习评价

现代教育理论提倡对学生全过程学习评价，这种评价方式能够激发学生学习兴趣，让学生在每个阶段中都有获得感，能够促使学生主动参与到整个教学过程中去，从而培养学生的综合能力。在力学应用型示范课程建设中，项目组老师对学生的学习评价采用全过程学习评价，理论课教学重视学生课堂表现，实验教学中重视学生实验操作的主动性与实验态度及表现情况等。对学生进行课程全过程评价，其总成绩由 5%课堂表现+5%考勤+10%作业+10%实验报告+10%实验操作考核+60%理论考试成绩组成。

二、力学课程建设所取得的效果

在力学应用型示范课程建设中，四川民族学院理工学院项目组老师经过近三学年来的教学改革，取得了一定的成效①。通过改变教学模式与教学评价方式，充分发挥学生主体性作用，激发学生学习力学课程的兴趣；在理论课程教学中，学生能够主动地构建力学理论知识体系，学生掌握理论知识水平有所提高；在实验课程教学中，学生掌握基础性实验的操作方法，学会用误差理论处理实验数据和撰写规范实验报告，提高学生基础实验能力，通过设计与创新性实验训练，培养了学生分析与解决问题的综合能力、创新思维能力。

将理论知识用于实践，在解决实际问题中应用知识和学习新知识。项目组老师积极鼓励物理学专业学生参加有关物理学知识、实践应用能力的相关比赛，通过以赛促学的方式培养学生运用专业知识分析问题与解决问题的综合应用能力。如四川民族学院物理学专业学生参加由四川省物理学会主办的 2018 年第四届、2019 年第五届大学生普通物理知识大赛初赛和决赛，其参赛作品“蜡烛动力的研究”“探究彩虹圈下落过程”在决赛中获得三等奖的优异成绩。

三、力学课程后续建设思考

（一）线上线下教学手段相结合，促进教学质量提高

由于现代信息技术和网络技术的高度发展，为课程教学提供了更多的教学方式。在现代教学中，只有充分利用现代教育教学技术，根据课程教学内容特点，选取多种教学方式组合形成最佳的方式组织教学，才能适应现代社会对人才培养的需要。

四川民族学院大学应用型示范课程在后续的建设中，由于力学理论知识的逻辑推理性，线下的课堂教学中将传统教学手段与多媒体教学手段相融合，以最佳的教学效果组织教学，尽可能使课堂教学逻辑推理性更加清晰明了；2020 年在新冠肺炎疫情的影响下，第一次开展春季线上授课，我们要总结这次线上教学的优势与存在的问题，课程教学中要提高使用网络共享平台软件操作水平，完善线上教学优质教学资源，确保线上教学质量，做到线上线下教学质量无缝对接，促进教学质量水平稳步提高。

（二）丰富教学方式，提高教学质量

在力学应用型示范课程的后续建设中，为了能够更好地体现学生主体作用、让学生个体得到充分

① 邓发明，邓显菊，陈兵兵，等. 民族高校以学生为主体教学模式下的力学课程教学改革与实践[J]. 内蒙古民族大学学报（自然科学版），2020（3）：273-276.

的发展、培养学生的综合应用能力，课程教师还要增加“项目驱动”+“分级实施”+“以赛促学”等多种方式组织教学，提高课程教学质量。

其中，项目驱动教学方式是以小节理论知识与相应的小实验项目相结合，通过小课时量的理论教学后再开展小实验项目教学，让课堂理论知识以最短的时间转化为实验小项目，做到让小实验项目检验理论知识的掌握效果，从而逐渐学会知识的实际应用。

分级实施教学方式主要是针对全班学生的学习能力、就业取向等不同，开展多层次教学的一种方式，在注重课程基础知识符合人才培养方案中的基本要求之外，再根据学生的不同需要，开展课程专业知识拓展自主学习。比如2017级物理学专业学生有33人，2020年报名参加研究生考试20人，对于这部分考研学生，显然需要对专业知识的深度与广度进行拓展，鉴于这种情况，在力学课程教学中，要开展“分级实施”教学方式，以帮助学生实现个性化自主学习。

以赛促学教学方式是通过组织学生参加专业知识与实践能力相关的各种校内校外比赛，通过比赛发现自己的不足及今后努力的方向，从而促进学生的自主学习。

（三）强化建构学科理论知识系统性，培养高素质人才

在力学应用型示范课程后续建设中，为了能更好地引导学生建构力学理论知识的系统性，培养社会经济所需要的高素质创新型人才，可以在力学教学中适当增加构建学科知识系统化教学环节。

如：当章节理论知识讲授结束后，要引导学生对其进行归纳提炼出知识点间的内在联系，撰写章节课后小论文；当篇章理论知识讲授结束完后，要引导学生撰写篇章小论文；当整个课程理论知识讲授结束后，要引导学生总结课程知识点间的逻辑关系，提炼出学科知识体系，撰写课程学科小论文，帮助学生主动建构学科理论知识的系统性，培养学生成为高素质的人才。

（四）建设优秀的教师队伍，实现课程建设的可持续发展

在大学本科教育教学中，教师的教学水平如何将直接影响到学生的能力培养。在应用型示范课程建设中，建立一支优秀教师队伍是应用型示范课程建设的重要保障。

可通过如下几个方面建立优秀师资队伍：（1）加强现代教育技术能力培训，熟练掌握现代教育技术及网络共享平台常用软件。（2）重视青年教师教学能力培养，通过教研活动、听课、教学比赛等方式促进青年教师快速成长，为课程建设提供可持续发展的接班人。（3）鼓励教师进修或培训，提高专业素养，及时了解高校教育教学发展趋势和吸收先进的教育理念，促进课程建设水平更上一个台阶。

【责任编辑：王雪梅】

应用型民族院校大学写作信息化教学改革策略①

——基于“以基本就业技能提升为导向”的分析

余忠淑②

（四川民族学院文学院　四川康定　626001）

【摘　要】 基本就业技能的培养能有效推进大学生就业水平提升，信息化教学是教育现代化的基本特征、主要模式，大学写作的信息化教学能充分提升学生以写作技能为主的基本就业技能。应用型民族院校大学写作教学中，存在“以基本就业技能提升为导向”明确度不够，信息化教学模式转变不充分的问题，影响了大学写作教学效果。通过强化导向，切实推进信息化教学，提高大学写作教学质量，从而提升学生以写作技能为主的基本就业技能。

【关键词】 大学写作；信息化教学；基本就业技能；应用型民族院校

在当前就业形势严峻的态势下，如何提高大学生就业能力受到社会各界的广泛关注和高度重视。许多高校形成了“以就业为导向”的办学理念，越来越重视学生就业能力的培养。学生基本就业技能是大学生就业能力的重要体现，能有效保障在普遍的就业岗位完成基本工作任务，同时，用人单位也越来越重视毕业生的基本技能，如写作、语言沟通、团队合作、自我管理、信息处理等能力。用人单位普遍反映，许多大学生基本技能与其高学历的专业技能不相符，不是单位优选对象，这实际说明了大学生的就业能力不充分。大学生基本就业技能需要通过类似大学写作的通识课程教育来培养，目前，越来越多的高校在推进大学写作的教学改革。应用型民族院校学生的学历品牌竞争力赶不上综合性大学，提升基本就业技能成为提升大学生就业能力的突破口。应用型民族院校传统的大学写作教学方式单一，学生缺乏兴趣，写作能力不足是普遍现象，教学模式急需变革。2018 年教育部颁布的《教育信息化 2.0 行动计划》明确指出，教育信息化是“加快实现教育现代化的有效途径，没有信息化就没有现代化，教育信息化是教育现代化的基本内涵和显著特征，是教育现代化 2035 的重点内容和主要标志。”③互联网普及下，信息技术成为学生乐于接受的一种学习方式，同时大学写作信息化教学有较多的优势，能充分提升学生基本就业技能，因此采用信息化技术推进大学写作成为教育现代化发展的改革趋势。

一、“以基本就业技能提升为导向”的应用型民族院校大学写作信息化教学改革内涵价值

基本就业技能的培养推进大学生就业水平提升，信息化教学是教育现代化的基本特征、主要模式，大学写作教学培养学生以写作技能为主的基本就业技能，信息化教学模式能充分提升大学写作教学下

---

① 本文系四川民族学院教改项目“以基本就业技能提升为导向的应用型民族院校通识课程教学改革——以大学写作为例”（Xjjg2018027）阶段性成果，四川民族学院教改项目“基于第二语言习得理论的‘藏汉双语’教育模式大学生汉语文教育教学策略”（2017xjjg47）阶段性成果。

② 余忠淑（1977—），女，四川泸定人，硕士，讲师。主要研究方向：汉语言文学与教学法。

③ 教育部关于印发《教育信息化 2.0 行动计划》的通知[EB/OL].（2018-04-18）.http: //www.moe.gov.cn/srcsite/A16/s3342/201804/t20180425_334188.html.

的基本就业技能。

（一）基本就业技能及大学写作教学培养的基本就业技能

大学教育让学生具备就业需要的知识与技能。长期以来，人们普遍重视学生对专业知识与技能的掌握，而对通过通识课程教育进行基本就业技能培养的重视程度不够。其实，基本就业技能的培养与大学生的就业有紧密的关系。哈维等人认为英国雇主挑选就业者时，更倾向于一般技能，如交流、团队合作、时间管理等，而不主要取决于通过专业教育获得专业知识与技能。根据加拿大社区学院联合会的观点，基本就业技能是“无关学生的学科或专业，在工作、日常生活和终身学习方面都发挥着关键性作用的技能。”①西方高校重视通识教育下基本就业技能培养，如加拿大国立大学亚岗昆学院就提出了一个包含 6 大项技能领域、28 小项分支技能和 11 项学习结果的基本就业技能框架。其中，6 大项技能领域主要指交流技能（包括了写作、阅读、听说等）、计算、批判性思考与问题解决、信息管理、人际交往、个人能力。②该学院推进通识教育改革，成为就业满意度最高的大学。20 世纪 30 年代我国学者梅贻琦提出“通识为本、专识为末”“本末兼赅，通重于专”的办学理念，培养了一大批大师级人物和国家栋梁。但我国高校教育常忽视诸如组织协调能力、人际交往能力、解决问题能力等就业能力的培养，导致学生就业不充分。实际上，大学生就业能力及与通识教育存在很强的耦合关系，应在通识课程体系内容、教学模式等方面改革。③在实践中，2015 年，北京大学、清华大学等高校成立“大学通识教育联盟”，标志着我国对通识教育的重视已迈向了新的阶段。大学写作是高校重要的通识课程，对培养学生以写作为主的基本就业技能具有重要的作用。

写作技能是基本就业技能的重要技能之一，许多国外高校重视通过写作教育提升基本就业技能。如哈佛大学规定学生必须完成有效的写作课程，麻省理工学院要求每个本科生修完 2 门写作技巧课程，斯坦福大学要求所有本科生必须完成写作 1、写作 2、专业写作三个层次的课程。为了提高写作教学的质量，美国一些大学还建立了“写作过程研究所”来研究写作的规律。从我国大学教育来看，20 世纪 80 年代以来就比较重视对大学生写作技能的培养，中文专业把写作作为必修课，非常重视写作在课程体系中的分量，如上海大学文学院的写作课开设四年，暨南大学开设三年，东北师范大学开设两年。同时，对非中文专业的学生来说写作也是重要的教学内容。大学写作技能是大学生就业必需的基本就业技能，大学生要学会通过写作来完成交流，通过写作来完成相关工作任务。大学写作能力主要包括大学写作中应掌握选题、资料收集、逻辑结构、词法句法、标点符号、编辑格式等能力，同时细化为议论文、说明文、散文、应用文等不同文本。同时在大学写作教学中，学生还会得到综合性就业技能的培养。如在大学写作教学中，能培养学生基本的计算、批判性思考与问题解决、信息管理、人际交往、个人能力等，具体表现为：阅读能力，通过阅读获得写作资料的能力；计算能力，数据收集后统计等能力；分析归纳能力，资料收集整理的归纳分析能力；逻辑思维能力，在写作中形成的严密逻辑推理能力；问题发现和解决能力，通过资料分析，发现、提出、解决问题的综合能力；批评思考能力，通过对已有材料判断识别和实际写作中形成的批判性思考能力；信息管理能力，通过网络、实地调查获得相关信息，形成信息管理能力；自主能力，在整个写作中，学生要形成严格的自律能力，自我管理的个人能力，等等。总之，大学写作课程能培养学生的基本就业技能，应用型民族院校的学生写作能力不足影响了就业，大学写作教学就应“以基本就业技能提升为导向”，让学生刻苦训练，获得以写作技能为主的综合基本就业技能，成为能适应多岗位工作能力的人才，获得更好的就业机会。

（二）信息化教学模式能充分提升大学写作教学下学生的基本就业技能

新时代背景下的高校教育必然要走信息化道路。信息化教学是指在教学中应用信息技术手段，使

---

① TCU. Framework for Programs of Instruction [EB/OL]. College Framework.Association of Canadian Community Colleges. http: // www.accc.ca/ftp/es-ce/MTCU College Framework.pdf.

② ACCC. Essential Employability Skills [EB/OL]. Employment Ontari. The Ministry of Training, Colleges and Universities. http: // www. Tcu.gov.on.ca/eng/general/college/progstan/essential.ht-ml.

③ 袁蕴洁. 通识教育背景下大学生就业能力的提升[J]. 中国成人教育，2015（24）：73-75.

教学的各个环节数字化，从而提高教学质量和效率，它是以现代教学理念为指导，以信息技术为支持，应用现代教学方法的教学。在信息化教学中，要求观念、组织、内容、模式、技术、评价、环境等一系列因素信息化。因此，大学写作信息化教学就要充分利用互联网技术，通过信息教学平台对学生进行写作教学。大学写作信息化教学具有区别于传统教学的优势。一是获得更多资源，培养学生信息管理能力、资料分析归纳等能力。教师将大学写作的教学内容制作成视频放到网络教学平台，并配有课前预习要求、课后作业、检测、拓展阅读资料等，可让学生系统地学习，也可根据自己学习需要选择学习。同时通过网络方便学生查阅文献等写作资料，培养学生资料整理、分析归纳等资源管理能力，以及发现、提出和解决问题的能力。二是便捷学习训练写作，提升综合写作能力。学生可通过手机、平板电脑等网络终端，随时随地打开学习视频就可听老师讲解。网络写作训练也很方便，通过台式电脑、手提电脑或平板电脑，在适时适地环境下，按照写作教学的具体要求，就可以通过电子设备写作，并能在网上提交作业。三是创建和谐互助的学习环境，突破难点，培养学生独立思考、创新思维能力。在信息化教学中，通过网络、论坛、多媒体以及信息化的软件推进教学，老师可以在网络教学中点名签到、布置作业、随堂测试、课堂提问、课件推送等多种教学，与学生进行写作问题讨论，实现师生零距离跨空间互动。通过信息化的演示操作，可将抽象的问题以直观方式让学生理解，激发学生分析和解决问题的兴趣，击破知识难点，启迪智慧，创新思维。三是培养自主学习能力。通过网络教学，学生可培养自主学习的能力。教师通过慕课、微课提供视频学习内容，采用翻转课堂方式等，让学生自觉预习、学习、复习，在遇到问题时通过聊天工具与师生交流获得帮助，也可通过网络搜索获得其他资源。如写作中遣词造句存在问题，学生可自主在网上查询获取资料，解决词汇不足、语法不理解等问题。应用型民族院校的学生普遍对互联网感兴趣，通过信息化教学，能让学生在学习中培养起以写作技能为主的基本就业技能。

二、“以基本就业技能提升为导向”的应用型民族院校大学写作信息化教学改革中存在的问题

（一）导向确定不明，模式转变意识弱

教师普遍认为，大学写作教学就是向学生讲授基本写作理论和几种文体的写法，让学生简单进行写作训练，没有一个明确的提升学生基本就业技能的导向。学生一般重视专业技能掌握，忽视基本就业技能培养，对大学写作教学的导向要求较模糊，没有对教师形成需求压力，从而导致教学中流于基本知识与技能的教学。学生没有得到未来就业岗位需要基本技能的针对性训练，在实际的就业中常遇到“学过写作却什么也写不出”的问题，如在就业中要求写一个简报、一个通知、一份规划、一篇总结报告、一份调查报告等，总是存在“写不出、写不好”问题。同时在实际工作中的基本沟通、信息管理、资料整理、归纳分析、问题发现和解决等能力不充分，在应聘和试用期中，留下“什么都不会干或干不好”的印象，导致就业失败。

传统的大学写作教学模式就是一支粉笔、一张黑板，要么通过普通 PPT 完成教学。即使通过 PPT 教学，由于教学中写作要阅读的资料多、写作范文长、需要的图片和视频多等，普通的 PPT 教学无法完成。因此，在互联网普及下，采用信息化教学已经是高等教育现代化发展要求的主要模式。但目前应用性民族院校大学写作教学中，教师们普遍还是传统的教学模式，没有采用学生乐于接受的信息化教学模式。在信息化时代，信息资源丰富，只有信息化教学才能更好充分将资源用于教学；学生更需要个性学习、自主性学习，而信息化教学下，让学生能获得更多选择的时间和空间学习，在自主学习中获得更好的基本就业技能培养。传统教学模式抑制了学生学习方式的选择，降低了学生学习兴趣，已经不能适应时代发展的潮流需求，转变教学模式已是势在必行。

（二）教师信息化教学能力不足，提升基本就业技能的教学方式方法不足

应用型民族院校大学写作教师的信息化教学能力不足主要表现在三个方面：一是教学信息化设计

能力不足。大学写作教师了解信息化教学的知识少，开展信息化教学经验不足，对信息化教学平台选择、课件设计、课程实施的理论知识与技能缺乏。二是教学资源获取能力不足。在课堂设计与教学过程中，需要老师有良好的信息检索与获取能力，以利于进行课程资源的开发利用，这些能力的欠缺影响信息化教学。三是信息技术应用水平不足。教师在大学写作课件制作等工作中，对图片、图像美化与处理，进行音视频后期剪辑，完成微课动画制作，使用数字化虚拟仿真软件等能力欠缺，无法顺利实施信息化教学，尤其通过制作微课、慕课，推进翻转课堂教学能力不足。同时，实施直播和在线互动教学、开展在线讨论、推进线上线下融合教学能力不足，也影响大学写作信息化教学的推进。

信息化的大学写作教学，要通过灵活的教学方法才能提升学生基本就业技能。在实际的教学中，目前存在教学方式单一、方法不灵活问题。教学方式主要采用传统的黑板教学或简单的 PPT 教学，给学生提供的学习资源不足；在课堂教学中，主要通过以讲授加简单写作训练的方法教学，启发式、探究式、体验式等方法在教学中使用不足。教学中使用教学方式方法单一，师生之间互动不足，以学生为中心的素质教育理念不充分，导致学生对知识与技能掌握不足，基本就业能力培养不足。因此，互联网教学下，无论在直播课堂和录制的视频课堂教学中，仍然采用传统的教学方式方法将会严重影响培养学生基本就业技能的效果。

三、“以基本就业技能提升为导向”的应用型民族院校大学写作信息化教学改革的策略

通过强化“以基本就业技能提升为导向”，切实推进信息化教学，将提升应用型民族院校大学生写作技能为主的基本就业技能，提升大学写作教学质量。

（一）强化教学改革导向，提升模式转变意识

“以基本就业技能提升为导向”是大学写作等通识课程的教学目标，教师要明确导向目标实施教学。信息化教学是我国教育现代化发展的标志，应转变意识，着力实施大学写作的信息化教学。

首先，要选择适应导向目标、适合信息化教学的教材。目前，许多教材理论性过强，内容过多，晦涩难懂，而应用型民族院校的学生基础相对较弱，学生不感兴趣，也缺乏足够的自我能力学好，因此应选择理论简明扼要、针对学生就业需要培养基本就业技能的大学写作教材。教材中要强化学生实用的、能在就业岗位需用的写作文体设计，突出实用的写作方法与技巧的训练，以此增强学生学习的目标意识与动力。同时要选择信息化教学的大学写作教材，能让学生在直播和视频学习中结合教材学习，让学生通过学习能获得基本写作技能。其次，要建设体现导向目标的信息化课程设计框架。教学大纲、授课计划的制定要以基本就业技能提升为导向和信息化教学模式为要求。在课程设计中，要制作系统的课程内容讲义，保障直播中易于讲授，并制作视频通过网络让学生选择学习。课程内容，要本着学生基本就业技能为导向，立足学生就业岗位需要，以“必需、实用、够用”为标准，删去“偏、难、杂”的理论知识，针对不同专业对大学写作的需要，选择不同的教学重难点，选取不同的应用文书和写作范例，有针对提升学生的写作就业技能。此外，教学目标、教学重难点、教学方式方法、教学时间、教学互动活动，课后作业以及测试等设计都应考虑具体就业技能的训练。同时课程管理中，要对学生平时技能训练情况、作业完成的在线量化打分和权重，平时测试的分值和权重，期末在线考试的分值和权重进行设计，要通过过程性评价和终结评价形成最终的综合课程成绩。在作业、测试以及考试中，要强化基本就业技能提升的导向。课程设计所有的这些内容，要结合信息化教学平台进行规划，形成系统的线上课程体系，让学生能根据自己的时间和空间学习，能有效推进翻转课堂教学，提升教学效率。

（二）着力提升信息化教学能力，实施基本就业技能提升的教学方式方法

首先，要着力提升信息化教学能力。一是要提升信息化设计能力。通过教师相互学习、自学，或到大学写作信息化教学建设好的其他高校学习，获得信息化教学相关理论知识，主要获得诸如教材、

教学信息化平台选择，教学大纲、授课计划设计，大学写作课程与信息化平台融合的知识与技能。二是提升教学资源获取能力。在信息化时代，信息量增加，通过网络等获取途径众多，为教学提供了丰富的资源，但如何选择针对信息化教学、提升学生基本就业技能的资源需要精心选择。这需要学习资源检索和获取能力，获得资源分类、识别整理转化的能力。三是提升信息技术应用能力。推进信息化教学，要掌握直播、录制视频的信息化技术，尤其要熟悉制作慕课、微课视频，进行图像处理、视频剪辑、动画制作以及相关软件的使用。这些技术的掌握让教师成长为信息化教学的能手，从而有效推进大学写作的信息化教学。

其次，实施基本就业技能提升的教学方式方法。通过信息化平台进行大学写作教学，要充分体现基本就业技能提升的导向，同时要采用灵活的教学方式方法，并融入课前预习、课上学习和课后复习“三习”环节中。①

一是课前预习中，强化学生自主学习的方法运用。主要采用翻转课堂方式，让学生初步理解所学的写作知识，明确要掌握的基本写作技能。首先，教师发布导学案、微课视频及学习需求调查表。发布导学案让学生知道自己的学习任务，要训练的就业基本技能。如简报如何写，就发布简报写作的目标和要求，学习拓展资源，相关范文和讲解视频，导学案最好提前一周发布。微课视频可通过在线系统发布，也可通过微信群或QQ群发布。接着，要让学生完成预习内容，并填写学习需求调查表，反馈学习中的收获、问题和技能训练的新需求等。最后，教师要根据反馈情况进行课程教学内容和方法调整，并及时通过在线反馈给学生，指导学生学习，进行解惑释疑。

二是课堂学习中，推进以学生为主体的互动教学法。主要采用启发式、讨论式、翻转课堂教法，对学生在线课前预期知识情况进行抽问，对重难点进行梳理，对学生存疑进行解答，完成主要课程教学。通过故事、案例，提出写作问题，思考写作方法，形成启发式教学。通过信息化手段，通过视频、音频、图片，讲解写作故事，提出案例，让学生多感官进入学习情境中，感受写作知识与技能，明确写作要求，根据所学理论和写作要求，可马上进行课堂写作，让理论与实际训练结合，提升写作技能。通过课堂对答、讨论、辩论推进互动教学法。教师提出写作问题，引发学生讨论、辩论，在激越思辨中，激发学生灵感，陶冶学生情操。教师参与点评，引导，形成以学生为主的互动教学场景，深化重难点知识，提升以写作为主的基本就业技能。

三是课后复习中，主要采用讨论法、训练法、项目教学法等。课后，可通过网络教学平台，或通过微信、QQ等方式，布置讨论话题。针对课堂教学设计重难点问题，引发学生在网络空间发表意见，拓展知识的广度和深度，突破一些重难点内容。如写作中的典型错误标题、典型病句、典型文体错误格式等，让同学们各抒己见，教师作引导和归纳。教师可在线发布作业和检测试题，让学生完成后上传，教师在线进行批改；课后训练最好根据学生基本就业技能需求发布针对性的文体写作训练，让学生在线完成并上传。教师在线批阅，及时反馈。写得好的文章，可发布在线空间，让同学们相互学习。教师也可在线发布写作经典知识视频，让学生自己学习，拓展理论视野，提升技能水平。同时，也可发布探究式写作任务，形成项目教学法。如布置调查报告、项目设计、问卷调查等，完成后上传在线教学系统，教师在线批阅并及时反馈。项目驱动下，让学生收集资料、实地调查，培养学生资料收集整理、归纳分析、发现问题、解决问题、系统写作等能力。课后的复习拓展更多体现了学生的自主学习方式，让学生有自由的时间和空间去完成，激发学习主动性和创造性，提升学生以写作为主的综合基本就业技能。

【责任编辑：蒲华军】

① 杨英伟. 高职应用文写作信息化教学改革探究[J]. 长沙航空职业技术学院学报，2018，18（1）：38-41.

大学英语线上教学师生有效互动的策略研究①

吴章玲②

（四川民族学院外国语学院　四川康定　626001）

【摘　要】 随着现代信息技术的不断发展，线上教学将成为未来大学教育的一种必然趋势。2020年年初因新冠肺炎疫情形势严峻，线上教学在全国范围内提前变成了现实。大学英语是众多线上课程之一，师生在教与学的过程中都遇到了各种各样的困难和问题，导致大学英语线上教学师生有效互动受到严重影响。本文针对四川民族学院2020年上半年大学英语线上教学师生有效互动存在的问题及其原因的分析，探索相应的解决策略。

【关键词】 大学英语；线上教学；师生互动；策略

"大学英语在线课程是基于现代信息技术的学生自学与教师辅导相结合，以培养学生自主学习能力和终身学习能力为目标，以师生互动为主要手段的一种新型教学模式"③。2020年初，国内突然爆发新冠肺炎疫情，为防止疫情蔓延危及人民生命健康安全，教育部要求各级各类学校"停课不停教、停课不停学"，于是全国范围内线上教学模式迅速展开，中国的线上教学迎来历史性的挑战。之前的大学英语课程主要是传统的面授和线上线下混合式教学，突然全面实行线上教学，没有经历一个成熟稳定的过渡时期，硬件设施和师生都没有完全做好准备，因此大学英语线上教学过程中呈现出各种各样的问题。

一、大学英语线上教学师生互动存在的问题

在新冠肺炎疫情的特殊背景下，全国大多数高校从始至终坚持了一个学期的线上教学工作。在整个人类教育的历史上也是第一次出现这样大规模的线上教学情景。大学英语线上教学呈现出来的问题，主要表现在电子设备、学习平台和网络环境，以及学生学习态度和教师教学方法等问题上。

第一是电子设备问题。有的学生的电子设备，尤其是手机配置低，导致学习平台App运行不畅。第二是教学平台与教材问题。由于有些英语教学平台带宽不够，全国范围内同一时间段上课的学生较多会导致网络系统瘫痪，学生无法及时进入学习平台上课。另外，学生没有纸质教材也是很大的一个问题。第三是网络问题。有些地区经常停电、偏远地区没有WiFi或网络不稳定、断网卡网等现象，导致学生在在线学习过程中不能及时稳定地参与课堂教学活动。第四是学生的学习环境问题。由于在线上课的时间空间改变，很大一部分师生都不适应没有时空约束的线上教学模式。有些学生没有独立安静的个人空间和时间，很难按时保质保量完成课程任务，更无法与教师有效互动。第五是教师对软件操作的问题。有些教师对学习平台操作不熟练等，使大学英语线上教学过程中经常出现师生互动不顺利的问题。第六是学生的主观态度和教师的教学方式方法问题。

① 本文系四川民族学院2018—2020年高等教育人才培养质量和教学改革项目"PBL教学模式在大学英语教学中研究与探索"的研究成果。

② 吴章玲（1982—），女，汉族，四川江安人，硕士，讲师。主要研究方向：大学英语教学，文化与翻译。

③ 骆贤凤，马维娜，姚育红．"停课不停学"背景下大学英语在线教学实践研究：问题、措施与效果[J]．外语电化教学，2020（3）：30-35.

二、大学英语线上教学师生互动问题产生的原因

大学英语线上教学过程中，产生问题的原因多种多样，可以简单地归结为客观原因和主观原因两个方面。

（一）客观原因

首先是电子设备配置原因。大学生来自全国各地，有城市的，也有农村的。有富裕的，也有贫穷的。有用高档手机的，也有用低端手机的。有些家境贫寒的学生，使用的是别人几年前就淘汰了的旧手机或者购买的廉价低端手机。这种手机的配置比较差，内存也小，同时安装多个学习平台的 App 后，使用起来比较卡，经常没法正常连接并登录学习系统上课，更没法和老师上课积极互动。

教学平台与教材原因。大学英语教学平台多种多样，差不多每一本英语教材就有一个教学平台。有些平台资源开发不完全，学生使用和教师监控都不方便。有时候教师布置学习任务学生看不到，学生的自学情况和学习进度老师从平台上也看不出来，学生提问教师看不到，也没法及时回复等。使用腾讯视频或钉钉等社交平台进行直播教学时，学生没有纸质教材，因为大学英语教材是学生大一进校时就发放了的，教材基本都放在大学宿舍里没有带回家，不能一边听讲一边操作电脑进行相关的学习活动，只能单向地听老师讲解，互动困难。

网络不稳定的原因。大学英语线上教学中经常遇到师生网络不畅，有些地方还出现经常停电断网的情况，另外就是无 WiFi 信号和 4G 网络信号不稳定。有些居住在偏远山村的学生，家里没有安装有线网络，更没有 WiFi 信号。有些学生为了上课不得不使用费用高昂的流量上网，而且网络时有时无，十分不稳定，所以造成大学英语线上教学无法正常进行，严重影响线上教学的师生有效互动。

学生的学习环境受干扰也是原因之一。传统的教学活动发生在固定的教室和固定的时间里，有学校环境的各方保障，没有来自时间和空间的干扰。疫情暴发之后，大多数人都待在家里，人多环境杂，学生线上学习受到外界环境的干扰。上课时间虽然固定，但家里可能发生各种各样的事情，需要学生本人参与，导致学生无法在固定时间参与学习互动活动。比如，笔者追查一个学生缺课的原因得知，那个学生的母亲突发重病住院，农村又正值春播季节，家里其他人都要去地头劳动，她不得不主动承担起去医院照顾病人的责任，因此无法参与老师的直播课。大学英语是一门公共课程，面对的学生群体庞大，干扰事件时有发生，经常出现学生请假或缺勤的现象，会影响线上教学师生有效互动。

大学英语学习平台较多，有的教师使用教材对应的教学平台上课，有的教师则自己在钉钉或腾讯视频等社交平台上进行直播上课。网课平台多种多样，给教师的教学操作带来不少麻烦。有的教师对学习平台和直播软件等使用不熟练，导致上课时出现操作不当浪费时间等问题，大大降低了与学生互动交流的频次和效果。

（二）主观原因

学生原因。除了时间空间、电子设备配置和网络环境等外在客观问题影响之外，学生的主观态度也是影响大学英语在线教学师生有效互动的重要原因之一。在寒假春节期间，很多学生晚睡晚起，作息时间混乱，养成了不规律的生活习惯。线上教学正式开始后，他们在没有教室环境约束的情况下按时上课是一件很困难的事情，因此，最初有些学生经常忘记按时完成学习任务。另外，有些学生平时没有自觉学习的习惯，没有同寝室同学的相互提醒和影响，他们很容易放松学习。有些学生不去主动使用电子版的教材，经常在课前不预习不准备，老师上课的时候他们就茫然不知所措。有的学生在老师上课的时候只是把手机上的学习平台打开了，实际没有积极参与课堂互动。有些学生则认为老师所教内容在网络上随时都可以搜索得到，他们有等到需要的时候再学习的想法，所以学习态度怠慢，拒绝主动参与课程互动学习。

教师原因。大学英语线上教学和其他课程一样，都是在特殊的社会背景下，教师没有充分准备的情况下直接开始的。一方面，教师和学生一样，会受到客观因素的制约。另一方面，很多教师是第一

次面对全面线上教学，没有准备，使教学难度增大。教师可能也和学生一样没有纸质版教材备课，对线上上课的时间等掌控不好，教学重难点体现不明显。此外，教师使用的传统教学方法不适合线上网课教学，互动不如以前线下课程时流畅自然，教学效果也受影响。

三、大学英语线上教学师生有效互动的策略

通过对大学英语线上教学中存在的以上问题及其问题产生的相关原因分析，笔者提出以下应对策略，以期改善线上教学师生有效互动。

（一）克服客观困难，助力师生有效互动

就 2020 年初的大学英语线上教学情况来看，师生都必须在网络稳定流畅的环境下，使用配置相对较高的电脑、平板或者手机设备。遇到相关硬件设备限制问题，教师可提前告知学生该课程对设备的要求，让学生与家人协商，自行准备好能够顺利进行学习交流的硬件设备，购置能够运行相关软件配置的电脑、平板或者手机。同时，学习平台应该尽可能地简化软件，使其运行少受设备配置等问题影响。学习平台或社交平台也应跟进线上教学趋势的发展，不断研制和更新相关软件，提供相应的服务。学习平台应上传详细的教材内容，并设置成方便师生使用的模式。另外，国家还应从宏观上改善线上教学的外部环境，监督电力公司、移动公司和电信公司等充分保障网络正常运行，从硬件设施上支持线上教学师生有效互动。

（二）思政教育，引导学生有效互动

思政教育，是现在各个学科都重视的问题，它既能提高学生对社会的认识，又能促进他们形成正确的三观，进而加强学科知识学习。习近平总书记在全国高校思想政治工作会议上强调：“要坚持把立德树人作为中心环节，把思想政治工作贯穿教育教学全过程，实现全程育人、全方位育人……其他各门课都要守好一段渠、种好责任田，使各类课程与思想政治理论课同向同行，形成协同效应。”①思政教育要把践行中国社会主义核心价值观有机地融入整个教育教学体系之中，全面渗透到各学科各课程的课堂教学和课外实践之中，特别强调“立德树人”功能。学生接受教育的过程，首先是一个精神成长的过程，然后才是科学获取学科知识的过程。学生主观上不爱学习就是存在一定的思政认识问题。面对 2020 年初新冠肺炎疫情这样的特殊历史背景，教师可以利用习近平主席的多次教育讲话精神为理论支撑，融入“立德树人”教育思想，激发学生的危机意识和民族共同体意识，教育学生富有社会责任感和使命感。适时融入思政教育，经常在英语听力或者阅读中融入时政新闻知识，一方面拓展学生的视野，另一方面让学生了解中国文化与制度的优越性，激发学生学习英语的热情。作为大学英语教师，传授英语知识只是教育的一部分。教师不仅要关心学生的学习状况，还要关心他们的内心世界，关注他们的思想动态和学习态度，激励学生积极参与大学英语线上教学活动，引导他们有效互动。只要学生有主动学习的意愿，一切困难都不是问题。解决了学生对英语学习的正确认识问题，自然就解决了学生的主观态度问题。学习态度端正了，自然容易取得更好的教学效果。

（三）使用多种教学策略，激发学生有效互动

线上教学不同于线下面授教学，一方面，由于学习时间和空间的自由性，容易轻视学习的重要性；另一方面，学生缺乏身边同等学习者的刺激，容易失去学习目标，忽视线上教学师生互动。根据这些学习问题，教师可根据教材的教学目标，改变传统上课的方式，每周给学生布置一定的自主学习任务，让学生积极参与课堂互动。

第一，任务型教学。根据大学英语教学目标，教师可将一部分内容作为自主学习任务，让学生在某个时间段内到学习平台自学完成该学习任务。重要的或者学生不能独立完成的内容，老师再在上直

① 习近平. 习近平在全国高校思想政治工作会议上强调：把思想政治工作贯穿教育教学全程开创我国高等教育事业发展新局面[N]. 人民日报，2016-12-09（1）.

播课时和学生一起解决。通过完成自主学习任务的形式，学生的学习时间变得更加灵活，获取知识的途径也更多，不会受网络等外部条件限制。同时，教师也可以通过学习平台的后台数据了解和监测学生的学习进度和相关学习任务完成情况。例如，每个单元可以设置一定的听、说、读、写任务，让学生课后在微信群里完成。每次课后或每天通过微信群打卡的形式，让学生听读并仿写一个英文句子，最后将仿写的原句和仿写的新句子朗读录音发送到微信群里。这个方法看似简单，实际上它可以同时锻炼学生的听力能力、阅读理解能力、写作能力和口语表达能力，可谓一石多鸟。为了写出的句子正确，学生会认真反复阅读原文再仿写。为了朗读正确，学生会反复听英语原文，朗读录音发到群里之前他们也会多次练习，直到从结结巴巴到流利自然。考虑到学生每天有多门课程进行线上教学的情况，教师所分配任务不可过重，又能够让学生坚持英语学习。口语天天练的内容和形式可以多种多样，最主要的目的是让学生每天都有一定时间在学习英语。通过这种简单的任务训练，一学期坚持下来，学生可以仿写 100 多个句子，相当于写了十几篇大学英语四、六级作文，而且听说读写几种能力也同时得到锻炼。微信群里完成任务无需实时面对面，学生只需在老师规定的时间段内完成相应任务即可，教师也不用时刻守着微信回复，只要在一天中某个集中的时间回复点评学生即可。这样就使该课程互动交流变得轻松容易，又不受时间和空间的限制。老师对学生的讲评反馈可以在任何时间进行，师生间的有效互动从实时网络面对面变成错时空有效进行。

第二，翻转式学习。当今社会已经进入后工业化时代，教育是唤起学生内在潜能的终身过程，教师不应该再以培养标准化的人才为目标。翻转式学习方式尽力唤起学生学习的快乐和了解学习相关知识具有一定的社会价值。奥斯卡·王尔德说："教育是一种令人钦佩的事情，然而需要时刻铭记在心的是：值得学的东西是教不出来的。"[①]通过翻转式学习方式，有利于激发学生主动学习的潜能。大学英语可根据教学目标和教学内容，把一些教学内容分解成不同的知识板块，然后让学生进行翻转式学习。学生在线下学习，线上课堂时间让学生来分析和阐述相关学习内容。鼓励学生学习自己觉得有意义的内容，大学英语是一门综合性语言课程，教师不应该太局限于课本内容，因为除了期末考试外，你根本无法确定学生在教材上所学的东西未来一定用得上，所以应该给学生更多灵活发挥的空间，让学生在自主学习的过程中感受自由探索的快乐，给大家分享知识和方法的时候能得到同学和老师的支持与鼓励。同时，通过翻转式学习，他们还把知识和方法掌握得更牢固，有利于激励师生有效互动。此外，教师还可根据学生的实际情况，采用切实有效的教学策略，促进大学英语线上教学师生互动顺利进行。

总而言之，随着时代的发展，大学英语线上教学必将成为以后的教学日常。客观现实与主观问题也会随着时代的变化而发生改变，大学英语教师会在教学过程中迎接不同时代的任务和挑战。大学英语涉及英语学习的听、说、读、写、译诸方面。新时代的大学英语教学，不但要帮助学生学习英语基础文化知识，还要培养学生的各项实践应用能力。无论未来教育如何发展，教与学的过程中都离不开师生互动。大学英语线上教学师生互动方式多种多样，教师可在教学过程中不断探索和发现更多更好的方式方法，尽量避免或者解决互动过程中产生的问题，分析原因，思考策略，改进教学方法，改善教学效果。利用切实有效的教学策略促进师生有效互动，提升教学质量，更好地实现教书育人的目标。

【责任编辑：余中伦】

① 拉塞尔·L. 阿克夫，丹尼尔·格林伯格. 翻转式学习[M]. 杨彩霞，译. 北京：中国人民大学出版社，2018：15.

新冠肺炎疫情防控背景下优化民族院校思政课线上教学的思考[①]

孟　瑶[②]

（四川民族学院马克思主义学院　四川康定　626001）

【摘　要】 新冠肺炎疫情防控背景下，线上教学成为民族院校思政课的必然选择。为优化思政课线上教学，通过对民族院校思政课的调研，发现存在教学设计不精确、学习社区不完善、思政元素不明显等问题。针对上述问题，民族院校思政课教师提出了建议：构建“以学生为中心”的教学设计、开通“服务学生”的线上学习社区、发挥“思政课”价值的引领作用，以期为民族院校思政课线上教学建言献策。

【关键词】 疫情防控；思政课；线上教学

2020 年年初，新型冠状病毒引发的肺炎打乱了国人的生活节奏。为贯彻落实习近平总书记关于坚决打赢疫情防控阻击战的重要指示，尽可能减少人员聚集，防止疫情的进一步扩散，为了降低新冠肺炎对高校的正常开学和课堂教学造成的影响，教育部印发指导意见《疫情防控期间做好高校在线教学组织与管理工作》，明确提出要求采取政府主导、高校主体、社会参与的方式，共同实施并保障高校在疫情防控期间的在线教学，实现“停课不停教、停课不停学”。[③]

一、民族院校思政课线上教学背景

教育部社科司在《关于加强新冠肺炎疫情防控期间高校思政课教学组织工作》的通知中强调“各高校要切实提高政治站位，高度重视疫情防控期间的思政课教学工作，高质量地组织思政课教师在线备课、在线教学。要注重深化思政课改革创新，注重加强制度自信教育、爱国主义教育，教育引导学生增强‘四个意识’，坚定‘四个自信’，做到‘两个维护’。”[④]

随后，各高等院校纷纷制定线上教学方案，全力推进线上教学。民族院校也积极加入线上教学的行列之中，那么如何开展线上教学，特别是针对线上的思政课的教学？如何在线上教学中体现思政课的情感体验性？在当时新冠肺炎疫情防控的背景下，如何将“疫情防控”这本鲜活的教材融入线上思政课的教学之中，提升思政课教学的针对性和实效性？本文将立足于民族院校的线上教学的思政课，从当前实践中面临的问题着手，主要从思政教师的角度提出应对建议。

二、民族院校思政课线上教学存在的问题

笔者通过参与民族院校思政课线上教学、问卷调查、访谈等方式开展调研，发现民族院校思政课线上教学主要存在如下问题：

首先，教学设计不精确。思政课教学设计不精确主要体现在内容和形式两方面。从内容上看，思政课教学仍是以具体思政课教学科目为主，较少涉及新冠肺炎防控的相关内容，无法将“疫情防控”

① 本文系 2018—2020 年四川民族学院校内高等教育人才培养质量和教学改革项目“少数民族地区思想政治教育（藏汉双语）专业师范生职前培养模式研究”的研究成果。

② 孟瑶（1993—），女，四川康定人，硕士研究生，助教。主要研究方向：思想政治教育，学科教学思政。

③ 教育部. 疫情防控期间做好高校在线教学组织与管理工作[EB/OL].（2020-02-05）.http: //www.moe.gov.cn/jyb_xwfb/gzdt_gzdt/ s5987/202002/t20200205_418131.html.

④ 教育部社会科学司. 教育部社科司关于加强新冠肺炎疫情防控期间高校思政课教学组织工作[EB/OL]. 2020-02-13.

这本鲜活的教材融入思政课教学之中，体现思政课教学的实效性和针对性。从形式上看，思政课拥有众多优质课程教学资源，如多门国家级精品在线课程，面对突发疫情，民族院校选用的线上教学形式是以观看 MOOC 平台的视频为主，以学生的截屏作为学习依据，并未达到监督学习的目的。教学仍然是以下达学习任务为主，但学习目标不明确，致使学生学习投入较少。

其次，学习社区不完善。在线教育的形成和发展需要一定的核心要素进行支撑，包括一定数量的学习者、在线学习技术平台、在线学习社区交流平台、社区的规范与人文环境等等。[①]其中在线学习社区主要作用是加强教师与学生、学生与学生之间的沟通交流，以增强学习的归属感和认同感。民族院校思政课教师依托微信群、QQ 群以及学习软件开设了线上学习社区，但线上学习社区的作用仅仅用于机械性的通知、打卡、签到，思政课教师和学生在学习社区中关于学习的探讨较少，并不能使学生在线上教学中感受到归属感，这往往也是线上教学亟须解决的问题。

再次，思政元素不明显。此次新冠肺炎疫情防控无疑是最鲜活的思政课素材，更有利于民族院校的思政课教师帮助学生巩固和强化中华民族共同体意识。通过笔者调查，民族院校之中主要以全国统一“疫情防控思政大课”作为传播此次疫情思政元素的主要途径，还应该有机地融入民族院校思政课的教学之中，同时思考如何体现民族院校思政课教学特色。

三、优化民族院校思政课线上教学的思考

在当时新冠肺炎疫情防控背景下，线上教学是思政课教师的必然选择，既是机遇也是挑战。这是一次绝好的提升民族院校思政课教师在线教学能力、收集优质教学资源、开发本校在线课程的机会，因此针对上述存在的问题和信息化教学的要求，从民族院校思政课教师角度出发，提出优化民族院校思政课线上教学的几点思考。

（一）构建“以学生为中心”的教学设计

思政课的线上教学并不是简单地将线下课堂直接搬到线上，以完成教学任务为主，要异步教学任务，将教学任务变成学生可接受的学习任务。线上思政课教学要构建“以学生为中心”的教学设计，需要从三方面着手。

首先，需要调研学生的需求，“00 后”一代被称为“网络原住民”，是伴随着网络成长起来的一代，对网络的依赖性较强，因此在学习方式上也力求碎片化、随时化、高效性学习。民族院校大学生具有“00 后”的共性，也具有其个性。民族院校的学生由于地理因素、成长环境等因素影响，少数民族意识和少数民族心理较强，如何在线上引发学生情感共鸣，也给线上思政课教学带来不少挑战。

其次，将教学体系转化为学习体系，进而转化为学生的信仰体系，教学设计还需要从学生的实际情况出发，凝练专题化的教学模块。专题化教学要依据教学目标，将教材体系拆分整合，力求发挥学生的学习主体能动性。每一教学模块当中还应包括相应的学习任务、学习指导、教学方法、课内外学习实践、拓展材料和学业评价。

再次，思政课线上教学还需要搭建适应的线上教学平台。在当前疫情防控的背景下，线上教学成为主要的思政课教学的途径。因此需要精选学生自主学习资源，构建包括网络课程资源、校本网络资源和传统纸媒资源的学生自主学习资源库，并搭建师生、生生互动交流平台。同时，还需要考虑民族院校的大学生进行线上教学的软硬件设施是否具备，如有在线学习困难的学生，应灵活使用在线教学方式，如采用自主学习—电话答疑的模式。

（二）开通“服务学生”的线上学习社区

线上学习社区有三大组成要素学习者、学习技术平台以及学习的人文环境。其中学习者是线上学习社区的主体，学习技术平台是必要的学习条件，学习社区的人文环境可以营造学习者对学习社区的

① 赵富成. 网络学习社区归属感的培养和提升策略研究[J]. 经济研究导刊，2014（16）：91-92.

认同感和归属感，强化学习者的“学习临场感”。

首先，建设优质的学习资源。开通“服务学生”的线上学习社区，需要提供优质系统化的学习资源。思政课线上教学的学习资源包括：课程学习资源和辅助学习资源。课程学习资源主要是围绕教材展开，辅助教学资源可以考虑多种形式，强化学习者对课程内容的理解，如：经典原文、纪录片、微课、音频等，增强学习社区的立体性，同时也满足学习者随时随地提取学习资源的需要，支持个性化学习。

其次，构建良好的社区文化环境。思政课线上学习社区的构建，需要制定一系列的学习社区的制度，制度文化是在线学习社区中每位学习者必须遵守的规章制度，包括学习资源的管理、交流讨论的规则、在线学习的要求等从而保证线上学习社区的良性运转。

再次，提高在线学习社区的参与度。营造线上学习社区良好的学习氛围，增强学习者的归属感。除了个体线上学习以外，通过及时的交互，学习者可以与其他学习者或者教师开展各种交互活动。如，针对此次疫情开展线上讨论、主题发言、微视频展示等，将有共同学习兴趣和学习需要的学习者形成学习共同体，共同体之间可以相互沟通交流、协作学习、相互督促、共同进步。

（三）发挥“思政课”价值的引领作用

抗击新型冠状病毒的这场战役引发了我们关于国家制度、国家治理、科学精神、生命教育、爱国主义等多方面的思考，因此作为民族院校的思政课教师，如何讲好“中国的抗疫故事”，准确恰当地体现思政元素，发挥思政课价值引领的作用，是思政课教学的一个重要问题。

首先，要将党中央的指示精神、部署作为思政课线上教学的“魂”。作为民族院校的思政课教师要精读熟读党中央关于疫情防控的指示和重要讲话，作为开展线上思政课教学的精神指导，面对海量的防疫信息，要进一步筛选凝练，要强化政治责任和意识，站稳政治立场，铸牢中华民族共同体意识。

其次，用好素材、找好切入点作为思政课线上教学的“道”。此次疫情防控的过程中，涌现了许多可歌可泣、舍小家为大家的故事，面对海量的素材，思政课教师要科学总结抗击疫情的生动实践，嵌入融入思政课教学中，提升思政课的实效性。如在“概论课”教学中，可以以此次疫情防控充分说明我们国家制度的优势：党的集中统一领导、坚持以人民为中心、集中力量办大事。同时，民族地区也可选用具有本土色彩的素材，开展思政政治教育，发挥思政课观察时代、解释时代、引领时代的作用。在“基础课”教学中，引导学生通过疫情中的时代榜样，能够扎根中国大地，不负建功立业的人生际遇，不负天将大任于斯人的时代使命，不负党的期望、人民的期待、民族的重托，用努力奋斗的青春，让自己成为一个有理想、有本领、有担当的时代新人。

再次，灵活采用方式作为思政课线上教学的“术”。思政课教师可以编写“抗疫”案例专题教学PPT、讲义，通过学习通、爱课程等网络课程平台录制或推送相关视频，用好学习强国平台、微信或QQ等聊天工具组织学生开展案例讨论，布置实践作业，鼓励学生收集家乡“抗疫”事迹和身边的英雄人物，通过指导学生撰写实践报告、文学作品或制作微视频等多元方式，让“抗疫”正能量传播得更深更广，让这一堂堂特殊的思政课更加入脑入心，从而汇聚成团结一心、全民抗疫的磅礴力量。

（四）铸牢中华民族共同体意识

民族院校的思政课教学的重要任务是要牢固树立少数民族学生的中华民族共同体意识，在新冠肺炎防控的背景之下，正好提供了鲜活的素材。

首先，面对突如其来的疫情，党中央加强集中统一领导，总览全局，科学决策，调动了全体人民抗疫的主动性和积极性，让全国万众一心共同抗疫。增强民族院校学生对党和国家的认同，是构建民族共同体意识的首要前提。

其次，在疫情防控过程中，增强学生对于中华民族文化的认同和自信。在思政课教学中，要突出社会主义核心价值观在战胜疫情中的价值引领作用。同时，将中华民族共同体意识融入理想信念教育，通过思政课培育爱国精神、民族精神和抗疫精神等。

再次，要坚持以人民为中心的理念，铸牢中华民族共同体意识需要顺应民意，将心比心。在本次抗疫中，党和国家不惜一切代价抢救人的生命，把人民群众的生命健康放在第一位，让人民切实感受到了中国共产党人民至上的理念。在思政课的教学中，要注意将个人价值追求转化为对中华民族的价值认同，增强学生对民族的认同感和使命感，进而勇于承担历史使命和社会责任，铸牢中华民族共同体意识。

在疫情防控的背景下，线上教学成为民族院校的思政课教师的必然选择。复课后，在思政课的今后教学中，线上线下的混合式教学将成为未来思政课教学改革的方向。通过疫情期间的线上教学实践，继续发挥线上教学优势，针对其局限性，探索多元式教学方法，加强课堂上师生之间、生生之间的互动，真正让思政课做到入脑入心，促进思政课教学效果提升。

【责任编辑：陈光军】

英语专业公费师范生信息化教学能力培养策略

李政侣[①]　何学静[②]

（四川民族学院外国语学院　四川康定　626001；藏区外语教育文献翻译研究所　四川康定　626001）

【摘　要】 英语专业公费师范生正面临着来自信息化教育教学变革的巨大挑战，而传统的培养方式及对信息化教学的误读阻碍了信息化教学能力的培养。本文通过分析传统师范技能培养体系的利弊、信息化教学对于教师职业的新要求，基于对信息化教学能力发展影响因素的分析，从课程设置、实践平台构建两个层面提出了英语专业公费师范生信息化教学能力培养的策略，旨在为新一轮的人才培养方案的修订、已有专业课程的教学重构提供启示。

【关键词】 英语专业公费师范生；信息化教学能力；培养策略

信息化教学能力是衡量新时期教师专业能力的重要指标。由教育部 2018 年印发的《教育信息化 2.0 行动计划》中明确指出要“加强师范生信息素养培育和信息化教学能力培养”[③]，2017 版新课标也将基础教育导向了核心素养的新阶段。在此趋势下，传统的英语师范技能培养模式和策略也受到了极大的挑战。因此，在现有的师范技能培养模式中融入信息化教学能力、探索出一系列培养策略势在必行。

一、传统师范技能培养体系

（一）课程设置

四川民族学院目前英语专业公费师范生师范技能培养体系（针对 2017 级、2018 级学生）由两部分构成：教育教学类理论课程与师范技能课程，前者主要包括教育基础理论和学科教学知识，而师范技能课程内容主要包括讲课训练及教育实习，两个板块均以传统课程为依托进行教学。而对于信息技术的使用，目前实施的人才培养方案中，仅有“计算机应用基础”和“教育信息技术”两门课，且只停留在多媒体课件制作、办公软件操作、网络基本操作上，没有培养学生系统地运用信息技术，也未能将信息技术的运用与英语教学能力有效结合。不难看出，该课程体系的设置更多强调的是专业教学知识的学习以及线下授课能力，忽略了信息化教学能力的培养。

在四川民族学院最新版人才培养方案中（针对 2019 级学生开始实施），课程设置的内容将由通识教育、专业教育、职业教育和综合实践构成。其中专业教育课程包括专业基础、核心课程与专业拓展选修课程；职业教育课程包括职业基础课程和职业拓展选修课程。师范技能课程模块大致可以归纳为语言表达、教学技能、教学理论、组织管理和媒体技术五个类别。如下表 1 所示。

---

① 第一作者：李政侣，（1991—），女，彝族，云南玉溪人，讲师，教育硕士，从事英语教育教学研究。

② 第二作者：何学静，（1981—），女，汉族，四川成都人，讲师，文学学士，从事日本语言文化研究、日语教学研究。

③ 教育部. 教育信息化 2.0 行动计划[EB/OL].（2020-09-15）.https: //etc.hzu.edu.cn/2018/0420/c877a156035/page.htm.

表 1　最新版人才方案中的英语师范类课程模块

类别	教学模块一	教学模块二	教学模块三	教学模块四	课程类型
语言表达	三笔字（英汉书写）	教师语言与沟通艺术	普通话		技能训练
教学技能	课堂教学与实践	英语课堂游戏	英语测试与评价	英语教学案例分析	技能训练
教学理论	中学英语课程标准与教材分析、英语课程与教学论	翻转课堂教学法	英语教学与互联网	外语教学理论名著导读	理论基础
组织管理	德育与班主任工作技能	教育见习	教育实习		技能训练
媒体技术	微课设计与制作	英语教学与互联网	计算机应用基础	教育信息技术	技能训练

根据表 1，比起以往单一的计算机基础应用技术与教育信息技术，在新版的师范技能培养模块中，对师范生信息化教学能力的培养一定程度上得到了重视，加入了微课设计与制作，英语教学与互联网两门新的选修课程，旨在培养学生的信息化教学能力。但是信息化教学显性课程仍然缺乏，如信息素养类课程。使得学生缺乏对多媒体教学环境的认知、信息技术下的教育教学变革等认识，未能将教学放到网络环境中进行思考。

（二）教学过程

在目前实施的人才培养方案中的理论课程教学中，教师仍然采用传统的讲授式、案例式教学方法。学习过程以知识记忆为主，以应试为目的，学生缺乏自主探索新知识的空间，所学知识也并不能较好地得到内化。此外，建构主义学习理论认为，新的经验是基于原先经验上建构起来的。然而，在此传统教学方法下，学生缺乏对微课、混合式学习、翻转课堂教学法等信息化教学的亲身学习体验。在“零概念”的前提下，很难对信息化教学形成自己的看法或能力的开发。职前学习阶段，需体验过信息化教学的利弊，才能初步对网络环境下的教学进行设计。

由于目前实施的人才培养方案中，师范技能课程内容仅有讲课训练及教育实习，而讲课训练的模式也仅为“模拟试讲—同辈评价—教师评价”，学生的模拟试讲为线下 15 分钟针对某一教学片段的呈现，故两种评价方式也都基于线下教学表现来进行。由此，在师范技能训练中，信息化教学能力被极大地忽略，造成师范生无法在进入教师岗位时顺利地适应时下的网络教学。

二、信息化教学视角下的教师职业技能新要求

（一）信息化教学

由于信息化教学本身具有的复杂性，尽管近几年为热门研究话题，不同学者分别从概念、结构、模式等方面进行了研究，但学术界尚未对其有统一的概念界定。通过文献查阅，本文暂引用南国农教授在《信息化教育概论》一书中关于信息化教学的定义：“通过教育现代化的媒体交流和教育信息化承载的资源，教师和学生所参与的教学双向活动”①。

值得注意的是，根据研究，目前大部分信息化教学仍然仅仅是替代了原先课堂的教学技术，并未改变传统的“以教师为中心”的教学模式②。技术加教学的简单叠加，并不能完成核心素养的构想，即利用信息技术培养学生的思维品质，优化知识结构等目标。例如：部分混合式课堂中，教师将传统课堂上的知识讲解转移到在线学习，线下课堂用来完成答疑、讨论等活动，因此，本质上学生还是通

① 南国农. 信息化教育概论[M]. 高等教育出版社，2004.
② 陈永光. 职前教师信息化教学能力培养策略研究[J]. 中国成人教育，2014（15）. 105-107.

过教师讲授式的微课吸收知识，技术与教学并未做到深度融合。故对于目前的信息化教学，依然有很多质疑的声音。

（二）教师职业技能新要求

结合上述内容，信息化教学需做到对传统教学形式的重构，跨越技术与教学融合的鸿沟，使得在复杂的学习环境中，技术和教学实现深度融合。通过文献查阅，本文将信息化教学环境下对教师职业技能的新要求概括为：教学能力（教学认知、教学设计、教学组织、教学评价），有效运用信息技术和资源的能力，以及重构传统教学内容及形式的能力。

具体来说，英语公费师范生在职前学习期间，应首先通过理论及实践课程具备上述能力，即掌握基础教学理论知识，并能较好地运用到教学实践中。其中教学设计能力的培养应与网络环境下的教学结合起来，以某一单元的具体教学为例，懂得如何拆分课堂活动，明确线上与线下的活动及目的，使整个单元的教学充满数字化，从而培养教学对象的核心素养。教学评价也需要依托信息化教学进行重新建构，使评价方式多元化，细致化。

有效运用信息技术和资源的能力是指：能够运用信息技术制作线上课程，并且能够优化知识的呈现方式；能够将信息技术与课堂教学进行深度融合，具体包括教学实施步骤、教学评价等；能够挖掘有效的网络教学资源并做二次开发，与现有课堂有效结合。故在职前教育阶段，需对英语公费师范生进行信息技术应用层面的培养，如学习自主制作微课、数字教育资源的检索与获取、了解技术支持的课堂教学各环节等与信息化教学相关的内容。

重构传统教学内容及形式的能力需要基于上述两种能力，要求老师在掌握信息技术和具备教育教学能力的前提下，以先进教学理念为指导，以信息技术为依托，对教材进行再开发，结合核心素养的培养要求，打破常规教学内容并进行重组。此外，还需对现有教学形式进行重构，转变学生的学习方式。

综上，信息化教学对教师的要求不仅仅停留在教学能力上，而是将信息化技术融入各教学环节的能力综合体。上述三种能力相互影响，相互制约（见图 1）。

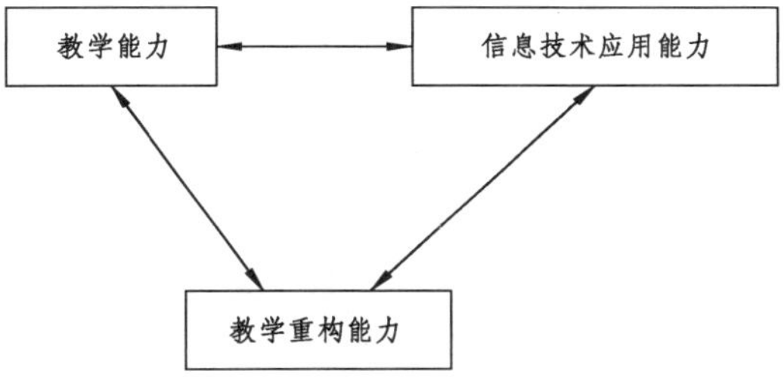

图 1　三种能力之间的关系

三、信息化教学能力培养策略

（一）影响因素

通过查阅文献发现，目前国外对于信息化教学能力影响因素的研究已到成熟阶段，主要研究成果可归纳为外界因素和个人因素。根据 Hirsehbuhl 的研究，影响因素多为个人因素，包括教学信念、教学态度、技术倾向、自我效能感和外部支持与刺激[①]。

信息化教学的意愿是促成师范生信息化教学能力发展的重要因素，来自教学信念及教学态度，差异在于师范生自身所坚持的教学观：若坚持客观主义教学观，则认为教学的本质是传递知识，教学策略主要是讲授或问答，教学内容则以教材为主。若坚持建构主义教学观，则认为知识是情景中建构生成的，应使用自主、合作、探究等教学策略，而教学内容应为多种资源。不难看出，坚持建构主义教学观的师范生更容易对信息化教学产生兴趣以及实践动机，教学态度上也会更加积极，主动探索教学

① 王春蕾，刘美凤. 美国影响信息技术在学校教育中有效应用的因素分析[J]. 开放教育研究，2004（2）：45-48.

的多种可能性，继而形成信息化教学的意愿。

技术倾向的形成来自职前对于信息化教学的感知有用性及感知易用性。目前对于信息化教学的担心与疑惑主要聚焦于：技术手段下教学对象的学习自觉性，以及网络教学中普遍缺失的师生互动性。笔者通过故事讲述法，对 2017 级公费师范生的技术倾向进行了调查，不少受访者认为，信息技术阻隔了课堂教学中的互动生成，将诸如即时评价、眼神交流、面部表情分析、教师语态等教学因素完全阻断。由此可见，师范生们并没有对信息化教学盲目跟风，而是看到了其存在的弊端，体现了他们对信息化教学的批判性思考，反而更有利于构建更为合理的信息化教学模式。

自我效能感是指对于自我教学能力的积极认知和肯定，对于师范生来说，对于教学的自我效能感来自教学实践中收获的成就感及自信。而外部支持与刺激则来自课程设置与培养模式。

（二）培养策略

基于前文对信息化教学下教师职业新要求的梳理，以及对信息化教学能力发展影响因素的归纳整理，结合四川民族学院英语公费师范生的实际学习情况，本文思考出以下英语公费师范生信息化教学能力培养策略。

1. 学科层面增加隐性课程

班杜拉的“交互决定论”认为环境、个体和行为相互影响，相互作用，该理论强调环境和行为的相互作用[①]。英语公费师范生四年的学习中，受学科专业教师影响最大。英语公费师范生在大学四年中所学专业课程的形式和内容势必会对信息化教学的态度、意愿、实际操作能力产生深远的影响。因此，可让学科专业教师通过信息化教学示范促进师范生信息化教学能力的发展。具体实施的思路为：“学科专业教师重视师范生教学能力培养—信息化教学示范—课堂上创造教学实践机会—促成信息化教学能力的发展”。

此类隐性课程是依托各专业课程实现的，如“基础英语”可采用混合式教学模式，让师范生从进校开始就亲身感受信息化教学带来的学习方式上的转变；“英语语音”可依托在线学习平台记录学生一学期中每个阶段的语音学习情况，让“学习进步”可视化，让师范生体验到信息技术支持下的多元教学评价方式；“高级英语”每个单元的“background knowledge”部分，可通过挖掘网络优质资源，教师对资源进行整合的方式进行教学，从而培养学生利用数字资源的能力。由此可见，学科专业课程可通过不同的信息化教学方式进行教授。

这种隐性课程模式改善了当前信息化显性课程的数量不足，所学技术停留在表面的现状，使得师范生能够直接在专业学习中形成对于信息化教学的基本概念和基础认知，通过亲身学习体验，提升他们对信息化教学的自我效能感，缓解对其产生的焦虑及担忧。值得一提的是，当前专业教师的信息化教学能力也在养成中，也在逐步探索真正将技术和教学深度融合的信息化教学模式。因此，目前在学科层面增加隐性课程并不意味着需要在每个教学环节中均体现数字化，而是尽可能地将教学的某一环节或多个环节进行信息化教学。

2. 设置培养信息化教学能力的显性课程

如前文所述，目前针对四川民族学院英语公费师范生而言，依然缺乏专注于信息化教学能力培养的显性课程。单一的信息技术培养并不能实现信息化教学能力的发展，而增设培养信息化教学能力的显性课程是最直接的培养途径。

信息化教学课程主要分为通用信息化教学课程与学科信息化教学课程两种类型。比较理想的搭配是师范生先获得通用信息化教学的基本概念，了解具体的手段，熟悉基本的操作，再进行学科信息化教学课程的学习，使得技术与教学紧密结合。举个例子，学生先掌握微课制作的基本操作，包括视频剪辑的方法、时长的设计等内容，在此基础上，学会根据教学内容，能够对知识点进行归纳整理，进行内容和教学活动的拆分，最后制作成微课。若仅掌握微课制作技术，未能将英语教学进行融合，信

① 施良方．学习论[M]．人民教育出版社，2001：358-361.

息化教学能力的培养也只是浮于表面，没有真正做到利用技术促进教学。

此外，若此类显性课程的设置受制于师资力量，可考虑将信息化课程的内容极大地融合到学科专业课程教学中。以“英语教学法理论”为例，若该门课程老师需承担信息化课程内容的任务，可要求学生录制关于理论知识的微课，让其一起参与知识呈现，以此将自主探索新知识这一学习策略与微课制作紧密结合起来。

显性课程课时有限、容易受师资力量的影响，但如果仅仅依赖于某一门显性课程，通常师范生只能看到某种单一的信息化教学模式，从而束缚了对于更多教学可能性的想象，因此，在设置显性课程的同时，应考虑该类课程与其他课程的融合度。

3. 提供师范生信息化教学实践平台

信息化教学知识需转化为信息化教学实践，根据 Ton deur 等人的研究，实践被研究证实为师范生信息化教学能力发展的重要途径①。除了显性课程和隐性课程中提供的实践机会，可考虑搭建师范生信息化教学实践平台。

根据四川民族学院实际情况，可以举办师范生信息化教学大赛。目前四川民族学院师范技能竞赛仅针对线下教学能力，应扩充竞赛类别，以此促进学生对于信息化教学的关注。大部分高校师范生信息化教学大赛的比赛项目主要为多媒体课件制作大赛，微课大赛。但这两种项目只聚焦了一两种信息技术，会使得学生对于信息化教学的理解较为片面，认为信息化教学就是网课制作，或利用多媒体技术进行教学。笔者认为此类大赛应鼓励学生用多种信息技术来完成教学，且比赛项目可围绕信息化教学进行细化，如聚焦于混合式教学教案设计比赛、混合式教学说课比赛、中小学英语 flash 教具制作比赛、信息化教学创意大赛等。

此外，需提供信息化课堂教育教学见习的机会，让师范生进入一线课堂，获得丰富的信息化课堂观察体验，掌握一线信息化教学的实际情况，了解学生的学习特点。以便日后若对信息化教学产生负面评价时，也不会全盘否定其优势所在，或全然放弃对其尝试的任何机会。

以上三种策略基于四川民族学院实际教学情况、师资力量而提出，有较强的可操作性及现实意义。

四、结语

英语专业公费师范生未来将服务于农村义务教育，所派地区主要为省内民族地区、艰苦边远地区。在职前阶段，更需以核心素养为导向，掌握一定的信息化教学能力，促进城乡间的教育公平，改善教育资源分布不均的情况。结合本文，需以正确理解信息化教学的概念为基础，基于对信息化教学怀有自信及清醒认知，对师范生进行多角度的信息化教学能力培养，使该群体在职前阶段具备积极的信息化教学意愿及情感，以及一定的自主探索信息化教学模式的能力，从而使学生所经历的教育面向未来。

【责任编辑：余中伦】

① Tondeur, J., van Braak, J., Sang, G., Voogt, J., Preparing pre-service teachers to integrate technology in education: A synthesis of qualitative evidence[J].Computer&Education, 2010, 59(1): 134-144.

论现代信息技术视野下少数民族音乐文化的传承与保护[①]

罗　杰[②]

（四川民族学院音乐舞蹈学院　四川康定　626001）

【摘　要】 民族音乐文化在人类的历史发展进程中，承载着一个民族的历史、文化，以及一个民族赖以生存的民族精神。民族音乐文化的传承和保护工作是一个动态的过程，社会的发展和人类的进步必然会导致传承和保护的工作发生相应的变化，尤其是现代信息技术的介入，导致了民族音乐文化的传承和保护工作在方法、手段上发生了较大的改变，同时传承和保护工作又受地理位置、环境、技术不均衡等因素影响，更举步维艰，所以对少数民族音乐文化的传承和保护工作应要着眼当前，切合实际，为少数民族音乐文化的继承和发展寻求两全之策。

【关键词】 信息技术；民族音乐；传承；保护

许多少数民族都有自己光辉灿烂的音乐文化，这些音乐文化承载了一个民族的精神和灵魂，是一个民族精神文化重要的组成部分，这些文化在历史的长河中都有自己特有的传承方法。但是随着时代的发展，社会的进步，人们的生活方式和劳动方式都发生了很大的变化，这些变化也必然会导致传统音乐文化传承和保护的方法和手段产生相应的变化，尤其是现代信息技术时代的到来，更对传统音乐文化的传承和保护形成了不小的影响。

一、少数民族音乐文化的传承和保护现状

（一）受众群体缩水厉害

民族音乐文化是一个民族的人文、历史、地理等文化艺术的综合体现，是一个民族精神的承载体，当地的人们既是这一文化的创造者，也是这一文化的直接受益者，所以受众就是民族音乐文化赖以生存的土壤，没有了受众，民族音乐文化就成了无根之木、无源之水。

随着社会的发展，人们的生存和活动的空间得到了较大的拓展，生活在偏远地区的少数民族年轻人，为了追求更加美好的生活，他们走出了父辈世世代代生活的家乡，涌入了繁华的现代化大城市之中，这一步的迈出，造成了他们与当地传统音乐氛围的诀别，同时也使民族音乐文化的传承失去了新鲜血液。少数民族音乐文化都是基于当地人们的生活方式、文化内涵提炼加工而成，世代流传于当地人们的生活中，用一种娱乐的方式来体现人们心灵上的诉求，当大部分年轻人离开家乡来到大城市之后，他们的生活方式和生活环境都发生了巨大的改变，伴随他们成长的民间音乐文化也就失去了生存的空间。与此同时，很多年轻人为了下一代有更好的生活环境，都选择了在外地安家，这一现象更加剧了少数民族音乐文化传承青黄不接的现状出现。

（二）外来文化冲击较大

工业时代和信息时代，不仅仅改变了人们的生活方式，也大大地拓展了人们的生活范围，时间和

① 本文为课题“丹巴嘉绒藏族歌舞调查与成果实践研究”（18SB0511）和课题“丹巴山歌‘啦啦调’的考察与研究”（XYZB18024SB）阶段性研究成果。

② 罗杰（1981—），男，四川中江人，硕士，讲师。研究方向：民族民间音乐、钢琴教学。

空间也不再成为束缚文化传播的重要因素。在这一大的时代背景之下，外来音乐文化大量地涌入到国内，充斥到人们的日常生活之中，而由于特定的历史原因，外来文化往往被很多人认为是“优秀”的文化而大肆宣传，因为这些文化在大家眼里是新奇的事物，同时也把少数民族音乐文化说成为“落后”“原始”的代名词，而往往忽视了这些“优秀”的文化也是吸收了当地民族音乐文化的元素发展而来。

（三）传承和保护工作取得一定成效

社会的进步，不仅仅是经济实力的提升，同时也是人们的意识形态的变化和眼界的提升，在发展的过程中，人们也逐渐冷静下来看一些问题，站在更科学的层面用人类学、历史学、辩证唯物主义观来认清我们身边的事和物。在认识的提升过程中，人们往往会思考我们民族赖以生存的根源在哪里，我们民族的精气神来自什么地方等问题，从而使民族文化的传承和保护工作逐渐被提上了日程，国家出台了一系列政策和方案，同时在资金上也进行了大量的帮扶，对我国的传统文化进行了挖掘和保护，同时也花了大量的人力和物力对传统音乐文化进行了传承和保护，为民族音乐文化的抢救保护工作赢取了宝贵的时间。

（四）保护传承队伍得到一定优化

民族音乐文化的保护工作积极开展，必然离不开人的参与，通过这么多年的发展，保护传承工作队伍也得到了进一步的优化。在传承保护工作开展的初期，参与工作的大部分都是在民族传统音乐文化有一定资历的老一辈文化工作者，随着政府投入不断地加大和人们认识不断地提升，加入保护传承队伍中的人数不断增加，改变了以往队伍老龄化的单一现象，形成了现有老中青合理搭配的大好局面。与此同时，保护传承队伍在素质方面也得到了较大提升，随着研究队伍的地位和价值进一步得到社会的认可，吸引了大量的有志专业人士充实到传承和保护工作队伍中，这些新鲜血液的加入，带来了研究保护工作新的思想、新的理念，这些新的思想和理念同传统的保护工作理念相互碰撞，进一步拓展了传承保护工作的视野，丰富了传承保护工作的方法和手段。

二、现代信息技术对民族音乐文化传承和保护工作的优越性

（一）多样性与共享性

信息技术的多样化，体现在其传播内容的丰富性上，其传播内容包含了经济、政治、人文、历史等等。与之相比，传统的文化传播就显得过于单一，这样在心理上远远不能满足人们对文化方面的需求。同时借助网络平台，广大群体还可以共同享受资源，这样就缩短了人与人之间的距离，淡化了空间的概念。

（二）即时性与交互性

在传统文化传播的概念上，所有文化的传播都会有或多或少的时间滞后，文化的时效性得不到充分的体现，一种文化现象和行为蔓延到另一地方经常都是几个月或是几年之后，在这一过程中很多行为都已物是人非了，这对文化的传播造成了很大的障碍，而现代信息技术就很好地解决了这一烦恼，所有的文化信息都能以直观的形态展现在人们的面前，而且通过信息平台还可以进行互动，让人们参与其中，达到近似于身临其境的效果。

（三）快捷性与便利性

快捷性和便利性也是现代信息技术的又一显著优越性，通过信息网络平台，减少了民族音乐文化流动所需的运行成本，节省了大量的人力和物力。通过平台，人们可以第一时间就享受到民族音乐文化的魅力，足不出户就可以感受光辉灿烂的民族音乐文化，大家就不用像以前为了感受某一民族音乐文化，需要酝酿很久，用很多时间来计划安排，然后再经过长途跋涉，才能感受到少数民族音乐文化所带来的愉悦和享受，有时候由于时间安排的不合理，还同当地的民族传统节日失之交臂，这些种种

因素都限制了少数民族音乐文化的良好传播。

三、对当下民族音乐文化传承与保护工作的思考与建议

（一）积极扩大民族音乐文化受众面

正如前面所述，如果失去了受众，少数民族音乐文化就成为无根之木、无源之水。那如何保证少数民族音乐文化受众面的问题，就成了少数民族音乐文化传承和保护工作的首要问题，当前少数民族音乐文化传承的现状是：当地常住人口由于社会的进步而造成了大量流失，大量年轻人由于生计和追求高质量的生存环境等原因，最后都远离家乡，涌入城镇，这就造成了少数民族音乐文化后继无人的现象产生。据调查，这些远离家乡的少数民族人群，在内心和骨子里都还是铭刻着祖辈流传下来的文化和精神，对本民族的文化都还保持着高度的认同；当然，也有部分人群对本民族的文化持着“不肖”的态度，他们被社会上冗杂的快餐文化所吸引，这些文化能很快地吸引他们新奇的目光，让他们觉得祖辈传下来的传统音乐文化过于陈旧和落后，跟不上时代的步伐，究其最根本的原因就是大部分少数民族音乐文化艺术呈现形式过于依赖于固定的表演环境和表演程式。当然，以上因素体现了少数民族传统音乐文化不足之处，但是我们也不能否认其本身蕴含的艺术价值和人文价值，这些价值支撑着不同民族绵延了上下几千年，是一个民族的文化和历史的积淀，是精神文化体系重要的组成部分。

随着对少数民族文化传承和保护意识不断加强，全国上下已经采取了各种措施来提高青少年对传统音乐文化的保护意识，如在很多地方学校都开展了民族音乐文化特色课程，在部分民族地区学校还开设了民俗文化传习所等等，通过对少数民族音乐唱法、旋律、技法进行分析和训练，让大家来感受到民族音乐文化的魅力，这些行为都是传承保护的线下行为，我们也可以通过线上行为齐头并进，比如我们可以借助媒体手段，制作少数民族音乐文化专题栏目，让更多的人来了解少数民族音乐文化；也可以在大学开设相应的特色网络课程，进行少数民族音乐文化特色网络课程建设，逐渐培养人们对少数民族音乐文化的认同感；还可利用抖音等现在流行的娱乐形式，提高少数民族音乐文化影响力；同时也可建立少数民族音乐文化公众平台，给热爱少数民族音乐文化的群体提供一个认识、了解少数民族音乐文化的平台和交流的空间。

（二）理清政府在传承保护工作中的地位和角色

政府部门既是少数民族音乐文化传承和保护的组织者，也应该是民族音乐文化传承和保护的推动者，民族音乐文化的传承和保护工作需要投入大量的人力和物力，需要大量的资金支持和相应的政策扶持。事实证明，这么多年政府部门的高度重视和人力物力的大力支持对民族音乐文化的传承和保护是行之有效的，但这些工作还不够，还需要进一步的努力，因为对少数民族音乐文化的传承和保护永远在路上。少数民族大多生活在边远地区，远离城市，由于经济发展的不均衡，造成了当地的现代信息技术的不通畅，相关专业技术人员紧缺。所以政府部门应加大经济投入力度，完善少数民族地区现代网络设施的铺设，保证网络信息的畅通，同时也应该有意识做到人事制度的倾斜，吸引更多的信息网络人才投入到少数民族地区网络建设中，这样既能缩短地区与地区之间的距离，又能拓展少数民族地区人们的视野，为他们搭建更好的传承音乐文化宣传平台，让少数民族音乐文化除了在当地传播外还可得到有效的外延。

同时，政府部门还可以根据自己当地地方特色，打造旅游文化品牌，挖掘当地民族音乐文化内涵，做到宣传、旅游、文化三位一体和谐发展，通过这些手段，可以让更多人来了解当地文化，让更多人愿意来为当地传统音乐文化的传承和保护付出，这样才能促进保护和传承工作健康推进，稳步发展。

（三）沉着应对市场经济冲击

在市场化经济的运行下，我国现在部分民族音乐文化传播具有一定功利性，经常产生艺术性向效益性妥协，这样就形成了重市场而轻文化的现象，导致民族精神传承的弱化，导致传统音乐文化精髓

不断被抛弃、改造，以此来迎合市场的低级趣味的追求，谋求更多的利润空间，这种行为对民族音乐文化来说无异于杀鸡取卵，最终会把传统音乐文化送上断头台。我们需要音乐文化来丰富我们的生活，更需要优秀的音乐文化来洗涤我们的心灵，充实我们的灵魂。其实，在协调经济与文化方面已经有不少的成功案例，如我们熟知的电影《刘三姐》到大型水上民族歌剧《印象·刘三姐》、彝族的《阿诗玛》、藏族的《格萨尔王》等等都是既有人文历史的厚重，又有较高的艺术高度和价值，同时还能产生相应的经济效益。同时我们还看到，在现有的音乐市场中，流行音乐占据了较大的比例，随着音乐市场逐步规范，近年来流行音乐也涌现出了与民族音乐文化相关的大量优秀作品，从吉克隽逸的《阿杰鲁》到腾格尔的《蒙古人》，再如从仓央嘉措作词的《那一年那一世》到《那一天》，再到《如果不曾相见》，都很好地兼顾了经济与文化的双重效应，这些都是现代传媒技术视野下对少数民族音乐文化进行有效传承的例子。

（四）正确面对机遇与挑战、促进民族音乐文化健康稳定发展

现代信息技术对于民族音乐文化的传承和保护，既是机遇，又是挑战，其在为音乐文化提供传播平台和渠道的同时，也在为别的音乐文化提供传播的便利，这一现象避免不了会对传统音乐文化造成相应的冲击。同时，有部分人以功利性为目的，借助网络平台对少数民族音乐文化进行有目的的方向性引导，这些行为都会对少数民族音乐文化的传承和保护造成不利影响。所以我们应该利用好现代网络平台，积极引导，树立好传统音乐文化的正面形象，同时更要把握好多元文化的大时代背景，抓住机遇，做好少数民族音乐文化创新和发展，让其不断进化，做到创新性传承，创新性保护，从而达到传承和保护少数民族音乐文化的目的。

民族音乐文化的传承和保护是一个长期的使命。少数民族音乐文化的传承和保护由于受地理、文化、经济等方面的制约，面临困难时，我们不应该退缩，而是应该利用各种有利条件和因素，积极思考，不断寻求和探索解决的办法，从而达到传承和保护工作行之有效的目的。另外，我们还应该认识到，民族音乐文化的传承和保护工作是一个动态行为，所以此工作不能拘泥于传统思维，应该顺应时代脉搏，积极创新，开拓保护，有效利用现有技术手段，赋予少数民族音乐文化传承保护工作应有的时代气息，同时应积极挖掘少数民族音乐文化内在的精神之魂。

【责任编辑：丽红】

高校线上教学班级管理模式探索[①]

阿各莫[②]

（四川民族学院外国语学院　四川康定　626001）

【摘　要】　随着多种智能技术与教育的深度融合，线上教学班级管理成为信息时代班级管理的一种新形态。在教学班级管理中采用“1+N”模式，既可构建民主、和谐、互助和创新的班集体，学生的管理意识得到提升，管理能力得到锻炼，又能实现班主任、学生、家长等多位一体的多向良性互动和链接，丰富教育管理层次内容，促进班级管理效能最大发挥，实现高校人才培养目标。

【关键词】　线上；班级管理；模式

2020年，新冠肺炎疫情已成为“全球大流行病”，对全世界都产生了严重影响。为了遏制疫情的发展，教育部启动了教育系统公共卫生类突发事件应急预案。学校积极响应上级教育行政部门“停课不停教、停课不停学”号召，及时调整学生教学管理模式，依托现代网络教育技术，全面采用线上教学、管理，对促进学生身心健康、完成教学活动、疫情防控等工作具有重要意义。同时，加速了线上教学班级管理模式改革不断升级、深化。

一、教学班级管理工作遇到新挑战

在新冠肺炎疫情期间，人们只能在狭小的空间工作生活，学校教育不能如期进行，在这特殊时期，网络教育、线上教学全面铺开，其覆盖面、参与人数、教学层次都是前所未有的。全国上下都在进行尝试、创新，开展线上教学，改革教学管理工作。传统的教学班级管理工作受到巨大挑战，面临前所未有的压力。

（一）教学班级管理工作难度加大

突如其来的疫情，让班级管理工作只能在虚拟的网络环境中进行，老师与学生不能面对面交流，对学生教育管理把控力度受到很大影响。一方面，由于受到外部各种信息干扰，加之学生长时间处于狭小空间半封闭状态，思想压力增大，情绪有较大波动，容易出现急躁等情绪。有的学生自我约束能力差，不能很好进行自我管理，放任自流，沉迷于上网等，在线上授课或班级开展线上相关活动时，会出现“人-机”分离现象，即使能按要求签到，但是课中或活动进行时，线下的人却在做其他无关的事情，我们常说的“迟到早退现象”依然存在。另一方面，部分学生所处地区发展滞后，网络信息条件落后，受停电或信号弱等因素影响，网上教学管理不能正常开展，导致老师不能实施精准管理，无法及时有效针对性解决学生的实际问题和困难，制约了教学班级管理的效能。

（二）教学班级管理任务繁重

教学班级管理不仅要开展常规工作，还要把疫情防控工作贯穿其中。一方面要进一步开展思想政治教育工作，深入宣传疫情防控相关知识，关注学生心理健康状况，解答好学生在学习、思想、防疫

① 本文系2019年四川民族学院校内教学改革项目“三全育人模式下民族传统文化在民族高校的教育实践研究”的研究成果。

② 阿各莫（1976—），女，四川九龙人，彝族，硕士，助理研究员。主要研究方向：教育、民族文学。

等方面的困惑和疑问，既要面对个体，又要面对学生集体开展教育管理活动，还要做好任课教师、学生家长以及社会之间的联络和沟通，做好各类信息的摸排、统计工作。班级管理工作内容增多且工作量增大。

（三）教师运用网络媒体技术不够熟练

由于新冠肺炎疫情的影响，教育教学管理工作从传统的线下模式改为线上模式，所有的工作都需要在网络上完成。比如班级学习管理平台的管理，学生动态情况的统计、打卡签到等，教师应对和处理出现的网络、媒体程序问题不熟练，有的甚至无从下手。需要花费更多的时间和精力去学习、摸索和运用。大部分教师运用网络媒体全面开展工作的水平不高，在一定程度上影响了教学管理工作效能，无法达到预期目标。

二、“1+N”线上教学班级管理模式构建

班级是学生学习、生活和成长的一个重要单元，是思想政治教育工作的重要一环。现在的青年学生，属于“原生网民”，他们从小耳濡目染，在无处不在的现代信息技术环境中成长。网络成为现代人不可或缺的一部分，学习、生活、工作等都离不开网络媒体。传统的教学班级管理模式已经不能适应大学生成长的需求，班级管理不再局限于枯燥的旧模式，借助现代网络技术，拓展管理模式，丰富教育管理内容层次，甚至可以创建虚拟的仿真情景让学生体验、体会，实践、学习。跨越时间、空间、地域的限制，一切皆可实现。

线上班级管理“1+N”模式，把班级管理任务分解成不同模块，每个模块都有学生负责参与管理，掌握班级成员动态，能够实现提前做出预警，及时做出应对，可以在很大程度上缓解、弥补传统教学班级管理工作中存在的问题。

（一）“1+N”管理模式分析

教学任务顺利完成的前提是有良好的班集体。良好的班集体是学生进行自我教育的强大力量，是学生个性得以充分发展的摇篮[①]，和谐良好的班集体建设有利于学生对集体的认同，个人潜力得到充分发挥，促进个体和谐发展。班级管理内容涉及范围大，按照内容大致可以划分两大模块：日常管理和特殊管理。日常管理主要包括学生学习、劳动、活动、纪律、舆论、风气等，而特殊管理则包括了班干部的选拔与使用，特殊群体和问题学生以及突发事件的处理等。教师作为教学班级管理者，是对学生进行思想政治教育的直接落实者，既要让学生掌握专业知识和技能，又要注重学生健康人格的养成，充分发挥集体对学生生命成长的影响力。

（1）新时代赋予了班主任更多的角色，他是与学生平等的学习者、组织者、协调者、参与者与指导者，是学生全面成长的引路人。新时代的大学生，眼界更开阔，获取信息的渠道更广泛，更有主见，更独立。作为班主任老师，只有紧密联系时代特征，准确把握学生的特点，不断改变工作方式，注重理论学习，具有开阔的视野和多元的思维，以新的育人理念，站在新的角度，重新定位自己的角色，才能胜任教书育人的重任。

（2）“N”既是班团干部、学生党员和学生代表，又是每一个学生个体。在班级管理工作中，只有充分调动全班学生的参与热情和积极性，营造良好氛围，让每个学生发自内心地参与班级建设，才能营造班级的凝聚力，创造有利于学生成长的环境。

“N”还是各科任教师、家长以及校外其他教育力量。班主任除了协调好与科任教师的关系，更要协调好校外的教育资源，把校、家、社会诸多教育力量形成教育合力。改革、创新家长会形式，形成家长会“班主任+学生+家长”三方会谈模式，让家长、学生、教师共同参与多向互动。

（3）“1+N”结构：把全班分成若干个小组，每个小组由小组长+党员+团干部+团员+群众代表组

① 齐学红，袁子意．新编班主任工作技能训练[M]．华东师范大学出版社，2011.

成小组执行团，分工负责小组的各项事务管理。班主任+班长+团支书+其他班委组成的班级执行团则全面负责班级事务管理，各自负责相应的任务模块，及时把各个小组的情况收集、汇总、处理。这样从上至下、从下到上联动进行分组管理，把班级管理任务落实到人，强化班级管理人人有责的意识，人人参与班级管理，从而培养学生工作能力，增强集体主人翁精神，树立担当意识、责任意识[①]。

（二）“1+N”管理模式制度建设

“1+N”管理模式涉及班级建设的各方面：课堂管理、活动管理、班级文化管理等学生工作各区域。为了使“1+N”班级管理有理可依，有章可循，理应建立一套完善可行的制度来指导和推动工作的开展，建立与之配套的实施方案作为制度督促模式正常运行，形成考核依据。

（1）选拔机制：班干部和小组长的选拔条件，首先政治素质要高，思想品德优良，在班级有较强的号召力和影响力，群众基础好，要有奉献精神和服务他人的意识，还要身心健康。

（2）培训交流：由于成立的执行团成员大部分是学生，在工作中缺乏管理经验，协调、沟通方面能力欠缺，工作过程中难免会遇到很多无法解决的问题、矛盾。学校、二级学院及相关部门和班主任需要对执行团进行针对性培训，讲授班级管理的目标，执行团工作职责、工作内容、工作方法和注意事项，并且在他们任职过程中进行精心培养和教育，鼓励各组长在班级管理工作中发挥积极性和主观能动性，同时定期组织召开小组长的经验交流会，让小组长们有机会互相学习探讨，互相交流心得体会，总结经验教训，互相取长补短和共同提高。

（3）工作运行机制：开展线上班级管理工作，构建相应的工作运行机制是工作取得实效性的关键。以学习管理为例，在线上教学班级管理中，为了更好地了解每个学生的思想动态、学习状态、学习效果和作业完成等情况，小组长直接负责小组的学习情况管理，各成员协助，实行小组长按时向班主任报告制度。负责考勤的，上课前提醒、统计打卡情况，并确保大家登陆网络学习平台，做好考勤。课程结束后，根据老师的安排布置，学习组小组长负责在群内传达课后任务后，负责学习的学生统计完成任务情况并进行督促，同时负责收集、整理同学们有关学习方面的疑问和意见。在规定时间内完成课堂笔记打卡，以此检查同学们当天网课学习状态，确保网络学习质量。各小组长把小组所有学习情况汇总报告班主任，班主任可以及时发现问题，并针对性地实施指导工作。

三、“1+N”线上教学班级管理模式优势

（一）加强班级建设，凝聚力得到提升

一个优秀的班集体对学生良好发展产生深刻的影响。班级活动的开展是实现学校教育功能的重要途径。学生的成长、班集体的建设和管理，都需要依托在开展活动的基础上完成。班级活动内容丰富，形式多样，是对学生进行思想、政治、品德、心理等教育的基本形式。“1+N”模式充分调动班干部、学生党员、团员和群众等一切力量，让全体人员积极参与班级管理，发挥主人翁精神，共同努力完成活动目标过程中产生激励效应，形成强大的班级凝聚力。

（二）构建和谐人际关系

班级管理中，从上至下、从下至上的联动工作关系使人与人之间交往更直接更频繁，每一个个体在集体中扮演不同而有价值的角色，从中获得积极体验。成员之间情感、认识、态度、行为互动的心理关系更密切。这是班级生活中必不可少的有机组成部分，个体与个体间真诚相待，和谐相处，能在教师引导下，以集体主义、以人为本的原则解决问题，在解决问题过程中进行自我教育，和谐人际关系构建得以实现。

---

① 李英，张留华，徐娅妮. 高校党团班“三位一体”的学生管理模式探索[J]. 佳木斯职业学院学报，2019（10）.

（三）班级管理工作效能得到提高

线上“1+N”班级管理，借助现代网络媒体平台，实现即时、动态管理。上下信息传达便捷，沟通及时，可以多渠道获得学生的实时动态，班主任可以根据实际的动态反馈及时做出反应。党、团支部成员参与班级管理，不仅加深了成员之间相互了解、沟通，以党团活动为载体，深入开展学生思想政治教育落到实处，加强了班级建设，班级工作效能得到提升。

时代、社会的发展对教师和教育的期待，对教育对象的综合素质要求，对新的教育理念、教育模式、教育方法的运用要求更高，教师面临的变革挑战也越来越多[①]。在现代信息化教育技术支撑下，线上教学班级管理模式将成为今后教学班级管理工作常态。教学班级管理要依托现代信息化技术提升智能化管理水平，不断创新班级管理模式，提高管理效率，才能培养适应新时代发展需要的合格人才。

【责任编辑：安万明】

① 赖华强. 班主任工作案例教程（第二版）[M]. 暨南大学出版社，2011：3.

师范专业认证视域下地方民族院校线上教育学开放课程资源建设的思考与构想[1]

高　鸿[2]

（四川民族学院办公室　四川康定　626001）

【摘　要】 随着教育信息化的深入推动，线上开放课程资源建设已成为高校推动教育教学改革和建强课程资源体系的一个重要举措。地方民族院校由于办学历史不长、特色不凝练、师范专业课程体系不健全等因素影响，其师范人才培养还处在量小质弱的被动局面，同时面临着“教师资格证国考”和师范专业认证的双重考验。因而，结合师范专业认证背景，加强对地方民族院校线上教育学开放课程资源建设必要性和可行性分析研究，有利于为提高地方民族院校师范人才培养质量提供有益借鉴。

【关键词】 师范认证；教师教育；教育学；线上开放课程资源

2018 年 9 月，教育部印发了《普通高等学校师范类专业认证实施办法（暂行）》，该办法的出台，进一步确立了师范生培养从严从实的标准。教育学课程是师范学生获得基础教育理论知识，形成系统教书育人能力最为基础和核心的课程。在师范认证背景下，以知识传授为主的传统教育学课程教学方式、方法、课程设计已很难适应新形势下对师范生能力培养的内在要求。随着师范专业认证的深入实施，具有师范属性的部分地方民族院校对师范生培养的目标和要求面临着新的机遇与挑战。在调查中发现，部分地方民族院校培养的师范人才，毕业后对教师职业的适应性普遍不强，对教学的胜任能力普遍不够，如何通过课程改革和加强课程资源建设，让师范生养成适应社会和教师职业发展的核心素养，已成为部分地方民族院校师范人才培养亟待解决的问题。党的十八大以后，国家对加强教师队伍建设和师范人才培养的投入和重视力度前所未有。2018 年 1 月，国务院印发了《关于全面深化新时代教师队伍建设改革的意见》，要求要进一步建立具有中国特色的师范教育体系，要在提升师范教育办学水平上深下功夫。2018 年 2 月，教育部印发了《教师教育振兴行动计划》，要求要进一步健全教师培训体系，建设和打造一批具有鲜明特色的师范院校和师范类专业。2018 年 9 月，全国教育大会召开，这是改革开放以后召开的首次全国教育大会，习近平总书记在讲话中指出：“要加强新时代教师队伍建设，改革教师管理制度，提高教师专业素质能力。”国家对教师教育事业的高度重视，充分体现了以习近平同志为核心的党中央对新时期教师教育工作的高度重视，这对进一步加强新时代教师队伍建设和办好人民满意的师范教育类专业具有重大现实意义和深远历史影响。[3]

一、地方民族院校开办教师教育专业的现实瓶颈分析

目前，我国师范教育已形成了师范院校、综合院校、职业院校三轨和中专、大专、本科、研究生多级体系，在这个体系中，师范院校包括师范大学、师范学院、师范高专、师范中专，依然是我国教

① 本文系 2017 年四川民族学院校内个人自筹教学改革研究一般项目“应用转型发展视域下青年教师教学能力培养现状与对策研究”（2017XJJG38）成果和 2019 年四川民族学院校内资助教学改革研究一般项目“教师资格证‘国考’背景下地方民族本科院校公共教育学课程教学改革研究”（XJJG2019005）成果。

② 高鸿（1987—），男，四川南部人，硕士研究生，讲师。主要研究方向：高等教育、民族教育。

③ 杨晓雨. 师范类专业认证背景下地方高师院校课堂教学改革研究[D]. 信阳师范学院，2019：1-3.

师培养的主体。[①]地方民族院校虽是本科院校，但其办学特色落脚点在“民族”二字上，在师范人才培养上，其与以教师培养为主的师范院校相比差距明显，其师范人才培养体系还不够健全，在师范人才培养过程中面临的实际问题是显而易见的。其现实瓶颈主要表现在以下几个方面：

一是面临应用转型与大学综合化的现实瓶颈。地方民族院校一般地处民族腹地，属地方本科院校，在国家加大对地方院校应用转型的政策导向下，面临着如何转型的现实问题。地方民族院校在历经教育资源整合时大部分保留了专科时期教师教育培养的专业属性，整合成为民族院校后，教师教育培养并不能体现民族院校的办学特色，但教师教育占据了地方民族院校学科专业布局的半壁江山，因而在转型过程中是进一步突出师范性，还是进一步突出民族性上出现了分歧，办学方向上面临艰难抉择。同时，地方院校的应用转型是大势所趋，应用转型的目的是进一步提高人才培养质量，为社会输送更多实用技能型人才，地方民族院校因为兼具“民族”属性，在师范人才培养上与专门以教师教育为主的地方师范院校有一定差距，在应用转型方面又与其他地方本科院校有一定差距。纵观中国高校发展的历程，其实力壮大都必然经历大学综合化的过程，地方民族院校也不例外。大学综合化最直接的特征就是学科专业的多样化，因而，地方民族院校在推进综合化的过程中不得不保有师范类专业。师范类专业是以教师教育为主的专业，从专业属性上看，属于专业技术性人才而不是实用技能型人才。地方民族院校在加强人才培养过程中往往会将师范专业类人才的培养与其他实用技能型人才培养等同或混为一谈，这不仅不利于师范人才培养质量的提高，从某种程度上将削弱师范人才培养的专业属性。

二是面临师范人才培养中学科教育和专业教育相分离的现实瓶颈。学科教育和专业教育是师范人才培养过程中最为核心的两大教育板块。地方民族院校由于没有较为健全的教师教育的培养体系，在师范人才培养过程中，其学科教育和专业教育分属于不同的学术管理机构，学科教育存在于学科院系，而专业教育（包括教育学、课程与教学论、心理学、教育技术等）存在于教育学院或教科院，两者长期处于“分隔”或“分离”状态。[②]这种相分离的原因在于认识上的误区，将学科教师与学科教育之间的概念混淆。学科教育研究的对象是教育学范畴的理论、方法与实践，而专业教育研究的对象是学科范围内的教师教育问题。

三是面临专业课程定位不清的现实瓶颈。教育学类相关课程如教育学、教育心理学、课程教学论、教育技术学、系统教学设计等课程是师范人才培养最为核心的专业课程。由于受学科教育与专业教育相分离认识误区的影响，部分地方民族院校在课程定位上将教育学、教育心理学定义为公共类课程或通识类课程。师范专业类课程定位不清，在一定程度上不利于师范人才的专业化培养，其培养的质量和效果与专门类的师范院校相比有一定的不足。

四是面临教育学课程改革“急功近利”的现实瓶颈。在“教师资格证国考”背景下，地方民族院校在教育学课程改革中变得“急功近利”，课程改革的目的在某种程度上只是为了师范生顺利考证过关。通过调查发现，部分地方民族院校教育学课程改革主要是改革课程内容，其导向性是“课证融合”，并将授课教师指导学生考取教师资格证的通过率作为评价教育学课程教学质量的重要指标。急功近利的教育学课程改革，在一定程度上不利于师范生获得系统、全面的教育知识和理论，更不利于师范生师范技能的养成。同时，部分地方民族院校教育学课程线上课程资源建设相对滞后，学生从在线渠道获取系统教育知识和理论十分有限，进一步局限了师范生的教育视野，不利于师范人才的培养。

二、推进线上教育学开放课程资源建设的必要性分析

（一）师范专业认证对提高师范人才培养质量的现实需求

《普通高等学校师范类专业认证实施办法（暂行）》指出了三个层面的认证理念：一是师范专业认证要求在专业建设中坚持以学生发展为中心。这就要求师范类相关课程资源建设必须坚持以“学生为中心”的导向。在信息技术与教育高度创新融合的今天，线上教学资源的建设，更多改变了传统教育

① 朱旭东. 再论我国师范院校教师教育存在的问题：认识误区、屏障和矛盾[J]. 教育发展研究，2016（2）：1-6.
② 朱旭东. 再论我国师范院校教师教育存在的问题：认识误区、屏障和矛盾[J]. 教育发展研究，2016（2）：1-6.

教学的模式，更加符合信息化时代教育教学的时代特色。线上教育学开放课程资源更加符合青年学子利用互联网平台、移动学习终端进行学习的习惯，能够调动学生学习的积极性。二是师范专业认证要求在师范人才培养过程中要坚持以学习效果为导向。传统的教育学课程讲授模式更多体现了教师在课堂讲授中的绝对权威，忽视了教师的教与学生的学的能动转换。推进线上教育学精品开放课程资源建设有利于进一步打破传统课堂讲授模式，更加注重培养师范生自主学习的能力。三是师范专业认证要求专业教学的持续改进。推进线上教育学开放课程资源建设有利于进一步推动信息技术与教育学课程改革的深度融合，这对教育学任课教师的专业化素养提出了更高、更严、更实的要求。教师教学水平与教学能力的高低通过在线课程开放资源的展示，一目了然，也有利于学生领略不同教师的教学风采和更好汲取新的知识。

（二）“教师资格证国考”对教育学课程改革的内在需求

长期以来，地方民族院校的教师教育专业、课程设置因循守旧，缺乏内在创新创造力，导致师范人才培养后劲不足，教师人才培养质量明显不高，师范学生就业质量一度饱受用人单位诟病。教师资格证国家统一考试背景下，师范学生和非师范学生都要共同接受国家考试检验，都面临考试过关的压力。师范教育与非师范教育最大区别是有无设置师范类标志性课程——教育类课程。师范学生接受过系统的、专门的教育类课程的教育，而非师范学生缺乏这类课程的教育。教育类课程为师范生提供了教师从业所需要的各类核心素养，为教师专业化发展提供了根本遵循。目前，从国家统一考试实施 5 年以来的现状看，考试内容进一步拓宽，考试科目逐渐精细化，考试难度逐步加大，而考试通过率普遍较低。笔试中，除了知识能力的考查外，更加注重教育学与心理学知识在实践教学中的应用。面试中，教育学、心理学相关理论在教学实践中的比例高达 40%以上，由此可见，教学实践能力的高低，直接影响着教师教学质量的高低，这显然是对师范学生更为全面和更为综合的考查。因而，教师资格证国家统一考试对地方民族院校教育学课程改革的启示是：课程改革应根据“国家统一考试”所关注的“实践取向”和“能力取向”，更加注重和加强培养师范学生的实践能力。推进线上教育学开放课程资源建设可以从培养师范生的实践能力取向入手，开设分门别类的教育类开放课程资源供师范生自主学习，不仅可以通过教师的教学示范、课程引领让师范生掌握更为系统全面的教育实践理论知识，而且可以最大化激发师范生的学习兴趣。

（三）教育信息化建设对教育教学改革的内在需求

21 世纪，信息技术无处不在，时刻影响着我们的学习和生活。教育信息化是信息技术与教育的深度创新融合，其最为重要的特征是教与学的能动互换，更加注重教学的实效性。推进信息技术、互联网思维在教育学课程资源建设中的应用，实现教育学课程的数字化是推进教育信息化建设的内在要求。信息技术在一定程度上不仅提高了教学资源更新换代的速度，而且有利于师生及时接收新信息、新资讯。加强在线开放课程资源建设有利于及时和不断更新教学资源，有利于进一步保持教学内容的新颖性。21 世纪是信息技术革命的时代，对于成长于信息技术时代的青年学子来说，他们普遍对移动终端和互联网有着高度的依赖性，对电子产品有着异于常人的喜爱，对信息技术的掌握程度较高。因而，高等教育教学改革不得不与教育信息化有效衔接，同时不得不考虑受教育者的兴趣喜好。将教育学课程资源数字化，将教学内容数字化，通过资源集成搬上云端，可进一步加强教师、学生、平台“三位一体”教学模式的构建，从而起到良好的教学效果。

（四）疫情突发对线上教学资源建设提出了新的时代命题

2020 年，一场突如其来的新冠肺炎疫情对教育教学工作提出了更加严峻的考验。在教育行政主管部门“停课不停学”的要求下，部分地方本科高校线上教学面临着巨大压力。一是由于地方院校本身教育信息化建设滞后，线上教学经验相对不足。二是对早已适应了线下传统教学模式的教师而言，线上教学对教学设计与实施有着更严的要求，大部分教师一时很难适应。疫情突发下，不仅仅是中国，全世界范围内都开展了信息化教学实验。在疫情严峻考验面前，在传统教学模式基础上不得不求破，不得不思变，线上教学资源建设势在必行、更迫在眉睫。需要指出的是，线上教学资源建设包含了线上教学模式和线上课程资源的构建。线上教学要求教师要积极思考如何提升线上教学的效果，从而确保教学目标的实现，其行为主体是教师。线上课程资源建设的初衷和目的是更好培养人，其行为的主体是校方。因而，疫情的突发和防控疫情的现实需求不得不对新时代线上线下教学提出更为严格的要求和更为紧迫的课题攻关。

三、地方民族院校推进线上教育学开放课程资源建设的实施路径

（一）加强顶层设计，充分调动教师参与在线课程资源建设的积极性

在线课程资源建设不是一蹴而就的，也绝非一朝一夕的事。对于在线课程资源建设相对不足的地方民族院校来说更需要进一步加强顶层设计，进一步强化意识引领，从政策支持、资金投入、调动教师积极性上深下功夫。一是要树立起线上课程资源建设的危机意识和紧迫感，同时也要进一步强化线上课程资源建设与教育信息化建设的有机融合。二是要进一步建立健全在线课程资源建设的激励机制，通过制定核验标准，把好在线课程资源建设的质量标准，同时通过出台相应的激励措施，充分调动广大教师的参与热情与积极性。三是一线任课教师也要充分发挥专业优势和自身特长，为推动精品课程资源建设积极贡献力量，通过学校和教师的共同努力，将在线课程资源建设得更好。

（二）结合师范专业认证内在要求，设置多样化的教育学在线课程学习模式

师范专业背景下，教育学课程建设在注重学生系统理论知识养成的同时，需要更加侧重于提升师范生的实际操作能力以及自主学习能力。因而，在加强线上教育学课程资源建设过程中要设置多样化的课程学习模式。既要设置多样化的视频课程资源，也要注重习题的设计以及章节测试环节的设置。通过让学生自主完成视频课程资源学习，同时自主完成随堂章节练习，从而达到促使学生自主学习的目的。同时还要设置课程资源学习的师生互动功能区，鼓励学生在互动区发表学习过程的体会和看法，鼓励他们表达学习中的困惑。教师要及时关注和回复学生的互动，从而增强师生互动的实效性，同时也有利于教师及时获得学生对教学效果的反馈，有利于教师及时改进教学方式与方法。同时，在视频课程资源录制过程中，教师要将教学内容转化为教学之外的具体学习任务，从而增强学生的自我监督和自主学习能力。

（三）结合人才培养质量需求，着力提高教育学教师的专业素养

师范人才培养与其他专业人才培养不同，在注重教师职业适应性基础上，需要进一步提高学生对学科教学的兴趣，要在人才培养的质量上深挖细耕。因而，线上教育学课程资源建设应根据不同学科专业师范生的特点，在课程资源中融入学科教学法的相关技巧与技能。这对教育学课程任课教师提出了更高要求，教师在录制相关课程资源时需具备一定基础的学科专业素养。在线上教学资源建设过程中，教师如何高质量制作出吸引学生的课件资源、如何录制一堂能够激发学生兴趣的视频课程是提升学生学习效果的关键。很多在线课程资源所选择的教学模式过于固化，教师进行无感情的视频讲解，不能有效激发学生的学习兴趣。因此，我们要着力提高教育学教师的专业水平，提高他们对于教材内容的整合能力，同时还要对他们进行信息技术、多媒体教学和视频录制课方面的专业化培训，以促使他们能够根据学生的专业性、学科性进行有效的线上课程资源建设，从而达到提升学生学习热情的目的，为提高师范人才培养质量奠定坚实的基础。①

（四）强化理论与实践，构建以“学生为中心”的在线课程资源

教师是学生成长发展的促进者，是学生学习的帮助者。“以学生为中心”的教育理念，旨在倡导

① 蒋杨鸽．高校在线开放课程优化研究[J]．智库时代，2020（12）：202-203.

学校教育的一切改革均以学生发展为出发点和落脚点。[①]教育学在线课程资源建设的目的在于促进师范生的全面发展。教师在资源建设中需要通过教育理论引领、实践活动引导，从而对师范生的学习产生影响，引导师范生选择、分析、建构系统的教育学知识体系与实践体系，最终使师范生走向教师职业成为可能与现实。这就要求教育学教师要进一步了解师范生培养的现状与特点，了解师范生对教育事业的看法，激励师范生通过理论实践形成教书育人的能力。因此，在线教育学课程资源建设必须坚持以师范生为中心，以教师职业适应性为出发点和归宿。在线教育学课程资源建设的目的不再是“教”，而是从师范生的师范属性出发，探索帮助师范生如何“学”，以帮助促进师范生的发展和全面成长。

（五）强化精品意识，不断优化在线课程资源内容

在线课程资源建设切忌盲目跟风，在建设过程中要着力强化精品意识，在优化更新课程资源内容的基础上打造一批精益求进的开放课程资源。一是要进一步优化更新教学内容，探索建立起具有开放性的全新的教育学在线课程教学体系。在建设过程中，要积极参照国家关于师范类教育课程教学大纲的相关要求，结合学校教育学课程实施的实际需求，对比较陈旧已不符合教师教育需求的课程教学内容进行适当删减。适当增加能够反映新时期、新形势下国家教育事业新发展、新成果、新方法的内容，从而确保课程资源内容的及时更新。任课教师由于缺乏中小学任课的经历，需要进一步加强任课教师对中小学教育教学现状的调查研究。通过校校合作的深度育人基地，深入广泛开展调查与研究，加强实践性课程资源内容的收集，以此作为在线补充的课程资源。此外，还应进一步加强教师资格证国考方面的在线课程资源建设，建立教师资格证考试习题资源库，为师范生参加教师资格证国考提供参考。同时，还要进一步建立与教育学相关的资源共享开放数据库，为教师教学、学生学习提供便利。

综上所述，在师范专业认证视域下，为提高师范人才培养质量，推进在线精品教育学开放课程资源建设是十分必要的。对于师范人才培养综合实力较为薄弱的地方民族院校来说，更应将在线教育学课程资源建设作为推进课程改革和提高人才培养质量的重要途径而提上议事日程，为重塑教师教育的声誉和提高人才培养质量奠定坚实的基础。

【责任编辑：陈光军】

---

① 郑灵臆. 芬兰于韦斯屈莱大学小学教师教育课程体系改革研究[J]. 外国中小学教育，2019（5）：65.

对文学概论课程混合式教学模式的初步思考[①]

曹清清[②]

（四川民族学院文学院　四川康定　626001）

【摘　要】 基于对四川民族学院文学院文学概论课程的认识以及教学经验的总结，对文学概论课程从教学目标、课程资源、教学环节、学习评价以及效果和问题几方面进行初步思考，重点在通过软件App进行学习过程的监督，落实课前预习、课内交流、课后练习拓展的各个教学环节，从而达到一定程度培养学生专业学习习惯、方式，进而提升实践能力的效果。

【关键词】 混合式；文学概论；教学模式

当前是信息化的时代，信息技术在社会生活中各方面的应用，为我们带来了便利、便捷、高效的信息化体验。根据《教育部关于加强高等学校在线开放课程建设应用与管理的意见》的精神，以及越来越时兴的在线教学技术的发展状况，高等教育专业课程的教学中也开始不断思考如何能够借助于信息技术来进行更为高效、实在的教学模式的探究。我国高等教育司司长吴岩也说："在今后两年到三年时间内，我们要下大力气建设五大类型'金课'，包括线下'金课'、线上'金课'、线上线下混合式'金课'、虚拟仿真'金课'和社会实践'金课'。"[③]这是在应用型转型的大前提下，通过合理应用信息技术有效拓展课程容量，为学生的实践能力打下较为扎实的理论基础。

文学概论课程作为汉语言文学专业的核心必修课，又是文学研究的基础性理论课程，其重要性毋庸置疑，但正因为其为理论课又是概论性的课程，因此在教与学的过程中存在诸多问题。如何处理这些问题，让这门重要的理论课程为学生所把握，进而变化成一种能力，是这门课程教学中长久以来的宏观目标。在目前"互联网+""云平台""慕课"等一系列模式的背景下，越来越多的教师和学生发现了这些模式对教学的巨大助益，因此，结合这些思路和诸多老师的经验，文学概论课程的教学也许可以探究到一些新的思路和方法。

一、混合式教学研究的情况

通过在知网上运用关键字查询，可以查到相关的研究结果。搜索主题"混合式教学"共找到16 241条结果；其中理工科类别的课程教学研究论文占比较高，这应该与应用性的直接性有关联，改变主题词为"文学混合式教学"共找到80条结果，数据的明显减少，说明在文学学科方面的混合式教学领域还有更多可以丰富和拓展的思考空间。在这80条结果中大部分是基于文学类课程教学的思考，文学理论课程的混合式教学模式的相关研究只有一篇是王博、陈倩倩发表在《兰州教育学院学报》2020年第1期的名为《"互联网+"时代文学理论课程线上线下混合式教学探究》，该研究属于陕西省2017年教育规划项目的项目文章，主要侧重于利用线上已经成型的其他高校的"金课"以及一些网络新媒体的资源来作为线上教学的主要内容，线下要求学生进行自主学习、合作学习、社会化学习等为辅助进行的混合式教学建构。

基于以上的混合式教学研究可以看出，文学理论课程的混合式教学研究目前还较少，有很大的空

① 本文系四川民族学院应用型专业综合改革试点项目"汉语言文学专业应用型转型综合改革"研究的阶段性成果。

② 曹清清（1988—），女，陕西石泉人，讲师。主要研究方向：文学理论、文艺美学。

③ 吴岩. 建设中国"金课"[J]. 中国大学教学，2018，(12)：4-9.

间来进行文学概论误程混合式教学模式的思考和建构。本文就是从四川民族学院文学院汉语言文学专业文学概论的教学具体情况出发，结合目前的文概课混合式教学的研究现状，对本专业文学概论课程的混合式教学构建进行一种初步的思考和预设。

二、混合式教学模式的初步思考与设想

2018 年，文学院曾针对应用型转型课程的建设对本院汉语言文学专业学生进行了一次调查摸底，其中有专门针对文学概论这门核心课程的调查问卷。问卷主要针对已经学习过文学概论的学生。此次调查结果显示，大部分学生在态度上是能够正确认识文学概论课程的重要性的，但是在学习效果上，大部分学生认为自己没有很好掌握理论课程的内容，并且承认考试主要依赖对教材的背诵，至于学习效果不好的原因则有，理论课程的枯燥、抽象，教学内容较多，以及教学方式中互动不强等。那么结合当时的调查研究结果，以及近两年通过学校和学院培训学习所获得的信息化教学的一些技术来看，混合式教学模式可以在一定程度上解决这样一些教学问题。

我们传统的文学概论课程教学主要以教师课堂的讲授为主，虽然也辅以课前预习、课中讨论、课后查资料等环节，但是过程管理存在很大的难度和盲点，而这些课前课后的学习环节以及考查完全可以借助于线上的软件或者教学云平台来进行，数据的管理还能起到监督和评比的作用，会有助于激发学生的学习主动性。因此，我们对于文学概论课程混合式教学模式初步思考的结果是以线下的教师讲课为主，辅助以线上教学平台所提供的信息化功能的课前课后教学活动模式，更加立体化的建构理论课程。

（一）课程教学目标的思考

根据教学设计的基本常识，教学设计应首先应在学生学情和教学内容、教学情况的基础上确定教学的目标。

从学情来说，本校文学概论的教学对象主要是汉语言文学专业大一学生。大一同学的优势在于学习态度的认真端正，刚刚经历了高考的磨炼，学生们在学习态度和学习习惯上都优于高年级学生，但是劣势也是相对明显 首先是经典作品阅读量不足，对于文学缺少体验和感受，所以在接受理论学习时很难用经验去联系；其次，中小学的语文学习方法不再适用于大学专业理论课程的学习；再次，有别于中小学的过程管理，学生对学习的主动性欠缺。

从教学内容、教学情况来说，教学内容主要围绕马工程的《文学理论》来进行，需要教师将其中涉及的有关文学的问题进行梳理和归纳，将文学概论归结为五大需要学生学习把握的任务，分别是文学本质论、文学发展论、文学作品论、文学创作论、文学接受论。从这五个角度入手，将文学概论的课程贯穿起来；根据前两年对学生情况的调研可以发现，目前的教学方式是主要依赖教师讲授的方式开展教学，教学内容较多，教学时间不足，课下教学效果巩固较难，教学评价手段单一。

结合以上分析的问题，那么对于文学概论课程混合模式教学的目标就主要界定为，学生能够自主用专业思维阐述专业概念，分析基本的文学问题。

（二）课程教学资源的思考

混合式教学模式的主要特点在于通过整合线上学习和线下学习的优势来为课程教学服务，因此，课程教学资源主要来自两个方面。

1. 线上教学资源

线上的教学资源是非常丰富的，特别是在国家大力倡导教育信息化的情况下，线上的优质课程教学资源不断涌现，例如在王博、陈倩倩的文章中就提到“在互联网+高等教育的背景下，中外许多知名高校相继推出不同形态的文学理论在线教育精品课程，文学理论的教学资源主要集中在五大平台，即精品课、爱课程、网易公开课、超星公开课、中国大学 MOOC 等。”①这些教学资源很丰富，门类

① 王博，陈倩倩.“互联网+”时代文学理论课程线上线下混合式教学探究[J]. 兰州教育学院学报，2020，36（1）：63-66.

也齐全，可以满足文学概论本科教学的线上教学需要。除了诸多的优质课程以外，中国知网也是很重要的专业学习线上资源中的一种，学生可以通过对专业论文的感性体验逐步向理性认识过渡。因此，以上课程的内容和中国知网论文是完全可以通过文学院文学理论教研团队的筛选，从而成为文学院文学概论混合式教学的线上资源的，当然，基于学习通的云学习方式，授课教师团队也可以逐步丰富自己的云学习线上资源。

2. 线下教学资源

线下教学资源是主要以教师的课堂教学内容为主，加上学院图书馆的图书理论资料。对于线下资源的建构应该是文学概论课程团队老师们重点打造的部分，目前主要是初步的思考。首先在教师课堂教学的内容上，应该注重逻辑性和循序渐进性，这样有助于学生的逐步入门和接受。

从人类的认知模式来说，总是先从感性具象的认知到理论抽象的总结，所以在开课学期首次教学内容上，不应该直接进入课程的学习，而应该先让学生懂得什么是理论，理论和我们的生活和我们的人生有怎样的关系，并且应该将大学四年的文学理论相关的课程体系进行一个介绍。有助于学生对于学习状态的预知和心理准备。在正式教学的过程中，为了让学生的文学经验和理论课程能够尽快结合，教师团队要对中小学课文特别是高中语文课当中的经典篇目进行整理，挑出其中可以用来进行与文学概论相结合的篇目，作为课堂教学中的重要文本资源。同时，文学理论书籍书单的开列和整理，也是重要的线下教学资源，方便学生自主学习探究时在图书馆查找资料。另外，每一学期文学概论课程教学过程中学生所提出的问题也可以做一个整理，以这个资料为依据来构思文学概论课程教学重难点的不断厘清和完善。

（三）课程教学环节的初步设计

课程教学环节初步设计为以下几个环节：课前预习思考、课内学习交流、课后阅读、反思、练习、课后师生交流。其中课前预习思考、课后阅读、练习、师生交流都可以依托线上方式进行。

1. 课前预习思考

以前的传统课堂，教师虽然有布置课前预习的任务，但是此项学习任务很难真正落实，也无法进行有效地监督和管理。线上线下的混合思路可以很好地解决这一问题。教师可以通过学超星学习通App进行网络建课，要求学生加入课程，并在每次课前发布预习的任务内容和思考问题，做成任务点，通过时间限制来进行预习任务的落实和监督管理，其中预习的内容大致设计为教材相关章节，优质线上课程的相应章节，以及一些相关的参考书和论文等。并且教师也可以通过疑问区的留言问题，对学生的预习情况有一定把握，进而成为课堂教学的重要依据，使线下课堂更具有针对性。

2. 课内学习交流

在传统课堂当中，学生往往没有课前预习、复习，也没有阅读相关资料文献，因此上课是具备盲目性的，课堂中的交流环节也较为流于形式，因为没有准备的情况下，对于专业问题的现场思考是很难有深度和拓展意义的，因此，教与学的互动，以及以学生为中心的应用型转型就很难落到实处。但是有了线上信息化工具的加入，课内学习时教师依据学生的预习情况，对于重点的概念和原理、难点进行解读，排除盲点，并对学生预习当中所遇到的问题给予指导。同时，可以组织学生根据预习当中的某一问题展开讨论，由于有了课前预习的过程性监督和管理，因此学生在讨论之前都一定程度地对某一专业问题有了一定的知识视野和思考时间，因此，讨论的有效性和实效性应该会有很大提高。而且在讨论过程中，依托学习通App，教师可以针对学生讨论的情况和表现进行平时成绩的加分和评价，高效进行过程管理。另外，通过App进行考勤，有效节省了课堂时间，使教师教学时间更充分。

3. 课后阅读、反思、练习

传统课堂的课后任务安排通常只能以简单的作业形式进行，样式较为死板，而且学生人数众多，作业批改压力大，并且反馈也不及时。而且人文学科的学习必须依赖于大量的阅读，有一定的积累，才可能有基础去谈创新和创见，所以阅读专业书籍特别是阅读原典，是特别重要的高校自主学习的内容。正如徐贲先生所说原典“可以让学生们接触到许多在人类历史上积累的东西”①，即那些“人类在不同群体生活中形成的源远流长的传统、记忆、经验、教训，积累成为一种共同的被称为是‘智慧’的普适性知识。”在混合式教学模式中，这些问题仍然可以通过学习通 App 来解决，通过设置课后学习任务点，来督导学生完成课后学习、反思问题的回答等，通过设置章节测试来进行课后练习，并可以自动批改。在文学概论课程的教学中课后理论书籍的阅读是特别重要的，因为文学概论是一门概论课，只是对一些基本问题的简单介绍，要真正深入理解文学问题，必须依赖其他文献资料甚至原典的阅读和学习，这样才能有效拓宽学生视野和思路。

（四）课程学习评价方式

在教学问题上，课程教学评价方式是最为棘手的问题，如何才能通过评价体系有效、准确、公平地对学生学习情况进行真实反映是其中最为重要的一环。目前文学概论课程的评价手段较为单一，主要依赖平时的课后作业和最终的期末考试来进行，而这样的评价方式确实带来很多负面的结果，比如学生死记硬背的学习方式，只知道教材内容的知识储备等，这些问题都非常影响应用型转型的步伐，也极其影响专业思维的锻炼和学生专业实践能力的提升。因此文学概论课程的学习评价体系还需要更多深入和长时间的思考。不过，基于混合式课程教学模式的思考，在一定程度上已经给文学概论课程学习评价方式的改变带来了希望。通过对过程管理的监督和设计，大部分学生可以在专业知识和思考上有所准备和积累，那也就意味着可以在此基础上展开更为开放和多样的评价方式。

1. 平时成绩的转变可能

平时成绩不再依赖于简单的作业考查，而是可以通过混合式教学模式的构想，根据学生任务点完成度、参与讨论的情况以及回答问题、平时测试的情况，快捷高效地对学生进行更为全方位的评价，信息化手段计算合计的情况下，可以使学生平时成绩的评价更为公平和全面。

2. 考核方式的转变可能

课程教学的考核方式不仅是做试卷考试如此单一化，由于学生整个学习过程的变化，学习容量和方式的转变，考核方式应该以更贴近考核对理论和概念的理解力入手，强化突出理论联系实际的能力。题型的设计可以以考查学生理论阐释能力和联系理论解释分析文学现象、文学文本为切入点，评价标准则跳出教材的框架，重点关注学生的知识储备量情况以及逻辑论证能力和思维的能力，从考核的转变上进一步改善学生死记硬背的学习方式和纯粹应试的心态。

三、混合式教学可能的效果及问题

混合式教学是一种利用互联网技术的新型教学方式，这种教学模式很好地整合了线上线下的优势，更有利于围绕以学生为主体的教学理念的实施。文学概论课程的混合式教学模式的建构，目前还只是初步的思考和设想，基于超星学习通和其他网络资源课程为依托的混合式模式，应该会有助于培养学生对文学概论课程的兴趣和主动性，同时学生应该也会在具备过程管理监督的模式下一定程度地具备主动性，能够拓宽自己的知识视野，增强思考问题的动力以及联系实际的能力。但是因为是对课程教学的初步构想，所以肯定还会存在很多问题，比如，学习资源的版权问题，学习资料的搜集问题，专业参考书籍是否足够，以及学生个体差异的问题等，这些问题都还需要进一步的思考和研究。

【责任编辑：叶晓彬】

① 徐贲. 阅读经典：美国大学的人文教育[M]. 北京大学出版社，2015.

对网络与新媒体专业影像类专业课程内容的思考

——基于列夫·马诺维奇的新媒体理论[①]

丰 杰[②]

（四川民族学院文学院 四川康定 626001）

【摘 要】 按照本雅明的媒体理论和列夫·马诺维奇的新媒体理论，传统媒体是复制，而新媒体是呈现。新媒体与传统媒体的不同主要表现在用户的关系、数字合成和空间蒙太奇。对于影像类专业课程的教学而言要面临着互动式电影、数字电影和空间蒙太奇的挑战。

【关键词】 新媒体；互动式电影；数字电影；空间蒙太奇

麦克卢汉认为媒介是人的延伸。他肯定了技术力量对信息的传播所具有的革命性影响。本雅明认为这种技术力量的影响在信息传播中表现为复制。“学生们在艺术实践中进行仿制，大师们为传播他们的作品而从事复制，最终甚至还由追求赢利的第三种人造出复制品来”。[③]在本雅明看来，复制的手段依据时间的逻辑依次为铸造和制模、印刷、照相摄影和电影。

随着互联网时代的到来，特别是一系列新媒体的兴起，人们对于复制理念有了更多的思考。列夫·马诺维基在《新媒体的语言》中将复制手段统称为模拟。他认为这只是一种让观众完全沉浸于虚拟世界的技术手段。在当下网络时代，这种技术手段是新媒体，它在信息传播中的表现为呈现。呈现是指各种屏幕技术。这种技术用来实现交互界面。马诺维基提出关于新媒体的法则：数值化呈现、模块化、自动化、多变性、跨码性。[④]

一、作为模拟的传统媒体

1822年，涅普斯把首次通过日光作用获得的影像记录在玻璃和金属上。19世纪30年代末期，路易·雅克·芒戴·达盖尔首次成功地发明了实用摄影术，宣告摄影的诞生。1895年，法国卢米埃尔兄弟在巴黎用自己研制的放映机放映拍摄的电影作品，这被公认为电影的开始。但是电影真正成熟是在格里菲斯之后。因为从格里菲斯开始，街头杂耍成为新兴艺术。电影诞生以来，用电影的方式观看世界、构建时间、讲述故事成为人们认识世界的基本方法。这种电影感知的表现特征就是模拟现实的屏幕。在新媒体到来之前，普通观众只会看懂屏幕而不会使用屏幕。传统的影像类专业课程的核心就是教会学生如何使用这个屏幕去模拟现实，通过屏幕让观众完全沉浸在它呈现虚拟的世界中。这个屏幕的特性就在于它是一个矩形的平面。而且人们只能从正面观看它。它把观众相对固定在一个位置上。它存在于人们日常的空间中。比如说我们看着一张照片，不需要在专门的空间里进行观看，而更多的是由我们的身体所在的空间。同时这个屏幕也是可进入另一个空间的一个途径，因为，屏幕呈现的空

① 本文为四川民族学院校级应用型示范课程——流媒体采编（项目编号 sfkc201744）研究成果。本文为四川民族学院校级教改项目“基于应用型人才培养的视听语言课程体系和教学手段优化的研究与实践”（2017xjjg46）研究成果、本文为四川民族学院 2020—2021 线上线下混合式一流本科课程“视听语言”研究成果。

② 丰杰（1980—），男，山东日照人，讲师。研究方向：视觉传播。

③ [德]本雅明. 机器复制时代的艺术作品[M]. 中国城市出版社，2002：81.

④ [俄]列夫·马诺维奇. 新媒体的语言[M]. 贵州人民出版社，2020：27-44.

间就是对常生活的模拟。如果说照片只是静态地模拟现实的话，电影的到来，使屏幕变得动态起来。屏幕显示的图像会随着事件发生一系列的变化。如果说屏幕代表着镜头的话，电影是由镜头组成的，从《火车进站》只有一个镜头，到《一个国家的诞生》中蒙太奇的成熟运用。库里肖夫效应证实了把不同的时间、空间通过蒙太奇的方式连接起来，创造一个具有连续性的时空幻觉。这种将不同现实连接，形成时间上连续的片段的蒙太奇，马诺维奇称之为时间蒙太奇。他认为这种蒙太奇为虚拟空间创造了一种存在感，即它具有吸引观众的力量。虽然这个屏幕在现实生活中只是作为一个尺寸有限的窗口出现在观众的生活空间中，但观众被屏幕上的影像吸引，全神贯注地注视着屏幕，聚焦于屏幕上不同现实的连接，而忽视了屏幕之外的现实空间，观众暂时搁置怀疑。所以观众在看电影时，以两种方式进行观看：第一种，通过目光的形式，观众认同屏幕，认同摄影机，目光与摄影机相连，随着摄影机的运动而运动，每一个镜头的变化，都代表着一个虚拟时空的变化；另一种方式是这种观看要求身体一动不动，甚至忘记了身体的存在。

二、作为呈现的新媒体

在《新媒体的语言》中，首先，马诺维奇认为新媒体观众是可以移动的。这里的移动是指观众参与屏幕叙事。例如现在手机上都具有的美颜功能。当一个人用手机对一个人拍摄时，他想讲述关于这个人的故事。他把这个人按照自己的方式复制到屏幕中去，通过选择不同的美颜模式，可以根据自己的意愿修改图片。如果说拍照是一种对对象的复制的话，通过选择不同的美颜模式修改影像，就是呈现，而且这种呈现建立在预设的模式上。就像 Photoshop 软件或者相机上不同的滤镜一样，允许用户通过一定的预设模式修改屏幕中的影像。

其次，由预设模式，马诺维奇提出数字合成的问题。之前的影像必须由实景搭建后拍摄得来。现在，通过专业的合成软件，就可以将一系列的运动影像或者图片组合起来，构成整段影像。通过数字合成的影像看起来像是发生在真实时空中一样，模仿了传统的电影镜头。数字合成成为一种普遍性的操作后，它对应的是选择。这时的影像来自不同的对象、不同的元素，制作者要将这些不同的元素、不同的对象整合到一起。所以这个过程应该是先选择，再合成。再进一步说，数字合成对时间蒙太奇提出了挑战。数字合成可以实现连续性美学：从开始到结束不需要进行剪辑。比如在电脑游戏中，特别是枪战类的游戏中，主人公从任务开始到任务结束，他的时间和空间是连续的，不会出现断裂。

最后，这种蒙太奇以空间序列取代时间序列，可能涉及一系列的图像。这些图像大小各不相同，比例也不相同，在同一时间出现在屏幕上。这些图像之间存在由导演或者制作者决定的逻辑关系，马诺维奇称之为空间蒙太奇。例如由 20 余位导演拍摄的电影《巴黎，我爱你》，电影是由 18 个故事构成，发生在巴黎 20 个街区里。这部影片的空间是电影的虚拟空间，也是观众的真实空间，这 18 个故事之间没有叙事关系，每一个故事可以单独成为一个故事；导演们将这些故事呈现在同一个屏幕空间中，形成一个叙述不同事件发生在不同时间，它们也被描述在同一个屏幕中。

三、影像类课程授课内容的演进

影像类课程所面对的对象是叙事电影。叙事电影为了让观众看懂而形成了关于电影的一套法则。麦茨曾做过比喻：“任何讯息……如同电影，就变得像一条大河，它的河床不断变动，沉淀成一连串的岛屿，……无法对抗产生它们的主流，……电影也是如此，然而这些非主流的东西存在着，而且反复出现，形成某种句法的章程，……变成一种电影专门使用的语言。”[①]同时根据观众的观看体验，这些法则也在不断地演进。面对新媒体，影像类课程所面临的挑战表现为如何处理叙事与观众参与的关系？如何处理数字合成引入叙事的问题？如何使用空间蒙太奇进行叙事？

首先，面对观众参与叙事的挑战，屏幕变成交互界面，用户根据影像内容可以做出自己的选择。

① [法]克里斯蒂安·麦茨．电影的意义[M]．刘森尧，译．江苏教育出版社，2005.

影像根据用户的参与，提供不同的叙事。这就是交互式电影。电视剧《黑镜：潘达斯奈基》就是这样一部影片。影片讲述的是一个程序员将一部小说变成一部游戏，但在这个过程中虚拟和现实无法分开的故事。这个故事内容本身即意味着用户体验过程的改变：小说只需要读者进行阅读并进行理解，而完成游戏，则需要用户主动参与到游戏的进程中去，用户的不同选择对应着不同的结局预设。同样，该影片要求用户不仅仅是观看影片，还要求用户在观看过程中主动做出选择。该影片形式上有两个时间长度：90 分钟和 312 分钟。90 分钟观众的观看时间，312 分钟作为电影的交互时间。影片通过预设的几个模块，根据观众的选择，进行不同的组合，最终形成 5 个不同结局的故事①。在新媒体环境下，影像类课程的对象还是叙事电影。但这里的叙事电影是指需要满足不同观众选择的，具有不同的观看方案的电影。

其次，如果说交互电影是关于屏幕与用户的思考，那么数字合成则是对媒体介质的挑战。作为模拟的影像通常存储在胶片或者底片上。这些影像是对时间和空间的模拟。模拟完成后只需通过化学反应清洗出来即可。对于数字合成来说，影像是通过相关的软件在计算机生成的照相现实主义。人们可以使用相关的图像软件（比如 Photoshop）修改单张图片的局部或者整体，可以通过一些影像软件（Premiere 或者 AE）对影像进行剪辑、变形、缝合等等，创造出逼真的影像，甚至使人忘记可能相关的拍摄根本没有发生过。所以对数字电影来说，首先意味着并不是所有的影像都是在现实中拍摄完成的，现在人们可以通过相关的软件，在计算机中生成如同真人拍摄的场景；其次，之前真人拍摄的影像会完整保留下来，而现在，真人拍摄的影像只是一个原材料，用来进补的合成，比如一张照片在 Photoshop 中可能仅仅保留其中的人物，其他全部被“抠”掉，替换成另一张照片中的影像或者软件自身提供的影像；最后，之前的真人拍摄的影片中，剪辑和特效是相互独立的。数字电影则改变了这种区别。现在通过计算机的非线性剪辑和后期软件，可以在剪辑过程中，把特效复制和粘贴给所有的影像。在时间线上可以完成对影像段落关系的任意排列，在空间窗口中完成对不同影像的合成，或对某个影像部分进行修改。

最后，空间蒙太奇试图通过空间序列来取代时间序列。首先，时间序列注重的是画面与画面之间的连接，比如剪辑技巧中运动方向、动接动、静接静、静接动、轴线等，试图建立起一个时间上相对有序的叙事。时间序列的剪辑原则要求相邻两个画面之间的某些元素是共同的。而空间蒙太奇伴随着电影银幕变成显示屏，屏幕的分辨率不断提升，屏幕上所有元素可以清晰显示。在空间蒙太奇中，信息密度成为思考的对象。在电影《一次航行》中，有些镜头使用了多达 1600 个独立图层；其次，对于时间蒙太奇来说，拍摄时景深的问题不可避免，近景与远景在视觉上存在什么关系；同时还存在对焦点的问题，清晰与模糊在视觉上存在什么关系。在空间蒙太奇中，由于有足够的信息密度，可以确保前景与背景保证足够的信息密度，可以保证全部影像的清晰度。

四、结语

在计算机时代，影像已经从传统的对现实单纯复制转变为对现实呈现。在这种改变过程中，与用户之间的关系发生了改变，用户由叙事完后的欣赏，转变为影像的叙事的参与；影像本身也发生了变化，影像由胶片转变为数字，影像由整体不可改动转变为成为数字合成的原料之一；影像叙事也发生了变化，由线性的时间蒙太奇转变为空间蒙太奇。对于影像类教学内容来说，面临着互动式电影、数字电影和空间蒙太奇的挑战。

【责任编辑：田应国】

① 李超凡. 5 小时，5 个结局，自选剧情，这部神作把电影做成了游戏[EB/OL].（2018-12-30）. https: //www.ifanr.com/1155157.

民族高校美术学专业特色线上课程培育与建设的思考①

皮新菊②

（四川民族学院美术学院　四川康定　626001）

【摘　要】　以就业方向为导向，结合甘孜藏族自治州美术资源优势，加大美术学专业地方性文化课程涵养量，提高美术学专业学生文化涵养，提高美术学学生专业水平和质量；增加本土民族美术实践课程比例，提高学生对本地文化的素养。为适应线上课程学习的潮流，线下民族特色课程培育与建设，为美术学民族特色课程线上建设奠定基础。教师现代化信息技术的掌握与团队的建设都是至关重要的，结合民族特色课程线上课程的建设，争取打造成为地方高校特色专业课程中的亮点。

【关键词】　美术学；民族特色；课程建设

新冠肺炎疫情期间“停课不停学”的网络课程，迫使各高校美术学专业教学与现代信息技术进行融合，选择适合自己专业学习的上课学习方式。四川民族学院位于四川省甘孜藏族自治州，民间美术资源非常丰富，对于高校美术学专业课程建设的特色发展有着坚实的基础。利用资源优势，结合现代信息技术开展特色线上教学，具有一定的优势。因此，美术学专业形成自身特色，加强信息技术现代化技能，提高教学质量，在传统中创新，提高毕业生就业竞争力，成为民族高校以就业为导向的美术学专业教学改革方向。

一、美术学专业教学现状

（一）传统教学课程设置与就业方向的不合

当下美术学专业面临着诸多不易，据麦克思研究院大学生就业报告显示，美术学专业在就业中一直是红牌专业。综合性高校中美术学教学基本上受传统教学模式影响，按照培养画家的模式设置理论与实践课程，临摹学习传统技法，综合性地方高校美术学专业毕业生中选择当职业画家的凤毛麟角，课程培养目标、人才培养方向与实际就业方向不符。传统就业还有美术教育、美术研究、文博艺术管理等，这些职业也快成饱和状态，毕业生人数的增多使美术学传统就业形势严峻。其次，经济转型中美术学专业毕业生毕业技能水平与市场需求的人才存在差距，传统美术学专业的培养课程设置与就业方向出现一定偏差。③现在美术学专业相关就业出现多元形式，可以任职于本土偏远农村中小学教育、幼儿与儿童美术培训教育、基层美术机构、私立美术馆等，加之近些年文化产业的发展，美术学专业学生就业出现了一些不局限于传统就业方向的职业。

2019 年李克强总理在创新创业会议上要求促进高校毕业生就业，美术学专业课程建设须与就业方向一致，提高美术等专业毕业生就业率。课程设置需要进一步调整，适应市场就业需求。甘孜州、凉山州等地的经济发展相对较慢，中小学美术教育和培训暂时还有一定的空间，而针对地方性的课程很少，地方文化认识的缺少，是课程设置的一大缺陷。

---

① 本文系 2019 年四川民族学院校级教学改革项目“美术学专业课程与实验室、易班平台深度融合的研究与实践”和 2020 年四川民族学院校内资助孵化项目“康巴噶玛嘎孜唐卡画派艺术传承与发展研究”的研究成果。

② 皮新菊（1986—），女，湖北恩施人，专职教师，讲师。主要研究方向：高等教育、民族美术。

③ 李巍. 对接市场需求的高职美术课程改革[J]. 美育美学研究，2019（31）：114-115.

（二）美术学专业线上教学的现状

当下高校美术学专业主要采用的还是线下课堂教学，部分高校出现了如“书法”“写意花鸟画”“水彩”等在智慧树、大学慕课等平台的线上课程，而四川民族学院美术学专业利用网络平台进行线上教学还没有，教育手段的更新，提高专业竞争力与教学质量，美术学专业线上课程的培育与建设是需要的。

四川民族学院美术学专业要成为地方民族高校中的特色专业，就需在传统中创新、立足地方，结合甘孜州美术资源优势，成为民族地区有特色的专业，进一步完善地方文化、美术相关课程的线下建设。接下来从线下培育的优秀藏族聚居区美术特色课程中选择，进一步推广成线上课程，成为四川民族学院与美术学专业的特色课程，循序渐进，向高质量发展实践教学方向发展，进一步提升美术学专业实践教学与应用研究型质量。

二、地方文化融入美术学专业教学课程，加强民族高校特色课程建设

四川民族学院学生生源地主要来自本地或邻近地区，毕业生毕业后大多回到家乡，民族美术特色课程能加强学生对地方环境的适应和感情的共通。当下地方高校美术学课程主要以中、西主流画种中的中国画与油画为学习重点，课程设置中民族地区特色优势不明显。

在教师资格认证背景下，美术教育就业方向显得很突出，美术学专业人才培养方向为适应中小学美术教育教师培养需求，学科方向为适应教师资格认定工作及就业，增加了美术教师资格培养方向的课程或课时，如“手工课”“讲课训练”“学科教学法”等。但美术史论课和实践课中地方性内容设置就很少。一方面，《九年制义务教育全日制中小学美术教学大纲》明确指出，对中小学美术课程中教学内容选择的原则有：“要贯彻理论联系实际的原则。按 10%～20%的比例补充乡土教材，以反映当地社会与经济发展的实际。”另一方面，“教学内容应体现民族特点，充分发扬我国民族、民间优秀的艺术传统，增强学生的民族自豪感。”理论联系地方实际与发扬民族特色，要求美术学专业本科课程设置中涉及本土社会、经济、文化艺术内容，提高中小学美术教育的老师对本地文化的素养。

在校的美术学本科专业教学中涉及甘孜藏族自治州的文化及艺术很少，学生对本土文化的感觉陌生。如 2017 级美术学专业学生没上过本土美术相关课程，2018 级只开设了“藏族图案设计”和“传统唐卡技法”，涉及的本地民族地区特色内容不多。教师、学生不熟悉地方文化历史，民族美术认识不深入、不广，美术课程与本地区民族美术关联度不高，高校美术教育与当下民族美术发展现状和实时信息无法衔接，学校培养的毕业生对地方环境不了解，适应就会增加困难，为此提出以下建议。

（一）增加美术学专业地方性文化课程涵养量

艺术创作要靠丰富的阅历、眼界、人文关怀和诗般的情怀，通过“自然”联想、转换成创作。重实践轻理论是当下各综合性大学美术学专业都存在的现象，注重实践能力的培养，导致学生眼界不高，受网络快餐影响，作品内涵缺少人文关怀、诗境或新意。提高文化素养，激发学生文化研究，提升艺术涵养，有利于提高学生的主体性创作意识。①地方高校立足地方，深化民族民间特色文化发展，增加地方性文化课程，提高美术学专业学生文化涵养，能提高美术学学生专业创作水平和质量。

四川民族学院作为甘孜藏族自治州唯一的地方性大学，有其民族地区文化优势，美术学教学中除中外美术史、艺术概论等常规理论课程，可开设本土地方特色的文化课程，如康巴传统文化研究课程。甘孜作为康巴文化的重要组成部分，学习甘孜康巴藏族聚居区自然文化、历史发展、民族文化、宗教文化、民间社会文化等，培养学生理解甘孜自然、历史、文化价值，理解民族精神文化内涵，培养学生深入思考和利用地方文化特点，丰富学生对康巴藏族聚居区的人文底蕴的认识，增强民族自豪感。再如甘孜民族美术课程，甘孜州人文荟萃，美术类型丰富多彩，有玛尼石刻、唐卡、服装、家具、建筑、泥塑、面具、雕刻和手工艺品等，结合科研力量，开展相关地方民族美术课题，增加学生研究深

① 刘东方. 地方高校美术学专业教学课程改革模式研究[J]. 美术教育，2019（1）：84-85.

度，提高学生科研能力与水平，提高整体素养。使学生了解甘孜本土美术发展历史、形式、技艺、审美，理解甘孜州美术人文、历史、自然内涵，认识多民族国家地方的少数民族美术瑰宝，从而培养学生思考并利用地方文化特色创作出独特的、有文化内容的艺术作品。

（二）增加美术学专业地方性美术实践课程比例

优秀民族民间文化进校园，是文化传承与学校内涵建设的双重需要。四川民族学院地处甘孜藏族自治州，本土美术文化种类繁多，美术中的绘画、雕塑、工艺品、建筑、服装、书法等都囊括其中，绘画中有唐卡、壁画；雕塑中如摩崖石刻、石窟、玛尼石刻、“让炯”石刻等；手工艺品如“擦擦”泥塑、“酥油花”捏塑、藏面具、木碗、黑（土）陶、金银器、木板雕刻、藏印、编织、家具的木雕彩绘等；建筑中的藏房、帐篷；服装里的藏服、饰品、刺绣等。①藏族美术中蕴含着诸多民间美术课程，手工课或其他实践课里融入以上民间美术内容，增加地方性美术实践比例，学生能接触到民族文化精髓。

四川民族学院美术学院的美术学专业部分课程在教学中进行了积极的尝试，与地方文化相结合。如鱼通官寨写生与考察：把山水画、人物画搬到室外，表现鱼通藏寨藏建筑特色，亲历时代发展中的藏汉交融，与当地居民交流，熟悉当地人文，寻找兴趣，挖掘民族文化资源。素描课——泸定桥博物馆红色文化：美术实践教学与思政课结合，把素描课程搬到红色文化泸定博物馆，了解红军长征历史与实物参观，亲身体会“飞夺泸定桥”的险境，利用地方红色文化内涵，艺术创作中融入人文情怀，其内涵得到提升。深切感受国家历史，增强当代大学生民族使命感、爱国情怀。这些课程都是值得借鉴的例子，增加美术学专业地方性美术实践课程比例，对美术学民族特色实践课程的建设是有意义的。

传承民族特色文化产业技术的教学课程建设，属于创新创业实践课程。当下文化产业发展提升，民间地方工艺创意基地的发展，立足地方培养文化创意人才，拓宽了美术学专业的就业方向。②甘孜州藏族绘画、生活用品与旅游手工艺品等，为民族特色文化产业相关课程奠定了基础。美术学课程设置需要从传统教学向应用技术型转变。本土化教育人才培养与本土文化创意产业结合，对地方民族高校美术学专业定位、就业都有指导性方向，相应的课程设置就得跟上步伐，如地方文化理论课程、地方美术实践与考察课程等，增加学生地方实践，为融入地方环境打下基础，实现应用型民族本科专业定位。

民族特色理论文化课程、实践课程与文化创意实践课程的建设加强，才能为民族特色美术课程线上培育与建设打下基础，一步一个脚印地循序渐进，成为民族地区特色专业建设的亮点。

三、美术学专业民族特色线上课程建设探索

疫情后，网络平台线上课程学习的重复性，与互动、作业布置功能，受到学生的喜爱，拓宽了当代教师教学方式，也符合网络时代的教育发展潮流。当下高校美术学专业主要采用的还是线下课堂教学，部分高校出现了如“书法”“写意花鸟画”“水彩”等在智慧树、大学慕课等平台的线上课程，四川民族学院美术学专业还没有利用网络平台进行线上课程建设。“传统唐卡技法”课程的线上课程建设处于探索阶段。所以，随着教育手段的更新，为提高专业竞争力与教学质量，美术学专业线上课程的培育与建设是必要的。

（一）民族特色线上课程的团队建设

美术学专业线上课程需要地方特色和具有优势的课程展开线上培育。为增强课程线上质量，教师团队建设很重要，教学研讨开展统一备课，团队的力量能提高课程质量，集中优势力量，发挥所长，取长补短，完善各位教师线上课程设计、教学方式等，集中优势资源与各自经验建设线上课程，团结

① 康·格桑益希. 藏族民间美术[M]. 文物出版社，2015.

② 史世任，刘小莲. 文化产业背景下美术学应用型课程体系改革实践[J]. 江西青年职业学院学报，2016，26（3）：94-97.

一心打造，团队的凝聚也很重要。

（二）实践课程线上线下的结合

疫情期间，对于实践性强的美术学专业实践课程受到很大的影响，学生的实践课程学习质量不高，学生反馈不佳。主要原因在实践操作部分，学生在家与教师语言、文字沟通不直观性。线上课程的优势在于知识的重复性学习，知识点细化处理更清晰，网络操作的方便性和趣味性等，美术学专业理论课程部分与实践课程中的理论与示范课程部分，运用线上形式是有优势的：学生线上提前预习，节省课上时长，提高了学习效果；简短精悍的微课与线上问题的回答，提高了学生的自学能力，优于“满堂灌”式的教学模式。只是美术学专业实践课程的实际操作部分，必须结合线下课堂指导方式进行，一对一地针对学生实际进行示范与纠正，这种结合，补充了学生对线上实践性示范课程理解的不足，在实际操作过程中的任课老师也能直观地发现，并指导学生改正。因此，美术学专业实践课程线上与线下相结合，效果更佳。

（三）提升教育技术素养

当下线上课程建设与信息化教学应用，信息技术的掌握是关键，提高教育信息技术素养迫在眉睫。微课、慕课的制作，线上教学中的课堂抢答、头脑风暴、随机点名、多媒体技术运用等，都是对教师技能的一个个考验。如微课制作需要电脑、麦克风、视频编辑软件、字幕编辑软件、格式转换器、录频软件、音频编辑软件，微课制作形式、风格的技巧等都需要教师一一掌握。线上课程中课程计划、学生管理与评价、课程质量、结构等，提高了对教师的要求。[①]“传统唐卡技法”线上课程才刚开始处于探索建设阶段，以项目为依托，有经费进行视频软件的制作，争取早日打造出示范课程。后期，线上课程建设的课程增加及普及，就要求教师软件操作的自我学习和掌握。

课程开展前，团队需要开展教育信息化技术培训，学习统一风格的微课制作软件，学校辅助配套了录制音频、视频的硬件设备。让教师运用音、视频编辑软件，学习收集相关学习资料用于知识拓展和补充，因此为适应时代发展，教师要树立终身学习知识与更新技能的理念，不断成长，不断完善教学。

总之，立足地方，建设美术学专业民族特色课程，是地方高校美术学专业发展的方向。美术学专业课程与现代信息技术融合不够，线上民族特色课程的建设还需我们的努力与实践。在信息化技术快速发展的今天，教师的职业要求教师具备更新知识、提升技能的素养。

【责任编辑：唐明钊】

① 汪磊，魏伟. 基于学生核心素养培育的新冠肺炎疫情下教师角色探析——以“大学生心理健康”课程线上教学模式为例[J]. 中国医学教育技术，2020，34（5）：543-547.

教育信息化背景下高校教师教育课程教学改革的思考[①]

江　全[②]

（四川民族学院教育科学学院　四川康定　626001）

【摘　要】　实现教育现代化和推进教育变革需要先进的现代教育信息技术作为强大推动力。教师教育课程是体现师范性特别鲜明的课程门类，对师范生教育理论素养和教育实践能力的培养至关重要。师范类专业认证、教师资格国考以及教育信息化浪潮倒逼教师教育课程教学改革。教育信息化对师范院校教师教育课程教学改革既提出了挑战，同时又带来了机遇。作为教师教育课程教师，要从提高认识、更新观念、提高使用教育信息化技术能力、重视教学设计与实施、探索新型教学模式等策略入手开展教学改革，积极适应教育信息化。

【关键词】　教育信息化；教师教育课程；教学改革；策略

党的十八大以来，我国高等教育改革朝着注重内涵建设，切实提高教育质量的方向发展。高校人才培养质量关系着党和国家事业发展，是高等教育改革与发展过程中必须抓紧抓实的根本性问题。将先进的信息技术与学科教学深度融合，不断改革和创新教学方式，通过教学主渠道实现人才培养质量提升。为大力推进教育领域信息化建设，逐步实现教育信息化目标，国家出台了《教育信息化十年发展规划（2011—2020 年）》《教育信息化 2.0 行动计划》和《中国教育现代化 2035》等政策文件。毋庸置疑，教育信息化已是当今世界科学技术在教育领域应用的必然要求，是新时代条件下教育改革与发展的必然趋势。教师教育课程历来是师范生在校必须学习的重要内容，也是师范生树立职业理念，提高职业道德，获取职业资格，促进职业发展的重要课程。教育信息化时代，我们必须正视教师教育课程课堂教学面临的一系列挑战，积极迎接信息化，努力打造与整合优质教学平台，积极促进线上线下教学融合，既帮助学生获得教师教育专业知识与技能，又获得从事教师职业的资格。

一、教育信息化给教师教育课程课堂教学带来的冲击与挑战

随着科学技术飞速发展，信息科技变革加剧，信息化浪潮遍及全球，给各行各业带来了不小的影响。教育要改革，教育要实现现代化，必须紧跟科技发展的时代步伐，积极应用最新的教育信息化技术和成果。互联网技术与教育的深度融合催生了众多的教育信息化平台，产生了适应信息化学习的教育产品。经过近十年的建设，我国教育信息基础设施日趋完备，互联网几乎进入每一所学校，数字校园、智慧校园的建设为学校的学生管理、教学运行、网上办公、数字迎新等工作提供了便捷，但也对教师教育课程传统课堂教学带来了冲击。

（一）对教学内容的挑战

传统的教师教育课程课堂教学内容仅限于纸质课本，容量相对有限，即使教师拓展教学内容，也因受课堂教学时间的限制而无法实现大面积拓展。学生在一堂课里接受到的信息非常有限，无法在短

① 本文系 2018 年四川民族学院教改项目“教师资格国考背景下教师教育课程建设的研究和实践（项目编号：xjjg 2018021）”的研究成果、教育体制机制项目“基于‘一核三标两联’的教师教育人才培养模式改革试点”项目成果。

② 江全（1975—），男，四川三台人，硕士，副教授。主要研究方向：教育理论、教师教育。

时间里获取大量的教学文本信息。虽然任课教师可以制作容量大的课件和文档，并在课堂上展示和讲解，但费时费力，不能充分满足学生接受信息的个性化需求。此外，传统的教师教育课程缺乏内容的整合，条块分割式的设计，一方面增加了学生学习的负担，另一方面不利于学生对知识的结构化加工。由于传统的教师教育课程课堂教学对书本依赖性较大，而教科书更新的周期较长，教学内容得不到及时的更新，影响了学生对新信息的获取。教育信息化条件下，各种教学平台提供的优质在线教学资源非常丰富，能充分满足学生对知识量与质的追求，而且更新知识的速度快。利用各种信息技术和多种软件能很好实现教学内容呈现方式的多样化，把静态的书本知识转换成动态的可视化材料，促进了学生视觉、听觉、触觉的协调发展，有利于集中学生的注意力，同时增加了学习的兴趣。这也是传统课堂教学无法比拟的。

（二）对教学方式的挑战

传统的教师教育课程教学以教师为中心展开，学生在教师的完全控制下开展学习，被动地接受教师灌输的信息，不能自主地选择学习内容。由于每个学生学习的基础、能力发展水平、学习习惯各异，对传统课堂教学统一进度和统一要求就很难适应。教师资格考试实行国考后，很大程度上改变了学生学习教师教育课程的态度，但对教师教学方式提出了更高要求，仅仅只是按照课程本身知识逻辑体系讲解，已无法适应考试的需求。如何实现教师教育“课证融合”，既注重教学的“学术性”，又增加“备考性”？如何转变传统的教学方式，由学生自我把控教学进度，教师指导学生科学选择学习文本，提出学习阶段性要求，督促检查学生学习进度和作业完成情况？教育信息化技术条件下出现的各种教学模式，比如 SPOC 和 MOOC，更好地解决了传统课堂教学方式单一、忽视学生主体性、学习个性化不足等问题，倡导以学为中心，注重学生独立认知能力、感知能力和领悟能力的发展。

（三）对学生学业评价的挑战

对传统的学生学业评价，往往是任课教师通过平时考查和期末纸笔考试进行。教师教育课程作为高校师范教育类专业学生必修必选必考的公共类课程，往往直接参与课程学习的学生人数众多，无疑给教师作出课程学习评价带来了困难。现在各种学习平台和学习软件可以实现作业的自评和互评，也能开展网上课程考试和自动评分，大大减轻了教师批改大批量作业的负担，节省了批阅时间，提高了作业批改效率。教师可以把更多时间用于教学研究或者关注学生发展，为学生学习解疑答问。这种学习评价方式的转变，不仅可以实现学生角色的互换，而且能找到自己和他人在学习质量上的差距，也能及时查阅作业成绩，为及时反馈学习成效提供了便利条件。

（四）对教师教学能力的挑战

传统的教师教育课程教学只需任课教师备好课，写好教案，做好教学课件，然后与学生在固定教室面对面进行讲课，这种教学模式侧重于教师自身教的基本功，忽视对学生学的指导。陈旧的教育观念致使教师难以适应教育信息化环境下的课堂教学。长期以来，从事教师教育课程教学的教师固守传统教学思维，对教育信息化认识不深，学习不到位，不能将信息化技术与课程教学进行整合，不能将网络技术、教学软件、通信软件等媒介产品服务于教学，教育信息化意识还不够强，信息化素养还缺乏，信息化教学能力还不足。

二、教育信息化给教师教育课程教学改革带来的机遇

（一）有利于实现教学观的转变

教师教育课程属于教育理论基础课，理论性较强，课程设置的目的是为了培养学生的教育理论素养。教师教育课程的教学一般是以班级为单位开展集体教学，任课教师主要使用讲授法，必要时使用问答法，很少运用讨论法，课堂教学形式单一，学生学习模式单调。教育信息化条件下的教学要求教师更多的是如何收集、设计、组织教学信息，如何有效指导学生利用教学平台信息，如何充分使用网

络平台与学生交流讨论，如何根据学生在网络平台学习进度情况作出个性化指导，如何让教师从教知识向教思维转变，如何从单一教到教与学互动转变。

（二）有利于实现教学内容的拓展

信息技术与教育相融合，带来了教育信息化的发展，这不仅提高了知识信息更新的速度，而且扩大了人们获取知识的途径。教育信息化技术的应用与推广，使得各种网络教学平台和手机 App 如雨后春笋般大量出现，教师教育课程学习内容更加丰富多彩，学生不再仅仅依赖书本学习教师教育课程知识。"互联网+教育"正悄悄进入学校教育领域影响传统的教师教育课堂教学，师生接触到的不再是陈旧的书本知识，而是各式各样丰富的优质的教育教学共享资源。教育信息化不仅拓展了教师教育课程教学内容的量，而且提升了课程教学内容的"质"。

（三）有利于实现教学策略的改进

要实现以产出为寻向的课程评价观，提高学生应用教育理论知识解决实际问题的能力，提高教师资格证考试通过率，就必须重视教学策略的改进，改造传统的教学方式。"计算机多媒体技术能综合处理图像、声音、动画和视频，使得教学信息的处理呈多维化、集成性和交互性，能大大丰富表现力"[①]。由此看来，教学策略的改进需要信息技术作为技术支持。在教师教育课程教学中合理地运用计算机多媒体技术，不仅可以使抽象的教育理论知识变得具体形象，还能化繁杂为简约、化难为易，实现教学内容的精细化加工。教师利用网络技术开展交互式教学，减轻了学生在传统课堂教学回答问题的心理压力，有利于学生积极心理品质的发展。

（四）有利于实现教师角色的转变

在传统的教师教育课程教学中，任课教师所扮演的角色更多的是知识的灌输者和垄断者。教育信息化时代要求教师教育课程教师必须具有信息素养，明确教师职责，积极塑造新的角色。教学方式和教学模式在现代教育信息技术的推动下，更新的速度越来越快，教师教育课程任课教师不能固守传统的教师角色，要成为教育信息技术环境下学生学习的设计者、组织者、指导者和督促者。设计开放、灵活、有效的知识学习单元和模拟的考试环境。组织学生线上线下学习，真正做到教学相长。指导学生高效加工和处理各种信息资源。辅导解决个别学生在学习过程中产生的疑惑。

三、教育信息化背景下教师教育课程教学改革策略探讨

"主动迎接教育信息化浪潮，要加强优质教育资源共享，全面推进以学生为中心、以问题为导向、以任务为驱动的课堂教学改革"[②]。为此，高校教师教育课程教学改革要顺应教育信息化发展潮流，更新教育观念，培养信息化教学能力；高度重视教学设计和教学实施；积极推动传统课堂教学模式转型。

（一）转变观念，提升教师课程信息化教学能力

在国家有关教育信息化政策的大力推动下，全国各大高校纷纷开始教育信息化建设，积极打造数字校园和智慧校园，学校信息化水平逐步提高。为实现教育信息技术服务于教学，人们也在积极推进课程信息化建设，但在推进过程中出现了教师信息素养偏低，教师教育课程信息化滞后等问题。究其原因主要表现为大部分教师教育课程任课教师对教育信息化存在认识偏误，习惯性地认为教育信息化就是多媒体教室取代传统教室，多媒体课件取代文本教材，没有将信息技术文化根植于教师教育课程体系的内核。教师教育课程教师要主动适应教育信息化时代要求，就必须转变教育观念，认真学习现代信息技术条件下新型教育教学理念，积极探索信息化环境下的教学方法，自觉将信息化技术融入到教师教育课程教学中。为迎接信息化，教师教育课程教师要积极参加高校教师信息化教学能力提升培

---

① 石雪萍. 教育信息化在课程教学改革中的作用[J]. 科技资讯，2007（12）：159.
② 王玲，温勇. 教育信息化与大学课堂教学改革[J]. 教育教学论坛，2020（40）：141.

训，并积极钻研多媒体技术，熟悉网络教学平台应用技术，积极利用网络虚拟仿真技术开发教师教育课程实践实训项目，在课程教学设计中主动融入和应用这些技术，不断提高教师教育课程信息化教学能力。

（二）关注过程，重视教学设计和教学实施

教学工作是学校的中心工作，也是实现学生全面发展的基本途径之一。教学质量是每一所高校生存与发展的生命线。传统的课堂教学正受到来自教育信息化的冲击，需要改革创新。长期以来，教师教育课程教师把课程教学重点仅仅定位于学生基础知识和基本技能的掌握，忽视了对学生本质属性的关注。教育信息技术在教师教育课程的广泛应用，在很大程度上解放了教师的时间，使得教师可以更多地关注学生对课程重难点的把握，关注学生情感反应，关注学生的疑惑点，从而实现教学目标的转变。教育信息化对教师教育课程教师在教学内容拓展方面提出了新要求，备课不再局限于一本教科书，网络资源应成为备课的重要选择，除此之外，教师教育课程前沿性知识也应成为教师备课的内容。在教学实施阶段，教师教育课程教师要借助教育信息技术强调重点，突破难点。教育信息化通过将教师讲授和网络学习有机结合，彻底改变教师单纯讲授的教学方式，积极构建师生互动的学习环境。教育信息技术与课堂教学融合使得教学活动增多，为了高效利用课堂学习时间，需要教师对整个教学流程进行整合，比如提前发布教学任务，及时批阅在线作业，课后分析学生学习行为数据，发起在线教学评价调查等。

（三）打破传统，推进传统课堂教学模式转型

传统的教师教育课程教学环境封闭、教学主体单一，教学内容陈旧，脱离社会实际，教学方法单一，教师教学观念更新缓慢，教学过程无视学生情感反应，学生参与性不强，学习动机较弱，教师的知识权威面临挑战。这些都是“以教为主”的课堂教学模式呈现的种种弊端。相比之下，“以学为主”的教学模式特别注重学生的个性化学习。“适应不同学生的个性化需求是未来教师职业的显著特征，师范院校教师教育课程需要在课程实践中不断强化师范生的个性化学习与个性化教育意识，以便更好地适应未来教师职业岗位的需求”[①]。为适应教育信息化发展，教师教育课程的教学改革必须牢牢确立“以学为主”教学模式，彻底摒弃“以教为主”的教学模式。当今世界，青少年是互联网使用的主要群体，其中大学生又是上网的活跃分子。互联网世界和智能手机世界比传统课堂更精彩，也更具吸引力。推动传统课堂教学模式向网络化教学模式转型已成为教师教育课程教学改革的必然趋势，而“扩容提能”已是教师教育课程网络平台教学资源建设的重要任务。

【责任编辑：王长明】

① 苏鸿. 基于 OBE 理念的师范院校教师教育课程改革研究[J]. 黑龙江教育（高教研究与评估），2020（7）：32.

新媒体在大学英语“课程思政”教学中的运用[①]

胡元惠[②]

（四川民族学院外国语学院，藏区外语教育文献翻译研究所　四川康定　626001）

【摘　要】　信息技术的迅猛发展、新媒体环境日新月异，为大学英语“课程思政”教学提供了更多的方式和手段。从大学英语“课程思政”教学现状着手，探讨了新媒体在大学英语“课程思政”教学中的重要性，从新媒体开发大学英语“课程思政”第三课堂、提升大学英语教师的“课程思政”建设意识和能力、丰富大学英语“课程思政”教学内容等方面论述了教学策略并提出了相应的评价方式，为大学英语“课程思政”教学改革与创新开辟了新的途径。

【关键词】　新媒体；大学英语；课程思政；运用

“新媒体是利用数字技术，通过计算机网络、无线通信网等渠道，以及手机、电脑等终端向用户提供信息和服务的传播形态。”[③]新媒体具有容量大、信息广、便捷快速等特征，能使网络上存在的知识为世界各地所共享而不受时间、空间、资格的限制。大学英语教学是我国高等院校人才培养的一门必修课程，对学生世界观、人生观、价值观的形成及学生整体英语水平的改进具有不可取代的作用，学生整体英语水平的提高有助于国际经济合作和交流的顺利进行。“课程思政”是在各门课程教学过程中将思想政治教育元素以潜移默化的方式对学生的思想意识和行为举止产生影响，对“学生树立正确的国家观、民族观、历史观、文化观”[④]具有积极引导作用。新媒体背景下“课程思政”融入大学英语教学过程之中能增加教学形式、丰富教学内容、灵活学习时间，能有效利用学生碎片化时间，还能提高学生主动学习英语的愿望和激情，新媒体融入大学英语“课程思政”教学刻不容缓。

一、课程思政

2004 年以来中央先后出台了关于加强和改进大学生思想政治教育工作的文件，上海率先在教学中探索和实践思想政治教育课程改革，逐步构建了“全员、全程、全课程的‘三全’育人格局”[④]，即各级各类学校教育工作者全员参与、各个教学阶段全程运作、所有课程都融入的方式，把思想政治理论知识、传统文化习俗和内涵、社会主义核心价值观等思想传授给学生，对学生的思想意识进行无形的熏陶和培养，以达到“立德树人”教育的根本任务。“课程思政”是将思想政治教育内容融入到各门具体的课程之中，在传授课程内容过程中有意识地加入政治、文化、价值理念等元素，使学生在学习课程知识时也能感受到中国的价值取向、精神追求，从而达到塑造学生正确的人生理念的目的。大学英语“课程思政”即在大学英语教学内容中加入单元主题相应的思想政治内容，把对学生的思想教育和大学英语学科教学结合起来，为社会主义现代化培养合格人才。

① 本文系 2019 年四川民族学院校内资助“课程思政”示范课程项目“大学英语”（项目编号：kcszsfkc201907）的研究成果。本文系 2020 年四川省教育厅人文社会科学重点研究基地四川中小学教师专业发展研究中心“课程思政背景下的甘孜藏区中学英语教师专业发展研究”（项目编号：PDTR2020-17）的研究成果。

② 胡元惠（1978—），女，四川广安人，讲师。主要研究：中西方文学与文化、大学英语教学。

③ 科普中国. 新媒体（媒体形态的一种）[EB/OL].（2020-09-15）. https: //baike.baidu.co m/item/%E6%96%B0%E5%AA%92%E4%BD%93/6206?fr=aladdin.

④ 百科. 课程思政[EB/OL].（2020-09-15）.https://baike.baidu.com/item/%E8%AF%BE%E7%A8%8B%E6%80%9D%E6%94%B/22421661? fr=Aladdin.

二、大学英语“课程思政”教学现状

（一）大学英语“课程思政”素材内容大相径庭

大学英语“课程思政”是当今大学英语教学改革的新方向，是高校大学英语教师科研团队研究的新焦点。为了更好地适应大学英语教学改革这一动向，多数高校也建立了大学英语“课程思政”教学团队，然而团队共同协作挖掘思政素材、探讨思政融入方式、分享优质思政素材的情况较少，大学英语“课程思政”素材基本停留在各吹各的号、各唱各的调的状态，教师之间相互探讨和借鉴的机会较少，同一本教材，融入的思政内容却相差甚远。

（二）大学英语“课程思政”内容过于生硬

大学英语教材是同学们了解西方世界的一扇窗，主题多与西方的科技、文学、文化等内容相关，鲜有涉及中国文化和社会主义核心价值观的内容。在全国践行“课程思政”的大环境下，大学英语教师也在想方设法把中国优秀的传统文化及社会主义思想政治观点融入大学英语教学中。这一做法确实能提升大学生的文化素养、传承中国传统文化、传播社会主义价值取向，但有的教师在筛选思政素材时内容过于牵强、生硬，与单元主题内容脱节，这样的教学“两不像”，既不像思政课程，又不像大学英语课程，不但没有达到润物细无声的效果，还浪费了大量有限的课堂教学时间。

（三）学生参与性不强

在大学英语教师引入思政教育内容时仅是老师的讲解，学生处于收音机的角色，缺乏主动思考和参与讨论，这种灌输式的教学方法与传统的大学英语教学模式毫无差别，变的仅仅是教学内容上增加了思政内容，学生参与性不强，收效不大。

三、新媒体在大学英语“课程思政”教学中的重要性

（一）有助于学生碎片化时间的整合利用

新媒体的出现使得传统媒体的传播内容被移动到了一个全新的媒介平台，人们运用随身携带的手机、iPad 等就可以访问网络平台上的内容，能使我们生活中碎片化的时间得以高效利用。在生活中有大量的碎片化时间，如等公交车、食堂排队打饭等等，这些时间学生很少带书在身边，同时随时随地带书也不方便，而移动设备手机却几乎不离身，因此用手机进行查询和搜索学习内容是同学们常运用的模式，这一模式能把学生生活中的碎片化时间有效地利用起来，因此新媒体受到了学生的青睐。

（二）有利于拓展大学英语“课程思政”教学时空

传统大学英语“课程思政”教学活动常常在教室里规定的时间内完成，老师按照教学大纲，遵循授课步骤，根据教师制定的节奏完成教学任务。教师在教学活动中处于主导者角色，学生被动地接收知识。教师的教学步骤也常是教读和讲解词汇、分析重要句子结构、文章篇章结构分析、处理课后作业等。多年来一直沿用这一教学步骤，枯燥乏味、毫无新颖，课堂死气沉沉、没有生机。把新媒体运用于大学英语“课程思政”教学中，教师课前就把将要上课的内容的相关背景和相关思想政治内容通过微信群、QQ 群或学习通等平台发布给学生学习，学生根据教师的指引再在网上获取更多的关联信息，在上课时，学生把自己整理的相关思想政治内容或背景知识以小组的形式呈现给全班同学，这样学生学习英语的空间由教室扩大到了任何地方；学生的学习时间也不再仅限于课堂上的 45 分钟，扩大到了任何时候，学生在大学英语学习过程中的主动性更强、效率更高。

四、新媒体在大学英语“课程思政”教学中的运用

（一）利用新媒体开发大学英语“课程思政”第三课堂

第三课堂是以互联网为技术支撑的虚拟课堂。《高等学校课程思政建设指导纲要》提出“高校要推进现代信息技术在课程思政教学中的应用，努力拓展课程思政建设方法和途径。”①吉林外国语大学李英涛教授在“课程思政育人理念下的大学英语导学课程模式”主题讲座中提及“大学英语教师在课程思政教学实践中常常只重视第一课堂，忽视第二、第三课堂，把课程思政的焦点单纯地放在课堂教学和授课环节。”②大学英语中三个课堂的运用要遵循以下原则：“立足第一课堂，丰富第二课堂，开发第三课堂。”③如今互联网和信息技术渗透到了大学生的学习、生活中的方方面面，网络化教学时代势不可挡，传统的以教室为主要授课场所传授知识和完成教学任务的第一课堂教学模式受到了严峻的挑战，而学生利用课外时间对教学内容进行实践的第二课堂也远不能满足学生对新知识疑问的解答和对疑惑的刨根问底。以互联网为平台进行教学的第三课堂的开发，使教师的“教”、学生的“学”、师生的“交流”不再受时间和空间的限制，微信、QQ、博客等新媒体平台为师生提供了多种便利的教学渠道，师生可以运用这些网络平台随时进行交流和沟通。同时新媒体教学平台也为大学英语“课程思政”提供了更多的教学动向和资源，拓展了学生学习大学英语的“课堂”和内容。

（二）利用新媒体提升大学英语教师的“课程思政”建设意识和能力

习近平总书记强调“传道者自己首先要明道、信道”。④要用思政政治内容、社会主义核心价值观、优秀传统文化思想等教化学生，作为引路人的教育工作者应该自己先学习和理解中国的时政热点、文化传统、社会主义核心价值观等内涵，才能更好地教育学生。同时“《高等学校课程思政建设指导纲要》指出：‘促进优质资源在不同区域、层次、类型的高校间共享共用。’”⑤大学英语教师应充分利用互联网技术尽可能地运用新媒体提高自己的思政意识和能力。通过新媒体资源共享方式，大学英语教师能了解到其他高校英语“课程思政”建设形式、内容、策略，并把他校优秀的课程思政资源与自己的教学构想及班级学生实际情况进行结合、整理并利用。目前学习通、中国高校外语慕课、中国慕课等平台上有许多其他高校的网络公开课程，教师只需在手机或电脑上下载对应平台的 App 就可以随时了解到其他高校课程思政的融入方式和内容，进而不断提高大学英语教师自身的课程思政意识。大学英语教师也会在自己的课堂上有意识地插入与课程内容相关的中国文化、社会主义核心价值观对应的内容，在筛选和学习相关思政内容的同时大学英语教师自身的课程思政能力也得到了提升。

（三）利用新媒体丰富大学英语“课程思政”教学内容

新媒体的运用让我们能更容易获取网络平台上的相关知识，教师可以在课堂上插入图片、音频、视频等教学资源，通过多样化的教学模式呈现教学内容，使课堂真正“活”起来。在课后，教师以课后作业的形式安排学生去搜索本单元主题相关的文化知识、时政要闻，学生以小组为单位收集整理后把相关素材放在班级建立的网络虚拟平台上供全班同学学习和讨论，学生根据新媒体平台上的材料各自发表自己的观点和评论。新媒体融入教学中不仅能丰富大学英语“课程思政”内容，还能提升学生的辩证思维能力。

---

① 教育部：课程思政建设要在所有高校、所有学科专业全面推进[EB/OL].（2020-09-15）. https: //baijiahao.baidu. com/s?id=16687829 1737015 6210&wfr=spider&for=pc.

② 大学英语导学课程模式与英语课程思政教学实践[EB/OL].（2020-09-15）. https: //www.so hu.com/a/4180 16043_507486.

③ 教育咨询. 高校第三课堂的建立[EB/OL].（2020-09-15）. https: //zixun.71 39.com /111/14 /209740.html.

④ 中国共产党新闻. 习近平在全国高校思想政治工作会议上强调：把思想政治工作贯穿教育教学全过程 开创我国高等教育事业发展新局面[EB/OL].（2020-09-15）. http: //dangjian.people.com.cn/n1/2016/1209/c117092-28936962.html.

⑤ 教育部：课程思政建设要在所有高校、所有学科专业全面推进[EB/OL].（2020-09-15）. https: //baijiahao.baidu.com/s?id=16687829173701562_0&wfr=spider&for=pc.

五、新媒体在大学英语“课程思政”教学中的评价策略

（一）形成性评价为主

大学英语“课程思政”中思政部分内容的考核难以通过传统的期末试题方式来进行量化，就需要在教学中把思政学习内容布置到新媒体平台上，如在学习通上建立班级，把要学习的思政资料发表在该平台上，学生学习完后需要进行讨论和完成对应的作业，教师可以利用课余零碎时间通过手机终端对学生的学习、讨论、作业进行检查和评价。在学习通统计栏处有学生学情统计和学生完成作业后的成绩统计，老师可以根据学情和成绩统计对学生的课程思政内容学习情况给出评分并纳入平时成绩。学生完成作业的过程和教师评阅学生学习情况都是在网络上进行，并且完成这些任务均不受时间和空间的限制，这一学习和考核模式充分利用了教师和学生的闲散时间，为学生和老师都提供了便利。就学生而言，让学生自由安排、自由做主的机会更多，有利于调动学生的学习兴趣；对教师而言，既能随时了解时政热点，又能培养自己的思政素养，同时还能缓解时间不够用的压力。

（二）终结性评价为辅

终结性评价即在学期学习结束时通过试题考试方式对学生的课程思政掌握情况进行考查。大学英语教师可以把时政热点、思政方面的专有词汇用英语的形式通过新媒体平台呈现给学生，如让学生每天在微信群打卡的方式熟读这些词汇的英文表达方式，把思政内容与英语学习结合起来，期末时再通过学习通平台发布思政热词的汉语，让学生用英语表达出来。为了避免学生自主考试过程中作弊现象发生，老师可以安排学生在课堂上 15 分钟之内完成相应题目的作答，并在规定的时间内关闭网络考试系统，学生不能延时提交，这种考核方式节约了教师评阅成绩的时间，省去了统分、复核成绩等一系列烦琐的工作。另一种课程思政考核方式是教师安排学生在新媒体平台上用英语撰写本学期思政学习收获、意义及自己将来学习规划等报告 300 字以内。这一考核时间在学期结束前的最后一周布置到批改网写作平台上，学生可以在一周内完成该项任务，内容根据自己的思政掌握和理解情况自由发挥。批改网写作平台能自动识别学生写作的语法、词汇、标点等基础错误并提供修改意见，还能及时给出学生作文的分数。批改网写作平台及时便捷的功能使学生马上看到自己写作的错误和分数，进而对错误之处进行相应的修改。批改网写作平台还能详细显示学生作文的雷同率，教师可便捷地调出雷同率学生的答卷，进行人工补充评阅，对存在抄袭的作文返给学生让他们在规定时间内重新提交。批改网评阅能为教师减少许多评阅作文时间，并能及时将结果反馈给学生的优点，是老师和学生皆愿采用的新媒体平台。

六、结语

新媒体在大学英语教学上的运用是“对课堂教学过程中教师的‘教’和学生的‘学’的有效补充和完善，为传统的教学模式提供了现代信息技术的帮助和提升”①。新媒体的融入能为大学英语“课程思政”提供更多可供选择的优质教学资源、丰富教学内容，把传统的教学课堂扩展到了课内、课外并进的课堂教学模式，无形中增加了学生学习英语的实效。新媒体的运用改进了大学英语教师传统的教学理念，使大学英语教师主动适应现代媒体技术的发展，并合理运用新媒体为教学服务。目前，把新媒体和大学英语“课程思政”结合起来的教学模式尚处于尝试阶段，其教学模式和评价方式还有待进一步改进和完善。

【责任编辑：周良勇】

① 屈亚媛，周玉梅. “微时代”下的军事医学英语微课教学研究[J]. 中国医药导报，2016，13（16）：134-137.

以应用型人才培养为导向的法学实践课教材建设研究①

叶晓彬②

（四川民族学院法学院　康定　626001）

【摘　要】《国家统一法律职业资格考试实施办法》旨在引导法学教育以法律职业为导向培养应用型法律人才，而作为应用型法律人才培养基础的法学实践教材应如何应对新要求、适应“互联网+”教育，则是刻不容缓需要积极探索的命题。我们以应用型人才培养为导向，梳理法学实践课程的类型和培养目标，从而探索不同法学课程实践教材的编写范式，提高对应用型示范课程建设和应用型法律人才培养的贡献率。

【关键词】　应用型人才；法学；实践教材；建设

中华人民共和国司法部2018年4月28日实施的《国家统一法律职业资格考试实施办法》规定：“初任法官、初任检察官，申请律师执业、公证员执业和初次担任法律类仲裁员，以及行政机关中初次从事行政处罚决定审核、行政复议、行政裁决、法律顾问的公务员，应当通过国家统一法律职业资格考试，取得法律职业资格。”而2015年6月中央全面深化改革领导小组审议通过的《关于完善国家统一法律职业资格制度意见》，明确提出改革法律职业资格考试内容，“着重考查宪法法律知识、法治思维和法治能力，以案例分析、法律方法检验考生在法律适用和事实认定等方面的法治实践水平……考试以案例为主，每年更新相当比例的案例。大幅度提高案例题的分值比重。”该规定目的就是引导法学教育以法律职业为导向培养应用型法律人才。结合法律职业资格考试以案例为主的改革，法学教育须加强法律职业能力训练的实践教学。法学实践教材建设作为法学实践教学的前提和基础，在法学实践课建设中具有举足轻重的作用。因此，探索应用型法律人才培养模式下法学实践教材的编写，不仅能解决法学理论与实践结合的问题，同时为学生更好应对法律职业考试和执业都具有重要的意义。

一、法学本科专业实践教学体系概述

《普通高等学校本科专业类教学质量国家标准》规定，法学类专业课程包括理论教学课程和实践教学课程，其中实践教学课程体系包括实验和实训课、专业实习、社会实践与毕业论文（设计），同时实践教学课程累计学分不少于总学分的15%。《教育部等部门关于进一步加强高校实践育人工作的若干意见》和《教育部 国家发展改革委 财政部关于引导部分地方普通本科高校向应用型转变的指导意见》都要求高校以应用转型示范专业、示范课程为重点，围绕“示范”做文章，丰富专业、课程内涵，增加实践学分和实践教学时数。据此，应用型法学院近年来都在不断增加实践课程内容、学分、学时的设置，其中显性课程包括：民事案例研究、刑事案例研究、行政法案例研究、法律文书写作与模拟法庭训练、法律诊所、律师辩护与代理实务、公安工作实务、检察工作实务、审判工作实务、非诉纠纷解决实务、证据调查与运用实务、法律文献检索等；在专业实习环节，到公、检、法机关实习

① 本文系四川民族学院2018—2020年高等教育人才培养质量和教学改革项目“应用型转型背景下法学实践课教材建设研究”的阶段性研究成果。

② 叶晓彬（1970—），女，四川成都人，教授。主要研究方向：民商法、民族法学研究。

是刚性要求；在社会实践环节，必须参加送法下基层和到基层开展法治调研、宣传；在毕业论文环节，还要求实践类毕业设计需占比 50%。除此之外，应用型法学院还针对具体法学课程的特点，每门课程设置了 0.5～1[①]个学分的课内实践环节。

围绕以上实践课程体系开展的主要实践教学体系有：案例教学、模拟法庭、法律专题辩论、公检法业务骨干进校园指导、专业实习、法律服务和援助、创新创业训练等。在这个实践教学体系下，时间占比较多的方式则是案例教学和模拟法庭。

“案例教学法是通过教师的组织、讲解、启发，让学生对典型案例进行分析、讨论等，激发学生的思维，提炼其从事法律实务的技能，从而培养和提高学生实践能力的一种有效方法。”[②] 案例教学法是法学实践课程采用的主要教学方式。这种方法通过教师主导、引导、分析、答疑，学生探讨、思考，实现学习与创新的结合。案例教学法要求所选案例必须有针对性、思辨性、现实性、发散性、挑战性等。

模拟法庭是“将学生控制在既有的事实框架下，以模仿的身份扮演特定的角色，完成法庭审理的全过程，是实践性教学较有成效的方法之一。”[③]模拟法庭由于模拟法庭审理的全过程，每个角色都要充分展示，所以选择的案例必须具有挑战性、典型性、时代性、程序性。

二、法学实践课教材的编写原则

1. 围绕应用型法律人才培养目标和宗旨编写

现行法学教育的目标和宗旨应是培养学生正确理解法律并寻法、适法的方法，发现法律事实和解决法律问题的能力。为此，实践课教材所遴选的案例内容、编排结构等都要体现法教义学和寻法、适法的训练，让学生有质疑、批判、思辨和应用知识的空间。

2. 案例选择必须以实务操作为基本内容

法学实践课教材所选择的案例内容一定来自司法实案，既具有典型性、综合性、复杂性，还需凸显地域特色。结构上应该是案例内容—律师观点—法官观点—专家点评，从而凸显充分的实务操作性，让学生多视角聚焦事实，推演法律，从而提升操作规则和技巧的运用能力和法律适用的思辨能力，实现案例教学实践课程的功能。

3. 案例内容应当贯穿思辨性的教学理念

教育部在坚持以本为本，推进“四个回归”，加快建设高水平本科教育工作会议上提出：推进课程内容更新，将学科研究新进展、实践发展新经验、社会需求新变化及时纳入教材，推动课堂革命，把沉默单向的课堂变成碰撞思想、启迪智慧的互动场所。为此，案例教材要发挥激发学生思辨法律思维的功能，给学生有思考、讨论的空间，因此在编写法学案例教材时不仅要覆盖课程的重难点，更要收集最新和典型案例，且还需具有挑战性，通过挑战度来激发学生的学习激情和动力，才能适应未来的法律执业。

4. 实践教材需与现代教育技术充分融合

教育部在坚持以本为本，推进“四个回归”，加快建设高水平本科教育工作会议上提出：我们将深入推进“互联网+高等教育”，打破传统教育的时空界限和学校围墙，以教育教学模式的深刻变革推动高等教育变轨超车，大力推动现代信息技术的应用，打造智慧课堂、智慧实验室、智慧校园，探索实施网络化、数字化、智能化、个性化的教育，重塑教育教学形态。中共中央、国务院印发的《中国教育现代化 2035》《教育部教育信息化 2.0 行动计划》都要求：充分运用现代教育技术和网络课程资源，精选教学内容，将学科前沿知识、行业发展方向、最新科研成果等引入课堂，适当增加课程的高

① 一般 14～18 课时为 1 个学分。
② 司雪侠. 法学本科专业实践教学体系的构建[J]. 价值工程，2011（5）.
③ 司雪侠. 法学本科专业实践教学体系的构建[J]. 价值工程，2011（5）.

阶性、创新性和挑战度，打造“金课”。更新课程质量观，深化教学方式改革，从以“教”为中心向以“学”为中心转变，推进现代信息技术与教育教学深度融合，引入微课、慕课等教学手段，实施线上线下混合式教学，开展讨论式、研究式、案例式等教学方法，探索数字化、智能化的教学，引导学生自主性、研究性学习。教育新常态促使教育模式的拓展，为此实践教材不仅以纸质版形式呈现，更要以电子版形式呈现于互联网平台，通过线上线下模式，便于及时更新案例和实践程式，拓宽教师指导时空和学生学习、思考的便捷，实现智慧课堂。

三、法学实践课教材的编写范式

法学实践课教材编写应当结合以上原则和不同实践课程进行编写。对此，北京工商大学刘淑莲和杨凤霞老师认为可以有三种范式即脚本式、案卷式和规范素材式。我们也赞成这三种范式，但同时认为应根据不同实践误程的培养目标来确定采用哪种范式，为此，做以下探索。

（一）脚本式

“脚本式，是将法律事务的实践过程编写成脚本，使学生通过对脚本的演练熟悉相关的法律业务，锻炼实践能力。”①在法学实践课程中，《模拟法庭教材》《公证实务教材》编写就可采用脚本式。以《模拟法庭教材》为例，由于庭审分为民事庭审、行政庭审、刑事庭审，为此，可以选定刑事、民事、行政不同类型的案件，再根据这几类案件的不同程序，从书记员在庭审准备阶段中请原被告入庭就座、清点当事人、宣布法庭规则到请审判长、审判员入庭，审判长宣布开庭；从法庭调查程序中各个角色的职责、发言、举证、质证、归纳焦点等到法庭辩论再到休庭、合议庭评议及宣告判决等全过程都要记录下来，同时在整个庭审过程中、书记员、原被告、公诉机关、律师、审判长、审判员、陪审员等不同角色的用语、回答技巧、观点、结论等都要全部呈现。这样才能使学生了解并掌握庭审的流程、不同角色的职责、法律的运用，从而实现该课程的目标。

脚本式法学实践课教材，让学生简便易学，快速掌握，但也因模板式的缺陷，学生难以发挥思考和探究，所以该范式仅仅适合程式性法学实践教材。

（二）案卷式

“案卷式，是将司法实践中的案卷加以整理，根据教学需要进行适当改编，为学生实践操作提供范本。”②律师辩护与代理实务、公安工作实务、检察工作实务、审判工作实务、非诉讼纠纷解决实务课程的教材适合案卷式编写。按照该范式编写成《律师辩护与代理案卷》《公安治安处理和刑侦案卷》《检察院审查起诉与公诉案卷》《民事审判案卷》《刑事审判案卷》《行政审判案卷》《调解案卷》。

采用案卷式范式编写实践教材，真实感强，学生很容易模仿公检法及律师的实务操作，切身感受法律事务办案程序、规范及要求。但这种范式也有缺陷，因案卷式实践教材的结论是明确固定的，学生的法律思维也因此而受到限制，从而约束了应变思维、创新思维的训练。

（三）规范素材式

“规范素材式，是对法律实践项目所遵循的必要规则、规范做出简明概述，并提供法律实践所需的案件事实、证据材料、法律文书格式等素材，使学生在综合分析事实和法律的基础上，规范地进行实践操作。”③《民事案例研究》《刑事案例研究》《行政法案例研究》《合同法实务》教材就可以采用该范式编写。这些教材的案例一定是真实案例且来源于司法实务，编写时可以从《最高人民法院的指

① 刘淑莲，杨凤霞. 法学实践课教材建设研究. 探索的脚步——“十一五”北京高等教育教材建设论文集[C]. 北京市高等教育学会专题资料汇编.

② 刘淑莲，杨凤霞. 法学实践课教材建设研究. 探索的脚步——“十一五”北京高等教育教材建设论文集. 北京市高等教育学会专题资料汇编.

③ 刘淑莲，杨凤霞. 法学实践课教材建设研究[M]. 探索的脚步——“十一五”北京高等教育教材建设论文集. 北京市高等教育学会专题资料汇编.

导性案例》《人民司法·案例》《最高人民法院公报》中选取，且保证在人为编撰时留有讨论、探究空间。这样的法学实践教材才能帮助学生树立法律适用的方法、思考的维度、论证的方法，避免出现遇见案件却不知从何下手的茫然，从而培养学生解决实际法律问题的能力。

四、结语

2018 年 4 月 28 日实施的《国家统一法律职业资格考试实施办法》，旨在引导法学教育以法律职业为导向培养应用型法律人才，作为应用型法律人才培养基础的法学实践教材须加快建设步伐，以适应新时代对法律人才的需求和法学教育高质量发展的需求。

【责任编辑：陈光军】

学前教育专业舞蹈课程信息化教学探索[①]

李丹杰[②]

（四川民族学院教育科学学院　四川康定　626001）

【摘　要】　学前教育专业舞蹈课程具有较强的实践性，传统线下教学模式对课程学时和授课人数都有较大限制，面对新时代对人才培养的新需求，进行信息化教学探索，是推动课程改革创新的一个新路径。面对学前教育专业舞蹈课程理论化教学不足、学生肢体表达能力和艺术领悟力差距较大、传统线下教学模式限制了学生的创造性等问题，进行采用线上线下混合教学模式、利用社交 App 视频回课强化、多平台推送相关学习资源等方法，既从一定程度上解决了传统线下教学模式的一些不足之处，也为学前教育专业舞蹈课程进一步改革找到了新思路。

【关键词】　学前教育；舞蹈课程；信息化教学

舞蹈课程是普通高校学前教育专业的专业技能课程，课程对标学前教育专业学生必备五项技能之一的舞蹈技能，让学生通过课程学习达到较高的技能水平，为今后步入学前教育工作岗位奠定基础。课程教学目标，一是要使学生具备专业的舞蹈素养，掌握中国民族民间舞和幼儿舞蹈的表演技能，能够准确展示舞蹈动作、正确进行幼儿舞蹈教学；二是要使学生具备创造力，可以运用所学的民族民间舞和幼儿舞蹈的基本动作进行组合和编创，创作出符合不同年龄段幼儿表演实际的舞蹈；三是要使学生具备表现力，通过舞蹈展示、教学、编创等途径，向观者或幼儿传递舞蹈的美感，对幼儿进行美的教育。

一、学前教育专业开展舞蹈课程教学的重要性

艺术教育对于幼儿的身心发展具有重要的影响作用，它能够激发幼儿的审美能力和创造力、锻炼幼儿的肢体协调能力、陶冶情操，培养良好的气质。随着艺术教育的不断发展，近年来艺术素质教育已经成为美育教育的重要组成部分，它对于促进学生全面发展具有不可替代的作用，对于提高学生的思想道德素质、科学文化素质、身心健康素质和劳动技能素质都具有深远意义。学前教育阶段是培养幼儿在艺术领域发展的关键时期，提升学前教育从业人员艺术教育水平是学前教育专业人才培养的一个重要抓手，艺术类课程列为学前教育专业核心技能课程，是符合行业发展趋势和职业岗位需求的。

作为学前教育专业艺术类课程体系的重要组成部分，舞蹈课程是培养学前教育专业能力的重要支撑课程，舞蹈课程的教学效果，直接决定了学前教育专业学生的专业能力水平的高低。学前教育专业学生在进入学校前，基本没有接受过专业、系统的舞蹈教育，存在着舞蹈认知水平低、肢体表现力差、舞蹈审美能力不足的情况，距离学前教育工作岗位的能力需要还有较大差距。学前教育专业学生必须通过在校七个学期的学习和实训，从不会到会，再从会到熟练，全面系统地掌握舞蹈课程所教授的知识、技能、观念，并学会创造性组合和运用。为实现这个目标，舞蹈课程的教学开展尤为重要，既要清晰传授知识，也要准确训练技能，还要强化培养观念，只有不断改革、与时俱进，针对学情持续调

① 本文为四川民族学院 2017 年教育教学改革项目“学前教育专业学生五项技能培养与检测实践探究”研究成果，立项文件为川民院教〔2017〕23 号《四川民族学院教务处关于 2017 年校级教育教学改革研究项目立项的通知》。

② 李丹杰（1991—），女，四川眉山人，主要研究方向：舞蹈研究。

整优化教学方法和手段，才能够适应新时代对人才培养的需求，实现舞蹈课程的教学目标。

二、传统线下教学模式下学前教育专业舞蹈课程存在的问题

（一）学前教育专业舞蹈课程理论化教学不足

舞蹈是一门理论与实践相结合的艺术，是动态的文化知识，更是民族与时代结合的产物。舞蹈课程教学不仅仅是让学生学会单一的舞蹈动作，更应该引导学生加深对民族民间文化、各个时代的文化的了解与传承。但是，受学前教育专业的特殊性限制，能留给舞蹈课程的学分空间并不充裕，较多高校在进行学前教育专业人才培养方案编制时，一般将舞蹈课程设置8～10学分，考核方式为考查，也就是每学期2学分，每周2课时，进行17周教学，开设4～5学期。按照这个学分空间进行教学设计，只能要求学生完成多种舞蹈种类的学习，一般包含基本功训练、幼儿舞蹈、中国舞、民族民间舞（藏族、东北秧歌、蒙古族、维吾尔族、傣族等）和舞蹈编排。在勉强完成以上内容以后，基本上无法系统全面地进行理论教学，容易造成学生舞蹈理论的缺失，导致无法通过"理论—实践—理论"的学习模式形成学科观念，制约了学生的进一步发展。

（二）学生肢体表达能力和艺术领悟力差距较大

学前教育专业生源为参加普通高考的高中生，学生大多未接受系统的专业舞蹈教育，在课堂学习过程中，受先天条件和后天成长因素影响，学生肢体表达能力和艺术领悟能力差距较大，对于不同风格的舞蹈学习情况也参差不齐。同时，相较于专业舞蹈课堂，学前教育专业舞蹈课程多为大班上课，班级人数较多，教学过程中需要教师对每个学生进行指导纠正，学生学习情况容易出现两极分化：肢体表达能力和艺术领悟力强的学生认为课程难度不足，学习挑战带来的吸引力不足，学习欲望逐渐减弱；肢体表达能力和艺术领悟力差的学生认为课程难度太大，容易产生消极倦怠的情绪，甚至丧失学习欲望。教师在有限的课堂教学中无法兼顾不同层次的学生，既不能提升课程难度增加学生学习挑战性，也不能降低课程难度保证学生学习的完成度。在采用传统的线下教学模式的情况下，完全不可能同时兼顾对肢体表达能力和艺术领悟力差的学生进行提升训练以及对肢体表达能力和艺术领悟力强的学生进行延伸拓展，严重制约了教学效果的提升。

（三）传统线下教学模式限制了学生的创造性

艺术教育的根本意义在于提高人的审美情操，学会去表达和欣赏不同类型的舞蹈，是舞蹈教学的根本意义。传统线下教学模式虽能达到一定效果，但教学形式相对单一，学生所接受的知识基本上全部来自课堂，学生的学习多为平面教学，对于舞蹈的了解较少，不够丰富、全面，容易造成审美的片面性。同时，舞蹈课程传统的线下教学形式多为教师"口传身授"，以通过课堂的演示性教学和实训练习为主要教学方法，一般过程为教师向学生进行教学示范→学生对教师进行模仿练习→教师对学生进行指导纠正→学生再进行模仿练习。这样的教学方法，对教师个人的肢体表达水平和示范教学水平有很大的依赖，并且两者会相互影响、相互制约，从某种程度上来说，甚至不能将教师本身的综合能力完整体现。即便在理想状态下，教师的肢体表达水平和示范教学水平都近乎完美，学生所学也局限于教师个人的风格特点，限制了学生对舞蹈艺术的多维度的理解和思考，影响了学生在学习时主动性和积极性的发挥，不利于培养学生的创造性。

三、学前教育专业舞蹈课程信息化教学探索的具体措施

随着我国经济实力、文化水平不断提高，人民群众的生活条件越来越好，对学前教育的重视程度不断提高，行业对学前教育从业者的专业素养要求也不断提高。要适应这个新形势，学前教育专业舞蹈课程传统线下教学模式必须进行改革，教师应借助快速发展的信息化技术，通过信息化教学实践探索，完善、补足线下课程的不足与缺陷，使舞蹈课程可以为学生提供全方面、多层次的舞蹈教育。

（一）采用线上线下混合教学模式

舞蹈课程，可以选择建课简单、易操作、资源丰富的网课平台建设线上线下混合模式的在线课程。线上课程采用录播形式，教师通过录制教学示范、要点讲解、难点分析等教学内容对线下课程进行有效补充，线上课程既可以对课堂内容进行集中讲解，也可以进行分解讲解，甚至可以设置不同的难度区间。学生可以通过反复观看视频，查找自身问题，进行针对性训练和强化，巩固线下课堂教学内容。同时，教师还可以利用线上课程强大的信息化教学支持功能，拓展与课堂教学内容相关的理论学习资料，帮助学生在学习舞蹈时，同步了解与该舞蹈相关的文化内涵和舞蹈理论，丰富学生的理论素养。教师还可以利用线上课程的数据统计，掌握学生课后学习的进度与效果，并通过线上签到、设置任务点等形式来督促学生保持学习节奏，帮助学生形成良好的学习习惯，并为下一次线下教学提供教学基准点，提高线下课程的教学效果。

（二）利用社交 App 视频回课强化

传统线下教学模式下，教师与学生课后互动较少，教师在教学活动结束后，无法准确了解学生学习情况并及时对学生的问题进行指导。随着智能手机的普及和性能的日益提升，社交 App 的功能日益强大，在舞蹈课程教学中，教师可以通过布置视频回课的形式，引导学生对线下课堂所学内容进行检查和巩固。学生在录制视频回课的过程中，需要通过对线上课程的录播视频中舞蹈动作不断地练习、模仿才能达到视频回课的要求，提升了学生课后实训的频率和课程内容掌握的准确性。教师在批改学生视频回课的过程中，可以利用社交 App 即时回复随时查看的沟通功能，对每一位学生的问题进行针对性答疑和讲解，及时提示错误产生原因并纠正错误动作。同时，通过分享优秀视频回课、集体点评视频回课等形式，也为学生提供更多自我展示的平台与方式，促使学生之间结合教学内容进行互动，有助于营造良好的学习风气。视频回课还可以使教师在线上课程教学统计信息的基础上，更直观、更全面地了解每一个学生的学习情况，对后续线下课程的教学设计进行动态调整，使线下课堂的学习更高效。

（三）多平台推送相关学习资源

随着网络的发展，越来越丰富的教学资源出现在各平台中，许多优秀的教师主动通过各类社交平台、短视频平台、信息发布平台来分享优质的教学资源。利用多平台推送相关学习资源，可以让学生从不同角度去了解该舞蹈的风格特点，体验到不同风格的艺术实践，激发学生对舞蹈的学习热情。学生在学习这些优质教学资源时，可以摆脱时间空间的束缚，鉴赏更多优秀的舞蹈作品，积累更加丰富的创作素材，提升了舞蹈编创的想象力和创造力。教学相长，教师在选择推送的教学资源时，也通过学习这些优质的教学资源丰富舞蹈实践经验、提高艺术修养，实现师生共同进步共同成长的效果。

四、结语

在信息化教学突飞猛进发展的背景下，学前教育专业舞蹈课程信息化教学是有效提高教学效果的重要途径，教师应不断学习新的教学理念，及时创新出符合时代需要的教学模式，利用丰富的信息化教学资源来开展立体式教学。目前，学前教育专业舞蹈课程信息化教学探索还处于起步阶段，虽然实现了教学效果的提升，但是还有较大的发展空间可以进一步完善，在线上线下教学模式融合、原创信息化教学资源制作、线上视频回课评价机制搭建等方面都还有许多问题需要解决。教师应充分认识到信息化教学的重要性，不断学习，通过舞蹈课程信息化教学进一步探索，丰富信息化教学手段和方法，促进舞蹈课程教学多元化、立体化的发展，培养学生自主学习、独立发展的能力，实现学前教育专业学生舞蹈“理论-实践-理论”学习模式的养成，为蓬勃发展的学前教育事业输送更多具有持续发展能力的优质人才。

【责任编辑：安万明】

地方本科院校教育信息化建设的思考①

——基于对成都师范学院的调研

田泽森②

（四川民族学院教育科学学院　四川康定　626001）

【摘　要】　中国教育现代化 2035 战略背景下，地方本科院校实现教育信息化是促进改革创新和提高人才培养质量的有效途径。在对成都师范学院教育信息化调研的基础上，结合四川民族学院教育信息化建设情况，地方本科院校教育信息化建设，还需要进一步解决和处理好教育信息化治理体系、硬件基础设施建设、软件配合选取、教师培训与激励、学生学习、网络课程建设等方面的问题。

【关键词】　教育信息化；地方本科院校；建设

随着信息技术快速发展，教育信息化已经成为教育现代化的重要标志。《国家中长期教育改革和发展规划纲要（2010—2020 年）》中明确指出：教育信息化是推进教育改革与发展的战略制高点，信息技术对教育发展具有革命性影响。③2018 年 4 月教育部颁布的《教育信息化 2.0 行动计划》指出，教育信息化已经步入以创新为标志的 2.0 时代，教育信息化从 1.0 升级转型到 2.0，就要以教育信息化全面推动教育现代化，开启智能时代教育的新征程。④国家部署在 2035 年前加快信息化时代教育变革，其长远意义在于创新教育服务业态、推进教育治理方式变革。在此大背景之下，高校作为教育信息化建设主体单位，大力加强教育信息化建设，其本身的教育信息化水平已经成为衡量国家教育现代化的重要指标点。

地方本科院校占全国普通本科院校“半壁江山”，其教育信息化水平直接影响我国教育现代化的实现，教育信息化给地方本科院校提出艰巨任务，是挑战也是大好机遇。地方本科院校与重点高校相比，财力相对匮乏，在师资、课程、生源、仪器、设备、图书资料等传统资源方面也没有优势。因此，地方本科院校不可能在这些方面短时间内赶超重点本科院校。但在信息技术进入全球化的时代，通过互联网共享优质教育资源已逐渐成为现实的今天，地方本科院校就应以教育信息基础设施建设为基础，以信息资源开发和利用为核心，⑤以推进现代信息技术和教育教学的深度融合为重点，以提高教师信息技术应用能力为根本，通过现代信息化手段获取优质教育资源和改革创新教育教学模式以提高自身的办学水平。因此，对于地方本科院校来说，加强教育信息化建设是其实现跨越式发展、缩小甚至赶超重点本科高校的有效途径。地方本科院校如果能够主动对接信息技术发展前沿，目标明确地坚持进行人力、物力、财力的投入，就有可能把握住信息化带来的发展与跨越机遇，实现自身的跨越式发展。但如果地方本科院校“坐等粮草”，教育信息化发展被动，或没有规划地不可持续发展，不抢抓机遇，就很容易在低层次上徘徊，长期陷于被动落后的境地，不利于地方本科院校创新改革和人才

① 本文系 2019 年四川民族学院校内资助教学改革研究一般项目“教师资格证国考背景下地方民族本科院校公共教育学课程教学改革研究（XJJG2019005）”。教育体制机制改革项目“基于‘一核三标两联’的民族高校教师教育人才培养模式改革试点”成果。

② 田泽森（1988—），男，安徽阜阳人，讲师，硕士研究生。主要研究方向为民族文化与教育、科学课程与教学。

③ 南国农. 我国教育信息化发展的新阶段、新使命[J]. 电化教育研究，2011（12）：10-12.

④ 张臻. 教育信息化 2.0 背景下在线开放课程应用模式变革与思考[J]. 中国教育信息化，2019（1）：17-22.

⑤ 李成新. 新建地方本科院校实现教育信息化的思考[J]. 教育导刊，2006（7）：58-59.

培养质量提升，从而错失信息化带来的跨越式发展良机。

因此，在分析地方本科院校教育信息化建设现状的基础上，结合对成都师范学院①教育信息化的调研，以及笔者所在学校的具体情况，对地方本科院校在教育信息化建设过程中面临的共性问题进行分析，进而从教育信息化治理体系、硬件基础设施建设、软件配合选取、教师培训与激励、学生学习、网络课程建设等方面思考应对策略。

一、地方本科院校教育信息化发展不足分析

地方本科院校教育信息化日益深入人心，各地方本科高校都在强化教育信息化建设力度，教育信息化发展取得了较大成效，但诸多地方本科院校在教育信息化发展过程中也存在着不足，这些不足具有一定的共性。准确分析地方本科院校教育信息化建设中存在的不足和问题，是制定和研究对策的前提和基础。②高校信息化发展主要内容有基础设施、基础支撑平台、数字资源、智慧教育、治理体系、网络信息安全等六个方面，对照这六个方面，结合地方本科院校教育信息化发展现状，分析地方本科院校在教育信息化发展中存在的主要不足。

（一）治理体系

治理体系是信息化校园建设和应用中的基础保障措施及要求，包含领导力、执行力等。地方本科院校大多都设有信息与网络管理中心，但信息与网络管理中心长期一直处于教辅部门，职责常常局限于为学校其他部门提供技术支持，注重网络运行与维护、网络安全保障、校园卡管理等方面工作，在协调与部署教育信息化工作时难度较大，管理职能不强。在领导力、执行力方面存在较多不足，如教育信息化建设和推进未实现单一部门归口管理，教育信息化建设工作机制不健全；没有专门的信息化专家和相应的教育信息技术人才队伍，教师激励制度不够灵活；规章制度还需要进一步完善；信息化经费投入不够稳定；现代教育信息技术提升培训不够系统，对教师信息化教学能力考核评价及激励机制比较弱。

（二）基础设施与基础支撑平台

基础设施是信息化校园建设所必须具备的基本信息化设施条件，地方本科院校基础设施建设受资金、空间、能力等局限，存在一些不足，如为增大智慧（多媒体）教室数量，降低了设备质量，再加上运维和售后服务不足，出现不好用、用不了等情况，导致拆了建、建了拆，因重复施工建设导致浪费；现代信息技术发展迅速，教育信息技术不断更新，设施设备升级换代频繁，基础设施建设前瞻性不够，没有为后续建设升级换代留有足够余地。

基础支撑平台方面存在校内信息资源的利用率不高，大数据应用能力不足及应用范围较窄等不足。对大数据平台、大数据开展支撑学校教育教学决策分析的应用急需建设与完善。

（三）资源建设与智慧教育

多个教学资源平台并存，没有统一管理平台，缺少学习平台可持续改进和开发能力，试题库与资源库建设质量不高，图书馆数字资源利用率还有待提高。

教育教学模式改革创新推进缓慢，未完全转变为以学生为中心的教学模式。利用信息技术手段广泛应用于教学的机制还未形成，信息化与教学深度融合程度不够。

---

① 成都师范学院是四川省省属本科师范学院，位于四川省成都市，2012 年教育部批准为普通本科院校，建有四川省教育信息化应用与发展研究中心，发起组建四川省首个“智慧教育联盟”，教育信息化建设在地方本科院校中具有一定的引领示范作用。2019 年 4 月，笔者到成都师范学院进行教育信息化调研学习，调研主要针对教育信息化建设情况、现代教育技术在课堂教学中的运用现状等，先后学习考察了成都师范学院教师教育学院智慧教室的软硬件配备及应用情况，观摩了信息技术课堂教学示范课 4 次，开展了信息技术教育教学推进经验交流会 1 次。

② 田生湖，姚建峰，赵学敏. 高校教育信息化治理绩效评价研究[J]. 理论探讨，2018（3）：29-32.

二、推动地方本科院校教育信息化建设的对策

（一）加强治理体系建设，多部门合力推进信息化教学

明确相关教育信息化建设部门管理职能，将网络与信息中心作为专职机构，学校以文件的形式对中心职责进行规定，提高领导力和执行力，具体统筹规划、统筹管理、顶层规划和协调各部门推进教育信息化建设。如成都师范学院在推进教育信息化方面联合了学校多部门的力量共同发力，这其中主要有教务处、网络与信息中心、教育信息化推进办公室（专门成立的处级部门）、教师教育学院、各二级学院教务科，各部门共同发力，协调合作，形成系统性合力，不断快速高效推进教学的信息化。其中网络与信息中心、教育信息化推进办公室是直属于成都师范学院的教辅部门，作为教育信息化建设专职机构。承担全校信息化工作的总体规划部署，草拟学校信息化工作实施意见、相关政策，负责协调解决全校信息化进程中的具体问题，统筹推进学校信息化工作。网络与信息中心主要负责成都师范学院公共信息化教学环境（包括公共计算机实验室、多媒体教室和录播教室）、IT 基础设施（校园网及数据中心软硬件设施）、数字化校园平台、部分应用系统（邮件、校园卡、控电、迎新、离校等）的总体规划、设计、建设、管理和运行维护；对成都师范学院各公用网络、专用网络、硬件系统和应用系统及网络资源进行建设、管理，确保通信和信息安全；开发和维护学院网站及各部门、系（院）子站；管理校园电话和网络用户并提供技术服务，负责建设、管理和维护学院有线数字电视网络，为学院教学、科研、管理和生活提供信息化服务。教育信息化推进办公室主要负责学院教育信息化规划、政策制定、建设、管理和评估；教育信息化项目建设立项、检查、验收；网络课程、MOOC 建设和组织管理；全校教师教育信息化能力培训；教育信息化应用与发展研究中心组织课题发布、立项、验收等工作；协助推进基础教育信息化建设。

（二）信息化教学软硬件建设多元化、多渠道

信息技术软硬件是辅助教学的手段，没有哪一种信息技术软硬件能完全满足高校各学科的教学，信息技术软硬件建设不能“一刀切”，特别是对于高等学校的不同学科专业的各门课程教学，信息化教学软硬件建设要多元化、形成教学信息化系统。如成都师范学院使用了 RJ 网络公司的软硬件，同时还有东方闻道、智慧树、雨课堂、微格教室信息录播监控软硬件系统等。信息化教学软硬件建设除了高校本身投入资金建设以外，还可通过与企业合作共建，以减少学校资金投入。成都师范学院与一些机构合作建立示范基地，合作机构提供软硬件，成都师范学院进行测试使用与推广示范，共同促进教学信息化改革，所以信息化教学软硬件建设要多渠道。

（三）信息化教学基础设施建设需具有一定的前瞻性

信息技术变革迅速，软件各式各样，功能各异，硬件也是不断更新，再加上不同品牌软件、硬件之间的互不兼容等问题，所以信息化教学软硬件建设应具有一定的前瞻性，可以多学习考察，注意多元化软硬件配备的系统性，这样才能建设和使用好信息技术，也方便后期的维护和更新。

（四）信息化教学需作为专项工作进行推进

信息化教学的改革与推进关键在于教师，需要每个教师去具体实施。软硬件建设可以通过资金的投入来实现，但是教师使用信息化教学进行课堂教学不是那么容易实现的，信息技术软硬件建好、建得“高大上”不代表就是信息化教学，教师运用到教学中才是信息化教学，这就需要专门的部门或者以专项工作的方式来推进和管理信息化教学。如成都师范学院专门成立了行政级别为处级的教育信息化推进办公室来推进全校的信息化教学，教育信息化推进办公室现在有 19 名工作人员，工作内容主要就是推进信息化教学。

（五）智慧教育教学先试点、再推广，逐步推进

智慧教室建设成本较高，对于地方本科院校来说需要投入大量资金和空间，可以采用先试点、再

推广，逐步推进的策略。如成都师范学院先是在教师教育学院专门集中建设了6间示范性的智慧教室（一间教室软硬件投入大约在30万元），这6间智慧教室供全校教师申请使用，对申请使用智慧教室上课的老师给予补贴（每一节课时费比在普通教室高10%左右），从而激励教师进行信息化教学改革，进一步推进信息化教学在全校广泛使用，目前效果良好，6间教室每天都被教师申请用完，有的教师还要提前申请，教师使用信息化教学积极性和能力不断增强。

（六）对使用信息化教学的教师给予鼓励和奖励

很多教师由于工作繁忙，习惯传统课堂教学等原因，再加上信息化教学需要重新学习一些软硬件的使用方法，更加注重以学生为中心，增强课堂吸引力，教学设计需要更加科学合理，备课量在教学中也相应增多，所以很多教师不愿意主动去使用信息技术开展教学，需要学校给予鼓励和奖励，以促进教师进行课堂教学革命，逐渐运用信息化教学，进一步适应信息化教学。如成都师范学院采取了奖励的措施来吸引和激励教师进行信息化教学，具体就是对使用智慧教室采用信息技术上课的老师给予补贴（每一节课的课时费比在普通教室高10%左右），这样一些教师运用信息化教学的积极性就提高了，一是本来就想尝试一下在智慧教室运用信息化技术开展课堂教学的新鲜，又有比在普通教室采用传统教学上课更高的课时费，教师信息化教学的积极性得到很大提高。

（七）教师信息化教学能力培训要具有及时性和连续性

信息技术设备的建成和教育资源的配备，只是给教育信息化提供了物质基础；而教育信息化能否真正有效实现，关键还是在于利用这些设备和资源的教师和学生，尤其是教师的信息化教学能力。信息技术设备的建成和教育资源的配备之后，学校就应及时培训教师，避免资源的浪费。由于地方本科院校大部分是从无到有地实现信息化，广大教师对于新生事物有一个从认识了解到发现其优势、进而主动学习使用的过程。信息化教学优势明显，教师能够实现一些传统课堂教学不能实现，或很难实现的教学策略、方法等，如学生线上签到，系统自动分组、自动抽问学生、课堂练习结果系统自动统计、学生手机上完成练习并提交、系统给学生计分等等，可以说，课堂变得智能化、灵活化、效率化、全面化。特别是课堂学习氛围好，学生参与度高，师生互动性强，学生和教师分工明确，教与学不断相互作用，学生成为课堂的中心得以很好地实现，同时，对于教师钻研和提高教学能力有很大促进作用。因此，学校应做好宣传和教师的培训工作。

培训应遵循循序渐进的原则，很多教师对信息技术、信息化教学手段、方法比较陌生。首先从基本操作入手，在他们熟悉了基本操作并对其产生了兴趣之后，主要从信息技术如何辅助他们进行科研和教学的角度培训教师。对教师的培训应采用灵活多样的形式，以解决教师的工作矛盾。由于教师都是成年人，他们的学习有其自身特点，所以在培训时应充分利用和尊重教师学习的特点，通过培训，使教师可以借助于现代信息技术来扩大知识面，不断更新知识、增强信息素养、转变教学观念，进而改变教学方式，提高其科研和教学的质量，实现自身专业化的可持续发展，从而提升地方本科院校的核心竞争力。

（八）加强信息技术管理与服务人才队伍建设

信息技术管理与服务人才队伍是目前地方本科院校的一个短板，在短期内人才匮乏的现状下，地方本科院校可以采用学校、公司、运维、学生团队相结合的方式，对信息技术管理、运维、服务等各环节起到支撑。同时，从教育信息化可持续发展的角度看，地方本科院校应不断加大对信息技术管理及服务队伍的建设力度，建立一支专职的信息化技术支持服务队伍，人员规模至少达到在校师生总数的1‰。①同时，加强现有技术队伍的培训与学习深造，提高人员业务素质和水平。

【责任编辑：田应国】

---

① 周芬芳. 新时代背景下教育信息化推动地方本科院校发展——以郑州工程技术学院为例[J]. 中州大学学报，2019（5）：89-94.

媒介融合视域下的高校“融媒体中心”建设[①]

余　韬[②]

（四川民族学院文学院　四川康定　626001）

【摘　要】 在当前媒介融合的时代背景下，传统的大众媒介与互联网新媒体为技术手段的新兴媒体不断融合。加上大学生群体在信息获取、新闻阅读渠道和习惯上的改变和偏好，使得建设高校“融媒体中心”成为一项迫切的任务。高校的“融媒体中心”建设应立足于“思政教育与大数据中心”“新闻融合与宣传中心”“指挥调度与舆情监测中心”“实践实训与创新创业平台”的功能理念，在对高校“融媒体中心”准确定位的基础上，完善人员机构设置、配套制度、经费保障，才能保障高校“融媒体中心”顺利建成并正常运行。

【关键词】 媒介融合；高校；融媒体中心；建设

美国传播学者伊契尔·普尔在1983年提出“媒介融合”这一概念,“媒介融合”是“各种媒介呈现出多功能一体化的发展趋势”。[③]尼葛洛庞帝提出，“媒介融合的基础是建立在计算机和互联网技术之上的，由此带来不同媒体之间的互换性和互联性。”[④]

有学者提出“媒介融合”不仅有在新闻采集、发布等技术上的融合，也有所有权、产业结构、经营策略上的融合。[⑤]伊契尔·普尔认为媒介融合是多个传统媒介比如广播、电视、报刊出现了一体化的趋势。[⑥]凯文·尼曼则认为媒介融合也预示着传媒、信息、电信业融合成为“大媒体业”。[⑦]

有关“媒介融合”概念的界定和解释还有很多，当前暂时还没有一个准确而公认的权威认定。不论如何界定和解释，“媒介融合”成为近些年学界和业界研究、关注的热点，也充分表明在互联网新媒体的背景时代下，传播方式在改变与发展，在各种新技术基础上传统媒体和新兴媒体的不断融合。同时也需要对原有的大众传播方式乃至与之相关的方方面面，如何适应当前新技术、新环境、新受众等变化下的革新，进行深入的思考和实践。

一、建设“县级融媒体中心”的背景

根据CNNIC发布的第42次《中国互联网络发展状况统计报告》显示，截至2018年6月30日，我国网民规模达8.02亿，普及率为57.7%；手机网民规模达7.88亿，网民中使用手机上网人群的占比达98.3%。[⑧]

---

① 本论文为四川民族学院校级教改课题“网络与新媒体专业大学生自主学习激励机制建设研究”，项目编号Xjjg2018077的阶段性成果。

② 余韬（1978—），男，四川泸定人，硕士，讲师。主要研究方向：媒介发展。

③ 王强. 融媒体时代下媒介融合的现状及发展策略研究[J]. 传播力研究，2019，3（35）：100.

④ 杨振鹏. 媒介融合背景下传统文化慢综艺传播策略研究[D]. 中南财经政法大学，2019.

⑤ 南长森，石义彬. 媒介融合的中国释义及其本土化致思与评骘[J]. 陕西师范大学学报（哲学社会科学版），2012，41（03）：159-166.

⑥ 杨振鹏. 媒介融合背景下传统文化慢综艺传播策略研究[D]. 中南财经政法大学，2019.

⑦ 杨振鹏. 媒介融合背景下传统文化慢综艺传播策略研究[D]. 中南财经政法大学，2019.

⑧ 中国互联网络信息中心发布第42次《中国互联网络发展状况统计报告》[EB/OL]. http: //m.elecfans.com/article/749450.html.

2018 年艾瑞数据的中国互联网流量年度数据报告显示，移动端网民单日使用时长已达到 186 分钟。截至 2018 年 12 月，新闻资讯行业月独立设备数 7.77 亿台，同比增长 18%，行业渗透率达 57.7%。①

在最新发布的《2019 中国网络视听发展研究报告》中显示：截至 2018 年 12 月，网络视频用户规模（含短视频）达 7.25 亿，占网民总数的 87.5%，短视频用户、网络直播用户、网络视频用户规模分别为 6.48 亿、3.97 亿、3.01 亿，网络视听已占据互联网数据访问总流量的 80%以上。②

科技的发展，带来了传播模式的改变，同时也改变了受众接受和获取各类信息的方式，讯息的传播速度加快，渠道的多样化以及传统的以电视、报纸、广播为手段的宣传方式，逐渐与互联网信息时代的发展不相适应，网民的参与度和热衷度比起传统的大众传播时期也有了颠覆性的发展。

习近平总书记在 2018 年召开的全国思想工作会议上，着重强调了县级融媒体中心建设在服务群众中的重要性，将全国各地县级融媒体中心建设的工作推向了高潮。③

二、高校“融媒体中心”建设思路

（一）思政教育与大数据中心

2016 年 9 月 9 日，习近平总书记到北京市八一学校考察时指出：“大学是立德树人、培养人才的地方，是青年人学习知识、增长才干、放飞梦想的地方。”④其中的“立德树人”就意味着，高等教育要坚定社会主义办学方向，牢牢坚守人才培养的政治方向。思想宣传、政治教育是高等教育中重要的、必不可少的内容和环节。

通过简单的课程讲授等传统的思政教学方法，已经不适应当前大学生群体的信息接受习惯，同时也不适应以互联网新媒体为主要传播手段和接受方式的信息和思想内容的新变化。“融媒体中心”是把传统媒体和新兴媒体进行深度融合，借助微信、微博、抖音等新媒介，并结合电视台、报纸、广播等传统思想宣传的渠道，制作大学生喜闻乐见的思政传播内容，符合大学生阅读、观看等习惯的传播方式和渠道，进行立体的、全方位的内容和信息传播，进行潜移默化的思想政治宣传和教育。

充分利用“融媒体”中心的平台化优势，一方面积极把校内各类的课程资源进行整合，发挥平台互动优势，促进教与学的互动；另一方面充分利用融媒体的多渠道媒介优势，丰富高校思想政治教育的网络载体。最后，通过技术平台和软件，对大学生关注的热点进行统计和分析，及时掌握学生的思想动态，可以有针对性地进行宣传引导。

通过对以上各方面进行一定时期的数据收集和整理，可以逐步建立属于高校自己的大学生思政教育资源库，更可以通过对数据的动态分析，进行规律性和预见性判断，牢牢掌握高校大学生思政工作的主动权。

（二）新闻融合与宣传中心

高校“融媒体中心”是借助县级融媒体中心的建设理念，通过对原有的各种媒体进行整合，形成新的融合性媒体，切实加强思想政治宣传，以及新闻的生产和传播，并突出新媒体的互动特性，增加用户（高校师生及校外用户）黏性，提高公信力、传播力。

高校的新闻传统媒介，主要有校电视台、广播电台、校报，随着互联网和新媒体的发展，又有了“两微一端”。近些年，短视频平台的迅猛发展，很多高校也陆续开通了官方的抖音、西瓜视频等短视频账号。力图主动迎合媒介发展的趋势，采用多样化的新闻生产和多渠道的新闻发布，增强传播力度，达到预期宣传效果。但由于各种原因，例如机构设置、人员配置、专业性等缺陷，致使很多高校的新

① 中国互联网流量年度数据报告：2018 年[A]. 上海艾瑞市场咨询有限公司. 艾瑞咨询系列研究报告（2019 年第 2 期）[C]. 上海艾瑞市场咨询有限公司，2019：111.

② 2019 中国网络视听发展研究报告发布：网络视频用户规模达 7.25 亿[EB/OL]. http: //scnews.newssc. org/ system/ 20190527/000968098.html.

③ 吴雅婷. 包头市县级融媒体中心建设中存在的问题及对策[D]. 内蒙古师范大学，2020.

④ 又是一年高考季，习近平这些话言犹在耳[EB/OL]. https: //politics.gmw.cn/2020-07/07/content_33971300. htm? From =search.

媒体融合改革之路走得并不顺利，宣传效果也差强人意。

"融媒体中心"立足于媒介融合思维，充分利用当前互联网、大数据等科学技术，进行传统媒体与新兴媒体的深度融合，并不是简单地叠加，或者把传统新闻搬到网上去就是新闻融合。要在充分理解媒介融合理念的基础上，进行新闻流程的再造，进行高校新闻生产机构的设置改革，对原有的各类新闻媒介进行优化整合，让新闻生产真正融合，让"融媒体中心"成为名副其实的高校宣传中心。

（三）指挥调度与舆情监测中心

高校"融媒体中心"的其中一个重要职能，就是成为"指挥调度"和"舆情监测中心"。融媒体中心是以互联网大数据新媒体等技术手段为基础、接入教室、公共区域，办公场所等覆盖全校的音视频网络，可以在融媒体中心通过直播、录播等形式进行视频、音频、文字、图片等各类形式的内容传播和发布。同时也可以利用外接设备，进行异地的实时音视频的信号传输，实时对话。这些功能，可以充分利用到大型集会、校内讲演、重要新闻发布、重大事项的实时监测与指挥调度，也能满足多个校区的信息互通和交互。

舆情监测是高校当前收集和掌握大学生思想动态，进行风险预判的重要工作。但据了解，很多高校针对大学生思想状况及舆论导向的监测，更多是采用被动监测的模式，也就是利用爬虫类的工具软件，设置敏感、风险类的关键词，进行定期的监测。这种方式，对于舆情风险有一定的预警性作用，但从当前来看太过被动，主动性不足，也更谈不上主动发现风险，或者叫在风险尚未出现之前，进行及时有效的干预和引导。只是做被动的监测，而缺乏提前性和主动性的舆情监测，并不是符合当前融媒体中心建设和大学生思想政治工作发展的有效模式。

（四）实践实训与创新创业平台

高校的"融媒体中心"不仅要体现思政宣传，新闻融合以及指挥调度和舆情监测的功能，还应成为"实践实训"与"创新创业平台"。

"融媒体中心"的建设，资金投入巨大，虽和地方的县级融媒体中心相比，无需考虑商业化回报和经济效益，但高校作为培养适应社会需要的人才，高校融媒体中心更需要考虑的是人才培养的投入与产出。

一个"融媒体中心"的正常运行，必须要有一支专业化的人员队伍作为保障。借鉴其他成功高校的经验，均是以本校的专业教师和学生为人才基础，整合全校的师生资源，搭建融媒体中心的管理和工作人员队伍。同时，融媒体中心又为"网络与新媒体"等专业提供了最为宝贵和实实在在的专业实践实训的岗位，可以让学生在工作中学，在工作中练，切切实实提升学生的专业实践能力，增强学生的学习兴趣和主动性，也解决部分地区缺少专业实践岗位的实训困难。

另外，融媒体中心并不是只能为部分专业的学生提供专业化的实践实训机会，可以充分利用融媒体中心的平台化优势，整合全校的专业，进行有效的链接，提供各种交流和实践的机会，成为全校性的创新创业平台。

例如，如果需要进行地方"乡村振兴，脱贫致富"为主题的系列活动，可以由融媒体中心牵头主导，进行新闻宣传，制定有针对性的实施方案。比如以某乡独具特色的地方文化和特产为主打宣传产品，可以通过视频、文字等方式进行全方位的媒体矩阵宣传和报道，并让艺术设计专业的学生参与文创产品的设计和生产，经济管理类专业的学生进行商品的营销策划与推广等，融媒体中心进行跟踪和系列报道，并发布到多种渠道的媒体上。

还可以进一步加强和地方宣传部门以及州县融媒体中心、腾讯新闻、今日头条等党政机关、企事业单位的沟通与合作，拓宽自身的宣传渠道，扩大自身的新闻传播范围，提升传播效果。

三、高校“融媒体中心”建设需注意的几点

（一）准确定位

如前所述，对于高校融媒体中心的建设，首要在于定位。融媒体中心到底应该建成怎样？应该实现哪些功能？又该如何架构，形成具体的建设方案？这一切都在于对高校融媒体中心的定位有着清楚的认识。“高校融媒体中心”这一概念虽然是从地方融媒体中心借用过来，但还是应立足于高校自身的特点，进行深入的思考，准确定位，这样才能真正发挥“融媒体中心”在高校的作用。

（二）人员组织机构设置和制度保障

融媒体中心的建设和运作，是不同于以往的传统校园新闻宣传机构的工作模式，是一套全新的组织结构和运行方式。因此四川民族学院现有的专业人员数量和组织机构设置都不能满足融媒体中心的建设和运行的需求。同时也需要对以往的机制进行改革，并根据融媒体中心的各项特点，进行人员组织机构的设置和新制度的建立和完善，从根本上保证融媒体中心的建设和顺利运行。

（三）经费保障

融媒体中心涉及大量的设施设备，这些设备的使用和维护需要一定的运行维护经费。另外，融媒体中心的日常运行也需要有一定数量的相对固定人员。新闻宣传一般由学校宣传部负责，但宣传部人员有限，远远不能满足整个融媒体中心的运行需求。加之，融媒体中心的很多岗位需要具体的工作人员掌握一定的专业性技能，由此不可能在一定时期对同一岗位的工作人员进行频繁的更换。融媒体中心的工作是一种常态化的工作，不可能完全通过学生无课时来的课余方式保证整个中心工作的正常运行。融媒体中心应是以专业学生为基础，专业教师参与整体指导的运行方式。参与融媒体中心工作的师生，势必会占用大量课余时间专注于从事相关工作。针对这种情况，也需要一定的工作经费用于保障融媒体中心正常运行。

总之，高校“融媒体中心”是顺应当代互联网时代发展的产物，也是高校加强思政教育、新闻融合宣传、专业实践实训、舆情监测与引导的平台。高校“融媒体中心”的建设，在全国来讲才刚刚开始，还没有很多可以借鉴的成功案例。立足于本校实际，充分理解融媒体的内涵，才是建好融媒体中心的正确路径。

【责任编辑：唐明钊】

浅谈预科英语课程信息化教学资源建设[1]

——以四川民族学院为例

韦孟芬[2]

（四川民族学院预科教育学院　四川康定　626001）

【摘　要】 21世纪是教育信息化时代，利用教育信息化开展高校教育教学已经成为一种常态。高校预科英语要顺应时代的发展，把信息化教学资源建设作为预科英语信息化教学的关键环节。目前，预科英语存在信息化教学资源单一、教师的信息技术能力不足、教师教学任务繁重等困境。针对这些困境，预科英语课程要以教育信息化建设为主线，促进信息技术与预科英语课程教学资源的深度融合，从而让现代信息技术更好地服务于预科英语教育教学，促进预科英语教学改革和提高教学质量。

【关键词】 预科英语；信息化教学资源；策略

21世纪是教育信息化时代，利用教育信息化开展高校教育教学活动已经成为一种常态。2019年，中共中央、国务院颁布的《中国教育现代化2035》提出重点部署面向教育现代化的十大战略任务，其中第八条要求加快信息化时代教育变革，主要内容是建设智能化校园，统筹建设一体化智能化教学、管理与服务平台[3]。因此，高校预科英语也要顺应时代的发展，把信息化教学资源建设作为预科英语教学信息化发展的核心和基础，积极推进信息技术与预科英语课程教学资源的深度融合，让现代信息技术更好地服务于预科英语教育教学，从而促进预科英语课程教学改革和提高教学质量。本文以四川民族学院预科英语教学实践为基础，分析预科英语课程信息化教学资源建设的现状、存在的困境，提出预科英语课程信息化教学资源建设的途径。

一、预科英语课程信息化教学资源概述

（一）信息化教学资源的定义与特点

信息化教学资源是教育信息化建设中的新产物，何克抗教授认为："信息化教学资源主要指信息技术环境下的各种数字化素材、课件、数字化教学材料、网络课程和各种认知情感的交流工具"。[4]信息化教学资源也称为数字化教学资源，形式包括网络教学资源、网络学习资源、多媒体教学资源、信息化课程资源以及各种光盘资源等等。信息化教学资源具有四个显著特点：

（1）多样化：课件、工具、网站、数据库等。

（2）可共享性：易于复制、传播。

（3）可扩性：升级、进化、完善。

（4）工具性：促进认知、意义建构。

---

① 本文系四川民族学院教改项目"新形势下四川省民族预科英语教学改革研究"（项目编号：2017xjjg24），"预科英语学习资源构建与教学质量提升实践"（项目编号：xjjg2018023）及"预科英语课程思政"的阶段性成果。

② 韦孟芬（1976—），女，四川泸定人，教育硕士，教授。主要研究方向：课程教学。

③ 教育部. 中国教育现代化2035[EB/OL].http: //www.moe.gov.cn/jyb_xwfb/s6052/moe_838/201902/t20190223_370857.html.

④ 何克抗. 教育技术培训教程（教学人员·初级）[M]. 高等教育出版社，2006：53.

（二）预科英语课程信息化教学资源的构成

信息技术与教学深度融合，要在运用技术改善“教与学环境”和“教与学方式”的基础上，进一步实现教育系统的结构性变革①。硬件资源和软件资源是预科英语课程信息化教育资源建设的核心。目前，四川民族学院为预科英语课程尽可能地提供硬件资源，例如智慧教室、网络教室、校园网、电子阅览室、数字图书馆等。预科英语课程信息化教学资源中主要有两种软件资源：一是素材类教学资源，如试题库、试卷素材、媒体素材、课件素材、案例素材；二是网络课程，根据预科英语知识体系以及网络教学的要求，集各种英语教学资源为一体，包括预科英语教学内容和教学支撑环境。素材类教学资源和网络课程建设是预科英语课程信息化建设的基础，也是预科英语课程教学改革的重点。

二、预科英语课程信息化教学资源建设实践

四川民族学院预科英语课程教学团体以四川民族学院教改项目“新形势下四川省民族预科英语教学改革研究”“预科英语学习资源构建与教学质量提升实践”“预科英语课程思政”为研究基础，利用超星学习通平台积极推进信息化建设。“英语”课程知识点讲解音视频资源 47 个，任务点 61 个，自制 PPT 课件 70 个，配套试卷 20 套。“基础英语”课程知识点讲解音视频资源 48 个，任务点 67 个，自制 PPT 课件 52 个。

自 2020 年 4 月开展网络课程学习以来，2019 级 172 名（1905 班、1909 班、一模 1911 班）在超星学习通平台完成了预科英语课程学习，提高了预科英语教学效率，拓展了学生学习英语的时间和空间。根据学校组织开展的线上教学第二阶段实施情况调研的数据，针对笔者承担的“英语”和“基础英语”两门课程（样本数=162），22.84%的学生希望进一步改进课程教学资源内容与质量，32.10%的学生希望直播教学和平台资源学习相结合，39.51%的学生希望改进网络速度，30.86%的学生希望改进课程视频效果。课程需要改进的方面具体占比情况如图 1 所示。

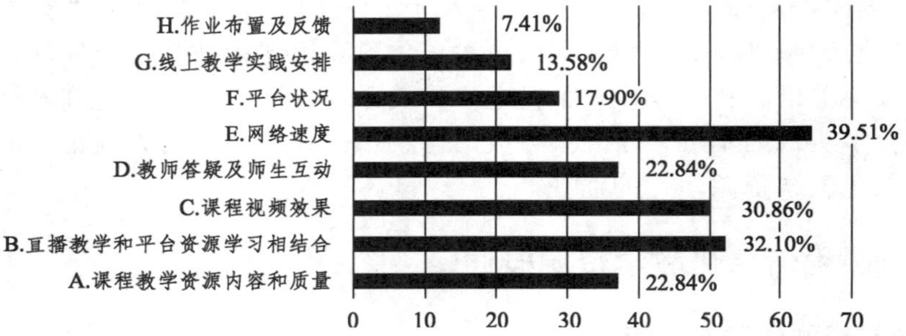

图 1　课程需要改进的方面的占比情况

三、预科英语课程信息化教学资源建设存在的困境

（一）预科英语课程信息化教学资源单一

随着高校英语教学改革的推进，大学英语数字化教学资源的形式从常见的文本、图片、音频、视频、动画到采用先进高效的多媒体编辑技术出现的功能强劲实用的微课、慕课等精品课程。尽管信息技术支持的英语教学资源越来越多，但是适合预科英语课程的数字化教学资源非常少。四川民族学院的预科英语课程主要包括“英语”“基础英语”“英语听说”三门课程，信息化教学资源的种类和数量有限。除了“英语听说”课程有出版社提供的电子教辅材料外，四川民族学院与西昌学院、阿坝师范学院统编的四川省省属高校民族预科教材“英语”和四川民族学院“十三五”规划教材“基础英语”都没有相关的电子教辅材料。由于四川民族学院预科英语课程教材版本单一，教师很难找到适合预科

① 何克抗. 学习“教育信息化十年发展规划”——对“信息技术与教育深度融合”的解读[J]. 中国电化教育，2012（12）：19-23.

英语课程教学实际的网络资源。

在教学实践中，笔者发现预科英语课程信息资源内容和功能比较单一，大多数教师可以熟练操作文本编辑和一般的 PPT 制作，这类信息教学资源是预科英语课堂教学中使用率最高的。由于受信息技术素养的限制，教师要自行完成新兴的信息化教学资源的建设还存在诸多困难，例如，没有慕课、微课的制作中视频录制和剪辑的技术支撑。

（二）教师的信息技术能力不足

在预科英语课程教学中，教师的信息技术能力在很大程度上影响了信息化教学资源的应用。预科教育学院共计 5 名英语教师，41～45 岁教师 3 名，占比 60%，46～50 岁教师 1 名，占比 20%，50～55 岁教师 1 名，占比 20%。尽管全体教师都能制作多媒体课件，但是由于信息技术能力有限，导致课件存在以下几个问题：一是课件风格设计，由于预科英语教师都缺乏 PPT 课件设计与制作的专业知识，教师普遍选用 powerpoint 自带的模板，课件风格千篇一律，无法吸引学生的学习兴趣，影响教学效果；二是课件内容设计，课件内容只是对文字教材的简单复制，缺乏对内容的提炼，重难点不突出；三是多媒体素材的选择，由于自己的水平问题，对需要图像、声音、视频等表现的教学内容不能制作或制作不准确。

（三）预科英语教师教学任务繁重

英语是预科教学主干课程之一，5 名教师分别承担“英语”“基础英语”“英语听说”三门课。我们以 2019 级预科为例，全院共计 12 个教学班，其中普通模式本科 9 个班，藏文一类模式 3 个班，普通模式的预科英语课程实施 5+2 模式，其中“英语”为每周 5 节，“英语听说”课程为每周 2 节；藏文一类模式的“基础英语”每周 6 节，英语教师周课时为 15～18 节。部分英语教师除了完成规定的课时外，还担任了班主任工作或其他兼职工作，同时每周还要承担 2 节“思德教育与素质拓展”课程，工作任务繁杂，没有足够的时间和精力去推进信息化教学资源建设。

四、构建预科英语课程信息化教学资源的策略

（一）积极推进信息化教学资源建设

信息技术与预科英语课程整合的过程绝不仅仅是把现代信息技术作为辅助教学的工具、手段，而是要充分利用信息技术构建信息化教学环境。在预科英语教学改革实践中，四川民族学院预科英语教学团队深入分析预科英语课程线上教学存在的突出问题，积极推进信息技术与预科英语课程资源的融合，完成“互联网+教学”体系的构建。学院要高度重视英语教师信息化教学能力的培养，合理分配教师教学任务，保证教师有充足的时间和精力设计和开发适合预科英语课程标准的信息化教学资源，从而促进信息技术和预科英语课程的深度整合，促进预科英语教学工作效率和提高教学质量。同时，学院和教学团队应该多渠道筹集资金，为预科英语课程信息化教学资源应用提供必要的物力资源。

（二）整合预科英语课程的信息化教学资源

重视教学资源的建设，并非要求所有教师都去开发多媒体课件，而是要求广大教师努力搜集、整理和充分利用已有资源。[①]在实施预科英语课程改革的过程中，信息化教学资源起着十分重要的作用。优质信息化教学资源有助于促进学生、老师对英语知识更深的理解，拓展学生英语文化视野，调动学生学习英语的主动性和积极性。教师在选择和设计预科英语信息化教学资源时，应尽可能地选取和运用现成的符合预科教学课程的教学资源，这样既省时省力，又节约经费；如有的信息化教学资源不适合预科英语课程教学时，教师可以考虑对资源进行适当的修改和选取，以满足预科英语课程教学需要；如果对于选取、修改都不行的预科英语课程信息化教学资源，教师就要利用信息技术重新设计，编制

---

① 何克抗. 教育信息化与高校教学深化改革[J]. 中国大学教学，2007（10）：64-71.

新的、符合预科英语课程要求的教学资源。

（三）组建预科英语课程信息化教学资源建设团队

学院组建跨学科的预科英语教学团队，团队以现有的预科英语课程信息化教学资源为基础，确定完善和优化信息化教学资源建设的思路。根据预科英语课程信息化教学资源建构的思路，教学团队负责人组织教师开展以下工作：完善和优化预科英语课程的教学指导文件，如课程简介、教学大纲、课程标准、授课计划；完善英语课程信息化教学资源建设的具体实施文件，如单元设计、电子教案、电子课件、教学任务单、教学导学案、微课视频资源等；完善学生课后自主学习的相关资料，如习题库、试卷库等。

（四）建设预科英语课程智慧课堂

预科英语课程信息化教学资源建设的另一个核心是建设智慧课堂。高科技的发展为智能课堂的构建提供了必要的信息技术支持，我们要充分发挥“互联网+”、大数据和人工智能的优势，开发集智能教学、环境智能调整、视频监控和远程控制于一体的预科英语课程智慧课堂，有效促进预科英语课程信息化课堂教学的发展。教师可采用各种新型的教育手段和现代教学方法，通过学习平台、应用软件、网络论坛等，形成互动、开放的多模态的语言交际环境，以提高英语学习的真实性。①

（五）提高预科英语教师信息化教学资源应用能力

教育部在《教育信息化十年发展规划（2011—2020 年）》中，提出要“培养学生利用信息技术学习的良好习惯”和“教师信息化教学的习惯”②。在预科英语课程教学实践中，教师首先要有信息化教学意识，要有意识地整合信息化教学资源与预科英语教学，发挥信息化教学资源的优势。教师要有意识地通过各种信息化教学水平培训或自主学习，不断提高自己的信息技术的应用能力。可喜的是，学校为教师提供了各种信息化教学能力提升的培训的机会，例如 2020 年 2 月，由于新冠肺炎疫情的影响，学校依托超星教师发展中心的培训平台，组织教师学习了“‘停课不停学’信息化教学能力提升培训”系列课程；6 月至 8 月月学校依托中国教育干部网络学院培训平台，开展了“高校教师信息化教学能力提升”专题网络培训，预科英语教学团队 5 人完成了相关的培训任务。其次是开展丰富多彩的教学活动、教研活动和教学改革，努力构建适合预科英语课程的信息化教学资源。例如，为了推动预科课程的信息化教学，2020 年 7 月份，预科教育学院开展了撰写“预科教育教学线上教学工作总结”的活动；9 月份开展了线上教学经验交流会；英语教研室把预科英语课程教学资源建设纳入学院的“十四五”规划中。

五、结语

在“互联网+”时代，各种基于互联网数字技术的线上教学模式成为高等教育的新常态，高校预科英语课程要充分利用各种信息技术和资源，突破传统教学资源平台的限制，坚持“以人为本”的原则，加强信息技术和预科英语课程教学的深度融合。预科英语教学团队成员要主动学习现代信息技术，探索预科英语课程信息化教学资源建设的新技术和新途径，提高预科英语教学的实效性，实现“立德树人”的根本任务，满足新时期国家和社会对少数民族地区人才培养的需要。

【责任编辑：余中伦】

① 胡壮麟. 社会符号学研究中的多模态化[J]. 语言教学与研究，2007（1）：1-10.

② 教育部. 教育信息化十年发展规划（2011—2020 年）[EB/OL]. http: //www.moe.edu.cn/publicfiles/business/htmlfiles/moe/s3342/201203/xxgk_133322.html.

SHI JIAN PIAN

实践篇

教育信息化背景下高校公共体育教学改革探索①

蒋建琼②

（四川民族学院体育学院　四川康定　626001）

【摘　要】 教育信息化是新时代教育改革的重要内容，高校公共体育实施信息化教学有助于解决当前面临的问题。本文通过教学管理理念、教师教学理念、学生学习理念三个方面探索公共体育在教学信息化背景下的改革策略，以期在高校教学管理与科研工作中充分运用现代技术与手段，拓宽教学资源，改进教学方法，培养社会需要的信息化综合人才。

【关键词】 互联网+；教育信息化；公共体育；教学改革

教育信息化是应用现代信息技术推动教育深化改革，以信息技术工具实现跨越式发展，带动学生学习方式进化，为传统教育模式做出有效补充。③数字化、网络化、智能化和多媒体化对传统的教育思想、观念、模式、内容和方法产生了巨大冲击。高校公共体育课程不仅肩负增强学生体质、掌握运动技能的目标，还肩负适应社会需求、培养体育素养、促进体育个性发展、养成锻炼习惯的重要任务。面对教育信息化发展大势，公共体育课的教学改革也势在必行。

一、高校公共体育教学信息化的发展背景

受新冠肺炎疫情影响，2020 年全国大中小学春季学期都未能如期开学，从“延期开学”到“停课不停学”，如何上好线上课程，如何把学生从“教室+黑板”思维模式带到“显示屏”思维模式上来，如何把学生从教师监管带到自我监督上来，如何利用好信息工具达到课程预期效果甚至更佳效果，这些问题一直备受关注。从摸索到熟悉再到创新，教师切身体会到了信息时代教学的优势和便利，改变了对信息化教学的认识。高校公共体育课程作为操作性非常强的实践课程，面对疫情期间的“显示屏”教学，很多教师表示“茫然”和“无奈”，无从下手，被迫学习“互联网+”信息化教学模式，这对教育信息化的有效实施和改革创造了契机，提供了充足的空间条件。

二、当前高校公共体育存在的问题

（一）重实践轻理论，重考核轻成效

高校公共体育教学以实践课程为主，理论教学占比不到 15%，仅有第四学期才参与考核，分值占 10%，且为开卷考试，其他学期不考核计分，学生体育理论掌握受限，导致很多学生对体育理论课程不重视，理论知识掌握不到位，有敷衍行为，与课程目标相违背。

公共体育课程以技术课程为主，主要有健美操、武术、乒乓球、排球、篮球、足球等，有重要的实践教学目标和任务，且占每学期考试 50%分值，还有考勤、小论文或心得体会、平时表现考核等，组成期末考试最终成绩。考勤代表学生对体育课程的态度，固然非常必要，小论文或心得体会大部分

---

① 本文系四川民族学院教改课题《体育教育-应用型专业综合改革试点项目》（项目编号：J18029）的成果之一。

② 蒋建琼（1982—），女，四川简阳人，硕士，副教授。主要研究方向：学校体育学、体育人文社会学。

③ 秦安祥. 教育信息化背景下高校体育教学改革的路径选择[J]. 湖北开放职业学院学报，2020，33（06）：151-152，155.

同学只在“完成任务”，实际作用和效果不大，并没有达到考核目的。

（二）教学形式单一

实践课程不同于理论课程，但仍然延续着传统的讲解示范、集体练习、分组练习、统一纠错等教学方法，面对每班三四十人不等的学生，并不能面面俱到地针对每位学生给出建议和意见。学生体育特性不同、体质也不同，有些学生耐力不错，但是灵敏性差；有些学生力量不错，但是速度不行；有些学生肥胖，有些学生瘦弱，他们具备不同的素质特点和身体特征，传统的体育教学无法做到个性发展和针对性训练。

（三）教学管理和服务滞后

体育教学管理和服务不仅仅只针对体育课堂教学，还包含健康体质测试、学生体育个性发展，课后锻炼、运动兴趣养成等。目前存在教学管理和服务仅仅针对体育课堂，教学管理和服务信息化运用相对滞后，体质健康测试成绩分类整合相对复杂，课后锻炼无法监测，个性发展服务不到位等问题。这样的教学管理和服务不能促进公共体育教学发展，不能满足学生多方面的体育需求，不能有效完成教学目标。

三、高校公共体育教学信息化的作用

（一）有效帮助教师及时获取学科前沿知识和教学资源

在信息时代，人类对知识的接受跟不上知识更新的速度，所以要不断吸收新鲜知识。教师要传道授业解惑，除了传统专业知识，还应该讲授丰富的社会知识，开展课程思政，帮助学生全面发展。对于公共体育课程里面的学科知识，比如最新的健身操以及排舞曲目、武术类视频、球类比赛的中国评价等，都应该通过公共体育课让大学生进行学习和了解，拓宽知识视野，丰富知识素养。网络上也有丰富的教学视频资料及课程资料，教师可以结合自己的教学内容和学生特点择优选取教学资源，丰富教学手段和教学方法，有效提升自己的教学水平。

（二）有效提升学生学习兴趣

随着“互联网+”和“5G”信息时代的到来，更多的体育教师体会到现代化教学方式的价值，开始逐步探索信息化教学手段，更多使用多媒体、网络信息、手机平台等教学资源。多样化教学方式让学生感到新奇和向往，学生课上能在教师的带领下找准自己的学习目标和学习方法，课下能够利用网络平台学习到更丰富、更前沿的体育知识，观看更详细的动作分解，学习更加便利，知识更加宽泛，热情更加饱满，学习兴趣得到有效激发。

（三）有效参与学生运动监督

体育教师一个重要的职责就是教会学生如何自我锻炼。如今，手机运动软件层出不穷，常见的就有 keep、咕咚、悦动圈、Hi 运动、乐动力、即刻运动、Fitbit 等，运动时间、运动轨迹、运动强度、针对性运动处方等很多内容都可以免费使用，教师可以通过网络建群，利用这些软件对学生自我锻炼情况进行有效监督。

（四）有效培养学生终身进行体育锻炼的意识

为保证学生自我锻炼效果，教师可以通过信息技术手段开展常态化督导。学生开始可能存在应付作业和检查，但长期坚持会让学生切身感受到科学有效锻炼后自己的身体状态、精气神、学习效果、睡眠等有效改观，体育的价值在生理上和心理上都会逐渐体现，感受到体育锻炼的好处后学生就会坚定持续锻炼的信心，树立终身进行体育锻炼的意识。

四、信息化背景下公共体育教学改革策略

（一）教学管理理念改革

1. 监管方式灵活，还教师自主权

公共体育课大部分属于室外实践性课程，受天气、气候影响较大，特别是酷暑、严寒和降雨天气，“冬练三九、夏练三伏”仅仅针对专业运动员，事实上恶劣天气并不适宜体育锻炼。所以，即使疫情解除以后，仍然可以采取“线上+线下”相结合等形式多样的教学方式，只要教师课程监管得当，并达到教学目的、完成教学任务，就可以采用灵活的教学方式，还教师教学自主权，给教师足够发挥空间，促进教学环境、教学方法、教学手段等改革。

2. 实施“1+1+1”教学模式改革

力争把公共体育课程开设成真正实用性、应用型课程，坚持“以生为本”思想，通过运动技术、技能掌握把体质提高和终身体育意识培养放在第一位。在公共体育课程实施“1+1+1”教学模式就是“主要教学内容+30 分钟集体素质练习+课后体育锻炼监控”。其中第一个“1”，主要为教学计划安排的主要教学内容，含热身等活动在内的篮球、足球、排球、乒乓球、羽毛球、健身操、武术等技术、技能知识的学习掌握，时间 60 分钟，占实践课程时间 2/3。第二个“1”，主要为身体素质练习，针对力量、速度、耐力、柔韧和灵敏等身体素质，每次课选取一个身体素质，以此循环进行，力争每名学生每学期的身体素质都有一个新的高度，时间 30 分钟，占实践课程时间 1/3。第三个“1”，可以采用运动 App“校园跑”打卡，每周一次，每次不少于 5 公里，并在 1 小时之内完成，以实名制软件运动轨迹时间结果截屏图为依据；也可以采用课后锻炼打卡方式，每周 2 次，每次不少于 30 分钟，教师可以拟定每周打卡内容，通过运动 App 最后的运动成果截图在学习群打卡，可由教师或体育委员统计并纳入期末考试成绩。

（二）教师教学理念改革

1. 更新教学观念

现在，一些高校还是采用“满堂灌”的教学模式，即由教师讲解教学内容的动作要领、统一练习、分组练习、纠错等传统教学模式。信息化时代，要做到“以生为本”，采用学生主导、教师协助的“翻转”课堂教学，以提高学生身体素质、管理协调能力和自我监督能力为主要目标，把学生主体地位提到一个新的高度。要提高信息技术在公共体育教学的作用，合理高效利用好多媒体技术、视频教学手段、成熟的运动 App 技术等，提高教师自身信息素养，即要更好地采用现代化教学手段提高教学效果。

2. 更新教学内容

信息时代的现代化教学，对教师提出了更高的要求。教师要把“互联网+”模式合理融入公共体育教学中，充分利用微课、慕课、直播、在线交流等方式，进行教学信息化改革，运用现代化教学方式，培养出适应信息社会的创新人才，为实现教育现代化贡献力量。教学信息化应实现课前的教学准备、课中的教学资源、课后的锻炼监测等全面功能，进一步提高教师驾驭课程的能力，严格按照“1+1+1”教学模式执行，运用现代化手段改变传统教学手段和方法来促进教学效果目标达成，完善课程体系，实现大学公共体育的真正目标。

3. 丰富教学方法

教育信息化的核心内容是教学信息化，信息化技术的发展，优化了资源分享的渠道和方式，意味着课堂之外的时间，学生依然可以进行碎片化的体育课程学习。①教师应充分发挥教学自主权，改变“满堂灌”的教学方法，还学生学习主体地位，同时探索有效的引导方式和监管方式，成功实现课堂完美“翻转”。采用“线上”+“线下”相结合的方式，线上课程可以是教室、操场等集中线上授课，

① 董久奎，唐炼. 信息化教学在大学体育教学中的运用[J]. 齐齐哈尔师范高等专科学校学报，2020（3）：126-128.

也可以是分散线上授课，主要用于体育与健康理论、技术动作、体育锻炼信息化互联网工具使用方法、体育锻炼打卡、学生心得分享等内容；线下课程主要用于技术动作练习、身体素质练习等内容。

4. 深入教学研究

教学研究的主要目的是促进教学改革。作为一线教师，要不断总结教学中的不足，根据地域条件、学校定位、学生特点、教师特点等因素，探索更优质的教学和管理方法，并持续改进。在信息化时代，合理有效地把信息技术融合到体育教学中，也正是教学研究的重要内容。在课前、课中、课后把互联网信息技术与体育教育有机融合，使教学手段科技化、教育传播信息化、教学方式现代化，对于转变教育思想和观念，深化教育改革，提高教育质量和效益，培养创新人才具有深远意义。

（三）学生学习理念改革

1. 培养信息化素养

互联网在渗透到教育领域的同时，形成了更具战略性的融合力，逐渐改变了传统教学模式的常态，并对学生的思维方式带来了新的引导。[①]在高速的互联网时代，知识更新瞬息万变，一不小心就会被淘汰，只有尽早适应社会，毕业后才能尽快融入社会，因此在高校培养教育信息化素养尤为重要。可通过课前知识查阅、课中方法技能培养、课后作业信息化来培养学生信息化素养，使学生理解教学信息化和学习信息化的重要性，主动自觉跟上现代化教学步伐，努力实现信息化学习的自我监督和自我改革，为踏入社会打好坚实的基础。

2. 养成锻炼习惯

健康的身体乃革命之本，也是立国之本。通过信息化教学手段，培养学生锻炼打卡习惯，变被动为主动，培养终身体育锻炼意识，也是大学体育与健康的重要目标。教师可采用统一组织、分散实施、集中打卡由教师监督向学生自我监督迈进，通过大学体育两年时间的课后监督，使学生认识锻炼对身体健康的重要性，养成体育锻炼习惯，能针对性选择和调整自己的运动项目和时间，形成自我运动能力。

【责任编辑：安万明】

① 胡桂康. 基于学生健康体质下的体育教学信息化发展[J]. 中国教育学刊，2020（S1）：110-111.

应用型示范课程的建设与思考

——以“乐器演奏”课程为例[1]

周　恋[2]

（四川民族学院音乐舞蹈学院　四川康定　626001）

【摘　要】 普通高校应用型本科示范课程的建设是一项长期的系统工程。本文以“乐器演奏”应用型示范课程建设为突破口，以线上线下混合式教学改革为契机，从明确课程建设的定位和目标、加强校企合作共赢、优化教学内容、创新教学手段、加强课程组织建设、完善考核评价体系等方面进行探索与实践，充分发挥该课程在应用型本科音乐人才培养中的重要作用，以期实现教学质量的不断提升。

【关键词】 乐器演奏；应用型示范课程；课程建设；教学改革

2019 年教育部明确提出了深化本科教育教学改革，全面提高人才培养质量的意见；实施国家级和省级一流课程建设，打造具有应用型、创新型的“金课”；积极发展“互联网+教育”、探索智能教育新形态，推动课堂教学改革、提高课程建设质量。[3]随着高校教育逐步趋向于大众化教育，素质教育已成为未来的发展方向，应用型示范课程是应用型人才培养以及提升素质教育的重要手段。“乐器演奏”是四川民族学院音乐舞蹈学院针对音乐学专业所开设的一门实践性、操作性非常强的专业核心课程，其性质为专业必选课程。文章结合四川民族学院音乐舞蹈学院的教学实践，以“乐器演奏”应用型示范课程建设为突破口，以线上线下混合式教学改革为契机，与某信息科技有限公司合作协同育人，通过深化教育教学改革，加大内涵建设，促进转型发展，突出民族性、地方性、应用性，旨在培养一批“靠得住、下得去、干得好”的优秀人才。

一、明确课程建设的基本定位和目标

“乐器演奏”课程是我国普通高等学校音乐学本科专业必修课程，也是音乐学专业中键盘乐器以外的第二乐器教学。目前音乐舞蹈学院“乐器演奏”课程主要为音乐学专业学生提供二胡、古筝、竹笛、葫芦丝、琵琶、阮、小提琴、萨克斯、手风琴等多种中外乐器，以及藏弦胡、六弦琴等地方民族特色乐器，学生可任选其一进行学习。“乐器演奏”应用型示范课程建设是在结合我校办学定位、专业人才培养目标、生源招收情况的前提下，将知识性、艺术性、实践性、技能性融为一体，强调对学生音乐才能的培养，提高学生音乐综合素养，努力培养学生对音乐的热爱，促进学生尊重、理解世界多元音乐文化，强调应用型与地方性相结合，对普及乐器演奏、发展与传承本土民族民间音乐文化有着重要的作用。该课程建设致力于培养具有扎实的专业基础、创新精神、实践能力、适应市场需求的应用型乐器演奏专门人才，因势而教、因时而学，按需培养。

“乐器演奏”课程在普通高校师范类音乐学专业中作为键盘乐器的补充，其传统教学目标主要是拓展学生专业技能，我院开发的乐器演奏课程在教学过程中，不仅要实现传统的教学目标，还要根据

---

① 见《四川省第二批应用型示范课程》（川教函〔2020〕374 号）中四川民族学院首批应用型示范课程（项目编号：sfkc201741）。

② 周恋（1986—），男，湖南岳阳人，硕士，讲师。主要研究方向：二胡演奏艺术与理论研究、少数民族器乐研究。

③ 教育部. 关于深化本科教育教学改革全面提高人才培养质量的意见[EB/OL].［2019-10-12］.

学院地处少数民族地区，加入本土民间乐器（如藏弦胡、六弦琴等）教学内容的开发，通过对本土民族乐器的学习，掌握一定的民族乐器演奏技能，并具备其传承和教学能力，服务民族地区艺术教育，达到弘扬本土民族民间音乐文化的目的。同时，为顺应教育部互联网+教育的整体战略规划，实现现代化教育的拓展，在“乐器演奏”课程中进行线上教学模式开发，将线下教学经验转化为线上课程，将线下的因材施教方式运用到线上课程的具体指导，因而线上课程脚本编撰就成了整个团队建设中的难点与重点，通过与企业合作开发教学课程的相关教学资源，实现线上线下混合式教学目标，进一步巩固和推广教学成果，切实做到提升学生的专业综合素养。

二、加强校企合作共赢

艺术类专业学习具备“三分教、七分练”的共性，以器乐教学课程为突破口，为探索音乐教育人才培养模式，创新产教融合、科教融合发展机制，快速、高效培养知识型高技能人才，有效地为当地的经济发展和行业培育输送专业人才。我院与某信息科技有限公司签订合作协议，就乐器演奏人才基地线上实践合作达成共识，由某信息科技有限公司为我院“乐器演奏”课程开设“创新型音乐人才线上培训课程”。“乐器演奏”线上课程表现为及时性线上教学，不同于传统线上开放课程，不是将课程简单录制后依托网络传播，而是使用网络实时性实现异地同步教学指导，它是在传统校园教育中对应用型人才培养方式引入线上线下教学理念，是应用型教育改革中的创新，具体实施依托智能手机视频通信交流 App 与网络云班教学助手平台实现线上线下课程体系建设。将预习、课堂、作业与教学实践四大环节中的核心内容转变到线上学习方式，与线下面对面对分课堂、手机 App 平台中的师生互动合为一体，其构建的线上线下教学模式可以在应用型专业课程信息化改革中形成范本，同样也可以做到乐器演奏教学的因材施教。该课程 App 由该公司自主研发，使我院乐器演奏学生能够全面掌握未来工作所需要的教学技能，提高教学水平和综合音乐素养。

某信息科技有限公司还为我院“乐器演奏”课程建立了“学生创业训练营”，该项目的开发要求学生完成基本的培训课程及社会实践，针对有自主创业想法的学生，该公司将提供创业指导，分享创业经验，并对学生的创业项目进行评估，对于具备可操作性的项目，某信息科技有限公司还将给予资金扶持，同时，该公司还为我院“乐器演奏”课程通过线上培训课程的在校学生直接提供带薪线上实践课程，增加学生实战经验，让学生在实践中积累经验，迅速成长。此外，还将为学生建立就业直通车，特别是对已完成培训课程及社会实践的学生提供就业岗位，为学生毕业后顺利就业提供保障。

三、优化教学内容，创新教学手段

（一）教学内容

“乐器演奏”课程是根据国家各项教育法规以及教育的发展和需求，并结合民族地区特点和学校实际，推出了学生自主选择的“乐器演奏”课程教学模式。本课程强调教学的理论性与实践性，灵活性与多样性，以及传统与现代化教学模式相结合，使学生在获得知识、技能的同时，领悟出乐器演奏的真正价值。其教学内容的创新主要包括以下几个方面：第一，根据不同学生的基础和特长，做到因材施教，使学生的个性在课堂中得到充分发挥。“乐器演奏”课程通过课堂教学与课外指导、实践活动的有机结合，将学校与社会、地方紧密联系，通过弘扬我国民族传统音乐，吸取世界优秀音乐文化，挖掘本土民间音乐文化，体现时代性、发展性、民族性特征。第二，校企合作建立线上线下教学体系，利用信息网络技术，借助网络媒介，依托线上视频通信交流与某信息科技有限公司开发的“VIP 陪练”App 平台，将线上网络实时性学习和线下（对分式）面对面课堂高度结合的教学模式，具有开放性、互动性、个性化、便利性及生成性等特点，有利于改变学生学习方式和教师教学方式，提高教学质量。第三，在课程教学内容中加入本土音乐元素。如在“乐器演奏”课程中加入当地采集的民歌旋律，在巩固民族音乐听辨的同时，也拓展了视野，发挥了专业教学的特色。第四，为了使教学内容与社会对专业需求紧密联系，分享专业的前沿成果，加大团队主讲教师外出学习与交流力度。根据“乐器演奏”课程发展的需要，可分别到四川音乐学院、四川文理学院、西南民族大学、西华师范大学、西华大学、成都大学、内江师范学院、甘孜职业技术学校等校进行交流学习，吸取各院校课程设置及专业发展方向的经验和教训。第五，坚持学以致用的办学目的，团队应致力于进一步加强学生的实践训练，如深入基层，送文化下乡；创建民乐团、古筝乐团、打击乐队、萨克斯乐队等学生专业实践平台；深入单位，协助排演节目（以往合作的单位有姑咱小学、康定三中、泸定中学、泸定小学、泸定文化馆、康定旅游局等等）。第六，团队应根据课程实践需要为学生创造更多的实践平台，如开展各级各类的舞台实践、教学班音乐会、课程汇报音乐会、专场晚会等，丰富并提升学生乐器演奏的专业技能。

（二）教学手段

结合应用型本科高校建设的具体要求，对照课程教学方法和手段，全面梳理“乐器演奏”课程教学效果和实践经验，推广效果良好的教学方法与手段，并对其提出优化措施，使其适应目前音乐教师行业需求。通过对传统的教学方法和教学手段进行改革，运用现代教学手段、网络化平台建设等多方位全面提升教学方法和手段的运用（见图 1）。积极采用多媒体教学手段组织教学，熟练地将多媒体和实践教学有机结合，同时结合线上线下教学手段，使课堂教学质量再上新台阶。

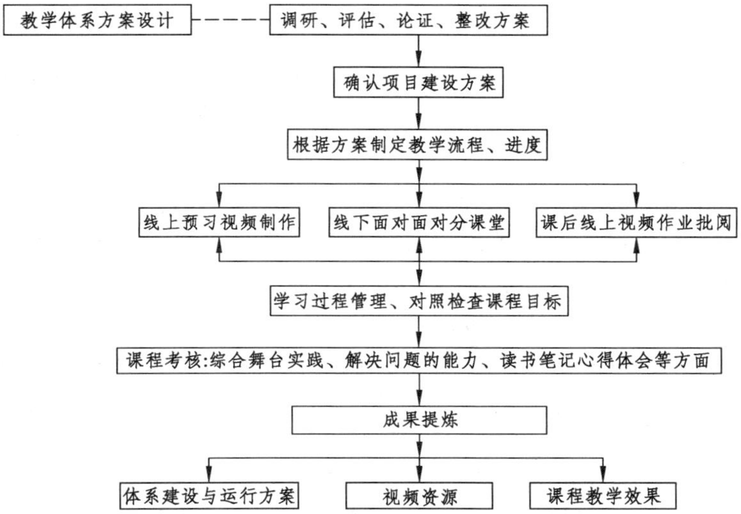

图 1　线上线下教学手段可行性分析

四、加强教学组织建设

“乐器演奏”课程教学以小组课教学为主，每节课的教学对象人数相对较少，对发挥以学生为中心的课堂教学十分有利。教师在教学过程中充分发挥了以教师为主导、学生自主学习的互动教学模式。根据教学对象个体差异，对教学内容中的重难点、教学方法进行调整，达到学生自主学习的目的。同时将课堂教学与专业、社会实践相结合，将课堂学习延伸到课外，保持学生学习兴趣、引导学生自主探索学习方法，深化自学能力，达到专业技能提升的同时，突出教师行业技能。

以小提琴课程为例，从“乐器演奏”课程中线上线下教学组织的三个方面进行举例，其他乐器课程教学均可借鉴：

第一，课程体系建设是整个项目研究中的顶层设计。根据目前最新应用型人才培养方案的课程大纲进行线上线下教学内容规划，设计学习流程，让学生通过线上线下环环相扣的学习步骤，深刻掌握小提琴演奏基础知识、基本演奏方法和基本技能技巧；具备理解、分析、鉴赏小提琴乐曲及演奏风格的能力；培养学生的合作意识，通过合奏、齐奏、伴奏、重奏等多种形式进行培养；不断提升学生的艺术审美能力和内心听觉能力，培养理解和尊重世界多元音乐文化的观念，达到能够胜任当前社会需求的中小学课堂乐器及课外音乐活动乐器演奏与教学辅导工作的目的。

第二，视频资源是整个项目研究中的核心内容。按照课程目标制作预习教学视频，制作每节课3～5分钟的预习视频：内容涉及相关知识要点、提示重难点以及知识拓展等方面；线下课堂中引入对分课堂理念，针对课前预习知识进行当面示范与举例实践，对学习过程中产生的分歧，引导学生进行课堂讨论；将课后作业录制成示范视频，引导学生复习巩固；在课后练习过程中，个性化针对性学习，将遇到的问题通过视频通信交流 App 与教师及时沟通咨询，最后将课后作业以视频形式提交至网络平台供教师评阅。通常情况下，学生为了提交一份自己满意的视频作业，必然会加强练习，一般需要录制好几遍后选择较为满意的视频进行提交，显然，在此过程中也达到了应用型示范课程中的课后督促练习的目的。同时，在教师评阅过程中，也便于教师能及时找准下次面对面线下课堂中需讲解和讨论的知识要点，真正做到以学生为中心的因材施教，实现人人皆学、处处能学、时时可学的学习模式。

第三，课程运行是整个项目的质量监控环节。“乐器演奏”课程总学习时长为四个学期，共计64个新课课时。每一个学习过程环环相扣，通过线上线下混合式教学，主要学习内容包括正确的演奏姿势、左右手运动训练到双手协调练习、四种指位学习、调性与变化音、基础技术技巧训练与换把学习等。学生是否按照线上线下课程要求进行学习，学习效果是否能够达到教学进度要求，需要健全科学便捷的课程运行平台，管理和控制学习过程，确保学习质量。

五、完善考核评价体系

考核评价体系是整个项目建设效果的直观反馈。线上线下教学体系不能成为一个教育噱头，其最终目标是学生通过这种学习方式进行更有效的学习并取得实际的成果。因此，我们要以项目建设为契机，改善目前“乐器演奏”课程的单一考核方式，该课程的考核应以考试大纲与评价标准为依据，以舞台实践为形式，考核学生乐器演奏基本技能。主要以学生演奏方法的规范性和准确性为依据，在节奏、节拍、力度、音高、音色以及音乐表现力等方面进行合理评判。结合学生之间相互评价，检查学生对教学内容的掌握程度，做到师生之间自评、互评、他评相结合，并将学生每学期所完成的作品汇报、相互观摩次数以及各专业实践团队的成果汇报（至少两次，包括录音、录像）等纳入考核内容。综合舞台实践中的实际演奏能力，权衡学习过程中解决问题的态度以及考量读书笔记心得体会的撰写等环节进行全面课程学习评价，这不仅符合线上线下教学模式需求，也是该课程体系学习效果的客观考核方式。

另外，“乐器演奏”课程的评价要注重考查学生的能力和素质，应做到三个结合：第一，过程考核与期末考核相结合，即形成性与终结性评价相结合，注重过程考核。形成性评价是指平时对学生的学习态度、学习方法、学习效果的关注和考察记录，重视学生学习过程，包括学生出勤率、问题的解决方式、课内外作业完成情况等；终结性评价是指学期考试、学年考试、结业考试以及实践考核中的成绩。第二，理论考核与实践考核相结合，注重职业能力培养。第三，专业评价和行业评价相结合，行业评价主要是实习单位考评，由教学实习单位根据岗位工作考核标准（与器乐教学相关项目）对学生进行考核，以课程见习实习的评价为主。而课程考核最终结论需参考合作企业对参与线上课程实习、实践学生的考核结果，被合作企业考核定为年度优秀者颁发相应证书，资助专项奖学金，并优先推荐相关评优评先项目。

结语

“乐器演奏”是一门操作性、实践性非常强的课程，对普通高校应用型人才的培养具有十分重要的作用。通过明确课程建设的定位和目标，加强校企合作，优化教学内容，创新教学手段以及加强教学组织建设，完善考核评价体系，能有效激发学生的学习积极性和主动性，提升学生的实践应用能力和创新能力，使学生具备良好的专业综合素养，符合高校应用型人才的培养目标。

【责任编辑：丽红】

民族高校地方特色课程的混合式教学模式探讨[①]

——以四川民族学院“康巴文化专题”课程为例

朱茂青[②]

（四川民族学院文学院　四川康定　626001）

【摘　要】　混合式教学避免了单纯面对面教学或单纯线上教学的弊端，而地方特色课程尤其需要线上和线下的结合，应该实行以学生为中心的教学与辅导的混合。本文以“康巴文化专题”这一地方特色课程的混合式教学模式设计，探讨特色课程建设的优势途径，寻求混合式教学模式在特色课程中的具体实施策略和方式。

【关键词】　地方特色课程；混合式教学；课程设计

大数据、互联网的发展使传统教学模式受到空前挑战，同时也为教学观念、模式、教学途径、教学工具的革新提供了可能。2012 年，MOOC 成为在线教育改革的成功案例，被称为在线教育的“数字海啸”，在众多实践者跟风而行之时，也有研究者探其优劣，对“热 MOOC 进行了冷思考”。在疫情期间，大量课程被迫进行线上教学，线上教学的优势虽然不是每个老师都能完全利用，但是教学中，教师明显感受到线上教学的好处，比如时间、空间不受限制，极大地拓展了教学手段和教学资源，可以录播回放教学内容等。但是，脱离了教室，完全没有面对面交流的线下教学，单纯的线上教学的局限也暴露无遗：学生的自觉性直接影响其学习效果，教师无法全面有效监督各个教学环节（甚至包括线上闭卷考试的监考），教学设备难以保证而造成教学受到较严重的影响，课堂合作程度较低、知识交互速率不高等。因此，线上线下混合式教学就成为当前课程教学改革的新型模式。

20 世纪 90 年代至今，对于混合式教学概念的界定，经历了不断演变完善的过程。目前，对于混合式教学，学界比较全面地从物理特性和教学特性两个维度界定：从物理性维度，“混合式教学被称为基于移动通信设备、网络学习环境与课堂讨论相结合的教学情境”。从教学的维度则认为，“不仅仅是面对面教学与在线教学的混合，更是在以学生为中心的学习环境下，教学与辅导方式的混合”。[③]结合线上和线下教学的优势，传统教学和网络教学结合已然趋向常态，混合式教学的研究也成为热点。

中华民族是多元一体的文化格局，党和国家历来重视地方文化、民族文化的保护和传承。民族院校肩负着独特的使命：培养民族地区的专业人才，保护弘扬民族文化，为民族地区的政治、经济、文化建设做贡献。民族院校势必将地方特色课程的建设和改革作为教育教学建设重点。笔者在 2019 年担任“康巴文化专题”课程，专门针对所在选课程班的学生进行了一次问卷。随机对 43 名学生进行调查，其中汉族 40 名，藏族 3 名。问卷结果显示，想了解其他民族文化的学生占 100%，对藏族文化感兴趣的占 100%，喜欢参加少数民族文化活动的占 90%。对藏族文化的了解程度，40%表示了解一点，30%表示不了解，而 30%表示完全不了解。会说藏语的学生为 0 人。阅读过藏语经典《格萨尔》的为 0 人。对藏语文化中某一方面做深入考察的为 0 人。结合国家、地方对民族院校人才培养的要求，

---

① 本文系四川民族学院“高等教育人才培养质量和教学改革项目”《“康巴文学专题”特色课程建设策略及实践》之阶段性成果。

② 朱茂青（1973—），女，四川康定人，副教授。主要研究方向：中国现代文学、中国少数民族文学。

③ 冯巧英. 国内外混合式教学研究现状述评[J]. 远程教育杂志，2018（3）：14.

面对学生的实际情况，对地方特色课程的建设和改革势在必行，能否探查到地方特色课程教学的优质模式呢？

综观国内研究，教学模式的探讨一直是教学改革的热点问题，混合式教学的研究也日渐成熟，在知网中，直接研究混合式教学的可以搜查到 11811 条结果；而专门针对地方特色课程的研究也不少，知网上也查到 8126 条结果。但是，如今已经处于“互联网+”时代，尚未有文章专门对地方特色课程与网络、数据的关系加以探讨，如何利用新的教学环境和教学媒介进行课程改革？作为民族高校的地方特色课程建设，必须走向网络，但是它更要面向地方，接地气，线下的教学、实践仍需加强，混合式教学应该成为地方特色课程建设的最佳途径。那么，如何具体实施地方特色课程的混合式教学呢？下面以四川民族学院康巴文化特色课程为例建构混合式教学模式。

“康巴文化专题”是四川民族学院文学院开办的全校公选课程，这反映出学校层面对课程的重视和支持。课程的目标设为：通过本课程的教学，使学生了解康巴文化，激发及培养学生对区域文化的兴趣，对多元文化的了解过程中形成美美与共的文化观和跨文化的能力；另外，通过对学生学习方法的教授，能够运用具体理论分析文化现象，培养独立研究问题解决问题的能力。通过不断地改革，已经打破了单一的知识维度传授的传统教学模式，形成了注重能力和方法的应用型人才培养为目标的教学模式。但是在教学中，网络教学的内容比较狭隘，仅仅局限于视频、资料的查寻和简单运用。那么，在大数据、云平台、互联网能为教学思维、教学内容、教学方法等提供革新支持的时候，有必要在各教学环节利用新媒介工具进行具体混合式教学设计。

一、设置更新教学目标

在前文，已经介绍了现有的“康巴文化专题”的教学目标，但是目标完全是针对学生培养方面，在今天的进一步研究中，发现有不完善处，必须要进行添补。我们认真研读了国家、地方对民族院校的指导方针和要求，教学目标不仅针对人才培养，也应涉及文化保护、传承、弘扬。另外，通过教育教学改革，教学内容、教学方式、教学工具已经发生改变，比如在课程教学中，学生对当地文化进行实地考察时，收集到的第一手资料，完全可以整理、分析，可以在网络中展示、研究、交流。那么，基于国家要求且在教学过程中也可以实现的，地方特色课程的教学目标应该增添“对文化的保护、传承”这一项。

二、扩充优化教学资源

藏族是历史悠久的古老民族，在几千年的漫长发展中，创造了丰富、独特的藏文化。从藏族传统地理概念看，涉藏工作重点地区分为“卫藏”“安康”“康”三大区域。“康巴”这一区域，历史久远、文化繁盛，而且，康巴具有“文化混血”的特质，整个康巴从古到今，一直存在文化的多元互动。四川民族学院的师生，身处民族地区，完全可以凭借地缘优势挖掘民族和地域文化资源。民族院校本身都有民族文化的一些元素，如歌舞、语言、习俗、衣食住行等，非少数民族的学生也可以从生活接触中了解一些。鼓励学生走出校门，通过实地考察，进行观察、访谈，获得直观性资料，而且，通过整理分析资料，还可以去伪存真，透过表象发现本质，使感性向理性升华。

另外，随着康巴经济文化发展，甘孜州每个县都建设了博物馆、图书馆、文化站等，除了书画，还有碑文、图片、石刻等。这些实体文献形式多样、分布较广。这些线下的实体是线上没有的，面对这些文化实体时，其直观具体的文化感受和认知也是线上资源无法达到的。

当然，现代的科学技术，为我们提供了海量的数字化资源，据笔者了解，西南民族大学就建有康巴特色文献数据库，四川民族学院也有专门的康巴特色文献数据平台。网上通过文献检索系统也可查寻各类与康巴相关的资料和研究。网络可以更方便、高效地实现资料共享。

因此，相较于其他课程，地方特色课程必须有线下的实地考察，也需要线上的资源扩充，二者结合，才能拥有更完整丰厚的资料。

三、改革完善课程教学环节

混合式教学是在线教学和线下教学的混合，因此教学时间不再局限于 45 分钟的课堂教学，可以不定时、无限地延时；教学空间已经不只是实体的教室或图书馆，移动技术工具、虚拟课堂使学习者可以打破时空限制。通过混合式教学可实现课前、课堂、课后三个阶段的延伸，并形成三阶段的高效融合。

1. 课前任务安排

布卢姆将教育目标分为两类：低阶教学目标是知识维度目标；高阶教学目标是应用、分析、评价、创造四类能力维度的目标。[①]在混合式教学中，可以在课前就基本达成知识目标，并为高阶目标做好铺垫和基础。比如四川民族学院所在地姑咱，就有当地人所称的“鱼通人”。“鱼通”是什么意思？“鱼通人”是什么族群？那么，在介绍康巴藏区的民族组成与分布时，可以通过学生具体所处之地，联系具体的族群说明中华民族多元一体的格局。在课前，可以让学生完成三方面的任务：开出相应的资料（主要是线上的学习资料和视频）；实地走访当地人，了解“鱼通”“鱼通人”的来源；对基本的理论和观点的学习把握。课前学习任务中，核心即将教学的重要内容设计为问题，以问题为导向引导于真实情境中解决问题。

在对任务完成的监督方面，学习线上资料，可以通过任务点，教师就清楚学生何时完成了哪些内容。而对知识点的考察，也可以在线上即时进行，并且系统能即时地统计和分析学生的答题情况。学生调查到的资料可以通过网络方便高效地进行资源共享，也便于任务组的整理和分析。可见打破传统的教学方式，课前的准备充分与否反倒成为教学最重要、最关键、耗费时力最多的一个环节了。

2. 课堂互动研讨

如果没有充分的准备，没有低阶目标的铺垫，于教学内容学生完全陌生，学生难以互动，那么课堂必然出现教师一言堂的传统教学模式。正如前文对混合式教学的界定，混合式教学不仅仅指线上线下物理维度的混合，更是在以学生为中心的学习环境下，教学与辅导方式的混合。课前引导让学生“胸有成竹”，那么，课堂通过面对面教学，教师不必再纠结于知识的灌输，比如前文提到的“鱼通人”的族源问题。学生们由于学科知识所限，初学时无法提出具有研究价值的问题，那么老师可作引导设置问题。学生们可以通过旁人的研究，再联系自己的调查所得，在自主学习和独立思考中学到新知、锻炼能力。如果该课节的教学目标设为：（1）使学生了解“鱼通”的相关知识；（2）使学生初步掌握查阅资料，分析整理资料的方法；（3）培养学生分析解决问题的能力。那么课堂中学生对问题的解答，师生间的讨论，生与生之间的争鸣则是课堂重要的内容，教师需要对重难点加以明确，对章节内容的总结归纳，对学生疑虑的解答启发。比如，查阅资料的基本方法学生可以通过网上资源进行自主学习，而且通过具体的操作体验查寻资料的方法，那么老师在课堂上只需介绍自身的经验，讲解一些学术追踪的技巧。

另外，在课堂中，线上可以呈现资料证据，线上可以考勤打分，通过交流平台或网络教学系统（如 QQ 签到接龙、微信、学习通 App）快速了解学生到场情况，便于教学的组织；根据学生讨论情况可以快速计分并统计全班得分情况。以往在传统课堂教学中严重耗时的环节，现在成为教学时效的助力。但在课堂中，主要还是应该充分利用面对面的教学让学生和教师在专门的时空中作立体的全方位的接触和交流。

3. 课后展示反馈

在传统教学中，这一环节往往被省略为几道作业的布置。但是混合式教学中，课后应和课前、课中形成一个完整的教学环境。

课后，教师可以再根据学生的学习和讨论情况补充资料，拓宽学生的眼界，开启思维，弥补前期学习的不足，可以推荐相关的理论文献。选修“康巴文化专题”的学生，可以了解相应的民俗学和人

---

① 博耶. 美国大学教育——现状·经验·问题及对策[M]. 复旦大学高等教育研究所译. 上海：复旦大学出版社，1988.

类学的理论。精读、分析相关的研究性文章。比如在知网上专门有论文郭声波《贵琼人的来源与迁徙初探》[①]学习由表及里的分析方法，运用理论工具分析解决问题的方法，培养严谨的治学态度，锻炼理性的思辨能力。

通过不断修补、打磨，学生可以将学习成果进行展示：可以创建专门的App，通过教师把关的成果材料可以上传；精品可以打印装订，可以通过线下的演讲、表演等动态的方式呈现。通过悉心的研究思考，学生不仅对康巴文化有较深入的认识理解，他们的成果亦可以形成对康巴文化的传介，为中华民族文化的发扬光大作切实的贡献。

在最后的环节中，将实施对整个教学情况的评价。学生可以利用网上的交流平台进行自评和互评，评价内容可全面涉及，如学习态度、学习方法、学习效果等，也可以专门针对其中一个环节进行深入剖析，总结经验教训并培养自我意识，这也是一个弥补和巩固所学的环节。而这些总结和评议，还可以再生成为学习资料。教师的评价除了总结和意见，还可以通过课后的检测，继续考查学生的学习情况。课后的检测根据教学的重难点和学生学习过程的实际情况设置，仍然可以通过线上及时地将评价反馈给学生。

四、注重过程的课程评价

有效的教学测评能检验教学效果，能督促教学目标的达成，指导教学方向，而且能成为教学改革的依据。笔者曾经专门撰写论文《应用型人才培养模式下文学课程的教学测评》探讨科学有效的测评模式，通过学习研究，清楚了应该怎么实施。但是，在具体的落实中却难以成功。经过不断的改进，目前对课程的测评已经逐渐摆脱了标准化检测模式。但是，由于师资不足，学生人数较多，诸如“康巴文化专题”这类全校公选课，少则上百多则超过两百人。因此，对学生进行测评，而且要做到过程性评价，更是浩大的工程。

在2020年上半年，因为疫情，学生的各项测评全部是线上进行。虽然线上测评经验不足够，但是在大数据支持下，初尝到线上测评的优势，那么，之后可以采用线上线下混合式测评，解决上文提到的困惑。第一，题库的建设。“康巴文化专题”因为是地方特色课程，难以找到现成题库，但是其网上资源颇丰，可以利用网络平台提供的资料，补充自建题库，而且依靠教学应用软件，还能进行题库的重新安排和设计。第二，测评内容的变化，如：线上线下教学资源扩充，教材已经成为教学资料的一部分，那么，检测也相应会考查资料查寻、分析、整合的能力，考查分析解决问题的能力，考查学生是否达至高阶目标。第三，体现测评的过程化。通过混合式教学模式，教师既能形成面对面教学过程中对学生学习的直观认识，同时，通过线上教学每次任务点的设置，可以根据学生解答情况、任务时间的遵守等进行评判，诸如看视频、阅读资料、客观题的回答等学习系统会自动给分，检测高效快捷。线上线下结合，能较全面地检测学生学习情况。第四，测评公开透明。教学系统进行相应设置，可以在教师打分评价后，学生马上看到，实际上也是及时地对学生学习情况评价的反馈。

地方特色课程实行混合式教学具有必要性，也具有可操作性。但是要在实际教学中落实，首先，对教师是不小的挑战，不仅有学识和教学能力的高要求，而且必须重视信息技术的掌握和应用。同时，学生在混合式教学过程中也有需要付出更多的时间和精力。但是，通过混合式教学既可避免面对面教学的局限，同时，也不会出现单纯线上教学，师生难以接触交流的尴尬。特别是诸如“康巴文化专题”这样的地方特色课程，不仅仅要通过线上资料扩充，更需要线下的实地感受和采访。只是，因为线上教学尚且处于摸索阶段，混合式教学模式实施则需要进一步地探讨和研究了。

【责任编辑：汪攀】

① 郭声波. 贵琼人的来源与迁徙初探[J]. 西南民族大学学报，2001（8）.

信息技术与学前教育专业音乐教学深度融合探究[①]

李予格[②]

【摘　要】 随着教学改革不断深入，信息技术在学科教学中得到了广泛应用，声像结合、信息量大、形象性强是信息技术的绝对优势，信息技术与学科教学的融合不但拓展了教学内容、丰富了教学手段，也能激发学生的学习兴趣，调节、活跃课堂氛围，为课堂教学带来了活力和生机。音乐教学是学前教育专业的重要教学内容，具有不同于专业音乐教学的特殊性，必须结合自身特点，进行针对性的师资培训，有效采用现代化技术手段，实现音乐教学与信息技术应用有效融合，切实提升教学质量。

【关键词】 学前教育；音乐；信息技术；融合

信息技术教学改变了传统教学中内容单一、手法刻板、信息量少、课堂氛围沉闷的教学形态，改变了音乐课堂上“一架琴、一本书、一张嘴”的现象，集文字、声音、图像、动画等手段于一体的综合性的信息技术，视听并举、声图并茂，对巩固学生的记忆力会有更好的效果，信息技术运用推广对音乐教师提出了更高的要求。

应用信息技术在学前教育专业音乐教学更多体现在数字音乐创作技术，即运用多媒体在常见的音乐形式外，还产生了意象、重构、空间等形式，不再是乏味的学习知识，还能多元化地进行艺术创造，在这一创造过程中，充分体现了信息技术为核心的技术特点[③]。信息技术在音乐上的应用即计算机音乐，就是通过音乐相关的电子设备进行编辑与制作，利于 MIDI 音乐制作当中的乐器模拟等，通过设备的控制，来进行音乐创作、演奏及制作，也就是用计算机做音乐[④]，这从很大程度上改变了以往的教学限制，将更多的内容直观地、便捷地展现给学生，使教学变得更为深刻。

一、学前教育专业音乐教学现状

高校学前教育专业音乐教学具有一定的特殊性，即根据音乐教学与学前教育专业特点的有机结合实施教学。这样的教学既不同于音乐专业的课程教学，又有别于幼儿课程的教学。在教学过程中既要求学前教育教学理论支撑，又需要扎实的音乐专业技能体现，同时还要求教师具备组织、整合学前音乐课程教学的能力。在具备这些能力的基础上，信息化教学还提出了更高的要求，要求教师还要掌握并熟练运用现代信息技术手段。

学前教育专业的学生在入学前并未进行过音乐技能与理论的学习，不同于系统培训学习过乐理、视唱练耳等音乐基础课程的音乐专业学生，几乎都是零基础。因此，在理论教学方面，学生面对看不见、摸不着的音乐，很难进行深刻的认识和理解，教学进展会相对缓慢，教学效果不佳；在演唱教学方面，除去先天音准节奏有问题的学生外，其他学生平时也没有听音乐的习惯，几乎处于没有音乐学习的环境，导致大部分学生音准节奏不够准确，唱歌容易跑调、跟不上节奏，更无法在舞台上专业且

① 本文系 2019 年四川民族学院校内资助科研项目《康巴民间艺术在地方民族高校的教育传承研究》（项目编号：xyzb19029SB）的研究成果。

② 李予格（1992—），女，四川绵阳人，硕士研究生，助教。主要研究方向：音乐教育。

③ 谢佳. 对普通高校音乐多媒体教学现状的调查与思索[J]. 河南工程学院学报（社会科学版），2012（3）：93-96.

④ 刘茜. 多媒体教学环境与和声教学的融合[J]. 音乐时空，2014（4）：177.

自信地演唱。

同时，学前教育专业的音乐教学场地与设施设备有限，虽然配备有电钢琴教室，但数量明显不足，设施相对滞后，和先进的显示屏、键盘等以及专业音乐计算机平台于一体的多媒体音乐教室有一定差距，学生没有充足的时间进行练唱、自行弹琴伴奏，而且教室是集体式的学习和练习，在练习弹唱歌曲时很容易互相影响，学生用琴基本是琴法练习、儿歌弹唱，无法与时俱进的进行音乐创作，这对于以后将从事学前教育的学生来说，将会严重固化其艺术思维能力。而现代信息技术能够突破时空限制，声图并茂进行虚拟仿真，有效解决因场地、设施设备限制无法达到学习效果的问题。

二、学前教育专业传统音乐教学情况

学前教育专业音乐课程涵盖内容多，涉及范围大，学生既要学习音乐理论知识，又要掌握声乐演唱、钢琴弹奏等音乐技能，并组织开展幼儿音乐教学活动，这要求学生能较好地将理论与实践相结合。

乐理与视唱练耳课程的教学多使用幻灯片图文讲解，部分内容涉及视频、音频以及虚拟键盘的使用，辅以黑板与钢琴来完成课堂教学，教学模式较为单一。对于音乐知识零基础的学前教育专业学生来讲，乐理与视唱练耳这门课非常晦涩难懂，且该科目并非学前教育专业的主修科目，也不宜占据大量时间进行教学与练习。如何适度、灵活地完成教学目标并使学生掌握实用的音乐知识是学前教育专业音乐教学的一大难题。例如乐理知识中最基础的音符认知教学，让学生认识全音符、二分音符、四分音符、八分音符等音符，并能熟练掌握。传统教学枯燥乏味，教师用钢琴加节拍器进行示范，用手打拍子或进行示范唱，学生只能用耳朵来听，无法精确和直观的认识与区分，学生常常把各种音符的时值及含义记错，倘若在基础的音符教学上无法很好地掌握，则后期的音乐学习将非常困难。

学前教育专业声乐教学一般都是集体教学，教师需要进行钢琴伴奏，在学生演唱过程中无法完全听清每个学生的声音，遇到部分学生在练声过程中发声方法错误、跑调等，也不能离开钢琴进行逐一指导，影响教学质量与教学效果。

三、加强信息技术与学前教育专业音乐教学深度融合的策略

新时代信息技术应用更加广泛，有些幼儿园都开始推广结合音乐、舞蹈、表演、台词等多元艺术于一体的儿童音乐剧，这就涉及大量的音频、视频制作工作，对于学前教师音乐专业素养的要求更高，不仅只是乐理视唱、唱跳技能、钢琴伴奏等方面，还包括音乐欣赏、器乐认知、音乐创作，甚至是录音和音乐制作。因此，对于学前教育专业学生的音乐教学，必须有效深度融合现代信息技术，让教学活动更加丰富立体，真正培养出适合新时代要求的合格人才。

（一）开展有针对性的师资培训

四川民族学院地处民族地区，信息化技术在一定程度上缩小了与发达地区的教育落差①，但很多教师并未有效掌握信息技术，教学方式还停留在过去单一的课件、教具、教材的上课模式上，不能有效开展现代信息教学。比如当前 Overture、Encore、西贝柳斯等音乐软件运用非常广泛，适用于打谱、译谱、移调等，而且操作较为简便，带有各声部线条的音响效果，能有效培养学生多声部的音乐思维能力，建立起音响听觉的感性认识，但是很多老师不会使用这些软件，也无法在教学中教给学生，因此提高我校教师信息化教学能力非常重要。一方面，教师要树立现代学习意识，自觉学习现代信息技术手段，在课堂教学中主动运用现代教学技术方法，丰富音乐教学的手段；另一方面，学校要结合现代信息技术发展趋势，有效组织音乐教学教师参加相关专业培训，有效提高教师信息技术水平。

（二）设备设施的现代化

当前很多学校都开始使用信息技术音乐教学，通过计算机模拟音乐编辑、处理制作，也叫“电子

① 黄菲菲. 电脑音乐等多媒体技术在音乐教学中的应用[J]. 天中学刊. 2007（2）：137-138.

音乐”“MIDI 音乐”[①]；许多学校也已开设多媒体音乐教室，学生用琴为带有显示屏、主机、键盘、音响的电钢琴，配以包括乐理、视唱、练耳、器乐认知、音乐欣赏、音乐创编等教学内容的教学软件，学生能通过键盘与多媒体设备进行师生互动，进行模唱，感受节奏节拍、各种器乐音色、音轨合成以及创编音乐。这样丰富且现代化的音乐教学，能充分点燃学生的学习兴趣，并及时地操作与反馈。对于地处偏远地方的学校，更应该充分利用现代信息技术带来的便利，缩小差距，尽快配备先进的设施设备，让学生掌握现代音乐教学手段带来的便利，获得成效。

（三）合理运用信息技术

信息技术应用于学前教育专业音乐教学，将有效弥补传统教学的不足，让教学手段更丰富，教学方式更灵活，教学内容更深刻，也将会使学生更易理解教学内容。比如将音频拆分再合成，对照乐谱聆听实际音响效果，将视觉信息转化为听觉信息，这是传统教学无法解决的，也是理论讲解无法做到的。再如以往学生演唱完就结束了，即便是有录制视频、音频也不够清晰，无法对自己的音准、节奏、咬字吐词、情感处理与舞台表演等能力进行直观的分析与反思，现在就完全可以高质量地将学生演唱的音频进行录制和播放，让学生进行自我对照反思，寻找差距和不足，有针对性地调。对于教师来讲，还可以根据多媒体处理器进行声音波形的比较，让声音看得见，能够更有效地指导学生。

同时，在教学过程中，也要充分考虑学生情况、教学条件、课程性质等多种因素，合理适度采用现代技术手段，提高教学的时效性和针对性。比如声乐演唱教学，学生从倾听到学唱，在歌唱的过程中逐渐分辨，分辨过程中学会比较与反思，这一过程是学生根据自身嗓音条件与实际情况逐步来理解与消化的[②]，若过度使用信息技术，如直接播放某歌唱家的演唱教学视频，这反而是对学生创造力、思维能力的固化，不符合学生的差异性与个性化发展。所以，信息技术的使用要根据课程的实际情况而操作，不可盲目追求信息化教学而罔顾学生基本学情与课程教学目标。

四、结语

信息技术的融合运用给音乐教学带来了极大帮助，使抽象的概念变得生动和直观，让老师的讲解更清楚更形象；突破了传统教学的限制，能够直接表现各种声音现象并在短时间就可展示变化，让学生得到充分的音乐感知并及时对自己的学习情况进行反思与评估，有利于保证教学效果的前提下提高教学效率。以信息化带动教育现代化，实现教育的协调发展和跨越式发展已经成为我国教育事业发展的战略抉择[②]。信息技术已成为现代教育技术的重要组成部分，教师的教学方式也正在发生深刻的变革，学会使用信息技术已成为新时代对教师和学生的基本要求。对于学前教育专业的音乐教学来说，也要回归音乐本身，通过融合现代信息技术，让师生充分享受教学过程，真正感受音乐之美。

【责任编辑：安万明】

① 刘德明. 高等音乐院系音乐信息化建设与教学融合窥探[J]. 音乐创作. 2016（2）：177-179
② 肖玲妮、杨林. 中小学数字音乐教室中的音频传输技术[J]. 教育与装备研究，2019（12）：83-85

线上教学中师生有效互动的策略研究

付 娜[①]

（四川民族学院预科教育学院 四川康定 626001）

【摘 要】 线上教学是教育发展的新趋势。课堂教学中，学生是教学主体，转变学生被动学习的学习方式，能有效创建开放型师生互动。教师通过活化教学方法，提高师生的课堂参与性，也可以实现灵活型师生互动。线上教学以信息技术为依托，教师在互动过程中要巧用信息媒介，以培养学生实践能力为目的，完成实践型师生互动。线上教学互动是教学过程的一部分，注重师生双向互动，有利于提高教学质量，增强教学效果。

【关键词】 线上教学；师生互动；策略

因受新冠肺炎疫情影响，2020 年教育教学方式发生重大变化：由线下教育转变为线上教育。相对于传统的线下教学而言，线上教学是以信息技术为载体，涵容丰富教学信息，强调教学本身，关注学生本体。这种教学方式的变革给教师和学生都带来巨大冲击：一是教学空间转变为腾讯课堂、超星学习通、智慧云课堂、雨课堂、钉钉等教学 App，对教师的信息技术能力有较高要求。二是教学时间上，教师可以提前录制教学视频并生成回放模式，教师也可以现场直播，此过程中教师可以不断完善教学内容，改进教学设计，生成一堂高质量“精品课”。同时，学生学习的时间相对自由，若有没有听懂的知识可以多次学习，节省教学时间，提高教学效率。但是，在这些优点背后还存在许多问题，诸如课程实施硬件设施不足、课程主体主动性较差、课程质量参差不齐、课程教学过程死板枯燥等。其中最主要的问题还是关于课程教学本身。教师囿于传统教学的经验，线上教学中多存在以教师为中心，单边输出的教学方式，讨论式授课和讲授式授课成为常态，甚至有些教师因受线上教学媒体的功能局限，或教师本身信息技术操作的困难，存在“满堂灌”的教学现象。

“现代对话理论认为，教学本身就是一个对话和交往的过程，是师生在对话和交往中共同创造意义的过程。”[②]师生互动是教学过程的一部分，反映了教学活动中师生相互交流的进程，线上教学解决了时间和空间的局限性，却忽视教学本身以及教学主体。针对此种情况，师生有效、多维互动策略的探讨就显得尤为重要，师生互动是保证高质量教学的要素，也是以教学主体为中心有效教学的关键。

一、转变学习方式，创建开放型师生互动

传统教学过程中，注重学生个体认知，轻视班级合作探究；注重学生对知识的单纯接受，轻视学生的主体感受；注重学生的考试成绩，轻视学习过程。因此，如何发挥学生主体作用，如何规避传统教学中的弊端，以及培养教学中学生的完全参与性就成为线上教学亟待解决的问题。线上互动策略的实践基础是学生，一个合格的教师肯定清楚地知道“课程教学中，学生是教学主体”。教师想要真正确立学生学习发展的主体地位，就必须对传统教学过程中学生的学习方式进行重塑。

线上教学中，转变学生的学习方式，包括培养学生的学习习惯、加强学生的学习意识、端正学生的学习态度等。提倡学生利用自主、合作、探究的学习方式，为线上师生的互动打下“交流”的基础。

---

① 付娜（1993—），女，甘肃张掖人，四川民族学院预科教育学院教师。主要研究方向：元明清小说。

② 薛晓嫘. 语文课程与教学论[M]. 重庆大学出版社，2000.

相比被动学习、机械学习而言，自主学习要求学生主动利用外界学习信息及资料，借鉴主体经验，建构自己的知识框架。同时，学生的自主性应该贯穿于整个学习活动的始终。“提倡自主学习，就是要打破传统教学组织的‘灌输’，实现‘主导’与‘主体’关系的平衡。”①当实现这种平衡后，教师才能真正给予学生课堂自主权，与学生平等互动，激发学生的深层思维。线上教学与线下教学相同的是课堂时间是有限的，在有限的课堂时间内，安排教师与学生或者学生与学生进行互动是非常考验教师对教学内容的熟悉程度、对教学内容重点难点的认知以及课堂管控能力。因此，自主学习的学习方式存在两方面的矛盾。一是自主学习与自己学习的矛盾。大多数学生将自主学习理解为脱离教师引导，自己掌握课堂。课堂呈现出开放式状态，学生自主发现问题，提出问题，但真正意义上，学生可能并不能理解重点知识，且耗费课堂时间。二是自主学习与教师讲解相矛盾。“师者，传道授业解惑也”（韩愈《师说》）自主学习不是不需要教师教授知识，而是教师有选择性、有目的性、有针对性对学生进行有效的引导。自主学习是学生为课堂教学打下的基础，如预习、收集资料、发现问题都应该是自主学习需要完成的。当学生进入课堂中，通过自主学习做好准备工作，这一阶段合作学习就应该是师生互动的重点。合作学习与个体学习相对，以自主学习为基础。《学记》中说：“独学而无友，则孤陋而寡闻。”在有限的时间内，教师以学习任务驱动学生团体互助解决问题，交流经验，实现生生互动。学生在对教学内容了解的基础上，大胆发言，总结观点，课堂真正趋于开放，实现师生互动。开放型师生互动也强调学生探究性学习。探究性学习中，师生互动主要体现在学生探究知识、信息获得与处理、实验操作与总结这一系列人与信息的活动结束后教师对学生的评价机制。以此为基础，教师促进学生对知识的综合融通，激发学生认知的冲动，引导学生形成正确的情感态度价值观。学生通过转变学习方式，建立师生互动的基础，教师通过精心设计课堂环节，包容课堂内容，达成有效互动，建立真正深层意义上的开放型课堂。可以说，线上教学有效地改变了教师与学生之间的角色地位，教学活动由传统的单边传输走向互动，既有师生互动、生生互动，也有人与知识信息之间的互动，与教学App的互动等。

二、活化教学方法，实现灵活型师生互动

线上教学是当今教学形式的重大改革，随之而来的变化体现在师生两方面。以下主要为教师方面的变化。“在信息技术环境下，首先，师生的角色得到转变。教师可以利用网络资源更多地扮演引导者的角色，即以引导为轴线，以传授知识为内容。”②也就是说，线上教学中，教师负责设计教学过程、引导教学环节。师生间、学生间可以进行动态的互动，互动的形式可以是单一的，也可以是多种多样的。单一的形式即传统教学方式中所使用的“讲授法”，这种方式以教师为中心，单向输出，互动仅仅存在于学生回答“是”或“否”。而多样的互动形式则可以根据教学内容，在情感体验、价值取向等各个方面进行信息的传递，这种方法可以在游戏中学习，也可以利用基于双向视频的信息化平台通过语言、动作、双向表演等诸多形式达到师生互动的目的。教学实践中，单一的教学方法早已被现代教学技术淘汰，教学方法随着信息技术的冲击不断发生变化。教无定法，贵在得法。教学方法是实现教学目的的手段和方式。在教学中，设计多元的教学方法，发掘学科的独特性，更大程度上丰富着师生互动的方式。如语文学科中，诗歌偏重朗读，教师则可以利用双向视频设计师生朗读环节实现教学互动；小说可以表演，教师可以利用生生互动完成线上表演视频用于课堂设计。

线上教学为师生间的教学互动提供了更多方式及可能。教师在教学过程中可以随时与学生在对话框中进行沟通交流，第一时间掌握学生的学习问题、思想变化、心理情况，灵活调整教学方法，增减教学内容，从而实现师生间双向交流。师生互动主要的目的是激发学生的情感，调动学生的学习积极性，促进学生主动参与，自主学习，自主实践。师生互动本身可以看作是一种教学方法，同时也是一种教学理念。线上教学为教师打开了创新的思路，教师可以利用线上大量的信息资源，灵活创设教学方法，将静态的知识动态化，实现灵活型师生互动。同时，师生互动建立了师生之间一种新型的师生

① ② 郑杰斌：有效掌握教学的策略教学法大全[M]. 东北师范大学出版社，2010.

关系，教师在学生的学习过程中不再是控制者、单向传输者，而是促进者、组织者、帮助者。

三、巧用信息媒介，完成实践型师生互动

线上教学与传统教学不同的是信息技术已成为教学的主要构成因素。随着线上教学的教育改革，信息技术成为广大师生应掌握的一项实际操作技能。线上教学媒介以视频、音频为主要课堂内容载体，同时集文字、图像、动画于一体，具有强大的综合功能，可以满足教师创设的一切课堂需求。课堂教学过程中，如超星学习通、腾讯课堂、智慧云课堂等线上信息载体能够降低学生直面教师的心理压力，提高教师形象直观地呈现静态的知识的能力，课堂可以结合大量音响、色彩、动画等刺激学生的多种感官，不断激发学生的兴趣，活跃思维，从而达到教学效果。巧妙运用信息媒介，能有效地弥补传统教学的不足，利用学生的视觉直观功能，吸引学生。同时，改变传统的实践知识检测方式，实现线上无纸化检测。

线上教学中，App 所提供的功能不同，信息媒介也有所差异，这种差异致使课堂教学中所提供的师生参与程度有所不同。多数教师因疫情原因才使用线上教学信息技术，教师在实践操作上有一定的偏差，也有的教师从认知上就是有问题的。如一些教师在一堂课中设置多样的信息媒介，依托媒介使学生学习知识，不免有滥用的嫌疑。巧妙区分线上媒介的师生参与性是利用信息技术的一大窍门。首先，符合学科独特性，增加实践型知识互动。以三大学科为例，语文学科重在读、写，数学学科重在演绎，英语学科重在听说，每一门学科在教学上都有对学生不同实践能力的培养。因此，线上教学如何更好地处理好教师、学生、教学内容三者之间的关系，认清每一门学科的实践内容是关键。如语文教学中文本阅读是学生学习课堂内容的基础，教师必须引导学生深入文本，教师可以通过设置在线答题，检测学生的阅读质量。实践型互动的意义就是线上和线下学习交互实现，教师通过任务的布置与评价和学生完成互动。其次，选择合适的媒介，创设评价机制互动。以笔者个人的教学经验，线上 App 的开发中有很多适用于教学实践型的功能。如超星学习通的线上作业批阅功能，能有效检测和评价学生的阅读速度和理解能力，及时反馈师生后，师生进行的互动更有意义。同时，无纸化考试也被线上教学所应用。通过双向摄像头的监控，实现无纸化考试，学生与知识及教师间完成最后的互动。最后，选择与应用多种媒介时，要充分发挥多种媒介组合的最佳效果。线上教学的各种媒介是互为补充的，线上信息媒介的整合也体现了“巧用”的含义。线上教学 App 中可以插入视频、音乐、动画等，每一种媒介可以看作单独的教学成分，也可以组合使用。如语文课程中《都江堰》的讲述，可以通过插入都江堰景观视频导入课堂；教学环节中动画演示都江堰的治洪原理，通过水流声音乐体会都江堰的壮大。同时，信息技术涵盖的信息量较大，在教学内容的多样性上对教材也有一定的开发和补益。当这些媒介都被用在一堂课中，那么这堂课是精彩纷呈，吸引学生的，这样的课堂也潜在地调动了学生情感的互动。

总之，线上教学互动虽然是教学过程的一部分，但却涉及教、学、评价等教学环节的方方面面。可以说，教学互动贯穿于教学全过程，对各个环节的教学有一定影响作用。参与者在互动中共同建构话语意义，教师怎样教，学生怎样学，都是教学互动中讨论的话题。面对信息技术对新旧知识和经验教学的冲击，师生互动的教学策略要出自自身的教学实践，具体的可行性及操作性都需教师结合自身实际情况展开。

【责任编辑：汪攀】

疫情危机下篮球教学的应变与反思[①]

——以四川民族学院2018级篮球选项课为例

何小军[②]　李　雷[③]

（四川民族学院体育学院　四川康定　626001）

【摘　要】　新冠肺炎疫情危机下的篮球课堂教学，场域由篮球场馆扩展至家庭、社会等多个层面，其价值较非疫情状态下的物理场域，既具可变性、局限性，又具超越性；新冠肺炎疫情下在线篮球课堂教学，既要尊重、发挥传统篮球教学的常规价值，又要拓展、激活特定场域中的特殊价值，尤其以自主学、练为中心的在线篮球教学目标和主、客观评价指标领域更具挑战性。由此，通过新冠肺炎疫情危机下在线篮球教学在多个层面或模块上的应变与整合，在教的方向上把控，在教的内容上调整，在教的形式上变通，在教的方法上改进，从而反思疫情危机下在线篮球教学的利弊，为我校线上线下混合式篮球教学发展，以及为篮球运动给予体育公共空间文化传播方面的可持续发展提供新思路。

【关键词】　疫情；在线篮球教学；应变；反思

一、在线篮球教学应变产生背景

2020年新冠肺炎疫情，以一种猝不及防的势头将世人“卷入”其中，几乎改变了每一个人的生活方式、工作方式和学习方式。2020年新冠肺炎疫情期间，2018级在校大学生即将结束体育课的“强制性”管理。在这一大一小两个背景下所孕育而生的在线篮球教学，如何更好地完成教学任务，如何更好地实现教学目标等类似问题就显得更加紧迫、艰巨和重要。由此，经过研判，本学期的篮球教学必须做出应变，亦即本学期在线篮球教学如何展开引起同仁的共鸣。时至今日，回顾分析以“长、短”课程为主线的教学内容、形式，并分为多个模块所展开的在线篮球教学，在基本完成学期教学任务和实现教学预期目标，以及基本达到学期“停课不停教、停课不停学”的同时，值得反思的问题还不少。

二、疫情危机下在线篮球教学的应变与设计

传统的篮球课堂教学的特点是依据教学大纲按部就班、有条不紊展开的。从核心内容上看，主要围绕行进间上篮、定点投篮、基本配合和有球无球辅助练习为主；从学练方式上看，主要是集体或个体面对面直观教学；从教学方法上看，主要采用先试后导法，讲解与示范法，观察与纠正法，模仿与对照对比法，分合练习法，考核评价法；从学练时空环境上看，主要是实地场景即利用场、馆（物理）呈现学练全过程。基于此，因其疫情期篮球课堂教学的特殊性而产生下列应变与设计。

（一）教学指导思想上的应变与设计

在教学指导思想上，暂时脱离教学大纲，充分发挥教师主观能动性；从设计主线上看，以学生自主学、练为主，主要采取“短讲·常练”—“常练·长课”—“长课·长练”—“长练·短讲”这四种线上教学形式。

---

① 本文系校级课程立项教学研究成果：四川民族学院2020年一般课程《篮球基础》。课程负责人：李雷；自筹经费。

② 何小军（1965—），男，四川康定人，副教授。主要研究方向：学校体育。

③ 李雷（1985—），男，四川康定人，讲师。主要研究方向：篮球教学与训练。

（二）教学内容与教学形式相结合的应变与设计

从教学内容应变上看，其主要围绕“补一课、篮球文化素养（论文、视频）、立卧撑、胯下绕球”这些核心内容展开；从学练方式的应变上看，主要运用并通过视频、截图、语言和文字交流等在线篮球教学形式来实现。

首先，在“短讲·常练”形式中，基于2018级将结束14年来的强制性体育课，在开学第一堂线上体育课中就引入“体育是什么”的话题，运用“短课”的形式，强化学生对什么是“体育”问题的理解，其意义深远。所谓“补一课”，就是针对“照本宣科”提出来的。过去，艺体不分家，2011年，艺术学入围《学位和人才培养学科目录》①，成为我国第13个学科门类，艺术学独立门户的理由之一就是它自身终极概念界定有其足够力量（人类创造的具有审美情感和形象特征的精神产品）。反观体育概念，长期以来，无论任一学段的体育老师在牵涉体育概念并向学生传授时，面对体育概念的太多解释，随意端出来一个定义，相对缺乏严谨的学术态度。而对阿伦·古特曼（美国）所著的被称为体育工具书《从仪式到记录》中所概括的现代体育的概念“是一种普遍且特殊的非功利性身体竞赛”②却知之甚少，或对体育概念研究前沿成果不问不闻。由此，当我们面对每一届大学生即将结束“强制性”体育课的时候，必须向他们明确指出体育之概念，并指出时至今日仍没有让人们普遍接受并接近体育科学本质的定义。这是“补一课”的根本理由和重要意义之所在；“常练”是指公体教研室唯一规定“胯下八字绕球”作为本期篮球实践线上必考的内容，从而贯彻课堂常练之原则。

其次，在“常练·长课”形式中，把2选1的篮球论文纳入其中，以“长课”的形式，亦即一周阅读、一周作答的形式来完成。

论文“2选1”作答的目的和初衷在于：《“晋级投篮”教学模式的设计、运用与推广》③和《篮球意识概念的理论误区及其界定》④两篇论文均属任课教师的教学和学术研究成果，既与在线篮球教学的需要相吻合，又便于任课教师驾驭而更有利于批改；曾在布置作业时这样写道：“一学期没有了一次室外课，那篇有关晋级投篮就是一堂室外课的情景再现，不好吗？愿你能读完！一学期没有了一次室外课，那篇篮球意识概念正好可以弥补那些实践技术基础好的同学在篮球意识方面不足的问题，不好吗？愿你能读完”！这样的布置，既能达到本学科内在学段间的纵横一致、上下联系的目标，也能追求学科间的纵横一致、上下联系的梦想。这种安排，考查从实践经验上升至理论表达水平的一种能力，实际上也在考查综合能力，这是素质教育的体现。充分利用在线平台，从理论层面宏观认识篮球教学过程、内容、要素、环境是必要的。

论文“2选1”作答的方法、要求与结果。方法、要求：①从学科专业角度来写出特色；②从身份即读者对象的不同来摘录要点；③发现并纠正文中的问题，其目的主要是检查学生看没看的问题。结果：七个二级学院的七个专业，其论文结合学科专业角度来写出特色的题义理解不够。如美术专业用美学观点或原理，法马专业用唯物辩证法理论或原理，经管专业用经济和管理学理论或原理，理工专业用抛物线理论或原理等，则符合出题者的初衷；摘录重点不突出；问题意识不强。其中，《“晋级投篮”教学模式的设计、运用于推广》一文中常识性错误不少，但发现者均为少数。

再次，在“长课·长练”形式中，“长课”是指给予学生完成作业的充裕时间“长练”是指把“立卧撑”这种促进体质健康的身体运动方式，作为长期练习的内容来认识或对待，从而弥补或平衡线上篮球课程身体活动不足的问题。

所谓自主学练1+1项目是指“立卧撑”和“胯下8字绕球”。这两个项目的共性特点是都在原地，区别是无球与有球学练，具有简便易操作的特点，有利于在“足不出户”条件下在线篮球自主学练的展开。显而易见，特别突出自主学练的特点，具有较强的目的性和针对性。

“立卧撑”是因疫情宅家而“足不出户”，造成身体素质下降而专门由任课教师设计的。“立”的

① 见关于印发《学位授予和人才培养学科目录（2011年）》的通知. [EB/OL].
② 袁旦. “时代呼唤人文体育价值观（2）[J]. 天津体育学院学报，2012（1）.
③ 何小军. “晋级投篮”教学模式的设计、运用与推广[J]. 四川民族学院学报，2018（8）.
④ 何小军. 篮球意识概念的理论误区及其界定[J]. 天津体育学院学报，2010（3）.

质量和“卧”水平，在单位时间内与完成多少产生矛盾对立。这种安排，既成为考查学生自律水平的有利时机，又成为实现篮球课程思政的手段。“胯下八字绕球”是疫期教研室随机选取的一种内容和临时自制的一种标准，本是技术活，而在与时间赛跑的学练与考核过程中又成为体力活。它作为篮球运动当中的非运用性技术动作，在没有趋于科学的要领和标准不具权威性的情况下，师生牺牲大量非上课时间，理想性地建立了教学信息共享、交流与反馈的机制。

（三）教学目标的应变与设计

首先，在“短讲”教学方法中，基于 2018 级将结束 14 年来的强制性体育课，补“体育是什么”的问题，其教学目标是使学生树立问题意识，对体育概念有一个前瞻性的认识即可。

其次，在“常练”和“长练”教学方法中，“常练”和“长练”的区别，前者注重课外的练，旨指终身练的含义，有“以后”“一生”的意思；后者强调的是课内的练，旨在加强对必考项目的练习。其教学分别指向强身健体的达标和考核合格这两个目标的达成，其前者为终极目标，亦即贯彻“健康第一”的思想。

再次，在“长课”教学方法中，对两篇论文在两周内以 2 选 1 的形式完成作答。因为，篮球运动是一项普及较好的项目，以在线教学为契机弥补“物理”教学的不足，实现先理论后实践似的翻转教学，亦即以先设问的形式，能较好实现“因材施教”“取长补短”的教学效果或目标。这是理论联系实际，并通过在线篮球教学特点而最终落地。

（四）教学方法、手段的应变与设计

主要采用长作业、项目化的引导提示法、作业批改法、逐条验收评价与达标等法相结合。

（五）从学练时空环境上看，由物理场域转向虚拟空间

学练时空环境上的变化，既是产生教学内涵应变的前提，也是教学创新的源泉和教学挑战的根本。

总之，以突出学生为中心的自主学练为根本，在教的方向上把控，在教的内容上调整，在教的形式上变通，在教的方法上改进，这是线上篮球教学应变的基本内涵。

以上内容可见图 1。

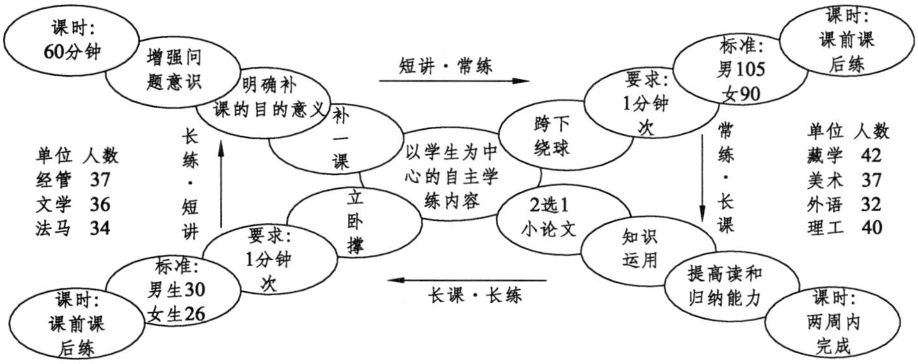

图 1　篮球教学的应变与设计

三、疫情危机下的在线篮球教学反思

反思，意味着对现实或自我的一种批判。现代篮球运动高度社会化、竞技化、职业化和产业化，以及课程化，不仅涉及人的体格、体能问题，还关乎人的人格问题。由此，在篮球文化高度发展的今天，高校在线篮球教学价值无法达到传统篮球教学价值的应有高度。疫情危机下的在线学期篮球选项教学虽然进行了力所能及的应变，但是，值得反思的问题却不少。

（一）体育理论知识比例加重，有偏离体育教学内在价值之嫌

“补一课”和篮球论文“2 选 1”，纯属应急需要而设计的内容。这样的内容强调的是理论性知识，从而在一定程度上弱化了篮球技术和专项身体素质这些核心内容的习得。任何优越或先进的篮球教学模式、手段或方法，尽管教学内涵丰富、教学设计周密，若离开身体实践活动这个核心问题，偏离身体锻炼这条主线，其存在的价值或意义将大打折扣。至少在篮球教学领域难以成为范式。在线篮球课堂教学的局限性，这也是当“胯下八字绕球”作为考核项目一公布，就有学生提出没有篮球如何练的问题，更谈不上篮球架、场或馆这些保障性问题了。因此，在线篮球课堂教学中增设的“补一课”和篮球论文“2 选 1”，则“弊大于利”。至于，有同学发出体育还需要“补一课”的疑问，则属于“重智轻体”顽疾存留而远离议题本身的另一个问题罢了。

（二）在线篮球教学难以体现“精讲多练”原则

传统体育教学遵循“精讲多练”的原则，其“精讲”本质在于“学会”，其“多练”的核心在于“强身健体”。这一原则，既是体育健康教育的基本问题，也是学校体育追求“以人为本，健康第一”的价值之所在。篮球选项教学也不例外。在疫情危机下，篮球这个需要时间和空间实践条件的项目，以布置“长作业”和基于问题解决的跨学科“项目化”学习为主导。即把发现看似无关领域之间的联系，亦即把别人认为无法匹配的因素组合（拼凑）在一起，在家庭、社会公共空间中诞生。可以说是“不得已而为之”下的产物。这种产物给予当下信息化体育教学更多想象。清华大学校长邱勇说：“在线教学，是基于信息技术的教育教学范式变革。”[①]但是，这种“不得已而为之”下的产物，其暂时偏离体育教学内在价值之做法，其“弊”仍大于“利”。

（三）教学安全问题突显、教学管理过程烦琐

在线篮球教学在虚拟空间中，其教学对象各自为政，学练场景或形式处于“真空”，虚拟的教学管理，既注重教学安全问题的同时又强调“精讲多练”原则而产生的对立，却增多了以实践为核心的篮球教学过程的不安全因素；就 258 名学生分别上传两个 1 分钟录频、截图和论文各一份，其批改总量超千份，占用了大量时间和消耗了大量精力，其接收和批阅过程极其烦琐，直接产生与教学无关紧要的行为较多。这既是篮球教学的实践特性所决定的，也是体育教学“强制性”惯性思维作祟的结果，或许，这也是在线篮球教学对于高校教师信息化教学能力提升专题网络培训系列内容所难以回答的问题。

（四）考核评价标准顺应受众群体，评价导向模糊

疫期迫不得已而宅家所产生的“足不出户”，造成学生身体素质普遍下降的现象，进而难以适应考核评价的基本要求。使其考核评价标准“一变再变、一降再降”顺应了受众群体，导致在一定程度上或范围内，考核评价标准失去了一定的公信力和权威性。从根本上讲，一方面，没有在一定程度上或范围内挽回疫期学生身体素质普遍下降的态势；另一方面，又没有在一定程度上或范围内引导好学生的心态和调整好学生的状态，成为学期在线篮球选项教学最大的失败。

（五）学生上传截图或录屏所产生的问题

大量录屏或截图是在线篮球教学的需要或要求。在这些录屏或截图中，一方面，既让我看到了小区、公共场所和家庭面貌其风格各异，又让我看到了区域发展不均衡，亦即区域性差异。另一方面，在这些录屏或截图中，每个班都有一些女同学不愿“露脸”。没有完全理解这种正面录制的要求，其目的之一是一种监督机制（让大家彼此监督，不犯错误），其目的之二是胯下绕球技术动作的基本要求决定的（实际评价并没有扣分）。埋头低腰是一个人的娱乐篮球，而我们追求的是竞技篮球所要达到的高度，解放双眼、实现在观察和判断上的最大化，这是竞技篮球所需要达到的基本要求。由此，在线篮球教学学生形象权隐私或肖像权受侵问题随之产生。当然，这一问题的产生，是两个领域相冲

① 王健. 疫情危机下的教师角色、行为与素养[J]. 教师教育研究，2020（3）.

突并成为在线篮球教学中所不能回避的矛盾。

纵观普通高校在线体育教学的现状，通过观看中央电视台新闻频道《新闻调查》“云上·清华”①的体育教学片段对比可知，这是普通高校难以达到的高度。纵观普通高校在线体育教学所设项目的特点来看，其技术主导类项目，特别是三大球的在线教学短板更为突出。基于上述分析认为，学期在线篮球选项教学的“弊大于利”。大学篮球选项课程只有线上线下并以线下为主体的混合教学模式，才能有更强的生命力。

四、焦点中的亮点

如果说，疫情危机下的在线体育教学和健康教育成为当下关注的焦点之一，那么，其亮点在何处？无论在寝室、在客厅、在走廊、在院坝，还是在小区的球场或街道旁，在城市的公园，在藏家的庭院，在康巴藏族聚居区的山丘、草原、河谷……这些场域既是同学们的练习域，又成为同学们的考场，还成了同学们的“录制棚”。有名藏族同学在他所居住地的藏家公共过道中做“胯下八字绕球”而引来围观。由此，我对他的体育行为进行了即兴点赞：评体育之星、寻体育之星，不应该全在领讲台上，也不应该全在发达地区，还应在普普通通像这样非作秀似的角落间去发现、去寻找，去歌颂体育的力量、体育的精神、体育的正义、体育的柔情……这也是体育工作者的神圣使命！他的行为，一方面，向家乡（社会）汇报、宣传并展示高校体育课程的在线教学原貌、形态、要求和标准，起到了一定的作用；另一方面，对营造康巴藏族聚居区小区幸福、健康生活，有着积极的推动作用和意义。更重要的是，有形或无形、有意或无意间发挥了宣传或传播体育公共空间文化的作用。又比如：在线教学中有学生暂时离开课堂，去挖虫草，我不仅没有批评，并在强调安全的同时，还给予了点赞。因为，挖虫草，既是身体锻炼过程的体现，又能反映吃苦耐劳的精神，还能说明家庭经济来源之担当。还比如：在线教学中有学生去照顾家中病人，也发来了截图，我仍一并点赞。疫期如何与家人沟通、友好共处，给予家人的关心、关爱的系列良好品质都应当点赞。这也是篮球选项课程实现“立德树人”的有效时机或途径。总之，疫期体育让我们发现了更多的美，他们都是能让我们为之而感动的当代大学生。面对疫情下“停课不停教、停课不停学”的特殊形势，同学们为学校体育教育探索向未来形态转型的“实战练兵场”②中做出了应有贡献。由此，他们在成为疫情危机下最可爱的人的同时，成为在线篮球选项教学的最大亮点，并为篮球运动给予体育公共空间文化传播方面的可持续发展提供了新思路。

五、结论

从在线篮球选项教学应变的逻辑脉络看，具有物理空间的封闭性与虚拟空间的再现性的跨空间重叠效应，其应变结果实则走向的是家庭体育暂时所派生出来的一种居家体育形式，也是疫期学生身体活动受限的无奈之举。从在线篮球选项教学反思的叙事要点看，虽然强调了应变后的“弊大于利”，且有“异域造势”的体育教学形式主义之嫌，但确是果断地响应政府主体意志、及时贯彻执行国家体育相关部门和学校抵挡疫情应急机制的一种有益应变；从在线篮球选项教学看似无关联的亮点看，恰似“停课不停教、停课不停学”的弹性体育课堂授课形式的包容性与互补性的体现，其体育展示空间、体育文化传播空间和体育人文教育空间得到了一定的拓展。总之，“疫情是暂时的，而体育的发展是永恒的”③。

【责任编辑：田应国】

① 《新闻调查》“云上·清华”[Z]，是中央电视台新闻频道，即 CCTV13 的一个栏目。

② 孙科，郇昌店，任慧涛，闫士展，纪成龙，张震，王永顺. 危机与应对：新型冠状病毒肺炎疫情下的中国体育叙事[J]. 上海体育学院学报，2020（5）.

③ 彭南生等. 高校教师信息化教学能力提升专题网络培训系列内容. [R]. 学习公社. 2020（6）.

对高校线上教学低认可度原因的实证分析①

向　前②

（四川民族学院法学院　四川康定　626001）

【摘　要】 调研统计显示，抗疫期间，仅依托单一线上教学平台在家开展的线上教学工作，根本无法充分发挥互联网信息优势，难以取得高校学生的普遍认可。线上教学作为教学系统内影响教学效果的诸多要素之一，必须与教师、学生、教材、教学场地以及配套教学管理制度等相关要素组成整体教学系统，各要素相互协调运作，才能真正发挥出线上教学的优势，提高教学效果。

【关键词】 线上教学；实证分析；教学效果

2020 年新冠肺炎疫情防控期间，为积极响应国家“停教不停学”的工作要求，各大高校纷纷组织开展了形式多样的线上教学工作。为深入了解线上教学的运行效果，笔者秉持“学生中心、产出导向、持续改进”的教育理念，采用问卷星网络调查的形式，针对全国各地高校大学生的在线教学效果进行整体调研与分析，重点关注高校学生对线上教学的认可度。

一、调研基本情况

笔者通过国内专业的在线问卷调查平台——问卷星，设计了《2020 年抗疫期间高校线上教学问卷调查（学生版）》，调查对象为全国各地参与线上教学的高校大学生。问卷围绕高校学生对线上教学的认可度现状调研，共设计了 15 道题，内容涉及线上教学平台、线上教学形式、线上教学优势、线上教学满意度、线上教学效果、线上教学对学习的改变以及线上教学存在问题等方面。截至目前，笔者共收集有效答卷 698 份，答卷来源遍布四川、浙江、山西等 11 个省份，涉及四川民族学院、浙江工贸职业技术学校以及太原理工大学等 22 所高校的大学生。

二、对线上教学认可度的问卷分析：低认可度

调研数据统计分析显示，高校大学生对当前线上教学工作的认可度普遍偏低，其主要证据指标有以下调研数据：

第一，关于线上教学与传统教学效果的对比分析显示：有 24.07%的学生表示教学效果“更差”；仅有 4.44%的学生表示效果“更好”；而多达 65.32%的学生选择了“没感觉”；其他 6.17%的学生则认为教学效果“相同”。具体数据如表 1 所示：

① 本文系四川民族学院 2019 年度国家民委高等教育教学改革研究项目校级项目《民族地区高校应用型示范课程“金课”建设路径研究》和 2018—2020 年高等教育人才培养质量和教学改革项目立项项目《应用型转型背景下法学实践课教材建设研究》的阶段性研究成果之一。

② 向前（1980—），男，湖北黄梅人，法学硕士，副教授。研究方向：宪法学、教育法学。

表 1　线上教学与传统教学效果的对比分析

调研问题	选项	小计	比例
从学习效果上看，你认为线上教学比传统教学效果如何？[单选题]	更好	31	4.44%
	相同	43	6.17%
	较差	168	24.07%
	没感觉	456	65.32%
本题有效填写人次	698		

第二，关于线上教学是否有助于学习的调研显示：仅有 9.17%的学生表示“非常有助于”；而直接认为“不太有助于”的学生则有 12.32%；更多学生选择的是“一般”或“比较有助于”，其中，前者有 39.11%，后者有 39.40%。具体数据如表 2 所示：

表 2　线上教学是否有助于学习调研统计

调研问题	选项	小计	比例
您认为学校近期开展的线上教学是否有助于您的学习？[单选题]	非常有助于	64	9.17%
	比较有助于	275	39.40%
	一般	273	39.11%
	不太有助于	86	12.32%
本题有效填写人次	698		

第三，关于是否喜欢线上教学方式的调研显示：仅 23.78%的学生表示“喜欢”；而直接表示“不喜欢”的比例也达 22.35%；学生更多选择的是“无所谓喜欢与否，根据学校安排开展学习”占 53.87%。具体数据如表 3 所示：

表 3　关于是否喜欢线上教学方式的调研统计

调研问题	选项	小计	比例
您是否喜欢学校近期开展的线上教学方式？[单选题]	喜欢	166	23.78%
	不喜欢	156	22.35%
	无所谓喜欢与否，根据学校安排开展学习	376	53.87%
本题有效填写人次	698		

第四，关于教师线上课程满意度的调研显示：从 1～10 分进行量化评分，10 分为最高分，最终课程评分平均分为 7.93 分，明显低于传统课堂教学课程 9 分以上的平均评分。而以 9 分以上的课程评分进行数据分析，仅有 41.26%的学生对线上课程给出了 9 分以上的评分，有 58.74%的学生对线上课程给出了 9 分以下的评分。

综上可知，对于在抗疫期间开展的线上教学工作，高校学生普遍表示出较低的认可度，认为线上教学的教学效果比不上传统教学，对线上教学方式也更多表现出消极态度，对线上教学课程评分明显低于传统教学课程，更为严重的是只有不到 25%的学生表示喜欢线上教学，绝大多数学生表现消极。

三、线上教学低认可度的原因：互联网优势实现条件的不完善

线上教学作为“互联网+”信息技术在教育领域的创新发展，其以提供超时空教学、丰富教学资源、多元化互动形式、可视教学过程、全方位学情监测与评价以及无限自主学习空间等优质服务为手

段，以实现传统教育与现代教育、教师与学生、教与学的无缝实时连接，激发课堂教学活力。为此，2018年《政府工作报告》也再次强调要“在教育、文化等多领域推进‘互联网+’”，加快推进教育现代化，互联网和信息技术可能会引发未来教育的重大变革甚至重塑整个教育。①

但就目前而言，线上教学的上述理论优势，却并未得到高校学生对线上教学的普遍认可，其原因何在呢？笔者结合线上教学真实体会及调研数据分析认为，线上教学的互联网优势发挥条件的不完善是造成其低认可度的关键原因。

（一）线上教学网络技术有待改善

调研数据统计显示，目前使用最多的五款线上教学平台分别是超星学习通、中国MOOC、钉钉、QQ群聊以及腾讯课堂直播。但由于同时在线人数过多，在使用过程中均不同程度地出现了网络卡顿、系统崩溃而要求错峰使用的情况，严重影响了学生线上听课感受。

对此，只能有待于“互联网+”信息技术的进一步发展，为线上教学的全面开展提供更好的网络技术支持。

（二）线上教学缺少配套网络教材

在关于线上教学存在问题的调研中，有 44.84%的学生将“缺少教材及学习资料”排在第一位。出现这一现象的原因在于，许多高校教师在自行选择网上非本校MOOC或其他教学视频作为授课课程教学资料时，既无法向学生提供配套教材，也无法就学生在听视频过程中的疑问及时进行解答，使学生有听天书的嫌疑。

（三）线上学习缺乏学习氛围

在关于线上教学存在问题的调研中，排在第二位的问题是“没有学习氛围，学习效率低”。对此，有 40.97%的同学有类似观点，在家开展的、单一的线上教学根本无法营造出较为真实的学习氛围。只有当学生具备更高的自主学习能力时，才能达到传统教学的学习效果。

（四）线上教学平台选用缺乏统一教学管理

而在关于线上教学存在问题的调研中，排在第三位的问题是“学习平台太多，几乎每门课程都不一样”。对此，有40.11%的同学反映，由于各位老师偏好不同的线上教学方式，如偏好视频直播教学的可能选择钉钉、腾讯课堂直播等，如偏好MOOC教学的可选择中国MOOC、爱课程等，如偏好线上研讨教学可选择视频会议直播或QQ群聊等，还有偏好雨课堂、翻转课堂等线上教学模式，不一而足。

据不完全统计，目前我国可选用的线上教学平台至少有二十多个，但各高校对教师选用哪款线上教学平台完全缺乏统一的教学管理，致使同学们不得不陷入“多线作战”的境地，疲于奔命，严重影响线上教学的观感。

（五）线上互动缺乏可行性教学论证

在关于线上教学存在问题的调研中，排在第四位的是“要做作业、实训、题库、讨论，学生工作量好大、好累”，对此，有32.81%的同学有相同体会。

究其原因在于，在当下全国抗疫特殊时期，不管是否适合线上教学，所有高校课程均一律上线，甚至“大学体育”课程都在线教学，完全缺乏课程的线上教学可行性论证；同时，各位老师还在线上就每门课程布置了大量的课外作业、测试及讨论主题，致使学生网上学习压力急剧增加，使部分学生产生了厌学情绪。据笔者“自我评价线上课程作业完成度”调查统计，10 分为最高完成度，结果作业完成度自评结果平均仅为7.98分，其中，全部完成线上作业的比例仅为19.05%。

总而言之，线上教学能否充分发挥互联网信息优势，取得学生认可的教学效果，单靠一个线上教

① 王永明，徐继存. 论在线课程教学系统的建构[J]. 中国电化教育，2018（3）：66-72.

学软件是不可能实现的。因为从整个教学系统角度看，线上教学软件或平台仅是教学系统内诸多要素的一种，需要教师、学生、教材、教学场所以及配套教学管理制度等相关教学因素的系统协调运作，才能真正发挥线上教学的优势，提高教学效果。

四、提升线上教学认可度的措施

那么，当前线上教学未能充分发挥互联网信息优势的主要原因是什么呢？根据“你希望线上教学在哪些方面进行加强”的调研统计，排在首位的是“在线交流，课后答疑”，占调研学生的49.28%。为此，笔者认为主要原因在于，在抗疫期间，线上教学平台只是主要承担了辅助教师“教”的直观教具和演示教具，即形象化教学工具的教学内容辅助展示功能，根本未曾充分发挥线上教学平台的认知探究工具和协作交流工具的功能，即线上教学平台对教学的最重要功能是，通过开放化的信息服务为学生的自主学习和小组合作探究知识提供信息收集与交流平台。同时，由于线上教学相较于传统课堂教学增加了师生间即时交流的成本，两相作用下进一步放大了线上教学的缺陷。为此，笔者认为，要想正常发挥线上教学的优势，提高线上教学效果，关键在于全面发挥线上教学平台的功能。

第一，以教学内容改革为切入点打造开放性线上教学系统。具体而言，则是让教师将大量外部环境信息融入教学内容并通过教学媒体传授给学生，形成以教学内容为引导，以教学媒体为平台的教师与学生相互间形式多样的信息交流与沟通模式，同时，教师也通过线上教学平台对互动过程和结果形成参与、了解、监督、指导及评价的全面反馈，并将反馈结果作为教学内容周期性改革的依据，实现线上教学系统持续的开放性。

第二，以教学内容为引导，推动教师和学生在线上教学平台上的相互联系，形成线上教学系统各要素间的非线性关系。具体包括：① 通过教学内容改革促使学生主动通过线上教学平台与教师进行交流；② 通过教学内容改革促使学生相互间主动通过线上教学平台进行交流；③ 通过教学内容改革促使学生主动通过线上教学平台自主学习教学资源。

第三，通过教学目标、教学任务、教学要求、教学评价等内容的改革，从认知目标和情感目标上激发学生的学习动机，调动学生的学习兴趣，使学生能主动、充分利用线上教学平台自主学习，并促使学生能主动利用线上教学平台与教师和学生进行互动交流，提高线上教学效果。

第四，为教师教学内容的创新改革创造条件，创造一种有利于教学内容改革的文化氛围。① 要善于发现并保护成功的教学内容改革，对于教学过程中已经出现的对线上教学效果有较大优化效果的教学内容改革，要及时抓住，并给予保护、支持和鼓励。② 要善于总结对线上教学有较大优化效果的教学内容改革的成功经验，并将经验转化为教学规律，以实现线上教学效果的更大优化。③ 要善于把握有效涨落时机，当教学内容改革中零碎的有效涨落积累到一定时期，我们要善于把握有利时机，及时出台改革措施，促进改革。

【责任编辑：周良勇】

信息化背景下的旅游规划与开发课程教学探讨[①]

王兴贵[②]

（四川民族学院历史文化与旅游学院　四川康定　626001）

【摘　要】　信息化背景下的教学具有多元化，教学方式具有灵活性、开放性，学生的学习方式具有灵活性、多样性。旅游规划与开发是旅游管理专业的核心主干课程，在信息化背景下，进行教学改革，采用线上线下教学具有十分重要的现实意义。目前，旅游规划与开发教学存在教学方式较为传统、单一，学生学习主动性较为缺乏，线上线下教学环境有待进一步完善，师生互动不够，教学方式有待进一步改进等问题。本文基于实现教学转型，针对问题提出旅游规划与开发课程线上线下教学的思路与深度融合的途径。

【关键词】　旅游规划与开发；信息化；线上线下教学；深度融合

信息化背景下，社会对人才的要求由过去的知识型、技能型向创新型方向转变。创新型人才具有六种能力，即有效的沟通能力、创新能力、大数据分析能力、协作能力、批判性思维能力与解决实际问题的能力。因此，信息化背景下，加强教学改革、转变传统的教学模式成为必然要求。2018 年教育部关于加快建设高水平本科教育全面提高人才培养能力的意见中明确提出以学生发展为中心，积极推广小班化教学、混合式教学、翻转课堂，大力推进智慧教室建设，构建线上线下相结合的教学模式，推动课堂教学革命。2019 年中办国办印发《加快推进教育现代化实施方案（2018—2022 年）》（以下简称《实施方案》），在《实施方案》中提出大力推进教育信息化，构建基于信息技术的新型教育教学模式，促进信息技术与教育教学深度融合，推动以互联网等信息化手段服务教育教学全过程。

近年来，国内高校教师针对互联网背景下的教学模式做了大量的探索，主要表现在不同专业、不同课程线上线下混合式教学方面的探索[③④⑤]。此外，丁雪梅等[⑥]将混合式教学模式用于实验教学中，颜正恕等[⑦]对线上线下一体化“互联网+”个性化教学模式与传统的教学模式进行了比较分析。旅游规划与开发是旅游管理专业的核心主干课程，理论性、实践性较强。在信息化背景下，探索其教学方式，培养学生的综合能力，最终学生能综合运用所学课程知识从事旅游规划与开发相关的实践工作具有十分重要的现实意义。

---

① 本文系 2017 年四川民族学院示范课程建设项目《旅游规划与开发》（项目编号：sfkc201711）与 2019 年四川省首批示范性课程建设项目《旅游规划与开发》的研究成果。

② 王兴贵（1970—），男，重庆忠县人，硕士，教授。主要研究方向：区域与旅游可持续发展研究。

③ 王静．“互联网+”时代 O2O 在高校英语实践教学中的应用研究[J]．教育理论与实践，2020，40（6）：56-58.

④ 胡爱华，李建科，张鹏云，康红俊．“互联网+实践教学”范式改革尝试——以 FPGA 为例[J]．实验 技术与管理，2020，37（4）：181-183，187.

⑤ 胡晶玲．线上线下教学模式在《审计学》教学中的探究——以三峡大学科技学院为例[J]．现代商贸工业，2020（27）：139-141.

⑥ 丁雪梅，金祥雷，张晓君，马骥超等．混合式教学模式在实验教学中的应用以及对本科生综合能力的培养[J]．教育与教学，2019（11）：162-166，184.

⑦ 颜正恕，徐济惠．线上线下一体化“互联网+”个性化教学模式研究[J]．中国职业技术教育，2016（5）：74-78.

一、信息化背景下的教学特点

（一）教学元素具有多元化

在信息化背景下，教学元素已经由传统的教师、学生、教材三元变成了教师、学生、教材、环境（包括社会环境、信息环境等）四元，不再局限于教师结合教材进行传统教学，而是在信息环境背景下，采用多元化的教学模式。

（二）教学方式具有灵活性、开放性

信息化背景下，教学方式显得更为灵活、开放，表现在教师教学思维开阔、教学内容开放，改变传统的灌输式教学方式，引导学生去思考问题，在发现问题、提出问题、解决问题过程中提升学生的能力。

（三）学生的学习方式具有灵活性、多样性

信息化背景下，学生的学习方式发生了根本性改变，不再局限于传统的教材学习、课堂学习，通过一些在线教学平台（如智慧树、腾讯会议、雨课堂、学堂在线、超星泛雅等）进行在线学习、主动学习，同时通过平台发言区师生互动、生生互动，让学生参与、互动讨论，实现沟通、交流、对话。

二、旅游规划与开发课程教学存在的问题

（一）教学方式较为传统、单一

该课程在教学过程中，虽然在教学方法方面做了有益的探索，但仍采用以理论知识的传授为主的传统教学模式，现代信息技术的利用较为缺乏，学生的主动性、积极性、创造性没有得到发挥。

（二）学生学习主动性较为缺乏

在该课程理论教学内容部分中，部分理论难度较大，如旅游规划的理论基础与方法，部分学生还停留在老师教授被动学习的情况，缺乏主动学习、自主质疑、相互交流问题的积极性；在教学实践部分，要求学生模拟完成一个完整的旅游规划，部分学生仅仅从完成任务着手，没有从培养自身能力考虑，缺乏主动讨论、协作、探究问题的主动性，以及克服困难的勇气。

（三）线上线下教学环境有待进一步完善

旅游规划与开发课程理论与实践教学需要线上线下教学环境的支持。目前，在教学过程中，线上线下教学环境不完善，需要进一步补充。主要表现在：一是可供学生线下学习本课程的资源较少，如专业的图书资源较为缺乏，二是提供给学生学习该课程的网络平台较少。同时该课程教学实践性较强，需要走出教室进行实地考察、访谈等，但需要的教学时间较长，学生进行实践的对象较为缺乏，只能依托四川民族学院周边环境，如学院环境、周边乡村环境作为实践教学对象。

（四）师生互动不够，教学方式有待进一步改进

应用转型发展要求教师不再是课堂的“主宰”，学生不再是被动理解知识的“容器”，对教师驾驭课堂的能力提出了更高的要求。客观上要求教师改变传统的以讲授为主的教学方式，加强师生互动。旅游规划与开发课程理论部分内容难度较大，需要学生的主动参与，在参与中、讨论中学习。但在教学过程中，部分学生由于学习态度不端正、学习方法不当以及旅游管理专业就业压力大等因素，生生互动与师生互动不够深入，学生学习方式较为单一，需要加强引导，让学生动起来，课堂活起来，最终才能达到预期的教学效果。

三、旅游规划与开发课程线上线下教学目的与思路

旅游规划与开发课程教学过程中，通过教学方法改革，充分应用现代教育技术手段，将线上线下教学相结合，实现理论教学与实践教学相结合，调动学生的积极性、主动性和创造性，培养学生提出问题、分析问题、解决问题的能力和创新创业能力，实现教学转型。其思路为以目前应用转型发展促进专业课程改革作为切入口，以学生为中心，充分利用学院网络资源平台、教学平台（智能教室），以及旅游管理综合实训室、康巴文化实训室，探索该课程的教学方法、学生学法和线上线下深度融合的途径。

四、推进旅游规划与开发课程线上线下教学深度融合的途径

（一）深入探讨课程教学设计，系统设计线上线下课程教学体系

课程教学设计转变以传授理论知识为主的教学模式，从培养应用型人才和对接旅游行业需求出发，将线上与线下相结合，构建应用型教学课程体系。一方面，其课程体系包括理论教学体系、实践教学体系和课程考核评价体系；另一方面，课程体系包括线上课程与线下课程。其中，线上课程包括几部分：一是一些在线学习平台提供的共享课程（如湖北大学马勇教授讲授的“旅游规划与开发”课程中的部分章节），二是线上共享资源（包括部分网站提供的与“旅游规划与开发”课程相关的学习资料，如文化与旅游部官网，教师通过微信、QQ 等上传该课程有关的共享资源）。线下课程主要包括：一是线下需要讲授的内容（包括旅游规划的理论与方法等），二是实践教学部分内容，该部分内容将理论运用于实践中，有利于学生对理论知识的把握，巩固所学的理论知识与规划方法，同时从方法上有利于小组讨论、合作、探究式学习，完成旅游规划相应的实践任务。

（二）正确处理教师的“教”与学生的“学”

在信息化背景下，教师在教学过程中，主要发挥引导与指导作用。需要将线下线上教学相结合，课内外学习相结合，转变学生的学习方式；利用信息技术对该课程的反馈信息进行分析，发现教学中存在的问题，加以改进。因此，教师要实现三个转变：一是将教学内容变成相关的问题，为师生互动创造情景；二是转变教学方式，将讲授式变为研讨式、互动式；三是答案变共识，即问题的答案由探讨互动最终形成共识（是大家一致的、可接受的、理解的），答案是开放式，不是固定式、标准式。在课堂教学过程中，部分教学内容可以让学生利用手机进行线上查询学习，如旅游资源类型可以让学生查询海螺沟景区的旅游资源类型，有利于学生对旅游资源的感性认识。学生在学习过程中，可以充分利用手机、电脑等设备，进行线下学习。对理论性较强、知识难度较大的问题进行探究，查询相关资料，提出问题，利用微信、QQ 群，与老师、同学交流，分享心得，实现在线反馈答疑，解决相关问题（如旅游规划理论与方法等相关内容的学习）。

（三）充分利用现代网络技术，传统教学与现代技术相融合

在教学中将传统的理论讲授、案例教学与现代技术相结合，充分利用现代技术（多媒体、网络等）为学生营造学习、体验的实际情境，将传统的课堂教学拓展到教室外、校外，加强学校课程教学与社会的密切联系。如，为说明旅游规划与设计的重要性，利用甲居藏寨作为案例分析、问题探讨；利用现代网络技术，建立 QQ 群或微信群等进行拓展教学、线上交流、线上答疑。同时利用其强大的传输功能上传旅游规划资料（学习课件、网络资源、规划案例等），供学生利用课余时间线上学习相关内容。

（四）理论与实践相结合，培养学生的实践操作能力

该课程在教学过程中，前期着重对旅游规划理论和方法进行详细讲解，让学生掌握旅游规划的理论体系，熟悉旅游规划的调查方法（实地考察、访谈、问卷等），旅游规划的流程以及规划文本的编制等。将旅游规划的实践内容分为几个模块，比如旅游资源调查评价、旅游市场分析、旅游主题、旅

游功能分区、旅游项目设计、旅游线路设计等。通过模拟旅游规划，让学生了解旅游规划的方法、旅游规划的流程、旅游规划文本的框架内容等，扩展学生的知识面；通过小组合作，培养学生的协作、学习能力；通过实地考察，培养学生的社会交往能力、沟通能力、协调能力；通过整个实践过程，培养学生提出问题、分析问题、解决问题的实践操作能力。

五、结语

信息化背景下，教学具有多元化、灵活性、多样性等特点，转变教学方式，推进教学改革是提升教学质量的重要途径，也是应用型课程建设的必然要求。作为旅游管理专业的核心主干课程，旅游规划与开发教学改革势在必行，这也是满足应用型示范专业建设的需要。因此，在教学过程中，充分利用学院资源以及网络在线平台，将传统教学与现代教学相结合，加强线上线下教学，调动学生的积极性、主动性和创造性，培养学生的综合能力，实现教学转型。

【责任编辑：王长明】

混合式教学在第二外语日语课中的应用[①]

何学静[②]　李政侣[③]

（四川民族学院外国语学院 康巴民族文化译介研究所　四川康定　626001）

【摘　要】 在新型冠状病毒感染肺炎疫情防控期间，教育部做出“停课不停教、停课不停学”的重要指示。为保证疫情防控期间教学进度和教学质量，四川民族学院积极开展线上教学活动。对第二外语日语课程的教学理念、教学方法、教学准备、教学实施、教学评价进行思考与探索，对“线上线下实践”混合式教学进行改革与创新，最大限度地充分发挥教学优势，提高课程教学效果，提高学生日语学习的积极性和实践能力，提高教师的教学能力。

【关键词】 混合式教学；第二外语日语；线上教学；线上线下实践

为贯彻落实习近平总书记关于打赢疫情防控阻击战的重要指示精神，针对新型冠状病毒感染肺炎疫情对高校的正常开学和课堂教学造成的影响，教育部发布了《关于在疫情防控期间做好普通高等学校在线教学组织与管理工作的指导意见》（简称《指导意见》），要求各高校充分利用在线课程教学资源，依托各级各类在线课程平台、校内网络学习空间等，积极开展线上授课和线上学习等在线教学活动，实现“停课不停教、停课不停学”。[④]四川民族学院积极响应教育部的《指导意见》，为落实立德树人根本任务，加强线上教学期间教学管理和课程思政，保证线上教学质量，发布了《四川民族学院疫情期间在线教学课堂管理办法》[⑤]。文件的出台有利于教师在远程教学中保证教学质量与学生学习成果，同时为疫情防控期间在线教学的组织与管理提供坚实保障。以第二外语日语课程为考察对象，对线上教学的教学理念、教学方法、教学准备、教学实施、教学评价进行探讨，对“线上线下实践”混合式教学进行探索，以期为高校第二外语日语课程教学改革提供思路和参考。

一、教学理念

混合式教学是对单一线上、线下教学的改革，也是对原有课内、课外教学的再设计。作为一种新的教学模式，混合式教学具有有效性、适应性及可操作性的特点，涉及课内课外和线上线下两个维度。[⑥] 在充分考虑两个维度的科学性与可行性的前提下，第二外语日语课程将第一课堂与第二课堂进行交叉融合，培养学生思考问题和解决问题的能力，促进学生的全面发展和个性发展。

---

① 本文系2019年四川民族学院校内资助科研项目《文化记忆视域下日本年中行事研究》的研究成果和2019年国家民委高等教育教学改革研究项目之校级项目《基于跨文化交际视角的第二外语日语教学模式探索与改革》的研究成果。

② 何学静，（1981—），女，四川成都人，讲师。主要研究方向：日本语言文化、日语教学。

③ 李政侣，（1991—），女，云南玉溪人，彝族，讲师。主要研究方向：英语教育。

④ 教育部应对新型冠状病毒感染肺炎疫情工作领导小组办公室. 教育部应对新型冠状病毒感染肺炎疫情工作领导小组办公室关于在疫情防控期间做好普通高等学校在线教学组织与管理工作的指导意见[EB/OL]. http://www.moe.gov.cn/srcsite/A08/s7056/202002/t20200205_418138. html，2020-02-04.

⑤ 四川民族学院教务处. 四川民族学院疫情期间在线教学课堂管理办法[Z]. 川民院教〔2020〕2号. 2020-03-31.

⑥ 吕静，杨岩峰，李超旺等. 线上线下课内课外二维混合式教学设计——“弹药学”专业背景课程教学改革探索[J]. 科教导刊，2020，（22）：136-138.

（一）第一课堂

在讲授日语词汇、日语语法的基础上，增加日本绘画、日本文学、日本影视等内容，渗入中日文化对比的内容，帮助学生了解中日国情、民情，拓展学生的国际视野。为保证 2020 春季教学在线教学质量，教师严格考勤，精心设计教学方案，突出师生互动。根据线上教学和学生在家学习的实际，积极探索讨论式、探究式教学模式，适当调整教学进度。加强学生练习与讲评，合理适量地布置课后作业。

（二）第二课堂

引导并鼓励学生学以致用，积极鼓励学生参加学科竞赛，同时积极参与各项实践教学活动。学科竞赛定为日语书法竞赛，于每年春季学期进行。日语书法竞赛是外国语学院日语第二课堂教学的重要环节，是日语实践教学的重要活动。日语书法是日语入门学习的基础，是日语词汇学习的前提。日语书法竞赛能提高规范日语书写的水平，全面展示日语书写的艺术才华，同时丰富学生第二课堂活动。实践教学主要包含课堂实践、社团实践、社会实践三个方面。不同形式的实践教学，可以为学生搭建不同的日本文化交流平台，丰富学生的课余生活，激发学生学习日语的浓厚兴趣。

二、教学方法

语言是交际工具，语言教学的目标是培养学生以书面或口头方式进行交际的能力。教学活动就是要有利于语言技能的培养和功能意念的理解及表达。第二外语日语课程重视教学模式的改革，坚持采用以学生为中心的教学模式，采用情景教学、问答、启发、讨论等教学方法。在讲授过程中，教师多示范、多指导，通过情景、形象和动作培养学生直接用外语思维的习惯，注意内容的深浅、体裁与题材的多样化、语言的规范化，保证教学的系统性和科学性，充分调动学生的积极性，发挥学生的能动性和创造性，将知识性与趣味性融为一体。教师在教学过程中既传授必要的语言知识，又引导学生运用所学的语言知识和技能进行广泛的实践与语言交际活动，特别重要的是让学生掌握日语自学的方法。

三、教学准备

（一）线上教学的师资准备

为确保远程教学过程中的教学质量，与时俱进的掌握互联网信息技术，教师积极参加信息化教学能力提升培训及各种网络学术会议、学术讲座。

1. 信息技术应用能力培训

四川民族学院为加强学校云教学平台建设，提升教师现代教育技术应用能力，确保在线课程教学质量，制定了《“停课不停学”信息化教学能力提升培训计划》[①]，以“超星学习通”App 为平台，在家通过手机或计算机参加远程培训学习。开学前的培训有助于切实提升教师的信息技术应用能力和在线课程设计与运行能力。

2. 网络学术会议

教师在授课期间积极参加各种网络学术会议、学术讲座，如西安外国语大学毋育新教授的“基础语课程教学方案分享”、上海外国语大学高洁教授的“探索‘云教学’中的师生联通：以日本近现代文学课程为例”、2020 高校教师教学能力提升专题网络培训。网络学术讲座的学习，有利于拓宽教师在线教学的眼界，有利于启发创新教学设计、教学方法，有利于借鉴同行专家的宝贵教学经验，有利于在线上教学过程中保证教学质量与学生学习效果。

---

① 四川民族学院教务处.“停课不停学”信息化教学能力提升培训计划[Z]. 川民院教〔2020〕4 号. 2020-01-31.

（二）线上教学网络平台的搭建

为保证 2020 春季线上教学的顺利开展，建立日语教学助理 QQ 群及班级授课 QQ 群，通过 QQ 群形成金字塔式的管理模式。QQ 群能实现教辅资料上传、案例阅读分析、视频资料上传、作业布置、接龙打卡等功能，为全面保障教学，实现过程式考核提供全方位支持，[①]有利于推动教学任务和教学管理工作的有序进行。

1. 日语教学助理 QQ 群

与各班日语教学助理完成日语线上教学的班级管理、教学活动管理等工作。召开日语教学工作网络会议，与 2017 级 5 名日语教学助理商定日语个人学习档案的实施细则及评分细则、“词道”App 学习软件的使用及 B 站日语学习的内容、日本文化论文写作的相关内容及学习过程中的注意事项；商定日本文化实践教学活动相关事宜，鼓励创新，确保实践活动有序进行；商讨日语书法竞赛、毕业晚会相关事宜。开学前的教学统筹安排有助于学生了解本学期教学计划和教学内容，有助于各项教学活动的顺利开展，有助于培养学生一定的管理能力。

2. 班级授课 QQ 群

利用 QQ 网络教学平台开展课前、课中、课后的线上教学活动。利用班级 QQ 群公告，实时发布学习通知；利用班级 QQ 群文件，进行教学日历、教学课件、教学音频视频、授课 App、作业答案等课程相关资料的上传；利用班级 QQ 群相册，进行课后作业的上传等；利用班级 QQ 群课堂，进行教学考勤、在线直播授课、互动答疑等。各种形式的线上教学活动，有助于教师掌握学生最新学习动态，有助于教师适时调整教学内容，有助于确保线上教学的质量。

四、教学实施

结合第二外语日语课程的实际教学情况，没有选用“超星”提供的日语在线网络课程，而是利用在线课程资源、在线网络平台等，采用“教师线上授课、学生线下自学、学生参与实践”的方式开展教学活动。

（一）教师线上授课

突出以学生为主体的教学，利用在线课堂教学，因材施教，根据每单元教学目标和内容，加强对知识重点、难点、热点的分析，选择多元开放的兴趣教学、交际教学、文化教学等，激发学生的学习兴趣与潜能，重视启发式、参与式等教学方法的使用，注重学生学术能力、研究能力、思辨能力等的培养。

1. 网络课程

甄选中国慕课融入课堂教学。为充分调动学生的积极性，选用上海外国语大学的基础日语语法课，对日语语言特征、日语语法等进行讲解。高质精简的慕课，既能在短时间内吸引学生的注意力，也有利于学生课后利用碎片时间进行反复学习。此外，将日语学习与英语学习紧密相连，利用中英双语的 Japanese Pod 网络教学课程教授日语情景对话。一方面，介绍自己、与熟人寒暄、在面馆点餐等生活场景对话，贴合学生语言学习的实际需求；另一方面，在全英文讲解的同时，既能兼顾英语听力的训练，又能对所学日语单词、句型进行口语练习。

2. 论文撰写

积极组织学生撰写日本文化论文。通过日本文化论文的写作，学生对论文选题的确定、论文框架的搭建、论文撰写的格式、论文写作的要求等有了初步认识。论文的撰写可作为日本文化方向毕业论文的前期准备，有利于学生毕业论文的顺利完成。同时，有利于学生归纳整理能力、学术能力等的培养。

---

① 张瑞，赵洁，郭宏等. 基于腾讯课堂的在线教学设计与实践[J]. 科技创业月刊，2020，第 33 卷（5）：140-143.

3. 文化交流

积极鼓励学生分享交流日本文化。1742 班的钟国龙同学在 QQ 群课堂平台为本班同学讲解日本文化，对“天下布武”的定义、语源，与武士道的关系等方面进行详细讲解。多次耐心细心的讲解与指导，不断完善学生的讲解思路、框架、内容、PPT 制作、语言表达等。同时，听讲的同学也能从不断改进的讲解中收获满满。日本文化的讲解有助于学生办公软件技能的提升，有助于学生语言表达能力、思辨能力等的培养。

（二）学生线下自学

依托网络平台，引导学生运用“词道”、B 站等平台进行自主学习。与日语教学助理商定学习的内容及分值，规定每周应完成的学习量。学生将自主学习内容的截图上传至班级 QQ 群文件，日语教学助理协助完成作业的检查。

1.“词道”

学生安装手机软件词道，运用日语输入法完成课文词汇的学习。手机软件有助于完成日语知识的传递，实现教学知识点的基本覆盖，使日语学习具备碎片化的特点。在作业完成的过程中，学生的信息技术应用能力得到锻炼。

2. B 站

推荐 B 站的日本文化视频，学生自主选择观看日本饮食、节日、习俗等内容。视频学习使日语学习变得生动有趣，具备个性化，有利于学生学习积极性的提高和学习兴趣的提升，有利于学生自主学习能力的培养。

（三）学生参与实践

引导学生将所学知识运用于实践。依托课堂实践、社团实践、社会实践，以期做到理论与实践相统一，将所学转化为实践技能，增强学生的社会责任感，实现学生创新能力、交际能力、实践能力、跨文化能力的培养。

1. 课堂实践

课堂实践设定为班级日语主题活动。2019 年秋季学期，外国语学院各教学班自主选择活动主题、策划活动方案、发布活动海报、实施活动内容、撰写活动简报，各班同学全员参与，各司其职。班级日语主题活动的开展，有利于充分利用学生特长、充分调动学生积极性、充分发挥团队协作，有利于学生创新能力的培养。

2. 社团实践

社团实践设定为日语交流协会举办的各种活动。2019 年秋季学期，外国语学院学生通过参加日语协会的各类活动，如寿司制作大赛、饭团制作大赛、日语教学活动、日本文化交流活动等，学生的综合能力得到一定的锻炼，有利于学生学习效率的提高，有利于学生交际能力的培养，有利于教与学、学与练的融合。

3. 社会实践

社会实践设定为校外日本文化体验活动。因受学校地理环境影响，行课期间无法让学生走出校园，利用寒暑假期间让学生参加各种日本文化活动，将学生的跨文化能力培养植入各种实践活动中。2020 年春季学期，学生利用寒假及在家学习期间，参与鉴赏日本电影、制作日本料理等，进行日本文化亲身体验，撰写实践心得，将实践内容的照片上传至班级 QQ 群文件，供大家分享交流。丰富多彩的日本文化体验活动，对学生实践能力、跨文化能力的培养发挥了重要作用。

五、教学评价

实施以学生为评价主体的教学评价。平时成绩考核与期末成绩考核的比例设置为 5∶5。将形成性评价与终结性评价相结合，建立学生个人学习档案。从评价方法、评价主体等方面实现评价机制多元化、多层次的改革，以教师评价、学生自评、学生互评的方式，形成以学生为主体，师生共同参与、交互作用的评价模式。①

（一）平时成绩考核

平时成绩以个人学习档案为载体，分为线上、线下、实践三大模块。2020 春季行课期间，受网络通信、自然灾害、办公条件等影响，部分学生不能按时完成在线学习内容，我们对个人学习档案的内容及分值进行了反复的修改，合理调整授课计划，对教学内容和形式做出妥善安排。在不断完善的过程中，最终制定了切合实际的个人学习档案，线上教学占 26%、线下自学占 14%、实践教学占 10%。

（二）期末成绩考核

期末成绩考核以笔试为主，主要从文字词汇、语法构句、阅读理解三个方面，考查学生对日语常用词汇及基本语法的掌握，对阅读材料的主旨、大意和细节的理解和运用。2020 春季考试依托“超星”智慧考试系统平台，以在线考试的方式进行。教师参加了“超星”考试平台使用的培训学习，认真观看培训直播，直播尾声进行线上提问，“超星”培训人员及时答疑。出卷期间，反复观看录播，对出卷中遇到的困难，向“超星”培训人员、教务处工作人员进行咨询，最终顺利完成了网络出题、组卷、上传、发布、监考、阅卷等期末相关工作。

形成性评价能够同时对学生的学习结果及教师的教学效果进行动态分析和评价，促进学生改变学习策略，规划学习进程，提醒教师及时调整教学策略。终结性评价发生在教学单元或者教学过程收尾的时候。② 将形成性评价与终结性评价相统一，达到了促进学生学习的目的。同时，在促进学生日语学习的同时，及时提供反馈信息，不断调整和改进第二外语日语教学。

六、结语

疫情期间第二外语日语课程实施混合式教学是一次新的尝试。教师在线上教学活动中，贯穿“第一课堂与第二课堂交叉融合”的教学理念，采用“教师线上授课、学生线下自学、学生参与实践”三位一体的教学模式，运用网络平台搭建课程网络体系，及时了解学生听课及学习效果的把握，实现了知识传递、能力培养、价值塑造的目的。混合式教学打破了常规教学的瓶颈，在机遇与挑战并行的同时，今后将不断提升教学理念，不断总结教学经验，不断改进教学方法，从而更好地推广应用混合式教学。

【责任编辑：刘成萍】

① 何学静. 对外语学科建设与人才培养的思考——以四川民族学院第二外语日语为例[J]. 新建民族本科院校学科建设探析. 西南交通大学出版社，2017.

② 陈涛. 基于人本主义教学观的合作评估教学模式[J]. 教书育人，2019（30）：82-85.

民族高校线上线下混合式一流课程“伴奏与自弹自唱”的培育与建设[①]

江 影[②]

（四川民族学院音乐舞蹈学院 四川康定 626001）

【摘 要】 随着国家“互联网+”政策的出台，互联网产物逐渐增多。互联网与教育的结合——线上教学形态，将传统教学手段与现代信息技术融合，开创了教学模式新局面。本文以“伴奏与自弹自唱”课程为例，着重探讨了该课程线上线下混合教学的培育和建设方法。此教学模式的运用能减轻教师负担，及时反馈教学情况，提高学生学习主动性和学习效率，摆脱师生时间空间的限制等，提高课程教学质量。

【关键词】 民族高校；线上特色课程；培育与建设；教学优势

自国务院2015年7月4日印发《国务院关于积极推进“互联网+”行动的指导意见》以来，互联网+产物如雨后春笋般涌现出来，线上教学就是其产物之一。这是一种以网络信息技术为依托的新型教学形态，是信息时代教育的必然产物。由于疫情的推动，线上教学迅速从教学辅助发展为具有独立教学价值的教学形态，而单一的线上教学又有许多局限性，因此，推动线上线下教学的融合，构建混合式教学模式成为各课程建设当前的重要任务。对于“伴奏与自弹自唱”这门技能课而言，传统的教学形态有很多弊端，而网络信息技术运用于该课程后，有效避免了这些弊端。在互联网全面铺开的今天，传统教学通过网络这个界面，不仅突破教学时间和地点的限制，还能共享教学资源和成果，使教与学朝着良性的方向循环发展。

一、线上线下混合式教学模式概述

线上线下混合式教学包括线上课程和线下课程两部分，两部分课程相互补充、相互辅助。这种教学模式，体现的是“学生为主体，教师为主导”的教学理念，即充分发挥学生的自主学习能力，教师引导学生进行独立思考和探索，以获得和掌握知识。该模式将传统教学模式与互联网教学有机融合，解决了传统教学模式中一些不易解决的问题，对减轻教师负担、学生因材施教、学习情况反馈、学生能力培养等方面，都具有重要的作用。[③]

二、“伴奏与自弹自唱”课程教学现状

“伴奏与自弹自唱”是师范院校音乐学专业的一门主干课程，是该专业学生必须具备的一项基本技能。其课程目标在于使学生利用学习过的和声基础知识和钢琴技巧，将理论和声知识实践技能化。学习的主要内容是将和声配置的方法与钢琴技能相融合，通过将四部和声骨架结构音型化，使学生能为具体音乐作品配置合理动听的伴奏，并掌握一定的自弹自唱能力。在“伴奏与自弹自唱”开设过程中，我院的授课方式为班级授课，每周2学时。通过几年的教学实践与观察，发现存在以下几个问题。

---

① 本文系四川民族学院2020年校级一般立项课程“伴奏与自弹自唱”的研究成果。

② 江影（1979—），女，四川绵竹人，副教授。主要研究方向：高等教育。

③ 梁雪. 线上线下混合式教学模式在《影视鉴赏》课程中的应用[J]. 金融理论与教学，2020（4）.

（一）学生学习的主动性不高

在多年的传统教学形式中，学生已经习惯了“填鸭式”教学，没有学习的自主性，都等着课堂上老师灌输。虽然我院从 2007 年就建设了电子钢琴教室，并在课堂上保证人手一台琴，但这似乎并没有改变学生的学习观念，很多学生并没有很好地利用课堂时间和设备，老师讲理论知识时玩电子钢琴，自行练习时间时又显得无所事事，导致教师抽查作业时，学生回课情况很不好，教学质量无法提升。

（二）无法因材施教

在传统教学形式中，教师只能针对大多数学生的接受能力来进行教学计划，调整教学进度，而“伴奏与自弹自唱”是一门集多学科知识的技能课程，学生的进度、学习内容都必须根据学生自身的实际情况来决定，传统的班级授课制极大地忽略了学生的个体差异，造成的直接后果是中等生受益，优等生出不了彩，后进生跟不上。

（三）对学生的学习情况无法有效监督

“伴奏与自弹自唱”课程以传统的班级授课形式，从教学效果来看是差强人意的。任课老师一般会将时间划分为两个部分：第一部分，抽查上节课布置作业的完成情况，抽查 5～6 名学生通常需花费一个课时；第二部分，针对抽查过程中出现的普遍现象进行集中讲解，花费约半个课时，剩下的半个课时讲解新曲目。如此看来，时间非常紧张，教师无法普遍了解学生对上节课内容的掌握情况及课后的练习情况。

三、线上线下混合式一流课程“伴奏与自弹自唱”课程的培育和建设

（一）建设一支稳定团结、对新事物新现象有接受和学习能力的师资群体

一支稳定可靠、团结协作、业务能力强的教学团队对课程的发展与推进起到至关重要的作用。面对层出不穷的新事物、新科技、新现象、新途径，教师必须善于接受，牢固掌握，运用自如，并能加以创新。在 2020 年两会上，“互联网+教育”这一概念又一次被提及，充分说明了互联网技术在教育方面的重要性，因此，我们在师资培训方面，不再仅仅考虑专业能力或教学能力培训，而应把信息教育技术一并纳入。团队成员也应充分了解当前教育界的新动向和新变革，跟上时代的步伐，全面掌握新技能、新方法，并具有积极创新的意识和能力，力争在课程建设过程中能够出谋划策，提出具有建设性的建议。

（二）优化线上课程教学内容、丰富在线教学资源

“伴奏与自弹自唱”是一门技能和实训相结合的综合性课程，其中理论部分约占 30%，实训部分占 70%。理论部分可以由线上教学承担，途径很多：教师自己录制微课视频，针对已完成的在线视频，可以进行部分加工工艺动画，提升在线课程吸引力；通过网络资源收集国内师范院校相关课程的授课内容和模式；到兄弟院校进行调研，学习他们线上课程的教学形式和经验；到中小学进行调研，了解中小学课程标准及需求，从而优化该课程的内容；尽可能多地将正谱用打谱软件制作成音频，使学生直观地感受到正谱在和弦配置、音型使用、长音处理等方面带来的音响效果；针对课程所涉及的理论内容，还可适当补充课外学习资源，让学有余力的学生能更深入、更宽泛地学到相关知识等，以此优化课程教学内容，提高在线资源质量。

（三）丰富线上教学形式，搭建师生交流、生生交流平台

目前线上教学平台主要有学习通、超星、微信、QQ 等，教师采取的教学方式也几乎还是“满堂灌”形式，只是从线下搬到了线上。但实际上网络上有着丰富的教学资源，完全用不着教师一堂课从头讲到尾，可以让学生课前利用网上资源先自行学习，课上只需教师针对本课的重难点再进行一次梳理就行。“伴奏与自弹自唱”的理论内容很多少，大部分需要手上实践，教师可以在网上作一两次示

范，也可以要求学生在网上找视频自己学习、感受，再通过课后作业反馈学生的学习情况；还可以通过对学生学习情况的掌握，请对知识点掌握较好的同学进行线上讲解、示范；还可以将学生分成小组进行线上交流讨论，互相学习、互相观摩等。

（四）结合线下开展混合式教学

因技能课教学的实时性，实训部分建议采用线下教学形式，而介于该门课程的特殊性，建议采用个别制教学形式。一是线下师生的面对面教学可以加深教师对学生的了解，加深师生之间的感情交流，以增强学生的学习动力。二是教师对学生在歌曲伴奏的情感处理能更直接、更细腻地指导和示范，如音色地处理和触键的感觉，线下教学的优势就显而易见，因为线上多多少少会出现音色失真甚至卡顿的情况，这些都会影响教师对学生伴奏质量的判断。三是“伴奏与自弹自唱”是一门综合性课程，伴奏就是对歌曲的二度创作，自弹自唱更是学生的伴奏能力与歌唱能力、作品处理能力、舞台表演能力的综合。除了少部分基础理论知识外，学生的个体认知、个体思维和感受也是决定伴奏与自弹自唱质量的重要因素，而这些仅靠班级授课是无法达到的。因此，笔者认为，“伴奏与自弹自唱”课程线上线下混合式教学更有利于教学质量和教学效率的提高，起到事半功倍的效果。

虽然实训教学不宜在线上进行，却可以成为实训教学的补充，主要体现在课前和课后的充分利用：课前可以通过邮件、QQ、微信等方式将自己的伴奏示范和优秀学生的伴奏共享，给所有学生进行观摩、学习；将学生在实训过程中的普遍问题和整改方法告知学生；一对一进行粗略实训辅导，让教师对学生的技能掌握情况有大致了解。同时，让学生通过线上平台与其他同学进行交流互动、学习讨论，让学生之间互相评价、互相发现问题并解决问题，从而达到让学生对相关知识点的进一步总结与掌握、对技术技巧的巩固与提升。[①]

三、线上线下混合式教学的优势

（一）线上课程不受时间和地点的限制

线上课程最明显的优势就是不受时间和地点限制，想学就学。只要家里有琴，学生学习后通过练习，可以随时将自己弹奏的作品传给教师，教师也可以随时批改学生的作业，在双方都在线的情况下进行沟通交流，不用去挤公交，不用担心堵车，不用担心名额有限，这样做省时省力省心。另外，受众范围广，不管是学生，上班族，还是老年爱好者等，不设门槛，都能随时随地重复的学习，相比线下教学的诸多不便着实方便太多，而且课堂到位记录清晰明了，对于教学考勤也非常方便。

（二）课程资源丰富、知识涉及面宽，突破教师自身局限

线上资源应有尽有，除了国家免费共享的，还有很多付费课程。特别是国家共享课程，大都是来自各个学校的金牌教师，甚至不乏大师级人物，突破了本校教师自身在知识点、教学方式方法上的局限，让学生感受名师教学的风采。一些付费课程，如“学而思”网校的各课程，可以提供“一对一”到“一对多”的课程学习和辅导。还有一些富有挑战性的课程，可供学有余力或希望在专业学习上“更上一层楼”的学生选择。在音乐方面，有上海某信息科技有限公司开发的 VIP 陪练课程，可以进行一对一的教学到陪练一条龙服务，有效减轻了家长的陪练负担，对幼小的孩子学琴非常有帮助。

（三）激发学生学习积极性，提高学生自主学习能力

线上教学需要学生有相当的自觉性。因此，教师必须把握好线上课堂秩序，比如严格考勤、线上实时交流等方式，可以有效把控学生，避免部分学生任意旷课、或账号在线人不在的情况，再结合线下教学，可以更好地约束学生重视线上教学，把握学生的学习情况，不让学生放任自流。这样不仅可以减轻教师工作量，还能有效激发学生学习主动性，提高学生自主学习能力。

---

① 张要军. 李梦倩. 一流学科建设背景下线上线下混合式金课建设的探索与思考[J]. 教育现代化. 2020（53）.

（四）线上教学更易把控学生情况

线上课程虽然给师生带来了便利，方便大家随时学习和交流，但也给教学带来了挑战，如师生之间缺乏面对面的交流，可能会导致师生关系疏远；教师对学生的学习情况掌握不够深入到位。因此，在利用网络教学的同时，还应充分把握好课堂教学。“伴奏与自弹自唱”是一门带有创作性、表演性的科目，需要教师对学生进行个别指导，这是线上教学不容易做好的，线下教学能较好地进行补充，使教师能及时发现学生特有的气质和风格，从而更有效地进行因材施教。

四、结语

互联网的出现给教育带来了翻天覆地的变化，它是传统的教育模式的补充，老师可以利用它辅助教学，学生可以利用它来自我提升，互联网技术成为连接老师与学生的一座桥梁。同时，随着互联网+教育的发展，当前教育不均衡的状况正在改善，它让贫困山区的孩子享受到优质的教育，让优秀的教师产生更大的价值。

【责任编辑：丽红】

“基础英语”翻转课堂形成性评价的实证研究[①]

陈雅莉[②]

（四川民族学院外国语学院　四川康定　626001）

【摘　要】 翻转课堂是注重培养学生的综合应用能力和创新能力，强调学生的自主和合作性学习，提高课堂教学效率的一种新型教学模式。但现阶段民族地区专业英语翻转课堂教学评价仍采取以终结性评价方式为主。为了更好地研究“基础英语”翻转课堂教学中的形成性评价的可行性，提高学生的自主学习能力，本文从形成性评价的相关理论和特点出发，对“基础英语”翻转课堂教学中形成性评价做出实证研究，最后评价“基础英语”翻转课堂教学中形成性评价的实证研究的教学效果，以期达到改善专业英语翻转课堂的教学效果，促进民族地区专业英语发展的目的。

【关键词】 翻转课堂；基础英语；形成性评价；实证研究

翻转课堂是一种新型教学模式，在英语教学中得到了日渐广泛的运用。这种教学模式是将传统的课堂教学进行翻转，不再是以教师教授为主，而是要求教师在充分把握教材内容的基础上，对教学内容进行科学设计，制定出合理的教学任务，引导学生进行自主高效的学习。翻转课堂教学活动的开展需要教学评价作为基础。采用科学、系统和全方位的评价体系是实现课堂专业课程教学目标，让学生能力与专业素质要求相适应的重要手段。2010 年，教育部颁布的《国家中长期教育改革和发展规划纲要（2010—2020 年）》指出，对现在的教育质量评价体系进行改革，围绕人才理念、培养目标，建立多样化、科学合理的评价体系。在教育信息化的背景下，英语专业的教学评价方式已经从传统的单一要素终结性评价向学习过程与结果相结合的形成性评价方式转变。对于民族地区高校英语专业来说，翻转课堂的具体操作和实践过程中评价方式仍不能完全反映学生在学习过程中的态度、能力和情感因素。特别是作为专业基础课程的基础英语，评价方式的实施几乎完全取决于老师，仍然以终结性评价为主，学生很少参与其中。翻转课堂中要达到学生为主、积极参与，教师为辅、正确指导的目标，就需要教师在教学中充分激发学生的积极性和创新性，对学生能力进行科学合理的评价。同时这些科学合理的形成性评价能及时记录和有效监督学生在翻转课堂教学中的表现，并形成有效的教学反馈，对改善专业英语翻转课堂的教学效果，促进民族地区专业英语的发展尤为重要。

一、形成性评价的理论依据和主要特点

美国教育学家 Bloom 在 1969 年将形成性评价引入教育评价实践当中，在尝试对比形成性评价和终结性评价差异后，将两种评价方式直接应用在教育评价实践当中，并因此得出了形成性评价的定义[③]。形成性评价是指在教育教学活动的过程中，教师在精心“导”的基础上，对学生积极“学”及时反馈，并用反馈调整教学计划和教学方法，以便顺利实现预期的教学目的和教学效果的一种评价[④]。

---

① 本文系 2017 年四川民族学院应用型示范课程建设项目《基础英语》（项目编号：sfkc201750）的研究成果。

② 陈雅莉（1980—），女，四川资中人，讲师。主要研究方向：英语语言学。

③ 王萍娄，瑞娟，张永萍. 形成性评价理论及其在英语教学中的应用研究综述[J]. 语文学刊外语教育教学，2014（6）：158-159

④ 许华琼，胡中锋. 形成性评价及其反馈策略[J]. 理论与技术，2010（1）：23-25

形成性评价理论主要来源于多元智能理论和建构主义思想。正常人都拥有多种智能，而宏观的智能是由很多类微观智能组合而成的，这就是多元智能理论。由于形成宏观智能的微观智能量因人而异，所以使用智力的方式也带有个人特征，同时这多种智力也不存在孰优孰劣的度量标准。这就要求教师根据每个学生的个性和智力的不同，在教学过程中采用不同的评价标准。在综合评估的过程中，要考虑学生在学习过程中表现出的情感差异，语言技能，学习方法和团队合作等因素。灵活性、多样性是形成性评价运用方式上的主要特点。

建构主义的学习过程需要满足三个要素：积极主动，不断发展，与情境紧密联系。也就是说学生不是被动地接受所教的知识，而是在老师的指导下，基于原有的认知，主动筛选、加工和处理学习的内容，最终构建为自己的东西。建构主义强调学习的自主性，也就是说，学生是主动获取新的知识和经验，而不是由老师教授或要求学生死记硬背去获得。从这个意义上说，形成性评价方式具有建构性，发展性的特点①。

正是由于形成性评价具有灵活多样性和建构发展性的特点，在翻转课堂教学活动的过程中，教师应该将教学重点放在学生的整个学习过程当中，从而激发学生积极主动学习的热情，通过合理制定计划，使教学过程更为科学，做到及时反思并调整教学实践内容，将学生相互评价、自我评价作为教师评价的补充，以实现“教”“学”“评”的完美结合。

二、“基础英语”翻转课堂评价体系的实证研究相关设计

专业基础英语也称精读，是英语专业低年级学生必修的重要基础课程。它旨在培养大一和大二学生的专业英语基本技能，使他们能够理解中西语言和文化的异同，培养他们的语言和交际能力，为其升入英语专业高年级的学习做好准备②。多元智能理论和建构主义思想及《高等学校英语专业英语教学大纲》都指出，考试作为评估教学成效的重要手段，不具有唯一性。学校应该从更好地培养学生创造、分析、思维等多方面能力的角度出发，在对教学成效进行评估时采用更加多样的方法，从而为“基础英语”教学在民族地区院校评估提供理论和政策依据。“基础英语”传统的教学模式一般是课前教师备课，课堂教师讲授、学生听课的教育模式，这种模式在教育信息化的大背景下不太符合现在学生的学习需求。翻转课堂教学要求将传统的教学模式转变为“先学再教”的教学模式。这种“学习”不是传统意义上的预习，而是引导学生通过自我评估来学习。学生的自我评估会反映学生的学习状态，这种学习状态和学习情况反馈给教师后，教师根据学生学习的自我评估再来备课，而不再是简单地把课本知识传输给学生。

一直以来，外国语学院“基础英语”评价体系由两个部分组成，一是平时成绩，二是期末考试成绩，这两部分各占 40%和 60%。期末试卷由学院“基础英语”教师统一命题，平时成绩判定权交给授课教师。因此，为了解翻转课堂教学中形成性评价体系的作用，监测学生学习过程以及效果，作者开展了对比研究。

实验的对象为四川民族学院外国语学院英语专业 2018 级两个班的学生，1843 班 48 人；1844 班 50 人。这一学年分为两个学期，2018—2019（2）和 2019—2020（1），具体实验步骤如下：

（一）2018-2019（2）学期

平时成绩占总成绩的四成，在基础英语成绩中占比很重。具体构成为：回答问题情况占比 20%，出勤率占比 5%，每个单元听写 5%及课后检查作业情况 5%，剩下的 5%是学生所在团队的协作表现，以百分制计分。按照每组 6 人，每班 8 个组进行分组；1844 班有两个组为 7 个同学，其他 6 个组每组 6 名同学。

① 陈雅莉. 新课改背景下形成性评价在大学英语教学中的几点探索[M]，新建民族本科院校师资队伍建设研究，李能武，郭庆义，张洪学，西南交通大学出版社，2012.

② 陈雅莉.“问题教学法”在现代大学英语教学中的应用[M]，新型本科院校转型发展探索与实践，郭庆义. 西南交通大学出版社，2017.

1. 平时成绩

平时成绩中出勤率 5%是学生都能轻易拿到的成绩。课后作业的检查 5%也是硬性指标。学生在每单元课程结束后，都会将课后练习和作文上交。借助网络平台，基础英语每个单元的作业和作文都可以发布在“超星”系统上，学生的答题成绩可以马上就评定出来。这学期的听写 5%主要是每个单元的词汇短语听写。学生每个单元的词汇错误不超过总词汇词组的 10%，即可得到相应的成绩。最难判定的其实是学生上课回答问题和团队协作的成绩。在要求学生回答问题陈述观点时，由于每堂课的时间有限，教师只能抽查最多 5 个同学，没有办法兼顾其他同学，导致每次提问都是那么几个同学在回答；而团队协作，每次把任务布置下去，每次起来回答陈述的就是组长，有些组员甚至不清楚问题，学生在课下有没有讨论不得而知。期末考试前，上课积极回答问题的同学听说读写和自学能力都得到了提高，其他同学相对而言提高不大，教学效果不明显。

2. 期末试卷成绩

期末试卷采用闭卷考试形式，试题形式为：阅读理解、单项选择、词汇、翻译和作文。教师可根据实际情况灵活设计，适当增减题型。词汇题总分 20 分，主要考核单词掌握程度，由将所给词组变为正确形式进行填空、单词释义连线两部分组成，分别赋值 10 分；赋值 20 分给单项选择题，考查语法和课内所学短语的搭配；阅读理解题 30 分，3 篇课外文章，大学英语六级或专业英语四级难度；翻译题 15 分，旨在考查学生对本课程所学翻译技巧的运用情况，由文章汉译英、英译汉两部分组成，分别赋值 5 分、10 分；最后作文 15 分。期末测试能帮助教师了解学生整个学期学习的效果，能使教师更好地制定下学期和后续的教学任务和计划。但由于期末测试属于终结性评价方式，只反映学习结果，忽视学习过程，所以研究将重点放在形成性评价方式上来。

（二）2019—2020（1）学期，实施形成性评价体系

本学期在总成绩中平时成绩仍占四成。出勤率占比不变，与上学期不同，这学期仍为 5%，学生很容易就能达到。课后习题、单元测试和作文发布同样可以在网络平台上进行，这几个部分成绩很容易判定。这学期的考评的重点放在团队协作、课堂陈述回答问题以及听写背诵上。

1. 团队协作

本学期仍按照每组 6 人、每班 8 个组进行人员分组，1844 班有一个组是 8 人，其余各组各均 6 名同学。教师在上课前为学生制定教学目标、学习目标和计划，安排新的任务，告诉学生下节课要谈论的问题，学生在课下就要将任务准备好。在具体的操作中更加凸显和细化组的分工与合作。每个组的每一位同学都赋予了头衔和任务。六名同学中推选一名作为 Group leader（也被称为 Discussion leader），其余五名同学分别为 Summarizer，Connector 或 Culture collector，Word master，Grammar explainer，Paraphraser。如图 1 所示：

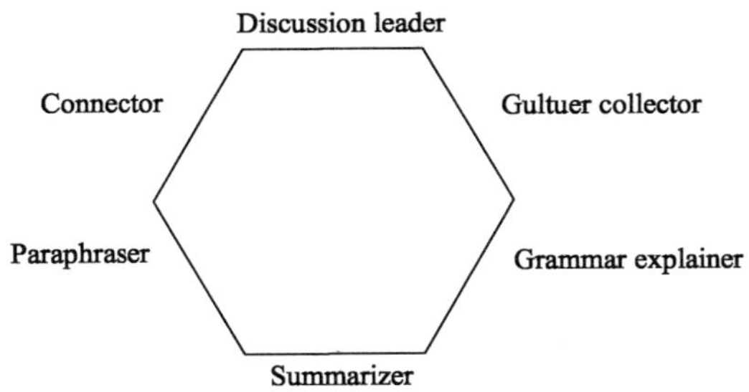

图 1 小组同学合作

由上图可知，Discussion leader 和 Summarize 是正六边形的上部和底部，在团队中起到引领和平衡的作用。另外的四条边缺一不可，成为整个基础英语课堂学习不可缺少的四个元素。Discussion leader 是小组的组长，主要起到协调小组成员关系，课上组织开展讨论，鼓励小组每一位成员都积极参加。其任务是：至少阅读两遍课文，并准备至少五个一般性问题；问题可以涉及文章的主题，也可

以涉及文章的细节。组长要确保组内每位同学都有机会发言和参与讨论；引导讨论并确保讨论顺利进行。组长负责记录组员的回答情况。Summarizer 的任务是：阅读课文，记下人物、事件和故事的发展过程；找出每个组员都必须知道的课文要点，以便理解和记住故事；用自己的话用简短的总结复述故事并向小组成员陈述。总结者可以自己做概述任务也可以让本组每一个成员分工来做。Connector 或 Culture connector 的任务包括：把故事读两遍，寻找故事与外界的联系。这些联系可能与 connector 自己的经历、朋友和家人的经历或现实生活事件有关。告诉小组成员之间的联系，并征求他们的意见或问题。或找出文章的文化点，介绍给组员并与自己文化进行对比。Word Master 词汇掌控者的任务是将课文中的重点单词或短语（自己认为非常重要的单词）提取出来；或找出文章的文化点，介绍给组员并与自己文化进行对比，说明原因并解释说明其用法。掌控者可以让每位成员各自找出自己认为很难的单词，并在讨论中提出来。Grammar explainer 语法解释任务较单一，主要是对文章中出现的结构比较复杂的句子进行语法讲解。组员也可以找出自己不懂的句子，在全组范围内讨论，整个过程由语法讲解者操控。最后 Paraphraser 的任务是要求释义者通读整篇文章，找出其中的难句，用自己的语言复述出来。这个任务同样可以交给组员完成。也就是说在精读课上无论任务是哪一个环节，都有负责和引领的同学，其他的 5 位同学都必须发言，发言的内容由负责这个环节的同学记录好并且上交。

这学期的每一个单元都是按照各小组的合作开展的，学生课下做好准备，上课后教师会给学生一节课 45 分钟的时间谈论。学生讨论和记录的过程中，教师在一旁观察并做出指导。

2. 课堂陈述，回答问题

然后来到课堂陈述演示环节。课堂陈述可以是学生对所学单元课文主题、句型难点、语法难点或者文化异同的理解和掌握，也可以是学生结合课文内容对某些热点或者新闻的个人感受。无论是什么陈述内容，目的都是在培养学生的信息收集整理能力和思辨能力，并同步使学生口语表达方面的能力得到锻炼。陈述演示活动以小组为单元，各小组派出自己的代表，而老师则抛出课前任务。当然，在讨论过程中，学生与学生之间，组与组之间可能存在差异，学生应在教师的指导下表达观点，进而在班内引起共鸣。对于英语水平不高，不敢发言的学生，教师要从团结协作、共同进步的角度出发，引导成员先进帮助后进。在这过程中，教师应认真记录课堂陈述记录表。学生发言后，上交自己组的讨论内容和发言记录。教师的综合评价一般应该包含三个方面的内容：一是教师评价，二是相互评价，三是自我评价。通过评价，达到让学生愿意参加课堂教学活动并自发学习的目的。

3. 听写和背诵

这学期词汇听写保持不变，增加段落听写。每个单元结束之后，教师会进行词汇和课文段落的听写，以提高学生的词汇积累和听力能力。同时，为了提高学生的翻译和写作水平，教师还布置了背诵任务，要求学生每 2 周选择一篇 500～1 000 字的英语美文加以背诵。一个学期下来，学生的词汇量有了较大的提高，听写准确性和速度也得到了提高，而且写作能力和翻译水平也得到了明显的提升。

此外，每堂课结束后，教师指导学生撰写一份反思日志，总结和反思在本堂课中学到的知识和出现的问题。同时，教师根据学生所写的反思日志，研判学生学习，以调整下一步的教学计划和任务。

（三）实验的预期结果

2019—2020（1）学期结束之前，教师通过开展“我想对老师说的一句话”活动以及个别学生谈话，了解学生内心真实想法后发现，95%的学生都认为这样的授课及评价方式非常有效。课前学生主动预习，课中学生活跃发言，课后学生积极反思；学生还能通过协同学习来做自评和互评，共同进步。而且最重要的是学生课堂的参与率高达 98%。实验结果显示，该形成性评价方式在“基础英语”翻转课堂教学中确实行之有效。

三、结论

民族地区高校英语专业的“基础英语”翻转课堂教学需要一套准确、科学的多元化评价体系，这对于提高专业英语教学质量，培养更多适合地方经济和现代社会发展的英语人才尤为重要。两个学期“基础英语”翻转课堂教学中形成性评价的实证研究表明，形成性评价在“基础英语”翻转课堂教学中行之有效：将评价性评价和终结性评价相结合，坚持围绕“学生中心”制定教学计划，将学生列为首要因素，注重学生英语实际应用能力培养，让学生成长为能够自我评估、自我管理的人。但是，形成性评价在翻转课堂的实施过程中还存在一定的问题，如“在教学过程中怎样让形成性评价更具有可操作性？怎么处理好评价过程比较耗时的问题？如何提高学生参与评价的能力？”等。在今后的教学中，教师应继续努力，继续研究探索，力争尽快完善该评价方式，以改善“基础英语”翻转课堂教学效果，提高专业英语教学水平。

【责任编辑：刘成萍】

基于翻转课堂的“计算机应用基础”教学案例设计探究[①]

莫泓铭[②]

（四川民族学院图书馆　四川康定　626001）

【摘　要】 翻转课堂近年来成为教学改革的热点之一。将翻转课堂应用于“计算机应用基础”教学实践，旨在提升课程教学质量。从教学设计到教学实践，基于“邮件合并”知识点探讨翻转课堂的教学案例，设计教学分析表、教学具体设计方案表，对课前、课中和课后等环节师生的任务进行探讨。翻转课堂与计算机应用基础课程的结合是翻转课堂本土化的尝试之一，对于丰富和扩展翻转课堂的理论与应用具有一定的推动作用。

【关键词】 翻转课堂；计算机教学；教学设计

“计算机应用基础”是一门实践性、操作性、应用性很强的课程，不同于常规的理论类课程，相关知识点需要学生反复操作才能熟练掌握，在面对不同的应用场景才能触类旁通、灵活应用。传统教学模式中，“计算机应用基础”课程采用的是教师在课堂讲授理论知识和演示相关操作，学生在上机课中凭借着课上的笔记和记忆进行操作练习，理论与实践没有第一时间结合与同步，存在脱节的情况，教学质量得不到保障[③]。对于学生来说，其计算机基础水平存在差异，家庭条件较好或者来自发达地区的学生计算机能力水平相对而言要高点，而家庭条件较差或来自偏远地区的学生的其水平则相对弱些。传统的课堂教学模式无法兼顾到每位学生的需求与学习进度，无法做到个性化指导，进而造成学习效果的两极分化现象，特别是易导致部分基础薄弱的学生丧失学习的兴趣产生厌学心理。对高校学生来说，计算机能力水平是非常必要的，也是其走向社会的必备素养之一[④]。

近年来，教育者们从不同的角度、基于不同的手段探讨提高“计算机应用基础”课程的教学质量，以期提升学生的计算机能力水平。翻转课堂作为一种全新的教学模式，进入了教育者们的视野[⑤]。翻转课堂不同于传统的教学模式，其更为强调学生学习的主动性。学生是学习的主动参与者，教师是学生学习的陪伴者。在翻转课堂教学模式中，学生在课前自主观看教学视频，完成教师规定的学习任务，教师在课堂上有更多的时间与精力进行答疑、个性化辅导与总结提高，进而激发学生的学习兴趣，使其潜移默化地主动参与到教学过程中来[⑥]。翻转课堂可以很好地实现分层教学，进而更好地因材施教，做到以生为本，从传统的“要我学”转变为“我要学”。

一、翻转课堂的内涵

翻转课堂（The Flipped Classroom），其最初起源于 2007 年美国林地公园高中的两位化学老师在

---

① 本文系 2019 年四川民族学院校级教改项目《翻转课堂在民族高校计算机公共课程改革中的实践研究》的研究成果（项目编号：Xjjg2018067）。

② 莫泓铭（1983—），男，四川仁寿人，硕士，助理研究员。主要研究方向：信息融合、不确定信息处理、计算机教学改革研究等。

③ 左小翠. 翻转课堂在高职《计算机基础应用》课程中的应用研究[D]. 河北师范大学，2017.

④ 莫泓铭，欧燕红. 生态视阈下高校计算机基础翻转课堂构建[J]. 电脑知识与技术，2020，16（11）：141-143.

⑤ 刘桐彤. 基于翻转课堂的初中信息技术教学案例设计[D]. 沈阳师范大学，2017.

⑥ 陈喜华，黄海宁. 基于翻转课堂的教学设计与实践研究——以“计算机应用基础”课程为例[J]. 延安职业技术学院学报，2019，33（3）：49-53.

思考如何给缺席的学生补课，而采用录屏软件录制教学课件和授课音频，并将录制的视频放到网上供缺席的学生学习，而未缺席的学生也可以采用此视频对教学内容进行复习和强化①。后来这一教学行为逐渐演变为鼓励学生在家时观看视频、听讲解，教师在课堂上主要进行个性化的辅导（部分学习有困难的学生）和答疑。2011 年孟加拉裔美国人萨尔曼·可汗创建了非营利性的教育组织——可汗学院，其制作了数千门课程的教学视频供学习者在线学习，至此翻转课堂成为课程改革的研究热点之一，逐渐走进教育者们的视野。翻转课堂进入国内的时间较晚，重庆聚奎中学、深圳南山实验学校等首先开展了教学实践。

翻转课堂不同于传统的课堂教学，它高度重视学生的个性化需求，强调学生学习的主动性，重建课程教学结构②。翻转课堂强化师生间的平等互动交流。在翻转课堂中，老师不再拘泥于讲台，而是走下课堂，是学生学习的指导者、支持者和学习者。学生在课堂外主动对知识点和相关概念进行学习，课堂中更多的是师生互动，通过答疑解惑、讨论交流等方式完成知识的吸收和内化。翻转课堂的实施需要如下几个前置条件。① 网络要求，学生需要接入网络才能获取网络资源，进而完成教师布置的课前作业。② 设备要求，学生需要电子设备来访问互联网，进而获得学习资源进行学习。③ 学生的学习主动性要求，学生在课前学习时，如果缺少监督，学习质量或无法得以保障。④ 教学内容项目化要求，不是所有的教学内容或课程都适宜于翻转课堂的教学模式，教师要合理选择相关教学内容。⑤ 教学资源视频化要求，教师需在提前准备好教学视频，以供学生在课前自主学习时使用。⑥ 观念创新要求，师生要尽快适应翻转课堂的各个流程以及翻转课堂带来的改变与挑战，积极主动融入各个环节。

目前，关于翻转课堂没有统一、明确的定义，但基于国内外相关研究，翻转课堂具有如下特点：① 学习流程的颠覆，由传统的“课前简单预习课上重点讲授课后反复练习”转变为“课前加强学习课中答疑提高课后总结”。② 师生角色的转变，传统的教学模式中，教师占据主体地位，教师讲学生学，而在翻转课堂中，学生从听众、观众变为了学习的主动参与者，教师从台上走向台下，由讲授者变为点评者、辅导者。③ 信息化教学得以实现，教学资源多媒体化，教学视频成为学习的重要组成部分，翻转课堂是真正的信息化教学方式。④ 因材施教得以体现，学生在课前可自行把握学习进度，可反复学习，学习场所也不拘泥于校内或家里。⑤ 师生互动性进一步加强，师生间、生生间更多交流合作，有助于培养学生的合作、团队意识。

二、翻转课堂应用案例

（一）教学设计

为探讨翻转课堂教学模式在技能型知识中的应用，选择“计算机应用基础”课第三章《Word 2010 文字处理系统》第 3.6.4 小节的“邮件合并”内容进行案例探讨。

1. 教学分析

本部分主要包括对学习任务、学生基础知识分析、学习目标、学习重点、学习难点、任务设计等环节，如表 1 所示。

表 1 《邮件合并》教学分析

学习任务	邮件合并
学生基础知识分析	学生已经学习了 Word 中的文字、段落等格式的设置，学会了图片、剪贴画、艺术字、图形等元素的基本操作，对文档的背景等能进行设置等等

① 陈芳. 中职《计算机应用基础》课程翻转课堂教学设计与实践[D]. 浙江工业大学学报，2016.

② 徐正梅，杨颖，曹红兵，张永华. 翻转课堂理念下高校计算机应用基础课程教学设计[J]. 安庆师范学院学报（自然科学版），2016，22（3）：140-143.

续表

<table>
<tr><td rowspan="3">学习目标</td><td>知识目标</td><td colspan="2">1. 知道什么是邮件合并，其作用及运用的场景是什么；
2. 知道邮件合并中的三个文档（主文档、数据源、合并文档）的含义及彼此关系；
3. 了解“合并域”的含义</td></tr>
<tr><td>能力目标</td><td colspan="2">1. 熟练掌握邮件合并的四个步骤；
2. 建立主文档、连接数据源、插入合并域、执行邮件合并；
3. 提升学生分析问题，解决问题的能力；
4. 邮件合并的应用场景有哪些，扩展学生的思维</td></tr>
<tr><td>素质目标</td><td colspan="2">1. 通过邮件合并的学习与初步应用，树立效率意识；
2. Word+Excel 的综合应用，让学生体会到软件的组合使用，学以致用，提高工作效率</td></tr>
<tr><td>学习重点</td><td colspan="3">掌握邮件合并，完成邮件合并的每个步骤</td></tr>
<tr><td>学习难点</td><td colspan="3">邮件合并的含义、运用场景及三个文档之间的关系</td></tr>
<tr><td rowspan="5">任务设计(一)
基本练习</td><td colspan="2">操作流程</td><td>知识目标</td></tr>
<tr><td colspan="2">制作成绩通知单，如教材 P140 所示。准备数据源，在 Word 或 Excel 等软件中创建数据，推荐使用 Excel</td><td>掌握 Excel 中数据的基本操作方法</td></tr>
<tr><td colspan="2">建立主文档</td><td>文档基本格式设置及排版（字体、段落、背景等）</td></tr>
<tr><td colspan="2">插入合并域</td><td>合并域的插入方法及相关格式更改</td></tr>
<tr><td colspan="2">执行合并</td><td>先预览，视情况修改，再合并</td></tr>
<tr><td>任务设计(二)
拓展练习</td><td colspan="3">制作准考证：
1. 至少包括 10 条数据，6 个数据域（姓名、性别、身份证号码、考试时间、考试地点、照片）；
2. 排版设计合理（特别是照片的大小、位置等）、字体格式合理</td></tr>
</table>

2. 教学过程设计

教学过程主要由课前、课中和课后等三大环节构成，而每个环节都由教师和学生共同完成，对任务的完成时间有大致要求，并对设计意图及相关注意事项有相应说明，如表 2 所示。

表 2 《邮件合并——教学具体设计》方案

阶段	主要环节及时间分配	教师端活动	学生端活动	设计意图及注意事项
课前	学生自学，时间 25 分钟以为。	根据教学内容进行教学设计。制定教学目标、制作教学视频、课件、任务单等上传到网络平台，供学生自学。	根据教师要求，结合任务单进行自学。在学习过程中，将不明白的知识点与不熟悉技能操作记下来。	教师及时了解学生的自学情况，对学生提出的问题进行回答和引导，并搜集整理
课中	学生课前作业展示，学生提问，约 25 分钟。	认真观看、听取学生的展示，解答学生的疑问。	展示课前自学的作业情况，提出学习时遇到的问题。	教师在回答问题时，采用引导式而非直答式，培养学生的自主思考和合作探讨能力

续表

阶段	主要环节及时间分配	教师端活动	学生端活动	设计意图及注意事项
课中	教师总结，约15分钟。	针对学生在展示中出现的问题进行总结式的讲解，突出重点，分解难点。	认真倾听教师的讲解，还没明白的可继续提问。	在答疑解惑过程中，注意选用多种方式，帮助学生更快地理解，关注学生的反映
	学生修改作业，约10分钟。	教师走下讲台，巡视学生修改作业情况，对学生的一些疑问再次个性化辅导。	进一步学习，并修改课前作业，对于还没有解决的问题或操作，及时向教师提出。	鼓励学生间交流与讨论，培养其合作交流能力
	布置拓展作业，约5分钟。	学生掌握邮件合并的基本操作后，向学生布置拓展练习。	学生仔细阅读并记住拓展练习相关要求。	教师对应明确拓展练习相关要求，以便学生点对点完成
	学生完成拓展作业，约25分钟。	教师巡视，解答学生的疑问，对学生进行个性化指导。	学生完成作业，可以相互讨论交流。	开拓学生解决问题的思路
	拓展作业展示、经验分享，约10分钟。	抽样作品展示，点评，给出相关建议。	观摩作品展示，给出相关建议。	记录学生作品展示中出现的问题，分析原因，并讲解
	修改拓展练习作业并提交，约10分钟。	教师巡视，对相关疑问进行个性化指导。	学生根据教师及其他同学提出的建议对作业再进行修改。	修改作业应保持其特色，不用千篇一律，吸收再融合
课后	关注并分析学生的反馈信息。	密切关注学生的反馈，收集学生的建议。	对所学知识进行再回顾，扩展，填写教学反馈表。	收集并整理学生的反馈信息，查找并分析问题，改善教学策略

（二）教学实践

1. 教师准备课前教学资源，学生获取教学资源进行自主学习

教师在课前根据课程大纲要求，结合“邮件合并”教学单元的教学目标及学生前期知识积累，设计制作相关教学视频、课件、学习任务要求清单等相关自主学习资源，并及时发布到学习QQ群中。学生在QQ群中下载教师提供的学习资源，根据学习任务清单进行自主学习。学生在学习时，可根据自身情况反复观看教学视频、教学课件，遇到不明白的步骤或知识点，可在QQ群中与同学讨论交流，也可联系教师解答。学生在自主学习时，对相关重要知识点或步骤要加以记录，特别是对于一些疑惑的知识点或步骤，更要记录，以便在课堂上询问教师。

2. 课中组织开展以学生为主体的互动交流活动

（1）选取学生作业进行展示，进行答疑解惑。

首先，教师随机抽取学生的作业进行展示，组织同学共同观看，并就作业中存在的问题进行探讨。其次，教师对展示的作业进行点评，对作业中的亮点部分进行点评，并邀请同学代表展示其操作过程。教师走下讲台，在实训室中走动，观察对学生进行个性化指导，汇总学生的共性问题。教师示范讲解演示如何解决这些问题，特别是一些操作的简便方法，可提高操作效率的，要重点讲解及展示。课前作业中的难点主要在于数据域格式的调整。

（2）完成拓展练习。

教师向学生布置拓展练习——制作准考证。由于准考证中包括了照片信息，而教材中没有涉及如何插入照片。因此，教师首先演示如何插入照片数据域，学生通过观察、记录相关的步骤。接下来，由学生自行完成。学生在完成的过程中可以相互讨论、交流，教师仍在实训室中巡视，对部分学力不足的学生进行个性化再辅导。通过拓展练习的方式，让学生通过知识的扩展应用、发现问题、交流互动、解决问题，进而不断的内化知识的运用，在今后遇到相关类似场景时能触类旁通。

（3）拓展练习展示与评价。

随机抽取学生进行拓展练习展示，边展示边讲解其设计或操作思路，与同学们分享其操作经验。其他同学边观摩边思考，对展示的作品可以提出疑问并由展示的同学进行回答，也可以提出相应的建议与设想。展示的作品也可以根据师生的建议、意见来进一步修改完善。

最后，教师对本节课的教学重难点、教学内容进行再回顾，引导学生积极反思自己对教学内容的掌握程度，对教学重难点有没有达标解决等。对同学们在两次练习中所出现的共同点的问题进行再讲解。

3. 课后关注并分析学生的反馈信息

在课后的一段时间内密切关注 QQ 群内学生的反馈信息，对学生提出的问题进行记录思考，对教学内容、教学方式方法进行反思，对学生的作业完成情况进行查看，反思教学目标是否达成，教学内容是否适当，教学重难点是否讲解清楚等等。

在整个教学环节的实施过程中，学生能积极地完成基本任务与拓展任务，能较好地进行作品展示，但学生对他人作品的评价积极性不足，所能提出的建议或意见很少；学生的课前自主学习积极性不够，学习效果不足，需要教师在课前监督才能基本完成，在课中教师需要优化教学手段，反过来促使学生重视课前自主学习，大力培养学生通过合作交流及自主思考进而解决问题的能力。

三、结语

翻转课堂与传统课堂最大的区别在于师生在教与学过程中的主体地位的转变，旨在提高学生学习的积极性、主动性。但翻转课堂并不是让教师成为教学的“甩手掌柜”，而是对教师的要求更高了，特别是教师在课前需要做大量的工作与准备。翻转课堂对树立学生的终身学习观、培养学生的自主学习习惯和提高学生的自学能力具有非常大的促进作用。

【责任编辑：罗春林】

线上力学教学师生有效互动策略研究[①]

邓显菊[②]

（四川民族学院理工学院　四川康定　626001）

【摘　要】 新冠肺炎疫情防控使各高校纷纷开启网络线上教学。从探索力学课程线上教学师生有效互动存在的主要问题，研究师生有效互动的方式、内容、渠道等多维组合策略，以期为提高线上教学的效果提供有益的参考。

【关键词】 线上教学；力学；互动；策略

一、前言

面对2020年初的新冠肺炎疫情，教育部印发《关于在疫情防控期间做好普通高等学校在线教学组织与管理工作的指导意见》，要求采取政府主导、高校主体、社会参与的方式，共同实施并保障高校在疫情防控期间的在线教学，实现“停课不停教、停课不停学”[③]。随着网络信息技术的发展，现代教育技术也得到快速发展，开发出不少网络学习平台，为网络教学新模式提供了技术和资源保障。

教学过程是一个师生互动的人际过程，师生互动的质量对于学生的学习和心理成长具有一定的正相关。当前高校师生互动以传统课堂师生互动为主，渠道是以教室为空间，以师生为对象，以教学符号为媒介[④]。它具有明显的组织化特征，双方互动具有明确的目的性与规定性，主要是为了完成既定教育任务而开展的有意识互动。力学课程作为物理学专业核心课程，是理论力学、电动力学、热力学等各门后续专业课程的基础。同时，在培养学生形成科学的思维方法和研究问题方法、提高人才的科学素质等方面具有重要作用。线上力学教学模式与常采用的“多媒体+传统教学”的线下教学模式具有完全不同的特性。因此，本文结合力学课程线上教学实践，探讨在从线下教学转变为线上教学中师生互动出现的一些问题及应对策略。

二、线上力学教学中师生互动存在的问题

力学课程的学科特点决定了教学形式以线下课堂教学形式为主，采用传统板书与多媒体相结合的方式进行。在从线下转为线上教学形式后，必然出现一些问题，包括教学中师生的互动问题。

（一）课堂教学管理做不到位，师生互动有效性低

课堂管理是有效教学的重要成分。课堂管理不只是学生课堂纪律的维持问题，还是教师鼓励学生课堂学习的教师行为和活动[⑤]。线上教学是远程教学，教师组织管理教学不同于线下师生面对面的教学。虽然在线上教学时上课有组织教学，比如通过学习打卡，群课堂清点学生，但在教学中无法时时

---

① 本文系四川民族学院应用型示范课程建设项目《力学》（项目编号：sfkc201702），四川民族学院教学改革项目“《力学》课程教学改革”（项目编号：2017xjjg42）的阶段性成果。

② 邓显菊（1965—），女，四川冕宁人，副教授。主要研究方向：物理教育教学。

③ 教育部应对新型冠状病毒感染肺炎疫情工作领导小组办公室关于在疫情防控期间做好普通高等学校在线教学组织与管理工作的指导意见[EB/OL]. [2020-02-04]. http://www. gov. cn/zhengce/zhengceku/2020-02/05/content_5474733. htm.

④ 肖湘平，徐小霞“互为主体”师生互动模式的构建与实践[J]. 中国大学教学，2015（7）.

⑤ 皮连生. 教学设计——心理学的理论与技术[M]. 高等教育出版社，2006.

关注学生上课状况，在教学过程中对于学生出现中途离开、电脑手机在线学生做其他事等开小差情况无法发现，不能准确监督学生的学习，从而影响教师进行鼓励学生课堂学习的有效行为与活动的实施。线上课堂教学缺乏有效的课堂管理，造成教学中师生的互动有效性降低。

（二）课堂教学进行不顺畅，师生互动打折扣

力学是物理学专业大学一年级开设的专业基础课，线上教学对教师和学生都是第一次，教师和学生对线上教学方式存在一定的不适应。基于学科的专业课程知识特点，高校物理教学大多采用多媒体+传统教学模式。大家对于超星泛雅（电脑端）和学习通（手机端）、钉钉、腾讯会议、微信、QQ 直播群课堂等学习平台和直播软件的运用不熟练，刚开始线上教学时，在直播教学中出现卡顿、掉线状况，教师却不知情，学生在 QQ 平台发文提醒教师，教师直播却不易看到，需要学生打电话提醒，做了不少无用功。同时，对于力学课程的授课，需要教师边讲解边作受力或运动过程示意图，并板书推导演算过程。普通电子画板定位准确性不高，由于使用不熟练，展示出的作图画面效果不理想。这些情况影响了正常教学活动，师生教学与学生学习的情绪也受影响。

（三）线上教学师生互动方式单一，师生互动不足

师生互动既包括认知互动，还包括情感的互动。师生互动方式多样，教师可以一方面通过口头语言的表达进行互动，另一方面通过面部表情、眼神、手势、身体动作等身体语言表达进行互动，以及通过情感交流互动等多方面来影响学生。线上教学不能实现师生面对面互动交流，通常是通过直播教学、社交软件工具文字或电话等方式交流。通过网络的方式对学生进行“言传”教学，难以对学生进行“身教”①。同时，由于线上课堂教学时间段用户量大，群课堂教学直播中开启视频常常发生卡顿，大大影响教学效果，教师只能不开视频，对学生只闻声不见人。

（四）线上教学信息反馈不及时，师生有效互动不及时

线上课程教学中完全无法确定把握学生的学习状况，特别是在进行作业评讲和章节练习课教学时，无法获取学生听讲的状态和反响，学生也不能及时提问与教师探讨。力学课程各章节知识具有一定的连贯性，知识点环环相扣。如果学生对某一知识点没理解掌握，不及时解决这一问题，紧接着学习后续相关知识就会出现问题，从而造成学习困难。比如，学生没理解掌握质点系一对功内力的功，则在学习质点系动能定理时，对质点系的总功认定就会出现问题，相继出现学习保守力做功与质点系势能关系认识不清，质点系的动能定理和功能原理相混淆，应用规律混乱不准等一系列问题。

（五）力学实验课程不能有效进行，缺失师生互动的一条重要途径

力学基础实验是学生系统接受实验训练的开端，对培养学生良好的观察习惯、规范作用实验设备仪器、正确记录并运用误差理论分析处理实验数据等实验素养具有重要作用。网络物理仿真实验是通过采用仿真技术，虚拟构建一个直观、可视化的 3D 实验环境，从而达到对实验现象的实验结果的虚拟仿真以及对现实实验的操作。对实验仪器、设备、内容等实验项目进行互动操作和练习，可以通过改变各物理参数，观察实验现象、结果的变化。如果教师在仿真实验教学没有实践经验，线上实验就不能有效进行。

三、线上力学教学中的师生有效互动策略

对照力学线上教学中出现的师生互动问题，采取一些针对性有效互动策略，以期提升力学的线上教学质量，取得更好的教学效果。

---

① 阎金铎．中学物理教学概论[M]．高等教育出版社，2009.

（一）多渠道监督管理，增强师生互动有效性

上课前 10 分钟 QQ 群提示学生学习打卡开始，督促学生及时打卡进入群课堂；在课程教学中，设计个别抽问环节，重点要关注个别学生在线学习状况；检查学习通中每个学生观看教学视频和测试情况；记录批阅课后作业和学习笔记情况，并在课堂通报，表扬优秀，对不认真的同学点名提醒督促。同时改变学科学业评价结构，加强学习过程考核，提高考核比例，并将前述各项检查内容量化，作为学科平时成绩评定依据。

（二）多网络平台交互使用，提高师生互动顺畅度

提升教师网络信息技术教学能力，学习了解各网络平台的优势，并熟练进行合理混合使用。根据力学课程特点，以及网络资源情况，选择直播软件、学习平台和社交软件。相比较钉钉平台视频和声频直播功能流畅，便于直播教学；学习通中示范课程资源丰富，可用作课程学习的参考资源，便于学生课后复习和测评；在群讨论中，学生可以就一些共性问题与教师讨论；手机群课堂直播便于教师手书对力学问题的作图分析过程呈现。

（三）多种教学方式，增加师生互动方式多样性

线上教学方式主要有三种：直播、录播和在线一对一方式，直播为主，其他方式有机结合进行教学。恰当的任务是激发学生学习的一种动力①。上课前发布教学力学课程章节 PPT 内容和学习任务及学习要求，课堂教学结束时发布课后作业，每一章结束后，布置学生完成一幅概念图，教师作简要点评。根据学生学习上的问题，采取不同的方式处理。批阅作业收集到的共同问题，采取手机直播方式，边讲解边书写、作图，直观明了。对于学生个别学习问题，采取 QQ 一对一交流，把老师对学生的问题详解拍照上传给学生，或者电话交流等方式解决。为促进学生的自学和自学习惯的养成，需要掌握学生自学的进度和效果，给予及时的鼓励或督促②。在学习任务中设计自学任务，充分利用线上教学内容丰富、资源共享的优势，以不同版本教材的力学示范课程建课为主、录播自建资源为辅，作为学生自主学习资源。课后作业之一要求学生观看相应章节教学视频和完成单元测验等自学任务，学生通过观看视频教学任务，弥补课堂学习不足，完成单元测验，检测自己的学习成效，教师做好相应的检查、单元测评以及鼓励和督促工作。

（四）多途径反馈信息，增强师生互动及时性

学生在学习过程中出现学习上问题能否及时发现并解决，有赖于信息的及时反馈。利用“学习通”所建课程的统计数据，了解学生自学情况；通过 QQ 上传给老师学生自学章节截屏、学习笔记和课后作业，更多掌握学生的学习情况；征询学生意见，联系班干部收集班级学生对力学教学的意见和建议，虚心采纳学生的合理意见和建议，改进线上教学。通过多渠道多方式进行教学信息反馈，趁热打铁，及时解决教师教学和学生学习问题。

（五）力学实验线上线下相结合教学，拓展师生互动内容

在实验室进行实验教学过程中，教师与学生零距离互动，互动活动也是最多的教学，如教师示范、纠错，指导学生操作，与学生探讨实验问题。因此，在这一教学活动过程中，教师的言行及态度对学生的成长影响更甚于理论课教学活动的“言传身教”作用。网络物理仿真实验具有环境逼真、高效等优势，同时对一些复杂、实验条件要求高的实验，采用仿真实验可以实现。比如探究动量守恒定律实验，利用仿真实验达到无摩擦力的理想状态。仿真实验还可以作为学生实验的预演，让学生学习和了解实验设备仪器、实验目的、实验原理、操作步骤等理论知识。但仿真实验不是真实实验，也没有实验误差，要培养训练学生动手能力、数据处理与分析以及协同合作、实事求是等科学实验素养，需要

---

① 阎金铎. 中学物理教学概论[M]. 高等教育出版社，2009.
② 赵兴宇，王丽娜. 力学课程的教学探讨与实践策略[J]. 物理通报，2019（9）.

学生在实验室亲自动手操作完成实验。由于师资不足，我校物理专业教师兼实验课程和理论课程教学，从而具有理论与实验相统一的优势。对于力学实验教学，采取线上线下相结合教学，进一步拓宽师生互动的渠道和内容，能使课程目标切实达成。

四、总结

综上所述，基于网络信息技术的高速发展，线上线下相结合的教学模式将成为教学常态化。教师在进行线上教学时，要充分认识在线上教学中有效的师生互动对教学的影响，设计科学有效的师生互动策略，合理选择网络平台，运用多种教学手段，打造出个性化的教学过程，体现“以学生为中心”的教育理念①，提高线上教学质量和学生学习效率。

本文主要探讨的是就完成既定教学任务而开展的有意识的师生有效互动策略。在以教师自身的道德情怀，引导学生寻找生命的意义，实现人生的价值追求，塑造完美人格，围绕这些核心素养该如何开展师生互动，也是值得思考的问题。

【责任编辑：王雪梅】

① 毕韶丹，王昕，王霞．疫情期间物理化学线上教学模式探索[J]．广东化工，2020，47（18）．

教育信息化背景下现代大学英语教学生态模式失衡与重构[①]

陈雅莉[②]

（四川民族学院外国语学院 四川康定 626001）

【摘 要】 教育信息化技术的发展及运用，促进了英语教学水平的提升，完善了教育资源的优化配置，为传统专业英语教学模式带来了根本性和颠覆性的改变。然而，透过教育生态学理论，对信息化背景下英语专业基础课程现代大学英语教学生态模式进行分析和探究后，发现现代大学英语教学在教学手段和方法、师生关系和教学评价要素方面存在生态失衡问题，由此探寻现代大学英语教学生态系统的重构路径，发掘各生态要素在生态课堂中的作用，以提升专业英语教学的质量，培养出更多适合地方经济和现代社会发展的英语人才。

【关键词】 教育信息化；现代大学英语；教学生态

在信息技术飞速发展的今天，教育信息化已经成为现代教育发展的必然趋势。2018 年 4 月由中华人民共和国教育部印发的《教育信息化 2.0 行动计划》中正式提出："教育信息化 2.0 是教育信息化的升级。从提升学生信息技术应用能力向提升信息技术素养转变；从应用融合发展向创新融合发展转变。"这就要求高等院校应为学生提供现代化教学手段，通过实际学习状况，利用互联网和生态教学模式，突破传统的教学模式。在此大背景下，各高校纷纷开发和建设自己的网络课程，创设高效仿真的英语学习环境，突破了时间和空间的限制，将学习环境由原来的"三课模式"，也就是教学的发生离不开"课本""备课"与"课室"转变成为网络教室、空中教室"三位一体"的立体化学习模式。与此同时，数字化的课程资源已成英语教学主流，教师课件、学生作业、授课视频等都可以在线分享，教学资源更加全面开放。这些信息资源不仅能拓展学生的知识来源渠道，拓宽学生的视野，让学生能够学到更多有价值的英语知识，而且能让学生培养自己的英语实践能力。

但另一方面，一部分具有负面性质的信息内容随着教学过程的开展进入到学生的视野中。这些信息往往会对高校大学生产生比较大的吸引力，在一定程度上影响信息化技术在英语教学中的正面积极的作用，给大学英语课堂教学的质量提升带来一定的阻碍。从教师的角度上来讲，有了信息化技术的支持，则教学中的某些环节可以直接依托信息化手段得到实现。而且信息技术内容呈现和展示的直观性，也简化了教师在课堂教学中的知识讲解流程。但部分教师在上课的过程中，对信息化教学手段过于依赖，比如 PPT 和某些网络平台，反而造成教师教学的局限性。这种与传统教学模式相比体现出来的显著的便捷性特征，容易使教师自身对这种技术的应用产生依赖心理，不利于其自身教学思维的创新和教学技能的提升[③]。

一、教育生态学

教育生态学是一门将教育及其生态环境联系起来的科学，运用生态学的理论和方法研究教育现象。它将英语教学视为一个微观教育生态系统，教师、学生、课堂环境等教学要素相互影响，共同决

① 本文系 2017 年四川民族学院应用型示范课程建设项目《基础英语》（项目编号：sfkc201750）研究成果。

② 陈雅莉（1980—），女，四川资中人，讲师。主要研究方向：英语语言学。

③ 张梦娜. 信息化背景下重构高职院校大学英语课堂生态平衡系统的研究[J]. 学周刊，2019（7）：7-8.

定英语教学生态系统的运行情况。虽然教育信息化环境对教学改革和发展有着重要的影响，为英语专业教学质量的提升带来了极大动力，但是，随着信息技术的普及，不能忽视专业英语教学要素间存在的失衡问题。①

二、信息化背景下现代大学英语教学生态失衡问题

教育信息化作为一种新元素，它必将对传统的现代大学英语教学产生一定的影响。虽然在现代大学英语教学过程中教师会使用某些信息技术来辅助教学，但整个教学过程仍然存在失衡。

（一）现代大学英语教学手段和方法的失衡

现代大学英语也称专业基础英语，是英语专业低年级学生必修的重要的基础课程，它旨在培养大一大二学生的专业英语基本技能，使他们能够了解中西语言和文化之间的异同，培养他们的语言交际能力，为其升入英语专业高年级的学习做好准备。这就要求教师应该充分利用教育信息化技术，结合现代大学英语的教学目标和教学纲要，改变传统的教育理念和教学手段，准确判别并找到信息技术与现代大学英语教学内容融合的方法进行教学。但在这样的大背景下，很多教师并没有调整课堂角色、提高利用信息的能力。即使有部分教师尝试在现代大学英语的课堂教学中融入信息化技术，但在具体的应用效果上也无法达到最佳的效果，往往存在对信息化技术利用不充分或由于信息化元素组织融合的方法问题，导致信息化技术的融合应用只能停留在形式化的层面上。②而传统的现代大学英语的教学，一直以来就是“三课模式”，课本、多媒体课件、光盘课件等教学资源重复使用。教师按照传统英语教学模块结构来备好上课的内容，其组织结构并不包括信息技术和现代大学英语课堂教学融合应用有关的内容。设定好每一堂课的重点和难点后，接下来的 45 分钟教师会用大部分时间来讲授所谓的知识点。老师激情满满一直在讲，学生头都不抬一边听一边记笔记，偶尔会抬起头看下老师的幻灯片，又埋下头继续记笔记。一节课下来学生手写得酸痛，却对教师上课的内容一知半解，学生连自己思考的时间都没有，就更别说学习自主性了，整个课堂气氛沉闷，学习效果可想而知。

（二）现代大学英语教学过程中师生关系的失衡

教育生态学认为，正确处理群体动力关系，才能实现教育的健康与和谐发展。群体动力指的是群体各成员（师生、生生）间相互作用和影响而产生竞争、合作、权威、侵犯和寄生等之间的关系。要想教育得到良性的发展需要群体各成员（师生、生生）间相互协调，产生既有竞争又有合作的积极影响，使师生、生生关系形成教育生态的良性循环，共同发展。③

传统的现代大学英语教学中，教师仍是整堂课的领导者和权威者，教师的讲授占据了课堂的绝大多数时间，而学生则是课堂的倾听者和执行者。即使老师想尽一切办法引导学生参与教学过程中的某些环节，学生的参与还是不主动的，仍是一种不情愿的被动学习。这种以教师单一授课为主的课堂，会让学生失去学习的兴趣和动力，进而产生学习的抵触情绪。学生与教师之间的互动越来越远，心理距离也越来越远；学生与学生之间也鲜少有机会互动和协作，学生在整个教学过程中打不起精神，课堂成为教师的主场，长此以往师生和生生之间无法相互协调，共同作用，造成教师与学生、学生与学生之间的生态失调，最终形成一个恶性循环的圈子。

（三）现代大学英语教学评价方式的失调

教学评价是英语教学的重要组成部分，也就是说，教师要使用一切有效的技术手段，根据教学目标和科学标准来衡量教学过程和结果，同时做出价值判断，获得教学反馈的过程④。现阶段现代大学

① 徐晔，信息化环境下英语教学生态模式研究[J]. 教学与管理，2019（3）：103-105.
② 马莉，信息化背景下大学英语课堂生态系统的失衡与重构[J]. 黑河学院学报，2019（9）：110-112.
③ 赵素君，信息化背景下高职英语生态教学的研究和实践[J]. 太原城市职业技术学院学报，2020（2）：127-129.
④ 余爱菊，普通高校大学英语教学改革的思考[J]. 当代教育理论与实践，2014（1）：129-131.

英语的期终成绩分成两个部分：平时成绩和期末考试成绩，而且比例一般是平时成绩40%和期末考试成绩60%。在平时成绩的评定过程中，大部分的教师仍然以自己主观判断为标准，没有系统和全面的评分标准。评定平时成绩的分数，一部分是教师根据学生在课上回答问题，课后完成作业情况为依据标准，还有一部分则是学生平时的出勤率。学生课上回答一次问题则给两分；上课迟到扣一分，旷课则扣两分；完成一次作业加三分，没有上交作业则扣三分。而期末考试之前，教师一般会给学生划个重点，圈个考试范围，学生只需要把课后习题和课文内容记牢，那么就能轻轻松松及格，高枕无忧了。这样的评价考核方式忽略了学生的主体性，导致学生无法正确认识自我，不能及时反思和调整自己的学习过程，只为平时成绩和期末考试成绩而学，造成学生的功利性心理[①]。长此以往，学生在教学过程中处于完全被动状态，对学习内容完全不感兴趣，学习的目的就是为了拿个毕业证，根本谈不上提升专业英语教学的质量，更不要说人才的培养了。

三、教育信息化背景下现代大学英语教学生态模式的重构

根据生态学的总体平衡观点，如果缺少其中一个或几个生态因素，就会引起连锁反应，从而导致课堂生态系统失衡和出现不和谐状况。[②]在讨论现代大学英语教学的生态模式时，应结合地方高校英语专业学生学习英语的具体情况，针对现代大学英语教学过程中教学方法、师生关系和教学评价要素等方面的失衡问题，本文提出从以下三个方面来重构现代大学英语教学的生态平衡。

（一）革新教学理念，提升信息技术素养

在教育信息化背景下，现今学生知识的来源已不完全来自教师和教材，学生可以从多个渠道获得知识。因此，现代大学英语教材的选择不应仅限于教科书，而应整合多种资源。在这样的大背景下，教师仅仅具有专业知识是不够的，还需要不断更新教学理念，学习新的教学手段和方法，提高自身的教育教学业务水平同时，还必须具有与时俱进的政治素养、信息素养和教学方法素养，以便在教育信息化背景下不断适应教育和教学改革的新要求。在具体操作中，教师应该把学生当作知识体系创造的主体，把教材当作一种资源库，将网络信息技术和平台充分利用起来，使用微课、慕课和翻转课堂等先进教学模式与方法，打破以往的时间、空间、班级设置限制，把学生放到一个无限的时间和空间中，将学生和学生、学生与资源、学生与讲授内容整合起来，通过这样一种新组合，引导学生进行学习。信息化大背景下教学资源鱼龙混杂，教师需要对这些资源进行选择和整合使它们互相辉映，成为知识连续的有机整体，使教学资源立体化，以形成推动英语教学质量提升的合力；学生也应该主动搜集资源、探究并内化为知识掌握。

（二）以人为本，加强师生互动与生生合作

在教育信息化的大背景下，教师不再是传统意义上的知识传授者，而是学生学习的组织、参与和引领者，要去接受、去积极探索如何利用信息化技术让学习发生。教师必须“以学生为本”，转变观点，要接受并探索新的课堂身份。教师应该秉持“好学生不是教师教出来的”的理念，调动学生的学习热情，培养学生的学习需求，为学生创造良好的学习环境和学习生态。在教学过程中教师可以借助先进的教学资源和平台，将课堂交到学生手里，充分的考虑学生的个体能力差异，把不同的任务交到不同的学生手里，同时鼓励学生对同一个问题有自己不同的见解和看法，引导学生自主学习和协作学习，实现真正意义上的教学相长，达到课堂的生态平衡。

（三）建立多元化和多样性的科学评价体系

教学和评估不再是分离的关系，学生在学习过程中会产生很多的数据，这些数据在信息化时代里

① 陈雅莉.“问题教学法”在现代大学英语教学中的应用[M]. 新型本科院校转型发展探索与实践，郭庆义，西南交通大学出版社，2017.

② 谭丽花. 信息化背景下地方高校大学英语教学的生态模式探析[J]. 惠州学院学报，2017（4）：110-113.

应该在第一阶段反馈给老师，学生在学习过程中的学习状况和存在的问题成为教师备课的导向，同时教师根据反馈的问题去引导学生学习，再去做决断和提建议，这样评估本身也就变成了一种教学手段。教师应在教学过程中建立全面的学生档案，包括学生个体及所在的团队。学生档案记录了每个学生的特点与差异，同时也包括了学生团队的整体表现。教师根据学生档案的记录进行反思和及时反馈，采用适合学生发展的评价方法，并因此设计出不同层次的评价标准。比如线上与线下、口头与书面、关注过程与关注结果相结合，定量和定性相结合，同时学生之间也可以通过协同学习和鼓励来做评估，比如学生完成一篇作文，或者对教师提出的问题有自己不同的回答，都可以通过小组互动来评估和完成。

四、结语

教育信息化已经成为现代教育发展的必然趋势，所谓教育信息化是指将信息化应用于整个教育生态体系里面，这不仅仅是教学手段的一种改革，而是整个教学生态的改变。要重构现代大学英语的教学中的生态平衡，教师必须创新教学理念，提高信息技术素养；以人为本，加强师生互动和生生互动，同时建立多元化和多样性的科学评价体系，以提升专业英语教学的质量，培养出更多的适合地方经济和现代社会发展的英语人才。

【责任编辑：王长明】

疫情背景下在线教学的挑战、应对与个人体会[①]

周裕兰[②]

（四川民族学院美术学院　四川康定　626001）

【摘　要】 疫情防控期间的线上教学由应急状态向准常态转换，由“临时教改”向“质量行动”转换。互联网和人工智能技术加快了人才培养模式和教学方法的改革。在线教学没有了同一物理空间内师生面对面的交流，需要学生具有较高的自制力和学习自主性。在线教学绝非只是利用网络平台的在线直播，教学设计需要更为精细的全盘考虑，要科学设计学生的学习活动并调动学生的学习积极性，以学生为中心的教学设计理念更需要得到深入贯彻。

【关键词】 疫情；在线教学；教学设计

2020 年初爆发的新型冠状病毒疫情让师生暂时回不了学校，无法开展传统意义的教学活动。教育部提出了“停课不停学，停课不停教”的号召，教学活动转入在线教学。疫情防控期间的线上教学由应急状态向准常态转换，由“临时教改”向“质量行动”转换。为此，国家教育部门开放共享了一批优质课程资源，一批优质教学支撑平台支撑了教师的在线教学活动。学校和教师解放思想、积极尝试，基于网络的主题探究式学习、SPOC 式在线教学、协同教学等颇为有效的在线教学形式获得师生的认同，取得较好的教学效果。但在线教学实践初期，师生忙打卡、网课平台“翻车”、平台崩溃等现象时有发生，在虚拟空间如何开展有效的师生互动、如何使用这些教学平台去推送学习资源、如何测评学生的学习状态和学习效果等，这些问题都需要得到逐步地解决。而且教师所面对的不仅是这些技术门槛，无论是处于疫情期还是疫情后时期，都亟须调整教学理念，建构起与信息时代、智能社会相适应的信息化教学素养，将素质教育理念和新课程改革精神、现代学习理论和信息技术融于一体[③]，有必要更新教学理念和教学方法，支持学生进行适应性和自主性学习。

一、以历史视角看待本次大规模的在线教学实践

据初步统计，在疫情背景下，全世界约有八亿七千万的学生利用互联网学习，这是一次前所未有的里程碑式的尝试。最后一次这样的经典实践发生在 20 世纪 40 年代。第二次世界大战期间，美国将电影作为一种新的教育媒体，在短时间内培训了近千万名的士兵，使教育技术获得飞跃式发展和广泛的学科认同、公众认知。时隔近八十年，疫情暴发又使在线教学得到广泛开展。事实上，自 20 世纪 90 年代计算机网络飞速发展以来，人们对在线教学这种新的教学模式寄予厚望，但只是进行了小规模的尝试，像当下这样大规模的、整建制学校的全面应用在线教学尚属首次，这是一次可以写入教育学教科书的教育技术发展史上的重大事件。应该说，我国近二十几年来在信息化教学方面的探索、研究与实践为应对本次疫情之下的在线教学提供了充分的准备。我国在 2018 年 4 月发布《教育信息化 2.0 行动计划》，2019 年 2 月又推出《中国教育现代化 2035》，明确了教育信息化是教育系统性变革的

---

① 本文系 2019 年度国家民委高等教育教学改革研究项目校级项目《四川民族学院本科生研究与创新能力培养的梯度模式及实践路径》的研究成果。

② 周裕兰（1980—），女，江西吉安人，讲师，本科，文学学士，主要研究方向：艺术设计。

③ 谢佳. 电子作品在线评价系统的设计与实现[D]. 辽宁师范大学学报，2009（1）.

重要动力，是教育现代化的核心驱动力，提出了信息技术与教育教学深度融合创新发展的新理念①。2018 年初党中央国务院在《关于全面深化新时代教师队伍建设改革的意见》中也建议教师积极适应信息化人工智能等新技术变革、推动智能教育的需要，积极有效地开展教育教学②。互联网和人工智能技术加快了人才培养模式和教学方法的改革。这些技术将支持包括智能学习和交互式学习在内的新教育体系的建设，学习形式也将相应地进行重塑。教师将在备课模式、内容选择、资源使用、作业批改、练习测验、学生评价、考试、个别辅导等八个方面实现信息技术的深度应用。

二、当下在线教学的主要实践模式及师生面临的挑战

疫情期间的在线教学实践主要包含以下六种模式，直播教学、翻转课堂、根据学情分析的学习资源推送、基于网络资源的主题探究、基于学习社区的协作学习、应用学科工具和认知工具的自主学习。前期调研显示，第一种模式占比最高，最容易被学校和教师接受。翻转课堂的理念早已被广泛传播，有较高比例的直播教学在课前设置了学习任务单，所以直播教学可较好地融合翻转课堂的模式。根据学情分析的学习资源推送有班级内的群发推送，也有对个别学生的个性化推送。相对而言，应用后三种模式的教师普遍具备较好的信息化教学经验，对各类认知工具、学科工具及教学平台较为熟悉，对开放性课程平台上的教学资源有较为全面的了解，注重设置有意义的研究课题调动学生的学习积极性。

经过前面几周的在线教学实践之后，老师们很快就发现了做网络直播从平台操作、心理适应到资源开发都并非难事，但不管采用以上哪种模式，在线教学对师生提出的以下要求才是决定在线教学质量的关键：

第一，在线教学需要学生有较高的学习自主性。在线教学没有同一物理空间内师生面对面的交流，需要学生具有较高的自制力和学习自主性。通过调研可以发现，影响学生在线学习自主性的因素主要包括四个方面：居家学习缺乏学习氛围，学习兴趣不足，教师监管缺失，学生学习风格与教学方法不匹配。

第二，需要增加师生的多元互动。在线教学平台通常会部署各类互动工具，师生也有必要借助各类常规社交网络工具密切互动。这类互动主要包含课上互动以及课前课后互动。课上互动借助雨课堂、ClassIn 等平台一般都能较好地完成，但由于学生学习主动性不足或者教师无暇顾及大量提问，课前课后互动开展得不够充分，致使很多学生感觉直播教学结束后就没有了学习社区的归属感。

第三，需要教师密切关注学生的学习过程记录。在教学平台上可以记录学生的浏览过程、演讲内容、作业练习完成情况以及与老师和同学的交流过程，为学业状况的详细分析提供数据支持。这对教师的专业能力提出了很高要求，在线教学凸显了教师提升数据素养的重要性。传统实体教学中学生的学习过程无迹可寻，但在线教学中课上直播时学生的学习行为以及课前课后学生对在线教学平台上学习资料的浏览过程都可以被记录下来，这些记录客观真实地反映了学生的学习路径，教师根据这些学习路径能够及时调控教学或对学生做出个性化干预。

三、打造优质高效在线教学的应对之策

在线教学绝非只是利用网络平台的在线直播，教学设计需要更为精细的全盘考虑，要科学设计学生的学习活动并调动学生的学习积极性，以学生为中心的教学设计理念更需要得到深入贯彻。为回应以上三项要求，教师在教学资源开发应用、教学交互、教学评价与个性化关注等方面都需要调整与重构。

第一，配置与部署多样化的学习资源。在线教学平台是承载学习资源的主要载体，但在线教学平台并不等同于直播平台。如 ClassIn 是直播平台，Blackboard 是在线教学平台，精细化安排不同学习模块中的学习资源可以提升资源访问率和平台归属感，如果仅是上传直播教学中的讲义 PPT 并不能

① 姜辰娟. “互联网+教育”背景下英语教学范式变革展望[J]. 英语广场，2020（19）：66-69.
② 霍晓姝，郭现芳. 蓝墨云班课的混合式教学应用与实践[J]. 教育教学论坛，2020（01）：192-193.

够充分吸引学生。除了授课 PPT，直播教学的课堂实录应能完整地放到在线教学平台上供学生课后研习。课前自学、学习任务单、评测试题、推荐阅读、实验展示、应用实例、成果展示、大开眼界等诸如此类的资源栏目，可根据教学内容的特点部署到教学平台当中，使学生从多个维度开展学习，适应不同层次的需求，满足不同学习风格学生的学习偏好。

第二，综合利用多种社交网络工具建构师生、生生的深度互动。无论是老师还是学生现在对微信、QQ 都表现出较高的黏性甚至依赖性，这些日常的社交网络工具绝对不能游离于学习交互之外。当然，前期调查显示，几乎每门课程都建立了班级微信群和 QQ 群，但群的存在并非意味着深度互动就能发生，还需要教师投入足够的精力调动学生发言积极性，需要教师、助教、班级内较活跃的学生不断抛出问题，使学习群保持较高的热度。不止于这些日常社交网络工具，在线教学平台上的讨论区、聊天室也是开展深度互动的重要阵地，平台上更需发起更多引发兴趣、引发思考的讨论话题，需要教师、助教密切关注并且以尽可能短的时间给学生的发言做出回复，快速反馈是吸引学生深度参与教学交互的重要手段。

第三，依靠学习过程数据科学评价学生并实施个性化关注。大学在线教学中有相当大比例的课程师生间并不认识，这是高校教学中不能回避的现象。为了取得较好的教学效果，教师需要借助课堂即时反馈、学生完成作业的情况、平台上浏览学习资源的频度等信息来掌握学生的学习状态、学习风格。唯有全面分析学生的这些信息，才能给学生更个性化的关注，如个性化地推送学习资源或者给学生单独发送教学平台上的邮件通知，使学生感受到老师对自己的了解和关注。

除了以上三个方面，为了提高学生的自主学习能力，还有一些教学技巧值得关注。就如传统实体教学一样，直播教学中有相当比例的学生不能集中精力学习，为此，教师有必要将上课前的签到置于课中进行，或者在课上随机点名提问学生作答。为了缓解直播教学连续面对屏幕所导致的视觉疲劳，不妨采用增加小课间、离屏小练等技巧，确保学生在屏幕前学习 25 分钟左右就有 3～5 分钟休息眼睛的时间。还有更为重要的一点，如果长期连续使用直播讲授，学生的学习倦怠感会明显增加。直播并不意味着都是老师讲，学生开展主题探究、协作学习或者借助学科认知工具自主学习后的感受都可以请学生直播分享，并且最好能做成实录放到在线教学平台，这样既丰富了教学形式，也丰富了在线教学资源。

面对挑战，积极应对，疫情下的在线教学极大程度上加速了信息技术与教学深度融合的步伐，为我校教师开展教学创新提供了新的、更为广阔的舞台，事实证明，教育技术是保障教学、变革教学的重要支撑。教师们的创新性教学实践业已积累并形成了宝贵的信息化教学经验，学生的数字化学习能力也获得显著提高，应用智能技术变革学习和深入推进信息化教学是提升教学质量的重要路径。我们相信，疫情期间我校教师在线教学所积累的经验、所完成的教学创新是我校教学改革历程中非常宝贵的精神财富，将助力我校在疫情后更高水平上的卓越教学。

四、疫情防控下线上教学心得体会

突如其来的新冠肺炎疫情使在线教学成了“停课不停学”的不二选择。线上教学对于教师既是一次全新的挑战，亦是一次教学能力提升的契机。从最初对线上授课的茫然、紧张到后来的熟练、从容，几个月来，我们经历了很多，也学到了很多，更体会到集体的力量和人的创造性。总的说来，主要有三个方面的体会：

一要做好充足的准备。凡事预则立，不预则废。首先要准备详尽的线上教学资源。我搜索了全网教学平台，例如学堂在线、中国大学慕课、智慧树、“超星”学习通的各种相关教学资源，并将这些资源挂到相应的学习平台上。其次要准备电子课本和其他辅助学习资料。我在网上下载了电子课本发给学生，每一章主要知识点配备了相应的视频资料和辅助阅读资料，以保证每一位学生在家里学习的时候，至少有教师课件、本课优秀的线上教学课堂、教师的直播或者录屏、电子课本、相关视频辅助阅读资料等六大学习资源。再次，提前学习各种教学平台，准备最合适的线上教学模式。通过对雨课堂、钉钉、学习通、QQ 课堂、腾讯会议、微信群等各种线上教学工具的学习、熟悉和比较，最后选择钉钉直播和学习通，进行混合式教学。钉钉直播能够通过录屏的形式实现课堂回放，这使学生能够在课后重新观看老师讲解的知识点，达到课堂知识巩固提高的效果，也支持学生与教师连麦，这就解决了师生之间课堂互动的难题。学习通虽不能实现教师课程直播，但能够实现课堂的签到、问卷调查、测验抢答、讨论、选人、小组学习等各方面的互动，提高课堂效率。最后还利用微信群进行随时答疑。

二要在教学过程中及时跟进和修正教学手段，优化教学效果。在教学过程中，我发现，线上教学教师面对的是一台计算机，对面只有学生的虚拟头像和聊天框里的文字。在传统教学中，面对面授课是最大的优势，教师可以及时掌握学生的学习状态和存在问题。这就要求教师要时刻通过计算机设备与学生连麦互动，加强教师的教学注意力和学生的学习主动性。为此，我增加了线上翻转课堂的尝试，把活动和基础课程的教学结合起来，在课程教学上通过举办趣味艺术学沙龙，教师先提供各种材料和需要思考的一些实时现状，提出问题，组织大家线上观摩和讨论，尝试去解决问题。

三是感受到个人的渺小和集体的强大。人是社会性的动物，同事间的互相交流学习和鼓励是个人前进的动力。学期之初，大家对线上教学心里都没有底，一些老师还没有意识到疫情影响之大，以为线上教学只是暂时的。在学校下达线上教学的任务之后，学院就召开了线上会议，统一思想，组织大家学习和分析线上教学的工具、方法，并通过集体试讲的方式进行前期测试，最终根据不同班级的教学情况和教师个人的教学特点，选择合适的方法。在教学过程中，我们还不定时的进行交流和相互学习。教研室经常组织教学研究团建，通过会议讨论聊天等形式，探讨各大平台和各类线上教学软件的优缺点。我们可以随时参与到其他老师的课堂，可以从多角度多视觉感悟网络教学，以提高线上教学水平。可以说，我们每个人的个人教学都是在集体中完成的，这种工作中养成的配合与默契使我们个人和集体都受益匪浅，这是我的最深感悟。

除此之外，本学期还有一项重要而艰巨的任务摆在我们学校面前，2020 届毕业生的毕业论文（设计）答辩工作。在疫情防控期间，为保证学生的生命健康安全，学校要求本届毕业生采取线上答辩方式。为完成这项任务，达到规范化和标准化，我们讨论了很多次，征求了学生意见，多次修改方案，做了大量筹备工作。最后，我们根据学校和学生的客观实际条件，制作了详细的 2020 毕业设计（论文）线上答辩操作手册，提前多次测试和模拟，于毕业前完成了线上答辩工作。答辩流程包括毕业论文（设计）陈述视频播放和 QQ 连麦回答提问两个环节，全程同步直播和同步全程录像，以确保毕业答辩的公开、真实、完整和可记录。虽然疫情特殊，教学条件简陋，但在各方的努力下，本届答辩工作圆满完成，并做到了信息化、规范化和标准化。作为个人，我们都是很渺小的，但是在一个高效的集体中，就能发挥出最大的作用。同时，作为教师，要时刻保持在知识学习和信息获得的第一线，时刻保持前进的姿态，这样才可以站稳讲台，才能不辜负教师传道解惑的使命。这次疫情是一个挑战，也是我们进步的契机，我们相信，只要努力，自有收获，自有价值。

【责任编辑：王长明】

基于SPOC教学模式的“儿童文学”微课设计与制作

王润霞①

（四川民族学院教育科学学院　四川康定　626001）

【摘　要】 在疫情下的课堂教学模式实践中，SPOC（Small Private Online Course）、Flipped Classroom、Massive Open Online Course 等教学模式脱颖而出，在民族地区高校，微课完全替代了传统教学模式，且取得了举足轻重的重要意义，既保证了求学孩子的知识补给，又对教师的课堂教学设计与制作提出了更高要求。本文以教育专业必修课——“儿童文学”的微课为例，探讨微课形式中的课程设计与制作，为从事微课教学的高校教师提供一些参考。

【关键词】 SPOC；微课；儿童文学

现代社会是数字信息时代，现代信息技术快速发展，“互联网+”已经成为人们学习与生活的必需品，他们的共同特点是迅捷，全民进入“微时代”，例如“微商、微博、微信”等，基于此，也促使了数字化教学成为教师的必备教学手段，学生能远程学习、移动式学习等，这些新型的教学方法和教学形式在吸引学生接受新事物的同时，还对教师的教学内容及课程设计提出了与传统的面对面教学模式不同的标准与要求。

微课的传播形式是视频，视频内包含文字、图片、讲授语、场景等内容，优点是信息量大、可因实际情况自行选择学习时间与学习地点、学习时间可自行控制、学习视频可无限回放等，同时因“零零后”大学生的发散性思维强，有自由、活泼的个性特征，学生乐于屏幕听课，因视听觉高度集中，图文并茂，乐于去学。因此这种新型的网络化教学方法，更受到他们的喜爱，最终必然促使高校教师愈加关注。

本文主要介绍“儿童文学”课程中，“儿童文学的基本原理”在 SPOC 教学模式下的微课设计与制作，微课视频地址：https：//mooc11.chaoxing.com/mycourse/teachercourse?moocId=207127766&clazzid=22004920&edit=true&v=0&cpi=112393678&pageHeader=0。

一、微课教学的必要性

微课是新型的教学模式，是当代数字信息时代的产物，它是时代发展的必需品，是满足学生个性发展的必要条件，是当代教学的需求产物。②

（一）满足时代的发展需求

当疫情暴发以来，各大中小学纷纷延迟开学，学生的学业眼看要被耽误，家长忧心忡忡，微课能够满足学生的知识补给，还能随时学习旧知识，新旧两不误。

（二）满足学生个性化发展的需求

微课是一种浓缩的课堂，教师将重要知识点进行罗列讲解，学生可根据自己的学习情况与学习环

① 王润霞（1993—），女，四川泸州人，硕士，专任教师，助教。主要研究方向：儿童文学、学前儿童文学。

② 张璇. 探索教学新动力，剖析线上微课教学[J]. 新课程，2020（40）：137.

境进行调整，可移动式学习，可按节点回顾学习，不受时间与空间的限制，满足学生的个性化发展需要。此外，微课是教师精心设计与制作的产物，一个微课主要围绕一个知识点，知识点整理分明，拓展资源方便快捷，学生可根据自己的学习进度进行知识补给。①

（三）满足教学需要

传统的线下模式教学，往往是教师为主动输出者，学生为被动接受者，教学仍然存在以“教”为主，教师不能关注到所有的学生，学生对知识的探索欲也大幅下降，学习的积极性和主动性被埋没与压制，与学生作为教与学主体的教学思想相违背。相反，线上教学作为一种新型产物，首先它简短精悍，能吸引学生的兴趣点与注意力；其次是将学生作为主动接受的一方，让学生不受时间与地理位置的制约自主选择进行学习。将学生放在了主动的一方，体现了以学生作为教与学主体的教学思想。

二、微课的制作与拍摄

所谓微课就是一部微型电影，从“剧本选定”到“演员演出”都要认真细致，首先整体构思是前提，其次是撰写讲授内容、设计脚本，最后是实际拍摄和后期制作，共五个步骤。②

（一）整体构思

作为该课程的负责人，就犹如导演，教师必须对该课程的微课制作有一个整体的设想，即“我要呈现一个怎样的微课作品”，即“讲什么”“怎么讲”“如何呈现”“呈现方式是否过于简单或复杂”“借助的信息技术手段是否过于繁杂或不易获得”等。这是电影导演需要预想到的，因此也是高校教师设计微课必须提前构思的，每一个场景及切换、每一个语言表达及阐述等，负责人都应该在开拍前在做好规划。

（二）撰写讲授内容

录制微课时的讲授语言，相比于传统线下授课要更加简洁，讲授人思路须清晰明了，表达语言必须精准到位，不可啰唆与重复，不能出现“嗯……”“啊……”等拖延性语气词，因此，讲授者必须提前写好讲稿，还要进行多番练习，不能以大纲形式呈现，须得将录制时说的话一字一句呈现出来。微课录制时，需用提词器或多种形式的提示设备为讲授者提示讲稿内容，录制过程中需将语言尽可能口语化，进而呈现“演”的状态，不可一字一句读出来，得将“有稿”化为“无稿”，这样才能呈现生动、有趣、活泼的视频，最终才能吸引学生，使学生喜欢学习，乐于学，能主动进入课程的学习状态。

（三）设计脚本

电影在开拍前都有一个脚本，脚本在电影拍摄过程当中具有指导性作用，拍摄时，每个工作都是按照脚本进行，犹如我们一门课程的教学大纲。一般情况下，在拍摄前需要制作完整的脚本，需以表格形式，也可运用其他模式，非固定，只要遵循自己的设计原则，都可自行设计。比如“儿童文学基本原理”这个内容的微课脚本，可分为序号、结构进程图、讲授语言、备注这四栏。

（四）实际拍摄

微课拍摄可以采用的场景是多种多样的，例如室外、演播室、教室、录影棚等，教师要根据自己的需要进行选择。我采用的方式是“蓝幕或绿幕抠屏”。首先准备一块蓝色幕布或者绿色幕布，讲授者站在幕布前面进行录制，后期制作时将画面中的幕布去掉，将其换成指定的图片或者视频，最终在成片中讲授者在指定的情境中讲解。拍摄时所采用的工具须是专业摄影设备，尽量采用摄像机，因为手机等电子设备分辨率低于微课标准基本分辨率 1920*1080 像素，为了避免授课视频清晰度不够高，

---

① 胡叶萍．微课，高校语文课堂的有力支架[J]．安徽教育科研，2020（18）：86-87.
② 王末英，顾期斌，蒋芳．自助式教学微视频的制作和应用[J]．科教导刊，2018（30）：29-30.

应尽量使用专业摄像设备。

（五）后期制作

视频后期需要对字幕、图像、音频等进行处理，经常使用的软件是 Premiere ProCC2015，使用过程中，需要对拍摄的各类素材导入到库，组建新的“序列”，序列可以按照图层和时间顺序进行排序，然后对视频进行拼接、剪切、粘贴等编辑操作，最后导出编辑后的媒体。类似的软件还有“绘声绘影”等。

三、微课制作的注意事项①

（一）微课录制的语速

微课最大的特点是信息量大，因此对讲授者提出了更高要求，即需要在有效的时间内将所有知识点讲明白讲透彻，让听众乐于保持高度兴趣，例如抖音、“哔哩哔哩”等网络平台，深受青少年的喜爱，因为它们能在短时间内提供足够大的信息量。因此在录制微课时，如果按照平时传统课堂的讲授速度进行，那么会让学生感觉沉闷、没有生气，甚至会造成催眠的后果，讲授者需要以激情饱满的精神录制短小精粹的微课，这样才能吸引和感染学生。按照教育界的要求，标准语速是每分钟 200～250 字，微课要比实际面对面的授课语速要稍快一些，教师可以根据自己的实际授课内容和授课形式进行调节。停顿等要求可以按照播音的相关要求进行调整，播音的要求是每分钟 180 个字，句号停顿 0.8 秒，逗号停顿 0.4 秒，具体的停顿时间，按每位教师的实际授课内容及需要进行调整。

以“儿童文学”的微课视频为例，在讲授“儿童文学的基本原理”时，每分钟吐字 300 个，因讲授的所有知识点，已经在课件当中罗列出来，所以即使语速快一些，学生也能在观看视频过程中，将知识理解透彻、清楚明了。

（二）微课录制的时长

据调查显示，一节微课，受众所能接受的时间长度不能超过 20 分钟，因为微课在常规课堂基础上，时间已经缩短了但是信息量却增大了，总的来说就是精华浓缩。因此一节微课的时间不能太长，否则会导致学生产生厌烦情绪，如果过于简短，容易造成知识点讲解不到位，需要讲授者根据自己的实际情况进行调整，时间不能过短也不能过长，没有绝对的时间限定。

以“儿童文学”的微课视频为例，在讲授“儿童文学的基本原理”时，每一小节内容里分别有几个授课视频，既可以让学生在课间休息，又将小节里面的知识点进行分段讲解，便于学生回顾知识点。

（三）微课录制的形式

微课在录制时没有相对绝对的教学形式，比如是否板书、是否需要等待学生进行练习等问题，都没有绝对的答案，因为微课最核心的要点就是利用最简短的语言、最直接的方式，将所要讲解的知识点讲解清楚。所有的教学形式都是为这个核心内容服务的。比如数学老师在讲解数学几何时，就需要借助道具、板书，或者一张白纸等，例如“儿童文学的基本原理”只需要整理课件、构建一个发展进程架构，不需要准备辅助工具，如果在讲授“儿童影视作品”等题材时，就可以呈现出一个模拟情景剧，这样可以加深学生的兴趣。总的而来说，微课的制作形式没有定式，讲授教师要根据自身的需要进行合理选择，选择适合的讲授内容，又适合学生学习的制作形式，呈现最佳的微课视频。

四、微课教学的运用策略

（一）以兴趣引入，让学生主动学习

微课作为一种新型的授课方式，疫情以前大多运用于美术培训课程、书法培训课程等，疫情时期

① 于萍. 微课在数学教学中的应用[J]. 小学科学（教师版），2020（9）：145.

将微课作为学校专业教育的主要形式，可以说，微课等线上教学模式承载着历史性的意义与责任。一方面，学生在初步接触这种学习平台时，会产生好奇，对教师的教学形式与微课录制形式都会产生好奇，在这个时期教师要根据学生的心理特征组织教学。另一方面，教师不能随时掌控学生在移动端的学习状态，因此，又对教师的教学方法提出了挑战。总的来说，学生都是以兴趣导入学习，然后在学习内容上进行权衡，再进行下一步深入分析与探究。因此，教师在授课时，需要对教学内容巧妙设计，课程资源要尽可能丰富。

例如上文的“儿童文学的基本原理”微课视频中，分别从不同论坛及网站整理了相关文献，分别罗列与讲述了儿童文学理论的逻辑起点、儿童文学的概念和范围、儿童文学与儿童教育之间的关联、新媒介时代儿童文学的审美向度以及《义务教育语文课程标准》（2011 年版）的课程目标及要求等，这些资源在线下授课时大多只能向学生提及，没有更多时间去了解。

（二）巧妙应用，攻克教学重难点

教学重难点是小学、初中、高中等学习阶段，只要是有教学任务，就必须设立教学重难点，因为教学重难点是教学的提前剖析，有了针对重难点的教学策略，才会达到解决教学重难点目的。在微课平台，教师要运用平台优劣势，设计教学重难点的突破点。

以“儿童文学的基本原理”为例，它的重难点是儿童文学的美学特质，在内容讲解时，分别将儿童的美学特质用举例进行分析论证，并且将每一个例子都共享到资源区，供学生理解并回顾，形成作品对应式记忆。例如“纯真”的美学特征，引用《寄给蛤蟆的信》；“稚拙”的美学特质，引用《虎助的尾巴》；“欢愉”的美学特质，引用《长腿七和短腿八》；“变幻”的美学特质，引用《舒克和贝塔历险记》；“质朴”的美学特质，引用《进成怎么走法》。

（三）利用微课平台收集课堂反馈，促进学生自主学习

微课可以对教学内容进行细化，比如针对学习进度与效度存在不同差异的学生。反映一堂课是否成功，一个教学平台是否教学有效，最直接的办法就是收集课堂反馈，反馈可按周、按月收集，便于及时调整学习效度不高的教学形式或方法。

以“儿童文学”课程为例，在前三周进行课后摸底，让学生们写出反馈意见及建议，从而促进本门课程的有效教学。

五、结语

制作微课是学习翻转课堂的基础，学会微课制作，可以让讲授者学会跟随时代发展将自己的教学模式进行合理化调整，是顺应时代发展的促进器，是科学技术时代的新型产物，更是教育模式的重要改革产物。教师在设计与制作过程中，首先要了解微课的性质、特点、基本原则，然后结合自己的课程性质进行合理地整合，确保重点突出，难点解决，制作出更多适合学生学习的趣味性、有价值的微课。教师在思考如何制作微课视频时，同时也调动了自己的专业素养，进而提升自己的教学能力，成为一名符合当下信息时代的专业合格教师。

【责任编辑：王雪梅】

地方院校"对分课堂+翻转课堂"教学实践探析[①]

何玉梅[②]

（四川民族学院学报编辑部　四川康定　626001）

【摘　要】"对分课堂"和"翻转课堂"教学模式近年在教学改革领域广泛应用，整合两种教学模式以促进教育教学高质量发展的呼声日隆。囿于区位、历史等原因，地方院校面临诸多困境，应在教学改革实践中充分运用信息技术，探索实践"对分课堂+翻转课堂"的教学模式，不断提升教育教学质量，以顺利推进学校的高质量发展。

【关键词】调整与整合；"对分课堂"；"翻转课堂"；地方院校；教学实践

《国家中长期教育改革和发展规划纲要（2010—2020 年）》指出，我国要"加快教育信息基础设施建设""加强优质教育资源开发与应用""构建国家教育管理信息系统"，以"加快教育信息化进程"，全面推进教育事业科学发展，培养德智体美全面发展的社会主义建设者和接班人[③]。

在以信息化为主要特征的知识经济时代，全民教育、优质教育、混合学习、移动学习、个性化学习和终身学习已经成为新时期教育发展的重要特征和必然结果。地方院校的教育教学改革应根据自身实际，将"对分课堂"和"翻转课堂"两种教学模式灵活调整、整合，探索基于信息技术的"对分课堂+翻转课堂"教学模式，以充分展现教学成效，增强教学效果，不断提升教育教学质量，顺利推进教育的高质量发展。

一、"对分课堂"和"翻转课堂"概述

（一）"对分课堂"

复旦大学张学新教授在 2014 年提出"对分课堂"模式并实践应用。在深入分析大学课堂教学的现状、困境多方面因素的基础上，"对分课堂"模式考虑了教学过程的可行性、同辈交互、师生交互的心理机制对教学成效的影响。"对分课堂"也称"PAD 课堂"，即将教学过程在时间上分为讲授（presentation）、内化吸收（assimilation）和讨论（discussion）三个阶段。它的核心理念是将课堂时间对半分开，一半课堂时间分配给教师讲授，另一半课堂时间分配给学生讨论。在课堂教学过程具体操作上，"对分课堂"明确界定讲授和讨论时间，让学生在课后有时间自主安排学习，进行个性化的内化吸收。它强调学习的自主建构性和教学的情景互动性，把教师的"讲"与学生的"学""思"结合起来，与之对应的考核方法是强调关注不同学习需求的过程性评价。

（二）"翻转课堂"

"翻转课堂"（Flipped Classroom 或 FCM）教学模式经过萨尔曼·可汗（Salman Khan）[④]推广而

---

① 本文系四川民族学院 2018-2020 年高等教育人才培养质量和教学改革项目《"对分课堂+翻转课堂"教学模式的实践研究——以大学生心理健康教育课程为例》（项目编号：Xjjg2018052）的阶段性研究成果。

② 何玉梅（1989—），女，四川仪陇人，法学硕士，助教。主要研究方向：基层社会治理。

③ 教育部. 国家中长期教育改革和发展规划纲要（2010—2020 年）[EB/OL].（2010-07-29）http://www.gov.cn/jrzg/2010-07/29/content_1667143.htm.

④ 萨尔曼·可汗是可汗学院创始人，他 2011 年在 TED 做"用视频重塑教育"的演讲，推广"翻转课堂"教学模式。

风靡全球。它的核心理念是以现代多媒体技术为基础，颠倒先教后学的传统教学模式，先学后教，将传统课堂中的“课上”活动和“课下”活动进行程序互换，即将课堂分为课前、课中和课后三个阶段。其操作程序是：课前，学生通过观看、学习或阅读教师利用现代信息技术制作的资料，如微视频、课件或其他教学资料，记录在此过程中遇到的问题；课上，通过小组讨论、教师答疑解惑等方式解决课前遗留问题；课后，通过完成具有针对性的作业，进一步巩固课前和课上的学习成果。

课堂教学效果的关键影响因素有教师的角色定位、教学视频设计、个性化协作式学习环境的构建、课堂活动设计。“翻转课堂”呈现出的个性化、多元化和自由协作等特征让学生成为课堂中心，使得教师从课堂教学的“主演”转变为“导演”，统筹布局，为现行课堂教学实践的深化提供了一个参考性框架。

（三）“对分课堂”和“翻转课堂”的比较

“对分课堂”和“翻转课堂”最大的不同之处就是教学流程和教学工具。从教学流程上看，“对分课堂”先教后学，其内涵要点是“讲授—吸收—讨论”，课程时间分配上按教师授课和学生讨论各占一半的比例，内化吸收连接讲授和讨论，促成知识的渐进性自主建构，促进学生学习的创新性、个性化发展；“翻转课堂”的内涵则是“课前观看微视频+课堂精讲、讨论、完成作业”，内化吸收与互动探究都在课堂上。从教学工具上看，“翻转课堂”对网络资源依赖程度较深，“对分课堂”中的网络资源则更多成为个性化的选择之一。

二、地方院校“对分课堂+翻转课堂”模式教学实践的重要价值

（一）地方院校整合“对分课堂”与“翻转课堂”的必要性

地区差异、个体差异决定了教学并无万能模式。在具体实践教学中，某种单一的教学模式很难达到理想的教学效果。由于地理区位原因、历史原因和现实发展滞后，地方院校面临师资短缺、教学设备陈旧、教学资源不足、教学方法相对落后的困境，其学生普遍存在学习基础差异较大、学习主动性不强、学习兴趣不浓等问题。因此，基于地方院校实际综合考虑课程内容和相关教学环境等因素，以教学目标为导向，将多种教学方法有机结合，优势互补，是非常有必要的。

“对分课堂”保留了传统教学中教师讲授部分，要求教师先讲授综合性、概括性的知识。这对于基础尚可、学习能力较好的学生可以简练、高效地指引，但对于基础薄弱、知识层次差距较大的学生则难以达到预期的学习效果。若根据学生基础详细讲解所学知识，课上时间必定不够且难以满足不同层次学生的学习需求，如果顺延到第二次课再讲，又会割裂知识的完整性和连贯性甚至导致教学任务难以按时完成。“翻转课堂”使学生在课后通过教学视频课件的自主选择学习来获得不同程度的提高，以解决学生学习基础层次不一、讨论时间不够等问题，提高课堂讨论的实效性，实现学生的“个性化学习”，但对于学生的自主学习也提出了更高的要求。

（二）“对分课堂+翻转课堂”整合的可能性

理论层面上，“对分课堂”和“翻转课堂”两种教学模式在师生角色、课堂时间及学习方式等方面有一定的相似性。二者都以“使学习发生”为目的，倡导了以“学习为中心”的理念，强调学生对知识的“内化吸收”以及课堂上师生“互动讨论”，强调了学生学习的主动性、积极性和参与度，对于学生的学习自主能力、教师的综合能力都提出了更高的要求。同时，“翻转手段实现的知识的深层挖掘与拓展补充，是对分课堂中讲授部分的进一步提升”。[①]“对分课堂”强调由教师完成的课堂“讲授”环节，而“翻转课堂”强调在课前通过“视频”等教育资源完成知识点的自主学习，二者在学生学习基础层次不一、讨论时间上存在互补性[②]。根据地方院校实际情况，两种模式各自调整，存在整合的可能性。[③]

① 宁建花. 融“翻转”“对分”于一体的混合教学模式的构建与应用[J]. 成都师范学院学报，2017（10）.
② 张其亮，王爱春. 基于“翻转课堂”的新型混合式教学模式研究[J]. 现代教育技术，2014（4）.
③ 焦云韫.“对分课堂+翻转课堂”教学模式在英语专业精读教学中的应用研究[J]. 开封教育学院学报，2018（8）.

实践层面上，根据学科特点和课堂内容，很多大、中、小学的一线教师将“对分课堂”和“翻转课堂”两种教学模式及时调整，交替使用，广泛应用于大学英语、人体解剖学、教育技术学、中国文化翻译、计算机科学、创新创业教育等领域，并在应用中进行本土化实践，取得一定成效，总结了一定的经验，为后续推广提高了实践基础。

（三）“对分课堂+翻转课堂”模式教学实践的价值和意义

1. 应用型转型背景下地方院校本科教学改革的必然要求

大学教育教学改革的核心环节是课程改革，课程改革的核心环节是课堂教学模式改革。课堂教学作为教育改革的核心和关键，直接关乎人才培养的质量。因此，兼顾学生差异培养学生自主学习的能动性，将“对分课堂”“翻转课堂”两种教学模式优势互补，探索适合地方院校校情的“对分课堂+翻转课堂”教学模式和流程，提升教学成效是地方院校应用型转型背景下教学改革的题中之意。

2. 优化教学内容，增强教学效果

课堂教学模式应用实践经验表明，“对分课堂+翻转课堂”教学模式，注重教学流程的改革，关注不同学习者的学习需求，让学生能够根据个人的学习目标确定对课程的投入程度；注重过程性评价考核，将学生的学习、思考和交流环节深度融入教学环节。这有助于优化教学内容和教学流程，既能减轻学生学习的畏难情绪，又激发学生的学习积极性，对提高学生“内化吸收”效果、促进学生学习效果具有实用价值。

“对分课堂+翻转课堂”教学模式，解决了单一教学模式的局限性及出现的问题，有利于提高学生的主观能动性和积极性，提升他们的认知能力和实践能力，使“内化吸收”的效果有很大提高。此外，在这种模式下，学生自主学习、合作学习，生生互动、师生互动增强，既培养了学生独立思考的能力和积极探索的习惯，又提升了师生之间的有效互动和评价能力。与之相匹配的“过程性评价+结果性评价”考核方式，让学习效果评价更合理、更公平、更有激励性，学生的参与积极性也更高，师生关系更融洽、更和谐。

三、地方院校“对分课堂+翻转课堂”模式教学实践的基本原则

地方院校根据校情应用“对分课堂+翻转课堂”教学模式时，应着眼于教学质量的提升，遵循系统性原则、循序渐进原则、弹性化/个性化原则。

（一）系统性原则

课堂教学作为教育改革的核心和关键，直接关乎人才培养的质量。地方院校应从全局着眼，从教学设备和教学资源、师资力量、学生基础差异、学生学习自主性以及教学环境等方面综合考虑，将“对分课堂+翻转课堂”教学模式内部的各要素根据实际情况调整，系统规划，使之具有可行性和操作性，在学校的各层面、各环节落地、落实，以切实有效的措施保障教师、学生、管理人员等参与进来，努力提升教学效果。

（二）循序渐进原则

囿于地方院校的普遍实际情况，“对分课堂+翻转课堂”教学模式开展的循序渐进性原则可从学校、学生和教师三个方面来认知。地方院校应根据实际情况，将系统性规划在一些教学班级、一些学科、一些二级学院中鼓励老师先行先试，总结经验教训，不断完善规划，增强规划的可行性和操作性。“对分课堂+翻转课堂”教学模式开展之初，学生由于新奇而表现比较积极，但不能体现出课堂效果的稳定性。随着时间的流逝，个别同学、个别教师的自律表现可能出现波动。要去除学生的习惯化现象，教师需摒弃照本宣科、一劳永逸的思想，要结合学生的特点、教学内容的特点、多媒体网络现代技术的特点去灵活组织教学内容，实现多样化教学，帮助学生养成良好的学习习惯。

（三）弹性化/个性化原则

针对学生的学习基础差异较大、学习主动性不强、学习兴趣不浓的问题，教师要掌握“对分课堂+翻转课堂”教学模式的核心理念，在课堂时间分配、教学方法、考核环节、作业处理、分组原则等方面根据实际情况进行弹性化操作、灵活安排，提供个性化的学习时间、空间和多种学习渠道，使学生能根据自身的情况完成课前的自主学习，课堂上有更多的时间和机会发挥学习主动性，挖掘学习潜力，展示自主学习成果，课后能完成知识技能的有效迁移，从而切实地提高教学质量。

四、地方院校“对分课堂+翻转课堂”教学实践的基本路径

（一）学校层面：系统规划，创设环境

在把握“对分课堂+翻转课堂”教学模式核心理念的基础上，学校应主动作为，从宏观指引和微观践行两个维度，以观念意识为统领，以政策制度为保障，细化实践操作过程，创新具体实施模式，构建起一个层次清晰、条块合理的“对分课堂+翻转课堂”课堂本土化策略框架体系。

首先，转变教育观念。地方类院校领导层面应该深刻认识我国教育实情，特别是地方院校基本情况，理性推进实践改革；改变传统教育理念，坚定教育改革决心；转变对教师、对学生的传统评价方式，引导和帮助实现学生“主人”、教师“主导”、学校“服务”的身份建构。

其次，优化政策导向。地方学校要依托《国家中长期教育改革和发展规划纲要（2010—2020年）》（以下简称《纲要》），将我国教育改革发展的战略目标、工作方针、总体任务、改革思路和重大举措，具化到操作层面，系统制定更为详尽的、符合地方院校实际情况的实施细则，为教学改革提供制度层面的支持。

再次，加强环境创设。地方院校应主动加强硬件设施和移动互联网软件系统的创设、链接力度，努力给不同教育层次、不同学科门类、不同教学模式创设多元化的环境；加强人文软实力提升，强化教师信息化教学能力培训，提升教师的信息化教学水平；加强校内校外的交流、沟通的平台建设，彼此借鉴、合作共赢。

（二）教师层面：转变观念，提升能力

一方面，教师要转变传统教育观念。地方院校的教师只有积极主动转变传统教育理念，优化教学内容和流程设计，改进评价方式，探索和实践“对分课堂+翻转课堂”教学模式，才会自愿、自觉地注重学生自主学习能力培养、关注学生个人成长。

另一方面，教师要努力提升专业能力，奠定教学理念变革的基础。对地方院校教师而言，“对分课堂+翻转课堂”教学模式不仅没有减轻负担，反而对教学提出了更高的要求。地方院校的教师要充分发挥自身的主观能动性，积极主动提升自己的专业素养、教学技能，强化移动互联网技术的操作应用；充分重视教学中的面授环节，优化教学流程，重视合作学习过程，改进课堂内容设计；链接更多教学资源，将线上、线下学习有机结合，合理使用教学方法；加强对课堂教学的组织把握能力，激发学生学习兴趣，加深学生对关键知识点的巩固和拓展，为不同的学生提供个性化的延伸学习选择。

地方院校教师还应通过教育云平台等工具为学生构建良好的自主学习环境，促进学习者实时交流与协作，鼓励学生合作学习、启发学习和问题探究，强化师生互动、生生互动。同时，地方院校教师在构建良好学习环境时，也要注意为不同学生提供个性化的学习选择，坚持不懈提升教学质量。

（三）学生层面：主动学习、专业成长

不同于中小学生，大学生的主要任务是学会自主学习，为以后的继续深造或就业打下坚实的基础。因为学习基础差异较大、学习主动性不强、学习兴趣不浓等问题，地方院校的学生可能面临更大的心理压力和学习压力。因此，地方院校的学生也要积极转变被动学习的陈旧观念，主动学习，积极思考，采取问题导向学习策略、小组合作学习策略、竞争策略等，自觉增强批判思维、小组合作、语言表达等多方面能力的训练，最大限度提高课堂的学习效率，促进自身的专业成长和全面发展。

【责任编辑：陈隽】

基于“智慧”教室的大学英语教学案例设计[①]

丰 静[②]

（四川民族学院外国语学院　四川康定　626001）

【摘　要】 随着网络信息技术的发展，传统的大学英语教学模式已经被信息技术与教育高度结合的智慧型课堂教学模式所取代。与传统的大学英语教学相比，基于“智慧”教室的大学英语教学设计更加突出学习主体学生的中心地位，强调以综合能力培养和视野拓展为目标，以交际互动为途径，以任务活动为驱动，以学习过程为重点，以评价为导向。

【关键词】 智慧教室；大学英语；信息技术

近年随着网络信息技术的高速发展，互联网、人工智能、大数据等技术广泛应用于各行各业。现代信息技术的发展必将改变社会对人才的需求和教育发展态势。为加快教育现代化建设和教育强国建设，教育部在各级各类学校全面推进信息化建设。

一、智慧教室是信息技术与教育相互融合发展的产物

近年特别是党的十八大以来，国家高度重视教育信息化发展。2018 年 4 月 2 日，教育部印发《高等学校人工智能创新行动计划》指出：“进一步提升高校人工智能领域科技创新、人才培养和服务国家需求的能力”。2018 年 4 月 13 日，教育部印发《教育信息化 2.0 行动计划》提出：“信息技术和智能技术深度融入教育全过程”。2019 年 2 月 23 日，中共中央、国务院印发了《中国教育现代化 2035》，提出了推进教育现代化的八大基本理念：“更加注重以德为先，更加注重全面发展，更加注重面向人人，更加注重终身学习，更加注重因材施教，更加注重知行合一，更加注重融合发展，更加注重共建共享”。2019 年 2 月 13 日，中共中央办公厅、国务院办公厅印发《加快教育现代化实施方案》（2018—2022），提出：“促进信息技术与教育教学深度融合，支持学校充分利用信息技术开展人才培养模式和教学方法改革，逐步实现信息化教与学应用师生全覆盖”。

当前信息技术在教育中的应用催生了教与学的智慧环境—智慧教室。智慧教室作为信息化教学的全新智能载体，能为各种教学模式和教学策略提供智慧支持[③]。关于智慧教室的研究最早可以追溯到 1988 年罗纳德·雷西尼奥提出的“Smart-Class-room”概念，他认为“Smart-Classroom”是在传统教室嵌入个人电脑、交互式光盘视频节目、闭路电视、VHS 程序、卫星链接、本地区域网络和电话调制解调器的教室[④]。

2012 年，黄荣怀等人认为在现代信息技术支持下，教室环境应是一种“能优化教学内容呈现、便利学习资源获取、促进课堂交互开展，具有情景感知和环境管理功能的新型教室”，这种教室被称为智慧教室。智慧教室是一种典型的智慧学习环境物化，是多媒体和网络教室的高端形态[⑤]。

---

① 本文系四川中小学教师专业发展研究中心科研项目《课程思政背景下的甘孜藏区中学英语教师专业发展研究》（项目编号：pdtr202017）的研究成果。

② 丰静（1980—），女，四川德昌人，白族，讲师。主要研究方向：英语教育，英汉翻译理论与实践。

③ 谢海芳．基于智慧教室的大学英语项目式教学设计研究[J]．国际教育，2020（9）．

④ 张亚珍，张宝辉，韩云霞．国内外智慧教室研究评论及展望[J]．开放教育研究，2014（1）．

⑤ 黄荣怀，胡永斌，杨俊锋．智慧教室的概念及特征[J]．开放教育研究，2012（2）．

大学英语是我国高等教育课程体系中的一门基础性课程，该课程对于拓展大学生思维、开阔其视野、提升学生语言应月能力和综合素质方面起着重要的作用。当今的大学生，作为生长在网络信息技术高速发展，现代信息技术与教育高度融合发展的2000后的学生们早已习惯了读屏时代的学习生活，指尖上的学习、读图等方式对传统的教学带来巨大的冲击。现代信息技术与教育的融合为大学英语教学改革带来机遇与挑战。

二、基于智慧教室的大学英语单元教学设计案例

当前，高校智慧教室的普及为大学英语智慧教学提供必备环境与技术支持。云课堂教学平台、雨课堂教学平台、对分易教学平台、超星学习通网络教学平台、U校园智慧教学平台等在线教学平台与智慧教室有机结合，实现教学资源储存、学习资源发布、教学互动、教学考核与学情管理等强大功能。“智慧”教室不仅改变了传统的教与学方式，并已经影响了教育思想、理念、内容、人文精神等。

基于智慧教室的大学英语教学案例设计以语言知识能力为目标，以学生参与教学实践活动为补充，充分培养学生的竞争意识，培养组织管理能力、协调合作能力、创新思辨能力等。在大学英语教学过程中，教师应充分利用智慧教室这一高端物化环境，根据具体的教学单元主题，做好课前、课中、课后各教学环节，教学手段、教学内容、教学活动、课后评价等方面的教学案例设计。笔者以外语教学与研究出版社出版的《新视野大学英语读写教程 1（第三版）》第二单元“Loving parents，loving children” Text A “Child’s clutter awaits an adult’s return”为例进行基于智慧教室的案例设计。本单元的主题是“爱父母，爱孩子”，本单元文章“Text A”的标题是“儿时百宝箱老大归家梦”。本单元聚焦“父母子女亲情”相关话题，探讨父母与子女之间浓浓的爱意，深切的关怀与因误解而产生的矛盾。

在进入本单元学习的前两周，教师推荐阅读书目并在智慧教室教学平台上发布阅读与视频学习材料，学生进行单元学习预热。教师推荐学生阅读龙应台的散文集《目送》，书中作者写父母亲情，对父亲离世的悲伤，对衰老失智母亲的照顾，从牵着孩子小手的浓浓温情，到面对孩子长大后与自己渐行渐远背影的惆怅与落寞。美国作家 Amanda Smith 根据我国流传的《二十四孝故事》编译的《二十四孝故事（中英文对照）》。本书讲述的是孝文化在中国源远流长，它是一种精神理念，是人安身立命之本，是社会责任意识的重要源头，是中华传统文化的重要组成部分。

在智慧教室教学平台发布阅读学习材料：爱尔兰民间歌颂伟大母爱的诗歌，*Mother Machree*（《慈母颂》），真切表达母亲在每个孩子心里都是独一无二不可替代的。纪伯伦的诗歌 *On Children*（《论孩子》），这首诗从做父母的视角出发，讲述了作者对于孩子的看法。朱德同志的记叙性散文《我的母亲》，得知母亲去世的消息，作者十分悲痛，以此文追忆母亲勤劳质朴的一生，表达对母亲浓浓的爱意。本素材提供张培基先生的翻译版本，译文语言、风格与源语文本贴切，译语自然清晰流畅易于赏读。在智慧教室教学平台发布关于家庭与亲情的中英文视频短片：《最好吃的饭》《家的记忆》《真的很在乎你》，“The Lighthouse”“Family forever”等。学生主要使用移动端进行阅读与视频欣赏学习。学生在阅读与视频欣赏中体味父母亲情，强化家庭观念，提升语言综合能力，提高文化自信心。

在进入本单元学习的前一周，教师布置资料收集任务，学生分组、组员分工协作，同学们借助互联网、大数据从海量的信息中收集整理与单元主题相关的素材。学生们发挥主观能动性，收集关于亲情、父爱、母爱、孩子成长等方面的文本、图片、视频资料。教师整合自己和学生们所收集的学习素材，选取合适的优质素材进行组课，设计听力、词汇、阅读理解、在线讨论等题型，利用智慧教室教学平台发布提前准备的学习素材以及学习任务。教师积极参与同学们的课前在线讨论，引导学生查找信息，自主解决问题。智慧教室在线教学平台检测学生对单元主题内容的课前学习情况，自动保存学情记录，教师及时查阅学生的学习情况并针对同学的学习表现做出反馈。做好课前阶段的教学设计，能有效激发学生的学习兴趣，将学生很好的带入单元主题学习，锻炼学生信息收集与分析能力，提高学生自主学习，独立解决问题的能力。

课堂导入新课部分：

第一步，教师在智慧教室教学平台上展示汉字“孝”的图片，由此引出中国传统优秀文化孝文化。孝的观念源远流长，在甲骨文中就已经出现了“孝”字，“孝”字像一位面朝左的驼背老人，身前一孩子，以头扶持着老人。可以这样理解：孩子小的时候，上面老人连自己的完整都不顾，把孩子庇护在自己身下，为孩子遮风挡雨，撑起一片蓝天。孩子长大了，上边的“老”字和下边的“子”字，又可以这样解：“子”字成了“老”字的全部支撑，“子”字把“老”字整个儿背了起来。也就是说子女成年后要承担照顾老人，扶持老人的责任，和老人相互依靠，让老人颐养天年。

第二步，教师引出早在两千多年前，关于人的学说，孔子提出“仁”与“礼”的两个核心概念。孔子说“孝悌”是“仁”之本。“仁者，人也，亲亲为大。”他说：“父母在，不远游，游必有方。”孔子又说：“父母之年，不可不知也。一则以喜，一则以惧”[①]。Confucius regarded “filial piety and fraternal duty” as the essence of ren. “The greatest love for people is the love of one’s parents.” He also said，“Children should not travel far while their parents are alive. If they have no choice，they must retain some restraint.” Confucius said again，“Children should think often of the age of their parents. They should feel happy for the health and longevity of their parents. They should also feel concern for the aging of their parents”[②]。

第三步，文章“Text A Loving parents，loving children”讲述的是年满 18 岁的女儿不想听从母亲的意见，离开家寻求成年人的独立，气愤的母亲在独自收拾女儿凌乱的卫生间、卧室时内心情感发生微妙的变化。母亲最终接纳了女儿长大独立的现实。文章的最后一段作者感慨：“我的小宝贝儿，那个什么都让我操心的孩子，不会再回来了。但是有一天，我的女儿，那位独立的女士，会回来的”[③]。教师引导同学们分组讨论问题：Usually，what are your attitudes toward parents’ advice？and explain the reasons。通过讨论，同学们辩证思考如何听取父母建议，正确处理与父母的关系。

第四步，请同学们绘制爱的清单（love list），用英语列出父母为我做了什么，我为父母做了什么，对比分析爱的清单上的内容并在课上与大家分享。此活动在培养学生英语写作与表达能力的同时，让学生深刻感受到父母浓浓的爱，家庭的温馨。

第五步，通过问题：How do you express your love to your parents? 引导学生深入思考如何用诚挚语言与实际行动孝敬父母以及对父母表达爱，树立正确的亲情观与家庭观，发扬中华民族优秀传统家庭美德。

第六步，孩子长大成年后，将会离开父母独立生活。面对孩子成年独立这一特殊人生阶段，早已习惯了照顾孩子，被孩子依赖，有孩子在身边陪伴的父母们很容易感到无所适从。根据课前智慧教室教学平台发布的学习材料和课堂上的导入学习，引导学生结合自身经历和社会现状就“离家独立的孩子如何处理与父母的关系”“离家独立的孩子如何在忙碌的工作生活中照顾父母”“子女成年离家后父母怎样安排好自己的生活，如何与子女相处”等问题进行思考、讨论、辩论、讲故事、情景剧表演等活动以扩展和深挖主题信息。学生自己参与设计小组活动并简述活动安排、计划以及预期效果并结合智慧教室教学平台展示学习活动。活动结束后，学生在智慧教室提供的平台上对各小组学习活动进行自评、互评与教师点评相结合的模式进行评价。该活动旨在培养学生信息素养能力以及解决学习、工作、生活中问题的能力。

在以上单元主题学习的基础上，针对课文阅读理解，教师在智慧教室学习平台上设置快速阅读与深度阅读，检测题型可以设置为填空，判断正误、选择、简答、排序、连线、翻译等定量必须完成的学习任务，教师还为学有余力的同学设定有一定挑战度的选学任务。学生利用移动端进行任务学习，教师利用智慧教室学习平台管理教学，监控学生学习任务完成进度，查看效果，提醒学习滞后的学生，进行问题答疑与任务完成情况信息反馈。

---

① 叶朗，朱良志．中国文化读本．外语教学与研究出版社，2016.

② 叶朗，朱良志．中国文化读本（英文版）．外语教学与研究出版社，2017.

③ 郑树棠．新视野大学英语读写教程教师用书 2（第三版）．外语教学与研究出版社，2017.

课后，针对本单元主题内容，教师推荐关于家庭亲情的英语电影 *Ramona and Beezus*（《蕾蒙娜和姐姐》）、*Forrest Gump*（《阿甘正传》）、*Brave*（《勇敢传说》）、*La vita è bella*（《美丽人生》）*Captain Fantastic*（《神奇队长》）*One True Thing*（《亲情无价》）等供同学们课后选择观看，以加深同学们对家庭亲情的体悟。教师利用智慧教室教学平台发布课后作业，发布学生对本单元所学知识点掌握情况自测表，及时在教学平台上对学生没掌握的知识点进行查漏补缺和提供个性化的辅导。学生利用移动端完成课后作业，完成自测表，及时与教师和同学交流本单元学习内容与学习过程中的心得体会。教师利用教学平台的大数据功能收集、记录、分析学情数据，为教师教学改革研究提供客观数据支持。

结语

在新形势下，基于智慧教室的大学英语教学将信息技术、智能技术与教学内容深度融入教育过程，教学管理，优化教学效果，激发学生学习主动性，深化现代化教学实践。基于智慧教室的大学英语教案设计研究，已经成为英语教学改革一个新的研究方向。作为大学英语课程设计者与学习引领者的英语教师在提升个人学误专业知识与教学能力时必须不断提升个人信息素养，把信息技术应用与课堂教学进行深度有机融合，做好教学设计与教学实践。引导学生充分利用智慧教室学习环境提升自主学习，交流互动、设问探究、团结协作等综合素养能力，成为适应新时代发展要求的智慧型人才。

【责任编辑：余中伦】

基于学生信息化素养培养的课程教学案例设计

——以国际法课程过程考核设计为例[①]

吕彩霞[②]

（四川民族学院法学院　四川康定　626001）

【摘　要】 培养学生信息化素养对提升学生综合素质有重要影响，总体而言，学生信息化素养指标主要包括利用网络空间进行自主学习、自主管理、自主服务的能力；利用网络进行信息搜集的能力等。通过平时成绩的严格管理，强化过程评价，积极引导学生利用中国 MOOC 大学等网络平台进行自主学习，利用对分易等网络工具进行自主管理、自主服务，并不断提升网络技术能力，从而提升自身的信息化素养。

【关键词】 信息化素养；课程教学；教学设计

一、信息化素养概述

在信息迅速发展的互联网+时代，课堂对大学生信息化素养也提出了更高的要求和挑战，网络的发达为学生提供了更为丰富的学习途径。在此背景下，教师和学生均应转变传统的教与学的观念。教师要更加注重在教学设计的过程中有意引导学生利用现代网络技术进行学习，不断拓展学习途径，创新学习方式，提升自身信息化素养。

2012 年 3 月至 2018 年 4 月教育部先后颁布了《教育信息化十年发展规划（2011—2022 年）》《教育信息化“十三五”规划》《教育信息化 2.0 行动计划》三个文件。这些文件成为我国各高校开展信息化建设的主要指南。《教育信息化 2.0 行动计划》提出信息化素养的提升有助于培育创新人才知识、技能以及应用能力，有助于落实立德树人的目标，应当将学生信息化素养纳入学生综合素质行列进行考量。《教育信息化“十三五”规划》则提出到 2020 年，我国高校要强化现代网络建设，以满足学生利用网络空间进行自主学习活动的需求。《教育信息化十年发展规划（2011—2022 年）》提出了高校信息化建设衡量的几个维度，其中就包括在信息化条件下，学生自主学习、管理与服务的情况。综上所述，学生的信息化素养应当主要包括以下六个指标：

（1）掌握一定的网络技术应用能力；

（2）利用网络空间进行预习、作业、自测、拓展阅读等自主学习的能力；

（3）利用网络空间进行资料搜集、分析、消化的能力；

（4）利用网络技术手段进行自主管理的能力；

（5）利用网络技术手段进行自我服务的能力；

（6）合理利用网络的良好网络自律能力。

二、现状分析

（一）我校学生信息素养现状分析

首先，在网络技术应用能力方面，从往届法科毕业生的毕业论文操作来看，学生的常见办公软件

① 本文系 2019 年四川民族学院校内资助教改项目《传统文化视角下的民族高校办学特色研究》的研究成果。

② 吕彩霞（1987—），女，湖南邵东人，硕士研究生，讲师。主要研究方向：国际法、环境法。

操作并不熟练，如毕业论文排版技能较为生疏，常见的键盘快捷操作不熟悉。其次，在自主学习方面，在有考研、法考等外界动力刺激的情况下，自主学习能力较强。但在缺乏这些外界动力刺激时，尤其在课程学习方面，自主学习动力不足。再次，在资料搜集能力方面还较为欠缺，主要依赖百度。但大部分的学生能够熟练运用微信、QQ、对分易等网络工具进行班级事务等方面的自主管理和自我服务。最后，还有相当一部分同学的网络自律能力有待提高，这些同学每天有相当长的时间浪费在网络游戏、追剧等事情上。

（二）学情与课程分析

本课程针对法学专业大三本科学生开设。根据人才培养方案的设计，此阶段的同学已经学习过法理学、民法、刑法、行政法、诉讼法等法学专业基础课程，具备一定的法学专业素养；初步掌握法律文献检索、处理、分析和应用能力。此外，该阶段学生还学过计算机应用基础，对计算机、信息技术、人工智能等现代科技知识有一定了解，初步具备了计算机应用和信息处理能力，对文本、电子表格、PPT 等软件的应用有一定的了解。

国际法课程是法学专业核心课程，但在边远民族地区高校同时也是一门边缘性课程。其边缘性主要表现在以下三个方面：其一，用不上。适用余地小、实践接触少；其二，学不了。学习难度大，思维方式和国内法存在较大差别等方面[①]。因此，该课程教学设计要充分考虑利用国际时事热点新闻来激发学生学习兴趣，并精心设计平时成绩构成，严格过程评价，强化过程管理，制造外在学习动力。

三、课程教学案例设计

（一）课程设计理念

2018 年 6 月，教育部部长陈宝生在本科教育工作会议上发表了以“四个回归”为主题的讲话。讲话中提到大学生要回归到学习的常识，各高校要提升学业挑战度，合理增加课程难度和深度，减少“水课”，建设有深度、有难度、有挑战度的“金课”。此外，教师还要注意改变考试评价方式，尤其要严格过程考评，让学生把更多的时间花在读书上。[②]

正是基于上述讲话的精神，本课程设计着重于加强过程考评，通过严格平时成绩考核，合理安排平时成绩的构成及比例，利用现有网络资源和网络工具，将学习场所从线下拓展到线上，从课中延伸到课前与课后，合理增加课程难度，引导学生积极主动地利用网络进行学习，提升其利用网络进行资料搜集、资料分析、自主学习、主动思考和解决问题的能力，从而达到提升其信息化素养的目标。

（二）具体实施方案

1. 提前公示平时成绩构成，并发布课程任务

本课程的平时成绩总分为 40 分，具体构成情况及说明见表 1：

表 1 课程平时成绩构成及说明

项目 / 权重 / 姓名（学号）		“十分秀”	考勤	学术讲座	课外讨论	小论文	网络认证证书（任选加分作业）	成绩
		10	5	5	5	15	10	40
张三	2018410001	7	5	3	4	10	10	39
李四	2018410002	8	4	4	4	12	0	32
王五	2018410003	9	3	5	4	14	10	40

① 国际法课程的“边缘性”可参见本作者《民族高校国际法课程设置研究——以藏汉双语人才法治意识培养为视角》一文。

② 陈宝生. 坚持以本为本 推进四个回归 加快建设中国特色、世界水平的一流本科教育. [EB/OL]. http://www.qzjedu.cn/ghpgc/ghc_gjsy/2018-12-03/11294.html.

平时成绩评定标准说明：

（1）本门课程平时成绩权重总分 40 分，期末考试成绩权重总分 60 分；

（2）“十分秀”：从课程的第五周开始，每节课安排 10 分钟左右，要求学生以 4 人左右的小组为单位，选择一个国际法知识点，结合国际时事热点上台进行讲解和展示。讲解完后，必须接受其他同学对该案例提出任何疑问。根据小组成员及提问同学的具体表现得分，最高不得超过 10 分。

（3）考勤：考勤成绩总分 5 分，旷课一次扣 1 分，扣完为止；

（4）学术讲座：学术讲座成绩总分 5 分，本学期共需完成 2 次学术讲座，并按照对分易“课程资源”里的学术讲座模板填写讲座报告。学术讲座可以是学校主办的线下讲座，也可以是网络讲座。

（5）课外讨论：课外讨论总成绩为 5 分，要求同学们通过对分易“讨论区”围绕本课程知识点创建板块，或回复、评论他人创建的主题均可，要求答之有物；

（6）小论文：小论文总分为 15 分，要求自选题目，写一篇国际法相关的专业论文，字数不少于 3000。提交之前要求自行进行知网检测，重复率不得超过 16%（含引用率）。检测报告与论文一并通过对分易平台提交。论文提交格式为 Word 电子版。未提交或重复率超标的，此项计“0”分；

（7）网络认证证书：本项作业为任选性加分作业，同学可以通过中国 MOOC 大学等网络学习平台对本课程进行自学，完成所有的视频学习、单元测验及在线期末考试。完成所有任务并获得认证证书的，平时成绩加 10 分，用以抵消其他作业的扣分，但加分后平时成绩总分不得超过 40 分。

（8）以上所有作业均要求遵守学术诚信原则，若存在抄袭、剽窃等情况，该课程成绩直接记 0 分。

2. 明确作业要求及其支撑的信息化素养指标（见表 2）

表 2　作业要求及信息化素养指标

作业名称	作业要求	支撑的信息化素养指标
“十分秀”	选择的时事热点问题必须为 2020 年以来所发生的热点问题	① 利用网络空间进行资料搜集、分析、消化的能力。学生要凝练一个适合作为国际法案例的时事新闻，必须要通过电视、广播、网络等多种途径了解某个时事热点的细节，并多搜集的材料进行分析整合，形成一个简洁明了的案例。 ② 合理利用网络的良好网络自律能力。引导学生通过网络关注国际新闻，避免将网络时间浪费在追剧、玩游戏等易成瘾的无益项目上。 ③ 利用网络空间进行自主学习的能力。采用 2020 年以来的时事热点，则很难在现有的教科书或教辅教材中寻找到现成的案例分析过程，引导学生自主利用中国 MOOC 大学、爱课程等网络学习平台预先对知识点进行学习和消化。 ④ 掌握一定的网络技术应用能力
	制作的 PPT 及详细教案至少提前一周发送给任课老师，并根据老师的反馈意见进行修改。	① 利用网络空间进行资料搜集、分析、消化的能力。 ② 合理利用网络的良好网络自律能力。引导学生通过网络关注国际新闻，避免将网络时间浪费在追剧、玩游戏等易成瘾的无益项目上。 ③ 利用网络空间进行自主学习的能力。采用 2020 年以来的时事热点，则很难在现有的教科书或教辅教材中寻找到现成的案例分析过程，让学生自主利用中国 MOOC 大学、爱课程等网络学习平台预先对知识点进行学习和消化。此外，学生还需根据任课老师的要求对 PPT 和教案进行多次修改，在修改的过程即不断学习的过程。 ④ 掌握一定的网络技术应用能力
	小组成员必须要有讨论过程的录像，并按照要求将录像上传至对分易或学习通等网络存储平台。	① 合理利用网络的良好网络自律能力。讨论过程的录像能让老师充分了解小组成员间的分工及其对课程任务的准备方式、思考路径。也能保证每位小组成员充分参与，避免出现“搭便车”的行为。 ② 掌握一定的网络技术应用能力

续表

作业名称	作业要求	支撑的信息化素养指标
“十分秀”	所有资料通过对分易提交	掌握一定的网络技术应用能力。
学术讲座	术讲座可以是学校主办的线下讲座，也可以是网络讲座，且无专业方向限制。	① 利用网络空间进行自主学习的能力。本作业对于讲座内容无专业方向，也不要求必须是线下讲座，主要考虑到照顾学生自己的课外学习规划和兴趣，可以充分利用个视频网站如腾讯课堂等及其他大学所举办的线上开放共享讲座等网络资源。 ② 掌握一定的网络技术应用能力
课外讨论	课后将其全套资料上传至对分易讨论区，其他同学可就案例提出疑问，小组成员有义务回答。	该环节计算平时成绩 5 分，根据各位同学在讨论区提出问题、回答问题和评论问题的次数给分，每参与 1 次得 1 分。 ① 利用网络空间进行自主学习的能力。让同学在课后有充分时间进行资料查阅和思考后，在对分易讨论区提出问题、回答问题或者评论他人的回答等。该要求能有效拓展课堂的维度和深度，使线下课堂向线上延伸，拓宽了学习和思考的场所。 ② 掌握一定的网络技术应用能力
小论文	字数不少于 3000，且重复率不得高于 16%。	利用网络空间进行资料搜集、整理、分析、消化的能力。要求学生完成课程小论文，一方面是为将来的毕业论文写作能力进行锻炼和奠定基础，另一方面，特别对重复率提出了比毕业论文更严格的要求，可以有效引导学生合理利用知网、万方等学术期刊网进行资料搜集、整理、分析和消化，改善网络搜索仅靠百度的现状
网络认证证书	本项作业为任选作业。	利用网络空间进行自主学习的能力。中国 MOOC 大学、爱课程等开放网络学习平台上的开放共享精品课程可以让所有网络用户参与全程课堂学习、单元小测及期末考试。完成课程要求的所有任务后，还可以免费申请电子课程认证书

四、本课程案例设计实施时需注意问题

首先，本课程案例设计仅适用于小班教学，因为国际法课程通常周课时为 2，总课时为 36，除去第一个月及可能放假冲课的情形，“十分秀”这一作业环节覆盖到的人数最多在 48 人左右。如果是大班教学，会导致出现部分同学因为没有机会参与“十分秀”这一环节而导致平时成绩偏低的情况。

其次，该课程案例设计会导致任课老师的作业批改量较大，作业批改任务较紧。因为“十分秀”作业环节要求学生提前一周提交 PPT 和教案，任课教师需及时批改并提供修改建议，以便学生有充足的时间对 PPT 和教案进行完善。此外，小论文作业环节也要求教师根据学生提交作业情况广泛查阅资料，客观评价论文质量并提供反馈意见，还要给学生预留在论文不合格情况下二次提交的时间。

再次，本课程因为课程难度的提升倒逼任课教师提升自身信息化素养。如需养成关注时事热点新闻、关注学术前沿的习惯，不断学习掌握新的网络工具等。

最后，在对学生进行过程中，对于学生的每份作业应当及时给予反馈意见，学生才能充分感受到教师对过程评价的重视，感受到教师学生劳动成果的重视，才能有效激发学生的学习动力，按照设计保质保量地完成各项学习任务。

【责任编辑：叶晓彬】

教育信息化背景下线上线下融合教学模式探索①

廖文菊②

（四川民族学院团委　四川康定　626001）

【摘　要】　随着信息化教学平台和手段的不断丰富完善，教学信息化已经成为高校教育教学改革的重要途径。通过问卷调查，了解学生对线上线下教学的接受度和意见建议，对比分析了不同教学模式的特点，探索以学生学习为中心的课堂设计、以实现人才培养目标为导向的教学内容构建、以提升教学质量、培养学生自主学习能力为最终目标的过程考核评价体系的建立，有效实现线上线下教学的有机融合。

【关键词】　信息化；线上教学；线下教学；融合

在教育信息化大背景下，线上教学以其资源的多样性和便捷易得性，丰富了获得知识的途径，对传统线下教育模式产生了较大的冲击。线上教学的推广应用，对传统教学具有鞭策作用，线上教学的教学设计和模块化教学值得传统课堂学习。但线上教学也存在学生学习主动性不高、师生互动、生生互动不够深入，学习成效不明显等问题。本文在分析线上线下教学特点的基础上，以学生学习为中心，提出线上线下有机融合提升教学质量和教学效率的具体措施。

一、线上线下教学学生接受度调查分析

为更好地了解学生对线上线下教学的接受度及对提升线上线下教学质量的意见建议，通过问卷星在农学院 3 个班级 86 名学生中进行了调查。

（一）学生对线上教学接受度低

调查发现，学生对线上教学的接受程度较低，87.2%的学生表示如果没有客观条件限制更愿意选择线下学习；86.5%的学生认为在激发学生学习兴趣、提升学习效果方面线下课程做得更好；48.8%的学生希望今后安排更少的线上学习内容。调查发现，学生更为喜欢可以直接对话的教学形式，在直播课、视频录播课和 PPT+录音、录音等线上学习形式中，67.7%的学生选择了直播课，学生表示直播课更有现场感，能够好地参与讨论和互动，学习起来更加有趣。

（二）线上学习质量难以保证

仅有 3.2%的同学认为线上学习质量比线下更好，有 32.3%的同学认为线上学习的质量非常差；100%的学生都表示在线上学习过程中，出现了注意力不集中、做一些与学习无关的事情的情况。虽然线下学习也存在上述情况，但学生表示线上学习这些情况出现的频率更高。

（三）学生对线上线下融合教学的意见建议

调查显示，93.5%的同学支持线下为主、线上为辅的融合教学模式，但学生普遍希望能尽可能多地安排线下教学，学生建议重难点知识的强化、课后作业、案例视频等可以通过线上形式进行；线下

① 本文系 2019 年四川民族学院人才培养质量和教学改革研究项目《以学生实践能力培养为导向的农学实验教学中心建设》的研究成果。

② 廖文菊（1984—），女，重庆渝北人，工学硕士，副教授。主要研究方向：环境生态修复。

教学可更多地安排师生、生生互动内容，更多地结合生动的实例开展理论讲解，并根据课程实际多安排学生能动手操作的实验内容。

二、线上线下教学对比分析

（一）线上线下教学的优劣势对比

线上教学的一大优势是课程资源多，且不乏名校名师课程，但这些课程多数为知识点讲解。由于同一课程受众广、难以开展针对性的学情分析，导致教学针对性不强，不能很好地结合学生实际和专业实际授课。如果完全依赖线上课程资源，教学效果将难以保证，特别是对一些学习有困难、主动性不强的同学。因此，线上课程比较适合于课程教学的辅助资源。

此外，在授课灵活性方面，线上教学与线下教学有较大差距。教师的讲解方式、语气等都会影响学生对知识的掌握和理解。线下课堂中，教师通过学生听课的表情、活跃程度就能准确判断学生对知识点的理解情况，并实时调整讲解方式，当发现一种方式学生听不懂时，会立马转换其他方式讲解。而线上教学，特别是视频录播课则难以及时通过学生课堂反应让老师第一时间了解学生对授课内容的掌握情况，开展有针对性的讲解。

（二）线上线下融合教学对老师的要求

信息化教学要求老师不仅要有扎实的理论功底，更要能灵活使用各种平台和多媒体软件；同时，相较于线下，线上授课的质量（尤其是学生学习质量）更难以把控，如何在传授知识的同时，将课堂变得更精彩更具吸引力是教师必须面对和解决的问题。因此，课堂设计变得更加重要；同时如何将线上与线下有效融合，也对教师提出了更高要求，教师在大量的课程线上资源背景下，如何体现自身价值，是对教师本身的极大考验和挑战。这就要求教师紧贴学科专业前沿，结合人才培养目标和学生实际需求不断创新教学内容和教学手段，牢牢将课堂掌握在自己手中。

（三）线上线下融合教学对学生的要求

调查显示，88.3%的学生认为与传统线下学习相比，线上学习最大的问题是自主学习意识和能力的缺乏。线上学习要求学生要有较高的自我控制能力，提升对线上平台操作使用能力，能充分利用平台功能辅助自身提升学习效率，并能主动参与学习讨论、完成学习相关任务，同时还要求学生具备从海量线上资源中选择甄别优质教学资源的能力。

三、线上线下融合提升教学质量的几个途径

无论线上还是线下教学，学生学习效果好、教学质量的提升是关键。调查结果表明，学生更倾向于选择线下教学。因此线上为辅、线下为主，线上线下融合的模式，应是信息化教学背景下的主要教学模式。结合各专业实际，可从以下几个方面入手促进线上线下教学的有机融合，以提升教学质量。

（一）以学生学习为中心开展教学设计，提升学生学习主动性

提到以学生学习为中心的教学设计，目前被广泛认可的是翻转课堂。学生对线上教学平台的熟练使用，为翻转课堂的实施奠定了良好的基础。但实际上，目前的翻转课堂大多有“形”无“神”，并未真正地实现以学生学习为中心。因此，在教学设计中如何真正地做到线上线下有效融合，充分体现以学生学习为中心这一理念，才是对教师真正的考验。一些教师简单地将翻转课堂理解为将课堂教给学生，由学生主导。实际上，无论传统课堂还是翻转课堂，要取得好的教学效果，课堂主动权都应掌握在授课教师手中。

一堂优质的翻转课，需要教师投入更多的精力在教学设计中。首先是线上，教师通过网络平台发布的学习任务不能仅为课程 PPT、作业或是教学视频，更为关键的是教师要能提出触发学生旧知、具

备一定挑战性能激发学生学习兴趣的问题，才能有效引导学生积极参与课堂讨论，并在讨论中形成解决问题的思路。①线下课堂应更加注重师生、生生交流互动，因此有质量的课堂提问和讨论设计就尤为重要，同时教师要能全程把控教学活动，实时调整课堂进度、给予指导，以保证教学目标的实现。

（二）线上线下融合支撑人才培养目标的实现

我校的人才培养目标是培养“靠得住、下得去、干得好”的优秀应用型人才，大到学校顶层设计小到专业的每一门课程每一堂课都应围绕这一目标的实现而努力。以园艺专业为例，我们培养的学生要下得去，首先要了解基层和民族地区生产实际，最好是能走出去，但基于学校特殊的地理位置和交通条件，学生走出去的机会并不多。现在便捷的线上平台为我们提供了解决这一问题的思路，一是老师走出去，可通过实地走访调研、现场录制教学视频，让学生能直观了解基层农业情况；二是通过直播的形式，邀请地方农牧专家在田间地头、生产一线为同学们现场授课；三是尽量围绕地方特色设计线下线上教学内容，以基础生物化学课程为例，为让学生对当地特色农牧产品有更为直观的了解，蛋白质含量测定实验可选用牦牛肉作为实验材料、氨基酸实验可选用青稞作为实验材料、测定可溶性糖实验可选用苹果、仙人掌果、甜樱桃等当地特色水果作为实验材料。实验结束后，可引导学生进行线上资料查阅，将实验结果与其他地方产品进行对比，深入体验本地农特产品的优势。

（三）充分利用线上平台强化过程考核

如果没有适当的考核方式，大部分线上学习通常形同虚设、线下教学质量同样难以保证。在教学改革中，大家一直提倡过程考核。线上平台则为过程考核提供了便捷平台，每一章节甚至每一堂课结束后都可以进行测试，并能及时反馈学生掌握情况。学生通过线上平台完成的测试和学习都有较为完整的记录，以学习通平台为例，教师可通过平台提供的数据直观查看章节学习次数、任务点完成情况、考勤情况、参与线上讨论情况、作业及考试分数等，为过程考核提供了详尽的依据，也便于教师及时掌握学生学习情况。但应注意的是，对线上学习不能简单地以是否完成学习视频、学习时长来评价学习效果。线上学习的考核评价，可通过线上线下两条途径考核，一是线上平台测试情况，二是课堂分享和讨论的参与度和质量。

在基础生物化学线上教学实践中发现，设计适当的过程考核指标对提升学生学习主动性和学习效果起到了明显的促进作用。为强化过程考核，将基础生物化学的平时成绩比例设置为50%，平时成绩的获得由学生完成12次作业、6次单元测试、1份读书报告、若干次线上主题讨论和考勤等情况来综合评价。学生对自己成绩的获得清清楚楚，因此对每一次学习任务的完成都非常认真，在严格的过程考核下36名同学有12名同学平时成绩在90分以上，全班平均分为86分。

（四）引导学生正确使用教学资源，提升教学的宽度

引导学生有效地选择并使用线上资源，帮助学生从海量资源中挑选合适的内容进行学习，是信息化背景下教师的另一任务。以基础生物化学课程为例，仅MOOC上生物化学相关的课程就有704门次，但哪门课程更适合我们自己的学生、适合学生专业，这就需要教师在充分分析学生前期课程学习掌握情况及专业人才培养目标的基础上，结合平台课程专业背景、讲授深度等进行综合评选，再将合适的资源推送给学生，并在教学过程中，指导学生学会使用优质平台和可靠资源，避免简单的通过搜索引擎获取未经严格审查的资源对学生产生误导。

（五）线上线下融合在提升实验课教学质量中的应用

实验课是实践性较强的课程，具体操作大都需在实验室完成，但并非线上教学就不适合实验课程。用好了线上教学平台，将极大提升实验教学的效率。以农学专业分析化学实验为例，有4学时的实验基础课，主要介绍实验室安全知识，并进行实验常规仪器设备的清洁和使用训练，如玻璃仪器的洗涤、

① 曾文婕，周子仪，刘磊明. 怎样设计“以学生学习为中心”的大学翻转课堂[J]. 现代远程教育研究. 2020（3）.

移液管、容量瓶的规范使用等。这部分内容并不难，但每一个知识点学生都必须牢固掌握，因为这关乎后续实验操作的规范性和严谨性，不仅对化学实验课程重要，对其他专业实验同样重要。像这种难度小，但规范要求多的实验内容就可以采用线上线下相结合的教学模式，通过发布学习视频、参考资料引导学生自主学习关键知识点，并通过线上平台测试检验学习成效。进行线下实验操作前，教师结合在线测试发现的问题进行针对性讲解，再让学生进行实验室操作。对于其他实验，这种方式同样适用，线上平台测试使老师能及时掌握学生实验预习成效，避免学生边做实验边看指导手册，实验效率低、且对实验缺乏整体思考，让学生将更多时间用在实验设计和动手操作上。

四、结语

线上教学其便捷易得的优势是传统线下教学难以企及的，它突破了场地、时空限制，为学生获取知识提供了更多选择。但由于学生学习主动性不强、线上教学资源质量参差不齐等原因，学生对线上资源的利用率较低，获得的实际教学效果不佳，且学生主观上对线上教学的接受度低，为保证教学质量，线上教学资源的利用更需要教师的有效引导，并纳入课程教学设计和安排中。教学过程中，应以学生学习为中心，结合专业人才培养目标和课程教学目标的实现来设计课堂，合理利用线上线下资源，同时建立操作性强、透明的过程考核评价体系，对线上线下教学过程进行有效考核，全方位促进线上线下教学的有效融合，真正发挥信息化教学手段对人才培养质量提升的促进作用。

【责任编辑：田应国】

信息化背景下英语专业读写课程的任务驱动教学模式分析

邱　悦[①]

（四川民族学院预科教育院　四川康定　626001）

【摘　要】　在全球信息化快速发展的当下，信息化教学为提高课堂教学质量的服务要求逐步进入更高地阶段。英语专业读写课程的教育理念、教学模式都将呈现一个全新化的发展趋势，以信息化带动任务驱动型教学的发展已成为当下英语教学的重点，英语课程在现阶段的改革进程中将呈现一个质的飞跃，有效提高学生英语学习的积极主动性和探究能力，将课堂转化为一个高质量的教学空间，提升学生英语的实际运用能力。

【关键词】　信息化；英语课程；教学模式

英语读写作为英语课程中的重要环节，是专业课堂中提升学生综合英语素质的有效途径之一。现阶段英语类学生的主要学习任务是在不断提高英语综合能力的基础上，使得英语的运用水平能够达到专业的读写水平之上。英语专业读写课程与任务驱动教学模式相结合是当下课程改革的重点，也是英语课程发展的必然趋势。但课程时限短、次数少，如何在有效课堂时间内保证英语读写在课堂教学中的质量成为目前教学过程中面临的难题。而信息技术的飞速发展突破了传统英语的读写课程，也为当下英语读写课程的发展提供了诸多契机。

一、英语专业读写课程

（一）重要性

英语是一门语言实际运用的学科，专业的读写是英语教学中的重要组成部分，只有不断提高学生的语言读写能力，才会逐渐满足学生在日常生活和社交中的英语交际需要，只有加强对学生专业读写能力的培养，才会有效地提高英语课堂教学所呈现的课堂效果[②]。英语作为语言教学，听是第一，读代表学生学进去了，写则表示学生对知识的真正掌握，所以要十分重视读与写。在此课程中，是对学生口语和译文的一个初步锻炼。在这个过程中，学生对于自己在课堂中所掌握的知识进行有效加工组成自己的知识，这样对学生的口语和写作能力也进行了有效的提升，对于学生思维能力的培养也有一定的作用。俗话说“熟读唐诗三百首，不会作诗也会吟。”只要坚持对专业英语读写的培养与练习，学生的英语能力就会出现质的飞跃。

（二）现状

众所周知，英语专业读写课程并不仅仅是一个简单的实践课，也不单单是一个纯理论课程，而是一门非常重要的理论实践课程。制定《英语教学指南》，旨在通过一定的读写实践，引导学生观察、了解相关英语语言与社会文化现象，培养学生分析归纳、假设以及推理等逻辑思维能力，初步建立学生对于英语学习的相关构架。但现阶段学校与教师对于英语专业读写课堂重要性的认识还不够，对于本课程教学的开放量少，投入师资力量弱，再加上信息化课堂与英语读写课程的结合程度不够，英语

---

① 邱悦（1983—），女，四川德阳人，教育硕士。主要研究方向：英语教学、教育管理。

② 李勇，秦国华．信息化背景下英语专业读写课程的任务驱动教学模式探究[J]．信息记录材料，2019（12）．

读写课程的地位在学生心目中逐渐降低，对于本课程教学的重视程度较低，导致学生学习认真度缺失，教学效率也直线下降，最终导致学生双语掌握能力不够，无法达到正常的英语读写水平①。

二、任务驱动型教学模式

（一）任务驱动型教学含义

任务驱动型教学的本质是通过“任务”引导学生加强和完成学习任务的一个动机，是促使学生学习的真正动力所在。任务是英语学习的桥梁，驱动学生完成学习任务的不是教师也不是任务，而是学生自己。所以任务驱动型教学的内容总结来说就是以任务为主线、教师为主导以及学生为主体，任务为核心理念，驱动为关键环节②。任务驱动型教学其实就是由 Vanderbilt 大学所提出来的抛锚式学习环境，就是说将教学铆接于一些困难、有讨论意义的问题情境中，并且多个锚点伴随着课堂教学的推进能进行全方位的延伸，让学生在情境教学中保持持续性的探索思维，通过让学生以组合合作的方式解决一系列实际性问题，借此来学习英语专业读写课程背后的精髓与含义。

（二）与传统教学模式的区别

第斯多惠曾说，“教学艺术的本质不在于本领的传输，而在善于鼓舞和唤醒激励”，任务驱动型教学正是如此。利用一些能在现实中发现的学习场景创设问题，引导学生自主学习，通过小组合作完成，以记录学生的学习过程为测评标准，需要进行独立与教学过程的专门测试。它改变了传统教学模式中“教师全程讲解授课，学生被动听”的教学被动局面，重新定义了课堂教学的方式和理念，创造了以学习效果来定位的教学策略，学生积极主动参与自主探索，协作完成的创新型教学模式，通过情境任务来完成师生双方之间的互动③。与传统教学模式不同的最重要一点就是“任务”的突出，任务使教学活动策略有了目的性和经历性，从而能够明显地看出学习活动和学习内容的意义在教学过程中的主要地位。同样也要知道，任务驱动教学法强调“用语言做事情”让学生获得更为丰富的针对性语言体验，有效地避免了英语专业读写课程的形式内容，辅助学生构建起对读写英语语言系统的认识，强调任务要适应专业，适应学生使得任务本身具有更多的特征，更有利于学生英语专业读写能力的培养和英语应用能力的锻炼。

（三）任务驱动教学模式的主要特点

“任务驱动型”英语专业读写教学模式，将课堂还给学生，建立起以学生自主学习为主，教室引导为辅的课堂教学新模式，慢慢实现学生的“让我学”到“我想学”的转变，由被动学习向主动学习方向转换④。

1. 教师设计任务

任务驱动型教学的情境就是任务化的情境方式，依照本堂课程的教学大纲自然真实地引出本堂课教师提前布置的课堂预习任务，通过创设和布置任务提升学生的求知欲，激发学生的学习兴趣和吸引力，保证课堂任务的高效进行，加深学生对本堂课知识的理解，使学生在本课程环节的课堂学习中应对自如。

2. 学生自主探索完成

任务完美引出后，教师不要着急给出答案，而是要通过任务驱动的方式使学生慢慢进入本堂英语课的学习情境中去，通过学生小组讨论和分析，使学生明确任务的内涵目标和相应的解决方式⑤。在

---

① 秦国华，李勇．基于任务驱动的英语专业读写课程教学模式探究[J]．长江丛刊，2018（29）：78-79.
② 盛婧．“任务驱动型”英语阅读教学模式探究[J]．现代交际：下半月，2009（2）．
③ 张珍．岳东娅．信息技术与中学英语读写结合教学的深度融合[J]．中文信息，2020（4）：151.
④ 罗桃钊．初中英语读写结合教学模式探讨[J]．当代家庭教育，2019（35）．
⑤ 庄清萍．深度融合信息技术的读写结合英语教学研究[J]．中学生作文指导，2019（20）：58.

其中教师作为引导学生的关键任务，要及时提点学生，让他们在揣摩分析任务时始终走在正确的道路上，给予学生恰当的引导。

3. 教师评价

对于每个学生任务的完成情况，教师都需要有所掌握，了解每个学生的真实情况，才能对后面所有课程进行相应的调节来适应所有学生。教师在指导学生的过程中，对于学生的学习情况和任务完成度要有一个及时地反馈，用委婉的方式指出学生所存在的问题和需要改进的部分，同时也要毫不吝啬自己对学生的夸奖，发掘出每位学生的优秀潜力，做出相应地表扬，给予学生们认真完成接下来任务的信心。

三、信息化条件下任务驱动型教学模式的运用

当前，英语专业读写课程与信息化任务驱动型模式的教学探索仍在进行中，全面高效的英语读写资源稀少。任务驱动型英语读写模式以英语综合能力培养为首要目标，根据教学大纲与信息化相结合设计出各种适应社会培养人才需求的方案。当前，英语专业学生以读写为核心任务，在任务驱动型教学模式下，按照教学要求，对学生进行动态化管理，引导学生进行自主学习探究、与同学协作学习，最后再充分发挥信息化大背景下的优势，进行综合评价。[①]

（一）动态管理

在任务驱动型教学模式下，教师首要考虑的是在实际情况下，学生的学习状态和对任务的兴趣程度。因此，需要将学生进行以组为单位进行读写任务学习，方便学生在学习完成读写任务时进行自主学习后相互协作分享，高效地完成读写任务[②]。同时，在完成这一任务的过程中，对读写任务做出分析、判断并反馈。这也对教师有了相应的要求，在这一模式下的教学，需要教师按照读写周期和所完成的读写任务，创造和设立不同的任务，实施动态管理。遗忘曲线由德国心理学家艾宾浩斯（H • Ebbinghsus）研究发现，遗忘在学习后立即开始，在这一客观因素的背景下，周期性的读写任务是教师在教学过程中重要的一大环节，教师应当发布周期性的读写任务，这样可以帮助学生不断提高综合英语能力，以锻炼阅读的输送模式向写作的输入能力方向转化。在此期间，教师应充分借助信息化技术，合理的调动英语专业读写课程的有效资源来指引学生完成合作教学的主要任务，提高课堂的教学效率。

（二）自主学习探究

在任务驱动型教学模式下，旨在培养学生的自主学习兴趣，充分调动学生的自我探究积极性，不断开发学生独立自主思考的能力。这就要求学生能够合理地安排自己的学习时间，查询学习所需要的资料，为自己安排读写任务，并且要根据自身的实际情况，在动态化的学习过程中，不断根据自身的学习能力进行调整。这就体现在了学习计划的调整，随着学习能力的不断加强，则需要调整学习策略，以提升学习效率。但是在进行自主学习探究的前提下，不能离开教师任务这一框架，学生的读写任务要在教师任务的框架下进行，在自主学习的基础之上与其他同学交流，从而使学生在进行同一任务时，得到的反馈都是不同的，这就提高了教学的效率，从而加强了学生对阅读内容的了解，提升了写作的技巧和辨析能力，从而提高学生综合认知能力和水平，最终达到提升综合分析、解决问题的能力[③]。

① 吴莎. 小学英语教学的读写结合策略[J]. 电脑乐园 • 信息化教学，2019（3）：215.

② 吕侠. 智慧课堂，高中英语读写结合的绚丽舞台——基于智慧课堂的高中英语读写结合教学策略刍议[J]. 中学生英语，2019（28）：148.

③ 任银芳. “垫脚石”——“绊脚石”的华丽蜕变——智慧课堂背景下高中英语读写结合教学的困境与对策[J]. 中学生英语，2019（32）：124.

（三）信息化综合评价

在任务驱动型模式下的英语读写任务，就阅读而言，阅读过程是一个由输入、存储、处理以及输出等构成的信息加工系统。学生在阅读的过程中，其实已经对写作有了极大的影响，采取边读边写、学用结合的方法，不仅有利于知识的巩固，而且对于写作的提高也有极大的帮助。学习英语的最终目的就是应用，英语通过运用又得以提高，因此在任务型驱动型模式下，就需要教师不断强化英语从输入到输出的转化过程。具体措施如下：教师通过发布设立任务的方式，让学生通过阅读，用口头概括和书面描写的方式，复述回顾阅读的内容，目的是强化学生的阅读理解和写作的能力，教师要对学生进行客观的评价，针对学生的回答要进行纠正和辅导，达到举一反三的效果①。所以，教师在进行学生评价时要注意引导学生进行小组互评，协作评价后再由教师进行实际总结评价，将学生的自我评价和合作评价以书面和口语形式有条理的整合好，借此来对学生本堂课阅读知识和写作理解能力掌握情况进行初步了解，再根据这些内容对学生做一个初步估计，以调整好班级今后的教学计划以及对每位同学的分层教学任务发布。

例如在《综合教程 4》这本书中的 *Understanding Your Self-Preceptions* 这篇课文，在本堂课结束时，随机抽取学生进行互动，询问他们对于文章内相关句子翻译的理解，“What does this sentence mean”“What do you think of this sentence”以及“The Chinese meaning of this sentence”，通过这些简单的问题可以大致了解学生对于文章总体的掌握情况，借此来对全班同学的学习掌握度进行简要地评价。同时，要知道在评价过程中，教师可以通过一些任务驱动型问题结合本篇文章进行小组讨论，并且鼓励学生彼此之间交换笔记和心得体会，来达到学习的一个交流互动。这样可以有效地取长补短，开阔学生的思路和视野给学生提供多种全新的观念，让奇思妙想充斥学生的大脑，激发学生的创新思维能力来提升英语阅读和写作能力。最后，教师可以给学生布置线下作业以及对线上互动问题回答的情况进行 ppt 评价，并利用多媒体进行投放，让学生更直观地了解到自己与别人之间的差距，借此来激励学生不断奋勇向前。

四、结束语

综上所述，英语专业的学生已经具备初步的英语基础知识和相应的英语文化知识，所以在英语课程教学中，对于专业的读写课程要运用任务驱动型教学模式，这种模式让学生脱离传统的单词、语法以及句型结构的记忆，以培养学生的自主学习能力，逐步激发学生对于英语课程的兴趣性，在全面调动学生积极性的同时提高课堂教学质量，促进学生英语核心素养的全面发展。

【责任编辑：刘成萍】

① 郭建. 基于混合式教学的高中英语创新型课堂[J]. 读写算：教育教学研究，2015（31）：292-293.

四川民族学院“互联网+声乐考试”模式可行性探讨

冷　靖[1]

【摘　要】 声乐考试是学校检验学生学习声乐的一种方式，其目的是促进学生学习，加强他们的自我监督能力。同时，也可以检验声乐教师的教学效果，通过声乐考试可以让教师从另一个角度审视自己的教学，发现问题并调整教学方法并及时纠正，最终与学生共同达到该科目的教学目标。四川民族学院音乐学和音乐教育两个专业开办以来，声乐课一直沿用的是“一期一歌”，即学生在考试时演唱一首作品，由声乐教师3人评分，最终平均分数为该生演唱的得分。这样评判主要是为公平起见，3名声乐教师的分数相对比较权威，可说服学生。但是，传统声乐考试模式的一些弊端也逐渐显露出来，需要声乐教师和管理者共同完善将这些问题解决，共同达到“以考助学，以考助教”的目的。

【关键词】 声乐教学考试；“互联网+”；考试模式

音乐舞蹈学院目前设有4个专业，分别为音乐学、舞蹈学、音乐教育、舞蹈表演等，其中音乐学和音乐教育是面向中小学培养基础音乐教师人才，基础音乐教育需要大量的歌唱类课程。为满足这一需求，音乐学和音乐教育两个专业人才培养课程中开设了声乐课。音乐学声乐开设时长为6期，音乐教育声乐开设时长为5期，按照一期一次的考试来计算，音乐学学生将完成六次声乐考试，音乐教育学生将完成五次声乐考试。从学生的学习生涯来看，这五次六次的考试并不算什么，但它是学生不断总结、重新出发的转折点，是他们不断学习和不断进步的“里程碑”。作为声乐教育者如何将声乐考试的意义发挥到理想的境界是需要不断探索和努力的。在新冠肺炎疫情影响下，学校本着“停课不停学”的方针要求教师通过网络给学生授课，声乐作为实践课程也通过网络授课形式进行。一期网络课程下来有不足也有收获，现将“互联网+声乐考试”的教学改革模式该雏形构思列出，供教学管理者与同行共同探讨。

一、传统声乐考试模式的现状

（一）考试内容和评分标准

四川民族学院音乐学、音乐教育专业一直沿用的是全国音乐类高校、音乐类师范对声乐科目考核的模式，即学生通过一学期的声乐学习后准备一首歌曲演唱，再由学院组织2～3名以上的声乐教师担任评委对其演唱评分，评委的平均分为该生本期考试的最终得分。

评分标准由声乐教研室制定。评分段划分为4段：90分段的要求为嗓音条件好，音乐宽广，歌唱技术全面完美，乐感好，感染力强，曲目难度较大；80分段的要求为自然嗓音条件好，音域较广，音准、节奏、共鸣以及气息的运用比较熟练，艺术表现力强，曲目有一定的难度；70分段的要求为歌唱姿势准确，有一定的音域，音准、节奏、共鸣较好，气息流畅，吐字较为清晰，喉头稳定，有一定的艺术表现能力；60分段的要求为歌唱姿势准确，能够完整地演唱整首歌曲，音准、节奏尚可，歌唱方法无明显毛病。评委参照评分标准对学生进行评分。

① 冷靖（1982—）女，四川康定人，藏族，副教授，主要研究方向：声乐演唱与教学、民族音乐研究，合唱指挥。

（二）考试成绩

四川民族学院学生评分系统中的得分由期末成绩和平时成绩所构成，期末成绩就是学生在期末演唱一首歌曲后由 3 位评委给出的平均分数占比 70%，平时成绩按照教务处的要求由任课教师根据学生平时上课的表现所给出。平时上课的表现可从出勤率、作业完成的质量、与老师之间的互动交流情况来得出，占比 30%。从 2006 年开始音乐舞蹈学院从促进学生学习积极为目的出发，制定了声乐半期考试的规则，即半期考试的成绩取替任课教师的成绩，所以音乐舞蹈学院学生期末成绩是半期 30%+期末 70%的成绩。

二、传统声乐考试模式的短板

（一）实行的制度过于陈旧缺乏创新

现有的声乐考试模式和很多声乐比赛歌唱比赛的形式如出一辙，区别在于声乐考试由于需要维护考场秩序和考试的庄重性，考试时只有评委教师和考试的学生。安静和严肃的考场氛围，加大了学生演唱时的心理压力。再加之考试现场只有评委和参考学生，考试缺乏公开透明。而声乐比赛和歌唱比赛时，比赛现场就有很多听众，有的听众甚至能比较专业地听出声乐的门道。虽然声乐是比较专业的音乐艺术形式，但是也可以接受大众的评价。专业评委在给出分数时由于有现场观众的监督，给出的分数相对比较负责和公平。过去的考试模式缺乏公开透明的环境，考试的结果缺少说服力，对学生学习积极性有一定的影响，有的学生无法激发出自身对于艺术的学习激情，也抑制了声乐学习本身的教育价值。

（二）学生收获较少

声乐是一门通过实践来学习的课程，经过长期的教学累计发现，“实践”课程这概念面对不同学科时其实践的意义是不同的。音乐学专业中也有纯理论课，比如乐理，曲式分析等课程；这些基础理论课程实践部分分布于音乐门类的所有课程中，比如乐理可实践于声乐、钢琴、键盘和声、视唱练耳等。声乐这门已经定义为实践的课程，分成两个部分，一是课堂上教师教授学生技术，学生积极领悟和体会，二是通过舞台表演展示，不断累积舞台经验，精进自身演唱技术。但从学习声乐和教授声乐的角度来看，声乐课堂上的只是教学，而需要实践教学的地方在舞台。所以很多声乐教师和学生都将舞台演出视为教学和学习实践的平台，声乐科目在实践方面有别于其他理论科目实践的地方。

四川民族学院地处民族地区，距离康定市主城区 30 公里，离当地文化中心比较远，而音乐这些文化类学科的实践平台都需在当地的文化中心获得，学生可以通过参加社会的音乐活动得到实践的经验并不断积累和进步。目前，学校因地理位置的原因无法做到这点，所以声乐考试就成为大多数学生和教师实践和检验教学的唯一场地。如何把这唯一的实践场地运用好是学习声乐的学生和教授声乐的教师迫切希望的事情，也是教学管理者和教研室亟待面临解决的问题。

（三）声乐教师获得的教学反馈信息不够

考试除了学生检验自身的学习情况外，教师也需要通过考试来获得自己教学效果的反馈。语文老师可以通过学生的卷面了解学生在哪些方面的不足，研究学生写作能力上缺乏的地方，以便在日后的教学活动中纠正和加强。数学老师也可以通过学生考试的试卷，了解学生在哪些题型上容易出错，以此来获取自己教学效果的反馈。但是，声乐是时间的艺术，无法形成书面的东西，而且学校也并未为声乐考试提出录音录像的要求。所以，从目前考试的模式来看，很多声乐教师最后收到的教学反馈就只有分数，这样的分数能说明什么问题呢？自己教授的学生演唱水平是进步了还是退步了？而且因为每次考试的监考教师都是随机选取的，也存在着审美方向的不同和评判标准不同的问题，所以分数能带给声乐教师教学效果反馈不够，信息不全面，有时候还会有困扰，影响老师的教学心态，干扰了对学生学习效果的评价。

三、“互联网+声乐考试”模式的设想

（一）互联网+声乐考试模式的萌发点

“互联网+声乐考试”模式的设想是在新冠肺炎疫情影响下，学校倡导网络教学所激发出来的，最初的萌发点是声乐网络课程。笔者通过网络声乐课程教授与录制，上传到学习平台供学生观看和揣摩。在此实践后笔者通过视频回放，发现了在教学过程中自己的不足和学生的问题。这些问题在教学进行中并未察觉，观看视频后及时反应并做出补救。有了这些经历后就思考和设想如果声乐考试也能和网络课程一样可以回放，那么目前传统声乐考试模式的短板也可以一一对照弥补。

（二）“互联网+声乐考试”模式具体实施雏形

在新冠肺炎疫情影响下，教育部提出“停课不停学”的教育方针，很多网络软件也顺势开发出了网络课堂，线上教学等功能满足了教师线上教学的需求，使很多教师变身网络主播；在网络直播课中教师常使用的直播平台有腾讯课堂、腾讯会议室、学习星、抖音直播、快手直播等软件；这些软件功能开发全面，能够满足直播和录播的功能。在直播和录播都能具备的情况下，每次声乐考试只需要一部手机和一台支架即可完成声乐考试的直播和录播的考试模式，这样的考试模式就是“互联网+声乐考试”。

四、“互联网+声乐考试”模式能补足传统声乐考试短板

（一）让更多学生参与到声乐考试评判中

前面提到声乐考试考场比较密闭，其参与者为评委教师和考试的学生，为维持考场秩序有一个安静的环境能让评委做出准确的判断，同班同级的同学是不能进入考场观摩聆听的，这样的模式使学生只有通过评委老师才能得到自己学习效果的反馈，反馈的信息可能只有分数，这对于学生学习进步帮助并不大。如果声乐考试通过网络直播软件现场直播，那么其他的同学就能通过手机或者待考的多媒体教室观看同学的演唱，积极参与到考场的氛围中，下来后还可以相互交流互相评价，拓展了学生声乐学习获得评价的消息面，同学之间的相互观摩也可促进大家对歌唱的正确认知，提高自我演唱的评判能力，对提高演唱技能也会有很大的促进。

（二）让声乐教师获得更多的教学反馈

声乐是时间的艺术也是声音的艺术，它存在于空间，消失于时间，如果想要抓住它就需要录音录像。传统的声乐考试最终反馈到声乐教师那里的也只有分数，学生在考试时发挥得好不好？存在哪些方面的问题？声乐教师如不在监考现场是无法获得有效信息的，即使在监考现场，教师等监考完毕后与学生交流也只能凭印象大致说明，问题指向性不强，点评效果不佳。声乐考试直播或录播后，就可以解决这方面的问题，声乐教师可以通过考试直播获得自己学生考试的现场情况，分析原因找到有效解决办法；也可通过考试录播现场给学生分析讲解，让考试后的点评、总结、指导工作效率更高，教学效果更好。

（三）可树立良好的考风使监考教师评分更加公正

声乐考场人数较少，显得比较隐秘，知道情况的只有当事人。教研室在统计分数时为了避开一些争议，所以不会公布给出分数所对应的评委老师名字。这样的考试模式和评分方法使考试变得不那么公开和透明，教师在评分时给出的分数有时可能带有私人感情色彩。由于声乐是声音的艺术，学生演唱完后也无处查证，所以一些评委老师的打分也可能会出现比较随意的现象。传统考试模式会使部分教师的责任心不强，滋生私心，使学生没有得到相应的声乐成绩，这会造成学生在声乐考试后产生气馁、放弃等消极情绪，同时也不利于声乐老师之间的交流和团结。如果考试采取直播，声乐考试场外参加人员就多，既可以保证考场的秩序，又可以让学生参与到考试的氛围中，学生考试情况也可查证；

评委教师无形地多了一些监督，从而增强了责任心，促使在评分的过程中给出公平公正的分数，并使同事之间的关系变得更加和谐，更有利于教师团队建设，并使每期声乐主修生的选拔工作更加的精准和公平。

五、结语

声乐这门学科已有500多年的历史，从音乐教育、音乐学专业开办以来它一直都是这两个专业的核心课程，其重要性不言而喻。传统的声乐考试模式目前执行于音乐专业院系，这样的考试模式的弊端其实早已显现。作为新时代的声乐教师，通过现代化的网络技术来弥补传统考试模式中的不足势在必行。互联网+声乐考试是在新冠肺炎疫情下萌发的新型操作课程考试模式理念，其中有很多考虑欠佳的地方，希望同行提出意见建议，使该模式能尽快付诸实行，尽自身力量，调动一切可用资源，为培养出音乐技能优秀，心理健康的基础音乐教师而努力。

【责任编辑：丽红】

CLIL 教学模式下线上“基础英语”课程师生有效互动研究①

李晓燕②

（四川民族学院外国语学院　四川康定　626001）

【摘　要】　在“基础英语”的教学中融入 CLIL 教学法，能在语言学习中融入内容学习，拓展学生的人文素养，培养学生的人文情怀及思辨能力，从课前、课中和课后三个方面探析 CLIL 教学模式下线上“基础英语”课程师生之间的有效互动。

【关键词】　CLIL；英语；有效互动

在“基础英语”课程第三册第一授课单元 *Your College Years* 中有这样一句话：“According to Piers and Landau，in an article discussing the theories of Erik H. Erikson in International Encyclopedia of Social Sciences (1979), identity is determined by genetic endowment（what is inherited from parents），shaped by environment，and influenced by chance events.”③它的意思是说，在《国际社会科学百科全书》（1979）的一篇讨论爱利克. H. 埃里克森理论的文章里，皮尔斯和兰多认为，身份的形成取决于基因（由父母遗传），受环境的塑造，并且被不确定的、偶发的事件影响。以前在讲授这篇文章时，笔者对其中的“被不确定的、偶发的事件影响”并无过多感悟，甚至还会因为想要引导学生积极正面应对生活，想将学生们的关注点从这些不可知、不可测的因素中转向加强自身修养，增强自身主观能动性上来。可是在经历过新冠肺炎疫情之后，再读此文，感触颇异。这些“不确定的、偶发的事件”也会极大地影响我们工作、生活的方方面面。因之这场疫情，我们的教学模式也发生了改变。虽然目前已然回归相对正常的教学秩序，但对疫情期间线上教学的回顾、总结、反思能给后疫情期的教学工作带来启发。因此，本文作者尝试以疫情期间线上“基础英语”课程为例，基于 CLIL 教学模式，对线上授课过程中师生的有效互动作一探析。

一、CLIL 教学模式

何谓 CLIL 教学模式？CLIL 一词是 Content-and-Language Integrated Learning 的缩写，也即内容与语言相结合的教学方法。它于 1994 年由芬兰教授 David Marsh 提出：“CLIL refers to situations where subjects or parts of subjects，are taught through a foreign language with dual-focused aims，namely，the learning of content and simultaneous learning of a foreign language.”④简而言之，CLIL 教学法是用一门外语来讲授历史、艺术、科学等学科内容，将学科内容和外语学习有机结合，达到促进语言学习与学科内容学习的双重学习效果。那在英语专业的教学中，是否有实践 CLIL 教学模式的可行性和必要性？笔者认为，答案是肯定的。在传统的英语教学中，过分关注语言本身的学习，以听、说、读、写、译五项技能为教学目标，以是否通过 CET4/6，TEM4/8 为衡量标准，而忽视了语言这一载体想要传递的内容——人文的、科学的、伦理的、思辨的……CLIL 教学法在语言学习中融入内容学习，能拓展学

① 本文系 2018 年四川民族学院校级课程建设项目《应用转型示范课程建设项目〈基础英语〉》（项目编号：sfkc201750）的阶段性成果。

② 李晓燕（1981—），女，四川汉源人，教育硕士，讲师。主要研究方向：对比文学。

③ 杨立民.《现代大学英语》（3）[M]. 外语教学与研究出版社，2011.

④ 教个英语牛娃. CLIL 教学法优势劣势分析[EB/OL]. https://zhuanlan.zhihu.com/p/57066296，2020-09-29.

生的人文素养，培养学生的人文情怀以及思辨能力。

二、“基础英语”课程

“基础英语”课程是英语专业的核心课程之一。这门课程所使用的《现代大学英语》教材很多高校依然还在使用，并且有不少的高校依托此教材制作了慕课课程，上传到中国大学慕课平台，供更为广泛的英语爱好者学习。在笔者所任教的外国语学院，它是在大一和大二两个学年开设。每学期使用一册教材，共四册。该课程周学时为四，因此每学期我们会至少完成六个单元的学习。这四册教材编排合理，由易到难依次递进为学生在大三学年时进入《高级英语》的学习，打下良好的基础。更加难能可贵的是，这套教材的选材精巧，每个单元都有一个甚至多个主题，教师可以在讲授语言点的同时，引导学生对语言所传递的内容的学习、反思，学生可以在语言学习的同时，思考语言这一载体所传递出的寓意。拿“基础英语”第一学期第一课时的 *Message of the Land*（《土地的寓意》）这一单元的学习来举个例子。这篇文章采用平行结构，脉络清晰，结构简单，就是一对泰国老农的采访回答，因此语言采用的口语化表达，也非常简单。可以说，单从词法、句法这些语言本身的学习来看，这篇文章并无太多的重点和难点。可是就是在这样简单的词法句法的表达之下，作者呈现了多个开放式主题可供思考并形成自己的观点，如：父母与子女之间的代沟、农业文明与工业文明的碰撞、现代化城镇化与传统文化的碰撞等。在思考与形成自己的观点的过程中，学生们在无形中拓展了人文素养、培养了人文情怀和自身的思辨能力。CLIL 模式与“基础英语”课程教学的结合是一种必然。

三、CLIL 教学模式与“基础英语”课程

CLIL 教学模式其实就是“三根柱子”，一是内容，二是语言，三是学习的技巧。将内容置于其首，足见其重要性。在 CLIL 教学模式下，在处理内容时，教师要考虑阅读的素材，包含的主题对学生来讲是否有趣，是否有足够的吸引力，是否能满足学生的需求。在讲授“基础英语”课程时，这一点倒是不用担心了，如前所述，课程中每一章节都有一个或多个主题。这些主题或与学生息息相关，或紧扣社会现状，或有趣，或有吸引力，能满足学生的需求。在运用这些素材的过程中，CLIL 教学模式有一个核心要素，那就是 simplify（简化），换言之，把书读薄。教师可以通过设置讨论或引导学生做思维导图的形式来实现这一点，如“基础英语”课程第一册的 *The Nightingale and the Rose*（《夜莺与玫瑰》）一文，就可以通过让学生制作思维导图的形式厘清故事的梗概，简化内容。CLIL 教学模式的“简化”要素不但体现在内容环节，也同样体现在语言知识点本身的讲解与学习中。在讲解语言点时，CLIL 提倡教师所使用的字、词、句尽量简单，避免使用复杂的词法和句法且突出重点的词组、句式。“基础英语”课程所用的《现代大学英语》教材里的文章中并没有太多复杂的词法句法。在学习技巧方面，CLIL 教学模式提倡教师以吸引尽量多的学生的参与为导向，采用各种不同的形式，设置各种不同的难易适中又有些挑战性的合作型任务。这一点可以通过充分利用“基础英语”课程中每一个单元后的 Speaking（说）部分来实现。这一部分从第一册的简单地回答课文内容到第四册的对一些名人名言或是有争议的论点发表自己的观点，由易到难培养学生的思辨能力。因此，在“基础英语”课程教学中，处理好内容、语言与学习技巧也就实现了 CLIL 教学模式与课程的有机结合。

四、有效互动策略

（一）课前

疫情线上授课期间，教师先行在课前研究文本内容，挖掘文本所要传达的主题，筛选需要补充加入的背景知识，丰富授课内容，预先制定出切合学生实际的单元项目设计，设计有一定开放性、趣味性并与主题相关的讨论话题作为章节的导入环节。若话题对大多数学生具有一定的挑战性，就提前以预习任务的形式布置给学生。若话题对大多数学生并不具有挑战性，话题的设置只是想吸引学生对此

话题的关注与兴趣从而导入正文的学习，则在正式授课的过程中以不给学生前期准备直接以现场任务的形式完成。两者结合，以期达到训练学生的创新思维、思辨能力与口语表达能力的效果，实现内容与语言教学的结合。同时教师也会引导学生在课前，利用超星学习通完成上面的任务点，提前预习将要讲授单元的课文内容，引导学生不能再停留在以前的预习模式：将课文通读一遍，把不认识的单词的发音和词义用字典查出来、用笔记下来、完事儿。教师引导学生建立新的预习模式：除了做好查单词等的语言知识点的前期准备以外，还应提炼出本篇文章的主题，并对此主题有自己的看法。在此过程中，教师要引导学生独立思考的能力、创新的能力，但提醒他们并不能为了创新而创新，为了不人云亦云而刻意标新立异。在疫情期间，笔者共讲授三门课程，除了一门大学英语外，其他两门都是“基础英语”，分别为 1944 英语专业公费师范生的《基础英语二》和 1841、1842 英语专业的《基础英语四》。在此先拿《基础英语四》的第一讲授单元 *Thinking as a Hobby*（《把思考作为业余爱好》）来举个例子。文中，作者将思考分为三级：第三级思考、第二级思考和第一级思考。在作者看来，三级思考根本就不能算作思考，而只是一种情绪、无知、偏见的宣泄。二级思考者虽不盲从，也只是冷眼旁观，只能破却不能立。一级思考者既不是盲从者，也不是虽然发现问题仍然袖手旁观者，而是要行动起来去找寻答案的实干者。[①]作者通过举例说明的方式，娓娓向读者介绍这三级思考，引导我们决心成为一级思考者。那么教师在导入环节教师可以连续设问：学生对这三个等级思考者的理解以及他们各自想成为怎样的思考者。再拿相同课程第二个授课单元 *Groundless Beliefs*（《无根据的信念》）来举例。在这一章的讲授过程中，学生们的参与度很高，互动良好。时值疫情，居家隔离，在线授课，许多学生在在线学习之余，以刷手机来打发时间，浏览了不少的消息。在讲授这篇文章时，教师设置的问题：疫情期间你听到的或者看到的那些毫无根据的信念？你是否有从很久以前就固守的信念，它是有根据的还是无根据的？为什么有时候我们已经知道这些信念是毫无根据的，依然还要固守？这些设问联系学生实际、联系社会实际，是学生关心的、感兴趣的，因此学生的参与度很高，实现了师生之间的有效互动。

（二）课中

疫情期间由于是在线上课，所以教师需有选择性地根据授课的内容选择适合的应用程序进行授课，加强与学生之间的有效互动。笔者主要是依托以下三种应用进行授课。一是 QQ 群课堂。使用群课堂进行授课时，能实现与学生的即时交流。二是 ZOOM。使用这款软件可以实现与班上同学的音视频对接，对于自制力较差的学生能起到一定的作用。减少老师在授课，学生在另外一边不听讲，做其他事情的现象。三是超星学习通。由于笔者所参加的课题项目组在疫情发生之初就已经在超星学习通平台建设“基础英语”，因此线上有很多的资源可以使用，丰富课程的在线教学。在具体的课中教学实践中，教师根据授课内容的需要在各个应用中进行切换。由于先前已经通过设问的形式让学生自我实现对所学内容的简化，实现把书读薄的过程。在接下来的课文讲授中，教师在处理语言点的时候也可以通过内容与语言点的有机结合而实现与学生的有效互动。比如说在将文章中出现的修辞手法时——这属于语言点的范畴——教师在先行讲解完这个修辞手法后，可以邀请学生根据自身实际或一些社会现象，自己来举一些相关的例子。如在讲 *climax*（渐进）这一修辞手法时，老师通过举例来实现内容与语言的统一。*Climax*（渐进）是英语的一种修辞手法，它指的是将三者或以上的词语或从句，通过一系列反复形式由小到大、由浅入深、由轻到重、由弱到强依次渐进直至高潮。单从定义来讲，未免抽象，通过举例说明学生便可一目了然。可是举什么样的例子更好一些呢？拿下面两个例子做个比较。第一例：I am sorry. I am very sorry. I am so extremely sorry. 第二例：The doctors and nurses are fighting against COVID-19 for themselves，for their families，for their country. 笔者认为第二例比第一例好，好太多。从渐进的语法构成上来讲，这两个句子都是很好的范例。但第二个句子好在透过这些词和句，透过这层层的推进，使听者、读者对于这些逆行的医生护士勇担使命，舍小家顾大家，舍小

① 杨立民.《现代大学英语教师参考书》（4）[M]. 外语教学与研究出版社，2011.

我顾大我，战胜新冠的情绪推向高潮，实现理论与实践的结合，实现内容与语言的结合。用生动的事例去解释枯燥的语言点，让学生有话可说，有话愿说，有感能发，实现与学生的有效互动，同时如盐入水、润物无声地融入思政教育。此外在课中，笔者还通过将重点放在每个单元后的 *Speaking*（说）部分，实现与学生的有效互动。在具体实施中，教师通过创设让学生心理安全的氛围。疫情期间上网课时，笔者在使用 ZOOM 与学生进行音视频在线交流互动时，一些学生不愿开摄像头，私下了解后得知是因为不想暴露居住环境。遇到这种情况，教师可以不必勉强学生打开摄像头，旨在为其创设一个心理安全的交流环境。在具体互动过程中，分层级布置任务，分层级使用语言，旨在最大限度地使越多数量的学生加入师生的互动中来。如在讲 *Say Yes* 这篇文章时，教师布置的任务分为两类，易和难。由于这篇文章是透过一对夫妻的矛盾呈现出男主人的种族主义思想，因此教师在布置任务时，设置了两个任务，一个讨论的是夫妻关系，一个讨论的是政治层面的种族歧视等。学生可以根据自身对于专业知识的掌握实际和兴趣选择一个论点进行自我陈述，最大限度地加大师生间的互动。在学生发表自己的观点时，教师应持有开放的姿态，营造友好的氛围，培养学生以交流为主的能动性，放下害怕犯错的思想包袱。在学生们发表观点后，教师会对每位发言者的发言进行点评，让学生体会到这是一个双向互动的交流过程，而不是自说自话的单方面完成任务，这样下一次的时候，他们才能更有表达的欲望。

（三）课后

疫情期间，教师主要通过多创设机会让学生进行合作型学习加强师生之间的互动。在具体实践上，主要是通过对学生进行分组建群，进行讨论或是辩论。时间上不用卡得太紧，可以给他们相对充裕的时间准备。在辩论的论点方面也较灵活，教师没有给他们设定好辩论点，只是给他们一个大的与本单元学习有关又稍微有些拓展的方向，由他们自拟论辩点，自行分配主持人，正反双方的辩手等。教师是学生成长的见证者。在完成整个辩论以后，学生不仅锻炼了自己的组织能力和与他人的协作能力，更培养了自己的语言表达能力和思辨能力，同时对文本内容的学习也是一种巩固。教师根据他们的表现做出中肯的点评，这样不仅可以通过网络增强学生之间的学习交流，也能增强师生之间的互动交流。

结语

对学生来讲是书山有路，学海无涯；对教师来说是教法恒在，情况瞬新。身处这样一个瞬息万变的时代，作为一名老师，不但要谨记更新自己的专业知识深度，还得拓展自己的学习广度，以备不时之需，更要不断研究好的适用于学生的教法，因为教学是一个相互的活动。CLIL 教学法在语言学习中融入内容学习，能拓展学生的人文素养，培养学生的人文情怀以及思辨能力。疫情期间，在“基础英语”课程的教学中应用此法，师生之间虽相隔遥遥，但还是增强了师生间的有效互动。

【责任编辑：刘成萍】

提升大学生职业发展与就业指导课程信息化教学能力的几点思考

——基于辅导员视角[①]

易加超[②]

（四川民族学院外国语学院　四川康定　626001）

【摘　要】　在网络信息化飞速发展的时代背景下，信息化教学成为新的教学特点、新的教学形式，它在课堂教学中发挥着越来越重要的作用。网络教学、线上学习以及翻转课堂已成为新的课程趋势，云指导成为辅导员的必备技能，云招聘成为学生就业重要方式。信息化对于辅导员开展课堂教学和就业指导提出了新要求，走出辅导员在大学生职业生涯与就业指导课程中面临的困境，掌握信息化教学的规律和基本技能，对于提升大学生职业发展与就业指导课程信息化教学能力具有重要作用。

【关键词】　辅导员；信息化；就业指导

近年来，高校毕业生就业问题成为全社会最为关注的问题之一。2020 年高校毕业生人数达 874 万，创历史新高，大学生就业形势严峻复杂。实施国家就业优先战略，做好“六稳”工作、落实“六保”任务，国家对高校毕业生就业工作做出了一系列部署和安排，这也对辅导员开展大学生职业生涯规划和就业指导课程教学提出了新的更高要求，要求辅导员进一步提升信息化教学能力和就业指导水平。

一、大学生职业发展与就业指导课程的重要意义

（一）是学生做好职业规划、树立职业理想的重要途径

大学生职业发展与就业指导课程是学生正确、科学认知自己，了解就业形势与政策，以及帮助学生科学规划、做好职业生涯规划的基础，也是高校为促进学生高质量就业而开设的一门重要课程。大学生职业发展与就业指导课程对于帮助大学生进行职业认知和自我认知，确立职业生涯目标，树立正确的价值观、就业观，科学进行职业生涯决策，增强就业权益保护意识，以及提升就业技能等方面有着重要作用。

（二）是辅导员提升教学能力和就业指导水平的重要载体

大学生职业发展与就业指导课程是新时期加强和改进大学生思想政治教育的重要载体和重要内容，是辅导员开展思想政治教育的重要途径，是落实辅导员思想政治引领职责的重要抓手。高校辅导员担任大学生职业发展与就业指导课教学是大势所趋、职责所在。开展职业发展与就业指导课程教学，有助于提高辅导员综合素质和就业指导能力。此外，辅导员在大学生职业发展与就业指导课程教学中，能够有效发现自己的优势与不足，进一步帮助自己加深对岗位的认知，从而明晰自己的职业发展成长路径。总的来说，高校辅导员依托诸多网络平台和信息化手段开展课程教学与就业指导将在自身提升方面发挥重要作用。

① 本文系四川民族学院教育教学改革研究项目《基于互联网+的藏区高校英语翻译创业实践平台构建与实践》（项目编号：JG2018-868）、《民族地区高校“六轮驱动”创新创业特色教育模式的探索与实践》（项目编号：Xjjg2018039）、《双创升级版”背景下四川民族学院创新创业实践教学体系的构建与实践》（项目编号：Xjjg2018013）的阶段性成果。

② 易加超（1993—），男，四川开江人，助教。主要研究方向：人力资本、职业生涯规划、创新创业。

（三）是提升高校就业工作质量，展示改革发展成果的重要体现

为使大学生能够有方向、有针对性地找到适合自身的工作，很多高校都开设了大学生职业发展与就业指导课程。[①]此外，高校相关部门每年都会举办大学生职业发展与就业指导课程教学竞赛，通过以赛促学、以赛促改的方式来提升课程影响力。高校打造大学生职业发展与就业指导精品课程，促进辅导员专业化、职业化发展等一系列提升就业工作质量的政策措施是促进学校改革发展的重要内容，也是学校就业工作质量考核的重要参考指标，更是展示高校改革发展成果的重要体现。

二、大学生职业发展与就业指导课程信息化的必要性

（一）适应新时代高校课程改革的需要

深化高校教育教学改革，课程建设是重要内容。在新时代教育改革背景下，大学生职业发展与就业指导课程在顶层设计方面做出了战略安排，要求高校打造“金课”，淘汰“水课”。大学生职业发展与就业指导是辅导员的重要职责，将思想政治教育元素融入大学生职业发展与就业指导课程是推进课程思政建设的重要内容。信息化时代，课程建设迎来了前所未有的发展机遇，也要求辅导员主动参与到大学生职业发展与就业课程改革当中来，以适应推进高校课程改革的需要。

（二）适应信息化课程教学趋势的需要

当前，依托于互联网技术的信息化教学平台和教学模式层出不穷，使得课堂教学智能化、信息化特点十分凸显。各类课程教学的网络资源、移动课堂 App、国家精品课程、慕课、翻转课堂等信息化教学平台及资源快速融入各个高校以及班级，对传统教学管理模式产生了巨大影响，并为诸多专业学科以及课堂教学提供了十分方便且有效的方式和手段。同时，高校辅导员因工作属性的不同以及专业的差异对信息化教学技能掌握不尽相同。为了适应新的课程教学趋势，需要辅导员充分地融入信息化教学中，掌握新的教学方式和管理模式。

（三）适应学生课堂个性化学习需求的需要

学情分析是做好课程设计和课堂教学的重要前提条件。掌握学生特点，了解学生需求才能增强课堂的实效性。辅导员在日常事务工作中，与学生接触最多，能从各个渠道了解到学生的情况。辅导员平时与学生接触机会远多于其他教师，对学生的基本情况、个性特征比较了解。辅导员在学情分析方面具有较大优势，开展学情分析比较得心应手，能够更好地满足学生的学习需求。信息化课程教学需要着眼于学生的需求，满足学生在课堂上的期待，需要辅导员了解学生的特点以及学科专业特色，不断增强课堂的说服力、吸引力。

（四）适应辅导员专业化和职业发展的需要

辅导员作为高校思想政治教育工作的重要力量，在思政教育、职业生涯与就业指导方面有自己独特的优势，参与课程信息化教学是辅导员提升综合素质的重要途径。[②]一方面，学校正在为辅导员成长打通路径，并提出了专业化、职业化的发展要求。另一方面，开展大学生职业生涯规划和就业指导课程教学，将对辅导员作为大学生思想政治工作的组织者与实施者，学生的人生导师和知心朋友这一角色有更清晰的认知。辅导员在开展职业发展与就业指导教学的过程中，将对自身工作有更深刻的体会，有利于增强职业认同感和归属感，多维度助推辅导员向专业化、职业化发展。

---

① 钱璐，李晓星. 大学生职业生涯规划和就业指导实践教学模式探讨——基于辅导员视角[J]. 科教导刊（中旬刊），2014（11）：228-229.

② 周红霞. 论高校辅导员在职业规划课程教学中的职业提升与转型[J]. 中国大学生就业，2014（06）：34-36，64.

三、辅导员职业发展和就业指导课程信息化教学的新要求

（一）进一步掌握学生的思想动态和课程学习需求

网络信息化时代，学生接受各类网络信息的渠道较多，辅导员开展网络思想政治教育难度大、任务重。一是辅导员在大学生职业发展和就业指导课程信息化教学过程中更应掌握学生的思想动态，从网络渠道、课堂教学以及日常管理等多渠道了解学生的职业价值观。二是学生收集各类教学资源、网络信息资源十分便捷和快速，如果老师无法精准把握学生在课程上的学习需求，将抓不住课堂教学的切入点，课堂互动就会成为“一枝独秀”。三是师生通过教学设备进行交流需要互动。课堂互动环节能否满足学生需求，增强网络课程教学的吸引力，让教师自身成为屏幕的焦点，需要辅导员精准把握学生的学习动机和需求，需要学生有较高的学习自觉性，需要依靠家庭教育的力量。

（二）进一步把握学生特点和课程设计要素的关系

辅导员在日积月累的日常事务中，积累了诸多网络工作方法，拥有了学生最全面的网络信息和资源。[①]各类信息化教学平台的广泛发展，要求辅导员将学生的特点和信息化教学要求结合起来，积极探索适合学生特点的信息化教学平台。目前来看，利用“超星学习通”“腾讯课堂”“钉钉”“QQ 群课堂”和“ZOOM”等网络教学平台来实现高校辅导员课堂教学管理的辅助功能是常见的方式，这都是基于辅导员能够准确把握学生特点，找准信息化课程教学设计的切入点，帮助学生及时适应新的教学模式和方法，掌握开展网络课堂教学活动的基本技能。

（三）进一步提高课堂理论讲授和实践指导的能力和水平

大学生职业发展与就业指导课是一门理论性和实践性特点非常凸显的课程，需要辅导员具有一定理论素养和实践经历才能有效驾驭。[②]一是怎么生动形象地阐释职业生涯中的基本概念和理论知识，分析就业理论和就业政策，将职业生涯的职业认知相关理论进行有效、生动的讲解，在课堂上有效地抓住同学们的吸引力，需要辅导员挖掘适合课堂教学的信息化元素。二是线上招聘成为学生就业的主要选择渠道，网络信息为课堂教学提供了便利的同时，也引起了同学们的疑虑，精准识别各类就业陷阱，这要求辅导员有较高的信息化识别能力。三是职业生涯设计、简历制作以及模拟面试等实践性较强的课程内容，需要辅导员着眼于用人单位和市场需求，切实在学生的实践运用环节进行指导，用身边的一些鲜活案例来提升课程的生动性、适用性。

（四）进一步整合和优化课程教学网络信息和资源

信息化课程教学需要辅导员在丰富的网络资源中找到适合自己课堂的教学资源。一是线上课程资源相对零碎，选择途径多，辅导员需要在众多的课程资源中进一步整合和筛选符合学生需求的课程资源。二是线上招聘会、双选会场次多，就业信息发布的渠道多，但学生掌握的就业信息渠道、信息资源不尽相同，辅导员根据学生的专业特点、个人爱好以及就业意向等进行就业信息匹配显得尤为重要。三是大量的网络信息和课程资源需要同学花较多时间精力去选择和匹配，在选择和匹配的过程中也易出现太多资源无法选择的情况，学生也会出现观望心态，需要辅导员帮助学生梳理适合自己的信息资源。

四、提升辅导员大学生职业发展与就业指导课程信息化教学能力的对策建议

（一）把握全局，突出课程教学和思想政治教育相结合

辅导员的首要职责是大学生的思想政治教育，开展大学生职业发展与就业指导课程信息化教学需

① 王锋峰，杨敏. 高校辅导员在信息化教学管理工作中的网络作用发挥探究[J]. 教育现代化，2018，5（27）：341-342，371.

② 余文玉，钟岑. 大学生职业生涯规划与就业指导课程教学改革与创新[J]. 长江丛刊，2020（05）：86，88.

要将思想政治教育元素融入进来。①一是积极挖掘课程教学中思想政治教育元素，及时传达国家的一系列促进高校毕业生政策举措，开展国情教育，通过身边的一些案例来引导学生将个人理想和祖国发展结合起来，推进课程思政创新发展。二是积极引导学生向医护人员、广大基层干部以及各行各业献身祖国的人民英雄学习，引导学生树立正确的职业价值观和远大的职业理想。三是辅导员通过全国辅导员网络培训示范班的学习成果以及学习强国、学习平台积淀的理论成果运用到课程教学过程中，促使学习成果进一步转化。

（二）深入调研，实现整体性指导和个性化服务相统一

网络信息资源十分丰富，做好信息的分类和学生情况的调研，有效地整理信息、快速地传递信息十分关键。一是辅导员在充分了解同学情况的基础上，突出差异性，有针对性提供就业指导服务，向每个同学精准推送有需求的就业信息。二是做好学生分类指导，对不同职业目标和就业意向的同学建立信息档案，并不断更新和完善，找到同学的共性特点，集中开展课程教学和分类指导服务。三是明确重点学生群体的差异性，采用精准有效的帮扶举措。辅导员对就业困难学生、没有就业意向学生、家庭经济困难学生、学业困难学生等进行差异化管理和指导，帮助重点群体实现职业目标。

（三）合理激励，发挥资助育人和榜样导向功能

国家出台了一系列毕业生就业帮扶举措，在求职创业补贴、就业困难学生帮扶等方面给予了大力支持。一是辅导员通过列举与学生相关的资助措施，教育学生积极用行动感恩祖国、回报社会，进一步发挥资助育人的激励功能。二是发挥学生群体的朋辈力量。学生党员、优秀学生代表、班委、优秀学长学姐等容易与学生建立信任和联系，这些同学在就业工作的积极表现能给其他同学带来一定的激励作用，形成强大内心驱动力。三是设置课程小组竞赛、团队竞技活动以及课堂积分卡等参与式课堂游戏，以提高学生参与课堂教学的参与度，增强课程教学的趣味性。

（四）内外结合，推动课程教学开展和自身能力提升

课堂教学是师生共同学习的重要途径，学生和教师两个主体的共同发力，将对课堂教学效果和双方的发展带来巨大动力。一是引导学生正确认识就业，明确外部需求和自身条件的关系，进一步发挥主观能动性，关注就创业信息，抓住学习机会，科学进行职业规划与决策，积极参与课堂教学活动，找到适合自己的就业岗位和职业目标。二是辅导员应主动适应“云招聘”、“网络招聘”、“空中招聘”等线上指导的新要求，通过参加全国网络辅导员示范班学习，了解辅导员工作知名微信公众号（如发哥辅导员工作室、高校辅导员联盟等）以及全国大学生创业服务网等创新创业网站，通过教育部提供的公益就创业资源等课程学习平台，进一步加强理论知识学习，提高理论水平和课堂信息化教学能力。三是注重对学生职业生涯规划和就创业指导工作的总结和反思，积极参与课程建设和项目研究，逐步形成一系列理论和实践成果，推动建立可复制、可推广的大学生职业发展与就业指导课程教学的理论体系和运用方法。

总的来说，网络时代背景下，随着科学技术快速发展和课堂教学方式的转变，要求辅导员掌握大学生职业发展与就业指导课程信息化教学的基本理论知识和实践能力。与此同时，信息化课程教学对高校辅导员的要求越来越高，需要辅导员因势而变，主动适应新形势、新要求，才能为日后更好地履行岗位职责以及促进学生健康成长打下坚实基础。

【责任编辑：周良勇】

① 申立泉，张开宝，王飞，王培培. 提高大学生就业指导课教学质量的对策探索[J]. 产业与科技论坛，2020（4）：172-173.

信息化背景下智慧教学工具在大学英语混合式教学中的应用①

吕 莉②

（四川民族学院外国语学院　四川康定　626001）

【摘 要】 信息时代的来临，给高校教学带来了新的机遇，也带来了新的挑战。智慧教学是顺应时代要求的一种拓展升华课堂教学的新形式。智慧教学工具应用到大学英语课堂不仅改变了传统的授课模式，还进一步提高了大学生的英语语言应用能力，增强他们的跨文化交流意识和交际能力，有利于培养大学生的批判、思维能力，实现了教育立德树人的目的。

【关键词】 信息化；智慧教学；大学英语；混合式教学

《教育信息化十年发展规划（2011—2020年）》提出："推进信息技术与教育教学深度融合，实现教育思想、理念、方法和手段全方位创新，对于提高教育质量、促进教育公平、构建学习型社会和人力资源强国具有重大意义。"2018年教育部发布了《教育信息化2.0行动计划》，实施数字资源服务普及、网络学习空间覆盖、智慧教育创新发展等八大行动，旨在推动我国教育信息化整体水平走在时间前列。智慧教学是在教育信息化背景下，依托智能技术的发展，利用互联网、新媒体手段打造的区别与传统课堂教学的智能化教学，是"互联网+教育"的重要体现。混合式教学（Blended Learning）是基于互联网技术，综合使用传统课堂与网络教学、线上与线下多种方式的新型教学模式。当前，随着互联网技术的不断发展，尤其是疫情防控时期，混合式教学已成为大学英语教学的必然模式，但在具体运用过程中，还面临着各种困难，其中智慧教学工具的熟练应用是每一位英语教师应掌握的一项基本技能。

一、大学英语混合式教学现状

教育部2017年颁布的"大学英语教学指南"指出，大学英语对于促进大学生知识、能力和综合素质的协调发展具有重要意义，高校应为大学生提供优质外语教育③。新冠肺炎疫情防控期间，各高校大学英语教学一方面运用"中国大学MOOC"、智慧树、超星尔雅等学习平台，引导学生进行自主学习，另一方面运用教师超星学习通、腾讯课堂、云朵课堂、好视通等网络教学平台进行直播授课，学生即时或延时收看，同时，教师通过在互联网技术的运用方面取得巨大的成效，将大学英语课程的信息化建设程度推向了高潮，但在具体使用过程中也存在很多不足。

（一）以"学生为中心"的教学理念体现不充分

网络平台的一个弊端是教师在虚拟空间中上课，可能面临无学生的单向知识传输，因此，网络学习平台的许多大学英语课程在教学内容上仍然侧重语言和文化的填鸭式灌输，偏重词汇、语法的应试，课堂教学内容缺乏现实问题导向，与学生所能接触到的现实生活有明显的距离感，"问题意识"缺乏必要的立足点，学生对教学内容载体兴趣不大，对学生来说，只是换了一个上课的场地。

---

① 本文为四川民族学院2018-2020年高等教育人才培养质量和教学改革项目《PBL教学模式在大学英语教学中研究与探索》（项目编号：Xjjg2018026）的研究成果。

② 吕莉（1982—），女，四川成都，硕士，讲师，主要研究方向：英语语言文学和英语教育。

③《大学英语教学指南》（教育部2017最新版）。

（二）网络资源利用不充分

因大多数学生的国际文化视野不够，英语阅读量及对英语国家的文化了解程度严重不足，同时在有效利用英语这一语言工具传播中华民族传统文化的优秀成果方面获得的实践机会较少，进行国际传播的能力和见识相对欠缺，有的学者甚至认为在大学英语教学中“中国文化失语现象普遍存在”①，而这一现象在普通地方院校中更突出。目前，在大学英语的混合式教学中，传统语言文化视野仍占据着主流，许多老师仍未充分利用各种网络资源来有效扩大学生的国际文化视野。

（三）偏重应试教学，学生思维能力训练不足

在进入大学前，大学生的批判思维训练相对较少。而在大学英语课堂中，也很难组织开展有效的讨论，学生运用英语深入探讨和交流复杂问题和学术问题的能力欠缺，英语高阶能力普遍较低。在混合式教学中，有的英语教师未能根据各种智慧教学工具的特性，科学合理地安排线上线下的教学任务，往往缺乏对学生思维能力的有效训练。

（四）基础设施建设有待改进，智慧教学工具有待进一步完善

在地方普通院校中，许多大学的英语师资尤其是外教资源严重不足。如果不充分利用智慧教学工具的优势，购买各种网络教学资源、使用信息化技术更完善的网络平台，学生的视野及知识将始终受到极大限制。

二、智慧教学工具的优势

教育部要求“各高校要全面梳理各门课程的教学内容，淘汰‘水课’、打造‘金课’，合理提升学业挑战度、增加课程难度、拓展课程深度，切实提高课程教学质量。”②“金课”就是要具备高阶性、创新性和挑战度。大学英语课程对大学生的未来发展具有重要的现实意义和长远影响，大学英语教师应该顺应时代需求，不断探索创新，不断改进教学方式方法，应用各类教学模式，努力提高教学质量和学生大学英语水平，努力把大学英语打造成“金课”，而信息时代的到来要求教师在设计“金课”时，要有“新理念、新模式、新评价”，③实现智慧教学。智慧教学是顺应时代要求的一种拓展升华课堂教学的新形式。智慧教学是指“综合运用移动互联网、物联网、大数据、人工智能等前沿技术，通过对师生教学行为数据全方位全周期的收集和分析，构建形成的具有多维化互动、泛在化感知、精准化评价、数据化决策、个性化引导的教学环境。”④“基于大数据技术集智慧教学、人员考勤、设备管理于一体的新型现代化智慧教学系统”⑤为教师开展教育教学改革与实践提供了强有力的技术支撑。教师端以泛雅平台为基础、以资源为支撑、利用已有硬件，依托学习通为学生提供了方便快捷的移动学习服务，为更好地实践智慧教学提供技术支持。

一般来说，智慧教学工具在基于网络生态下的教学应用，具有传播效率高、互动体验佳等优势，可以通过多样化的教学互动，有效提高学生的学习兴趣、提高教学质量。同时，智慧教学工具还有效延伸课堂的时效，学生不仅可以灵活安排学习时间，重复观看，便于知识的有效掌握，还可以实现与教师的远程互动。以超星学习通平台为例。超星学习通平台提供了多种教学功能，它是实践翻转课堂的有效工具，教师可以在该平台新建课程，也可以利用平台上已有的课程资源，可以有效地设计课程课前、课中和课后的学习内容；超星学习通也是即时评价工具，它能帮助教师搜集教学质量信息，通

① 王金悦．大学英语教学中中国文化缺失现状分析[J]．现代交际，2019（16）．

② 教育部《关于狠抓新时代全国高等学校本科教育工作会议精神落实的通知》（教高函[2018]8 号）

③ 王竹立．中山大学教师发展中心培训教师，在 2020 年度高校教师信息化教学能力提升专题网络培训中发表的《如何打造信息时代的“金课”》讲座中提出信息时代“金课”设计三原则，即新理念、新模式、新评价。

④ 吕秋亮，教育部在线教育研究中心课程顾问，在 2020 年度高校教师信息化教学能力提升专题网络培训中发表了《基于雨课堂的智慧教学设计与实践》的讲座中提出了“智慧教学”的定义。

⑤ 董萍．基于“一平三端”智慧教学系统的大数据分析与应用[J]．河北北方学院学报（自然科学版）．2020 年（3）：1-7.

过学生的作业回馈，即时调整自己的教学内容，改进教学方法；超星学习通为教师教学和师生沟通交流提供了互动的工具，如随机点名，讨论等功能；超星学习通还提供了作业考试功能，教师不仅可以在题库中自动调取试卷，还可以自己根据教学需要制定试卷，并且题型多样，包括客观题、主观题等，作答方式灵活，有附件作答、拍照上传、语音回复等形式；超星学习通还具备数据报表功能，即时呈现学生的学习结果，有效地促进了教学相长。

三、基于超星学习通的大学英语课程教学设计（见图 1）

超星学习通为教师实践翻转教学提供了多种功能。翻转课堂强调知识的“先学后教”，“课外真正发生了深入的学习，注重培养学生自主学习的能力。”①我们把翻转课堂划分为课前，课中和课后。

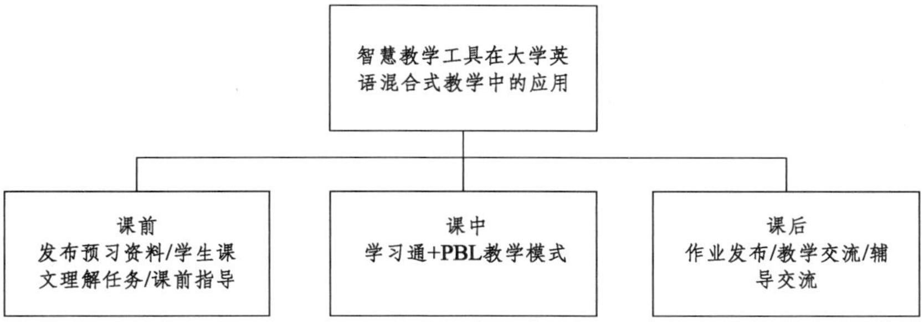

图 1　智慧教学工具在大学英语混合式教学中的应用

（一）课前

教师课前通过超星学习通建立大学英语课程，然后建立班级学习群。教师可以通过班级学习群，发布学习资料，包括视频、语音，文本等；也可以要求学生以讨论的形式上传课文的理解。我们以新视野大学英语读写教程 2 中第 3 单元 Journey through the odyssey years 为例，课前要求学生以学习小组为单位，把对课文的思辨阅读五步骤上传到讨论区。通过这样的课前课文练习，可以进一步培养学生的思辨品质，如“智识的谦逊，自信，坚持”等②；课前，同学们还可以上传自己的课文朗读音频文件，老师对其进行个性化的语音指导。

（二）课中

课堂上，大学英语采取 PBL 教学模式，也称项目教学法。该教学模式强调以学生为中心的教学，能有效改变学生的学习方式，同时也对传统的英语课堂教学带来了变革，它“将对项目成果（或完成项目产品）的追求作为学生学习活动的主线和驱动力，真正追求的是学生在获得项目成果过程中的学习和经验的增长。”③它强调项目与学生的生活经验相联系，解决生活中的问题，强调学生的高阶能力，即分析，评价和创造的能力。

基于 PBL 教学模式的大学英语翻转课堂中，每一单元将制定一个合理的和同学们生活相联系的项目活动。课中，学生将围绕单元学习内容开展形式多样的支撑项目活动，如小组讨论、项目成果汇报等。每个项目活动后，要进行评价，从而激发学生们的学习和参与活动的积极性。课堂上，为了高效地完成各个项目活动，我们使用超星学习通提供的各种教学互动工具，如班级签到，投票，抢答，主题讨论，随堂练习，问卷，评分，分组任务，计时器，通知等。课前同学们已经以小组为单位把对课文 Journey through the odyssey years 的“思辨阅读五步骤”④发布到讨论区。课中，教师可以设计一个投票活动，选出同学们认为任务完成得最好的一组；然后，教师对本次课文的思辨阅读五步骤给出

① 桑凤琴. 翻转课堂的核心特征及决定大学英语翻转程度的要素[J]. 教育现代化，2019，1：113-117.
② Richard Paul，Linda Elder. 批判性思维概念与方法手册[M]. 外语教学与研究出版社，2016.
③ [德]鲁道夫. 普法伊费尔. 项目教学法的理论与实践[M]. 江苏教育出版社，2007.
④ Richard Paul，Linda Elder. 如何进行思辨性阅读[M]. 外语教学与研究出版社，2016.

评价意见。教师要对此次思辨阅读练习给出一个客观准确的解答，要分别对这五个步骤进行评价。

步骤一：课文进行释义。学生对课文进行逐句改述时出现错误的语句，教师要进行纠错。

步骤二：解释文本主题思想。教师以PPT形式给出课文理解范例，文本主题思想主要包括 statement of thesis、elaboration of thesis、exemplification of thesis 和 illustration of thesis。

步骤三：分析文本的逻辑性。在这个过程中，要求学生根据思维的要素，如目的，焦点问题，视角，推理中使用的信息等来分析文本的逻辑性，要求学生回答出以下问题，并纠正学生的错误回答。问题如下：

（1）the most important issue in the text.

（2）the most significant information.

（3）the most basic conclusion.

（4）the most basic concepts.

（5）the most fundamental assumptions.

（6）the most significant implications.

（7）the point of view.

步骤四：评价文本论述的有效性。按照智识标准的10个维度对文本进行检验，纠正同学们回答的与文本相关的问题，如：Does the author say clearly what he means，or is the text vague，confused，or muddled in some way？等问题。

步骤五：角色扮演作者。在这一环节中，要求小组内一位同学扮演作者，回答组内其他同学提出的与文本相关的任何问题。

思辨阅读评价结束后，教师还可以进行一个课文的阅读理解练习，同学们通过抢答，来完成这个任务。这样，就进一步理解了课文的意思。对于课文中的文化知识点，教师可以通过分组任务这个功能，给每个学习小组分配一个文化知识，学习小组组内相互讨论，允许学生使用移动手机搜索信息；讨论结束后，进行小组汇报，小组代表在汇报时，如果出现知识点错误或遗漏的现象时，教师立即更正指导；小组汇报结束后，教师要对活动进行评价。课堂上，通过学习通智慧教学工具辅助教学，改变了传统的授课模式，实现了以学生为中心的目的，让学生在不断地讨论、探索中逐步认识并改变自己思维中的一些显著问题，提高他们正确面对问题、分析解决问题的能力，从而取得在大学英语应用能力和人生品格方面的双向进步，进而逐步从一名非反思性的思维者发展为高阶思维者，实现立德树人的教育目的。

（三）课后

每次课结束后，超星学习通教学平台会对每节课使用的教学工具，以及同学们的完成情况列出数据报表，教师可以根据发布的数据和学生进行交流；同时，教师还可以在学习通上发布项目活动，如进行采访活动，了解同学们对 odyssey years（奥德赛岁月）的理解；教师还可以发布学习测验等信息，从而巩固知识和提升能力。这样，对学生的学习动机、学习方法和学习行为都产生了积极的影响。

四、结语

智慧教学工具应用到大学英语课堂不仅能有效地提高学生的英语应用能力，尤其是阅读、听说写等方面的能力，进一步增强他们的跨文化交际意识和交际能力，同时又能提高学生的自主学习能力，在不断地思维训练和项目模拟演练中提高他们的批判性思维能力，实现教育立德树人的目的。

【责任编辑：刘成萍】

园艺植物生物技术实验课线上线下混合式教学实践探索[①]

李　忆[②]

（四川民族学院　四川康定　626001）

【摘　要】 分析园艺植物生物技术实验课程教学中存在的问题，结合线上线下混合式教学模式为实验课程提出科学、有效的解决思路。

【关键词】 园艺植物；生物技术；混合式；教学探索

本科院校大力提升应用型人才专业素质，一直着力于专业课程的教学改革。对于自然学科专业来说，教学改革不仅要深入到理论教学，对实验教学也同等重要。实验课程是直接反映理论课程的理解与实践。实验教学是高校人才培养过程中的重要环节，是对理论知识的实践和升华[③]。

园艺植物生物技术实验是基于无机化学、有机化学、生物化学、分子生物学、植物学、植物生理学等实验课的基础上，将所学的实验技能在该课程中得到综合运用。园艺植物生物技术的实验主要分为植物组织培养及基因工程技术两大板块，实验对象从植物器官、组织、细胞到基因。因此，对实验仪器设备和实验室环境都有较高要求。对于开设此门课程的学校都应满足实验要求，另外，课程属于专业核心课程，对知识的掌握不能停留在理论，必须应用于实践，熟练掌握操作技能的同时，注重实验过程中的独立思考能力。

一、当前实验教学中主要存在的问题

（一）实验模式固化

课程设置基本是教师先进行实验讲解，介绍实验流程，学生按照讲解内容进行验证性实验操作。此类实验无创新性，以按部就班的形式完成实验，学生只能熟悉操作流程，而忽略了自主开展实验的能力提升。设计型实验缺乏，无法实现学生独立参与实验准备、设计方案、检验实验可行性等。实验性质是以验证性实验为主，综合性、设计性、探索性实验欠缺。学生按照实验操作进行实验，无法提升创新能力，最后以完成实验报告作为实验完成情况的主要依据。实验过程无法进行考查，流程化操作只能锻炼动手操作能力，无法实现实验的设计、实验原理的探索，分析问题、解决问题的能力无法得以提升。

（二）实验资源短缺

由于细胞、基因工程实验药品耗材价格高、消耗大、毒性大、实验设备昂贵数量少等，实验室很少开展真实实验或难以实现全部教学功能，从而导致学生动手实验机会少。通过教师演示此类实验进行实验教学，达不到学生亲自动手操作的真实体验，无法在实践中检验真理。

（三）课程体系不合理

园艺植物生物技术为园艺专业核心课程，内容涵盖植物组织培养、植物遗传转化、分子标记等。

---

① 本文系四川民族学院“2020—2021 年线上线下混合式一流本科课程”的研究成果。

② 李忆（1982—），女，四川泸定人，硕士研究生，副教授。主要研究方向：园艺专业教学法。

③ 白泽朴，张继延. 实验教学在创新人才培养中的作用及其实现. 实验技术与管理，2019，36（7）：5-7，28.

课程设置为 80 学时/学期，课程内容较多，实验课学时占比一般只有 25%，学生动手操作的时间少，单个实验周期长，顺利完成实验难度大且需要多次重复实验。对于遗传转化、分子标记等实验，就算实验设备条件具备，但受药品昂贵，运输条件严苛，实验损耗大，废料有毒须专门处理等因素制约，实验项目开设数量不足。

（四）实验成绩评价体系不完善

实验课成绩主要由实验操作、实验报告和实验结果考核三个环节确定。由于种种原因，学生写的实验报告不能如实反映实验情况，实验结果常常达不到预期，这使得教师难以做到客观、全面、准确地考核学生实验成绩。

（五）线上实验教学手段单一

线上实验教学容易出现模块化、碎片化，主要以视频形式演示实验操作流程，实验与实验之间没有做到有效衔接，其效果也不能与线下教学相比。生物技术很多实验属于细胞、基因工程等方面实验，微观实验原理必须结合所学相关课程知识，仅依靠学习如何操作，无法实现做实验的真正意义。

混合式教学旨在通过发挥面对面传统教学与线上教学两种学习方式的优点，提高学生的学习成效[①]。以教师为主导，以学生为中心，探索科教融合的混合式实验教学的方法和途径，提供有针对性的教学指导。要发挥教师引导、启发、监控教学过程的主导作用，又充分体现学生作为学习主体的主动性、积极性与创造性[②]。

二、实验教学新思路

（一）参与实验前设计方案

将理论课程中涉及实验原理采用分章搭建，再将每一章讲到的实验内容分节列表，每一节为一个实验，确定教学目标及教学方案，明确学习重点，结合理论教学中相关知识，构建实验内容大框架。将每个实验的实验原理和课程知识相联系起来，并要求学生在实验前以实验小组的形式按照实验目的、实验材料、实验方法、实验预期结果为内容进行设计。

（二）构建线上实验课程

充分利用实验教学网络平台，完善实验课程视频录制，实现网络资源与线下资源的互补。教师设计相应教学实验内容，并将教学大纲、实验操作说明、实验注意事项、实验相关视频等上传到网络平台，供学生在线学习，也可辅助学生进行实验预设计。同时，录制短视频，提出实验中可能会遇到的问题，开设讨论区分组讨论，以此了解学生学习进度和检验掌握情况。构建虚拟仿真实验平台，特别是试验周期长，实验条件难以实现等实验，可利用虚拟仿真实验突破时间和空间、条件的限制，使用昂贵的高精密仪器，降低实际实验中的损耗，节约实验室运行成本，学生可以反复多次的进行实验操作，不用担心安全、经费、时间等问题，提高教学质量[③]。

（三）优化实验模式

增加实验课的占比，理论课中只讲授课程总论内容，各论内容通过自主学习形式进行，以实验方案来检验学习效果。对于实验周期长的实验，先分组设计实验方案，按照方案通过网络虚拟仿真实验平台进行预习，对实验原理、实验方法、实验现象等有一定的了解。确定方案可行性后，开始实际操作，增加实验的成功率。对于成本高、风险大、有污染等分子实验，利用虚拟仿真实验平台进行操作，熟悉实验步骤，利用教学短视频解决可能会出现的问题。教师要全程参与指导，对每个环节的结果给

① 吴丹. 混合式实验教学对本科生综合能力的影响[J]，黑龙江科学，2020（7）：13.
② 唐玮蔚，粟敏. MOOC 背景下医学生物化学课程混合式教学探索[J]. 新校园，2017（11）：123.
③ 刘超. 翻转课堂在高校钢琴教学中的应用思考[J]. 戏剧之家，2020（11）：145，147.

予引导和评分。

（四）科研与教学相结合

将学生的实验教学与学生及教师的科研项目相结合，把科研项目中的一部分或一个突破点作为探索性的实验，师生共同参与设计实验方案，不断探索实验思路是否正确，让学生接触学科发展前沿，启发教师创新实践，激发和调动学生的兴趣和热情，培养了他们的创新性思维，提高了创新实践能力[①]。

（五）完善实验评价体系

评价体系分为线上（40%）和线下（60%）实验两个板块。线下评分从预习开始，实验安全维护、实验整体规划和实验操作实施能力的评价，按每个环节计入评分。线上利用学习平台将每个实验要考察的环节进行测试及上线学习情况也纳入评分中；虚拟仿真实验以完成情况评分。评分的比例根据学生完成的实际情况决定。

三、结语

让学生做实验就像“摸着石头过河”，边走边看，不断改进实验方案，探索未知结果，构建自己的实验体系，教师需要在此期间提供必要的指导和帮助，助力其完成实验。实验教学是高校人才培养过程中的重要环节，是对理论知识的实践和升华[②]。可利用线上线下混合式教学提高实验的挑战度，拓展内容的深度，增加学生的学习兴趣，提高其参与感，注重其获得感。

这种线上线下混合式教学相融合的方法将在线课程的学习和课堂实验教学有机结合，既能发挥在线课程内容丰富全面、生动有趣的特点，更重要的是能够充分利用线下课堂上有限的时间和师资资源进行实验技能训练，达到很好的教学效果。

【责任编辑：王长明】

① 张军香，董韶鹏，袁梅，等. 科研课题向实验教学的转化模式研究. 实验技术与管理，2010，27（5）：18-22.
② 白泽朴，张继延. 实验教学在创新人才培养中的作用及其实现. 实验技术与管理，2019，36（7）：5-7，28.

“动物解剖及组织胚胎学”应用型示范课程建设的研究和实践

巴　英[①]

（四川民族学院农学院　四川康定　626001）

【摘　要】　立足“动物解剖及组织胚胎学”的学科特点和教学任务，从明确课程教学目标、重组教学内容、教学模式的创新、师资队伍建设、课程评价体系改革、建设课程线上教学资源等方面进行“动物解剖及组织胚胎学’课程建设与实践，激发学生对动物医学专业的学习兴趣、培养学生自主学习能力、促进学生有效掌握专业理论知识和实践技能、提高学生毕业后的就业竞争力。

【关键词】　应用型；示范；课程建设

一、明确课程教学目标

“动物解剖及组织胚胎学”是动物医学专业一门重要的专业基础课，是研究正常畜禽有机体各器官的形态结构、位置关系及其发生发展规律的科学。[②]通过本课程的学习为后续专业课的学习提供必需的动物有机体正常形态结构的基本理论知识和实验技能。在教学中，要加强学生自学能力和创新能力的培养，对培养目标进行调整，从侧重学生的基础理论培养转向侧重基础理论和动手能力的协同培养，培养适应服务地方经济发展的畜牧业一线岗位需求，能解决生产实际问题的技术类应用型人才。本课程基础知识量大，需要记忆的东西繁多，所以应该把重点放在重组教学内容，改革教学方式，思考怎样教与学才能激发学生的学习兴趣并能有效掌握内容上面。因为本课程是动物医学专业学生面对的第一门专业课，所以不能让他们一开始就感觉难度太大，有畏难情绪，甚至动摇了学习动物医学专业的决定。因此，本课程的教学不仅担负着学习、掌握大量的专业基础知识和实践技能的任务，还担负着重组教学内容，运用线上线下混合式教学、翻转课堂等现代青年喜爱的现代信息教学方式，激发同学们学习本课程乃至本专业兴趣的重要任务。

二、重组教学内容

“动物解剖及组织胚胎学”包括了解剖学、组织学、胚胎学三部分内容。在很多其他相关院校是分为两门课，即动物解剖学和动物组织胚胎学。我们的课时严重压缩，总学时为 72 课时。为了提高学生的实践动手能力，实现培养能解决生产实际问题的应用型人才的专业培养目标，我们不断增加实践课所占的比例，实验课比例从不足 20%逐渐调整到目前的 50%，即理论课和实践课各 36 学时。以目前的理论课学时数，就是满堂灌也无法把所有的内容全部讲完。所以要抓住课程的重点、难点，清楚本课程要为后续专业课提供哪些基本知识和技能，把课程框架给学生讲清楚，可以布置一些内容让学生自主学习，根据兴趣、需求等做进一步深化学习。实验课不局限于验证性的实验，而应该多开设一些综合性实验和探索性实验，力求实验内容丰富、全面，激发学生思考、探究的热情，培养学生分析问题、解决问题的能力，提高实践课的质量。可以利用模型、标本、挂图、实验动物、虚拟仿真技

① 巴英（1969—），女，藏族，四川丹巴，副教授。主要研究方向：兽医学。
② 杨银凤. 家畜解剖学及组织胚胎学[M]. 中国农业出版社，2016.

术等开展直观性教学，一些理论知识的学习可以直接就在实验课上完成，既降低了学生们学习的难度而易于掌握，也解决了理论课时严重不足的缺陷。

三、灵活运用多种教学模式，提高教师信息化教学能力

信息化教学能力是教师在现代教学理论指导下，以信息技术为支持，利用教育技术手段进行教学的能力。随着教育信息化的迅速发展，促进教育从理论到实践都发生了重大变革。在信息时代，落后就要被淘汰，教育也要与时俱进。信息时代对老师的要求更高，需要科技与教学完美结合，才能高效的传递知识。作为一名教师和信息社会的移民，更要革新传统的教学方式，学习并运用信息化教学方式，拉近与信息社会的学生之间的距离。要树立教学新理念，以学生为中心，以能力为重点，关注学习过程，这才是对学生的认真负责。为了提高教学质量，根据不同的教学内容采取启发式、比较式、问题式、讨论式、“线上线下混合”、“混合+翻转”等教学方式，激发学生们的学习热情，变被动学习为主动学习。比如讲家畜的前肢和后肢的骨骼时，就可以运用比较式教学方法，让学生仔细观察、分析前肢和后肢骨骼的相似与不同之处，对照记忆。先看着实物标本详细讲解前肢骨骼和后肢骨骼，然后指出并对照观察，后肢的小腿骨相当于前肢的前臂骨，跗骨相当于前肢的腕骨，跖骨相当于前肢的掌骨，趾骨相当于前肢的指骨。这样对照讲解学生更容易理解和记忆。另外在讲消化系统时，可以设置思考题如猪、羊从采食到排出粪便会经过哪些器官，让同学们带着问题去预习。每次课最后留出 5～10 分钟进行讨论答疑，学生提问学生回答，或教师提问学生回答。如果不能回答，则留作课后作业，让学生去查找有关文献，克服学生对教师的依赖思想。学生在提出问题、解决问题以及寻找答案的过程中，培养了获取信息、处理信息和解决实际问题的能力。

运用翻转课堂和虚拟仿真实验教学手段提高教学效果。传统课堂，利用 PPT 以灌输式为主进行讲授，学生被动听课，老师讲什么学生听什么，课上师生互动时间很少，学生学习兴趣不高。翻转课堂是创建以学生为中心的课堂，老师在课前给学生提供短视频、多媒体课件、音频等多种课程学习资料，学生在开始新课前自主完成相关资料的观看和学习，课堂上师生通过互动讨论、答疑等活动完成知识消化。翻转课堂把以教师为中心的教学模式转向以学生为中心的主动学习模式，帮助学生建立一种新的学习理念，学习行为不再作为一项任务，而是作为一种自我需求的活动[①]。“动物解剖及组织胚胎学”实验中涉及牛等大动物，一是实验动物价格比较昂贵，二是一些内容比如肌肉、血管、神经等通过多媒体课件，挂图等传统教学方式讲解还是缺乏直观性，学生不易掌握。另外还有一个重要原因就是我们的实验室目前还缺乏一些疾病的检测条件，还存在一些公共卫生安全隐患。为此我们申报了虚拟仿真实验项目，从进入实验室戴手套、戴口罩开始，一直到解剖实验完成后解剖器械的清洗消毒，废弃物分类处理等，给学生提供了一个生动、逼真的三维仿真教学环境，能够身临其境的观察到浅表肌肉、深层肌肉，血管、神经的分布、走向，极大地增强了同学们的兴趣，有很强的代入感，而且可以反复观看，直到真正的完全理解和掌握。教学模式是多种多样千姿百态的，我们要根据具体的教学内容选择不同的方式，不能走入推崇固定一种模式的误区。

四、完善课程考核评价方式

惰性是人的天性。大学生在大学校园仍然需要老师用一定的方式去监督、促进他们学习。以前的课程学期总成绩中平时成绩占的比例较少，而且是以作业、实验报告等成绩为主，学生还存在相互抄袭的现象，不能真实反映学生的实际学习效果。课程学习缺乏过程考核，期末考试一考定结果。有的同学平时学习懒散，临近期末集中复习，依靠短时记忆勉强过关，但考完也就忘完，没有真正地学到

① 田莉莉，张 玲，王书全. 基于微课的动物解剖与组织胚胎学翻转课堂教学模式探究[J]. 畜牧与饲料科学. 2019，40（8）：93-95.

东西。缺乏过程考核还会出现平时老师不太了解学生的学习效果，等期末考试成绩出来才发现有些同学考得很差，一些基本知识都没有掌握的情况，但为时已晚无法弥补。进行课程平时的过程考核，老师可以了解同学们的学习情况，发现问题及时调整和处理。现在“动物解剖及组织胚胎学”学期总成绩中平时成绩占 50%，期末考试占 50%。平时成绩除了作业、实验报告、考勤等成绩外，还加了两次实验考核，一是羊全身骨骼的识别，学生一个个单独考核。老师制作卡片随机写上 10～20 个骨骼的名称，同学随机抽卡片，面对羊全身骨骼实物标本进行指认。另一个考核内容就是以小组为单位剖解兔子，进行浅层肌肉、消化系统、泌尿系统、生殖系统各器官的指认。这些内容是这门课重要的基础内容，所以每位同学都必须达标，没达标就继续考核，直到达标为止。

五、促进了线上教学的开展

在疫情期间，我们依托超星学习通上的“厚博云教学”平台建立了“动物解剖及组织胚胎学”网上课程，上传了课程理论教学大纲、课程理论教案、课程实验教学大纲、课程实验教案、各章节 PPT 课件、习题库、单元自测题、教学音频、视频等教学资源。线上线下混合教学不是非常时期的应急方法，而是一个有效利用互联网提高教学质量和效率的方法。提前通知学生学习布置的资料，在观看视频等资料的过程中遇到自己不能理解和解决的问题时要及时记录。这样有利于培养其独立自主的学习态度，提高学习效果。老师可以收集学生的问题在课堂上集中回答，也可以在翻转课堂上让别的同学回答，这样加强了老师与同学及同学们之间的互动，可以开阔视野促进对知识扩展探究思维的发展。每一个知识点都配有作业或小测试，可以督促同学们自测知识点掌握情况，老师也可以根据结果了解同学们的学习效果。

北京大学教育学院的汪琼老师说：“我们现在已经进入了一个开放教育的时代。我们在做自己的课程的建设时，要有一个意识就是我做网络课程不只是展示我的资源，同时也是在展示我的教学理念，展示我对教学的认识，我的教学特点，教学处理。这是我希望对别人的宣告。我不只是在传递知识，更重要的是启发学生，点燃学生探究的思想火花。”我非常赞同这个理念，未来我会不断地去完善网上课程教学资源，以国家级的优质课程资源为依托，开展“混合+翻转”教学。以学生为中心，了解社会对学生的专业需求、能力需求，了解学生自身的需求，充分利用优质资源，改革评价方式，注重过程监督，让优质资源充分发挥作用，设计好每一堂课。

六、存在的问题

我们根据应用型示范课程项目建设目标，项目组老师共同努力，制定了项目建设实施方案，拟定了课程建设任务，不断深化“动物解剖及组织胚胎学”课程改革，取得了一定的成果。但仍然存在一些问题还需要大力推进，实现课程改革实践的可持续性发展。一是动物医学专业缺乏专业带头人，缺乏领军人物，高学历人才引进困难。师资队伍结构不平衡，师资力量不足。教师年龄结构两极分化，中坚力量出现断层，教师申报高层次项目和发表高水平文章的能力欠缺。高素质信息化专业师资队伍匮乏。现代社会知识更新速度越来越快，作为一名教师，不仅要向学生灌输终身学习的理念，而且要身体力行，不断学习，在提高专业理论知识和实践能力的同时，还要不断更新教育教学观念，提高现代信息技术运用能力，熟练使用网络教学平台。做好学生的引路者、指导者、帮助者这一角色。其二，虽然建了网上课程，但因各种主观和客观的因素，网上课程相对来说还不太完美，我们将不断补充完善各种资料。为同学寻找更多的视频、文献，提供一些参考书籍的链接。现在一些国家级的精品课程，制作精良，我们可以共享这些资源，可以基于慕课（国家级）开展“混合+翻转”教学。教师要多参加提升信息化教学能力的培训，充分利用网络教学平台。其三，需要进一步加强学生动手能力的训练，深化与地方经济的合作，服务地方。动物医学专业是一个实践要求很高的专业，我们和甘孜州畜科所藏猪纯种繁育基地、康定市农牧科技局、通威集团、大北农集团及成都周边一些宠物医院等建立了良好的合作关系。我们每年举办一次专业技能大赛，也积极参加了全国“生泰尔杯”大学生动物医学专业技能大赛，用“以赛促教、以赛促学”的形式，提高学生实践动手能力。学院位于甘孜州，是州内唯一一所高等院校。我们的老师到甘孜州道孚、理塘、九龙、德格、白玉等县农牧科技局及相关企业和学校周边养殖基地如康定市佳毓养牛基地等开展调研，承担了甘孜州深度贫困县“一村一名农技员”及“基层农技员”培训工作，担任了“深度贫困县本土人才学历提升”的教学任务。希望能加大校地合作的深度，切实为涉藏工作重点地区培养“靠得住、下得去、干得好”的应用型创新人才。

【责任编辑：王长明】

合理利用平台资源　科学优化课堂活动

——基于泛雅教学平台的课堂建设[①]

胡嘉辰[②]

【摘　要】　泛雅教学平台所提供的教学资源十分丰富，课堂设计及检验手段多样，为开展线上教学提供了可合理利用的空间。在实际教学活动中，如何有效运用平台的教学资源，借鉴他人线上教学的方法、手段，科学优化课堂活动是一个值得探索的问题。

【关键词】　资源；线上教学；教学平台

在新冠肺炎疫情的背景下，教育部发出了“停课不停学”的号召，并提供了2.4万余门课程的在线课程[③]资源以供教学使用。我校在开展线上教学时，教师根据教学实际利用 QQ、腾讯视频、学银在线、智慧树、泛雅等教学平台开展教学活动，合理利用各平台提供的教学资源进行线上教学。其中泛雅教学平台，为“停课不停学”线上教学活动提供了丰富的教学资源，为教师利用质量高效果好的 MOOC 资源提供了条件。笔者结合对泛雅教学平台的运用实际，对于如何合理利用平台资源，科学优化课堂活动，提高教学质量，杜绝“水课”打造“金课”做了一些探索实践，对平台资源利用和课堂活动优化有了一定的认识。有鉴于此，对于如何利用平台资源，打造切合实际的线上课堂谈谈自己的体会。

一、平台资源的合理利用

“泛雅是以泛在教学与混合式教学为核心思想，集慕课及精品课程建设、教学互动、资源管理、教学成果展示、教学应用、教学管理评估于一体的新一代网络教学平台。在新一代网络教学模式下，实现了个性化、因材施教的高效教学管理模式，是对传统教学模式的重大变革，突破了传统‘面授’的教学局限，为学习者提供了一个跨时间、跨地域的互动交流平台，是一个让用户可以随时随地体验新一代网络教学所带来的高效和便利的平台”[④]。泛雅平台为教学活动提供了一个教学动态生态圈，它将学校管理、教师教学、学生学习融合到一个教学平台上，对于教学来说泛雅平台为教师、学生提供了丰富的教学资源，如何利用平台提供的教学资源，保证教学质量是教学首先应思考的问题。

（一）丰富的平台资源

泛雅平台，针对不同专业、不同学科、不同层次的学生为对象，利用全国各高校业务能力强教学效果好或者在科研学术上有一定影响力的教师为授课老师，将优质的教学资源免费提供给各高校使用。同一门课程，平台至少提供了3～5位教师的授课视频以及其他教学资源，为新冠肺炎疫情背景下高校教师利用平台教学资源开展教学提供了可能。泛雅平台还提供了音频、视频、学术期刊、教材

① 本文系《中国古代文学课堂教学方法改革》校级项目研究成果之一。
② 胡嘉辰，（1966 01—），男，四川武胜人，副教授。主要研究方向：中国古代文学。
③ 教育部：向高校免费开放2.4万余门在线课程[EB/OL].［2020-02-05］. http://www.sohu.com/a/370887114-613208.
④ 见《泛雅建设方案》（第9—10页），由泛雅公司提供（2019年9月版）。

等教学资源，为课堂教学方法、手段的选择利用创造了条件。作业检测、章节测验以及考试等，有利于及时检测教学效果，改进教学手段提高教学质量。师生互动板块设计，将抢答、选人以及讨论引入到课堂教学活动中，不仅有利于教师随时掌握学生在线学习情况，更有利于提升在线学习的趣味性。“即时通信工具和办公工具，可以让师生群体实现系统内资源、信息、动态共享。教师可以通过泛雅课程资源平台发布通知、联络同事、与其他教育机构进行信息互联和教育教学资源共享；学生也可以通过泛雅随时掌握好友的学习、生活心情动态”①。这是泛雅平台提供的又一资源优势。

泛雅平台，将“一平三端”有机的融合，丰富的 MOOC 资源为开展在线教学活动提供了可操作的空间。只有针对学生实际，合理利用教学资源才能获得好的教学效果。

（二）教学资源的合理利用

平台提供的教学资源，以教学视频为主，辅以对知识点的解读。作为中国古代文学类课堂，教学视频以文学专题为主，一堂课或者一个章节往往仅针对某一文学现象或者文学作品进行分析、解读，具有一定的深度，对于学生掌握文学现象，理解文学作品有所帮助。但视频本身所提供的内容缺乏知识的系统性和完整性，又容易造成知识的片面化、碎片化。在利用平台教学资源时，要充分考虑教学目标的实现，教学计划的安排，还要充分考虑学生在线学习的实际困难，有针对性地对网络课程资源加以利用。

1. 教学视频的利用

教学视频的观看是完成教学目标、任务的重要一环，在选择教学视频的时候，首要考虑的是能否达到教学目标的要求，完成知识点以及能力训练的要求。同时还要充分考虑学生在线学习的时长因素、精神状态以及网络传输等因素。盲目地将优质课程资源不加区分地贪多求全地作为课堂教学内容，不仅不能达成教学目标，反而会挫伤学生学习的积极性，产生对线上学习的畏难情绪。因此，在利用教学视频资源时，要综合考虑视频是否有符合要求的知识点的阐释，考虑视频的时长对在线学习的影响，同时还要考虑视频授课教师教学语言的运用是否利于学生接受。对于教学视频资源，不能盲目地一味地照搬照抄，应有所选择。

泛雅平台所提供的 MOOC 教学视频，选择的是“985 高校”、“211 高校”的优秀教师授课视频，学生起点高，学习能力强，通常是课堂教学过程的实录。它虽是优质的课程资源，但在我们将其作为课程资源加以利用时，必须综合考虑学生因素、场景因素、网络因素，必须有选择性的加以利用。

2. 检验手段的利用

泛雅平台提供了作业、章节测验以及考试等对教学效果进行检验。手段多样灵活，可以对教师教学、学生学习效果实现实时检验。但平台提供的检验内容，由于不同学校学生的生源质量不同，认知能力不同以及对在线教学的适应性不同，教学效果的检测手段并不能适合于每一个学校的学生。因此，需要对网络提供的作业、章节测验或者考试内容进行适当的增删或者改造，才能适应本教学班级的教学需要。

平台所提供的检测手段，为检验线上教学效果提供了一种工具，对其利用必须与学生实际、教学实际相结合，建立在科学合理的基础上，不能为了检测而检测。

3. 教学资料的利用

泛雅平台提供了在线阅读资料，学生学习笔记以及期刊论文等学习资料。资料丰富，但内容庞杂，需要选择性地加以利用。无论是阅读 PPT 资料、文档资料或是学生学习笔记以及期刊论文，都需要占有学生大量的时间或者网络流量，会给学生带来精神上的压力和经济上的负担。所以，教师在课堂教学活动中要对平台提供的资源进行甄别，结合学生实际加以运用，不能一味地要求学生对所有资源都进行阅读，更不能对阅读资料的效果附加评议条件，增加学生学习的负担。

---

① 沈欣忆，吴健伟等。MOOCAP 学习者在线学习行为各学习行为和学习效果评价平行研究[J]. 中国远程教育，2019（7）：44.

二、课堂活动的优化

完整的课堂教学活动，既包含对知识的讲解，重点、难点的梳理，也包含师生间的课堂互动，对课堂效果的检验等课堂教学的必要环节。在线教育虽有其特殊性，但也有着教学规律的共性。利用泛雅平台优化课堂活动，需以网络教学资源为依托，融入新的教学资源，采用多种教学手段和方法，才能提高教学质量。

（一）课程资源的重构

网络课程资源有其自身的优点，但也存在着与学生实际不契合的缺陷。利用网络教学资源建课，可以将平台提供的教学资源为我所用。但教学资源以某一专题为教学内容，且多为教学视频，教学内容相对单薄，形式较为单一，对于学科知识的系统性传授以及能力素养培养不利。因此，需要对网络教学的课程资源进行重构。课堂教学资源的重构需从以下方面入手，一是对原网络教学资源进行删减，添加必要的 PPT 课件、音频以及新的教学视频等资料；二是增删作业、章节测验以及考试内容，以使检测学生学习效果更具针对性；三是对阅读材料、期刊等内容，提出切合实际的阅读要求，提供更为合理的阅读建议并对阅读资源进行适当的补充完善。

在重构课堂资源的时候，要考虑学生实际、教学实际。一切从实际出发，不能把数量作为衡量资源重组的必要条件，更多地应将资源的质量作为课堂资源重构的首要考虑对象，把众多的优质课程资源融入线上教学活动中去。

（二）课堂互动的实施

课堂互动是实现探究式学习，讨论式学习，实现翻转课堂的重要手段。泛雅平台提供的课堂互动活动，主要有选人、抢答以及讨论等活动方式，而每一活动方式均提供了多种参与手段。在实际的教学活动中，要科学利用“一平三端”开展课堂互动，监控学生课堂学习活动，活跃课堂气氛。在互动活动中，可考虑知识型互动，分析型互动、操作型互动方式[①]等方式，将课堂互动根据教学要求进行细分，不能因为互动而互动。在考虑是否进行课堂互动，就要考虑从哪儿入手进行什么样的互动方式。互动开始前，要考虑互动活动内容，可事前提供给学生，为学生参与活动提供时间保证，可以为活动顺利开展创造条件。在实施互动的时候，采用灵活的选人、抢答或者 FBL 的形式，也可以采用平台提供的即时通信和办公工具，利用音频、视频、文字等方式参与互动。

课堂互动是活跃课堂气氛，丰富教学手段，改变教学模式的一种重要手段。课堂互动工具利用得当，将会取得意想不到的教学效果。在课堂互动中，可以利用平台工具把作业互评、讨论回帖以及发表议题综合利用，让学生积极参与到课堂中来。

（三）检测手段的翻新

平台提供了作业、章节测验以及考试等手段来检测学生学习效果，但并不能全面检测学生在线学习的实际情况和真实水平。在对作业、章节测验以及考试等常规检验手段进行运用时，还应利用其他检验手段考评学生实际学习效果。利用平台，在实际教学活动增删任务点，用任务点的完成情况监测学习情况。利用互动工具，实时考查学生在线学习情况，将学习记录列入成绩统计中。还可以通过签到方式的改变以记录、监测学生学习行为，将签到列入在线学习成绩中。也可以利用即时通信工具、办公工具对学生学习情况进行及时检测。在实施检测的过程中，作业、章节测验以及考试为重点内容，可利用平台提供的定时发放功能、限时完成功能来为检测服务。

当然，平台提供的检测手段，一方面是对课堂学习活动的监测，另一方面也是对教学效果的一种检测手段。这种检测手段，还不能科学地评价教师教、学生学的教学效果，对学生学习效果评价，还

① 姜萍. 关于提高线上教学互动实效的思考[J]. 中国培训教育部，2020（8）：80.

应引入学习行为评价体系将学习积极性行为、学习速度行为以及学习效度[①]作综合评价，才能有效检测学生学习效果。

结语

线上教学活动，是我校师生在新冠肺炎疫情下教学方式的全面尝试。对于线上教学平台的充分认识，合理利用平台中提供的众多教学资源中加以选择利用，重组改造以适应教学的实际需求，我们进行了积极的探索实践。当然利用泛雅平台进行教学活动，开展线上教学课堂，灵活运用平台提供的工具，还需要不断地探索前行。

【责任编辑：陈隽】

① 沈欣忆，吴健伟等。MOOCAP 学习者在线学习行为各学习行为和学习效果评价平行研究[J]. 中国远程教育，2019（7）：44.

基于线上线下的翻转课堂教学设计

——以“计算机应用基础”为例[①]

蔡勇智[②]

（四川民族学院经济与管理学院　四川康定　626001）

【摘　要】 随着网络学习的环境日趋成熟，基于线上线下的翻转课堂成为各大高校的热门教改课题。计算机应用基础作为一门全操作性的课程，更要充分发挥学生的学习主动性。课前视频的制作，提出了在视频中设置任务点、情景短剧引入视频、充分利用现有视频资源等；线下课堂教学中，提出了学生练习、教师集中讲解以及学生讲解等教学手段；课后学习，提出了征集案例作为拓展作业、引入 Office 小助教、建立 QQ 答疑群等措施。

【关键词】 翻转课堂；线上教学；教学平台

2012 年 11 月，易观国际董事长兼首席执行官于扬在易观第五届移动互联网博览会首次提出了“互联网+”的概念。此后，各行各业开始进行跨界变革，与互联网进行深度融合。近年来，“互联网+教育”发展迅速，2015 年，在线教育的发展进入井喷期。2018 年，在线教育中，大学生的用户占比升到第一位（数据来源：Big Data Reserch）[③]。

伴随着“互联网+教育”的迅速发展，翻转课堂也成为各大高校的热门教改内容。笔者长期从事大学计算机应用基础课程的教学，下面是笔者对该课程进行的一些翻转尝试与思考。

一、计算机应用基础的传统教学状况

“计算机应用基础”课程主要讲述的是 Windows 和 Office 的一些操作。这门课程可以说是没有难点的，无论是从理解上还是操作上，笔者一直把这门课叫为傻瓜式课程。但是，正是因为没有难点，在传统教学中，老师讲完后学生进行上机操作，学生通常都能很快完成老师演示的内容，很容易让学生生成自我感觉良好的误会。

过了几周后，再做前面的内容，很多同学又忘光了。因为上课时自我感觉良好，很多同学笔记也不记录，书上都舍不得画任何标注。或者，换一些内容，同样的要求，很多同学也做不出来了。

另外，课堂的教学时间有限，老师远远不能把学习、工作中需要用到的 Windows 和 Office 的操作讲解完。学生在学习中遇到这些问题后，就觉得很难，认为这些老师没有讲过，就不会做。实际上这些问题都基本能从网络上找到答案，但是大部分学生虽然课堂听讲非常认真，却没有去主动求解的想法。

基于以上状况，笔者认为，“计算机应用基础”这门课程是非常需要进行翻转的。翻转课堂的核心是以学生为中心，培养学生主动学习的欲望、主动求解问题的能力。

---

① 本文系四川民族学院校级教改项目《翻转课堂在民族高校计算机公共课程改革中的实践研究》（项目编号：Xjjg2018067）的研究成果。

② 蔡勇智（1981—），女，湖南岳阳人，副教授。主要研究方向：计算机应用。

③ 于莉. 互联网+环境下的高校计算机专业课堂教改现状及建议[J]. 计算机教育，2020（05）：86-88.

二、基于线上线下翻转课堂的具体措施

翻转课堂的实施通常包括课前、课堂、课后三个部分构成。课前充分利用线上资源，让同学们提前做好预习或者做好基础知识的学习等，课堂线下学习老师进行重难点的深度讲解，课后完成作业，也可以充分利用线上资源进行题库设计等。笔者认为，翻转课堂的核心，是在教学的整个实施过程中以学生为中心。而“计算机应用基础”完全是一门实践课，以学生为中心，就是在教学过程中，把更多的时间交给学生，让学生动手操练，主动思考，主动利用互联网等各类资源来求解问题。

下面是笔者对“计算机应用基础课程”进行翻转课堂教学的一些具体建议与思考：

（一）线上课前视频

1. 严格考核课前视频的观看

课前视频完成基础知识的讲解。学生需要在课前完成课程视频的观看。学生如果不认真看课前视频，老师的课堂教学将根本无法进行。所以需要对学生观看视频进行严格的考核。老师们可以采取课堂提问、课堂请人演示的形式进行考核。课堂时间毕竟有限，老师们没有办法考核到大部分同学，只有采取抽查的方式，如果回答不正确，必须严格地扣除较大额度的分值。①

当然，如果技术允许的话，最好能在课前视频中设置任务点。这样，对课前视频的观看就可以完全由线上课程系统来完成，通过任务是否完成就可以很好的检验学生是否认真观看了视频。这样的线上系统可以大大减轻教师的工作量。

2. 以知识点为单位，控制视频时间与个数

线上资源的学习，虽然拓展了学生学习的时间与空间，但是缺少了课堂的学习氛围，再加上电子产品对视力的影响，学生很容易觉得枯燥，失去学习兴趣。所以，笔者认为，课前的学习视频不宜太长，视频尽量不要有与教学无关的话题，集中某个知识点进行讲解。按照人们观看短视频的习惯，将每个知识点的视频控制在 10 分钟以内。

每次课前观看的视频，也不能太多，不要超过 4 个。4 个知识点务必做成 4 个视频，这样学生可以利用碎片化时间进行单个知识点的学习，每完成一个视频，学生也容易产生学习的成就感。

3. 视频中任务点以操作为主

“计算机应用基础”这门课完全是一门操作课，所以设置任务点最好是操作任务，不要去设置传统的单选、填空、判断等等这样的题型。一个视频中插入 1～2 个任务点即可，不完成任务视频不可以继续观看，必须回看具体的操作，直到完成任务，才可以继续观看下面视频。任务需要简单一点，不要拓展，只要认真观看视频即可完成。操作任务需要的素材也要准备好，学生只需要利用素材完成视频中的知识点操作即可。课前任务与课后任务不同，课前任务是保证课堂学习的前提，而且要考虑到学生的自主学习能力，所以不宜给学生设置较难的任务。

4. 利用 2 分钟情景短剧，引入视频

为增加视频的趣味性，激发学生观看视频的欲望，可以在课前视频的前 2 分钟，拍摄一个情景短剧，讲述当前视频知识点运用的工作场景。②这个短剧的制作可以交给学生社团来完成，演员就是大家都熟悉的学生。同学们看到熟悉的人，更有亲切感，更有观看的欲望。每期可以设定不同的演员，让同学们有期待，下期会是谁呢。

5. 利用现有线上视频

整门课程的视频录制，毕竟是个大的工程，工作量也大。如果没有大型的教改项目，没有经费支持，没有项目的任务驱动，很难组建团队来完成。在学校还没有视频制作专业团队的情况下，我们可

① 高爽，贾丽娟.“C 语言程序设计”线上线下精品课程探索与实践[J]. 黑龙江教育（高教研究与评估），2020（7）：45-46.

② 张翔. 计算机基础课程信息化教学方法探究[J]. 计算机产品与流通，2020（10）：152-153.

充分利用各类学习平台的现有视频资源组织学生进行课前学习。

任课教师务必对视频资源进行认真的审核，不能直接把视频链接发给学生。要根据自己的教学进度，在各类平台筛选合适的内容。

（二）线下课堂的实施

“计算机应用基础”课的理论内容几乎没有，并不需要教师长时间的口若悬河，线下课堂还是应该以学生为主体。笔者认为，这门课程，老师讲得再好都不如学生愿意去操作、愿意去求解。虽然，学生花了很长时间求解的答案，在以后的学习生活中很少用到。但是，他们通过这样的方式，学会了如何去寻找答案。所以，我们还是应该最大限度地把课堂交给学生。老师要做的是，如何激发学生主动学习和主动求解各种问题的欲望。这样的课堂，大家很有可能看到老师没干什么，貌似轻松。实际上，这样的课堂组织，需要老师精心的设计。

线下课堂的教学实施，笔者实践并思考了以下教学手段：

1. 根据课前视频布置作业，学生上机操作

每堂课一开始，老师就根据课前视频的内容，布置作业。布置的作业要比课前视频的内容稍微复杂，更显灵活性，并要最大可能地综合前期学习内容。选择一本好的教材，可以大大减轻教师在这个环节的工作量。

“计算机应用基础”这门课，实际上各类教材的框架都差不多，我们需要看的是教材上的案例是否具有综合性、是否贴近学生的生活等。布置学生作业时，我们几乎不需要给出素材。如文字排版，可以由学生输入；图片编辑，可以由学生网上下载图片，表格原始数据的录入，可以由学生自行录入等。因为文字录入、图片下载、表格数据录入等这些都属于该课程应该学习的内容。

2. 根据学生上机情况，老师集中讲解易错点，并拓展教学内容①

学生上机时，教师可以在教室里巡视，观察学生们的操作，针对个别问题个别指点，针对易错点，以及课前视频还需要进一步拓展的内容，教师进行集中讲解。

3. 布置大型综合作业，层次高的同学可以在课上做综合作业

为增强学生对知识点的灵活运用，最好是布置几个大型项目作业。在学期开始就给学生布置，对课堂知识点吸收得快的同学就可以在课堂上做大型综合作业。操作比较慢的同学也必须在课后练习大型综合作业。Office 的设计内容是非常多的，教材一般都只讲解常用操作。老师根本不可能把教材每一个细节都讲完，并不断拓展。所以大型综合作业，就促使同学们自己去利用各种资源去求解答案。

例如，笔者曾给学生布置这样一个作业：在零素材的情况下，全班同学将教材编排出来。将教材总页数除以全班的人数，每个人编辑一部分。期末时，每个同学都作为总编，将全班排版的部分集中起来，生成目录。当然，每位总编都负有检查全书并进行更正的任务。大家还可以设计封面。这个综合案例能提高学生的 WORD 全面操作能力，诸如文字录入、字符与段落格式、图文混排、页眉页脚、目录生成等内容均有涉及。

4. 安排一定课时，把课堂完全交给学生

学生在做作业时，会遇到各种问题。有些是课前视频以及课堂上老师从未讲过的，但是同学们通过自己的努力解决了问题。也有虽然老师有讲过，但是同学们找出了其他可替代或者更好的操作方法。

笔者安排了 4 个课时，由同学们将自己遇到并解决的这些操作分享给全班同学。3～5 分钟就可以解决一个操作点。4 个课时就可以分享 30 多个操作点，班上大部分同学都可以当临时助教。同学们的积极性很高。这样做主要是为了促使同学们去寻找各类资源、主动求解各种问题，在学习中养成主动性，而不是什么都依赖老师，什么都可以拿出“这个老师没有讲过”的理由。

---

① 车敏，王彤，朱良谊. 大学计算机基础课程的信息化教学手段应用[J]. 计算机教育，2020（03）：97-100.

（三）线上线下的课后学习

“计算机应用基础”是一门全面操作课程，除了主动学习以外，最重要的就是大量练习、持续学习。

1. 征集案例，布置拓展作业

我校的“计算机应用基础”课程安排在第三学期，大部分同学在一年的大学学习中，都有 Office 的操作经历。教师可以在开学的时候，向同学们征集作业案例，可以是班委做过的会议纪要、可以是学院活动的简报撰写，或是励志奖学金表格的制作等。

征集案例的好处是，案例完全贴近学生的学习，有亲切感，并且同学们会觉得实用性更高，从而提高学生的学习积极性。来自全国各地的大学生，大学前的教育环境和家庭环境都有很大的差别，同学们对计算机的认识和应用能力也参差不齐。布置拓展作业，可以让优秀的学生选作。避免有些同学感觉课堂内容太过简单，无所事事。当然，在考核时也要给予拓展作业一定的分值。对于基础较为薄弱的同学，在课后认真完成课堂案例以及大型综合项目即可。

2. 引入 Office 小助教，建立 QQ 答疑群

大量教材案例以及大型综合作业的操作，同学们一定会遇到各种各样的问题。为此，一方面，鼓励同学们积极利用搜索引擎解决问题；另一方面，从高年级聘请 Office 小助教，帮助同学们答疑。

建立 QQ 答疑群，在答疑群里，不仅 Office 小助教可以答疑，全班同学都可以答疑。请学习委员每周统计：每位同学提出问题的数量，每位同学解决问题的数量。在期末考核中，给予积极提问和积极答疑的同学一定的激励分值。答疑本身就是一个学习的过程。聘请的 Office 小助教不一定有超强的 Office 操作能力，但一定要有主动去寻找答案的能力。

在笔者的教学过程中来看，很多同学不会清晰地描述问题。建议同学们用录屏的方式或者手机拍摄的方式描述问题，大家可以一边在电脑上操作，一边语音描述问题。

三、需要注意的问题

笔者认为，为更好地实施“计算机应用基础”课程的翻转，特别要注意：不减学分、不减教师课时量、减少课堂教学课时数。

翻转课堂需要大量的课前课后学习，很多研究翻转课堂的教研人员都认为，翻转课堂弥补了教学课时不够的现象。但是，笔者认为，完全通过增加学生的课下学习时间来实现翻转，对大部分学校是几乎无法实施的，特别是像我校这类应用型本科院校，学生的学习能力、学习主动性本来就不是特别高。

现在我院学生的周课时基本都是 20 多节，有些班级因为公选课、疫情遗留课程等原因甚至达到 30 多节课。如果每个老师都实施翻转，要求每堂课都有课前视频的学习，学生将完全没有自己的时间，学习积极性必然大打折扣。最后导致的结果是，课堂教学无法进行，翻转课堂又成了一个纸上谈兵的实验品。

同样，在老师不减课时的情况下，要求老师做课前视频的录制，课前资料的准备，这也大大加大了教师的工作量。这会影响教师的积极性。

所以，笔者建议，为了不让翻转课堂成为“热门研究、冷门实施”的教改内容：不减学分、不减少教师课时量、减少课堂教学课时数。

例如，计算机应用基础这门课程，目前是周 4 课时，4 个学分，建议可以将 1 个课时做学生的课前视频等的学习，课堂学习安排 3 个课时。但是，统计学分时仍然按照 4 个学分统计，在核算教师工作量时应该仍然按 4 个课时核算。

四、结束语

苏联著名教育学家苏霍姆林斯基在他的经典论著《给教师的建议》中，有这样一句话：在小学面临的许多任务中，首要任务是教会儿童学习[①]。事实上，我们的很多大学生都只是学到了知识，却不知道如何学习。而翻转课堂的核心也是教会学生如何学习，引导孩子们主动学习，而不是让教师教给学生知识。希望笔者的一些拙见，能促进翻转课堂在类似课程的实施。

【责任编辑：罗春林】

① [苏]B. A. 苏霍姆林斯基. 给教师的建议[M]. 长江文艺出版社，2019.

信息技术在文本解读课程教学中的应用探究

汪学琴[①]

（四川民族学院文学院　四川康定　626001）

【摘　要】 文本解读是语文教学的重要组成部分，文本解读能力是高等师范院校汉语言文学专业学生必须具备的重要能力，文本解读课程教学是培养师范生文本解读能力的重要途径，对文本解读课程教学的思考与探究也因此而显得尤为重要。信息技术是当今时代科学技术发展的产物，将信息技术应用于文本解读课程教学也是教育发展之需。信息技术应用于文本解读课程教学，可以丰富学生课程学习的资源、激发学生学习的兴趣、增强教学的效果、营造和谐的课程学习氛围、丰富学生文本解读的方法、增强学生的文本解读的自信，提高文本教学质量。

【关键词】 信息技术；语文教学；文本解读

语文教育是我国教育事业的重要组成部分，语文教师是语文教学工作的脊梁，其能力的培养和提升是十分重要的。在新课改背景下，语文教师的文本解读能力是影响语文教师课堂教育教学成败的一个重要因素，成为衡量当代语文教师语文教育教学水平与质量的一个重要标准。正如学者黄宏武所说，语文教师的文本解读能力是"语文教师生存方式的风向标，是'安身立命'之道"。[②]高等师范院校汉语言文学专业的学生是未来语文教师的后备军，文本解读课程教学是培养师范生文本解读能力的重要途径。随着我国教育教学事业的改革与发展，我国的教育信息技术也得到了长足的发展，信息技术在课程教学中的应用越来越广、越来越多，也取得了较好的效果。在高校教学中，将信息技术与文本解读课程教学结合起来，将信息技术应用于文本解读课程教学，对文本解读课程教学进行积极改进，充分发挥信息技术在文本解读课程教学中的作用，以激发学生学习文本解读课程的兴趣，加强学生对文本解读的思考，培养学生文本解读自信，提高学生文本解读的能力，为"提升学生的综合素养，为学好其他课程打好基础；为学生形成正确的世界观、人生观、价值观打下基础，为学生全面发展与终身发展打下基础"。[③]

一、文本、文本解读、文本解读能力

文本是语文教学的重要材料。在语文教育教学过程中出现的文本，主要是学生的语文教材中的文本和教师为了提高学生的语文能力和综合素养而精心选取的文本，其内容多为古今中外的优秀文化和科学知识等，其包含内容之多，涉猎范围之广。

文本解读是语文教学的核心内容，通过文本解读可以丰富学生的知识，涵养学生的心灵，提高学生的品味。那么，何为文本解读呢？结合《现代汉语规范词典》对"解读"的解释"通过分析来理解"，可将文本解读理解为通过分析语文教学中的文本使学生理解文本意义的过程。结合新课程标准，从教学的角度来看："文本解读主要是指课堂上在教师的指导下学生感知文本、理解文本、评价文本、创获文本的过程。从在这一过程中，师生通过观照文本与作者及作者笔下的人、事、景、物进行心灵对

① 汪学琴（1976－），女，四川成都人，硕士，副教授，主要研究方向：语文课程与教学论。

② 黄宏武. 浅谈文本的深度耕犁[J]. 中学语文教学. 2008（5）.

③ 中华人民共和国教育部制定. 义务教育语文课程标准[M]. 北京师范大学出版社，2012.

话，实现三维目标，创生三维目标”。①

文本解读能力是语文教师指导学生科学进行文本解读，实现三维目标与创生三维目标的重要保证。“文本解读能力是语文教师在对具体文本进行解读分析的过程中所表现出来的才能和力量，是一个语文教师文学素养、审美素养、创新意识、文化品位以及逻辑思辨能力等综合素质的集中体现”。②

二、信息技术在文本解读课程教学中的应用

文本解读课程是高等师范院校汉语言文学专业开设的一门专业课程，通过该课程的学习旨在让学生掌握语文文本解读的相关理论知识，让学生掌握语文文本解读的理念与方法，让学生通过理论学习、案例研讨、细读欣赏、拓展延伸等途径形成语文文本解读的素养，引导学生在不断地思想碰撞、心灵交流与欣赏感悟中提升语文文本解读的能力，增强学生从事语文教育教学的综合素质，增强学生终身发展和适应社会发展的必备品格和综合能力。

随着当今时代科学技术的发展，信息技术应运而生。信息技术是指完成大量信息的获取、加工、传递、再生和创新等功能的技术。将信息技术应用于教育领域，极大地促进了我们的传统教育方式发生翻天覆地的变化，也使教育工作得到了更好更高效的发展。加强与促进信息技术的应用，将信息技术应用于文本解读课程教学是高校教育发展之需，也是促进学生发展所需。信息技术具有高速化、科学化、数字化、网络化、智能化等特点，将信息技术应用于文本解读课程教学将促进其教育教学效果的提高。传统的文本解读需要学生在字里行间中去领会文本的奥秘，对学生的综合素养有较高的要求，学生学习难度较大。将信息技术应用于文本解读课程教学，可以增进学生对文本解读的知识、理念、方法等的理解与掌握，可以促进学生文本解读能力的提高，可以进一步推动教育教学的发展与进步。那么，如何将信息技术应用于文本解读课程教学中呢？笔者在现代教育教学理念的指导下，结合学校、学生以及文本解读课程教学的实际情况等进行了如下探索。

（一）丰富学生课程学习的资源

文本是语文教育教学活动的重要材料，是人类智慧的结晶，是古今中外科学文化知识的呈现，其内容之丰富，涉猎之广泛，历史、文化、天文、地理、音乐、美术、哲学、美学、自然、社会等无所不包、无所不涉。这对丰富学生的知识、涵养学生的心灵、启迪学生的智慧来说是莫大的好事，但与此同时也对文本解读课程教学带来了极大的挑战与更多的困难。面对困难与挑战，传统的教育方式已很难促进文本解读课程教学的高效完成。结合文本解读课程教学的特点，教师可以利用信息技术收集、选择适合文本解读课程教学的文字、图片、音频、视频、课件等资料应用于文本解读课程教学，教师可以打破时间和空间的限制，向学生分享文本解读课程学习资源。教师可以根据教材内容建立文本解读的数字资源库，及时向学生推送资源。丰富学生课程学习的资源，可以拓宽学生的学习视野，可以使学生不再受教材、课堂、时间的束缚，可以使学生进行更加科学有效的学习。

（二）激发学生课程学习的兴趣

兴趣是学生学习最好的老师。激发学生的学习兴趣，可以激发学生的积极性、主动性、创造性，可以促进学生的学习效果事半功倍，也可以促进学校培养目标的达成。传统的文本解读课程教学相对来说授课内容较少、授课方式单一、知识呈现老套、教学乏味枯燥，大多数学生的学习兴趣不高，学生进行文本解读的畏惧心理也较大，学生的学习效果也不太好。教师科学地将信息技术应用文本解读课程教学，将使学生的学习兴趣倍增。教师在文本解读课程教学中，可以以文字、图片、音乐、视频等方式呈现教学内容，让丰富的教学内容层次分明，让难以理解的人物直观、生动、形象、栩栩如生，让纵横交错的情节妙趣横生、清晰明了；教师也可以通过QQ、微信、腾讯会议、钉钉、智慧教育平台、国家教育资源网络平台等丰富学生的学习途径。教师将信息技术应用文本解读课程教学，可以很

① 张丽娟．文本解读，让语文课堂更高效[J]．现代阅读（教育版）．2012（5）．
② 庄照岗．论语文教师文本解读能力的提高[D]．东北师范大学硕士论文，2011（5）．

好地激发学生的文本解读课程学习的兴趣，有助于降低学生课程学习的难度，有助于学生与文本、教师、作者、编者对话，有助于学生更好地理解文本解读课程教学的内容，有助于学生对文本解读的理念与方法进行积极的思考与探索。

（三）营造和谐的课程学习氛围

信息技术能拓展课堂的内容，为学生营造一个良好的学习氛围。例如，我们在解读文本时，可以通过前期的准备把作者简介、创作背景、相关文献和影音材料等在课堂上呈现出来，营造良好的学习氛围，再带领学生进入文本的世界，加强教师、学生与作者、文本、世界的交流与对话，在民主、科学、和谐的交流中增进大家对文化、生命、世界的理解与感悟。通过生动、形象的课件展示，通过心与心的交流与碰撞，既可以让学生了解李白、苏轼、辛弃疾的豪迈，也可以让学生一睹鲁迅、朱自清、毛泽东的风采，可以让学生欣赏祖国的自然风光，也可以让学生感受世界文学、哲学、教育学等大家的智慧光芒……

教师也可以通过学习通、雨课堂向学生推送课件，推送阅读书目，让学生在线下学习。线下学习的成果可以在讨论区讨论，教师在讨论区评析、交流。教师、学生的观点展现、真心点赞、热情回复等都能很好地促进师生的心灵的交流与思想的碰撞，营造和谐的课程学习氛围，促进学生学习效果的提高。通过教学实践发现，学生线上交流的顾忌更少，思维更活跃、视点更独特，大多数学生在讨论区参与讨论比在课堂的发言更新颖、更深刻、更理性，更能彰显其独特的思想魅力。

（四）丰富学生文本解读的方法

文本源于生活又高于生活，文本是作者对世界对人生的言说，文本是专家、学者、哲人对自然与社会的探索，文本中蕴含着人类思想火花和智慧精华。在文本解读中，用单一的方法解读不同体裁、不同风格、不同时代、不同流派的作品，是难以引导学生感受文本的魅力和探索文本的真意的。“不同解读理论下的解读实践是不同的”①，不同解读方法下的解读体验也是不同的，只有丰富学生文本解读的方法，才能让学生更多地感受文本的魅力与张力。然而，由于种种原因，大多数学生使用的文本解读课程学习的教材是单一的。在文本解读课程传统的教学中，大多数学生对教师、教材的依赖较大，学生课余深入学习文本解读的时间与途径较少，学生文本解读的方法也较为单一。面对此困境，在文本解读课程教学中，教师可以通过信息技术收集钱理群、孙绍振、王富仁、王尚文、荣维东、王荣生、余虹、赖瑞云等专家学者关于文本解读的理念和方法，让学生丰富对文本解读的方法的理解与掌握，在学习中积极实践、思考与探索文本解读的方法，丰富与创新文本解读的方法。这样，有利于学生在文本解读中科学灵活地运用多元解读法、文本还原法、文本比较法、文本细读法、三步分析法等方法，多层次、多角度解读文本的意脉，聆听作者的心声、探寻作品丰富的价值，感受作者驾驭文本的才华，学习作者的高尚情操与人格魅力。

（五）增强学生的文本解读的自信

自信是人发自内心的自我肯定，是对自身力量的确信，是在自我评价上的一种积极态度。自信对于我们的学习、工作、生活等任何一个领域都是十分重要的。在文本解读中，自信可以增加解读者进行文本解读的信心与勇气，可以激发解读者的智慧和灵感，可以使教师与学生之间、学生与学生之间在教学活动中碰撞出思想的火花。学生具有文本解读的自信，才能更好地走近作者，与作者交流与对话，才能更好地解读作者、文本和我们的世界。然而，从学生文本解读实践来看，大多数学生由于自身积淀不足、探索不够等原因，多迷恋教参、权威等，而导致自身对文本的独特体验、创造性解读较少。笔者曾多次研究过学生的文本解读文章，多次聆听过学生专业实训中对语文文本的解读，尤其对于同一篇文章的解读，大多数同学的解读结果往往是雷同的，很少能有独特的、新颖的见解，从而导致本该各具特色、色彩斑斓的解读变得单调枯燥。类似这样的雷同的、缺少个性的文本解读会在一定

---

① 倪文锦．语文新课程教学法2011年版[M]．高等教育出版社，2011．

程度上禁锢了学生的思想与心灵，泯灭了学生智慧的火花，不利于学生探索能力、研究能力和创新能力的提升。

在文本解读课程教学中，教师可以应用讨论区或建立文本解读交流群给学生提供思想交流的平台，让学生自由发表文本解读的观点与看法等，增加学生文本解读的自信。教师也可以通过信息技术展现文本解读的相关理论资料，展现专家、学者、一线教师对文本的多角度解读。例如，王富仁、钱理群、孙绍振在解读时《我的叔叔于勒》时就各抒所见、各展其长。王富仁解读出了于勒的有愧、有情、有良心，与兄嫂的无情无义形成鲜明的对比。钱理群巧妙地结合小说原文的头尾重点解读“我”的同情，展现“我”“同情一切不幸者”的伟大的人道主义。孙绍振的解读则重点突出小说结构的巧妙设计，力扬莫泊桑的写作技巧……通过相关学习，可以让学生领略一篇文章的不同解读与不同设计，让学生听到百花齐放、百家争鸣的声音，让学生看到文本解读百花争艳、各自芬芳的春天，让学生从中感悟文本解读的独特魅力，让学生敢于走进文本、发现和感受文本的魅力，让学生在文本解读中敢于立言、立声，进而增强学生对于文本解读的自信，进一步提升学生文本的解读能力。

综上所述，文本解读是语文教育教学的基础，文本解读能力是语文师范生的必备能力，文本解读课程教学是培养师范生文本解读能力的重要途径。将信息技术应用于文本解读课程教学，充分发挥信息技术的优势，激发学生的兴趣，丰富学生的资源，让学生通过学习丰富文本解读的方法、增强学文本解读的自信、提高文本解读的能力，进而提高课堂教学的质量，增强学生综合素养，促进学生形成终身发展的关键品格与必备能力，推动我国教育教学事业的发展与进步。

【责任编辑：田应国】

"学前儿童游戏"混合式教学改革探索[①]

王莉娟[②]

（四川民族学院教育科学学院　四川康定　626001）

【摘　要】 自教育部提出提升本科教学质量，建设"金课""一流"课程等要求以来，我院积极响应，各类课程建设如火如荼开展。本研究对"学前儿童游戏"课程的混合式教学探索过程进行陈述，主要介绍了"学前儿童游戏"课程建设的基本情况、课程设计理念、课程设计思路、课程教学过程设计以及课程建设后的反思。

【关键词】 学前儿童；混合式教学；课程建设

基于当下高等教育的实际背景，我国相关部门发布了一系列关于"一流"课程建设的文件，以提高本科教学质量。建设五大"金课"的概念于 2019 年发布在《教育部关于一流本科课程建设的实施意见》中。五大"金课"指的是线上"金课"、线下"金课"、线上和线下混合式"金课"、实践类（实训课、实训类，培养创新创业实践能力）"金课"、虚拟仿真"金课"，其中，五大类"金课"都离不开信息技术与教学的深入融合。"金课"是指含金量高，知识含量高的课程，是相对于没有知识含量的"水课"、知识老旧的土课、没有互动的木课、娱乐化而缺乏知识含金量的火课提出。中办国办印发《加快推进教育现代化实施方案（2018—2022 年）》中特别强调了应该大力推进教育信息化，大力建设基于信息技术的新型教育教学模式。促进教育教学与信息技术的深度融合，学校应该充分利用现代信息技术开展教学方法和人才培养模式改革，大力推动互联网等现代信息化手段服务于教育教学全过程。这对我们高校教师提出了挑战，教师要有一个观念，教育信息技术不得不学，而我们的教育对象——学生也要学习教育信息技术，使用信息技术；2018 年 10 月 17 日，教育部《关于加快建设高水平本科教育全面提高人才培养能力的意见》中提出推动课堂教学改革，课程建设必须首先以学生发展为中心，教师可以通过教学改革来促进学习改革，在高等院校的课程建设过程中积极推广翻转课堂、小班化教学、混合式教学等教学模式，着力推进建设智慧教室，建设线上和线下融合的教学模式；习近平总书记也曾提到评价学校好与坏的根本标准是立德树人的成效，而课程正是落实"立德树人"根本任务的具体化、操作化和目标化。[③]在这时代大背景、大趋势之下，笔者对自己所讲授的学前教育专业核心课程——"学前儿童游戏"进行了混合式教学改革探索。

一、"学前儿童游戏"课程基本情况

"学前儿童游戏"是四川民族学院大学本科学前教育专业的专业基础与核心课程之一，本课程共 36 学时，2 学分。学前儿童游戏课程主要面向学前教育专业学生，开设于大三上学期，每学期专业人数大约 40 人。学前教育专业学生生源百分之九十七为四川内地生源，高考成绩均超四川二本线三十

① 本文系 2018—2020 年高等教育人才培养质量和教学改革项目《藏汉双语学前教育专业人才培养模式探索研究》的阶段性研究成果（项目编号：xjjg2018045），同时系 2018 年度学院自办项目《四川省民办幼儿园分类管理的联动机制研究》的阶段性研究成果（项目编号：xyzb18020SB）。

② 王莉娟（1989—），女，四川资阳人，硕士，讲师。主要研究方向：学前儿童游戏，幼儿园课程。

③ 吴岩. 建设中国"金课"[J]. 中国大学教学，2018（12）.

分以上，学生学习基础较好，具有一定的学习能力，学习积极性较强，能完成本课程的学习。本课程旨在帮助学前教育专业学生掌握学前儿童游戏的相关理论知识，提高学前儿童游戏活动设计、组织与指导能力，促进科学的儿童观、游戏观、教育观的形成，为学前教育专业学生将来的学前教育工作打下基础。“学前儿童游戏”是一门学前教育专业的理论与实践相结合的课程，课程主要包含学前儿童游戏基本理论、学前儿童游戏的观察与指导、表演游戏、建构游戏、角色游戏、五大领域游戏（学前语言游戏、学前健康游戏、学前社会游戏、学前艺术游戏、学前科学游戏）六大部分内容。其中，学前儿童游戏基本理论为本课程基本理论部分，本部分内容是为后面五部分内容学习奠定理论基础，学前儿童游戏的观察与指导、表演游戏、建构游戏、角色游戏、五大领域游戏（学前语言游戏、学前健康游戏、学前社会游戏、学前艺术游戏、学前科学游戏）五部分内容中包含游戏的基本知识外，主要为实践学习内容。

二、混合式课程设计理念

《幼儿园工作规程》中强调了游戏对于学前儿童发展的作用和地位，幼儿园的基本活动是游戏。《幼儿教师专业标准》也明确提出了幼儿园教师应该具有科学的学前儿童游戏理念，具有对学前儿童的游戏进行支持和引导的能力。这就要求高等院校厘清学前教育行业发展的现实需要和《幼儿教师专业标准》的要求，将幼儿园教师培养成专业化和职业化的人，注意结合本学院本科学前教育专业学生特点和“学前儿童游戏”课程的特点进行课程建设。在 2018 年 6 月 21 日的新时代全国高等学校本科教育工作会议上，教育部部长陈宝生提出要着力提升高等教育学生的学业挑战度，大学本科课程难度应合理增加、课程深度应拓展、课程的可选择性应扩大，教师应激发学生的学习动力和专业志趣，真正把知识含量不足的“水课”变成有深度、有挑战度、有难度的“金课”。同年 9 月，教育部印发颁布《关于狠抓新时代全国高等学校本科教育工作会议精神落实的通知》，要求各高等院校应该积极全面梳理各专业各门课程的教学内容，淘汰知识含量不足的“水课”、着力构建知识含量多、知识有深度的“金课”。同年 11 月 24 日，在第 11 届中国大学教学论坛上，教育部高等教育司司长吴岩作了关注高等院校建设“金课”的主题发言，报告中，吴司长提出大学生在大学里最直接、最核心、最显效的受益方式是课程，人才培养的核心要素是课程。[①]2019 年发布的《教育部关于一流本科课程建设的实施意见》中提出建设五大“金课”概念，包括线上“金课”、线下“金课”、线上和线下混合式“金课”、虚拟仿真“金课”、实践类（实训课、实训类，培养创新创业实践能力）“金课”。伴随着教育部提出“金课”概念，各高等院校围绕“金课”要求，开展“金课”建设。[②]笔者结合专业要求、学科特点以及政策导向对作为学前教育专业的核心课程之一的“学前儿童游戏”课程进行了线上和线下混合式课程的建设探索，在过去几年的授课经验的基础上，充分利用现代教育信息技术，将其打造为混合式“金课”，力图深化本专业教育教学改革、准确把握好学前教育专业教学的内涵、与时俱进的关注高等教育课堂教学的原生态。

三、课程设计思路

“学前儿童游戏”课程立足于培养德智体美劳全面发展的学前教育专业人才，课程设计坚持以学生为中心，以学生的发展为中心，以学生的解决复杂问题能力提升为中心，多元智能中提到人的智能是多元的，在设计课程时充分考虑到学生存在的差异，因材施教，创设形式多样的课堂，期望课堂中每位学生能在自身基础上各得其所。

如何实现学生多元的发展？在“学前儿童游戏”课程建设的过程中，笔者着力于打造多元化的课程，主要从以下三方面考虑设计课程：教学内容多元化、教学手段多元化、考核评估多元化。笔者在

---

① 吴岩. 建设中国“金课”[J]. 中国大学教学，2018（12）.
② 孙敏，曾斌. 摒弃“水课”，铸造“金课”——谈如何提升课程质量[J]. 才智，2019. 9.（2）.

教学内容上，将“学前儿童游戏”课中静态的知识录制视频，放在超星学习通上。在授课前布置学习任务，提出学习要求，指定学生观看相关视频，进行课前预习。对于动态、前沿、实践的知识则放在线下学习，线下以九个专题进行，每个专题组织有逻辑性的问题，层层推进，讨论归纳总结，既包含动态知识的讲解，也包含实践内容的训练。同时，搜集学前儿童游戏相关的前沿理论知识、信息和相关著作，发布于超星学习通和云班课上，丰富教学内容。另外，寻找各教学辅助平台中已有建设的优质课程，有选择地推送给学生，使教学内容不局限于一本教材内容，让教学内容变得多元化；在教学手段上，笔者利用超星学习通、云班课等教学辅助软件，超星学习通主要用于教学静态知识和学习计划、学习要求的发布，云班课主要用于课堂管理、课堂互动、课程头脑风暴、课堂轻直播、课程前沿学术资源发布、线上测试、小组任务和作业发布等，让教学手段多元化；在课程学习考核评估上，采用过程性评价和总结性评价相结合，教师评价、小组评价、组内自评相结合，定性评价和定量评价相结合。在平时的教学过程中，每章评选出学习积极分子，每月评选出学习进步奖，结合云班课课堂管理，平时作业和考勤、抽搭、抢答等。期末以纸质测试，总结性评价呈现。到学期结束每位学生获得本学期学习的一个综合性 200 字定性评价以及结合平时成绩、期末成绩的定量评价。

本课程以教育心理学家布鲁姆的精熟学习理论为根本，在观看和讲授完一部分内容后，将进行单元测试，发现教学中的问题，在新的部分讲解前进行补救教学，并现场进行第二次测试，以确保班级中大部分学生跟上学习进度情况下进行新的一部分内容的学习。因此，在“学前儿童游戏”课程设计中，首先制定学习目标，根据目标组织教学资源，开展教学，定期对学习效果进行追踪，不断对学习内容进行练习和实践，发现问题，进行补救教学，以达到班级大部分学生能对课程大部分内容的掌握和实践，实现“有效”教学。

四、课程教学过程设计

（一）课前制定学习契约和资源组织

在开始授课前，授课教师用 1 个课时的时间组织学生进行讨论，约定学生该怎么学，老师该怎么教，分组进行讨论，最终制定出本课程的学习契约。通过学习契约的制定，学生认同了课堂规则、了解了教学内容、熟悉了教学方式方法，为实现教学目标奠定了基础；同时，结合《幼儿教师专业标准》、幼儿园教师岗位要求、学前教育专业毕业要求和幼儿园教师资格考试等文件，制定了“学前儿童游戏”的课程标准，包含教学内容、教学方法、教学评价等方面的详细规范。教学前，笔者为学前儿童游戏课程进行了教学资源库的建设，主要包括课程的大纲、课程的教学计划、课程的静态知识教学视频、课程的教学课件、学生自主学习任务清单、课程的习题资源库、课程案例库、搜集整理有助于课程教学的优质网络视频、本课程前沿学术信息等课程学习资料，保障了学生课前学习资源。在开始讲课前，笔者利用云班课平台发布了相关教学资源包和学习任务，学生查阅班课中发布的相关资料，完成相关学习任务和预测题。

（二）课中的混合式教学

线上静态知识视频和学习任务发布，学生利用教学云平台开展自主学习，做好知识学习和疑问记录，为避免学生学习敷衍，要求学生做笔记、晒笔记；线下课堂开展理论以提问组织讨论、教师讲授为主，实践以展示、分组练习等形式为主，围绕学习内容开展游戏的个人和小组设计组织展示和点评、游戏观察记录与点评、案例分享等活动。课程开展充分利用信息化教学手段——云班课，实现课程学习模式的创新，使学习、创造与工作、练习相结合。在展示各类游戏中，主要创设情景，学生转换身份为幼儿园教师和幼儿，组织者扮演幼儿园教师，其他学生扮演幼儿，组织者带领大家玩游戏，结束后进行多元结合的评价和反思，这可以改变传统教学单纯的讲授形式，使“学前儿童游戏”的课堂教学变为体验、探究、应用的多元化教学模式，可以大大增强学生的学习兴趣，提高“学前儿童游戏”的课堂效率。课程开展中大部分活动以小组形式展开，为了规范小组学习形式，展示时注明分工并编制了教师评价、其他组评价和组内自评的评分点。

(三)课后巩固与总结

课程的开展借助于云班课软件，发布课后思考、课后练习、章节测试，学生参与活动可以积分，积分作为期末综合成绩的组成部分。通过这一手段，实现本课程的理论知识的巩固练习；本课程的评价主要借助蓝墨云班课测评系统和网络教学平台，学生参与所有的活动后平台会自动计分，实时记录学习过程和学习结果。在具体评价时，在平台上设置多元评价主体，可以是教师评价、自评、他评等形式或多种形式的结合。评价方式的多元也促进了学生不断学习、不断反思，督促提升自身学习能力与职业能力。笔者在最后一堂课设计了课程知识框架、图谱回顾，也对学生提出了对课程进行学习反思，以达到对课程进行总结、巩固、提升。

五、课程建设反思

一门优质课程的建设离不开教学团队的力量，反过来，课程建设也能促成教学团队里教师的成长。借课程建设之机，加大对教学团队教师的教育教学能力培训，可帮助教学团队里的教师专业成长。一方面可以组织教学团队教师参加本门课程相关的学术会议和培训，使教学团队教师掌握本门课程的前沿学术动态，增强团队教师的实践能力和研究能力，促进团队教师成长为“双师双能型”教师；另一方面，大力围绕课程申报相关科研项目，提升课程学术含量，发展团队教师的科研学术能力。同时，积极组织教学能力大赛，以赛促教，发展一支具有高水平教学能力和专业能力强的课程教学团队。当然，在课程建设过程中，可以继续完善与丰富教学评价形式，借助教学辅助软件对学生进行客观评价，丰富评价形式；在教学过程中，笔者感悟到虽然现代信息技术辅助教学很方便，但是不能过度依赖教学辅助软件，要根据不同教学内容采用不同教学形式。

【责任编辑：王鹤艳】

技能课线上模式教学质量保障策略初探

——以汉语言文学师范专业普通话课程为例

张喜洪[①]

（四川民族学院文学院　四川康定　626001）

【摘　要】 对于有较高质量要求的专业技能课教学来说，在线教学的优点难以彰显，缺点却容易暴露，教师如果不在课程准备阶段精心构思则很难保证取得较好的教学质量。在较为深入的学情分析的基础上，提炼出支撑专业技能教学目标的一些关键问题并将其列成清单，用以作为组织教学材料、实施教学过程及进行质量评价的基本依据，不失为一种行之有效的线上教学质量保障策略。

【关键词】 技能课；在线教学；质量；策略

一、线上教学模式的局限性

普通话课程有公共课和专业课两种类型，汉语言文学师范专业的普通话课程是专业课，教学目标和教学要求均不同于公共课。除了技能熟练程度要求较高以外，汉语言文学师范专业的普通话课程还要求学生必须在理性认识上达到相当的深度。作为公共课的普通话课程，应该把“口耳之学”的特点凸显出来，把重点放在探索实训方法和安排练习强度方面，音理讲解只宜满足最低必要性，不宜过多过细。而作为专业课，汉语言文学师范专业的普通话课程不能只把注意力放在“口耳之学”的特点上，必须“技能联系理论”，在练习普通话口语技能的过程中密切联系“现代汉语”或“语言学概论”课程中所学的语音理论来进行思考，以音理理解促进技能学习，从而让学生具备语文教师的从教条件。只有想清楚了才能说清楚，不联系音理，一味地练习，普通话技能达不到高水平。联系音理这项工作，看似容易，实则困难。一方面，学生对理论学习本来就不大适应，普遍习得的应考心理导致所学知识难以用于实践；另一方面，学生对普通话课程的性质认识不清，不太容易上升到专业课这个认识层面上去，往往把自己的普通话课程等同于公共课，随便练练，勉强过级了事。

既要练习技能，又要联系音理，还要提升学生的专业意识，作为专业课的普通话课程，应该采用小班教学或分小组专人管理的模式才能较好地实现这些目标。而在汉语言文学师范专业普遍存在的学生数量较多的情况下，现场面对面教学尚且难以达到上述教学目标，更不用说线上教学模式了。对于理论教学或静态知识传授而言，线上教学模式可以弥补高生师比带来的不足，但对于技能教学来说，线上模式不但没有多少优势，反而会面临更多的困难。技能演示和音理分析固然可以通过音频、视频予以推送，能在多大程度上被学生理解却是一个大问题。更为关键的是，对学生的学习状态和学习过程实施管理和督促非常困难，学生的疑惑和教师的解答难以实现精准对接。教师如果不在课程准备阶段精心构思将很难保证教学质量。

① 张喜洪（1967—），男，四川宜宾人，文学硕士，讲师。主要研究方向：语言学教育。

二、克服线上技能教学局限性的问题清单策略

（一）什么是问题清单策略

在线下实施技能教学，由于学生就在现场，可以即时反馈信息，教师的教学组织即使不够清晰严谨，也可以及时得到矫正。线上模式就没有这个优越条件。如果教师教学准备不充分，对困难估计不够，随便打开网络就开始授课，教学过程就会陷入空转模式。当然，对普通话课程而言，可以按部就班地按照教材顺序，从声母、韵母、声调等基本内容开始组织教学。还可以采取更简便的操作，推荐一个普通话学习网站，按照网站设定的程序和内容开展教学。如此跟着教材和网站走的简便模式大多只适用于公共课教学，帮助学生考级还能勉强奏效，要实现上述专业课教学目标就有所欠缺。

由于前述的种种不利因素，2019 年年底之前，笔者承担的汉语言文学师范专业的普通话课程从未采用过线上教学模式。2020 年初，新冠肺炎疫情蔓延，线上授课模式得到起用。如何克服线上模式在技能教学上的不利因素，最大限度地提高教学质量？从理论上讲，方法当然不止一种。但由于线上教学模式的开课时间不长，实践经验还不充足，本文不能进行全面讨论，仅介绍一种笔者已经在教学实践中使用过的策略——问题清单策略。

所谓问题清单策略，就是在较为深入的学情分析的基础上提炼出支撑专业技能教学目标的一些关键问题并将其列成清单，用以作为组织教学材料、实施教学过程、进行质量评价的基本依据。

（二）问题清单的建构思路例析

分析学情——提炼问题——组织材料——实施教学——评价效果——修改清单，这六个步骤是建构问题清单的基本思路。实施问题清单策略的先决环节是学情分析。学情分析让问题清单区别于教材和网站，在一定程度上保证了教学内容地域化、当下化和个别化。对于普通话教学而言，生源地域不同，学生的语言背景或方言背景就不同，问题清单就应该有针对性。

比如，通过对四川民族学院汉语言文学师范专业学生的普通话语音面貌的分析，我们可以看到，这个专业的学生大多受汉语四川方言的影响，在说普通话时，音节的韵腹拉不开，导致普通话语音面貌不纯。这个问题很普遍，但由于不影响语意传达，大多不为人注意。普通话公共课上，这个问题也不必提，但作为以后从事语文教育的师范生而言，这个问题就必须提出来。但只是笼统地提出问题还不行，必须找到解决的办法。在线上教学模式下，还必须找到能够简洁高效、能为学生所理解的解决办法。韵腹拉不开，就要用能够拉开韵腹的音素来集中练习，而且要让学生理解这样练习的目的。在普通话音系中，最能拉开口腔的音就是低元音 ɑ，以带低元音 ɑ 的字词来作为拉开口腔的训练内容就是一个有效的教学策略。

（三）问题清单的基本功能

问题清单让线上技能教学的组织实施具有了更好的可理解性和可操作性。给学生布置练习任务，对任务进行理论解释，给学生做动作示范，对学习进行效果验收，这一系列的操作在问题清单的导引下都一一明晰起来。以上述“韵腹拉不开”问题为例，组织好练习材料并明确了“拉开韵腹”的学习任务之后，还要向学生解释清楚为什么要拉开韵腹、怎样拉开韵腹、为什么要用这些练习材料。这是对问题和任务进行理论解释。教师还要对练习任务进行动作示范，让学生把理论解释和动作示范联系起来。学生经过理论思考和动作临摹之后，在比较科学的轨道上进行练习，学习效果才有可能显现。如果没有问题导引之下的清晰的理论解释和准确的动作示范，学生在盲目的轨道上练习，错误的动作就会形成更加难以纠正的积习，练习越勤奋，积习越难返，技能学习就会进入一种南辕北辙的恶性循环。同时，有了问题清单，教师在效果验收的时候也可以照单验收，避免陷入笼统估计的泥淖。

三、实现普通话专业课教学目标的线上教学问题清单举例

[问题 1]　拉开韵腹

ɑ/iɑ/uɑ小青蛙，呱呱呱；丑小鸭，嘎嘎嘎。
ɑi/ɑo/uɑi/iɑo 怪猫要奶酪，乖猫在撒娇。
ɑ阿妈//iɑ加价//uɑ耍滑//ɑi 海带//ɑo 操劳//uɑi 怀揣//iɑo 窈窕
[问题 2]　下巴的拉与不拉
(1) 下巴不拉：高元音 i[i]、u[u]、ü[y]和舌尖元音-i[ɿ]、-i[ʅ]
发音要领一：保持全程高位，不能有动程。
发音要领二：唇齿相依，而不能唇齿相离（包括圆唇音）。
发音要领三：发圆唇音时嘴唇的用力点集中在中间三分之一部分。
竹艺—竹叶/就义—就业/赏玉—赏月/小玉—晓月/平时—平舌
(2) 下巴要拉：(u) o[uo]、e[ɤ]、er[ɚ]
(u) o[uo]：拜佛/泼墨/磨墨/含情脉脉
e[ɤ]：德格/客车/鹅，鹅，鹅，曲项向天歌，白毛浮绿水，红掌拨清波。
er[ɚ]：儿女/胎儿/耳鸣/银耳/偶尔/四十二/二十四/学而时习之
[问题 3]　舌尖的“平—翘—卷”对比
发音要领一：翘舌音不能发成翘唇音（唇齿相依，而不能唇齿相离）。
发音要领二：在没有圆唇音的情况下，嘴唇的动静越小越好。
发音要领三：下巴往下往后放松，为舌尖营造出足够的活动空间。
发音要领四：用舌尖的最小幅度运动来实现平翘舌音对比。
(1) “平—翘”对比
翘-平：闸-杂/是-寺/主力-阻力/大致-大字
平-翘：栽-摘/才-柴/杂技-札记/宝藏-保障
(2) “平—翘—卷”对比
一是一，二是二；一二得二，二二得四；四十二，二十四；二十四，四十二。
[问题 4]多音字练习
(1) 类型一：多义多音（产生原因：分化字义）
冠：guān 鸡冠/冠盖/冠状病毒/新冠肺炎——guàn 冠名/勇冠三军
挨：ái 挨打——āi 挨个儿
处：chù（地点）处所/处长——chǔ（动作）处理/相处/处女/处子
畜：chù（名词）牲畜/畜生/家畜——xù（动词）畜养/畜牧/畜产
创：chuāng创伤/创口/重创敌军——chuàng创造/开创/创始人
肚：dù（器官）肚子/兜肚儿/鱼肚白——dǔ（菜肴）肚子/牛肚/毛肚
供：gōng提供/供应/供养/供氧/供销两旺——gòng供奉/供祖先/口供/招供
假：jià假期/暑假/寒假/放假/假条（不读 jiǎ）——jiǎ假定/假设/虚假/假冒伪劣
间：jiān 间距/间架/间奏曲——jiàn 间隔/离间
累累：罪行累累 lěi——硕果累累 léi①
模：mú模样/模板/模具/模子——mó模型/模范/模仿
卡：qiǎ卡脖子/卡住/关卡/哨卡——kǎ卡片/学生卡/卡车
禅：shàn 禅让/封禅泰山/刘禅——chán 参禅打坐/禅杖/禅房②
肖：xiāo 姓肖——xiào 肖像/惟妙惟肖/不肖子孙③
应：yìng反应/应验——yīng应该/一应 yīng俱 jù全

① “罪行累累 lěi”强调累积得多，“硕果累累 léi”强调的是连成串儿。
② “禅 shàn”与皇权有关，“禅 chán”与佛教有关。
③ “不肖子孙”不同于“不孝子孙”。

与：yù（动词）参与/与会人员——yǔ（连词）与人为善/人与人之间

种：zhòng（动词）种树——zhǒng（名词）种子

（2）类型二：文白异读（历时异读）（产生原因：历时音变）

剥：bō剥削/剥夺/剥离/剥落/剥蚀/生吞活剥——bāo 剥皮

削：xuē剥削/削价/削减/削弱/削足适履/削平叛乱——xiāo 削皮

薄：bó单薄/薄技在身/一点儿薄礼/一块薄地/一份薄产——báo 纸很薄/薄纸

逮：dài 力有未逮/逮捕——dǎi 逮住它（不读 dēi）

貉：hé一丘之貉——háo 貉绒/貉子

核：hé核实/核桃/原子核/核武器——húr 核儿/梨核儿/枣核儿

吓：hè恐吓/恫吓——xià吓唬/吓人

虹：hóng彩虹/虹膜/虹吸——jiàng虹/出虹了

给：jǐ给养/给付/补给/自给自足/给予——gěi 给钱/给我/给以

嚼：咀 jǔ嚼 jué——jiáo 嚼烂/嚼舌头/嚼舌根/细嚼慢咽/咬文嚼字

露：lù暴露/崭露头角——lòu 露怯/露拙/露相/露馅儿

绿：lù绿林山/绿林好汉/鸭绿江——lǜ绿色/绿洲/绿盘

蔓：màn 蔓草/蔓延/枝枝蔓蔓——wànr 藤蔓儿/瓜蔓儿/顺蔓儿摸瓜

疟：nüè疟疾/疟蚊——yào 疟子/发疟子

片：piàn 照片/影片——piānr 照片儿/影片儿

翘：qiáo 翘首企盼/翘楚——qiào 翘尾巴

悄：qiǎo 悄然/悄声——qiāo 悄悄

塞：sè堵塞/敷衍塞责/塞音——sāi 塞车/塞住/塞子（sài 塞外/边塞）

色：sè颜色/色彩/色迷迷——shǎir 掉色儿/落 lào 色儿

葚：shèn 桑葚——rènr 桑葚儿

熟：shú熟悉/熟稔/成熟——shóu 葡萄熟了/锅里的饭熟了

说：shuì游说——shuō说服

（3）类型三：无序异读（共时异读）（产生原因：共时音变）

乘 chéng客/空乘人员/乘人之危（不读 chèng）（比较：趁 chèn 火打劫）//帆 fān 船/一帆风顺[①]//粗犷[②]guǎng//框 kuàng架/条条框框//眼眶 kuàng/热泪盈眶//箩筐 kuāng//纪 jì 律/纲纪/政纪/遵纪守法（不读 jǐ）//老少 shǎo 边穷地区[③]//憎 zēng恨/憎恶/爱憎分明/面目可憎/憎称[④]//窈窕 yǎotiǎo 淑女，君子好 hǎo 逑[⑤]//螳臂当 dāng车//档 dàng案/文档/档次/高档//空挡 dǎng/挂挡//法 fǎ国//氛 fēn 围//附 fù近//符 fú合//挫 cuò折/挫败/挫伤//俄é罗斯//比较 jiào//杀手锏 jiǎn//骨头gǔtou//三更gēng半夜//坎坷 kǎnkě//教诲 huì/诲人不倦//徘徊 huái//脊梁 jǐliang//针灸 jiǔ//俱 jù乐部//车辆 liàng/一辆车//潜 qián 伏/潜水/深潜//没有 méi • yǒu//侵 qīn 略//嬗 shàn 变//教室 shì/实验室/室内/室外//仍 réng然//围绕 rào//穴 xué位/穴道/洞穴//尾 wěi 巴//脂 zhī肪//质 zhì量//亚 yà洲//诱 yòu 惑/循循善诱//蚂蚁 yǐ/蚁族//暂 zàn 时//着 zháo 急//道藏 zàng（道家经典）/佛藏（佛家经典）/儒藏（儒家经典）[⑥]//召 zhào 开/召回/召集——招 zhāo 集[⑦]

---

① “帆船”的“帆”，旧读 fán，现读 fān，连船家的忌讳都不管了。

② “粗犷”的“犷”读guǎng，读右半边刚好对，但很多人却不敢读，错读成 kuàng。

③ “少”是“少数民族”的意思。

④ “憎称”不同于“尊称”。

⑤ 不读“君子好 hào 逑。

⑥ 不读“儒藏 cáng”。

⑦ 动口是“召 zhào”，动手才是“招 zhāo”。

四、问题清单的局限性和解决办法

如前文所述，由于有比较深入的学情分析，这样的问题清单具有较强的针对性。但是，这种针对性也只是相对而言的，与线下教学相比，学生的一些带有个别性的具体问题还是难以在问题清单中出现。比如，如果把“in-ing”作为问题，对来自四川方言区的学生具有普遍针对性，但“an-ang”就只有部分针对性甚至只有个别针对性。这种只有部分针对性或个别针对性的问题要进入问题菜单，在线上环境下就比较难于组织教学。“线上线下有机融合，充分发挥各自的优势和不可替代性”[①]是克服这种不足的有效办法。同时，即使是那些带有普遍针对性的问题，都还有必要通过线下当面验收才能让教学效果从“云端”落地。

【责任编辑：蒲华军】

① 袁振国. 三谈教育线上线下融合[EB/OL]. 中国教育学会，2020-05-15.

人文学科网络在线教学的有利因素分析

——以“语文课程与教学论”课程为例

卢永芳[①]

（四川民族学院文学院　四川康定　626001）

【摘　要】 总结在疫情期间进行的网络在线教学的利弊得失发现，高校人文学科采用线上教学对学生的学习具有多方面的有利因素，归纳起来主要有学习资源易获得，学习时空可选择，学习内容可重复，学习反馈可同步，师生互动可延展等特点。对这些因素进行认真分析，有利于在疫情后继续发挥线上教学的积极作用。

【关键词】 网络教育；线上教学；教学效果

采用网络在线教学的教学形式，在一年以前，还被许多教师认为是非常高端的东西。而一场席卷全球的新冠肺炎疫情，把世界各国的学校和教师快速带进了网络教学领域，尤其是中国的各级各类学校，在“停课不停学”的要求下，几乎每个教师都必须立即面对这种新的教学方式。通过一学期完整的线上教学，对其特点和存在的问题，老师们都有了非常直观的认识。有的认为弊端明显，有的认为优势多多，而有的则认为“技术只是附着于教育中的一个要素，在线教学的核心不是技术，而是教育观念。”[②]这些观点都是从不同的角度对在线教学的认识。本文以“语文课程与教学论”课程的线上教学实施情况及教学效果为关照对象，对人文学科网络在线教学的有利因素加以梳理和分析，目的是使我们对线上教学这种方式的教学效果更有信心。

一、在线教学的实施情况

（一）开学初的试探

1. 准备教学材料

“语文课程与教学论”是语文师范生模拟教学课的先导课程，是帮助学生学习关于中小学语文课程和语文教学的基本理论和基本原理的一门理论课。常规的线下教学一般是以课程大纲为线索，以某一本教材的内容为主要凭借，以学生阅读教材提出问题师生讨论问题为主要教学形式。而线上教学是学生分散在各自的学习地点，开学首先面临的问题是学生没有可读教材，如果让学生临时购买则会因重复购买造成浪费，因为学校已经提前为学生订购了教材。为了让学生能够方便获取学习资料，需各方行动共同努力，如出版社推出电子教材，教师推送 PPT 等学习资料。学生也根据学习需要，结合学习内容自行购买一些必要的辅助资料。比如，学习“语文课程与教学论”，需要有配套的中小学语文课程标准和相应的中小学语文教材。虽然疫情在持续，但学生还是很快就买到了所需的学习资料。

2. 选择教学平台

刚开始，如何选择在线教学平台真是很茫然，大家在网上交流，到底选用哪个平台更好。有的用钉钉，有的用 QQ，有的用微信，有的用腾讯课堂，有的用腾讯会议。还有的中小学使用一些小公司

① 卢永芳（1970—），女，四川宜宾人，教育学硕士，讲师。主要研究方向：语文课程与教学论。
② 刘希娅. 在线教学的核心是教育观念[EB/OL]. 教育部政务新媒体“微言教育”http://www.moe.gov.cn/.

推出的应用平台，由于监管不严出现了一些广告推送，产生了不良影响。这些接踵而至的信息也促使我们对自己选用的平台的特点和功能进行了仔细分析，以便根据使用情况进行及时调整。

3. 选择教学方式

平台选定之后，要相继建立班级组织，选用教学方式。选择什么样的教学方式更加有利于学生的学习，这是一个需要重点考虑的问题。是直播、录播、还是以文字呈现教学内容，组织课堂讨论。一开始，学生希望老师直播，他们也想体验一下看老师当主播的感觉。但是综合考虑了学生的整体学习状态，最后采用的是课堂讨论的授课方式。课前推送阅读材料，布置阅读作业，要求每个学生都要提出问题。课堂教学根据学生的问题引导学生展开讨论，课堂上没有解决的问题，课下抽时间解答，以确保每个学生的问题能够得到相应的反馈。

（二）进行中的适应

刚开始的两周，多数学生都忘记了提前阅读学习材料，课堂上提不出问题，这样就出现课堂上的沉默。为了避免陷入无限的茫然之中，老师必须提出讨论的问题，促使学生思考。这样，虽然也能够激发学生的智慧火花，但由于缺少课前的主动学习，大部分学生还是跟不上节奏，学习的整体效果不好。于是，每一节课后都要明确学生的课后学习任务，在课下还要发公告提示学生注意应该完成的学习任务。之后，学生慢慢地就适应了这种学习方式。

（三）适应后的常态

两三周以后，线上教学运行进入了常态化。学生的学习进程需要教师的督促，尤其是在这种只闻其声不见其人的情况下，有序的组织管理尤为重要。上课考勤，课中抽查、结课布置学习任务就成为新常态。这也使学生感到老师并没有因为教学形式的变化而降低要求。这样，学生就会更加积极主动地投入学习中，即使有人想偷懒，他也会在内心有一番纠结。反之，如果老师要求不严格，学生就可能产生错觉，认为在这种新形势下放松甚至放纵自己是情有可原的。这门课程的授课对象是语教班的 37 名学生，他们每一堂课都能按时到课，有生病或有重要事情则会提前请假。由此可见，严格的组织管理是保证线上教学正常推进的首要因素，也是保证教学质量的前提条件。

二、在线教学的教学效果

（一）基本实现了课程目标

学生通过阅读、提问和课堂讨论并辅以教师答疑，能够初步认识、理解语文课程和语文教学的内容与基本理论。他们开始认真思考曾经认为根本不是问题的问题，比如，中小学为什么要开设语文课，不开设行吗，语文课本上的课文可以替换吗，怎样替换……随着课堂学习的深入，学生对中小学特别是小学语文课程的整体认识逐步形成，对课程资源的开发与利用，对语文教材特点及使用等内容都有了新的认识。他们的思考角度能够从作为语文学习者的学生视角转到帮助学生学习语文的教师视角，明确了语文教学的主要内容是教学准备、教学实施和教学评价，特别是对语文到底教什么的问题有了全新的思考。对于语文该怎么教的问题，课堂学习以教材内容为基础，重点以阅读管建刚老师的十篇论文为切入点进行讨论，学生得出的结论是——教语文就是帮助学生学语文，帮助学生发展言语能力，帮助学生发展自我人格。教学生学语文本来是显而易见的道理，但是他们在反思自己的语文学习经历中，却发现原来语文老师很多时候并没有真正在教语文，可以说在中小学语文课堂上，许多老师什么都在教，就是没有在教语文。初学语文教学理论的学生能够注意到这种现象，这是课堂讨论碰撞出的智慧火花，这对他们以后的教学实践是有积极意义的。

（二）期末考试及结果分析

学期采用线上教学的形式，教学效果会不会比线下教学差呢？尽管在教学过程中感觉学生是在投入学习，平时布置的学习任务和作业他们也能够按时完成，但究竟学生内化了多少呢？这需要凭借测试工具进行检查，而期末考试就是一种检测手段。由于这门课程的目标是直接指向实践的，因此用包含实践性内容的题目来检测学生的学习收获是比较恰当的。实践性强的题目既能够避免学生死记硬背书本知识，还能够让学生发挥各自的知识积累。这样的题目也适宜采用开卷的方式，考试监督的任务也相对轻松一些。开卷考试能够让学生产生被信任的心理，因此他们总是愿意尽最大努力保质保量完成考试题目。于是，根据这样的设想进行试卷命题和实施考试，结果，全班整体上基本达到教学预期，部分学生表现还非常好，有 1/3 的学生达到了优秀水平。学生取得的这些成绩的确令人欣喜，这就意味着不同的教学形式有自身不同的特点，不管是线上还是线下教学都有各自的利与弊，只有充分利用其有利因素，努力克服其不利因素的影响，才能更好地为学生的学习服好务。尤其是线上教学的有利因素值得认真总结和分析。

三、在线教学的有利因素

（一）学习资源易获得

学习资源是指一切可以转化为学生学习的各种因素和条件。①“语文课程与教学论”课程的学习资源主要包括课程论、教学论等理论教材、现行中小学语文课程标准、现行中小学语文教科书和中小学语文教学相关研究论文和课例。如果是在互联网普及之前，每一种资源都需要提前专门购买或借阅，先别说是否买得起和借得到，就是买得起借得到，也得提前筹划，在学习过程中要临时获取则是很困难的。而现在，这些材料都可以及时获得并保存在自己的电子存储设备中，以备随时调用。比如，语文课标就可以直接在教育部的网站上下载或者在网上购买纸质单行本。中小学语文教材可以在人民教育出版社网站下载，相关论文可以在知网上搜索下载。学生在老师的指导下搜集学习资源的过程中，开发利用学习资源的能力进一步提高，这就对学习“语文课程资源的开发与利用”这一部分内容有更加直观的认识，理解也更加深入。

（二）学习时空可选择

线下的课堂教学采用的是班级授课制，其弊端是“所有人在同一时间、按同一进度学习同样的内容。”②与线下教学相比，学生的学习空间选择更加自由灵活，线上教学是依靠互联网技术平台，学生通过智能手机终端或电脑终端接收和传递信息，只要有网络信号学生就可以参与学习。学习时间的选择也有一定的灵活性，尽管我们全校学生都是按照课表正常行课，但由于很多技术平台都具有复制保存回放功能，学生如果生病或者临时有其他急迫的事情耽误了正常上课，他可以利用回放等功能进行学习，这的确比线下教学有利。而线下教学如果出现这种情况，一般来说老师是不会把课堂上的教学内容再原原本本地给学生重复教一遍。

（三）学习内容可重复

正是因为线上教学的课堂学习内容可以以声音、文字和影像的方式保存下来，所以，如果有的学生在某个问题上忽略了或者没有学懂，课下还可以通过回放查找来解决问题。学完一部分内容后进行复习也可以倒回去查阅，这和线下教学中课堂讨论内容的不可复制相比，优势是显而易见的。

（四）学习反馈可同步

无论是线上线下教学，课堂互动，即师生互动和生生互动都是非常重要的。然而，在线下教学的大学课堂上，学生参与互动的主动性并不强，习惯于被动地接受老师的讲解分析的学生不在少数。老师要检查学生的学习情况，就需要获得学生的信息反馈，这时，往往学习比较被动的学生或者性格比较内向的学生就不会主动发言。所以，绝大多数情况下，课堂上呈现的就是少数主动积极的学生的反

① 朱绍禹. 中学语文课程与教学论[M]. 高等教育出版社，2005.
② 袁振国. 疫情后 线上教育该如何转型升级？[EB/OL]. “湖畔问教”（ID：Hupanwenjiao）.

馈信息。显然，这些反馈信息并不能够代表所有学生的学习情况。由于教学时间的有限性决定了老师在课堂上基本不可能完全照顾所有同学的学习反馈，只能够以课后作业来了解学生的学习效果。而学生每一学期的课程门数是比较多的，为了保证作业的完成质量，老师也不可能给学生布置大量的课后作业。在这样的情况下，学习效果的好坏很大程度上还是取决于学生的主动性和积极性。因为，与中小学相比，老师对学生的督促和监管显然已经弱化了。

而线上教学，学生却可以做到同步反馈，老师可以根据学生的反馈情况进行一一点评和后续指导。显然，教学要求就和线下教学有所不同，尽管处理学生的反馈信息比较费时，但为了鼓励学生大胆发表自己的见解，就宁愿牺牲休息时间也要给学生积极的回应，还要时常鼓励他们。这种鼓励也是一种督促的形式，而效果却比单纯的督促要好。这样，学生参与互动学习的面大大扩展，展现的思维成果也更加丰富。他们相互讨论相互激发，切磋琢磨，学习氛围比线下课堂更自由更活泼，学习空气也更浓厚，学习效果也更好。

（五）师生互动可延展

鉴于线上教学具有以上诸多优点，所以，师生的交流互动就不会仅仅局限在课堂上。线下教学一般情况下是教师课堂讲授或师生问答讨论，课下则很少有师生交流，即便是有也是很有限的。而线上教学，如果要求每个学生必须要有学习反馈，学生的反馈信息即使是同步发出，教师也能够一一了解并做出适宜的评判和指导。教学要做到面对全体学生，为了每个学生的发展，课堂教学时间还是不够用，必须要利用课下时间为学生解答问题。而正是依靠线上教学形式有保存信息的功能，老师才能够做到在课下对每个学生进行有针对性的指导，师生互动才能从课堂延伸到课下。这样的教学肯定会占用老师的休息时间，但能面向全体学生、因材施教的教育思想基本落到了实处。而线下的课堂教学，采用的是班级授课制，其弊端是“标准化、齐步走，很难做到因材施教”[①]。从线上教学的效果看，积极意义也是明显的，特别是那些平时在线下的课堂学习中从来不敢大胆发表自己观点的学生，这时如果远隔崇山峻岭，也能得到老师的个别指导，他们的内心是有感触的，也能够促使他们以更加积极的态度投入到课程学习中来。

综上所述，线上教学的有利因素是非常明显的，我们现在虽然可以回归到线下教学的常态中，但是整整一学期的线上教学经验不能随着线下教学的进行就被抛之脑后。我们应该认真比较线上线下教学的异同，总结其利弊，扬长避短，将线上线下教学很好地结合起来，进一步提高教学质量。也就是说，线上线下融合教育必将成为新冠肺炎疫情之后的发展趋势。我们应该实现“从线上线下混合式教学向线上线下融合教育的跃进”。[②]

【责任编辑：蒲华军】

① ② 袁振国. 再谈疫情后教育的线上线下融合[EB/OL]. “湖畔问教”（ID：Hupanwenjiao）.

线上教学有效互动策略研究

——以“外国文学”为例

马迎春[①]

【摘　要】 因为新冠肺炎疫情，全国高校为响应教育部“停课不停学”的号召，让在线教学进入师生视野。有效互动交流是实现线上教学目标，达到预期教学效果的关键性因素。在线上教学背景下，师生应完成角色转换，从传统课堂中以教师教学生听的模式转换为学生主动探索、师生互动研究模式，由以教师“教”为中心转为以学生“学”为中心。进行线上课堂教学，应当创新互动交流的方式和完善考核评价机制，以此来促使、激励学生加入教学交流的互动中来，通过有效互动，以保证线上课堂教学质量。

【关键词】 线上教学；交流互动；考核机制

由于突如其来的新冠肺炎疫情，社会生活节奏被打乱，各行各业受到了巨大影响。为了抗击疫情，阻止新冠肺炎肆意蔓延，党中央当机立断，对疫情防控进行了统一部署，组织全国医护人员、志愿者奔赴疫情重点地区，形成了众志成城、共克时艰的局面。为了遏制疫情发展，阻止“新冠”在校园里传播肆虐，教育部做出了延缓春季开学的决定，并倡导“停课不停学”，号召各地学校充分利用网络信息技术进行线上教学。

网络技术的发展为线上教学提供了成熟的技术支持和充分条件，多样化的网络环境为在线教育提供了优质土壤，各种线上教学平台应运而生，而突如其来的新冠肺炎疫情更加速了在线教育的推进进程。[②]但是，由于线上教学不同于面对面的课堂教学模式，虽然近几年 MOOC（慕课）、微课堂等教学方式已经成为授课教师最青睐的教学模式，[③]但如何实现线上教学的有效互动，从而达到预期教学效果这对师生都是一个严峻的考验。笔者根据疫情期间线上教学的经验，以外国文学教学为例，对线上教学的有效互动做出以下思考。

一、有效互动的课前准备

无论线上还是线下教学，互动教学都是实现教学目标，提升教学质量，提高办学水平和人才培养质量的重要教学措施。由于线上教学方式的局限性，教师对学生的管控并不能像在线下教育课堂教学那样即时监管，因此，要实现有效互动就要做好充足的课前准备工作。

首先是技术准备。当今时代网络信息技术高度发达，这为线上教学提供了坚实的技术支持，各大网络技术公司相继开发出线上教学平台，比如慕课堂、腾讯课堂、腾讯会议、钉钉 App、超星泛雅平台、QQ 群等，利用这些平台都可进行稳定而即时的在线直播教学活动。为了配合抗击疫情，提供更好更便利的线上教学服务，腾讯公司专门推出“老师极速版”腾讯课堂。“在极速版腾讯课堂中，教师可以使用手机号一键注册登录开课，并生成开课链接和二维码分享给学生。学生端的操作也很便捷，

① 马迎春（1980—），男，重庆市石柱人，硕士，四川民族学院文学院讲师。主要研究方向：比较文学教学与科研。
② 焦建利，周晓清，陈泽璇. 疫情防控背景下“停课不停学”教学案例研究[J]. 中国电教教育，2020（3）：106-113.
③ 赵志群、孙钰林、罗喜娜.“1+X”证书制度建设对技术技能人才评价的挑战：世界技能大赛试题的启发[J]. 中国电化教育，2020（2）：8-14.

而且支持手机、iPad、电脑等多个终端。正常情况下通常只需短短几分钟即可快速建立好课堂环境并正式开始直播上课。腾讯课堂提供了分享屏幕、PPT、播放视频等多种授课模式。”①由此可见，社会大环境已经为线上教学提供了可靠技术准备。但是，要实现线上教学有效互动，教师以及相关学生还得做好课前的技术准备。作为教师首先得掌握一定的网络技术知识，然后再根据自身操作习惯和所教课程特点在众多的线上教学平台中进行选择，找到一款最适合自己的。同时，将选用的教学平台预先告知学生。师生还要进行课前操作演练，熟悉其各项功能，最大化地发挥平台优势，实现教学目的。比如，外国文学课程，笔者选择了腾讯会议进行线上直播教学。它简单实用，可以在线投屏、直接视频连线交流，再结合其他平台比如超星泛雅平台强大的作业、测试等功能，这就为线上教学的有效互动提供了基础。

其次是心理准备。疫情肆虐，学生长时间居家隔离，心理上难免具有压力和烦闷感，这就需要教师在课前和学生进行交流沟通，对学生的心理压力进行疏通，使其情绪趋于宁静平和。比如，教师可以和学生就当前的疫情形势、传播势头及范围、国家采取了那些防控措施以及居家隔离的必要性和重要性进行交流，引导学生正确认识疫情从而调整好情绪，为线上教学做好准备。由于无论学生还是老师长期习惯于现场课堂教学，对线上教学这种“空中课堂”还缺少实践经验，所以有必要引导学生充分认识并在心理上接受线上教学。大学生思维活跃，充满好奇心，接受新事物能力强，教师要告知学生线上教学既有其优点又有不足之处。比如线上教学虽然课程资源丰富，学生有多种选择可能，同时利用网络又十分便利，居家即可展开学习活动。但是，要想充分发挥线上教学的优势，学生必须具有较强的主动性和强烈的求知欲。因为线上教与学，教师不能对学生进行有效监管，这就需要学生的高度自觉和自律，主动积极按时保质地进行学习、探索。总之，“教师们需要针对学生提前进行线上学习活动的心理建设，组织学生学习疫情形势，明白进行在线学习、停课不停学的必要性。”②师生还要完成角色转换，即从以教师“教”为中心，转换为以学生“学”为中心，尤其是学生要树立起独立求知的精神，而教师要起到一个引领者的作用。另外，还有必要和家长沟通，或者让学生自己和家长沟通，确保家长对线上课堂的理解和支持，为开展线上学习奠定基础。③

最后是任务准备。线上课堂教学的有效互动实际上从任务准备阶段已经开始了。教师应提前发放相关学习材料和任务清单，以任务来驱动学生自觉学习。教师可以就某个知识点或者某个专题设计问题来引导学生探究学习，也可以布置阅读内容，预先让学生掌握相关内容并准备好问题准备进行交流、反馈。在设计任务清单时，布置给学生的任务要尽可能具有实际的操作性和学生通过努力就能完成的可能性，不能让学生望而生畏，从而干脆弃置一边，不予理睬。任务清单的设计还要尽可能激发学生的兴趣和探索欲，从而在无形中促使学生进行主动积极地学习。比如上外国文学课程，笔者就提前发放教学课件、相关教学资料及任务清单，布置学生阅读作品及预习教材。由于文学类课程相对来说实操性要弱一些，课前任务清单既要具有针对性，又要围绕教学重点进行设计，力争在引导学生深入探究作品的同时又激发学生学习的兴趣。比如讲述《德伯家的苔丝》时，任务清单是这样的：① 用流程图的形式理清作品情节；② 苔丝作为破产农村少女，在打工途中遭遇了什么悲剧？你对苔丝的悲剧怎么理解？③ 你怎么看待亚雷这个形象？④ 这样一部杰作哈代采用了哪些写作手法？

二、有效互动的多样化形式

经过课前准备阶段就正式进入了线上课堂教学阶段。线上教学能否实现有效互动是决定教学质量的一个关键因素。在线上课堂模式，师生、生生之间隔着一块屏幕，并不能像传统课堂那样可以真正进行面对面交流，学生注意力不集中时教师可以及时提醒，加上有的学生自觉性尚不够，很有可能这些学生并没有进入到学习状态，如登录到教学平台后就设置静音，然后他们就干自己的事情去了。这就需要根据课程特点、学生实际情况再结合教学平台设计多样化的互动交流形式，尽可能地吸引、监

① ③ 刘茜萍、罗卫兰、张琳. 面向离散数学线上教学的跨平台互动模式[J]. 计算机教育，2020（7）：11.

② 陈韦华. 基于企业微信平台的线上互动教学模式的探索与反思[J]. 电脑知识与技术，2020（5）：138.

管、引导学生投入到主动探究式学习中来。根据笔者线上教学的实践经验，在线教学的有效互动可以采取以下几种形式。

首先是直播教学，连线互动。“外国文学”是一门系统性较强的学科，通过史论结合，来阐述外国文学发生发展的历史及世界各国重要代表作家作品。教师在讲授时会补充讲解不少知识点，并有较多的延伸拓展，加上该门课程有较强的理论性，因此选择线上教学平台进行直播授课，这就为师生间直接连线互动提供了良好的基础。如前所述，笔者选择的线上平台是腾讯会议，在讲授“外国文学”课程时，要求学生必须打开摄像头，这样可以随时监控学生是否在听课。在课堂上可以就所讲授的理论知识或者某位作家作品提出问题，通过连线的方式让学生进行回答，虽然隔着一个屏幕，但因为有了视频功能，也算是“面对面”地进行互动交流了。在一堂课上，教师应该围绕本堂课重难点设置一两个具有重要讨论价值的问题，引导更多学生参与进来，通过视频形式互动交流。

其次是小组互动。教师可以将班级学生分为几个小组，每组设置一个负责人。课前发放任务清单的时候，可以将不同的问题交给不同的小组去研究学习，每个组员都要积极参加，然后由负责人汇总，形成综合意见，在课堂上通过视频的形式进行发言交流。也可以是同一个问题所有小组共同解决，每个小组争取从不同角度进行分析，在课堂上互动交流，教师进行引导，使各小组的观点进行碰撞，产生思想的火花，最终形成最优答案。小组互动也可以采取辩论的方式进行，比如像安娜·卡列尼娜这一人物形象到底应该怎么认识就是一个可以用来辩论，展开小组互动的好问题。一方面，安娜·卡列尼娜是一个敢于追求自身幸福，具有反叛精神的女性形象，另一方面她又因“不守妇道”，最终落得悲剧下场。可分小组就两种观点进行辩论或者讨论，教师就双方观点进行引导、综合，最终达到对这一人物形象的全面而深刻的认识。这类小组互动最能激发学生的探索求知欲，是一种较为有效的互动形式。小组辩论互动要求教师精心设计问题，并具有可辩性，而且这种辩论是要有助于对某一重要问题的认识。

再次，跨平台互动。不同的线上教学平台有其各自的特点，因而充分利用各种平台的优点，发挥其特色，用不同的平台来实现不同的互动就成为一种必须了。跨平台互动是一种资源整合及一种线上教学的优势互补。比如理论课大多以讲授为主，那么选择腾讯会议、腾讯课堂、钉钉 App 等平台进行直播讲授，师生之间进行线上即时交流互动就比较符合教学要求。而在完成作业、小测试等方面，超星学习通、慕课堂、QQ 群等更具优势。教师将多种平台结合起来，实现跨平台互动就能更好地完成教学活动。外国文学这门课程，笔者利用腾讯会议进行直播授课与在线视频交流，同时还利用学习通进行作业布置，利用小测试等方式对学生所学知识进行检测，进行巩固练习。这样可以及时掌握线上课堂教学的反馈信息，对学生的学习掌握情况即时跟踪，以便改进教学。

最后是课后互动。课后互动是对线上即时互动、跨平台互动的一种补充。有些学生可能在课上并没有发现问题，或者不好意思在课堂上互动交流，而喜欢私底下找教师交流，这就需要课后互动来实现了。教师可以将微信、QQ、电话等联系方式告知学生，有问题可以进行课后答疑与交流讨论。学生也可以利用线上教学平台的私信功能与教师进行课后互动。当然，课后交流互动不仅限于问题解答，教师应当以培养学科核心素养为目标，“结合学生实际情况，创设并发布具有一定综合性、复杂性的拓展任务和学习资源，引导学生进行探究式学习和讨论，进行知识的深度学习，并积极推进形成解决问题的能力。”①

三、建立科学的评价考核机制

课堂互动的最终目的是达到预期的教学效果，有效互动是其中的关键因素，而要实现有效互动就需要相适应的评价考核机制来保证。比如，教师可以采用分值奖惩制度来促使学生积极参与交流互动，这一制度应该贯穿于整个教学活动中。通常，学科成绩分为平时成绩和期末考试成绩两部分，平时成绩部分就可以用来实行分值奖惩制度。可以设定一个基础分，然后在此基础上根据学生交流互动等学

---

① 陈韦华. 基于企业微信平台的线上互动教学模式的探索与反思[J]. 电脑知识与技术，2020（5）：140.

习情况进行分值增减，到学期末所得分值按照相关规定折合计算，纳入学科总成绩。要保证互动交流，前提是学生能够按时进入在线课堂，因此，可为签到事项进行考核。按时签到进入在线课堂不奖励，迟到或者旷课按相应规定扣除分值，这样就能促使学生按时上课。小组讨论、课堂交流互动等也应当实行这种分值奖惩制度，完成课前任务清单、课堂上认真思考积极发言等，都给予分值奖励；相反，不完成或者敷衍完成相关学习任务等则应当扣除相关分值。

综上所述，有效互动交流是实现线上课堂教学目标，达到预期教学效果的关键性因素和手段。面对在线上教学背景，师生应该完成角色转换，由传统课堂中的以教师教学生听的模式转换为学生主动探索，师生互动研究模式；教师不再是知识的搬运者和教室里的独角戏表演者，而是引导者、合作探究者，学生不再是被动接受者，而是积极主动的求知者和研究者。进行线上课堂教学时，应当创新互动交流的方式方法，比如采用分小组、跨平台、直接连线等形式，来促使、激励、保证学生加入交流互动中来。为了激发学生参与互动的兴趣，可以采用分值奖惩等制度进行考核。笔者以为，通过上述互动方式在一定程度上保证了线上课堂教学的有序开展和课堂的教学质量。但是，线上教学的局限性依然是明显的，主要表现在教师不能实时掌握学生的学习状况，对于一些作业、小测试甚至是期末考试都难以判断是否为学生本人完成，也不能判断学生在考试时有没有抄袭等情况。对于这些问题的解决，还有待于网络信息技术的进一步发展和相关领域教育工作者的积极探索研究。

【责任编辑：蒲华军】

信息化教学背景下高师中文专业普通话有效教学实践

——以语音训练三组韵母辨正教学为例

杨红玉[①]

（四川民族学院文学院　四川康定　626001）

【摘　要】 随着信息化教学带动教育现代化成为新世纪教育发展的一项基本国策，高师中文专业普通话教学面临新的机遇和挑战。在教学中遵循“让学”“以学生为中心”的教学理念，通过信息化手段，实行“课前在线学习——整体感知；课中分组学习——合作探究；课后综合运用——积累实践”的教学模式，能够最大化地实现有效教学。

【关键词】 信息化；教学；普通话；韵母辨正

传统的高校课堂教学大多以教师的讲授为主，这种以教师为中心的讲授式课堂在信息化时代面临着前所未有的挑战：怎样进行有效教学？怎样调动学生的积极性，从“要我学”变为“我要学”？作为高师中文专业职业生涯课程的普通话教学同样面临这个问题。中文专业绝大部分学生的母语是汉语方言，其所在方言属于西南官话，从属于北方方言区。少数学生的母语是其民族语，但一般都有一定的汉语基础，其方言或所说汉语中韵母方面一般都存在 in 和 ing、en 和 eng 不分和没有 e、uo 韵的现象。根据文学院汉语言文学专业最新版人才培养方案和前期普通话语音系统中声母及韵母知识的学习，我们从知识、能力、情感三方面制定了此次课的教学目标：（1）知识目标：在强化韵母系统知识的基础上，进一步了解前后鼻韵母中 in 和 ing、en 和 eng 的区别，单韵母 o、e 和后响复韵母 uo 的区别，明白语音原理，掌握发音要领；（2）能力目标：积累相应字词，对应普通话水平测试要求，克服发音缺陷，纠正不良发音习惯，形成普通话发音习惯，为消除语言生活中的交流障碍打下基础；（3）情感目标：树立语言文字规范观，进一步形成说好普通话的自觉意识，强化专业自信心。其中，第一点中对前后鼻韵的发音原理的掌握为教学重点，第二点中形成发音习惯为教学难点。教学过程中，我们采用了以下信息化教学手段：多媒体课件（展示内容框架、学习要点、培养学生思维能力）、普通话学习测试软件（通过腾讯会议共享视频可有针对性地听音辨音、可当堂检测学生学习成效）、腾讯会议（共享视频实现师生全程互动）、喜马拉雅平台名家朗诵（实现人文性和趣味性的统一）、课程微信群等，营造出了形象而生动的教学环境，搭建了师生、生生互动的教学平台。

一、传统教学和信息化教学简介

（一）传统教学

传统教学是把教师作为中心的教学，教师是课堂教学的组织者、管理者与控制者，教师的主导作用更易于发挥，学生跟在教师后边学习，学习的目的性和针对性较强。但是，因为其过程中注重学生对知识的掌握，容易把学生当作灌输的对象和知识存储器，容易削弱学生的中心主体地位。

---

① 杨红玉（1969—）：四川内江人，副教授，主要研究方向：应用语言学。

（二）信息化教学

张一春教授指出："信息化教学是以现代教育理念为指导，以信息技术为支持，应用现代教学方法的教学。在信息化教学中，要求观念、组织、内容、模式、技术、评价、环境等一系列因素信息化。"[①]和传统教学相比，信息化教学因其可以调动更多的教学媒体、信息资源，也就更利于构建一个信息量大、知识丰富的教学环境，更利于提高学生的学习积极性，教师成为课堂教学的组织者、指导者，学生建构意义的帮助者、促进者，而非仅仅是知识的灌输者和课堂的主宰，更利于实现"以学生为中心"的有效教学。

二、教学过程

普通话语音学习中韵母辨正内容里前后鼻韵母中 in 和 ing、en 和 eng 两组音，四川人发音较难。四川话语音系统中有 in、en 无 ing、eng，普通话里 ing 韵母字四川话里一般发成 in，如"英"，个别发成 en；如"硬"，还加了一个"ng"声母；也有发成ün，如"倾"。普通话里 eng 韵母字四川话里一般发成 en，如"成"；少数发成 ong，如"崩、朋、梦、风"；也有发成 uen 的，如"绳"。课堂理解较易，作品朗读纠音较难；单个字正音较易，发音习惯养成较难。o 和 e、uo 组发音训练具有"四川话语音系统中有 o 无 e、uo，常用 o 去代替 e 和 uo"的特点。由此确定围绕"树立规范——积累字词——养成习惯"，采用"课前在线学习——感知，课中分组学习——探究，课后综合运用——实践"的教学模式来展开教学。

（一）课前在线感知

教师上传教学资源到课程微信群，发布课前预习任务，通过课程微信群在线答疑，全程指导与评价。学生通过课程微信群，查看预习任务单：（1）复习韵母系统知识，试着理性认识三组音发音特点，知晓其区别特征；（2）通过普通话学习测试软件熟悉朗读作品《读书人是幸福人》，找出其中的相关韵母字；（3）通过普通话学习测试软件进行三组音的听音辨音训练。此环节是按照语言学习的"言语—语言—言语"的学习模式来设计的，一方面让学生通过言语环节，从听音辨音入手，感知规范读音；另一方面也让学生明了学习任务，做到心中有数。

（二）课中分组探究

课堂开始，通过微信小助手完成签到，以节约时间。课中采用"教学练合一"的教学模式，从"听音、辨音、正音、练音"四个环节逐一展开，让学生通过学习知晓系统，懂得比较，明白音理，懂得规范，积累字词，形成发音习惯，为真正提升普通话水平奠定良好的基础。

（1）听音（10 分钟）：欣赏普通话发音的美感。本环节针对学生的专业特点和兴趣所在，创设情境，导入名家朗诵。如播放喜马拉雅平台名家朗诵中乔榛、丁建华朗诵的《四月的纪念》的音频，让学生体会普通话带来的美感，也给学生带去人文熏陶，之后让学生找出其中的相关韵母字。

（2）辨音（15 分钟）：辨析三组韵母发音的正误。明确《四月的纪念》的三组相关韵母字，请层次各异的学生来朗读字词，再让学生对其进行评价，指出其发音的不规范处。结果发现，部分学生完全没有后鼻韵意识，把后鼻韵字都发成前鼻韵，是属于发音错误问题。绝大部分有后鼻韵意识，但没有完全掌握发音技巧，属于发音缺陷问题，教师趁机引导学生树立语言文字规范意识，结合普通话水平测试相关要求及现代汉语课程中语音部分音位理论，引导学生明白哪种音属于语音错误，哪种音属于语音缺陷。

（3）正音（40 分钟）：掌握三组韵母发音的技巧。该环节是本次课中最重要的，通过"明白音理—分组纠错—现场测试—规律总结"四步法去发挥学生的主体作用，实现"以学生为中心"的教学。

第一步"明白音理"：教师通过腾讯会议，共享多媒体课件，结合发音器官示意图，讲解两组前

---

① 张一春，如何理解信息化教学与教学信息化 [EB/OL]. http://blog.sina.com.cn/s/blog_8dfa9ca20101muav.html 2013-03-11/2016-01-28.

后鼻韵的发音特点。它关键在于韵尾，前者是舌尖中浊鼻音做韵尾，归音时舌尖前移抵住上齿龈，后者是舌根浊鼻音做韵尾，归音时舌位要后移，舌根要上抬，舌根要抵住软腭。再讲解“o、e”和“uo”的区别在于，“o”是舌面后半高圆唇元音，“e”是舌面后半高不圆唇元音，都是单元音韵母，而“uo”是复韵母，是有动程的，舌位由高到半高，开合度由小而大，并加以示范。接着通过一些字词的朗读了解学生接受情况，解答学生反馈的问题，让学生掌握发音技巧，突破教学重点。

第二步“分组纠错”：实施分组教学。为了在有限的课时内尽量增加信息量，解决教师少，学生多，训练机会少的问题，采取“点面兼顾、互相促进、互相补充、共同提高”的训练方法。训练时分组进行（4～6人为一小组），每组指定小组长一名，人人都有训练的机会，教师通过教学平台对小组巡回指导，了解每组学生的发音情况，指导发音缺陷明显的学生，并作示范朗读。之后，通过微信群发布正音、积累小测验，现场统计得分。小测验利用形声字偏旁规律与声韵配合规律进行设计，学生需要区分出三组韵母字，找出最多的得分最高。从测验结果来看，学生得分情况比较理想。最后教师通过讲解例词，让学生掌握正音规律：凡声旁相同的字，它们的韵母一般相同，只有个别字例外；声韵配合中，en、eng不和舌面音相拼，舌尖中音中的t、l只和eng相拼；in、ing和唇齿音、舌尖前音、舌尖后音、舌根音不能相拼；舌尖中音中的d、t和前鼻韵in不能相拼；o与舌根音相拼的大部分音节以及零声母音节，都应转读为普通话的e；o与所有的舌尖音声母相拼的音节，和舌根音相拼的部分音节应转读为uo。三组韵母都能自成音节。

第三步“现场测试”：学生利用普通话学习测试平台，练习模拟题五当中的第一题读单音节字词，找出三组韵母字，现场检验学习成效。对组内学生进行发音指导。最后，教师对有发音问题的同学进行专门指导。测验结果表明，学生对三组音的发音技巧有了一定的提高。

第四步“规律总结”：教师通过腾讯会议围绕“现实、规范、积累、习惯”四个关键词进行总结，意在引导学生清楚自己所说方言的语音系统，学会比较，明白异同，掌握规范。明确正确的发音原理是标准韵母发音的基础，积累字词，掌握相应韵母字，进行一定量的练习进而养成普通话的发音习惯是解决发音问题的必要手段。

（4）练音（25分钟）：练习代表作品的朗读。本环节意在通过韵母在作品中的朗读练习纠正学生的方言发音习惯，突破教学难点。师生一起再听读《读书人是幸福人》，再次感知后，教师对《读书人是幸福人》中的重难点音进行解读，学生用心听后，利用普通话学习测试平台，练习作品《读书人是幸福人》，用手机语音备忘录保存练习语音，上传到课程学习微信群。通过朗读作品中的韵母练习，能更好地检测学生的学习效果，纠正学生方言发音习惯，为养成普通话的发音习惯打下基础。

（三）课后综合实践

如何突破教学难点，让学生在生活中自觉地说普通话，也是教师应该思考的问题，本着“课内外相结合”“语言学习的外延等于生活的外延”的原则，布置课后延伸拓展训练。

（1）课后必修——听读训练，登录平台，练习语音：看《新闻联播》《新闻30分》等标准普通话节目进行听力训练；每天登录普通话学习测试平台练习30分钟，并将学习记录拍照提交到课程学习微信群。

（2）课后强化——生生交流，积累字词，形成习惯：日常生活中，学生之间使用普通话进行交流，不说方言。通过同学之间互相监督，发音标准的学生，纠正发音存在缺陷的学生。结合学习重难点，积累字词，同学之间相互考查，攻克难点音字词的积累，加上多练巧练，养成普通话的发音习惯。

三、教学说明

（一）教学理念方面

1. 让学

授之以渔比授之以鱼更加重要。现代教育理念告诉我们，教学应该是一种唤醒，让学生在学习中学会学习，正如海德格尔在《人，诗意地安居》一文指出的一样：“称职的老师要求学生去学的东西首先就是学本身，而非旁的什么东西”“教所要求的是：让学”[①] 是让学生明白学不再是教的产物，学生不再是教师的附属，教学不再是一种入侵，一种心灵殖民行为，而是一种基于教自己的学，[②]教的终止不意味着学的终止，最终是要学会学习，即学生可以自觉地以文本为师，以生活为师，以他人为师，自己教自己。

2.“以学生为中心”

教学中，教师要时刻谨记“为了学生的一切，为了一切的学生”，教学设计所有环节的旨归是学生，教学中要体现师生平等的原则。教师是主导，学生是主体。学习的主体，发展的主体，不能以教师的讲授包打天下。要通过问题设计、内容研讨、结构建立、形成共识等转变来真正落实学生的主体地位，让学生在知识、能力、情感态度和价值观三维目标上都有收获，最终达到“教是为了不教”的目的。

（二）教学设计方面

1. 强化了学情研究

传统的高校课堂教学大多以教师的讲授为主，形成了一个庞大的阐释体系，容易忽视学生的个体发展。长此以往，容易成为“看不见学生”的教学，要改变这一点就应该加强对学情的研究，要对学生的现有基础、认知特点、学习方式、思维特点、个性差异、学习需求、学习态度、学习习惯、生活经验、学习环境等进行了解。这样，“以学定教”，才有可能真正实现“以学生为中心”的教学。

2. 强化了学习内容研究

首先明确课程在专业人才培养中的地位和作用，其次明确教材的系统性，前后知识的关联，哪些是教学重点，哪些是教学难点，最后遵循“三讲三不讲”的原则，讲重点、难点和易错易混淆的知识点，不讲学生已会的、能自学的以及即使讲了也不会的。

3. 强化了学习目标研究

好的教学目标在教学设计中具有导向、测量、控制、交流、激励等功能，必须是可观察、可测量、可评价的，其包含四个要素：对象、行为、条件、标准。具体可运用布鲁姆教育目标分类方法，从三个维度——知识、能力、情感态度和价值观着手表述，做到清晰、明确、可操作，力求全面但不机械，且能进行评估。

4. 强化了教学方法研究

学习的金字塔理论告诉我们，用讲授这种教学方法所学知识的留存率是 5%，而学生讨论为 50%，做中学为 75%，教其他人为 90%。由此获得启发，把课堂还给学生，让学生在实践中学习，比如建构式直导教学模式和五星教学模式中采用的教学方法都能体现“学生主体，教师主导”的特征，实现有效教学。

总之，此次课是信息化背景下高师中文专业普通话教学中运用信息技术进行有效教学的尝试，加之过程中实行分组教学，发挥组合作学习的优势，因材施教，又跳出传统韵母辨正教学枯燥的读音认字常态，结合专业特点，用趣味性的方式把人文性贯穿到整个课堂，而且可以当堂检测学生学习效果，使教学过程得以优化，学生自学能力得以提升，对把信息技术实实在在融入教学过程中，具有一定的参考借鉴意义。

【责任编辑：丽红】

---

① 海德格尔，郜元宝译，张汝沦校. 人，诗意地安居. 广西师范大学出版社，2000.

② 王尚文. 走向语文教学之门. 上海教育出版社，2007.

“中国当代文学”混合式教学模式初探[①]

——以四川民族学院汉语言文学专业为例

高椿霞[②]

（四川民族学院理工学院　四川康定　626001）

【摘　要】“中国当代文学”是汉语言文学专业的必修课程，课程采用混合式教学模式旨在凸显以“学生为主体”的移动教学模式。借助超星学习通软件，通过教学内容、教学环节、教学监督和评价体系的建构，推动线上线下教学的优势互补和信息技术与学科教学的深度融合，推进中国当代文学课程教学新模式的探索。

【关键词】　中国当代文学；混合式；教学模式；

2020年因疫情特殊时期，教育部发布了《关于2020年春季学期延期开学的通知》，要求利用互联网和信息化教育资源为学生提供学习支持，提出了“停课不停教、停课不停学”的倡议。我校也在“停课不停教”的号召下，开展了线上教学的初次探索。这给我们已经习惯传统教学模式的老师带来了不小的冲击，期间的无知、焦虑、紧张和信息技术的缺失，让我们教师经历了一段线上教学的过渡期。因为对网络教学平台的不熟悉，初期教学更多使用线上课程资源，将线上优质课程资源推介给学生，通过线上课程资源推进教学工作。随后越来越多老师在“超星学习通”专家的指导下使用超星学习通自建课程，通过QQ课堂、微信、钉钉、腾讯会议等网络平台开展线上直播教学，切实感受到了“互联网+”时代带来的课堂变革。目前，一所学校、一间教室、一位老师，已经变成了一个网络、一个移动学习终端，大学已经没有“围墙”。

随着疫情缓解，学生复学，大学教育是沿用传统教学还是继续开展线上教学，这是需要教师思考的重要课题。随着信息技术的发展与教育现代化的发展，信息技术与学科教学深度融合已成为现代教育的最好呈现，“互联网+教育”将成为我们教学模式的新常态。

传统教学的弊端、线上教学监控的不足、情感思想交流的缺失也让我们重新思考教学的新模式，为了更好地实现以学生为中心的教学，线上线下混合式教学模式势在必行。

一、混合式教学模式势在必行

混合式教学就是将在线教学和传统教学的优势结合起来的一种“线上”+“线下”的教学，这既能充分利用网络移动终端，又能充分关注到人的成长。

（一）混合式教学是信息时代的必然要求

随着《国家中长期教育改革和发展规划纲要（2010—2020年）》《教育信息化十年发展规划（2011—2020年）》等文件出台，2018年《国家教育信息化2.0行动计划》（以下简称“计划”）实施，标志着我国教育信息化建设进入了新时代。教育信息化作为教育系统性变革的内生变量，支撑引领教育现代化发展，推动教育理念更新、模式变革与体系的重构。“计划”提出：“面向新时代和信息社会人才

① 本文系《2017年校级应用型示范专业—汉语言文学专业综合改革试点项目》（项目编号：J18038）的阶段性研究成果。

② 高椿霞（1976—），女，四川康定人，藏族，副教授。主要研究方向：中国现当代文学和康巴民间文学。

培养需要，以信息化引领构建以学习者为中心的全新教育生态，……发挥技术优势，变革传统模式，推进新技术与教育教学的深度融合……。”①在线开放课程、慕课、翻转课堂等成为热门，这皆源于网络信息的发展，源于计算机大数据与教育的深度融合。信息时代助推教学革命，让越来越多的人共享着优质的教学资源，随时随地便捷的学习，这也是“互联网+”时代给予教育教学的新使命。

“随着计算机的普及和互联网的大众化，结合了网络在线教学与线下教学诸多优势的混合式教学模式，成为教育领域‘新时代的产物’而日益受到重视。美国培训与发展协会（American Society for Training and Development，ASTD）将混合式学习列为知识传播产业中涌现的最重要的十大趋势之一。”②混合式教学模式也逐渐在国内外高校教育中推广，信息化教学将普遍被关注，信息化教学将是未来发展的必然趋势。

（二）混合式教学是教育改革的必然趋势

教育是以人为本的，是以人的全面发展为核心。教育改革的目的也是为了更好、更有效地培养人。传统课堂教学在今天仍是学校学习的主要形式，但面对移动、便捷、资源丰富、评价科学的线上教学的冲击，其不足也可见一斑。传统课堂教学的时空固定、规模有限、内容有限、方法单一、个性化教学缺失、学生自主学习不足等，这都是教学改革的重心，改革终将落脚到如何培养人和怎样培养人的问题。

如今，知识的生成、获取、传播都是通过互联网实现的，“互联网+”教育赋予教育资源的共享，教育观念的变化、学习过程的自主、学习风格的个性、教学评价的科学和教学管理的有效，重构了开放、共享、共建的现代教育体系。传统的课堂教学已经转向了“学生自主学习”的混合式教学，此模式既能发挥教师线下的主导育人作用，又能促使学生线上自主学习和思考养成，从而实现最优化的“教”与“学”。

（三）混合式教学契合学情发展

如今的大学生都是在互联网的环境中成长起来的，特别是“00 后”的学生进入大学，他们热衷于网络信息，强劲地表现出自我个性。他们已经不再满足有限的课堂学习，不再对知识的呈现表现出接收的心理，而是更加喜好在网络的空间里探寻自己的兴趣，在网络世界里对知识追根溯源，互联网已经成为他们学习的主要途径和媒介。加之如今智能化手机的升级，人工智能、5G 等技术让人们可以在手机上完成绝大部分的学习和工作，可谓“一机在手，天下有我”。在这样一个手机、iPad 的时代，教学仅仅依靠课堂授课已经无法适应学生的需求，也无法达到有效的教学效果。混合式教学既符合“网生代”的学习生活习惯，也具有很好教学带入感，使学生在个性化的发展中有效学习。

二、“中国当代文学”混合式教学模式

超星学习通 App 是移动学习终端之一，也是国内较为热门的教育学习软件，能为用户提供大量的学科研究资料和文献，能进行学习交流和讨论、完成作业、考试评阅和分析，更能对学生的学习过程进行大数据分析和过程评价，并对学生进行有效管理。整个学习软件功能多样，与智能手机、平板电脑等实现交互功能，学生在任何时间、地点都可以借助该软件完成学习任务和满足学习需求。超星学习通学习软件能助推汉语言文学专业“中国当代文学”的课程建设，使课程教学内容更丰富、形式更多样、学生更自主、评价更科学、效果更明显，更能压缩课程教学的水分，强化课程的内涵建设，致力于“金课”的打造。

（一）混合式教学模式设计

1. 教学内容的设计

汉语言文学专业的“中国当代文学”课程学时少，任务重。课程的文学思潮流派多样、作家作品

① 见教育部 2018 年 4 月《关于印发〈教育信息化 2.0 行动计划〉的通知》。

② 王金旭，朱正伟，李茂国. 混合式教学模式：内涵、意义与实施要求[J]. 高等建筑教育 2018（4）：7-12.

繁多，学生需要阅读的作品和文献丰繁。在如此教学任务重、教学时间有限的情况下，教师基本采用“满堂灌”的讲授法，教师“嗨起讲”、学生“盲目听”，教师很难将大量时间留给学生分析讨论，学生很难自主思考和理解分析相关论题，也很难与教师进行有效沟通和讨论。而如今超星学习通就能解决课程教学中教学内容和教学时间的矛盾。

（1）线上课程内容设计充分。教师首先在超星学习通里建好自己的课程，然后将课程教案、大纲、计划等课程内容上传到相应章节和板块，使学生明确课程的教学内容、知识体系和培养目标；其次将期刊论文、文献资料、影像图片等按照章节上传到课程单元或课程资料板块，以期拓展学生的知识结构和学习兴趣，构建起学生的学科思维和运用分析能力；教师还可以将优质的慕课资源推送给学生观看，将在线的优质课程资源与教学内容有机结合，充实学生的知识结构和学术体系。线上丰富的教学内容为学生随时随地的学习、思考提供了可能，师生不用再担心内容和时间的冲突。

（2）线下课程内容设计精炼。线下的课堂更多是师生的讨论、交流、互动等，要做好与线上内容对接的线下内容。课堂内容更多是章节的归纳、论题的拟定和实训的项目，这更需要教师个人的专业修养和对课程要点的精准把握，既能有效完成线上线下的内容对接，还要将相关内容予以巩固、思考、运用和实践。

教学内容的设计和准备是混合式教学的首要任务，唯有内容设计科学合理，实施才会精准有效。整个教学内容必须依据学情进行建设，才能“因材施教、因才施教”。内容建设是课程建设的基础，只有做好了内容建设，教学环节的实施才会如鱼得水。

2. 教学环节的设计

在教学环节的设计中，教师要充分利用线上资源和线下交流，采取课前、课中、课后三个环节，实现教学目标。

（1）课前任务发布。学生利用手机下载学习通 App 加入班级课程，教师依托学习通发布课前预任务。课前任务由章节知识点、视频、文献资料等构成，对重要的知识点教师设置任务点，并通过“学习通”通知方式督促学生完成相关任务，教师也可以通过课程 QQ 群下达学习任务给予督促。这样学生有了课前的课程认知，对知识点有了一定的理解和掌握，为后续学习奠定了良好基础。

学习通是基于建构主义学习理论。建构主义学习理论认为：学习是引导学生从原有经验出发，生长（建构）起新的经验。[①]其强调学生应主动去发现、认知和思考问题，独立完成对知识的建构，而教师只是辅助引导学生完成知识建构。而混合式教学充分体现了“以学生为主体”的理论内核。“移动学习自主发挥学习者的能动性，让其成为主导，随时随地，自主互动，体现建构主义学习理论的内涵。”[②]建构主义理论为混合式教学提供了最直接的理论基础。

（2）课中交流升华。课堂教学中，师生面对面交流，教师能直观的了解学生的学习情况，并能灵活调整教学内容和教学方法，并在课堂给予学生潜移默化式的影响。课堂上教师花几分钟时间就需要掌握的要点以提问方式完成，并检验学生课前学习情况，重点进入作家作品的研讨。作为人文学科，线下课堂教学更是师生面对面思想、情感、心灵的交流和碰撞，是“人”的教育最重要的场域。康德指出“人从来都是目的，而不是工具”。教育的目标永远是对“人”的培养，对人的心灵情感价值的关切。课堂除了对知识理论的建构以外，更是要塑造人高尚人格和美的情操。

为了更好地活跃课堂氛围，可以在学习通的活动库里设置抢答、选人等活动，学生通过手机端参与活动，学生或主动参与或被动点名，如此活跃的教学活动既能引起学生的学习兴趣也能锻炼学生的归纳、思考、表达等能力。通过生生讨论、师生互动旨在培养学生分析、思考、表达、运用、逻辑思维等相关专业能力。以学生为中心的课堂教学强化了学生线上学习的内容，也增强了线下交流的空间，使混合式教学相得益彰。

① 李方. 教育知识与能力[M]. 高等教育出版社. 2011.

② 李银玲. 基于“超星学习通”的二外日语课程移动学习模式探索——以菏泽学院为例[J]. 菏泽学院学报，2019(4)：72-76.

课后教师通过移动端发布作业、讨论和测试，以强化学生对知识的理解和掌握。

（3）课后监督与评价。基于混合式教学模式，应采取线上线下、课内课外综合的监控和评价体系。线上学生有阅读资料、观看视频、线上讨论、线上作业和相关测试等任务点，教师时时对学生提出的问题进行指导和对学生网上学习进行有效监督。相关任务点设置有平时成绩比例，这使学生更重视过程性评价，评价也非常科学人性。线下主要就是课堂表现和期末成绩。课堂主要依据出勤、讨论发言、读书笔记、小论文撰写的完成情况设置分值比重。多维度的督促评价体系，既可以使学生了解自己的学习情况，也可以让教师根据学生的表现适时调整教学内容和设计，从而构建起更有效的教学进程。

三、“中国当代文学”混合式教学模式带来的思考

（一）师生教学理念还需强化

线上教育的便捷、资源的丰富、评价的全面科学，与线下思想、情感、价值素养的养成教育终将融为一体，呈现混合式教学最大优化。此模式也不是将“线上”与“线下”的简单相加，而是通过大量思考、设计、深度互动、讨论讲解和过程评价等共同构建，这就需要师生更新“教”与“学”的理念。

教师如何做好线上线下的教学，这就需要教师不断强化自己的专业素养，在自身专业知识提升的时候，更要搞好团队建设。过去教师的工作主要是个体劳动，现在急需组建教学团队，形成集体智慧的结晶。“中国当代文学”混合教学需要大量的文史资料、章节知识、合理论题和实践项目，这都需要教师在学习和借鉴前辈经验的基础上，组建教学团队，打磨课程单元。教学团队对学习通上的章节预习，主题讨论、教学设计、实践项目、作业发布、学生反馈等进行及时补充和完善，以期达到良好地教学效果。

目前，学生在线上线下混合式教学中表现并不理想。据初步统计，一个班 48 人，基本完成线上单元知识的占 27%，部分完成的占 62%，剩下 11%是忘记和没有意识进行线上学习，学生参与性和积极性不高。为此，教师应引导学生养成自主学习的习惯和能力，教师也应从知识的传授者转变成知识的引导者和陪伴着，唯有学生主动参与到教学过程中来，教学效果才会事半功倍。

（二）“因材施教”与“因课施教”

混合式教学更需要根据学生的知识能力结构，安排教学内容和教学任务，有的放矢地进行有差别的教学。给学生推送的优质课程资源，学生不一定能消化完成。因此，教师应选择符合学生学情学段的资源。线上学习效果可以通过线下教学来补充完善和灵活调整，实现优化教学。“以材施教”又引出了“因课施教”。“中国当代文学”旨在培养学生的阅读、理解、鉴赏、评论文学的能力，提升学生的思想水平、道德品质、文化素养。该课程兼人文性、应用性与审美性的课程。“因课施教”的课程内容和课程设计也相当重要，教师需根据课程性质，选择适宜的教学内容、采取适合的教学方法、实施有针对性的实践项目。这样混合式的教学才是合理有效的，才能实现教学目的，助推人的成长。

布鲁姆的教育目标中认知领域的教育目标是记忆、理解、应用、分析、综合和评价六类。在传统课堂教学中，学生更多是记忆和理解知识，而应用和分析在课堂教学中几乎不能实现，综合和评价更无涉及。而在混合式教学模式下，记忆与理解等比较初级的目标大多已经在线上的学习中完成，有些能力较强的学生甚至在线下已经完成了部分的分析与应用，带着问题进入面授课堂。教师通过分组完成小项目等培养学生的应用与分析能力和综合能力，通过小组之间的互评等培养学生的评价能力。从这个角度看混合式教学模式能有效促进学生的深度学习，达到较高层次的学习目标。①

目前该课程混合式教学模式还处于初创期，课程建设还在不断的思考和探索当中，课程团队希望通过课程教学新模式的探索，使混合式教学与应用型人才培养相契合。

【责任编辑：田应国】

① 王金旭，朱正伟，李茂国. 混合式教学模式：内涵、意义与实施要求[J]. 高等建筑教育 2018（4）：7-12.

基于翻转课堂理念的MOOC—SPOC线上线下混合式课程建设研究[①]

——以“秘书礼仪与形体训练”课程建设为例

熊 亮[②]

（四川民族学院文学院 四川康定 626001）

【摘 要】“秘书礼仪与形体训练”是文学院秘书学专业的专业技能必修课，是一门以讲解、示范、训练、强化为主要教学方法的实训课。2020年春季学期受疫情影响，课程教学面对从线下到线上的挑战，课程建设团队通过直播授课、在线任务点学习、课后练习回课的途径，成功实现了教学模式转变。2020年秋季学期学生返校学习，课程建设团队将线上线下进行组合，着手进行线上线下混合式课程建设。通过明确混合课程的教学理论依据、教学设计思路和教学实施路径，课程建设团队将把文学院秘书学专业“秘书礼仪与形体训练”建设成为以跨学科教育视角搭建知识结构，采用翻转课堂教学模式，不受时间空间限制进行实训的MOOC—SPOC线上线下混合式课程。

【关键词】 MOOC—SPOC；线上线下教育；混合式课程；翻转课堂

“秘书礼仪与形体训练”是文学院秘书学专业“学科专业平台”下开设的一门专业技能课程，课程性质为专业必修课程。课程72学时4学分，在第一学期、第二学期、第三学期、第四学期分别开设，每学期18学时1学分。实践学时72学时，它是一门以讲解、示范、训练、强化为主要教学方法的实训课。课程旨在通过形体训练来改变学生的自然体态，掌握正确的形体训练方法，并在此基础上，从现代秘书的礼仪实际出发，通过原理探讨和实践训练，使学生具备秘书从业人员应有的礼仪素养。[③]2020年春季学期，受疫情的影响，学生在家进行网上学习，该课程与其他实践课程一样面临着巨大的挑战。有挑战就有机遇，课程建设团队[④]（以下简称团队）通过在厚博云教学平台自建网络课程的方式，利用直播授课、在线任务点学习、课后练习回课的形式，解决了网上实践技能课网上教学实施途径的问题。在此基础上，团队逐步完善课程教学大纲、实训大纲和考试大纲，增强了对厚博云教学平台各项功能的使用效果，使自建网络课程更加成熟完善，该项目成果经结题验收，结论为合格[⑤]。为了进一步适应新形势下高等教育转型发展的趋势，更好地进行应用型人才培养，团队继续研究，针对疫情过后学生在校学习的情况，着手探索符合实际情况的线上线下混合教学模式。

一、突破时空，延展课堂

2012年以来，MOOC热潮引起国内高等教育界的极大关注，因其“为更多人提供免费接受优质教育和分享教育创新红利”“‘短视频’为基本单元的‘碎片化’学习模式”“沉浸式社交化的学习环

---

① 本文为四川民族学院2020—2021年线上线下混合式一流本科课程建设课程《秘书礼仪与形体训练》研究成果，立项文件为川民院教〔2020〕17号《四川民族学院教务处关于2020-2021年校级一流本科课程立项建设结果的通知》。

② 熊亮（1983—），男，四川乡城人，藏族，文学院团总支书记，助理研究员。主要研究方向：管理学、秘书学、高等教育管理。

③ 熊亮．四川民族学院文学院《秘书礼仪与形体训练》教学大纲，2020.

④ 2017校级教育教学改革研究项目“《秘书礼仪与形体训练》课程建设研究”（项目编号：2017xjjg45），立项文件：《四川民族学院教务处关于2017年校级教育教学改革研究项目立项的通知》（川民院教〔2017〕33号）。

⑤ 验收合格文件：《四川民族学院教务处关于2020年7月教学项目验收结论的通知》（川民院教〔2020〕15号）。

境和及时反馈的交互平台”，逐步颠覆和改变了传统教学模式。但是其存在“学分认证问题”和“课程流失率问题”，决定了 MOOC 多数情况下只能“教书”而不能“育人”。后来，SPOC 这一种更精致、更小众的在线开放课程应运而生，基于 MOOC+SPOC 的混合式教学方式越来越多地被高校教师们所选择，这一种模式特别适合于需要进行大量实训的实践课程，实现 MOOC+SPOC 线上线下相结合的混合式教学，已成为当前高等教育发展的一个必然趋势。[①]“秘书礼仪与形体训练”线上线下混合式课程建设也采用了 MOOC—SPOC 的教学方式，课程选择无锡商业职业技术学院的国家精品在线开放课程“商务礼仪”作为 MOOC 在线源课程，利用其丰富的视频资源，在原有厚博云平台自建网络课程的基础上，建起了异步 SPOC 在线课程，利用中国大学 MOOC 平台所提供的慕课堂功能，以线上采用 SPOC，线下采用 MOOC 的形式实现线上线下混合式教学。

在进行教学设计时，最主要就是要打破时空限制，不能再一味的按照既定学分空间来操作。要找到线上教学和线下教学的平衡点，将课堂从有限的学分空间和固定的授课时间进行延展。首先是分析学情，分析学生学习难点究竟是在哪个环节，是无法准确认知课程知识体系，无法正确理解课程知识点，还是将知识运用到实践时出现了偏差？根据历届秘书学专业学生学习“秘书礼仪与形体训练”的实际情况分析，大部分同学只要能够准确认知课程知识体系，都可以正确理解课程知识点，但在将知识运用到实践时容易出现偏差。根据这一特点，明确了以下建设思路：通过线下教学使学生准确认知课程知识体系，随后通过线上教学让学生以碎片化学习模式掌握课程知识点并初步进行实践尝试，最后通过线下教学进行指导纠正学生实践偏差，完成知识到能力的转换过程。需要注意的是，线上线下教学混合式教学并不是简单的将教学内容进行分割，而是不同学习内容不同学习阶段在线上和线下的侧重点不同的组合，必须针对不同模块学习内容进行差异化的教学方法和线上线下比重设置，根据学生学习情况动态调整开展教学。线上学习内容要通过线下教学检查纠偏，线下学习内容要通过线上学习巩固强化，只有根据课程本身的教学目标对两者进行系统融合，才能真正发挥好 MOOC—SPOC 线上线下混合式教学“精讲多练”的优势。

二、颠覆传统，翻转课堂

只是延展课堂而不改变具体的教学模式，是远远不够的，要做好“精讲”，就一定要利用好非常宝贵的线下教学时间。传统的灌输式教学模式既不利于提升学生学习积极性，也不利于调动学生学习主动性，更容易抑制学生学习的创造性。近些年，出现了一些新的教学模式，其中以对分课堂和翻转课堂最广为传播，它们颠覆了传统的灌输式教学模式，对提升教学效果有着非常显著的作用。“秘书礼仪与形体训练”属于人文社科实践课程，需要大量社会化互动去实现实践目标，团队看中翻转课堂可以充分利用课堂上教师和学生之间、学生和学生之间面对面的机会进行积极的社会化互动的特点，将教学任务中最容易的部分即知识的传递移到课堂外，使宝贵的线下教学时间更多的分配给社会化互动，希望能实现深度学习、培养学生问题解决、创造性思维、高水平推理和批判性思维能力等教育目标。[②]开展基于翻转课堂理念的线上线下混合式教学，第一步是在课前通过 MOOC—SPOC 线上课程把课程知识点推送给学生，学生按照事先设计好的学习顺序在线自主学习新知识，完成课前翻转；第二步是在线下教学中，引导学生逐一解决课前翻转中形成的问题，参与课堂活动，完成知识的内化或实践的转化；第三步是课后再通过 MOOC—SPOC 线上课程推送习题测验、回课作业、拓展视频、专题讨论、实训打卡等，学生参与一系列线上教学活动并实现和老师、同学的交流，进一步巩固了知识，促使学生主动通过实践将知识转化为能力。[③]

基于翻转课堂理念，课程建设团队采用“立体多段式”作为具体教学方法，运用多种线下教学手段和线上教学资源，针对礼仪课程灵活性、实践性、全面性以及学生主导性的特点，在学生模仿、表

① 苏小红. 基于 MOOC-SPOC 的混合式教学的探索与实践. 中国大学教学，2015（7）.

② 张小玲. 秘书礼仪翻转课堂的程序与操作设计. 秘书之友，2019（12）.

③ 田宇、王娜. 基于翻转课堂的线上线下混合式形体训练课程的教学设计. 科教导刊，2020（18）.

演、训练等实践环节投入大量教学时间和精力。[①]因在线上教学已经实现了课程知识点学习的翻转，学生在线下教学之前就已经明确进行形体模仿和情景表演的相关要求，教师可以在解决课前翻转所形成问题之后立即进入实践训练，让学生对正处于识记阶段知识点进行实践转化，避免了传统教学模式知识识记和实践转化相隔太久所产生的效果降低。同时，因为线上教学进行了一系列为巩固知识、促使学生主动实践的环节和互动设置，学生对线下教学所进行的实践训练成果会产生更加牢固的记忆，避免了传统教学模式“课上练了课后不管”“上周会下周忘”的情况。通过对传统教学模式的颠覆，将课堂翻转，形成了线上翻转、线下实践、线上巩固三个教学阶段，三个教学阶段首尾衔接，使学生的学习以“线上—线下—线上”的链式结构保持延续，使线下教学的作用和影响力得以放大，提升教学效果。

三、学科相跨，重建课堂

做好了“精讲”，接下来就应该“多练”了。该课程有别于其他实践课程，其实践具有明显的二重性：一是礼仪要素实践，需要通过具体的礼仪礼节去表达处于核心地位的礼貌；二是形体要素实践，需要通过准确的肢体语言从形象和气质两方面去对处于核心地位的礼貌进行支撑。只有正确认识和充分理解礼仪和形体之间的关系，才可以准确的掌握该课程的知识体系，才能够在实践中进行有效的实践。这其中涉及到秘书学、管理学、礼仪学、体育学多门学科的理论和知识，只有通过跨学科教育才可以帮助学生形成跨学科思维习惯，正确认识学科、专业、课程之间的关系，跳出课程知识结构的限制来认识课程。这种认识，比传统的单学科视野下所进行的平面教育更加立体，这种立体的认知不仅仅可以避免学生“管中窥豹”“一叶障目”，更有助于培养学生的创新意识，激发学生的创新潜能，发展学生的综合能力，促进学生树立整体知识观，使学生能以整体和系统的观点认识和探索世界。[②]

“秘书礼仪与形体训练”常用的教学模式是讲授—示范—训练—评判的“四段式”教学。[③]在讲授时，必须从秘书学、管理学的理论出发，才能使学生以秘书职业“辅助管理”和“综合服务”的角度去理解礼仪礼节礼貌，找准行使秘书礼仪的逻辑出发点。在示范时，必须从礼仪学、体育学的理论出发，才能使学生掌握礼仪动作的产生缘由和肌肉运用，避免行使秘书礼仪过程中的错误表达和肌肉代偿性疲劳。在训练时，必须从体育学的理论出发，才能使学生通过渐进负荷和周期恢复获得真正的形体素质和礼仪素养提升，避免过度训练和恢复周期过长导致训练失效。在评判时，必须从秘书学、管理学的理论出发，才能使用学生认识到肢体能力为行动服务—行动为行使礼仪服务—行使礼仪为秘书工作服务—秘书工作为管理工作服务的能力运用逻辑，避免产生重视局部忽略整体、重视过程忽略结果的学习误区。通过跨学科教育，该课程可以培养学生建立整体观和系统观。这种认识世界的学习模式的构建，正是目前应用型人才培养最需要的，也符合多元融合、跨界创新的社会发展格局。

四、课程建设亟待解决的问题

秘书学本科专业是教育部2012年设立的特设专业，建设至今尚不到10年。“万事开头难”，教育界对秘书学专业一些认识尚存在学术上的争议。目前，秘书学专业人才培养方案的国标尚未落地，文学院秘书学专业建设也处于起步阶段，“秘书礼仪与形体训练”课程建设还有一些亟待解决的问题。

（一）加强课程团队建设

从最开始应用型转型探索、申报立项校级教改课题，到申报立项校级线上线下混合式一流本科课程建设课程，课程团队都未能实现提升和壮大。要进一步推动课程建设，必须要通过加强课程团队建设来补齐短板、突破制约。一是丰富学科，实现学科覆盖和技能覆盖的完善，通过扩大团队使各学科

① 李春媚.《秘书礼仪》课程“立体四段式”教学方法研究. 语文学刊，2018（1）.
② 郭德红、柳晓颖. 美国大学本科跨学科教育的进展与借鉴. 现代教育科学，2020（1）.
③ 李春媚.《秘书礼仪》课程“立体四段式”教学方法研究. 语文学刊，2018（1）.

支撑力量更加强大，有助于产生更多新思路、新方法。二是丰富技能，实现线上课程建设方法和线下教学手段的更新，通过持续改进线上课程建设方法和线下教学手段使教学保持与时俱进。

（二）丰富课程资源创作

目前，“秘书礼仪与形体训练”线上线下混合式课程所采用教学资源，原创资源占比不到40%，大部分课程资源是使用 MOOC 源课程资源或从互联网其他途径获得。这些课程资源，一方面并不能完全符合学生实际，另一方面也不具备进一步深入挖掘的可能性。要进一步推动课程建设，必须要通过丰富课程资源创作来针对实际、寻找特色、树立品牌。一是基于跨学科教育形成符合课程教学实际的教材，使学生学习有更加明确的依据和指南可寻。二是以学生为中心创作更多的演示视频或 H5 动画，使学生线上翻转和线下巩固更加准确。三是以行业实际为背景创作更多训练场景，使学生校内学习、校外实践、创业就业高度一致，让课程教学目标切实落地。

五、结语

“秘书礼仪与形体训练”基于翻转课堂理念的 M00C—SPOC 线上线下混合式课程建设正在进行，无论是采用哪一种线上模式或是采用哪一种线下模式，都必须坚持“以本为本”，推动“四个回归”，不局限于过往、现在和将来，不局限于任何一种理念和任何一种方法，持续学习人才培养的新思想、新理念、新方法技术和新模式，持续进行课程建设改革和发展，为推动学校高质量内涵发展和建设高等教育强国贡献力量。

【责任编辑：陈隽】

美术学专业实践课程与现代信息技术的实践与探索

——美术学实践课程与易班平台的融合①

皮新菊②

（四川民族学院美术学院　四川康定　626001）

【摘　要】 现代信息技术的运用在教学过程中起着重要的作用，信息技术的发展与美术学教学的结合，让课堂形式发生转变。美术学实践课程与易班平台的融合——易班美术作品展是课程教学与网络信息技术相结合的一种实践尝试，对实践课程的学习质量与成果有一个总结性评价，能提升学生对专业学习的信心和质量，亦能提高教师的教学水平。美术教学信息化思维方式的转变，促使教学模式发生转变，最终目标都是以学生为本，提高学生的美术素养。

【关键词】 美术学；专业实践课；易班；画展；教学模式

为贯彻党的十九大精神，办好网络教育，加快教育现代化，推进“互联网+教育”发展，2018 年 4 月教育部发布《教育信息化 2.0 行动计划》。该计划指出教育信息化是教育现代化的基本内涵和显著特征，是“教育现代化 2035”的重点内容和重要标志，教学信息化将支撑引领教育现代化发展，推动教育理念更新、模式变革、体系重构。③当下，信息化时代大学生学习心理与认知特点发生了很大变化，利用信息技术学习的需求随之扩大，传统的美术学课程资源、课程教学、课堂评价等方式，已不能满足当代大学生数字化学习的需求，仅仅把信息技术当作课程中的辅助方式，不能够很好的满足学生自主性、个性化、多样性学习的需求了。④新时代，教学新技术手段对传统教学手段、方式、理念产生影响，使之发生着转变，也成为教师于教学实践、研究中的资源。

现代化信息技术的运用在教学过程中起着重要的作用，美国心理学家布鲁纳说：“在教育教学中为达到教学目标，教学计划大多依赖于教学媒体。”计算机网络技术的发展具有强大的生命力，美术课堂课上、课下运用多媒体技术能提高教学方法、教学质量。因此，在新时期信息化时代背景下，美术学专业实践课程与互联网技术深层次的融合，将信息技术全面渗透到美术学实践课程资源建设、课程实施、课程评价等过程中，可以更好地满足学生对美术学专业实践课程的学习需求，提高学生学习美术实践课程学习效率、丰富学习体验，帮助他们逐渐形成较好的知识学习素养。

一、美术学专业课程与易班平台的融合实践与探索

信息技术的运用使课堂教学与外界联系越来越紧密。电视、电影、网络、书籍的资源开放性，学习的环境突破了书本的限制，知识量的扩充与透明化，给当代高校教师提出了严峻的考验，很多知识网络检索答案即出，知识面的广度和透明度，给学生学习的渠道增多了。当然，信息化网络也有负面的影响，网络的快餐文化，也阻挡了很多种知识的深度学习。而教学利用现代信息技术帮助教学，提

---

① 本文系 2019 年四川民族学院校级教学改革项目《美术学专业课程与实验室、易班平台深度融合的研究与实践》的研究成果。

② 皮新菊（1986—），女，湖北恩施人，专职教师，讲师。主要研究方向：高等教育。

③ 中华人民共和国教育部. 教育部关于印发《教育信息化 2.0 行动计划》的通知[RB/OL]. http://www.moe.gov.cn/srcsite/A16/s3342/201804/t20180425_334188. html.

④ 林坤. 信息技术与苗族文化课程整合的个案研究. 东北师范大学，2019.

高教学质量，就需要教师对信息化技术资源应用的方向指导。对此，校园网络——“易班”平台上结合美术学专业实践课程成果展览，就有积极的意义。

传统的美术学专业实践课程是在课堂上进行，理论知识的讲解加上实践操作部分的教师示范，完成一定量的技能练习，即完成课程学习。美术学专业实践课程的作业成果与其他专业不同，学生课堂作业不仅是一门课程、一项技能的成果总结，也是学生艺术创作的作品，具有观赏性和创新性，具有一定的艺术审美价值。现代信息化技术的发展，不只是体现在课堂教学中有微课、慕课、虚拟仿真、交互式教学等运用方式。学生课堂作业的观赏性价值，可以接受社会的评价与外界接触，能直接面对社会的检验。美术创作还能作为校园文化建设的一分子，传统文化的宣传，引领大学生思想积极健康发展。校园网络作业画展就是最好的展示、互动与宣传文化的平台，美术学专业实践课程与易班平台的融合，对课程教学质量、学生主动学习的积极性产生不一样的化学效应，能引领学生积极向上的成长发展。

易班现在已发展成为集思想教育、教育教学、生活服务、文化娱乐为一体的实名制综合性学生互动新媒体网站。新网络时代，社会上各类社交媒体平台、资讯平台、短视频分享平台受到大学生的追捧，高校教育部门主推的社交平台易班就出现了。易班加入了为在校师生定制的教育信息化一站式服务功能，成为全国高校学生实名注册，集日常通信、资讯、学习、娱乐等为一体的网站。①

现代信息技术与教学融合——美术学实践课程在易班平台上的运用，对教学中教师、学生的素养的要求提高了，网络教学评价更突出教师在教学过程中教学资源的利用、教学活动的组织、教学方式的选择、信息技术的运用、学生活动的指导。

（一）易班平台上的美术学实践课程作业成果展

传统的画展对于在读大学生来说是困难的，举办一个传统画展，从复杂的申请流程，到后面的展厅布展、画展前期策划、前期宣传、画展的组织、活动的具体实施、画展开幕式闭幕式、活动总结和经验交流，都是费时、费人力、费物力及费经费的过程。相比较于传统画展，在新媒体网络平台上举办一个网络画展，消耗的经费、人力、物力较少，省钱并有效果。易班的网络特性让信息的通知达到了即发即到的效果，画展像新闻一样在学校网站主页专栏出现，每一位在校学生都能在任何时间点进画展观看。大家在不出门的情况下，通过手机、电脑便捷参观画展，实名制还方便了学生相互交流，提升了办事效率，宣传了校园文化、学院人文气息。特别是疫情期间，学生在家中不出门就能观赏赏心悦目的艺术展，网上展览形式显示出它独特的优势，画展举办与参观展览都显得容易多了。

图 1　白描作品展海报

实践课程作业必须是相关课程的创作作品，学生对作品反复修改完成后再简单压平托裱，拍照后软件裁剪，选出可以参加网络作品展的作业，在教师引领下完成电子版宣传海报（图 1）和前言（图 3）的制作，发布到易班网页上。如美 1841 美学与美 1843 美学两个班的《白描基础》课程，完成四尺大小一张人物白描画和一张花鸟白描画创作，疫情期间在易班上举办的“四川民族学院 2018 级美术学白描作业展‘青春在此·梦想在望’”的网络画展，在“川民院·易班”首页上设置一个美术学实践课程画展专栏（图 2），《白描基础》课程中创作的课程作业在易班上展示（图 4），全校师生都能在手机、电脑上欣赏他们的创作，还能在评论区（图 5）和签名墙（图 6）上发表言论、交流并留下足迹，随时看展，方便了观展者看画展的体验。

美术学实践课程教学过程中利用易班校园网络平台，展示美术学实践课程学生作业成果，举办课程总结性的作业展览，对实践课程的学习质量、成果有一个总结性评价，接受社会大众的监督，检测学生学习的效果，成为教师的教学设计、方法、教学目标的一种教学反馈。通过课程成果反思，亦能提高教师的教学水平。

① 刘萌生，刘一鸣. 基于易班平台的高校文化新阵地建设探索[J]. 黑龙江教育，2020（9）.

图 2
白描展在易班首页

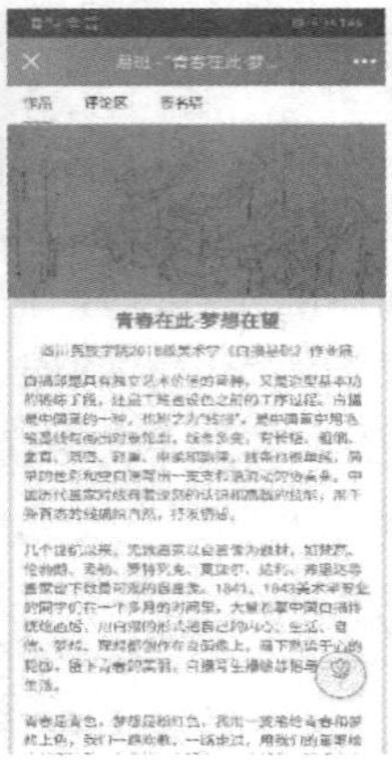

图 3
白描展的前言

图 4
易班上的白描展

图 5
评论区

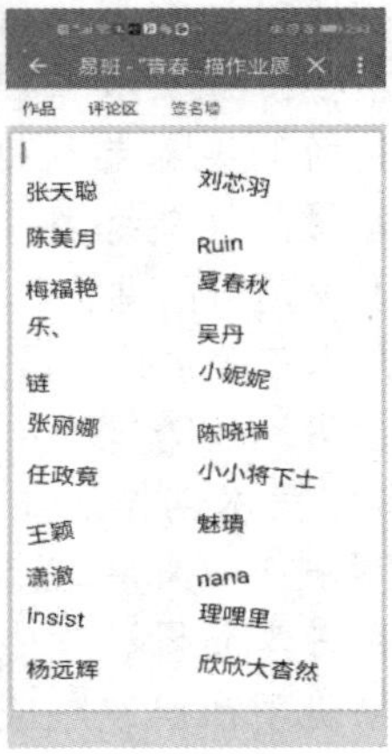

图 6
签名墙

（二）易班上网络画展的激励功能与课程评价

校园网络平台上展示美术学实践课程学生作品，对于学生的课堂成果评价有很好的激励作用。

网络平台展示是公开的，面对全校师生，面对社会：易班平台将各个高校连接在一起，学生不自觉会提高自我要求，刺激学生提高学习自觉性，并激励他们向前自主学习，教学质量有所提高。这种公开式网络画展展示课程学习成果，提高了课程教学目标及要求，与以往传统教学方式、教学活动组织、教学设计都有所不同，相同的学时内必须完成更高质量的教学才能完成相应的课程教学目标，才能完成学生作品在网络平台上的画展展示。公共网络平台作品展示对作品的质量、原创性要求是很高的，这种高要求能促使教师教学与学生学习质量的提高与成长。网络平台的反馈信息对学生的激励作用也是明显的，课程学习的成果展示增强了其美术学专业学习自信心，对作品的认同提高了他们的自我认同和专业自豪感。

网络平台的学生成果的展示效果，相当于课程的教学评价，受欢迎度与学生评论发言一览无余，可帮助教师认识自己的教学优势与不足，指导课程教学发展方向，与时俱进、扬长避短地开展课程教学反思，从而提高教学质量。

（三）易班网络画展的导向功能

网络平台作品画展展示的，不仅是一个课程学习或技能收获的结果，还能指导师生正确的发展方向。易班功能丰富，虚拟的网络平台为学生提供的高效且多样的空间，学生可以在这些空间中展示自我与创作作品，作业展宣传出教室，在接受大众的评价时，也激发了同学们的创造力，提升了专业素质和专业自信心，还能提高班级整体的凝聚力。

对高校来说，学生的精神面貌直接反映了校园教育氛围，反过来也会影响学生自身发展。对非美术专业学生，校园文化中积极的艺术创作能正面地引导在校生的文化氛围，丰富在校生的精神生活；对美术学院的学生来说，艺术展的交流，能激发同学们的再创作激情，共同提高专业能力。

除了美术课程作业展，美术类专业项目展、美术技能比赛、毕业展览等，都可利用网络平台画展展出。新冠肺炎疫情后，线上的校园网络宣传与评论互动，线下直观的绘画观赏体验，不失为完美的组合，成为与美术教学相结合的新时代网络化参观美术展览形式。

二、美术学专业实践教学模式的转变

现代信息化技术的发展与美术课程的结合，必然会改变美术学教学课程的模式与理念，以提高美术学专业学生的自主性、创造力和审美意识为目标，教学方式、教学模式与教学角色都需转变，因此，对信息技术与美术学专业课程进行研究具有重要的意义。

以四川民族学院美术学专业为例，2014 年人才培养方案中专业课 1458 学时、81 学分，2017 年美术专业课 1422 个学时、73 学分。实践课课时、学分的逐年缩减，使得课上操作练习时长不够，教学目标难以达到，教学质量受到影响。学生普遍反映课程结束时才进入学习状态，接下来就进入下一个课程的学习中了，学习积极性受到影响，这促使美术学专业课程教学设计与课堂教学模式改革。但仅仅靠课上教学时长是不够的，那就需要教师和学生共同利用课余时间，合理安排课下时间继续课上任务，完成教学目标。

“课堂+工作室+课余时间+易班平台”实践教学模式，即课前结合各大网络平台的精品教学课程资源预习，课上完成理论讲解、答疑、教师示范与具体操作指导，结合精简知识点的微课视频，课下利用工作室等形式继续创作实践，最终完成易班平台作业展览，这就需要教师和学生花更多的精力与时间完成课程内容，完成教学任务，提高专业课程学习的质量。

美术学专业实践课程结合实验室使用，能高效补充课堂实践教学时长。美术学专业现下有实验室书画工作室、唐卡工作室、装裱工作室、版画工作室、陶艺工作室，都建成不久。让学生在课上、课下专业学习与训练美术专业技能，利用课余时间完成教学任务与创作，形成教学的第二课堂，能丰富学生的课下实践。确立学生知识、技能培养的持续性、连贯性学习机制，提高专业能力水平，保证教学质量，实现人才培养模式的改革和创新。就书画装裱工作室而言，线下无任课老师无课程，合理有效使用装裱工作室需要规划。如《白描基础》课程后期创作作品拍照上传网页前，需要简单的压平与附背纸托裱。最后一次课程安排在书画装裱工作室进行，教学生传统中国画的装裱技艺。由于增加了《白描基础》课程知识与技能目标，同学们亲手操作装裱自己的作品积极性高涨，装裱工作室的教学价值也得到了体现。再如《版画》课程使用版画工作室，《传统唐卡技法》与唐卡工作室资源共享，都充分利用了学校资源，为教学课堂服务，完善“课程+”的内容，做到了为教学课程增彩，为学生服务。

美术学专业课程《白描基础》利用“课堂+”模式已经完成课程内容与实践，并成功在易班网站上的进行了网络作品展。美 1841 美学与美 1843 美学两个班的《白描基础》课程中白描画传统临摹实践：在 60 学时时长完成 3 张人物白描和 3 张植物白描临摹，创作 2 张四尺整张白描作品，其中一张人物和一张花鸟，作品质量优良。此次《白描基础》课上，着重理论讲解、教师示范与白描创作指导，课下重点练习临摹与创作实践。然后在美术学院装裱工作室中学习国画装裱过程，学生自己动手装裱自己创作的 2 张作品，在技能上对白描与装裱都进行了学习。最后完成了易班网站上的网络作品展：四川民族学院 2018 级美术学《白描基础》作业展“青春在此 • 梦想在望”。作品展示在公共参观的网络上，后续《藏族图案设计》《版画》课程也实行“课堂+”模式，学生的专业学习积极性、创作意识和专业自信度都有所提升。

当下互联网发达，信息技术在美术教学中的运用越来越多，有微课、慕课、虚拟仿真课堂、交互式体验课堂、翻转课堂等，形式越来越丰富。学生可通过精品教学网站的在线学习，网站空间搜索教学资源、寻找参考资料、观看教学视频完成教学任务，随时随地完成课前预习与课程复习。当代教师应充分利用现代信息技术与美术学教育教学融合，探索新时代教育教学新模式，提高学生学习的积极性，适应时代发展，促进人才培养。

“课堂+网络”的模式的探索与实践，美术学实践课程教学模式转变的探索与实践，目的都是以学生为本，提高学生的整体素养。美术教育的长远发展需要教育工作者及时调整自身知识结构，增加信息素养，学会运用现代信息技术手段优化教学方式、方法，解决美术教学中的重难点，激发学生学习美术的兴趣与技能水平，使之成为创新型、自立型、应用型专业人才。①

【责任编辑：王鹤艳】

① 李敏学. 信息技术与高校美术课程整合研究——评《美术课程与教学论》[J]. 中国高校科技，2020（7）.

信息技术与民族院校“思想政治理论课实践”教学融合的思考[①]

苏晓君[②]

（四川民族学院马克思主义学院　四川康定　626001）

【摘　要】“思想政治理论课实践”是高校本科各专业学生必修的一门通识课。该课程对巩固大学思想政治理论课教学成果，培养学生理论联系实际的能力，引导学生正确认识国情、社会，提高学生的道德修养和思想品质具有重要意义。本文对信息技术与民族院校思想政治理论课实践教学融合的研究现状、意义及存在的问题进行了梳理，最后根据民族院校特点等提出了提高信息技术与民族院校思想政治理论课实践教学融合的对策建议。

【关键词】信息技术；思想政治理论课；实践教学

《思想政治理论课实践》是高校本科各专业学生必修的一门通识课。该课程对巩固大学思想政治理论课教学成果，培养学生理论联系实际的能力，引导学生正确认识国情与社会，提高学生的道德修养和思想品质具有重要意义。在新冠肺炎疫情后，将信息技术与《思想政治理论课实践》教学融合，是提高民族院校《思想政治理论课实践》教学的效果的必由之路。

一、信息技术与民族院校“思想政治理论课实践”教学融合的研究现状

习近平同志在全国高校思想政治工作会议上强调：把思想政治工作贯穿教育教学全过程，开创我国高等教育事业发展新局面。尤其是高校思想政治理论课，作为大学生思想政治工作的核心内容，更是要转变思维，积极创新教学模式，提高育人质量。独立设置的《思想政治理论课实践》课程，是依托思想政治理论课的理论教学，在课堂之外进行的各项旨在促使学生认识自我，了解民情，服务社会，自主观察、分析、解决问题，培养创新精神和实践能力的各项活动。

近年来，为了更好地促进“思想政治理论课实践”教学，广大思想政治理论课教育者做了一些积极探索，主要有以下两点：首先，系统地对信息技术与地方高校本科教学融合问题进行了研究。如王忠政先生系统研究了信息技术与地方高校本科教学深度融合问题，并出版了《信息技术与地方高校本科教学深度融合的研究》一书。王忠政认为，信息时代呼唤地方高校的变革与转型，但信息技术在地方高校本科教学应用中还存在诸多问题，这对如何更好地使信息技术与民族院校“思想政治理论课实践”教学融合有很好的借鉴意义。王忠政根据信息技术与地方高校本科教学融合存在的问题提出了对策建议，并认为信息技术是推动地方高校本科教学改革与创新的必由之路[③]。其次，针对信息技术与思想政治理论课实践教学相融合进行了研究，其代表学者有于乐与沈壮海等人。于乐认为，当前信息技术融入高校思想政治理论课的主要表现形式有五种，主要是使用 Power Point 等软件制作而成的多

① 本论文系四川省 2018—2019 年高等教育人才培养质量和教学改革项目《地方民族院校现代信息技术与教育教学深度融合的探索与实践》（项目编号：JG2018-864）阶段性成果；四川民族学院教育教学改革研究项目《民族院校思想政治理论课实践教学与地方红色资源相结合的教学体系构建——以四川民族学院为例》（项目编号：Xjjg2018009）阶段性成果；康巴文化研究中心基金项目《甘孜红色文化的创新性发展与创造性转化研究》（项目编号：KBYJ2020B019）的阶段性成果。

② 苏晓君（1980—），男，甘肃天水人，法学硕士，讲师。主要研究方向：藏区社会学与红色文化。

③ 王忠政. 信息技术与地方高校本科教学深度融合的研究[M]. 暨南大学出版社，2016.

媒体教案；设置慕课、微课等多种形式的网络课程；运用微信、微博、手机客户端等自媒体平台辅助思政教学；建议运用移动互联技术，建设思想政治理论课专用教学平台及运用大数据技术辅助思想政治理论课，增强针对性。于乐认为，推进信息技术与高校思想政治理论课高度融合需要正视的问题，应该树立“因事而化、因时而进、因势而新”的方法论，实现教学目的与教学方法的有机统一，协调好信息碎片化呈现与教学“准度”要求之间的张力及处理好主阵地主渠道与全程育人、全方位育人之间的关系等①。沈壮海认为，推动思想政治教育与信息技术的融合是势所必然，把握好思想政治教育与信息技术融合的三种关系：（1）把握思想政治教育与信息技术融合中整体与部分的关系；（2）把握思想政治教育与信息技术融合中变与不变的关系；（3）把握思想政治教育与信息技术融合中主体与载体的关系②。

二、信息技术与民族院校思想政治理论课实践教学融合的意义

信息技术与民族院校“思想政治理论课实践”教学融合是思想政治教育创新发展的需要，是信息技术发展的产物，是新冠肺炎疫情后民族院校思想政治教育实践发展的必由之路，具有很大的现实意义。

信息技术与民族院校《思想政治理论课实践》教学融合使大学生思想政治理论课实践教学的时空发生了变化。现代信息技术拓展了教学的空间，突破了教学时间上的限制。在现代信息技术环境下，实践教学真正回归到实践本身，不再受教学时空的限制。学校教学资源也得到了更好地优化配置，能有效地通过信息技术延伸到教室、宿舍、食堂、家等场所。学生可以利用个人碎片化时间完成《思想政治理论课实践》学习并取得学分并完成学业。

信息技术与民族院校“思想政治理论课实践”教学融合使大学生思想政治理论课实践教学方式发生了变化。信息技术首先改变了思想政治理论课实践教学信息存在的基础，教学信息存在方式的变化又引起了新的教学系统的产生。现代信息技术可以使教师对教学资源进行技术性处理操作，可以根据学习的需要使教学信息发生教学所需要的变化，如对教学信息重组，让实践教学更加灵活、生动，更具吸引力，真正让实践教学“活”了起来。信息技术与民族院校“思想政治理论课实践”教学融合是教学方式的革命，改变了传统教学中师生角色的转变，使师生异时空的教学—指导—自主式教学成为可能。

信息技术与民族院校“思想政治理论课实践”教学融合使大学生思想政治理论课实践教学主体发生了变化。教师与学生到底谁才是教学的主体？信息技术与使得教学信息的传播方式发生了变革，而教学信息传播方式的变革呼唤学生成为教学主体，使学生的主体性在现代教学手段中得到了很大的发展。教师在实践教学中可以利用信息技术充分发挥自己的教学才能，让实践教学更有趣味性，教师的角色与作用将发生很大变化，由“教”向“导”进行转换。学生不再是被动地接受学习，不再是接受知识的“容器”，从而具有自主选择学习时空的权利，学生从“要我学”转变为“我要学”，学习趣味性与学习效率将得到很大提升③。

信息技术与民族院校《思想政治理论课实践》教学融合使大学生思想政治理论课实践教学形式发生了变化。随着信息技术的快速发展，学校课堂被分为现实课堂与虚拟课堂，在教学过程中现实课堂与虚拟课堂二者互补，各自发挥自身优势，获得了更佳的教学效果，产生了新的教学形式即混合式教学。比如在“思想政治理论课实践”教学中，红军长征是非常好的实践教学素材，可以利用虚拟仿真实验室模拟红军爬雪山、过草地、搞好民族团结等的伟大壮举，使学生更为直观地接受革命传统教育，更好地达到教学效果。

信息技术与民族院校《思想政治理论课实践》教学融合使大学生思想政治理论课实践教学内容发生了变化。信息技术能有效地解决教学资源与教学信息的有限时效与快速更新之间的矛盾，使实践教

---

① 于乐，信息技术与高校思想政治理论课融合的实践性思考，学校党建与思想教育，2018 年（5）.
② 沈壮海，推动思想政治教育与信息技术的高度融合，国家教育行政学院学报，2017（1）.
③ 张文等. 媒介融合背景下的红色文化大众化研究[M]. 中国社会出版社，2020.

学内容不再局限于书本与具体的时空，而是扩大到无限的虚拟的广阔的网络空间。比如在《思想政治理论课实践》教学中，教学内容不再局限于文字、音像，而是以信息技术为载体的各种各样的教学软件、专题学习网站及网络辅助教学课程教学资源等，使学生更为轻松地获取知识和信息。

三、信息技术与民族院校思想政治理论课实践教学融合的现状

2020 年，新型冠状病毒疫情给思想政治理论课实践教学带来挑战的同时也带来了很大机遇，还带来了信息技术融入高校思想政治理论课实践的契机。以四川民族学院马克思主义学院为例，疫情期间，所有思想政治理论课都通过线上超星平台与微信开展教学。通过超星平台教学的所有课程都是利用超星平台提供的慕课开展教学，没有教师自建课程，利用信息技术的线上教学停留在低水平状态，思想政治理论课实践教学开展比较困难，质量有待提高。

在新冠肺炎疫情后，信息技术融入民族院校思想政治理论课实践教学的主要表现形式有以下五种：使用 Power Point 等软件制作而成的多媒体教案；设慕课、微课等多种形式的网络课程；运用微信、微博、手机客户端等自媒体平台辅助思政教学；运用移动互联技术建设思想政治理论课专用教学平台及运用大数据技术辅助思想政治理论课来增强针对性。

四、信息技术与民族院校思想政治理论课实践教学融合中存在的问题

当前，信息技术与民族院校思想政治理论课实践教学融合取得了一些成绩，但二者融合的深度、广度及视野还存在一些问题，未能真正实现二者的高度融合。

首先，信息技术与民族院校思想政治理论课实践教学的融合缺乏系统布局与宏观视野。从目前情况来看，信息技术与民族院校思想政治理论课实践教学还处于探索阶段，教师各自为政，没有形成合力，缺乏统一的指导性文件。以往，思想政治理论课实践都是由任课教师在马克思主义学院的思想政治理论课教学大纲指导下，结合教学对象专业特点及本地教学资源等情况安排实践教学。为了提高思想政治理论课实践教学质量，在各本科专业人才培养方案里单独设置“思想政治理论课实践”课程。单独设置“思想政治理论课实践”课程给马克思主义学院及任课教师带来了机遇与挑战。由于缺乏系统布局与宏观视野，很多老师对新的课程如何教学没有方向没有方法，给信息技术与《民族院校思想政治理论课实践》教学的深度融合带来了很大困难。

其次，信息技术与民族院校思想政治理论课实践教学的融合缺乏教师的支持与理解。受教师的传统教学习惯与认识观念，以及学校的政策导向及考核评价等因素影响，使得信息技术与思想政治理论课实践教学融合缺乏教师的支持与理解，具体说就是不想用与不会用网络技术。不少教师的传统教学习惯与认识观念是最大的影响因素，还习惯于传统的以黑板粉笔为主的教学方式，对网络技术持排斥的态度。根据 2018 年 4 月教育部下发的关于印发《教育信息化 2.0 计划》的通知精神，高校对信息技术应用的资金投入不断加大，尤其是硬件设备投入很明显。但若没有相关软件投入及教师使用软件设备的培训，其硬件设备应有的效益很难得到发挥。在学校的政策导向及考核评价方面，高校虽在着手朝破除“五唯”问题，但目前高校对教师的考核方式仍以论文数量和质量为考核依据，较少关注教师的教学水平指标，这就影响了教师利用信息技术开展思想政治理论课实践教学的积极性。

再次，信息技术与民族院校思想政治理论课实践教学使用中的泛化问题等。由于部分教师对信息技术的理解与认识存在一定的误区，没有充分地理解信息技术与思想政治理论课实践教学相融合的内涵，在具体使用信息技术上存在泛化与浅层化现象[①]。具体表现在日常教学中使用幻灯投影，在信息化教学资源平台上放置一些电子化教学资源，就以为开展了信息化教学。也有部分教师“穿新鞋走老路”，上课时仅仅是“教材搬家”、读 PPT，师生间、学生间缺乏必要的互动交流，“人灌”变成了“机灌”，现代化的教学方式荡然无存，陷入“填鸭式”教学的怪圈。再加上政策的问题，都使信息技术

---

① 王忠政. 信息技术与地方高校本科教学深度融合的研究[M]. 暨南大学出版社，2016.

与思想政治理论课实践教学融合流于形式，教学效果大幅缩水。

最后，适应信息技术发展速度的高校思想政治理论课教学观念仍未形成，运用信息技术助力高校思想政治理论课教学提升吸引力成效并不突出，高校思想政治理论课教师的新媒体新技术素养仍需提高。

五、提高信息技术与民族院校思想政治理论课实践教学融合的对策建议

要解决信息技术与民族院校思想政治理论课实践教学融合中存在的问题，加大二者融合的深度、拓展二者融合的广度及视野，真正实现二者的高度融合，笔者有如下对策建议。

首先，要对信息技术与民族院校思想政治理论课实践教学融合系做系统布局，要有二者结合的宏观视野。信息技术与思想政治理论课实践教学的高度融合，不是简单的“信息技术+思想政治理论课实践”模式，而是需要做系统布局，拓宽视野，体现思想政治理论课实践教学的全局性。要把握信息技术与思想政治理论课融合的一般规律，强化思想政治理论课实践教育的预见性。探索信息技术与思想政治理论课实践教学的话语转化，强调思想政治理论课教学的有效性。

其次，要树立教育教学新理念。在思想政治理论课实践教学过程中，要树立开放式办学、主体参与式教学与体验式学习的教学思想与理念。开放式办学就是要加强合作的观念，通过合作拓展办学思路开阔办学视野，学习先进的思想政治理论课实践教学理念与方法。要有充分利用资源与开放式教学的观念，优化整合校内教育资源，促进校内教育资源的开放与利用，与地方经济发展相结合，面向社会开放。加强信息技术支持下的思想政治理论课实践教学的主体参与体验式学习，要实现教学资源与学生学习时空实现无缝对接，增强学习的趣味性与有效性。

再次，提升师生信息技术使用素养。信息技术教学环境下，教师要实现角色的转换，接受新的信息技术来开展思想政治理论课实践教学，学生也要转换传统学习模式，利用新的信息技术进行学习，就需要师生提升信息技术的使用素养。提升师生信息技术使用素养需要对教师信息化课堂教学领导力进行提升，建立学习共同体，构建师生信息交流平台，构建共同的课程学习愿景。要把提升教师信息化教学能力作为教师培训的主要内容常抓不懈。

最后，构建信息化教学管理体系，实施信息技术支持下的有效教学。信息技术作为一种新的技术手段进入传统的教学系统中，对传统的教育思想与理念、教学模式、教学方法、教学资源的配置等产生了巨大冲击，引起了教学管理体系的巨大变革，这种变革是信息化发展的必然。一定要顺应信息化发展趋势，构建信息化教学管理体系。利用信息技术实施有效教学，不仅是教学方式的变革，更是教学观念、教学思想的转变。只有使信息技术在思想政治理论课实践教学重点应用深入人心，使信息化教学得到飞速发展，最终才能实现教学的整体变革。

【责任编辑：陈光军】

试论大数据在民族高校思政课实践教学中的开发及运用①

米　川②

（四川民族学院马克思主义学院　四川康定　626001）

【摘　要】 在思政课实践教学中开发和运用资源丰富、信息更新快的大数据资源，是当前思政课实践教学的发展方向。随着“大数据进思政”的不断深入，思政课实践教学也遇到了机遇与挑战。准确分析思政课实践教学所面临的实现困境，开发利用好大数据资源，打造“理论教学—实践教学—网络教学”的“三维一体”的教学模式，完善“听、说、读、写”的“四位一体”的综合能力培育模式，是思政课实践教学适应时代发展的应有之举。

【关键词】 大数据；思政课；实践教学

21 世纪以来，随着网络社会的飞速发展，互联网、云计算、智能终端等取得了快速发展，社会进入了海容量、智能化、信息化、多元化的大数据时代。在国家“大数据发展战略”的背景下，大数据在社会各行各业得到了迅速发展及运用。在大数据背景下，民族高校思政课实践教学也迎来了巨大的机遇与挑战。思政课实践教学何去何从是当前思政课实践教学适应大数据时代发展所亟须解决的现实难题。合理开发、利用大数据下的网络资源，探索大数据在民族高校思政课实践教学中的运用，对于提升民族高校思政课实践教学的时效性具有重要的现实意义。

一、大数据给民族高校思政课实践教学带来的机遇与挑战

“大数据”是“Big Date”英文单词的翻译，大约在 10 年前，大数据就成为了互联网技术领域的流行词。随着社会信息化的进程不断加快，大数据应用已经在社会各行各业取得了飞速发展。大数据不仅是技术的革新，也是新的价值观和新的方法论的体现。毋庸置疑，一个基于大规模数据处理、分析、运用、创新的“大数据时代”已经来临，并且已经改变着我们学习和生活。学术界普遍把大数据的特征归纳为“4V”，即“Volume”（容量），“Variety”（种类），“Velocity”（速度），“Value”（价值）。③大数据的“4V”特征，具有深刻内涵和重要意义。其一，“Volume”，即是大数据拥有巨大的数据容量，充分体现出大数据“海容量”的特点。这样“海容量”的大数据对于传统数据处理方法来说，根本无法实现和达到。其二“Variety”，所呈现出大数据的多元性和多样性特征，这也是大数据区别传统数据处理方法的重要标志之一。大数据要在多样性和多元性的数据里，发现数据之间的内在关系。其三，“Velocity”就更加注重时效性，要求大数据在短时间内完成数据处理。其四，“Value”更加突出大数据的作用与价值。综上，我们可以看出大数据“4V”特征，也必将引起大数据“四化发展”，即大数据发展必将呈现出“开放化”“多样化”“快速化”“个性化”的四个发展方向。大数据在“四化发展”的背景下，也给高校思政课教育教学过程中也带来了挑战与机遇。

---

① 本文系四川民族学院教育教学改革研究项目《民族院校思想政治理论课实践教学与地方红色资源相结合的教学体系构建——以四川民族学院为例》（项目编号：Xjjg2018009）的阶段性成果——康巴文化研究中心基金项目《甘孜红色文化的创新性发展与创造性转化研究》（项目编号：KBYJ2020B019）的阶段性成果。

② 米川（1994—），男，四川遂宁人，哲学硕士，主要研究方向：马克思主义理论。

③ 胡树详，谢玉进. 大数据时代的网络思想政治教育[J]. 思想教育研究，2013（6）.

一方面，随着“大数据进课堂”，大数据为学校教育教学、科学研究、学生管理等带来了发展机遇。以往，学校科研人员进行样本处理分析时，主要采用传统的数据处理方式。无论是社会学、人类学、民族学还是经济学、心理学的学者，过去都通常采用问卷调查法、访谈法等方法，进行样本分析。正是这种采取随机抽样的方法，抽样的结果也呈现出的样本容量不足，样本的代表性也不足等问题。而今，随着云计算等互联网技术飞速发展，“大数据”实现了以高速、有效的方式进行数据处理。与传统的数据处理方式相比，大数据呈现出更加“精准性”、“完整性”、“快速性”等优势。大数据这些的优势，也为高校思政课实践教学带来新的机遇，具体表现在以下四个方面。首先，大数据能够更加全面的呈现出学生近期的关注热点，兴趣爱好等，有利于老师更加全面了解学生。其次，大数据能够客观真实的反映学生情况，能够有效避免个人的主观经验和直觉推断，能够使数据结果更加精准和全面。再次，大数据让“个性化教学”成为可能。针对大数据收集的数据结果，客观的把握数据分析所出现的问题，有针对性地对学生进行个性化教学。如，教师可以根据大数据处理结果，有针对性的与部分学生进行交流，加强课堂互动，活跃课堂气氛。最后，大数据背景下，教育教学更加便捷。教师在课堂上能够运用大数据进行出勤考核、学习效果考核，能够更加快捷地了解学生出勤情况、学习情况以及学生的近期思想行为动态、实践效果等方面信息。

另一方面，大数据发展也为思政课实践教学带来了新的挑战。主要表现在以下几个方面。其一，数据量巨大的大数据资源带来了对资源甄别能力的挑战。随着大数据的发展，越来越多的资源进入大数据库。在繁杂的数据资源中，有经典资源信息，也不乏有不准确或者无用的资源信息，甚至有错误的信息资源。因此，思政课教师要从数据巨大，信息繁多的资源中，挑选出有利于思政课实践教学的资源，这也要求思政课教师要有极强的资源甄别能力。其二，大数据多样性带来的挑战。大数据背景下，资源内容的多样性，资源形式的多元化，为思政课实践教学带来了更多的拓展性内容和更加丰富的表现形式。但是，大数据背景下，不乏有涉及黄、赌、毒等低俗的文化资源，甚至有传播破坏国家主权、民族团结的内容。因此，大数据的多样化和多元化，也要求思政课教师要着力提升自己的政治判别能力和认知引导能力，充分利用大数据平台，传播具有正能量的文化资源，引导学生树立正确的人生观、价值观和世界观。其三，大数据所具有的潜在价值带来的巨大挑战。大数据在资源整合、分析的过程中呈现出数据更新快，信息获取不断的特点。思政课教师在思政课实践教学的过程中，要从不断更新的数据中吸取有用的教育教学资源。目前，大量的思政课教师只是使用了大数据的基本资源，对大数据的潜在价值还需要思政课教师结合课堂教学的实践需求进行深入挖掘，不断整合更新大数据教学资源。

二、民族高校传统的思政课实践教学面临的实现困境

办好思政课，是党之大计，是国之大计。思政课是一门融合哲学、经济学、政治学、社会学等多学科知识的课程，是当代大学生的必修公共课程，肩负着对大学生进行思想政治教育的重要使命。思政课实践教学是在思政课理论教学的基础上进行理论联系实践的重要方式，是衔接思政课理论教育和实践能力培育的重要中介，也是思政课实现“知行合一”育人理念的重要载体。因此，思政课实践教学是高校不可或缺的教学环节。在长期的发展中，高校思政课实践教学也呈现出诸多困境，在大数据进思政课新的历史条件下，思政课实践教学面临着诸多的现实困境，主要表现在以下几方面。

（一）传统的实践教学思维陈旧

在传统的思政课实践教学中，教师主要依据教学经验和学生抽样调查数据结果进行实践教学，实践教学的思维陈旧。通常，教师主要依托自己长期在思政课实践教学的经验教训，有意识的获取学生的学习偏好、价值取向及学生学习能力等方面的信息，并结合自己的长期教学经验，对获得的信息进行处理，并运用到实践教学的具体环节中。由传统的教师教学思维可发现，以往的实践教学主要依靠教师个人的教学经验和对获取信息的处理能力，实践教学的效果与教师本人的综合素质、个人的知识

结合和教学经验的积累等因素息息相关。实践教学的环节和过程，往往带有浓厚的教师个人主观判断，缺乏客观的数据支撑，呈现出思政课实践教学效果较差，学生不满意的现象。

（二）传统的实践教学形式有限

思政课实践教学，依据实践场所的不同，可以划分为课堂实践教学、校内实践教学、社会实践教学三个层面。传统实践教学从保障学生安全的角度出发，主要以课堂实践教学为主体，校园实践教学和社会实践教学基本不涉及，传统实践教学形式单一。在课堂实践教学上，教师主要采用合班教学的形式开展活动。从整体上来看，思政课实践教学形式单一。

（三）传统的实践教学成果甚微

在传统的实践教学中，教师是教学的主体，牢牢把握着课堂的话语权和主动权，是思政课实践教学的权威解说者。在思政课实践教学过程中，教师主导实践过程，学生成为被参与实践的对象。教师的主体地位限制了学生的自由思维和独立思考的能力，学生在课堂中的主动性和创造性受到影响。“思政课学什么”“实践教学如何做”等系列问题，都由教师一人决定。在传统的思政课实践教学过程中，很多高校思政课教师组织学生就近参观红色教育基地、博物馆等场所。在今年受新冠肺炎疫情的影响，部分高校基于学生安全因素就直接取消了思政课实践教学。也有部分高校基于学生安全考虑，一直将思政课实践教学在教室内进行，要求学生利用暑假做社会实践，课堂上进行实践经验分享。还有的高校，为了节约教育经费，将思政课实践教学融入思政课理论教学中，注重理论教学，轻视实践教学。以上做法，无疑都是停留在“喊口号”层面，并没有将思政课实践教学落到实处。无论是外出参观，还是假期调研，学生都是实践教学的被动参与者，师生在实践教学活动中的互动性明显不足，实践教学效果甚微。

三、大数据在民族高校思政课实践教学中的开发及运用

思政课实践教学，其根本目的在于培养学生实践能力，提升学生的学习水平，其核心点是要建立“理论教学—实践教学—网络教学”的“三维一体式”教学模式，其关键是要不断完善“听、说、读、写”的综合能力培育的“四位一体”模式。

（一）建立“理论教学—实践教学—网络教学”的“三维一体”思政课教学模式

要打通思政课理论教学的第一课堂，强化思政课社会实践的第二课堂，构建网络教学与运用的第三智慧课堂，实现思政课教育“纵向到底、横向到边”。在全球化与信息化的时代下，传统教学方式面临着互联网多元价值的影响与冲击，单一的课堂教学模式面临着巨大的挑战和压力。教学方式陈旧，教育发展乏力、教学实效欠佳的局面必须改变。因此，思政课实践教学也应适应大数据的快速发展，在充分发挥第一课堂理论教学的基础上，不断拓展社会实践的第二课堂，把思政课育人理论植入社会实践活动中，着力提升第三课堂的网络教育的能力与水平。

（二）完善“听、说、读、写”的 “四位一体” 的综合能力培育模式。

“听、说、读、写”的能力培育一直是学校教学的重要落脚点。随着大数据技术的快速发展，学生的“听、说、读、写”能力的培育与发展也面临着重要的变化。将学生“听、说、读、写”的能力培养，深入融合到思政课实践教学的过程中，是新时代思政课实践教学的重要方式之一。

所谓“听”，就是要不断强调学生的听课能力与听课水平。教育界通常认为学生在课堂上有效学习的时间有限，因此，提升学生的听课能力，就要提升学生在有限的时间里，获取最大化的理论知识的能力。一方面，提升学生的“听”的能力，客观上要求思政课教师进行有水平的“讲”和有理论知识的拓展。毋庸置疑，思政课教师“讲”的能力，直接影响着学生的“听”的能力和水平。因此，这就客观上要求思政课教师要有深厚的理论功底和广泛的学术见识。正如习近平指出“办好思想政治理

论课关键在教师”。思政课教学涉及马克思主义哲学、政治经济学、科学社会主义、中国特色社会主义理论体系等诸多内容，还涉及政治、经济、文化、生活、社会等诸多方面，更涉及世界史、近代史、党史、新中国史、改革开放史等。繁杂的思政课教学内容，就要求思政课教师不断发挥创造性、主动性和积极性。把思政课理论教学与实践教学有机结合起来，把思政课实践教学与时代发展结合起来，真正做到思政课实践教学与时俱进，常讲常新。另一方面，也要求学生自觉培育良好的“听”课能力。这就要求学生在完成思政课理论教学的基础上，把“思政课”的理论知识，运用到实践中去，强化学生理论与实践的结合能力。

所谓“说”，就是要求学生将理论知识用自己的话语体系表现出来，培育学生的语言表达和逻辑思维能力，增进学生对思政课理论学习认知。思政课实践教学是学生“说”的能力培养的重要环节。思政课实践教学的具体实施过程中，主要以举办“演讲比赛”“小组辩论赛”的活动，也可以结合时事政治与具体实际，开展“小组主题讨论”“学生做专题汇报”等活动，比如今年思政课实践教学可以结合“脱贫攻坚”的主旋律，组织学生开展“先进脱贫事迹”分享。也可以结合“2020年抗击新冠肺炎疫情”的主题，组织学生开展“抗疫故事我来讲”主题活动。

所谓“读”，就是引导学生学习马克思主义经典文献。研读经典著作，就是要求学生在“学懂，弄通，做实”三方面上下功夫。读懂原著，要求学生具有较强的理论基础和较高的文字理解能力。这客观上要求思政课教师进行马克思主义经典文献的导读和讲解，把思政课理论教学中的基础知识“讲懂、讲通、讲透”。同时，在思政课实践教学的过程中，思政课教师也要引导学生进行原著选读，如班级成立读书小组，以小组为单位开展读书活动。思政课教师也要结合时政，精选经典著作，如2020年是恩格斯二百周年诞辰，也是列宁一百五十周年诞辰。思政课教师可以结合这一时代背景，引导学生学习恩格斯经典著作《自然辩证法》，或者开展研读列宁的经典著作《唯物主义和经验批判主义》。在思政课实践教学中，学生读书交流活动也应结合大数据技术，开展形式多样的读书分享活动。可采取“线上理论学习+线下读书交流”的研读形式，如学生可下载马克思主义经典著作的电子版，进行线上理论学习，并做好读书笔记，进行读书笔记交流，将学生的“读”“写”“说”的能力有机结合。

所谓“写”，就是强调学生的写作能力。“写”，实质上是“听”“说”“读”的能力转化的过程。思政课实践教学要把学生的“写”作为能力培养的重要内容。通过开展读书报告会、社会实践交流会等活动，引导学生在理论学习和社会实践过程中进行深入思考，鼓励学生结合“所见、所闻、所想、所感”，撰写读书笔记和社会实践调查报告。要切实把理论学习和实践能力有机结合起来，把理论学习和实践交流活动落到实处，见到实效。

【责任编辑：周良勇】

教育教学信息化建设的探索与实践

——以四川民族学院“C语言程序设计”线上课程建设和教学为例

杨 杰[①]

（四川民族学院理工学院 四川康定 626001）

【摘 要】 通过“C语言程序设计”线上课程的建设，给出了一套完整的建设思路和方案。对网课的前期准备、网课的录制、网站的建设以及通过网站进行教学、网站作业批改、网站考试等环节进行了阐述，给出了网站整个建设过程的一些经验，为线上课程建设提供参考。

【关键词】 线上课程；网站；网络平台建设；MOOC

随着IT技术在社科领域的大力推广和应用，信息化技术与社会各行各业在广度和深度上深入融合，为各行各业提供了模板化、可定制、科学而高效的解决方案，为整个社会科学的发展提供了强大的助力[②]。教学教育领域的信息化走在了其它领域应用的前列，为其他领域在信息化建设上提供了范例。信息化建设在教学教育上的高速发展和深入融合，与教育部的政策和有力的措施密不可分[③]。在“教技〔2018〕6号”文件“教育部关于印发《教育信息化2.0行动计划》的通知”中提出“综合运用信息技术解决教育教学实际问题，实现基于空间的教与学应用、教学管理、教育治理的常态化，加快推进人人皆学、处处能学、时时可学的学习型社会建设。”[④]在新冠肺炎疫情的社会大背景下，教育部应对新型冠状病毒感染肺炎疫情工作领导小组办公室《关于疫情防控期间以信息化支持教育教学工作的通知》（教技厅函〔2020〕7号）中明确提出：“各地各校应根据行政区域内和本校教学条件，在学校延期开学期间通过网络平台、数字电视、移动终端等方式，自主选择在线直播课堂、网络点播教学、大规模在线开放课程（MOOC）、小规模视频公开课（SPOC）、学生自主学习、集中辅导答疑等形式，开展线上教学。”[⑤]全民化的网上教学在这特殊环境和时间，在全国推广普及开来，这对信息化教育教学的发展起到了推波助澜的作用。充分地利用这个契机，全面提高教师自行录制网课视频的能力、通过网站建设网课课程的能力及网上教学能力成为当务之急。

为进一步理解并深入贯彻全国教育大会、新时代全国高等学校本科教育工作会议精神，大力加强现代信息技术与教学的广度和深度融合，“十三五”期间，学校积极围绕建设充满活力的现代化、信息化、综合性的应用型民族本科高校，努力推动学校教育信息化建设，着力提高教师的信息化教学水平。2020年上半年新冠肺炎疫情发生后，学校及时响应上级教育行政部门号召，克服各种困难，积极组织教师和学生开展线上教学，实现了“停课不停教、停课不停学”的目标。现以“C语言程序设计”课程为例，交流线上课程的建设以及线上教学经验，反思整个环节中存在的问题，大胆地探索教育教学信息化建设的新途径、新方法和新举措，以着力提高信息化教学能力。笔者认为对应线上课程

① 杨杰（1971—），男，四川仁寿人，副教授，主要研究方向：近似算法、排序算法等。

② 李玉顺. 信息技术与教育教学深度融合的发展需求与趋势[J]. 中国教育信息化，2014（6）.

③ 徐苏燕. 在线教育发展下的高校课程与教学改革[J]. 高教探索，2014（4）.

④ 教育部办公厅. 教育部关于印发《教育信息化 2.0 行动计划》的通知[EB/OL]. http://www.moe.gov.cn/srcsite/A16/s3342/201901/t20190124_367996. html.

⑤ 教育部应对新型冠状病毒感染肺炎疫情工作领导小组办公室. 教育部应对新型冠状病毒感染肺炎疫情工作领导小组办公室关于疫情防控期间以信息化支持教育教学工作的通知[EB/OL]. http://www.moe.gov.cn/srcsite/A16/s3342/202002/t20200214_421005. html.

的建设及教学过程分为以下五个方面。

一、网课的前期准备

（一）充分的备课

网上授课和正常线下教学一样，都需要熟悉教学内容，准备好教学的课件、辅助的教学视频或者动画、文字或者图片资料，认真设计教学的各个环节：教学引入、教学展开（新课内容）、巩固练习、课堂总结、布置作业，各个环节都需要针对网上教学的特点进行优化。对教学的重难点的把握，对教学设问，教学时间的设计等需要做到心中有数。

（二）录屏软件的选取

现有的录屏软件繁多，良莠不齐，需要精心挑选，熟悉其功能。最好选取有如下特点的软件：录屏软件使用方便；支持的视频格式多，如必须支持常用的 mp4 格式；能提供录屏区域选取，如录全屏或只录选取部分区域；能压缩视频，减小视频容量，便于上传网站共享；能设置录制视频的分辨率如 1080P 或者 720P；能够录制清晰的声音。

（三）手绘板的选择

由于教学内容有较多的原理性内容，通过绘图可将枯燥死板的教学内容变得生动、立体，因而需要手绘板支持，从而可在教学课件上手写或手绘图形。手绘板可根据实际情况选取分辨率高、反应速度快、有线或者蓝牙连接的软件，增强授课效果。

（四）录音设备的调试

高质量的录音是能否成功录制的关键要素之一，在专业录音室录制最佳。但由于授课教师众多，更多的是在家中录制。要选取安静的房间，调试好笔记本计算机的录音功能。现在的笔记本电脑均具有多麦克风采音功能，录音效果良好。

二、网课视频的录制和教学网站建设

（一）网课视频的录制

（1）录制教学视频前，先要将用到的所有课件、辅助文字资料、展示动画、编程软件等准备好，最好能上传网站，以备学生查阅使用。

（2）选择一个安静的房间并关闭门窗，确保一个静音的录课环境，减少录像中声音的底噪。台式机一般只配有单麦克风，录音是单声道且噪声较大，录音效果不理想。最好采用笔记本计算机都是多麦克风录音，录音是双声道的，录音效果较好。

（3）使用 Microsoft OneNote 软件进行授课。OneNote 软件是微软公司开发的一套用于自由形式的信息获取以及多用户协作工具，常用于笔记本计算机，台式计算机和平板计算机上。在这类设备上可使用触笔、声音或视频创建笔记，为用户提供了许多实用功能。包括：在应用程序之间无缝工作、快速将信息归档到正确位置、掌握小组项目的变化、即时获取信息、在共享笔记本内轻松划定参考页和分区、对文本快速应用样式、利用增强的用户体验完成更多工作和跨越沟通障碍等[①]。由于 C 语言中的知识有较强的逻辑性，需要通过画图方式形象地给学生展示原理，有助于学生的理解，同时 OneNote 讲授中所做图示和笔记可以共享给学生，也利于学生获得完整笔记，课堂上可更多地专心于课堂知识的理解和记忆，有较好的教学展示效果。

（4）选择好录屏软件。录制中根据需要选择好视频分辨率，如 720P 或者 1080P，录制所选格式最好为流行的 Mp4 格式，选择好合适的压缩比例，以确保清晰度的情况下有较小的容积，便于网络

① 搜狗百科. OneNote[EB/OL]. https://baike. sogou. com/v5588984. htm?fromTitle=OneNote.

共享。另外，在录制中要熟悉录制软件录屏时的开始、暂停、继续、停止等快捷键，便于高效录制较为完整的教学视频。录课时长最好和平时授课时长一样。

（二）教学网站的建设

要根据自己能力的情况确定是否自建网站。在新冠肺炎疫情期间，由于教师的教学任务是按平时正常教学安排的，可能会有多门课、多个班级，教学任务繁重。所以，建议充分利用已有的成熟教学平台，快速建立网站，将更多的精力放在教学准备、教学视频录制以及教学组织上。C语言程序设计就是建在成熟的教学平台上，此教学平台是框架式组课，教师可方便快捷地上传录像视频和文字资料，通过模板快速建立自己所授课程的课程网站。

三、教学的组织

（一）学生签到

由于课程的教学是按照正常课表进行，线上学习更多需要学生的自觉性。为了确保学生都在指定的时间进行网上学习，必须进行网上签到。签到可以是问答式签到、画线签到、人脸识别签到等多种形式。

（二）组织学习

由于是录像教学模式，需要给学生明确提出学习范围，学习时间，指明学习的重点、难点，知识的掌握程度等。教学中设计有知识巩固、课堂练习等环节，完整地模拟线下正常的教学过程。由于是线上学习，有部分学生学习习惯不好或者有事耽搁，出现线上学习不认真、不及时、不深入等情况，因而在教学进行的过程中，教师一定要通过网站的数据统计，及时掌握学生的签到、视频观看进度、作业完成、线上提问交流是否活跃等情况，积极跟踪学生学习进度，了解学习效果，不断督促学生完成线上学习，保证学习的连续性、系统性及有效性。

（三）教学答疑

学生在线上学习期间，教师要全程在线，为学生解决学习中存在的问题。教师在线答疑中如发现有些问题具有代表性，可通过QQ或者在线教学平台进行归纳总结，有指向性地进行辅导，尽量做到堂堂清，有利于降低学生的学习难度曲线，让尽量多的学生能更有兴趣地、积极地投入到学习中来。

（四）布置作业

作业是学生巩固所学知识，提高认知能力的重要环节，作业的好坏直接影响最终的学习效果。教师在课后布置作业在难度上要有层次，避免大量过于简单或者过于复杂的题目，要跟随学生的学习曲线科学地设置题目，做到即能巩固已学基础知识，又能夯实重点，还能给学生自我拓展留出空间。

（五）作业批改和讲评

作业的及时批改和讲评是检验和巩固学习效果的重要环节。由于是线上教学，及时的批改作业是了解学生学习情况的最佳方式。通过作业的批改可了解学生是否在认真进行线上学习及知识掌握的程度，有利于教师在评讲作业时有的放矢。教师应该小心甄别抄袭作业的情况，可以通过线上教学系统自带的功能实现抄袭作业的判定，也可经验性判别，然后及时和学生沟通交流，培养学生独立完成作业的能力和习惯。

四、考试的组织

（一）考试题库的建设

考试题库中的题型、题目都可来自平时的练习或者作业，也可从网络课程中直接导入，还可从收集有题目的Excel文件或者Word文件中智能批量导入，导入成功率较高。导入后需要人工对题目内容和答案进行审核，格式上也需要一些微调，以确保题目的正确性和格式上的统一。题库中的每个题都可设置难易度及对应的知识点，便于在组卷时提供依据。题库中可方便地对已有试题进行复制、移动、删除、修改等操作。

（二）考试试卷的组织

组织试卷时，可根据考试的班级和内容，对试卷进行命名及确定试卷的难易程度。考试系统提供了判断题、单选题、多选题、填空题、简答题、问答题、综合题等丰富的题型，试卷可根据题库随机抽取题目，教师可在题量和难度上进行设置，每位同学的考题都可能互不相同，对防止作弊很有效。教师也可根据实际情况进行人工选取题库中的题目来有针对性地组卷，这便于精细化控制知识点、难度等需要准确控制的要素，从而让整套试题更具科学性。考试前需要将参考的学生加入考试名单并提醒学生进行面部特殊图像的采集，发布考试通知，让学生清楚地知道考试时间、科目、考试方式、需要准备的网络环境和辅助的软件等，并提醒学生提前设置好闹钟。

（三）考试

受新冠肺炎疫情的影响且学生身处各地，线上考试在组织上和监考上有较大的难度。考试前 30 分钟进行签名，未及时签名的学生需要快速联系上，力保每位同学都能正常参加考试。考试前再次提醒考生注意事项，如人脸不能离开摄像头，切屏几次后会认定为作弊等，监考教师全程抽查学生答题情况，如有违规应及时提醒、警告。

（四）考试试卷的评阅

试卷的评阅可以多位教师交叉进行，也可指定教师独自完成。试卷的客观题部分，系统会根据提前设置的分数进行评卷打分，而主观题部分则由教师在网上完成试卷的批阅。试卷批阅结束后，教师可通过系统提供的数据统计汇总的功能，得到各小题或者大题得分率及主观题和客观题的得分率、各知识点的得分率等情况并用可视化的方式呈现，方便教师总结学生知识的掌握情况，对教师教学的改进起到积极的引导作用。

五、过程的反思

通过“C 语言程序设计”网上课程建设，了解了各个建设阶段基本思路和方法，开阔了视野，在感受到信息化教学的魅力的同时，也深刻体会到信息化手段是教学中最有效的助手。很多学校明确要求教师要不断学习新的知识，掌握新的技能，特别是通过变革学习方式和教学方式，以促进学习者前瞻性地掌握适应信息时代所需的知识、能力和素养，且能够灵活地运用到教学中，逐步探索新型信息化教学模式，以适应这种新的变化和挑战。网络学习可以让学生通过网络平台提前自学，也可反复学习难点内容，可在网上进行实时的交流来及时地解决问题。运用多媒体技术可以将我们用语言难以表达清楚的问题直观、形象地展现给学生，有助于教学重点和难点的突破，从而大大提高的了教学效果。通过该系统的大数据分析，教师还可适时掌握学生的自学情况、作业情况、重难点掌握情况以及参与讨论情况等相关数据，便于教师个性化的对学生进行跟踪指导，大大提高教学质量。由此可见，教育教学信息化必将给教育模式带来质的飞跃。

【责任编辑：罗春林】

线上教学师生有效互动的策略研究

邓小英[①]

（四川民族学院美术学院　四川康定　626001）

【摘　要】 随着互联网、信息技术的发展及在教育领域中的广泛应用，改变了教育模式和教育方式。面对新冠肺炎疫情的影响，教育部提出开展线上教学以应对疫情的影响。但是，线上教学也面临一些问题，尤其是师生互动性不强，影响了教学效果。基于此，就线上教学师生有效互动的策略展开了研究。本文首先阐述了线上互动教学的指导意义，其次对线上教学中面临的困难进行分析，最后提出了一些措施，希望能够增强线上教学师生的互动性。

【关键词】 线上教学；师生互动；策略

近几年，新媒体技术在各个行业的应用使得该技术的发展越发完善，应用面也越发广泛，而该技术在教育领域中的应用也增强了时代的感染力和吸引力。尤其是随着新冠肺炎疫情的出现，信息技术和教育之间的结合程度日渐深入，线上教学已经成为当前教育形式之一。对于线上教学而言，教师需要做好角色准备，通过线上课堂吸引学生，并成为能够让学生感兴趣的线上教师，而学生通过互联网和直播平台成为网络学习者，这是一种新的教学形式。

一、线上互动教学的指导意义

互动教学中，课堂属于微观社会，课堂中的各种角色间通过相互影响和作用实现教学，并将角色的特有功能充分发挥出来。互动教学不仅是教师对学生的单向影响，同时也是师生之间的双向影响。互动教学可以对师生关系进行调节，进而使任何环境之间的活动影响增强，形成教学共振，使得教学效果得到有效提高。线上教学就是学生利用信息技术学习，根据自身学习特点规划学习步骤，不受时间和空间限制，强调了学习的自主性。学习方式主要是通过视频、文字资料，比较枯燥，缺少有效互动，教师和学生之间缺乏情感沟通，不太容易将学生的学习兴趣激发起来，学生也很难一直坚持下来学习[②]。总之，线上教学对于学生而言，学习效果欠佳，进而导致整个线上教学质量不高。

线上互动教学则是将线上和互动教学结合起来，将线下课堂的互动性融入线上教学中，教师通过规划设计线上教学课堂，设置具有吸引力的活动引导学生进行线上学习[③]。在此过程中，教师要凭借着丰富的经验和理论知识，建立能够吸引学生的线上互动教学模式。

二、线上教学中面临的困难

（一）课堂转化困难

传统的教学基本都是在教室中进行的，采用实时控制的实体课堂教学模式，而线上教学则是通过摄像头和屏幕实现隔空对话，无法面对面操作，与平日的灌输式教学大相径庭，教师也十分不适应。

---

① 邓小英（1979—），女，四川内江人，（学位，硕士），副教授。主要研究方向：美术教育。

② 马顺学. 农村寄宿制学校“互联网+教育”线上线下师生互动的问题和策略[J]. 课程教育研究，2019（47）.

③ 姚丽环. 小学语文师生有效互动的策略探究[J]. 新课程（上），2015（1）.

而教学时，大部分教师仍然采用传统教学方法授课，学生在线下是否专注听课对于教师而言也是一种挑战。教师对传统实体课堂教学方式十分依赖，与线上教学需求不符，导致二者间出现矛盾。另外，有些教师对于现代信息技术不够了解，无法熟练操作线上教学，对线上教学产生了较大的影响；还有些教师则拒绝使用这种教学方法。

（二）教学组织困难

当前，大部分教师的线上教学都存在各种问题，有些教师采用慕课方式让学生自学，正常上课时，教师用线上答疑方式为学生解答自学问题，这种教学方式尽管能够提高学生自主学习能力，但是若是操作不当，极易导致学生草草观看视频，无法起到实际教学作用。在答疑时，个别学生比较积极，而大多数学生十分沉默，甚至无人提问，师生互动性不强，进而导致线上教学效果不佳①。

（三）教学管理困难

线上教学时，线上课堂管理难度大。同一课堂中，有些学生家里网络比较好，可以全程跟踪；而有些学生家里网络差，甚至有些学生家里没有网络，导致上课困难；还有学生可能由于网络掉线，退出课堂；有些学生还私自停用网络下线，尽管教师在课堂上会随时点名，但是学生注意力仍然不集中，提问也十分困难。

（四）工具使用困难

线上教学平台普遍皆为学校统一推荐使用的平台，这些平台在集中上课时可能会出现拥堵现象，甚至出现网站崩溃现象。若是线上教学平台无法使用，有些教师只能够应用微信语音在群内教学，具体实施比较困难，教学效果也不佳。有些教师使用会议系统授课，例如钉钉、飞书等软件，但是由于这些软件主要是为办公设立，移动端界面显示的头像很少，教师无法同时关注学生整体听课状态，若是学生没有关闭麦克风就会导致课堂受到干扰②。因此，就软件属性和研发应用而言，其无法专门为线上教学提供服务。

（五）教学互动困难

线上教学中，课堂互动困难也是一个重要问题。线上教学无法面对面，进而导致教师可能面临教学失控现象，也无法有效开展线下课堂中的互动教学。但是，若是能够利用技术手段开展线上互动教学，不仅可以实现线上教学管理，同时也能够使线上教学吸引力增加，并积极推动学生参与。此外，线上互动教学开展时，教学数据保留也存在问题，如只能截图保存文字和语音画面。

三、线上教学师生有效互动的策略

（一）基于师生有效互动构建线上教学模式

线上教学时，学生需要明确两个目标，其一是明确学习目标，了解知识和节能所掌握的程度以及检验方式、标准；其二是明确行动目标，了解为实现学习目标所要做的事情以及先后顺序。对此，在线上学习时，要设计一些活动以达到教学目标。

线上教学本身开展困难，部分学生自学能力差，自学意识不强，互动性差。在缺乏面对面教学约束的情况下，学生难以长时间坚持线上学习。对此，为提高线上教学的互动性，可以将线上学习分成以下几个阶段。

（1）独立学习。学生先查看学习任务清单，了解单元学习的目标、重难点和考核方法。教师课前收集的资料可利用钉钉群发给学生。学生可标出内容重点，记下可能产生疑惑的内容。根据清单进行

---

① 周群，谢发超．提高线上课堂教学有效性的策略初探[J]．考试周刊，2020（5）．

② 任远远．线上课堂学习与线下课堂教学结合的有效研究——以“翻转课堂教学”的有效实施为例[J]．人文之友，2018（9）．

学习活动，通常先观看视频，阅读文字资料，初步完成自己的作业并上传到平台上[①]。

（2）互动学习。学生根据教师所设定的评价方式对上传作业进行互评，找到其中的不足，并连线讨论所存在的问题，共同寻找解决方法，合作学习，互相帮助，记录相关疑问，在师生互动中由教师统一解答。

（3）参与活动。学生在经过前两个互动学习阶段后，已经对相关知识有了深入了解，此时，可以引导学生参加线上测试、成果展示等活动，以检测学习成果，并为线下活动提供参考。

（4）总结提高。该阶段是学生自我总结学习情况，主要总结所掌握的知识技能、需要解决的问题和相关学习经验、作品待完善地方等，据此在线下学习中与教师和同学共同探讨解决。

（二）基于教学平台相结合的师生互动教学

1. 教学设计

不同的学生、学习环境和学习方式所进行的教学活动也不同，线上教学不是单纯地将线下教学照搬照抄到线上教学。线上教学中，学生需要了解教学视频的设计角度，其是以学生为主导，扩充在线学习时间，花费更多时间在线上学习[②]。此外，教师需要选择优质课程资源作为互动教学平台应用基础，熟悉信息技术手段，直播授课时使用智慧课堂实现教学管理和全员互动教学，实现全线上融合式双课堂运行，不仅可以让学生体验网络教学模式，同时也能够用专业互动平台检验直播学习状态、效果，并通过实时弹幕评论起到实时提醒和纠错功能，以增强教学的互动性。

2. 引导学生自主创新

学生的知识来源不仅是教师，还可以通过各种渠道获取知识，对此，教师需要不断丰富自己的知识，增强知识的多样性。互联网中存在着大量零碎的知识，不成体系，教师通过整合这些知识形成独特性课程，将其传授给学生[③]。对此，在课堂学习时，教师要引导学生在教师传授知识的基础上实现自主创新，如按照自己的想法对内容进行重新构建，并积极分享自己所构建的知识体系及其内容。

3. 应用翻转课堂教学

翻转课堂就是利用学生的自主学习能力实现教学，教师会将部分知识放在课外，学生可以自主学习，之后自行制作成作品，这是课堂教学的一种表现形式。学生可以自由发挥，互相合作，共同解决问题。教师在授课时留有一定的思考空间，学生可以据此思考问题，若在线课程只服务于自己的学生，不对外开放，则无需提供大范围的线上教学服务，只需满足基本要求即可。

若是面向大范围的学生，则需要对慕课平台进行二次开发，将其形成一个集个性学习、知识传输、反思交流的服务平台。为便于各种教学活动的开展，需要考虑多种活动类型，包括测验、程序教学、反馈、互动评价、聊天、数据库、讨论区、投票、外部工具、问卷调查、作业及课件等功能。例如，对于不熟悉直播教学的教师，可以使用爱课程平台教学，学生可以学习慕课，教师利用网络直接对学生的慕课问题进行答疑解惑，并上传新资料，线上答疑可以多样化。

（三）基于线上线下结合的教学活动

课堂常规教学过程中，我们需要将知识点交代清楚，让学生掌握重点知识。但是，有些学科的知识比较抽象，理解困难。例如，数学中立体几何等知识，不利用多媒体则理解困难。而课上时间有限，演示次数少，一些学生对其理解不深。对此，我们可以通过线下教学方法，将相关视频传输到线下学习平台中，学生可以随时打开观看，在观看时若是遇到问题可以随时询问老师。而对于课堂中的一些问题，可以在钉钉学习群中进行在线解答，让学生将问题罗列出来发布在群里，教师可直播解决疑问，有疑问的学生可以随时连麦克风提问，等着教师及时解决问题。

---

① 王杰．初中翻转课堂教学策略研究[D]．知网．
② 张维．网络平台下加强大学语文教学师生互动的对策研究[J]．决策探索，2018（22）．
③ 周斌芝．语文课堂互动研究[D]．知网．

除此之外，为了增强线上教学的互动性，需要营造良好的线上学习氛围，注重课后交流，建立微信群，及时讨论课堂讲授的内容，或在结束时布置课后作业，在群内讨论，或是开展线上讨论会，以小组形式对课上问题进行讨论。通过 QQ 群实现多人同时在线讨论，邀请专业教师加入讨论，并与外校师生展开合作关系，提高自身的教学素养，同时也能够增强学习能力。利用语音互动，学生可成为主讲者；大家也可分组讨论，由教师引导，深入探究相关知识。

结束语

综上所述，在线课堂通过视频进行教学引导，构建知识体积，实现知识分析和应用，这不仅使得学生的学习方式和节奏改变，实现自主学习，同时，教师也能够丰富自己的教学经验，适应现代化的教学方式，不断完善自己，增强与学生的互动性，进而有效提高自己的教学效果，对于教学能力的提高有积极的推动作用。而慕课方式的实施也使得在线教学互动性大大增强，但是其在实施中存在一些不足，需要进一步完善。

【责任编辑：叶晓彬】

教育信息化背景下四川民族学院中国古代文学学科开展有效网络教学之刍议

赵　阳[①]

（四川民族学院文学院　四川康定　626001）

【摘　要】 随着近年来网络科技的高速发展，四川民族学院中国古代文学学科积极应对教育信息化大潮，在已有远程网络教学经验的启发下，发现并反思其中存在的问题及其解决途径。针对该学科如何开展有效网络教学，给出初步的意见和建议，认为在网络教学中要做到教师教育思想、教师教学方法、学生学习方式的三个转变，使之成为常规课堂教学的有益辅助，以切实提升该学科的教学效率。

【关键词】 中国古代文学；教育信息化；网络教学

2020 年伊始，一场“新冠肺炎”疫情突如其来，严重干扰了高校的正常教育秩序和教学安排。四川民族学院积极响应上级教育行政部门的号召，2020 年春季学期利用现代信息技术手段，采取远程网络教学的形式，顺利实现了“停课不停教、停课不停学”的教育目标。作为中国古代文学学科的专任教师，背负着如此厚重的传统课程的教学任务，面对新技术、新平台、新教法对现有教育思维、教学方式的冲击，感受到前所未有的压力和挑战，既有收获，亦发现一些问题。

一、中国古代文学学科在网络教学中所呈现出的问题

中国古代文学作为一门传统学科，是高校中文（或称汉语言文学）本科专业的基本核心课程，具有文学性、历史性和艺术性的多重属性。要求学生对中国古代历史、哲学、政治、军事、宗教、民俗、艺术等领域能有多方面的了解和认知，具有兼通文史哲的特征。要求学生在课堂之外开展大量阅读，除先秦至晚清著名的文学总集、选集，以及各名家别集以外，十三经、二十四史、审美理论、文艺批评、作家传记年谱等，都要求有所涉猎，这样才能对某个具体领域展开深入钻研。该学科著述之丰，号称汗牛充栋；内涵之厚，可谓浩如烟海。无风雨不动之恒心和毅力者，仅凭几年课堂学习之功，一时恐难尽窥，更无从谈起斩获多少心得和境界。学校对该学科本科学生的基本学业要求，是重在积累和涵养，而对于应用理论、实用技巧之类“形而下”[②]方法论的掌握则是提出的更高要求。否则，枉有若干理论和技巧，而无与之相对应的具体文学内容（即文本和作品）支撑，则好似镂金镶玉之花瓶，徒有其表而腹内空空也。

（一）对于中国传统文化的认识误区

近年以来，随着网络科技和通信技术发展的突飞猛进，信息传播走上高速公路，如微博、贴吧、微信朋友圈等各种自媒体平台层出不穷，人人不分良莠皆可向公众发布一己之见。如一些人对中国古代文学评价不高，令人堪忧。古代文化因其承载之内容大多年代久远，而被某些人视为“老而无用”；

① 赵阳（1980—），男，陕西汉中人，文学硕士，讲师。主要研究方向：先秦思想及唐宋诗学。

② 形而下，语出《周易·易传·系辞上》：“是故形而上者谓之道，形而下者谓之器。”

又因其容量巨大，则如惠施之瓠瓜[①]“大而无当”，在现代社会中似处于可有可无的地位。走出书本和校园及某些专业研究机构，而能触及到的古代文学（中国传统文化的一个重要分支）及其相关事物，少之又少。

长久以来，我们对于古代文化遗产采取的是“批判继承”的文化方针。毛泽东同志在《新民主主义论》中说：“中国的长期封建社会中，创造了灿烂的古代文化。清理古代文化的发展过程，剔除其封建性的糟粕，吸收其民主性的精华，是发展民族新文化、提高民族自信心的必要条件。”[②]时至今日，某些社会思潮渐渐以为，既然是“取其精华，除其糟粕”，那么古代文化一半是精华，另一半则必是糟粕。更有甚者认为，古代文化中大部分是糟粕，小部分是精华。此种认识加之网络传播的助力，自然会多少浸染到高校学生，影响其对该课程的正确态度和学习热情，直接的后果就是不重视阅读，只“批判”，不继承。姑且不论古代文化中精华与糟粕的正确比例到底是多少，倘若不去接触文学作品的具体内容，不了解其究竟为何物，勿言继承，即使批判也是无的放矢。

（二）对于中国古代文学学科的教学误区

就笔者近十年的本科教学经验和感受而言，在我院该学科的教学实践中，部分教师只注重《中国文学史》“史”的陈述和宣讲，而疏于对学科内容的另一大组成部分《古代（历代）文学作品选》的解析和鉴赏。“史”多为中华人民共和国成立以来学术名家整理和加工的二次产品，有条理、有结论，教者授课顺章而教，顺水推舟，易也；“作品”自是古人原典，穿越时空而至后代读者案前，言辞古奥，若不用心，解读之下则往往诘屈聱牙、味同嚼蜡，难也。教者易，而学生尽弃古人之原本而从今人之再造，折本而逐末，失去阅读、赏析之主见；教者难，而学生得与古人跨越距离相神会，对描写之事物有现场感、代入感，对宣发之情志有“触动神经”、“润泽心灵”之效，终受其熏陶、悟化，而渐成完整之人格、高尚之襟怀。

四川大学曹顺庆教授曾发表过以下见解，他说：“我们现在的学科，大而化之的‘概论’‘通论’太多，具体的‘导读’较少，导致学生只看‘论’，只读文学史，而很少读、甚至不读经典作品，就可以应付考试，以致空疏学风日盛，踏实作风渐衰……我们有些中青年学者，常常以批判传统文化相标榜，但传统文化究竟是什么？他们却并不真正懂，这是很糟的事情。传统文化当然可以批判，但你首先要了解它，知晓它，否则你从何批判呢？可是，当今的中青年学者，大多没有真正地从原文读过原汁原味的《十三经》，读过《诸子集成》，以致造成了今日学界极为严重的空疏学风……这种不读原文的错误风气，大大地伤害了学术界与教育界，直接的恶果，就是空疏学风日盛，害了大批青年学生，造就了一个没有学术大师的时代，造成了中国文化与文论的严重失语，造成了当代中国文化创新能力的衰减。”[③]

曹先生所谓的“空疏”，应不仅指学风，还应指教育者和被教育者的人格。教育的实质就是育人，如果我们大费周章培养出来的都是这般外在光鲜、内在稀松的“空疏”之辈，对个人而言是一件很可悲的事，而对社会而言则是不希望看到的。

（三）网络授课在实际教学中呈现出的利弊

在此前春季学期的教学过程中，中国古代文学学科主要利用超星学习通网络平台及其手机 App 上的网络设备及资源，采用直播或录播的形式授课，并通过 QQ 群、钉钉、腾讯会议等媒介手段，对学生进行平时考勤以及课后的交流、辅导，对于保证学生按时上课、顺利完成教学任务、完善学业检测和考试等方面，发挥了极为重要的基础性作用。

直播或录播授课的网络教学方式，其优势在于：第一，学生可以随时观看、学习教学视频，还可以使用倍速模式，提高学习效率，且以学生为学习主体；第二，利用这种高效工具，教师可以上传课

---

① 瓠瓜，即大瓠之种，喻大而无用之物。见《庄子·逍遥游》：“魏王贻我大瓠之种，我树之成而实五石。以盛水浆，其坚而不能自举也；剖之以为瓢，则瓠落无所容。非不呺然大也，吾为其无用而掊之。”

② 毛泽东. 毛泽东选集（第 2 卷）[M]. 人民出版社，1990.

③ 曹顺庆. 中华文化原典读本·前言[M]. 北京师范大学出版社，2011.

件素材，布置作业，进行作业点评（比如文字、图片、录屏、白板等）；第三，学生可以进行互动交流，进行作业、笔记等学习资料的分享及匿名讨论，有利于学生学习资源的共享和互补，并能克服相互切磋、问询时的紧张畏惧心理；第四，便于检查学生的签到情况，各种教学任务节点一目了然。学生还可以反复使用网络平台上其他与课程相关的学习资料（视频、课件、电子书、电子期刊等），可以培养并扩大学生的学术视野，集思广益、博采众长地使用教学资源。

但是不容否认，网络教学亦是一把“双刃剑”，在带给师生两端“教与学”便捷的同时，亦产生如下的消极作用：首先，由于信息源的复杂多样，会营造出一种廉价且浮躁的学习氛围，导致接收者在学习时产生某种不安定和一次性“消费”的心理，难以做到沉心静气、专心致志地去思考问题、钻研学问；其次，在网络授课的同时，虽然可以通过随时提问，或关注观看列表及人数的方法去检查学生的学习情况，但毕竟由于师生身处异地的距离限制，若是课堂提问和抽检的次数有限，存在着学生以在线挂机方式进行“虚假学习”的情况，教师难以对学生真实的学习状态做出准确的判断和评估；再次，由于不同学生网络环境存在着质量差别，网速慢、网络卡顿或毫无征兆的断网，都会影响线上教学的质量，比起传统的课堂教学，不利于教学效果的直接辐射。

另外，利用网络平台进行课程平时检测和期末考试，由于各种平台对于制作试卷、试题设置和答卷规则等方面都有比较细致、繁复的设置要求，教师或学生出于不同理解会出现一定比例的误操作。在考试过程及考后的评卷、合分等环节中，会出现学生一旦提交则难以修改或弥补、或试题布置违背教师制题初衷的一些问题，情况较为复杂，兹不赘述。

二、开展有效网络教学的对策建议

目前，“新冠肺炎”疫情已得到有效控制，高校的教育秩序和日常教学也回到正轨。学校的中国古代文学学科在本年度春季学期开展了网络教学的初步尝试，在信息化教育技术的日益普及下，中国古代文学学科今后如何跟上时代发展的新形势，如何利用新型网络技术开展有效教学——围绕“转变”这一关键词，教师要积极探索学科改革的新路径，做到对常规课堂教学的有益补充，切实提升教学效率，为该学科教育教学目标的全面实现打开新的局面。

（一）教师教育思想的转变

文化，乃民族之根。正如 2020 年 9 月 8 日习近平总书记在全国抗击新冠肺炎疫情表彰大会上的讲话中所指出的那样：抗疫斗争伟大实践再次证明，社会主义核心价值观、中华优秀传统文化所具有的强大精神动力，是凝聚人心、汇聚民力的强大力量。①优秀的传统文化，必然能为全面建设社会主义现代化国家、实现中华民族伟大复兴提供强大的精神力量。

知难而行易，务实先须务虚。中国古代文学作为优秀传统文化的重要组成部分，是中华民族不可多得的宝贵精神财富，为此我们要在思想上端正对中国古代文学学科的偏颇认识。扬清涤浊，取其精华，发掘其当代价值，是该学科专任教师责无旁贷的责任和义务。如此，方能立德树人、为国育才，为全面建设社会主义现代化国家贡献出应尽之力。

（二）教师教学方法的转变

打铁还需自身硬。作为教师的立教之本，先须打牢自身的专业功底，夯实职业素养。

（1）教师要孜孜矻矻、坚持“十年磨一剑”。加强对文学文本和作品的细读、精读及合理解读，并广泛涉猎与该学科有关的其他专业领域及书籍。学科固然有难度，却不能因为自身的原因而退缩，满口“主义”，而不能“解决问题”，成为曹顺庆先生所指的“空疏”教师，以致误人子弟。

（2）教师要在授课中努力发掘出古代文学中有利于当代社会的思想价值。“苟日新，日日新，又

① 习近平. 在全国抗击新冠肺炎疫情表彰大会上的讲话[EB/OL]. http://www.xinhuanet.com/ politics/2020-09/08/c_1210790162.htm

日新。”[①]中华文化悠悠流长，其璀璨之处皓如日月。薪火相传、推陈出新才能使优秀传统文化历久弥新、永葆活力。学生只有在优秀教师的指引和感召下，通过古代文学的学习，加深对古代审美的理解和对古代文化的认知，塑造自身的民族自信心和自豪感，获得健全、高尚的审美境界和人格素养，并能学以致用。

（3）教师要在教育信息化大潮下努力学习与教学相关的各种网络科学和技术。要能熟练操作和使用诸如超星学习通、知网、读秀、百度文库、钉钉、腾讯会议等各种网络平台、电子资源和传媒工具。在课堂教学的同时，利用网络手段进行教学章节的视频直播或录播，布置作业及检测，开展网上交流互动、电子学术资源的共享等新式教学方法，与常规教学形成水乳交融、相辅相成的局面。推进集成型教学资源建设，在教学过程中创新实践与应用环节，开展短距、远程相结合的教学模式，将“文本细读”等先进教学理念付诸教学实施。

（三）学生学习方式的转变

学生要摆脱过去那种抄笔记、死记课本，以应付考试的纯文科学习方式。在以书本知识为主的同时，有效使用新型网络工具和载体，积极向实践应用型转变，使线上和线下学习有机结合，能够充分享受教学信息化所带来的便利，使学习效率事半功倍。

比如在课余时间，利用网络设施观看教学视频的直播或录播，做到对所学课程的补充、巩固和提高；积极参与师生间、学生间的网上交流互动，各种电子学习资源的共享；完成学科的平时作业及测验，使课程学习实现日常化，并避免大量的纸面书写劳动。

【责任编辑：安万明】

① 见《礼记·大学》：“汤之盘铭曰：‘苟日新，日日新，又日新。’”

民族院校古代汉语课程教学与信息技术深度融合探索与实践[①]

吴明刚[②]

（四川民族学院文学院　四川康定　626001）

【摘　要】 现代教育信息技术化对于民族地区建设充满活力的现代化综合性应用型民族本科高校，培养民族地区的教育工作者，具有重要现实意义。构建基于 MOOC 互动平台线上线下古代汉语课程混合教学模式与综合评价方式，实行学科教学与信息技术深度融合，更能提高“教”与“学”效率。学科教学与信息技术深度融合是教学改革的重要方法。

【关键词】 信息技术；古代汉语；课程教学；深度融合

随着互联网技术的快速发展，新一代信息技术不断涌现，人们的学习、生活和工作又被推升到了一个新阶段。2000 年教育部出台了《教育信息化十年发展规划（2011—2020）》[③]，2017 年国务院颁布了《国家教育事业发展“十三五”规划》[④]，2018 年教育部公布了《教育信息化 2.0 行动计划》[⑤]，2019 年中共中央、国务院公布了《中国教育现代化 2035》[⑥]。这使我们清晰地看到，教育信息现代化是时代发展的趋势，是教育改革的方向和主题。具体到教学中，要提高教师“教”学生“学”的效率。加强学科课程与信息技术的深度融合，是教学改革的重要内容和方法。四川民族学院地处民族地区，推进民族地区的教育现代化发展，具有强烈的时代性、现实性和迫切性。对古代汉语学科来说，加强现代信息技术与学科课程的深度融合，探索古代汉语教学的新路径、新方法十分重要。

一、课程教学现状分析

古代汉语课程是四川民族学院汉语言文学专业依照学校“为民族地区培养地方性人才”的办学定位，把来自农牧区的各民族高中毕业生培养成为汉语文教师而开设的一门专业性很强的语言基础课。通过本课程学习后，学生应该具备较系统的古代汉语基础理论和基本知识，能够懂得古代汉语语言的基本规律，并能运用这些基本规律解决实际生活中、工作中各种语言现象的能力；通过本课程学习，形成课程的核心素养，达到阅读一般文言文的能力和从事民族地区汉语文教育工作的能力。但是四川民族学院汉语言文学专业招收的同学绝大部分来自内地普通高级中学的汉族学生，来自民族地区的学生仅占 15%左右。这些民族学生中大多数人从小学到高中接受的是当地藏汉双语或彝汉双语教育，即“母语+汉语”的学习有少部分同学初中或高中就进入内地办的民族班或汉族班学习，他们用汉语言交流虽然没有什么问题，但他们与汉族学生的古代汉语的水平还是有很大的差异。因此，探索民族地区高校古代汉语教学的路径、方法，为培养从事民族地区的汉语文教育工作者，是十分必要的。

古代汉语课程作为本科专业必修课，在大二开设一年时间，每周 4 学时，共 8 学分。由于古代汉语课程培养学生阅读古籍的能力，古籍又多是繁体字，词义在不同历史阶段又有不同的含义，如此种

① 文系 2017 年国家民委教改项目《古代汉语实训研究》（项目编号：17109）的部分研究成果。
② 吴明刚（1969—），男，四川安岳人，硕士研究生，副教授。主要研究方向：古代汉语教育。
③ 教育部. 教育信息化十年发展规划 2011—2020 [Z]. 2012. 3.
④ 国务院. 国家教育事业发展“十三五”规划（国发[2017]4 号）[Z]. 2017. 1.
⑤ 教育部. 教育信息化 2.0 行动计划（教技[2018]6 号）[Z]. 2018. 6.
⑥ 中共中央 国务院. 中国教育现代化 2035（国发[2019]6 号）[Z]. 2019. 7.

种，这对每一个学生尤其是少数民族学生来说确有难度。要把所招收的学生培养成为少数民族地区合格的中小学汉语文教师，无论老师和同学自己都需要付出艰辛的劳动。

回首古代汉语教学，还存在许多问题：

（1）教学方法刻板。教学注重知识而轻能力的培养，学生主体意识和个性品质没有得到发展，不利于学生的创新素质和能力的提高。

（2）古代汉语教学的内容多，而教学课时有限。要使教师的上课的内容既有学科体系又有充足的时间让学生进行足够的实践训练，这是困扰古汉语教学的一个长期问题。

（3）少数民族学生和汉族学生学习古汉语的能力差距较大。在有限的时间里如何使少数民族学生和汉族学生一样，掌握更多的知识、接受更多的有效信息，能够照顾到少数民族学生特点的教学模式、教学方法以及教学手段太少。

（4）学生接触的古代汉语文献资料有限。学生阅读的典籍太少，并且古代汉语课程与中学语文教学基本脱节，学生拥有有限的专业知识而无良好的学习技能和专业能力。

（5）对学生评价方式传统，缺乏科学性。对学生的评价主要是考试、考核。考核主要是上课点名、上课问答、课后作业，而对学生学习过程缺乏评价。

二、基于 MOOC 互动平台线上线下混合教学模式的构建

2020 年新冠肺炎疫情发生后，学校响应上级教育行政部门号召，组织开展线上教学，学校在第一时间里创建和开通了云平台，教师也在积极学习与配合并自建教授课程，响应教育部“停课不停学”的号召，把疫情对学生学业的损失降到最低。这次我们在古代汉语课程的现代信息技术与教学深度融合方面进行了一次探索与尝试，经过一个学期的线上线下教与学，我们构建了基于 MOOC 互动平台的线上与线下混合教学模式，取得了不错的成绩，值得总结和改进。

互动云平台的 MOOC 设计非常现代化，课程教学与现代信息技术进行了充分的融合，显示出信息技术在教育教学中的强大功能。云平台的 MOOC 设计主要有“活动”“统计”“资料”“通知”“作业”“考试”“讨论”“管理”等能体现教学过程一系列菜单详情，它包括课前、课中及课后的整个教学活动过程。

“活动”中设置有签到、投票、选人、抢答、主题讨论、随堂练习、问卷评分、分组任务、活动库环节。签到有普通签到、位置签到、手势签到和二维码签到等多种形式。投票是学生对问题表示或赞成或反对的态度。还有创建问题回答人的人选名单，创建抢答题目（可添加图片）和学生抢答后有积分奖励；设置主题讨论题目（可添加图片）和活动时间；建立随堂练习组题和确定练习时长；设立问卷题目及答题时长和积分奖励；建立评分系统和评分标准并进行统计。建组小组（可固定组建、组长建组、学生自由建组），进行组内评价、组间评价、自己评价和教师评价。

“统计”中能很快而且清晰地看到“任务点发布情况”“章节学习次数”“章节检测”“学生管理”“成绩管理”“教学预警”“课堂活动”“课程积分”“作业统计”“考试统计”等。比如，“成绩管理”中，你能查到“古代汉语课程成绩分析报告”，它包括课程成绩综合情况统计表、课程成绩综合情况对比图。在“课程成绩综合情况统计表”中，能够看到班级学生成绩在各个阶段的占比，包括学生最高分、最低分、平均分、标准差、方差、及格率、优良率。在“学生访问统计”能查到，统计学生学习课程章节的次数指标。能查到“课程任务点类型分布”“学生综合成绩分布”。在“课程学习进度”中，能查看到学生平均的上课观看时长、最长观看时长、最短观看时长。能统计到任务点和非任务点的情况，包括人数、任务名、类型、学生完成数等详情。

云平台还建立有“课程资料”，设有题库、作业库、试题库。也可以链接课外资源，建立强大的网络信息资源。可及时在“通知”“作业”“考试”“讨论”发布相关的问题，在“管理”中督促学生。

据此，我们设计了基于 MOOC 互动平台的线上与线下的课前、课中及课后三个环节和综合教学

评价混合教学模式。其中，课前与课后主要以学生为主进行线上学习，再辅以师生通过微信群、QQ群交流；课中主要采用面对面直播教学，最后教师结合平台资数据进行分析，对学生学习进行综合评价。模式设计如图 1：

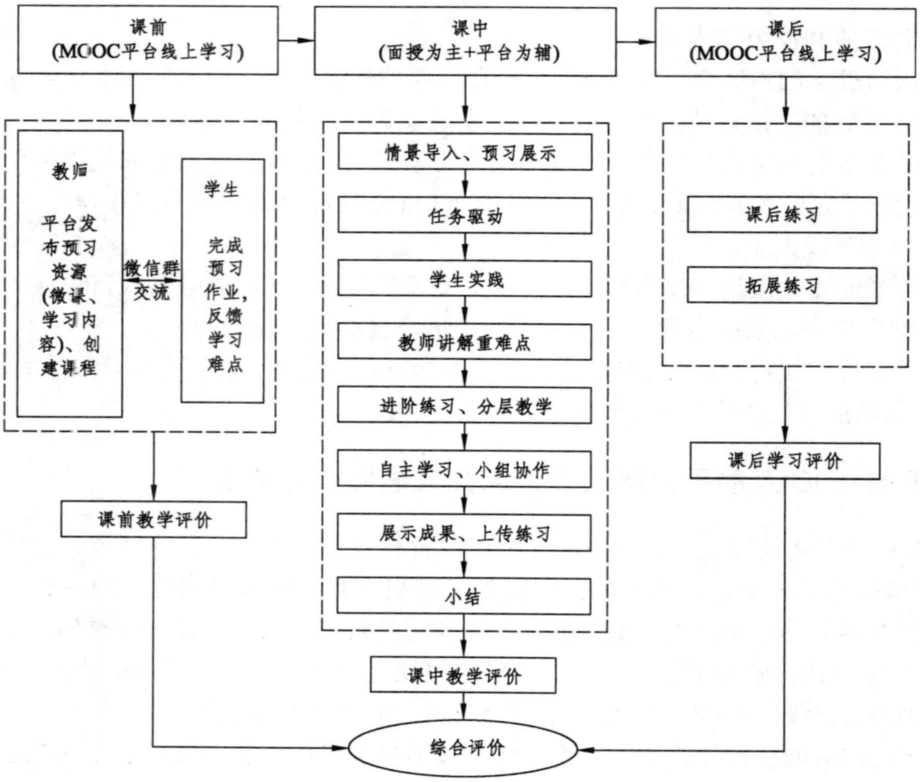

图 1　混合教学模式设计

在课前阶段，教师主要在于引导。教师在课前事先要整合教材与资源，进行教学设计、快速建课，及时将课程的任务、素材、案例指导、微课等发布至 MOOC 平台。学生提前上线进行自主学习，完成预习和预习作业，并向教师反馈学习难点。教师快速建课有三种方式，即电脑端快速建课、手机端快速建课、用速课制作微课视频。其中，示范教学包具有立体化、可运行、可生长、微慕课等特点，教师可通过手机利用示范教学包一键快速建课；也可以利用示范教学包，查看及修改所有的课程资料：教案、章节资源、资料以及作业、考试等教学资源，完善课程内容，这样可节省大量的时间和精力，还可以选择“ppt-录音”，将所需讲的内容录制成为速课，添加在章节或者转发给学生进行学习。

在课中指导阶段，主要总结线上预习学习部分，讲授重点难点，将重点难点进行内化与吸收；设置难度不同的项目任务进行分层练习。这个过程通常为：情景导人、课前任务展示、任务驱动、学生实践、重点难点解析、自主练习或小组协作、进阶练习、成果展示、上传课堂作业、课堂小结等。

在课中指导阶段通常采取的方式是师生面对面直播。超星学习通提供了三种直播，老师或用手机在课程活动库中直播开展直播活动，或用计算机终端创建课程同步课堂开展直播活动，或利用超星直播的客户端进行直播。直播可转发至其他班级群聊，满足多个班级观看需求。直播结束后可允许回看，学生可以反复观看。通过手机可实现师生间、生生间各种互动。同步课堂提供了丰富的活动库，比如白板在直播中插入图文音频或是分布其他资料。

在课后提升环节，教师引导学生拓展知识的广度和深度，可发布练习、展示作业、进行小测试，帮助学生梳理知识点，检测学习效果，发布拓展任务等等。

在课程的“综合评价”，教师在电脑或手机端的MOOC平台，依靠平台对班级的教学数据、课程教学运行过程、学生学习数据，做一个详细具体的分析，评定学生的成绩，同时也反思自己的不足，改进教学方式方法，最终提高教学效率。

三、MOOC互动平台线上线下混合教学模式建构的反思

通过疫情期间MOOC互动平台线上线下混合教学一个学期的教学实践，笔者深深感受到教育信息化与专业课程深度融合的时代性和现实性以及重要性。疫情期间如果没有互联网的强力支持，学生的学习将无法进行，教育的教学计划与安排被打乱，学制有可能重新规划，这个损失将无法估量。通过MOOC互动平台线上线下混合教学一个学期的教学，解决了迫在眉睫的问题，也有效解决了人们长期探索的课堂教学内容繁多课时不足的问题，并且帮助我们找到了提高教学质量和效果的方法。学生在线下可以自由地安排时间学习，自主地掌握学习进度，及时检测学习效果，不受地点约束。在线上的课堂教学中，师生可以面对面交流内化教学重难点，教师有时间充分解答学生学习过程中遇到的困难。学生之间可以互助、讨论，形成良好的学习氛围，培养团结协作的能力。①

其次，教师学生可以充分利用丰富的网络资源。教师根据教学内容、学生的具体情况，实现教育信息和课程教学的深度融合，组织教学。教师能够跟踪掌握学生线上线下的学习情况，实现学习过程的动态管理。学生可以利用丰富的教学资源，根据自身需求和能力，开阔视野，进行个性化自主学习，提高自主学习的能力。在整个教学过程中，实现以学生为主体，教师为主导的教育教学方式。

教育部门从教育信息化的提出，到“全面深度融合”，再到“应用融合发展向创新融合发展转变”已经20年了，这二十年来教育信息化在条件较好的东部沿海地区和发达的大城市里已经取得了不错的成绩，但是在偏远的民族地区，由于教师视野受限和教学条件的不足，教学现代化的实施和教育信息与课程的深度融合，还需要大力改善和提高。2020年突然袭来的疫情，迫使教师和学生进行互动平台线上线上的混合式教学，它促使了实现教育信息和课程教学的融合，但要实现深度融合，还需要很长一段时间探索。就目前来讲，教师最有效和使用率最高的信息化教学手段是“依据课程目标组织知识点、技能点，制作课件，进行线上线下教学。教学资源主要有教学视频音频、在线课程、PPT教学课件、微课以及文本、图片、动画等多媒体资源等等。”②从目前情况来看，这种教学方式还有待改进，有待深度融合。在古代汉语方面，具体做法有：

（1）细化古代汉语课程教学知识点和技能点，找寻媒体资源中配套的知识点、技能点，整合成教学资源，以在有限的时间里扩大学生的视野，这是非常艰辛的工作。

（2）建设资料库。建立文本学习资料库，如文本资料、音频资料、PPT课件、网页课件、考试题库、学习指南。建立职业行业目标资料库，如中学语文教学专业标准、教师资格职业认证标准、教师行业信息。建立学生教学实践资料库，如教学设计、技能竞赛、名师名家等等。使整个课程既有完整知识体系又有分散的知识点、技能点，有利于实现学生自学又能辅助教师教学的信息化平台。③

（3）加强课内整合与课外整合。纵观国内，信息技术与课程整合主要集中于课内，课堂教学是主要阵地。教师在课堂教学中使用信息技术使学生得以提升和发展。而国外，信息技术与课程整合主要注重在课外，学生利用信息技术查阅资料，与同学、与教师进行交流合作④。我们应该二者并举，加强课内整合与课外整合，推动教育信息化的进程。

---

① 刘慧娟. 信息技术与课程教学的深度融合有效性探索与实践——以Photoshop教学为例[J]. 天津科技，2020（6）：89，87

②③ 史华伟.“互联网+”时代教育信息化与高职高专课程深度融合研究[J]. 吉林省教育学院学报，2018（8）：140，141.

④ 郝琦蕾，林硕，樊桂芳，国外信息技术与课程整合经验及其对我国的启示[J]. 教育探索，2020（5）：87.

⑤ 胡军苟. 试论信息技术与综合实践活动课深度融合的内涵与策略[J]. 教育探索，2017（5）：81.

⑥ 何克抗. 如何实现信息技术与教育的“深度融合”[J]. 课程·教材·教法，2014（2）：58-62.

信息技术与教育的“深度融合”，其核心就是实现“教育系统结构性变革”，实现课堂教学结构的变革，即“既能充分发挥教师主导作用，又能体现学生主体地位的教学结构。”[⑤]教育信息化是信息化时代的发展趋势，是教育改革的方向。探索信息技术与课程教学深度融合，是教育工作者的责任。我们应该积极努力“优化教与学结构”“构建立体评价系统”“建设有效数字资源体系”，[⑥]为教育信息化和学科教学探寻有深度有高效的融合模式和实现途径，为民族教育做出贡献。

【责任编辑：唐明钊】

应用型示范课程的建设的现状与思考[①]

——以四川民族学院“局域网互联技术”为例

王大卫[②]　蒋　超[③]

（四川民族学院理工学院　四川康定　626001）

【摘　要】 课程应用型改革是高校应用型改革的重要支撑，应用专业课程是课程改革的重点。应用型示范课程是四川民族学院“应用型转型”下的重要举措，以理工学院“局域网互联技术”应用型示范课程为例，从课程体系、就业、课程资源、实践能力、资格考试等方面，对课程的应用型改革进行了深入的探索和实践。

【关键词】 课程建设；教学改革

一、“局域网互联技术”课程建设现状

2015 年，教育部、国家发展改革委员会、财政部，联合印发了“关于引导部分地方普通本科高校向应用型转变的指导意见”。四川民族学院对此工作高度重视，周密部署，开展研究，于 2017 年 3 月立项 6 个应用型专业综合改革试点项目，7 月立项 54 门应用型示范课建设项目。“局域网互联技术”课程作为应用型专业综合改革试点项目——计算机科学与技术专业中的一门示范课程，经过三年的建设，教学效果有较大的改观。这得益于课程组全体成员经过深入研讨得出的共识：计算机科学与技术专业应以培养学生的实践与创新能力为核心，网络工程技术类课程的教学也应密切围绕这一核心大力开展实践教学，对标国家和行业认证标准，以提升学生专业实践能力和创新意识为目标，最终带动应用型课程群建设，推动计算机科学与技术专业成功转型，为学校向应用型本科院校成功转型做出应有的贡献。现就“局域网互联技术”课程建设过程中取得的一些成果总结如下。

（一）修订人才培养方案，完善课程体系

2017 年以前，我院计算机科学与技术专业执行的是 2014 版人才培养方案，其人才培养目标侧重于学生对专业知识、技术原理系统理解，对学生的专业实践能力和职业适应能力要求不高。授课计划中的网络工程技术类课程也不成体系，教学内容以大中小型局域网的建设为主，学生就业方向为网络安装、运维工程技术人员，较少涉及广域网相关技术。而局域网技术是网络运营商所需要的技术，这导致了学生毕业后技能有限，无法满足运营商的需求，同时，与国家软件水平考试对网络工程师的职业要求也有一定的差距。结合国家认证标准和社会岗位需求，课程组成员通过充分调研，明确了增加开设“广域网互联技术”“软考－网络工程（认证指导）”两门课程，以完善网络工程技术类的课程体系[④]。

（二）明确学生就业方向，设计就业方向课程

现在大学教育中存在这样的问题：学生入学后，根据专业人才培养方案按部就班地完成专业课程，

① 本文系 2017 年四川民族学院校内资助教改项目应用型示范课程《局域网互联技术》的研究成果。

② 王大卫（1986—），男，河南商丘人，硕士，助教。主要研究方向：物联网。
③ 蒋超（1980—），男，四川省资中人，硕士，讲师。主要研究方向：网络工程技术。

④ 关巍. 计算机网络技术专业课程体系的串行实施模式研究[J]. 中国新通信，2020（07）.

但是却不知道这些课程在专业方向中的作用，也不清楚这些课程对自己就业的支撑，无法明确自己能从事什么样的职业、适合什么样的岗位，不清楚自己与岗位能力要求之间的差距，对课程学习缺乏目标性，难以形成系统性的知识能力结构，导致毕业时缺乏就业竞争力。为解决这个问题，需要将课程根据专业方向进行归类，建立完整的专业方向课程体系。根据应用转型发展的要求，我校理工学院计算机科学与技术专业将培养重点放在软件工程和网络工程两个专业方向上。《局域网互联技术》属于网络工程方向，根据技术发展情况，适时更新教学内容，增加新技术，删除陈旧内容，确保学生实际能力水平与行业技术要求保持一致。在课程建设中，对网络工程方向的各门课程进行了整合，确保知识点循序渐进，并逐步开展实训课程，采用项目驱动教学模式，形成课程实验—课程实训—项目实践的不间断实践链。而就业方向课程需要充分利用校外资源，通过校企合作的方式开展。

（三）丰富课程资源

课程改革前，网络工程技术类课程视频资源较少，课程组老师整理的部分教学视频资源大都是针对某个专业知识点、技术原理的讲解，总体上来说不成体系，不能满足学生深入学习网络工程技术参加职业认证的需要。通过课程组老师的共同努力，完善了国家软件水平考试、华为认证体系、职前培训等教学视频资源，在学院领导的支持下，与思科网络技术学院签订了合作协议，完善了思科认证体系的课程教学视频资源，为学生参加职业认证提供了有力支撑。同时利用思科网络技术学院的网络课程资源，实现线下教学和线上学习相结合，补齐线上学习内容不足、不精的短板，利用网络课程中的章节测验及考试，实现课程的过程化考核。

（四）注重教师实践能力的提高

课程改革前，缺乏对学生实践能力培养的一个重要原因是教师缺乏项目实践的机会，自然对如何进行实践教学难以有深刻理解。提高实践教学水平，只在学校闭门造车显然是行不通的，教师需要“走出去”，多与企业交流学习，不能完全依赖企业参与办学。课程建设中，课程组推动学校支持教师进入企业挂职锻炼，在企业的真实项目中学习工程项目规范、流程与技术。课程组老师积极参加企业或行业培训，以掌握工程与应用技术，积累项目经验，提高实践水平。近3年来，为了有效提升课程组教师的教学水平和项目实操能力，在学院领导的支持下，先后派出4人次参加网络工程技术企业认证课程培训，并通过合作企业聘请了5名企业工程师参与实践教学、毕业设计指导、科研项目指导等工作，在校企交流中切实提高了教师实践教学的能力。

（五）注重行业资格考试与专业学习相结合

网络工程技术是专业性极强的技术，企业对学生技术能力的评判，很重要的一个途径是查看学生考取职业资格证书的情况。职业资格证书体现了企业对从事相关技术工作的基本要求，因此高校的人才培养应该将行业资格考试的相关内容和知识体系与专业课程相融合①。本课程改革中，新增《广域网互联技术》《软考一网络工程（认证指导）》两门课程，完善的课程体系为学生自学考取职业资格证书提供基础，同时鼓励和引导学生参加企业的资格证书考试培训，为学生的职业生涯打下坚实的基石。此外，鼓励学生参加职业资格考试，会促使其有效利用大学期间的有限时间，对所学知识体系和实践技能进行总结和应用，也体现了应用型师范课程的建设目的。

二、课程建设中存在的问题

《局域网互联技术》课程建设契合应用型转型发展的要求，课程教学效果有了较大改观，得到了学生的肯定，但是课程建设也并非一帆风顺，遇到了很多困难，暴露了不少问题。

---

① 田立伟，王小铨．与国家职业（行业）标准相衔接的网络工程专业教学体系探索[J]．中国职业技术教育，2016（26）．

（一）师资队伍建设进展缓慢

在对计算机科学与技术专业网络方向的课程体系进行完善后，形成了计算机网络—局域网互联技术—广域网互联技术—网络安全—《软考－网络工程（认证指导）》这一层次递进的完整课程体系，网络方向课程组的成员的授课压力开始变得越来越大，师资引进变得十分急迫，为此课程组做出了多种努力：向学院提出师资需求，制定招聘计划；从其他课程组发掘对网络感兴趣的老师；引进企业师资力量。但总体上来看收效甚微：人才招聘难以把控，其他课程组师资也比较紧张，企业师资力量可以在一定程度上起到了帮助作用，却不能从根本上解决问题。

（二）教学资源有待继续完善

目前“局域网互联技术”的课程资源主要为思科网络技术学院的网络课程资源，并利用思科网络技术学院的平台开设网络课程，实现线上线下教学相结合，通过网络课程中的章节测验实现过程化考核。课程组完善的视频资源包括国家软件水平考试、华为认证体系、思科认证体系、职前培训等教学视频，不过这些视频针对的是所有对网络知识有学习需求的人，但对于我们学校的学生而言，契合度并不太高，课程组还需根据我校学生特点，录制一系列成体系的拥有自主产权的课程视频，并形成在线课程，以满足学生课下学习的需求。

（三）课程资源与行业市场有所脱节

我校理工学院已经同思科网络技术学院签订了校企合作协议。根据协议内容，思科网院会对我校使用思科网络课程资源的情况进行考核，“局域网互联技术”使用的课程资源主要为思科网络课程资源。思科网络课程资源较为丰富，包含有电子书、章节测验及考试、模拟实践练习、教学指导手册等；更新也比较及时，基本保持两年更新一个版本的周期。然而，思科作为全球网络行业的领头羊，目前在我国的市场占用率却呈逐年下滑趋势。虽然无论利用哪个公司的课程资源都不会影响学生对网络技术的学习和理解，但是设备命令语句的不同还是会对毕业生适应职业要求产生一定影响。是否要对课程资源进行转换以及如何转换，是需要课程组思考的问题。

三、关于课程建设的一些思考

（一）师资不足问题的解决

师资不足问题一直是我校面临的难题，不但是计算机专业，其他很多专业都面临这样一个难题。为了解决这个问题，本课程在建设的时候也做出了一些努力，较有成效的手段是企业师资力量的引入，在本课程的建设中起到了很大的帮助作用，既帮助学生更好地认识了网络行业需求，也缓解了课程组师资不足的困难。然而，企业师资毕竟只能起到辅助的作用，并不能从根本上解决问题。通过其他学校的实践来看，慕课建设也许是这个问题比较好的解决方案。学生自主利用慕课学习并获得学分，可以大大减轻对师资力量的需求①。慕课建设可以由课程组负责，也可以利用其它高校的优质慕课资源。目前，我校慕课教育还处于探索阶段，没有形成体系，慕课建设和慕课指导的工作量无核算标准。课程组可以“局域网互联技术”课程建设为契机，推动学校慕课教育的发展，为学校解决师资不足问题提出一个思路。

（二）课程教学方式进一步革新

“以学生为中心”是现代大学教育的基本理念。《局域网互联技术》在应用型建设中，采用了一些基于此理念的教学方式，如改革考核方式，利用思科网络课程实现了过程化考核；建设视频学习资源，锻炼学生自主学习能力；提高实践教学占比，培养学生实践能力；注重行业资格考试，提升学习内在驱动力。这些教学方式的实施，激发了学生的学习兴趣，在一定程度上提升了学生对学习的主导

① 张倩，张宏艳．慕课在高校创新创业教育中的应用路径研究[J]．林区教学，2020（9）．

地位。但总的来说，课堂教学仍然是主要教学方式，课堂教学也没有脱离“老师讲学生听”的传统课堂教学模式，学生学习的主动性和创新性受到了限制，未来需要尝试将翻转课堂、情景模拟教学等先进的教学方式，融入课堂教学中①。

（三）深入推进校企合作

校企合作在《局域网互联技术》课程建设中起到了很大作用，拉近了学生和市场之间的距离，项目导向型的实践练习极大地提高了学生对毕业后就业工作的认知，从学生的反馈来看，企业力量的参与，明显提高了学生的学习兴趣和实践能力。校企合作得到了学生的肯定，有理由对校企合作深入推进。目前，本课程校企合作主要形式是“企业走进来”，后面可以推动“学生走出去”，如切实利用实训基地，让学生大四的时候进入实训基地顶岗实习；合理利用企业资源，让学生走进企业机房，在真机上进行操作，即虚拟机仿真练习和真实设备实操相结合，通过实操促进学生对课程模拟实践练习的理解。

【责任编辑：唐明钊】

① 郭丽. 应用型转型下的“劳动与社会保障法”高效课堂的教学模式探索——以四川民族学院法学专业为例[J]. 法制博览，2018（32）.

地方民族本科院校线上线下混合式教学实践探索

——基于“文献研究”教学的思考[①]

王　杰　周新林[②]

（四川民族学院教育科学学院　四川康定　626001）

【摘　要】 为提高课程教学质量，地方民族高校应根据自身实际，正确认识线上线下混合式教学的内涵，以一流课程建设为契机，积极探索，努力提升课程内涵与教学质量。以教育学相关专业核心课程《教育研究方法》中“文献研究”教学为例，结合疫情防控前后的教学实践分析混合式教学实施的困境，建议师生更新观念，把握混合式教学内涵；完善制度，指导混合式课程建设；学生转变角色，适应混合式教学，教师主动探索混合式教学模式建构。

【关键词】 混合式教学；学业评价；改革；质量

2018 年，教育部陈宝生部长在新时代全国高等学校本科教育工作会议上第一次提出，要把大学的“水课”转变为有深度、有难度和有挑战度的“金课”。随即出台了《关于狠抓新时代全国高等学校本科教育工作会议精神落实的通知》，进一步明确了“淘汰水课、打造金课”的要求。之后，各地加大建设力度，提出了五大“金课”类型，线下“金课”、线上“金课”、线上线下混合式“金课”、虚拟仿真“金课”和社会实践“金课”。2019 年 10 月，教育部印发了《关于一流本科课程建设的实施意见》，提出了建设目标和原则，明确了建设内容，提出实施本科课程建设“双万计划”，明确了认定条件，高校加大了“金课”建设力度。2020 年因新型冠状病毒疫情防控，按照“停课不停教，停课不停学”的要求，线上教学全面普及，线上教学资源进一步完善，为混合式教学模式实践奠定了基础。

四川民族学院作为一所扎根民族地区的地方民族院校，具有普通高校的共性问题，同时也存在自身的特殊属性，一流课程建设需要考虑其特殊属性和学情，以教育学专业基础课程《教育研究方法》的实践为例，尝试进行混合式教学的探索与实践，对存在的问题进行分析和思考。

一、线上线下混合式教学的内涵

混合式教学是将在线教学和传统教学的优势结合起来的一种“线上+线下”的教学。线上线下混合教学模式是利用互联网和手机 App 等移动学习平台，根据学生的基本学情，进行教学设计，教师使用线上资源辅助教学，与课堂教学的各个环节深度融合，构建以学生为主体、以探究式学习为主的教学模式。[③]混合式教学注重教师和学生协同，关键是基于教学过程整体性出发的线上线下在深度融合，把线上学习、课堂教学、评价反馈及改进视为一个循环整体，能够着力提升学生的自主学习能力。此外，混合式教学模式还注重过程性评价，注重资源共享共建等特点。基于此，在混合式教学中教师和学生的主要活动见表 1：

---

① 本文系四川民族学院应用型示范课程建设项目《教育科学研究方法》（项目编号：sfkc2017026）研究成果中《学前教育科学研究方法》和“教育体制机制项目”《基于“一核三标两联”的教师教育人才培养模式改革试点》的研究成果。

② 王杰（1989—），男，山西和顺人，硕士，四川民族学院教育科学学院讲师，康巴民族教育研究所成员。主要研究方向为：民族高等教育、现代教育技术。周新林（1962—），男，四川九龙人，四川民族学院副教授。

③ 项男，刘淑梅. 应用型本科高校线上线下混合教学模式探索与实践[J]. 无线互联科技，2020（10）：118-119.

表 1　混合式教学师生活动表

	线上活动	线下活动
教师	课前任务安排（通知）	预习效果检验
		讲授新知识
	学生学习督促	
	课后任务/作业安排	
	批改线上作业	点评学生/小组作业
学生	完成课前预习任务	
	完成练习测验	探究式学习/协作式学习
	观看（回看）教学视频	完成课堂作业
	提交课堂作业	
	巩固课堂知识	
	课程评价	

二、线上线下混合式教学的优势

一是线上学习最大优势是“时时可学、处处可学”，混合式教学中学生对单元知识可以反复观看，学生可以根据自身实际合理安排学习进度，突出学习的主体性。二是通过统计学生线上学习信息与数据，掌握学生学习进度，发现学生学习难点，引导教师反思并进行教学设计优化和有针对性地指导学生。三是学生通过测练及实践，查漏补缺，有针对性地进行再次学习。①

三、混合式教学模式的实践探索——以“文献研究”教学为例

教育研究方法是《国家普通高等学校本科教学质量标准》中教育学类专业的专业基础课程。在中国大学 MOOC 等在线学习平台上有本课程的精品课程资源，但作为以培养“下得去，干得好，靠得住”的地方应用型民族本科院校来说，需要结合办学定位和学生实际，具体问题具体分析，因地制宜地探索符合自身实际的教学模式。

（一）课程简介

教育研究方法课程是教育学类相关专业开设的专业基础课程，学生通过对教育研究的意义、任务、基本特点、分类、基本方法的学习，能够了解教育科学研究的基本概念，明确教育科研的意义，掌握教育科学研究的基本程序与规范；通过拓宽研究视野，提升文献阅读与文献批判及写作等能力，形成运用基本的教育科学研究方法探索与解决学习与教学中的实际问题的能力等。本课程是教育学类专业的专业必修课，考核方式为笔试，2 个学分，共 36 学时，它对人才培养目标的实现具有较强的支撑作用。

2020 年之前，本课程采用线下学习的模式进行教学，2020 年因疫情防控原因，本门课程借助超星学习通平台开展线上教学，线上教学资源为自建课程资源。2020 年 8 月，被学校批准为首批线上线下混合式一流课程建设项目，2020 年秋季学期借助超星学习通平台，实现线上线下混合教学。

（二）混合式教学实施过程

本次教学采用混合式教学模式的班级为 2017 级小学教育专业共 2 个班级，除个别同学主持参与大学生科研项目或其他课题研究对教育科学研究具有一定了解，其余同学均未接受过系统的科研训

① 王玲玲. 线上线下混合式教学模式的应用[J]. 2018（65）.

练，对教育科学研究的知识基础为零。混合式教学模式按照其基本内涵涵盖课前准备、课堂教学、课后复习及练习测试等各个环节，以教育研究方法课程教学中《文献研究》为例，进行线上线下混合式教学探索。

1. 完善混合式学习资源

教师在学习通平台搭建科学合理且完整的课程体系，涵盖文献研究概述、文献的概念、文献的类型、文献综述的意义、撰写文献综述的步骤（文献检索、整理与分析）、注意事项等。完善教学资源，包含教学大纲（含考试大纲等）、课件、教学微课视频、拓展文献资料、章节测验、章节讨论、章节作业等相关内容。每章节发布涵盖预习、学习、测验和作业等在内的“课前任务安排通知单”；根据学生查阅情况督促学生依据通知单进行预习，并完成章节练习和测验，如有问题可在班级群或讨论区发起讨论，寻求其他同学和教师解答。章节学习中可设置为闯关形式，以增强学生学习的主动自觉性。

2. 加强线上教学管理

课前几分钟对学生进行预习效果检验，以基础知识掌握为主，准确把握学情。如在“文献研究”章节学习中，学生线上学习后，课堂前几分钟需要对学生进行预习检验，主要是基础知识，如文献的概念、类型、文献综述的意义、步骤等；然后对学生反馈的个性及共性问题进行解答；再后讲授新知。线下课堂讲授新知识要注意与线上微视频学习相区别，线上以预习及基础知识学习为主，线下主要为学生解疑答惑或与学生进行深层次互动，采取协作式、探究式的教学方法组织教学。在“教育研究方法”课程教学中，任务驱动法是一种很好的方法，既能提升同学们的学习兴趣，又可以增强学生的实践操作技能。线上学习的管理及监控在混合式教学中尤为重要。

3. 强化线下实践教学

课堂教学结束后，学生需要完成超星学习通平台里面布置的章节测验及书面形式的实操作业等，主要培养学生实践能力。“文献研究”教学的课后作业为“文献阅读”和“撰写文献综述”。学生完成作业时间限定为一周，在此过程中可以利用学习通平台进行留言、讨论或在线答疑。此外，课堂教学的教学视频学生可通过回看，进一步消化所学知识和达到巩固知识的效果，从而实现教学目标。

4. 突出发展性评价

线上线下混合式教学模式在课业考核时将线上考核和线下考核有机结合起来，以学生发展为出发点，采用全方位、多维度的评定方式，考核内容包括签到、资料阅读、预习、章节测验、作业、讨论、课堂表现、期中测试、期末考试等。本课程注重课业考核，以第四代评价理论为依据，充分发挥线上线下的优势，过程性评价和总结性评价相统一，评价主体多元化，内容具体化，提升学生学习效果。如对学生文献阅读能力的培养考核作业主要是“文献阅读”作业，也是本课程课业考核的一大特色，考核内容与步骤主要有以下几个方面：

（1）细化文献阅读评价指标。

在 Sego 等学者针对心理学专业教学中文献嵌入研究的基础上，设计了文献阅读记录表，要求学生在阅读文献过程中填写记录表的相应项目，共 22 个问题，实证型文献需要全部填写，理论性文献填写其中 10 个问题。如表 2 所示：

表 2　文献阅读记录表项目一览

序号	记录项目	序号	记录项目
1	文章的标题▲	6	研究目的
2	文章的作者▲	7	研究假设
3	文章的发表时间及刊物▲	8	文章中定义的概念有哪些？▲
4	文章的参考文献数量▲	9	研究对象的情况（数量、基本信息）
5	引言中参考文献数量（列出其中三篇）▲	10	研究的因变量

续表

序号	记录项目	序号	记录项目
11	研究的自变量	17	研究结果是否支持研究假设
12	数据采集方法（问卷、访谈、实验等）	18	研究者对后续研究的意见建议
13	数据分析方法	19	文章与课程学习对应的知识点有哪些？▲
14	从图表中你学到了什么？	20	读完本篇文章，除上述知识深化外你有何收获？▲
15	归纳研究过程	21	你认为这篇文章质量如何？为什么？▲
16	概括研究结果	22	阅读这篇文章，你遇到了什么困难？▲
注：实证型文献需根据情况填写全部记录项目，理论性文献需要填写标注“▲”符号的记录项目			

为检验学生通过训练文献阅读能力是否得到提升，在课程学习过程中要求学生进行学前、学中、学后多次填写，由第三方人员经培训后对记录表评价并统计分析。

（2）开展学生文献阅读自信心调查。

学生文献阅读能力的评价要综合进行，除依据文献阅读记录表进行逐项评价的客观评价外，还要在文献阅读训练过程中对学生进行自信心评价，从学生初次尝试文献阅读到经过一个学期阅读训练后多次对学生文献阅读自信心进行评价，主要内容见表3：

表3　自信心评价

序号	调查题目
1	首次（本次）阅读专业文献，你对自己阅读和理解文献能力有多自信？
2	本次阅读文献你有多大的信心能够准确地指出文献中每一部分呈现的内容和专业信息？
3	本次阅读文献你对自己从文章中获取假设及因变量、自变量的能力有多自信？
4	你对自己从文章中获取和解释结论的能力有多大自信？
5	你对自己从文章中找到并解释研究方法的能力有对自信？
6	你对自己撰写一篇专业研究文章的能力有多大自信？

通过对学生进行自信心调查，发现学生在训练中自信心逐步提升，各项指标虽然存在差异，但有助于学生进行自我评价。学生会结合教师评价和自我评价进行针对性训练，从而提高文献阅读综合能力。

（3）开展学习小组学生互评。

这主要是在文献综述作业中开展学习小组学生互评，即学生在完成文献综述首次作业后开展学生小组互评，超星学习通有此功能。主要有两点考量，一是教育研究方法课程目标除培养学生形成基本的科研意识和科研能力外，还支撑学生合作意识和团队精神的形成；二是学生如果熟知文献阅读能力评价指标，“知其然并知其所以然”，对学生文献阅读能力的提升意义重大；三是撰写文献综述作为课程学习任务的重要组成部分，学生学业评价主体要多元，而以小组为单位进行评价，主要依据第四代评价理论的“回应”和“协商”属性。

（三）教学效果

因本课程线上线下混合教学模式的实践还未经历完整的学期，最后的教学效果评价，计划从线下学习、线上学习和混合式学习不同的学期学生成绩进行统计分析。

四、地方民族高校混合式教学模式实施困境与对策

新冠肺炎疫情后高校教学改革迫在眉睫，线上线下混合教学将是主要教学模式①。四川民族学院作

① 王杜春. 线上线下混合教学将是后疫情时代的主要教学模式[J]. 中国农业教育，2020（2）：30-35.

为地方民族院校应抓住机遇，以一流课程建设为契机，狠抓课程建设和教学质量，努力实现“弯道超车”。但目前仍存在一些困境，现结合课程建设和教学实践，谈谈对混合式教学实施的建议。

（一）更新观念，准确把握混合式教学内涵

新冠肺炎疫情期间，因师生无法返校，线上教学全面普及。由于学校领导高度重视，任课教师积极准备，学生认真学习，这为混合式教学成为高校主要的教学模式奠定了思想和实践基础，但现实却有很大差距。一是对混合式教学内涵存在误解，认为线上教学相较于线下教学而言只是形态发生了变化，内容没有改变，师生返校后就没有必要实施线上教学。二是认为如果实施混合式教学，教师应该“减负”，不用在课堂上“费力”开展教学。对此，我们应从上到下应更新观念，准确把握线上线下混合式教学的基本内涵与价值，重视并发挥混合式教学的优势。

（二）完善制度，科学指导混合式课程建设

混合式教学不是新生事物，很多高校有着完善的管理制度。我们学校应该加强调研，结合自身实际，制定科学合理的混合式课程建设指导意见和混合式教学管理办法。一是加强混合式课程建设的指导，避免“为建设而建设，重建设轻应用”。因部分学科教师对课程与教学论、教育技术学、传播学、心理学等知识较为欠缺，课程建设时理论指导较为缺乏，相关部门应进一步研究出台建设指导意见。二是加强监督考核评价，着重提升课程建设质量和积极开展教学实践，让其真正发挥优势，不能只是为了完成项目或者建设任务，应注重混合式课程建设内涵指标体系建构。

（三）转变角色，主动适应混合式教学要求

新冠肺炎疫情发生前，学校的教学模式主要以传统教学为主，课堂教学的主导是教师，学生处于被动学习状态。实施线上线下混合教学后，学生成为学习的主体，对学生的主动自觉性提出了较高要求，学生由被动转变为主动学习一时难以适应。学生应在教师的引导下主动适应，积极转变角色，提高学习主动性，认真完成线下实践教学任务，从而提升教学质量。

（四）加强学习，积极探索混合式教学模式

作为混合式教学的设计者、管理者和指导者，学习环境、学习计划和实践项目需要教师设计，线上线下学习情况需要教师进行监控，学生有问题或疑惑时需要教师答疑解惑。混合式教学对教师提出了较高要求，教师在充分认识混合式教学内涵的基础上，应主动学习，利用课程与教学论、教育技术学、心理学和传播学等理论知识，学习移动 App 等现代技术手段，将“互联网+教育”在承担的课程教学中“生根发芽”，不能为建而建，要“为了学生发展”而建。虽然建设中工作量加大，如教学准备时间增长、解惑答疑时间加长、作业批阅时间加长等等，面临“增负”的情况，但应积极克服，提升自己的专业水平和各种能力。

线上线下混合式教学模式将成为后疫情时代的主要模式，作为地方民族高校应以此为契机，通过完善相关制度体系，加强培训指导，建设一批高质量的混合式课程。教师通过反思与实践，找准混合式教学模式的关键问题，构建适合学生的有效教学模式，激发学生学习动力，引导学生养成主动自觉的学习习惯，关注深层次问题，为人才培养“提质”而努力。

【责任编辑：唐明钊】

“互联网+教师教育”背景下师范生的讲授能力培养[①]

——以小学语文课程与教学论为例

高琼燕[②]

（四川民族学院教育科学学院　四川康定　626001）

【摘　要】　“互联网+教师教育”的教师培养模式正在形成和不断发展完善。将互联网技术运用在小学语文课程与教学论的教学中，具有更好地发挥学生的主体作用、进一步拓宽学生的视野、更好地提高教学质量、更好地筑牢学生立志当合格教师的思想意识等方面的优点，并形成了培养师范生讲授能力的“学、练、评、思、再练”五步教学方式。

【关键词】　互联网；师范生；讲授能力

新时代的教师需要具有扎实的知识功底、过硬的教学能力、勤勉的教学态度、科学的教学方法这四个方面的基本素质。这些素质主要通过教师教育来培养。教师教育“是在终身教育思想指导下，按照教师专业发展的不同阶段，对教师的职前培养、入职教育和在职培训的统称。”[③]以系统的知识学习和能力训练为主的职前培养是教师教育的关键和重点。近年来，随着现代信息技术与教育的深度融合，“互联网+教师教育”的教师培养模式正在形成和不断发展完善。

学科课程讲授能力是教师教学能力的直观反映，也是教师其他三方面基本素质的综合展示。培养师范生的讲授能力是师范教育专业的重要职责，新时期对师范生讲授能力的培养需要实现“互联网+教师教育”提出的“以自主、合作、探究为主要特征的教学方式变革。”[④]2018 年至 2020 年，笔者在小学语文课程与教学论这门课程的教学中将现代信息技术运用于师范生讲授能力的培养并取得成果。

一、开展师范生讲授能力培养教学改革实践的必要性

（一）讲授能力培养是师范专业人才培养的关键

从教学活动的方式来看，教师直接或间接地通过讲授这一形式用语言去引导帮助学生学习是教学活动的重要内容，教学活动的成效在很大程度上取决于教师的讲授能力的高低。历史上曾出现的著名科学家因讲授能力不高，不能将自己掌握的学科知识讲授给学生听，导致不能胜任中学教学工作的事例，这告诉我们培养师范生讲授能力有多么重要。

教师的讲授是建立在教师的教学态度、教育知识和教育方法基础上的综合性语言活动。绝大多数教师都需要经过较长时间的刻苦训练才能具备符合教学要求的讲授能力。师范生的讲授能力主要是通过讲课训练来培养，有效的讲课训练可以进一步增强师范生从教的意识、进一步增强对所学教育知识的理解和运用、进一步学习和强化科学的教学方法。正是基于讲课可以比较直观地考查师范生的讲授

---

① 本文系四川民族学院应用型示范课程建设项目《小学语文课程与教学论》的研究成果。

② 高琼燕（1982—），女，四川泸定人，藏族，硕士，讲师。主要研究方向：中国古代文学，语文教育。

③ 中华人民共和国教育部. 教育部关于“十五”期间教师教育改革与发展的意见[EB/OL].（2002-03-01）[2020-09-20] http://www. moe. gov. cn/srcsite/A10/s7058/200203/t20020301_162696. html.

④ 中华人民共和国教育部，中华人民共和国国家发展改革委，中华人民共和国财政部，等. 教师教育振兴行动计划：2018—2022 年[EB/OL].（2018-03-22）[2020-09-20]. http://www.moe.gov.cn/srcsite/A10/s7034/201803/t20180323_331063.html.

能力、知识水平、教学理念等多方面的情况，所以各师范院校才积极组织师范生讲课比赛，教师资格证考试才将讲课作为考试的主要内容和环节。

（二）传统的师范生讲授能力培养模式不适应信息化环境的需要

师范生讲授能力培养一般有教师课内指导讲、小组微格讲和学生课外自主讲三种方式。教师课内指导讲是教师根据教学内容每堂课轮流安排 1-2 名学生讲授 10-15 分钟，然后教师组织学生进行点评。在这种模式下，一个班级的学生最多能有两次在教师和全体同学面前展示自己讲授能力得到点评的机会，而且，学生根据点评意见进行的改进情况往往缺少有效跟踪，因此，课内指导对多数学生讲授能力提高的帮助有限。

小组微格讲是将一个班的学生分为多个小组，通过微格教室中的录像设备对学生的讲授情况进行记录，使教师和小组成员在分析点评时能回看讲授情况，讲授者根据点评所做的改进也更有针对性。可是，由于各学校微格教室数量有限，不可能安排每个学生都能在微格教室里对教学的各个环节按微格教学的原理进行训练；同时，受学分制的影响，一个小组的学生由于选修课程的不同，往往不能步调一致地到微格教室开展训练。因此，通过小组微格讲这种方式培养学生的讲授能力还需进一步改进。

学生课外自主讲是学生根据教师提出的训练的要求，利用课余时间独自（自主）进行讲授训练。事实上，这种训练方式是师范生讲授能力训练的主要形式。虽然这种方式可以让每位师范生都有机会进行多次训练，但由于教师很难看见学生训练的实际情况，不能对学生的讲授进行准确评价，再加上训练主要依靠的是学生的学习积极性和自觉性，因此，不少学生的课外自主训练的情况不太令人满意。

以上三种方式经广大师范院校的实践，已经形成了比较固定的操作模式，为培养高质量的教师做出了巨大的贡献，但这些在非信息化环境中形成的操作模式已不太适应信息化环境的需要，亟须融入互联网技术对其进行修改完善。

（三）学生的学习方式发生了变化

如果把教学看作信息传播的话，在互联网时代，学生通过网络获得的信息远远多于课堂教学和纸质书籍。智能手机的普及，使大多数学生的学习方式进一步发生变化。首先，学生的学习已经从读有限的纸质书籍转变为通过互联网在无限的电子资源中选择，学习的自主性、探究性较以往大大增强。其次，由于互联网构建了虚拟的交流社区，学生能通过虚拟社区与其他学生开展学习交流。所以，学生学习的合作意识明显增强。第三，智能手机在为学生获取学习资源提供了极大方便的同时，也使学生的学习容易被打断，导致学生的学习呈现移动性和碎片化。

二、“学、练、评、思、再练”的五步教学方式

针对非信息化环境中形成的师范生讲授能力培养模式的不足，根据自主学习、探究式学习、合作学习等理论，在实践微格教学、项目教学理念的同时，借鉴“跟踪式”教学的基本理念——“在教学中及时了解学生的反馈信息，并利用这些反馈信息有针对性地对学生进行暗示和启发”[①]，在小学语文课程与教学论的教学中的实践训练环节以信息技术为依托、以学生为主体、以讲授训练为重点，构建了“学、练、评、思、再练”的五步教学方式。

（一）“学”

“学”是教师组织学生学习掌握小学语文各板块的讲授要点和方法，观摩优秀课堂教学案例，进一步强化学生从事小学语文教学的积极性、提高学生对培养讲授能力的重要性的认识，为学生开展讲授训练打下坚实的思想和知识基础。

在课堂教学过程中，教师在系统讲授理论知识的同时，将自己利用互联网收集到的最新资料和经

① 张秀芳，吴欣明. 信息技术发展与学习方式、教学方式的变革[J]. 教育探索，2004（5）：18.

典案例提供给学生学习，组织学生观看分析优秀的、典型的课堂教学视频，为学生提供直观、形象的学习范例。

在学生的课外自主学习过程中，教师引导学生根据章节学习目标通过互联网搜集相关资料，对课内所学理论知识进行更为深入的学习；同时引导学生自主查找和观看教学名师最新的教学视频，学习借鉴他们的教学经验。

（二）"练"

"练"是学生根据训练计划和步骤进行讲授训练。学生需要将自己和小组训练的情况用手机拍摄下来，在规定时间内上传到互联网上，供师生评阅。小组训练可以集中到教室里进行，也可以通过腾讯会议这样的网络平台进行。

（三）"评"

"评"是师生在现场听学生讲授和观看学生的讲授录像的基础上，根据"评课"的要点对学生的讲授进行分析评价，指出优缺点和改进方法。"评"可以将自评和互评相结合，可采用师生共评一节课、小组同评一节课、同学互评和异地异校网上评的方式进行。"评"要充分利用"练"时拍摄的视频，要做到有理有据，有利于学生提高讲授能力。

（四）"思"

"思"就是反思，指学生把自己的讲授活动作为思考的对象，参考相关理论、案例，结合老师和同学提出的意见，对自己的讲授活动进行反省，并对自己的讲授进行改进与提高的过程。美国心理学家波斯纳指出"如果一位教师仅仅满足于获得的经验而不对经验进行深入的思考，那么，即使有 20 年的教学经验，也只是一年工作的 20 次重复，除非善于从经验反思中吸取教益，否则就不可能有什么改进，永远只能停留在一名新手型教师的水准上"[①]，并"对教师成长提出了一个极为明确的公式：教师成长=经验+反思"[②]。学生讲授能力的提高在很大程度上依赖于反思基础上的讲授经验积累。通过反思，学生能总结自己的讲授活动所具有的优点和缺点，找到改进和提高的努力方向，对自己的教学设计进行修改完善。

（五）"再练"

"再练"是学生根据自己"反思"后修改完善的教学设计再次进行讲授训练。"再练"是"再评""再思""又再练"的起点，在"互联网+"这个环境中，学生能比较方便地重复"练""评""思""再练"这几个环节，使学生的讲授能力能不断得到提升（见图 1）。

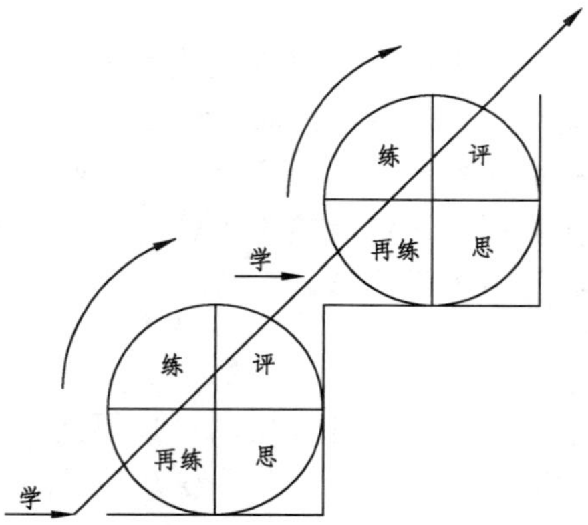

图 1　学生讲授能力提升示意

---

① 孔凡哲. 反思备课：教案反思与研究[M]. 东北师范大学出版社，2008.
② 王国明. 做反思型教师[M]. 北京：中国轻工出版社，2013.

三、将“互联网+”运用于师范生讲授能力培养的优势

（一）可以更好地发挥学生的主体作用

讲授能力的提高需要学生充分发挥主观能动性经过较长期的刻苦训练才能实现。在没有互联网的教学中，学生基本上是独自封闭地进行练习，得到教师监督指导的机会比较少，因此有不少学生在训练中容易出现心理倦怠现象，对教师安排的训练项目敷衍塞责。当“互联网+”运用于师范生讲授能力培养后，师生交往就有了平台，不仅学生可以将自己在训练中的问题及时告诉教师寻求帮助，同时，教师也可以通过网络观看监督学生的讲授训练，并适时加以指点，让学生的学习积极性能得到较长时间的保持，学生的主体作用能更好地得到发挥。

（二）能更好地提高教学质量

在没有互联网的讲授训练中，学生很难看到自己讲授时的状态，即使能通过微格教室录像，受微格教室数量少、录像设备成本高等因素的制约，也不能看见自己对一个训练项目反复多次进行练习的影像。这就导致学生对训练中存在不足主要依靠同学和老师有限的点评，缺少自我评价和反思。将“互联网+”运用于师范生讲授能力培养后，学生的训练突破了教室的制约，学生可以在自己觉得方便的地方就某一训练项目反复进行训练，不仅可以将自己的训练情况通过手机、摄像头等录制下来反复观看，还可以通过视频连线的方式远程邀请教师和同学观摩指导，并能在比较准确的自我评价和反思的基础上充分吸收老师和同学的意见建议，及时有针对性地改进，从而提高训练的有效性。

（三）能进一步拓宽学生的视野

在没有互联网的情况下，学生对讲授知识的了解主要依靠教科书和教师对教学案例的语言描述，其认识是比较片面的，学生的视野也比较狭窄。在“互联网+”背景下，学生能获得大量的新知识，能观看到大量的优秀教师的讲授实录，这些为学生学习借鉴创造了条件的同时，拓宽了学生的视野，激发了他们的创新力。

（四）能更好地筑牢学生立志当合格教师的思想意识

通过互联网，教师会有意识地引导学生观摩优秀教师的授课视频，引导学生去学习模仿优秀教师的讲授方法，在这个过程中，学生会潜移默化地将看到的优秀教师作为自己的榜样，在行动上、思想上向他们学习。为了在教学上更接近优秀教师，学生会自觉地开展训练，更加坚定自己做合格教师的理想。

结语

“互联网+”正在改变学校教育的方方面面，在师范生讲授能力培养中，科学使用“互联网+”技术，可以提高师范生的讲授能力，可以提高师范生的信息素养，并最终促进教育质量的全面提高。

【责任编辑：唐明钊】

教育信息化视域下地方本科院校科研信息化建设探析

赵 勇 余明江 王鹤艳 何玉梅[1][2]

【摘 要】 在信息化、数字化、智能化的新时代，地方本科院校科研信息化建设具有重要的现实意义。科研信息化建设是地方本科院校与时俱进，与现代大学治理能力和治理体系时代化相接轨的重要标志。在教育信息化视域下，地方本科院校必须正视在科研信息化建设中面临的困难，打破传统束缚，迎难而上；必须科学谋划，着力推进科研信息化建设，提升学校整体办学实力。

【关键词】 地方本科院校；科研信息化；对策

21 世纪是知识经济高度发达的时代，信息技术已广泛应用于社会生活、经济生活等各个领域。互联网彻底改变了人们的工作、生活方式，大数据的快速发展打破了传统模式下的固有格局，对新时代各行各业信息化工作起到了积极的推动作用。

高等教育信息化是促进高等教育改革创新和提高质量的有效途径，是教育信息化发展的创新前沿[3]。信息化、数字化、智能化成为新时代最鲜明的特征，也成为各大高校建设智慧校园、彰显现代化水平的重要标签。高校是人才培养、科学研究、文化传承、社会服务的堡垒和阵地，教育信息化成为新时代高校必须回答的重要课题。

在互联网和大数据不断深入人心的现代社会，高校更应该是信息化建设和发展的引领者和排头兵。科研是高校的核心竞争力，与时俱进的高校科研信息化建设是反映一所高校科研提质增效的现代管理能力和管理水平的重要体现，也反映出高校对科研工作的重视程度，特别是地方本科院校科研信息化建设在日趋激烈的高校办学实力竞争中显得尤为重要。

一、地方本科院校开展科研信息化建设的重要性

（一）实现科研管理工作的规范化、标准化

科研信息化建设能很好地疏通科研管理的各个环节和要素，引导科研人员沿着一定的规定流程、规范路径完成相关科研信息的申请提交、储存归档、数据使用等。同时，科研信息化建设能及时反映科研项目、科研成果、知识产权和科研经费等有效数据的准确性和数据来源及口径的标准统一性，能够有效解决各项数据使用上因统计来源或口径不一致造成的不闭合情况。地方本科院校开展科研信息化建设，能实现科研管理工作的规范化、标准化。

① 作者简介：赵勇（1968—），男，汉族，四川江油人，教授，教育硕士，研究方向为教育管理。余明江（1972—），男，汉族，四川泸定人，副教授，教育硕士，研究方向为教育管理。王鹤艳（1982—），女，汉族，四川康定人，讲师，本科，研究方向为民族教育、心理健康教育。何玉梅，何玉梅（1989—），汉族，四川仪陇人，四川民族学院学报编辑部编辑，法学硕士，主要研究方向为基层社会治理。

② 中华人民共和国教育部.教育信息化十年发展规划（2011—2020 年）[EB/OL].[2020-09-22] http://old.moe.gov.cn/publicfiles/business/htmlfiles/moe/s3342/201203/xxgk_133322.html.

（二）实现科研管理工作的提质增效

科研信息化建设是地方高校全面信息化建设的重要组成部分。科研信息化建设能提高科研管理的质量，推进科研管理实效，把科研管理人员从传统烦琐疲惫的手工管理中解脱出来。实现科研管理的信息化、智能化，可以提升科研管理的效率和质量，从而保证科研管理工作更加有序有效地开展。

（三）进一步提升科研管理的决策水平

科研信息化建设能最大限度地掌握全校科研工作的总体状态，能及时反映各类科研项目、科研成果、知识产权和科研经费等的推进情况，也便于发现科研管理工作存在的漏洞和科研工作的短板。科研信息系统能够更好地通过各类数据呈现学校学术活动、科研项目和科研机构的动态变化，为学校科研工作的规划、决策、优化、改革、评价等提供决策依据并能有效缩短决策周期，进一步增强科研工作、科研管理工作的时效性和精准度。

（四）实现科研大数据的资源共享

科研信息化建设将在一定程度上打破信息化的“孤岛”效应，打通高校各二级单位之间对科研数据的有效共享通道，特别是能有效改变各职能部门，如科研、人事、财务、教务、发展规划等部门各自为政、信息资源不能共享的弊病，最大限度地实现智慧校园的数据对接和精准统计。

二、地方本科院校科研信息化建设面临的问题

（一）科研信息化建设统筹规划滞后

地方本科院校整体科研水平不高，科研能力较弱，更不能与“双一流”大学相提并论，特别是一些新建地方本科院校科研更是量小质弱，没有话语权。因此在科研上总体重视程度、投入力度、推进力度有限，而科研信息化建设的统筹规划也总体上比较滞后，加之学校缺乏智慧校园的信息化建设总体观，难以全局性规划校园信息化建设的方方面面，科研信息化建设也免不了单兵作战，造成资源浪费。地方本科院校虽然也使用了科研信息管理系统，但由于经费、人手、技术等因素的影响，该系统的改良优化受到明显制约，教育信息化条件下的科研信息化发展不尽人意。

（二）科研管理信息系统滞后

在信息技术快速发展的新时代，信息存储数据规模越来越大，运行速度越来越快，数据使用频率越来越高。目前，高校比较常用的科研管理信息系统虽然在科研项目、科研经费、学术活动等信息上载、修改、审核、使用等方面具备了一定的基础功能，但与信息化背景下的高校科研发展需求相比，功能还相当滞后。比较可行的办法是在对原系统的部分模块进行调整、改进的同时，根据实际需要重新添加、生成新的功能模块，全面提升科研管理系统的信息化、数字化、智能化，从而满足科研人员的个性化需求和科研管理、统计、评价的需求，扩展科研数据及门类、品种的覆盖面以及科研数据上的对接、服务。

（三）科研信息数据难以共享

受信息化开发能力的影响，地方本科院校科研管理、财务管理、资产管理、教务管理、人事管理、学生管理、就业管理、图书管理、档案管理等职能部门多采用公开招标方式独自购买自己的信息管理系统。由于不同系统分属不同的公司设计，系统之间难以兼容，导致信息资源无法实现共享，无法形成信息化时代的高效精准联动机制。于是出现了这样的窘境，各二级单位相互不知道数据的实际情况，也不知道项目推进的状态和经费使用细节，相互催要手工数据。“因为部门之间彼此是割裂的，你中无我，我中无你抑或你中有我，但不了解我，我中有你，但不清楚你，这种状况严重影响工作的效能，

造成人力资源的高度浪费”①。同时，学校决策层无法比较及时、全面地通过已有信息网络获得最新管理信息，无法为科学决策及时提供研判依据。

（四）信息技术与科研管理融合不够

地方本科院校科研信息化程度不高，信息技术为科研管理服务明显不足。目前地方本科院校存在科研数据效率低、共享低、利用低的现实，科研管理系统功能固化、老化，只能完成基础统计功能，无法实现更高水平的研究、比较、评价功能，对学校各职能部门需求的数据作用有限，也很难以分析报告形式为决策、咨询提供科学依据。为此，信息技术应在科研信息化建设中发挥更大的作用，以期实现更高、更新、更优功能的科研管理目标。

（五）科研人员信息化理念不够

地方本科院校很多是专科院校升格而成。长期以来，固有的专科层次的习惯、想法、意识影响着科研工作的推进。科研人员的信息化理念就更加薄弱，对科研信息系统的使用熟悉度较低，对其功能的了解和认识比较模糊或淡化，甚至对科研信息系统需要上载的信息数据都难以保证有效完成，这在一定程度上影响了科研信息化的实效②。

（六）科研管理队伍信息化能力不足

地方本科院校科研管理部门担负着各类科研项目的申报、立项、中检、结项以及统计、评价、考核等工作，同时负责科研经费、科研机构、学术活动、学术队伍、科研评优评奖等工作，有的还兼具所在高校社会科学联合会、科学技术协会办公室、学术委员会办公室工作乃至学术期刊的组稿、编辑、出版、发行等工作，致使人手较为紧缺，外出学习、培养、培训较困难，相应的计算机运用能力有限，信息化管理能力不足。

三、地方本科院校科研信息化建设策略探析

（一）高度重视，统筹规划

地方本科院校由于受多种因素的制约，整体办学实力和部委属院校相比有很大差距，即使与中心城市本科院校相比也不在一个量级，在科研方面更是无可比拟。目前，很多地方本科院校加快了智慧校园的步伐，将教务、科研、财务、人事等紧密联系的工作职能和工作环节通过智能信息平台有机整合，使校内各个数据信息接口共享，提升了管理的效能，极大地节约了人力资源成本。

地方本科院校要适应新时代信息化、数字化、智能化发展的需要，高度重视包括科研信息化建设在内的高校信息化建设，科学谋划，统筹安排。“一所大学一盘棋，棋棋有位置，点点有布局，信息化建设不能你敲你的锣，我唱我的戏，各自为政，延续管理上的孤岛模式”③。

（二）加大投入，完善功能

地方本科院校在科研信息化建设方面要有“磨刀不误砍柴工”的理念，加大信息化建设的投入，力争通过有计划、有步骤、有借鉴、有预期评估的科研信息化建设，完善功能布局，优化平台管理手段，提升信息化管理水平，扭转长期琐碎繁杂的人工疲劳和管理上的低质低效状态。在项目管理、经费管理、机构管理、学术活动管理以及个性化统计、上报、考核、评价、奖励等方面都有更优的功能，特别是能够解决科研管理中项目的推进问题和经费的使用状态，以及科研成果的及时呈现。

此外，科研信息化建设，在功能布局中还应针对不同高校特定的科研需求，开发、创新，添加诸

① 周汉鸣，王珏. 高校科研管理信息化促进策略研究[J]. 科技创业月刊，2019（1）：134-135.
② 王昭慧，邱道尹. 高校科研管理信息化建设中若干问题的探讨[J]. 华北水利水电大学学报（社会科学版），2017（2）：43.
③ 刘磊. 高校科研管理信息化存在的问题及对策分析[J]. 中国管理信息化，2019（10）：182.

如“红色文化成果模块”“民族团结成果模块”“涉藏涉边成果模块”“脱贫攻坚成果模块”等个性化科研成果模块，同时功能支撑上，能够自动生成相应数据分析报表或成果分析报告，为地方本科院校科研管理决策咨询提供帮助。

（三）优化管理，共享资源

地方本科院校必须通过科研信息化建设改变管理模式，理顺管理通道，转变管理理念，要把手工管理转移到平台的自动化管理，要通过信息化建设让零碎松散的数据汇聚起来，让科研活动能够有效跟进和追踪，让科研项目的时间节点可控可警示，让科研经费的推进和合规合法化可掌握可监控。

同时，科研信息化建设要与学校的大数据平台、网络云平台或智能交互平台有机结合，最终形成全校大数据的汇聚平台，使各个职能部门或二级学院以及教职员工个体能够共享校园数据信息，提升信息使用的时效性和研究价值。

（四）建好队伍，提质增效

构建数字化科研协作支撑平台，推进研究实验基地、大型科学仪器设备、自然科技资源、科学数据、科学文献共享，支持跨学科、跨领域、跨地区的协同创新。不断提高教师、科研人员利用信息技术开展科研的能力，推动高校创新科研组织模式和机制，完善高等教育科技创新体系，引领信息时代科技创新①。

地方本科院校在科研上要建好两支队伍。第一支队伍是科研队伍，这是学校的一件大事，因为这支队伍是学校生存发展必须依托的一支生力军。无论是学术骨干、学术带头人乃至高端领军人物，还是一般的科研团队，学校都应该有一个总体规划。哪些学科是重点学科，需要引进或培养多少科研人才，才能满足学科建设的需要；哪些研究方向需要重点打造，这些研究方向所在的科研机构需要做些什么规划，引进或培养多少这个方向的科研人才，都应该有一个积极的思考和布局。同时，一所地方本科院校有的是教育教学能力很强的人，他们中有的喜欢站在讲台，有的喜欢田野考察、调研；有的喜欢从事科学研究，有的喜欢既能教学又能搞研究。那么学校设岗中就应该体现这样的灵活选择，允许教职员工在满足一定的条件下，找到适合自己的岗位。第二支队伍是科研管理队伍，这支队伍人数不多，但却发挥着一所大学科研管理、组织、协调、服务、指导等作用。他们有时是办事员，有时是勤务兵，有时是桥梁纽带，有时是咨询参谋。但这支队伍由于各方面的原因，现代管理水平特别是信息化管理能力还有待于提升，还需要加强交流学习，观摩培训，这样才能胜任不断发展变化的科研信息化管理岗位工作，适应高校现代管理理念下的科研管理。

结语

地方本科院校科研信息化建设是提升科研管理效能的重要抓手，也是广大科研人员提升科研信息数据跟踪、统计、评价、使用的智慧平台，科研信息化建设对于整合全校科研资源、集聚科研数据、汇集科研信息、打通平台共享机制将奠定坚实的基础。科研信息化建设是地方本科院校与时俱进，与现代大学治理能力和治理体系现代化相接轨的重要标志。地方本科院校应从学校事业整体发展出发，高度重视科研信息化建设和科研人才队伍与管理队伍的培育建设，切实提升学校整体办学实力，真正实现教育信息化视域下的现代化大学的办学目标。

---

① 中华人民共和国教育部.教育信息化十年发展规划（2011—2020 年）[EB/OL].[2020-09-22]，http://old.moe.gov.cn/publicfiles/business/htmlfiles/moe/s3342/201203/xxgk_133322.html